2022

COORDENADORES

TÂNIA DA SILVA **PEREIRA** · GUILHERME DE **OLIVEIRA**

ANTÔNIO CARLOS MATHIAS **COLTRO**

CB037384

CUIDADO E SOLIDARIEDADE

PRÁTICA SOCIAL E INSTITUCIONAL

EDITORA FOCO

Dados Internacionais de Catalogação na Publicação (CIP) de acordo com ISBD

C966

     Cuidado e solidariedade: prática social e institucional / Acary Souza Bulle Oliveira...[et al.] ; coordenado por Tânia da Silva Pereira, Guilherme de Oliveira, Antônio Carlos Mathias Coltro. - Indaiatuba, SP : Editora Foco, 2022.

     616 p. ; 17cm x 24cm.

       Inclui bibliografia e índice.

       ISBN: 978-65-5515-397-2

       1. Direito. 2. Prática social e institucional. I. Oliveira, Acary Souza Bulle. II. Sabra, Aderbal Magno Caminada. III. Attié, Alfredo. IV. Teixeira, Ana Carolina Brochado. V. Cubria, Ana Carolina. VI. Iencarelli, Ana Maria. VII. Carvalho, Ana Sofia. VIII. Taubman, Andrea Viviana. IX. Coltro, Antônio Carlos Mathias. X. Lima, Antônio Luiz França De. XI. Alvim, Arruda. XII. Fernandez, Atahualpa. XIII. Lepage, Augusto Drummond. XIV. Toledo, Bárbara. XV. Camargo, Bruno Patto Pinho Vieira de. XVI. Gonçalves, Camila de Jesus Mello. XVII. Ribeiro, Carlos Eduardo Gomes. XVIII. Gil, Carlos Jesus. XIX. Guedes, Clarissa Diniz. XX. Godoy, Claudio Luiz Bueno de. XXI. Reis, Clayton. XXII. Fonseca, Diovânia Maria Sabino da. XXIII. Melhorance. XXIV. Carvalho, Felipe Quintella Machado de. XXV. Silveira, Fernando de Almeida. XXVI. Loureiro, Francisco Eduardo. XXVII. Gama, Guilherme Calmon Nogueira da. XXVIII. Oliveira, Guilherme de. XXIX. Poças, Isabel Restier. XXX. Carvalho, Ismael Hardt de. XXXI. Gaspar, João Pedro M. XXXII. Ibáñez, Jorge Gracia. XXXIII. Costa, José Américo Abreu. XXXIV. Coelho, José António S. XXXV. Terrón, José María Muñoz. XXXVI. Ferreira, Juliana Lopes. XXXVII. Maciel, Kátia Regina Ferreira Lobo Andrade. XXXVIII. Ribeiro, Lauro Luiz Gomes. XXXIX. Camargo, Lauro Santo de. XL. Bettini, Lúcia Helena Polleti. XLI. Ferreira, Lucia Maria Teixeira. XLII. Vilardo, Maria Aglaé Tedesco. XLIII. Pinheiro, Maria Beatriz Guimarães. XLIV. Sá, Maria de Fátima Freire de. XLV. Palomo, María Teresa Martín. XLVI. Sousa, Mariana de. XLVII. Telles, Marília Campos Oliveira e. XLVIII. Fernandez, Marly. XLIX. Bobrow, Miriam. L. Nardelli, Miriam. LI. Gagliano, Pablo Stolze LII. Carvalho, Pedro Caetano de. LIII. Maciel, Rebecca Ferreira Lobo Andrade. LIV. Fernandes, Rodrigo Cardoso. LV. Barbosa, Ruth. LVI. Smaira, Sâmia Inaty. LVII. Bittencourt, Sávio. LVIII. Sabra, Selma Dantas Teixeira. LIX. Nick, Sergio. LX. Fonseca, Sérgio Roxo da. LXI. Fontes, Sissy Veloso. LXII. Chiossi, Sylvio César Ariano. LXIII. Luz, Solange. LXIV. Lima, Taisa Maria Macena de. LXV. Pereira, Tânia da Silva. LXVI. Seixas, Tatiana Rocha. LXVII. Mafra, Tereza Cristina Monteiro. LXVIII. Costa, Tonin Elie Ofeiche da. LXIX. Dal Molin, Waldirene. LXX. Título.

2021-3994   CDD 340   CDU 34

Elaborado por Odilio Hilario Moreira Junior - CRB-8/9949
Índices para Catálogo Sistemático:
1. Direito 340
2. Direito 34

COORDENADORES

TÂNIA DA SILVA **PEREIRA** · GUILHERME DE **OLIVEIRA**

ANTÔNIO CARLOS MATHIAS **COLTRO**

CUIDADO E SOLIDARIEDADE

PRÁTICA SOCIAL E INSTITUCIONAL

2022 © Editora Foco

Coordenadores: Tânia da Silva Pereira, Guilherme de Oliveira e Antônio Carlos Mathias Coltro
Autores: Acary Souza Bulle Oliveira, Aderbal Magno Caminada Sabra, Alfredo Attié,
Ana Carolina Brochado Teixeira, Ana Carolina Cubria, Ana Maria Iencarelli, Ana Sofia Carvalho,
Andrea Viviana Taubman, Antônio Carlos Mathias Coltro, Antônio Luiz França De Lima, Arruda Alvim,
Atahualpa Fernandez, Augusto Drummond Lepage, Bárbara Toledo, Bruno Patto Pinho Vieira de Camargo,
Camila de Jesus Mello Gonçalves, Carlos Eduardo Gomes Ribeiro, Carlos Jesus Gil, Clarissa Diniz Guedes,
Claudio Luiz Bueno de Godoy, Clayton Reis, Diovânia Maria Sabino da Fonseca Melhorance,
Felipe Quintella Machado de Carvalho, Fernando de Almeida Silveira, Francisco Eduardo Loureiro,
Guilherme Calmon Nogueira da Gama, Guilherme de Oliveira, Isabel Restier Poças, Ismael Hardt de Carvalho,
João Pedro M. Gaspar, Jorge Gracia Ibáñez, José Américo Abreu Costa, José António S. Coelho,
José María Muñoz Terrón, Juliana Lopes Ferreira, Kátia Regina Ferreira Lobo Andrade Maciel,
Lauro Luiz Gomes Ribeiro, Lauro Santo de Camargo, Lúcia Helena Polleti Bettini, Lucia Maria Teixeira Ferreira,
Maria Aglaé Tedesco Vilardo, Maria Beatriz Guimarães Pinheiro, Maria de Fátima Freire de Sá,
María Teresa Martín Palomo, Mariana de Sousa, Marília Campos Oliveira e Telles, Marly Fernandez,
Miriam Bobrow, Miriam Nardelli, Pablo Stolze Gagliano, Pedro Caetano de Carvalho,
Rebecca Ferreira Lobo Andrade Maciel, Rodrigo Cardoso Fernandes, Ruth Barbosa, Sâmia Inaty Smaira,
Sávio Bittencourt, Selma Dantas Teixeira Sabra, Sergio Nick, Sérgio Roxo da Fonseca, Sissy Veloso Fontes,
Sylvio César Ariano Chiossi, Solange Luz, Taisa Maria Macena de Lima, Tânia da Silva Pereira,
Tatiana Rocha Seixas, Tereza Cristina Monteiro Mafra, Tonin Elie Ofeiche da Costa e Waldirene Dal Molin
Diretor Acadêmico: Leonardo Pereira
Editor: Roberta Densa
Assistente Editorial: Paula Morishita
Revisora Sênior: Georgia Renata Dias
Revisora: Simone Dias
Capa Criação: Leonardo Hermano
Diagramação: Ladislau Lima e Aparecida Lima
Impressão miolo e capa: FORMA CERTA

Impresso no Brasil (11.2021) – Data de Fechamento (11.2021)

2022
Todos os direitos reservados à
Editora Foco Jurídico Ltda.
Avenida Itororó, 348 – Sala 05 – Cidade Nova
CEP 13334-050 – Indaiatuba – SP

E-mail: contato@editorafoco.com.br
www.editorafoco.com.br

PREFÁCIO

O Projeto *Cuidado*, nome simplificado para uma iniciativa nascida em 2005 a partir de uma proposta de pesquisa e investigações, juntamente com o Professor Guilherme de Oliveira, da Universidade de Coimbra, inicialmente conhecido como Projeto Brasil/Portugal, propõe um debate sobre o *Cuidado* no âmbito do Direito, sob uma ótica humanizadora e multidisciplinar. Desde 2017 juntou-se a nós, na coordenação do nosso Projeto o Desembargador Antônio Carlos Mathias Coltro (TJ/SP) e, desde então, novas iniciativas foram surgindo no sentido de consolidar os estudos sobre o tema. Verificou-se que a análise do *Cuidado* se consubstancia em cenários que sempre se renovam, através de uma visão interdisciplinar, que agrega conhecimentos diversificados para a compreensão do ser humano em sua totalidade. Esta obra, a 9ª, intitulada *Cuidado e solidariedade* nasceu em plena pandemia da Covid – 19, circunstância que inclusive serviu a motivá-la, especialmente, tendo em conta os aspectos sócio humanitários a tanto referentes e a percepção sobre um olhar diverso para o assunto.

Afinal, e como referido por Michel Foucault, "Existem momentos na vida onde a questão de saber se se pode pensar diferentemente do que se pensa, e perceber diferentemente do que se vê, é indispensável para continuar a olhar ou a refletir."[1]

Por isso, nada como vincular os nossos estudos à *solidariedade*, desta feita trazendo nova percepção vinculada à *alteridade* e buscando inclusive, identificar iniciativas, algumas delas anônimas, que reflitam o efetivo exercício da cidadania, tão significativos neste tempo de profundas dificuldades sociais; daí o subtítulo da obra, "*Práticas sociais e institucionais.*"

Imperioso reconhecer que a vulnerabilidade do ser humano, reforça a necessidade da prática do cuidado como valor ético imprescindível, especialmente ante os atropelos que a vida a todos e ao direito submete.

Anuncia-se, desta forma, a necessidade de se buscar reduzir a fragilidade humana, na prática consciente dos fins sociais a que a lei se destina e às exigências do bem comum!

Revela-se o efetivo compromisso com a *alteridade* nos mais diversos campos, sendo a construção de uma sociedade livre, justa e solidária o primeiro objetivo fundamental apontado pela Constituição Federal de 1988 (art. 3º, I). O exercício

---

1. Esta frase foi escrita pelo filósofo francês Michel Foucault em 1984 – ano de sua morte – no segundo volume da trilogia História da Sexualidade e sintetiza a experiência intelectual desse que foi um dos maiores filósofos do século XX: controverso e polêmico. (FOUCAULT, Michel. *História da Sexualidade II*. O uso dos prazeres. Rio de Janeiro: Edições Graal, 1984, p. 13).

da autonomia do ser humano encontra seu alicerce e seu limite no respeito e na responsabilidade perante os demais, que se revelam como condições para o livre desenvolvimento da personalidade.

Há que se entender a alteridade. Reporte-se inicialmente ao dicionário Aurélio ao destacar que alteridade advém do vocábulo francês *alterité*, substantivo feminino, qualidade do que é outro ou do que é diferente.[2]

Também é possível encontrar a informação de que a palavra *alteridade* advém do vocábulo latino *alteritas*, que significa ser o outro, portanto, designa o exercício de colocar-se no lugar do outro, de perceber o outro como uma pessoa singular e subjetiva.[3]

Para Nicola Abbagnano "é o reconhecimento da diferença, tanto no significado linguístico comum quanto no significado filosófico." "É o que é por essência e definição" [...] Significa "ser outro, colocar-se ou constituir-se como outro."[4]

Representa "a capacidade de se colocar no lugar do outro na relação interpessoal (relação com grupos, família, trabalho, lazer é a relação que temos com os outros), com consideração, identificação e dialogar com o outro" [...] "Além do referido, explique-se: "quando você se relaciona com outras pessoas ou grupos é preciso conhecer a diferença, compreender a diferença e aprender com a diferença, respeitando o indivíduo como ser humano psicossocial. Isso é alteridade."[5]

Em tempos de pandemia significa mais: é compreender sentimentos e emoções, caso estivesse na mesma situação vivenciada pelo outro. Quando nos importamos por alguém significa que devemos cuidar e acolher. "*Acolher* é criar laços, é cativar, é assumir compromissos e responsabilidades; é conviver com situações-limite; é ver nas diferenças uma conquista, não uma ameaça; é trazer um novo olhar para as relações familiares e sociais".[6]

A configuração do *cuidado* como valor jurídico nos convoca a exercer a cidadania e estabelecer uma relação pacífica e construtiva com os diferentes, na medida que nos identificarmos, entendermos e aprendermos com o contrário.

Não se pode negar que o tema se liga à *solidariedade*, acentuando-se que, nestes novos tempos, o cuidado e a *tolerância* devem refletir muito mais do que os sentimentos de compreensão ou aceitação. Impõe-se a não discriminação, a ausência de preconceitos, o respeito às crenças religiosas e as divergências de ideias.

---

2. HOLANDA, Aurélio Buarque. *Dicionário da língua portuguesa*. 6. ed. Curitiba: Positivo, 2004.
3. Ver: Alteridade. Disponível em: https://brasilescola.uol.com.br/sociologia/conceito-alteridade.htm. Acesso em: 06 jul. 2021.
4. ABBAGNANO, Nicola. *Dicionário de filosofia*. 3. ed. São Paulo: Martins Fontes, 1998, p. 35.
5. Ver: *Dicionário informal*. Alteridade. Disponível em: https://www.dicionarioinformal.com.br/alteridade/%22/?funcao=votar_definicao&defid=996&type=deny&word=alteridade. Acesso em: 10 jul. 2021.
6. PEREIRA, Tânia da Silva. Abrigo e alternativas de acolhimento familiar. *In*: PEREIRA, Tânia da Silva e OLIVEIRA, Guilherme (coord.). *O cuidado como valor jurídico*. Rio de Janeiro: Editora Forense, 2007, p. 309-334.

Da mesma forma, a *empatia* no âmbito do cuidado assume um novo olhar, retratando não só a identificação com outra pessoa ou com a situação vivida por ela, como também a compreensão das dificuldades pessoais daqueles com quem convive. É acolher o sofrimento alheio, ajudando a diminuir e evitar conflitos, aceitando as diferenças e individualidades do outro, aspectos em que se deve considerar a solidariedade.

Consolidou-se no direito brasileiro e na doutrina internacional vasta bibliografia relativa ao tema, merecendo especiais referências a Martin Heidegger, por sua efetiva liderança com a obra *Ser e tempo*, ao identificar no cuidado a essência do ser humano. Do mesmo modo, é possível citar, entre outros, Mayeroff, Nodding, Griffin, Roach, Watson, Leininger. Entre nós se destacam Vera Regina Waldow e especialmente Leonardo Boff, ao introduzir, de forma singela, o pensamento de Heiddeger, o que muito ajudou na intercessão entre o cuidado e a justiça na dimensão ética concernente ao tema.

Esta parceria entre Brasil e Portugal, vem se manifestando em diálogos contínuos entre os colaboradores de várias áreas das ciências. Em 2008, foi publicado *O cuidado como valor jurídico*, como resultado da reunião de pessoas de diversas áreas do saber, que se propuseram a pensar a construção de uma leitura das diversas questões jurídicas sob a ótica do cuidado, considerando a necessidade de se desenvolver critérios para sua aplicação.[7]

É oportuno lembrar que a Constituição brasileira apresenta como princípio fundamental a construção de uma República baseada na dignidade da pessoa humana e na construção de uma "sociedade livre, justa e solidária", sendo certo que a *solidariedade* tornou-se direito positivo por via da Constituição Federal; busca-se, portanto, um agir espontâneo, destituído da coatividade que norteia o conjunto das normas, introduzindo novos critérios interpretativos, tanto nas esferas públicas como nas instituições privadas.

Por outro lado, o *cuidado* é hoje reconhecido pela doutrina e pela jurisprudência como uma das dimensões do princípio da dignidade humana e trata-se de valor implícito nas normas de proteção de pessoas em estado de vulnerabilidade, sendo certo que o dever de cuidar e ser cuidado são fundados no referido princípio.

No ano de 2012, o *cuidado* foi utilizado pela primeira vez como parâmetro, no Recurso Especial n. 1.159.242/SP, analisado pela 3ª Turma do Superior Tribunal de Justiça, sob relatoria da Ministra Nancy Andrighi, que previu o dever de indenizar em razão do ilícito civil decorrente do descumprimento da imposição legal de cuidar da prole, sob a forma de omissão. Após esse julgamento paradigmático, o cuidado ganhou maior espaço no cenário jurídico, reconhecida a sua importância para o direcionamento de soluções para casos concretos.[8]

---

7. Tantos foram os pontos de reflexão, que os estudos seguiram com novos direcionamentos, resultando na publicação de mais seis obras, com enfoques diversos: *Cuidado e vulnerabilidade; Cuidado e responsabilidade; Cuidado e sustentabilidade; Cuidado e afetividade; Cuidado e o direito de ser: respeito e compromisso e Cuidado e cidadania.*
8. Outras decisões nos Tribunais Superiores deram destaque ao cuidado como valor e princípio jurídico em seus fundamentos. A exemplo: STJ, 3ª T, REsp. n. 1.159.242/SP, Rel. Min. Nancy Andrighi, j. 24.04.2012. "O cuidado

Merece especial referência a decisão do Supremo Tribunal Federal de relatoria do ministro Dias Toffoli, ao julgar o Agravo regimental no recurso extraordinário com agravo n. 1.276.264/SP, com base no Código de Defesa do Consumidor, cujo mérito se referiu a uma obrigação de prestação de serviços médicos por uma empresa seguradora, ao condenar, inclusive em danos morais. A decisão monocrática, confirmada pelo plenário, se refere ao "Instituto do cuidado, hoje inclusive reconhecido como valor jurídico, seja pela doutrina, quanto pela jurisprudência [...] Danos morais à evidência configurados, pela necessária consideração à vulnerabilidade das interessadas, aspecto, que, como ressaltado por Heloísa Helena Barboza, [...] consiste na característica do que é vulnerável, adjetivo que significa passível de ser ferido, e por consequência, morto [...]". [9]

Inúmeros estudos e pesquisas interdisciplinares têm sido desenvolvidos na doutrina brasileira. Merece referência a recente obra de Elisa Costa Cruz que resultou de sua tese de doutoramento em Direito Civil na UERJ. Numa releitura da guarda parental a partir do *cuidado*, a autora propõe uma ressignificação do referido instituto, como medida essencial para que ele seja conformado aos novos parâmetros constitucionais que regem o direito de família e o direito da infância. E conclui: "O foco central da guarda deve ser a atividade de cuidado, mas sem esquecer dos cuidadores e das pessoas sob o cuidado."[10] "[...] A compreensão da guarda como expressão do cuidado parental contribui, fortemente, no aprimoramento do sistema de responsabilização parental nas violações desse dever, pois ele permite um controle funcional do exercício do cuidado."[11]

No direito estrangeiro é significativo referirmos a Maria Teresa Martín Palomo. A autora alude que, "Claude Martin dá conta da amplitude dos significados do termo na seguinte citação: O sentido de cuidado abarca diferentes níveis: individual, relacional, coletivo e institucional. Pode ser interpretado em termos de relação, de atores, de práticas e dispositivos. O cuidado representa simultaneamente uma dimensão privada (em se tratando da vida particular) e uma dimensão pública, ao mesmo tempo, aparenta ser tanto um desejo como uma responsabilidade, se tornando, ou não, uma prática remunerada, pode ser dispensado de maneira informal ou formal." (Tradução nossa). [12]

---

como valor jurídico objetivo está incorporado no ordenamento jurídico brasileiro, não com essa expressão, mas com locuções e termos que manifestam suas diversas desinências, como se observa no art. 227-CF". [...] "Aqui não se fala ou discute, o amar e, sim, a imposição biológica e legal do cuidar que é dever jurídico, corolário da liberdade das pessoas de gerarem ou adotarem filhos". STJ, AREsp n.1.450.606, Rel. Min. Maria Isabel Gallotti, publ. 30.04.2019. "O cuidado como princípio jurídico nas relações familiares, cuja argumentação exposta indica sua aplicação não só às relações de tal teor, como também à outras em que a percepção sobre sua incidência desde logo se revele, tanto assim que sobre o instituto vem sendo publicada série de trabalhos, em volumes separados, cada qual dedicado a um aspecto atual do viver, além de na própria jurisprudência estar-se reconhecendo a importância que tem em circunstâncias variadas."

9. STF, ARE n. 1.276.264/SP, Rel. Min. Dias Toffoli, j. 01.07.2020. Disponível em: http://portal.stf.jus.br/processos/detalhe.asp?incidente=5942491. Acesso em: 26 jun. 2021.

10. CRUZ, Elisa Costa. *Guarda parental*: releitura a partir do cuidado. Rio de Janeiro: Processo, 2021, p.130.

11. . CRUZ, Elisa Costa. *Guarda parental: releitura a partir do cuidado*. Rio de Janeiro: Processo, 2021, p. 132.

12. No original: "De la amplitud de significados del término da cuenta Claude Martin en la cita que sigue: La noción de care esconde diferentes niveles: individual, relacional, colectivo e institucional. Se puede leer en términos de relación, de actores, de prácticas y de dispositivos. El care representa a la vez una dimensión privada (en el sentido de la vida privada) y una dimensión pública, se parece a la vez a un deseo y a una responsabilidad, toma las formas

Em realidade e ainda consoante à Palomo, "O cuidado foi caracterizado como uma área de pesquisa ao longo da última década, entretanto, segue não havendo consenso do que é que se entende por cuidado(s)." (Tradução nossa),[13] de maneira a indicar que muito ainda se deverá verificar sobre a adequada compreensão a respeito do que consiste e tem incidência, sob múltiplas circunstâncias a serem enxergadas não só sob a ótica privada, quanto também a pública.

Afinal e ainda na lembrança da mesma autora, "Os conceitos de dependência, autonomia e vulnerabilidade estão diretamente ligados entre si e à forma de conceber o cuidado prestado a outros, assim como o autocuidado. [...] em particular o do pensamento liberal, deixa claro que todos os seres humanos são dependentes em diversos níveis e circunstâncias de suas vidas, embora isso seja evidente, principalmente em alguns momentos, como nos inícios e finais do ciclo de vida." (Tradução nossa).[14]

O atual contexto social brasileiro e mundial conclama uma nova ética, justificando a interdiscliariedade desta iniciativa. Sempre sob a ótica do Cuidado, os autores enfrentaram temas sensíveis, ao mesmo tempo que trouxeram reflexões que, inevitavelmente, contribuirão para possíveis diálogos e definitivas mudanças, cumprindo necessário agradecer a valiosa participação de Maria Teresa Palomo e José Maria Muñoz Terron, da Espanha, que, desde logo, se prontificaram a compor o grupo de autores convidados participar da obra.

Advirta-se que, ao serem provocados a participar da obra e aceitaram, o que uma vez mais se agradece, demonstraram todos, além do *cuidado* no preparo dos textos, inequívoca *solidariedade* (sem trocadilho!), em participar do projeto, apresentando questionamentos pertinentes e aptos a indicar respostas aos pontos suscitados por cada qual, somado ao inegável entrelaçamento de propostas que suscitarão divagações e conclusões cujo interesse permitirá aos leitores demandas outras e das quais serão possíveis propostas acerca de volumes outros, sobre distintos contextos, como o futuro mostrará!

Tânia da Silva Pereira
Antônio Carlos Mathias Coltro

---

de prácticas remuneradas o no, puede ser dispensado de manera, informal o formal (Martin 2008: 29)." (PALOMO, Maria Teresa Martín. Cuidado, vulnerabilidad e interdependencia. Nuevos retos políticos. Premio Juan José Linz, 2014. Madrid: Centro de Estudos Políticos y Constitucionales, 2016, p. 31).

13. No original: "El cuidado se ha configurado como un campo de investigación a lo largo de la última década aun cuando continúe pendiente consensuar qué se entiende por cuidado(s)." (PALOMO, Maria Teresa Martín. Cuidado, vulnerabilidad e interdependencia. Nuevos retos políticos. Premio Juan José Linz, 2014. Madrid: Centro de Estudos Políticos y Constitucionales, 2016, p. 27).

14. No original: "Los conceptos de dependencia, autonomía y vulnerabilidad están estrechamente relacionados entre sí y con la forma en la que se concibe el cuidado prestado a otros, así como el autocuidado [...] en particular el del pensamiento liberal, obvia que todos los seres humanos son dependientes en diferentes sentidos y circunstancias de sus vidas, aunque esto se ponga de manifiesto sobre todo en algunos momentos, como en los inícios y en los finales del ciclo vital." (PALOMO, Maria Teresa Martín. Cuidado, vulnerabilidad e interdependencia. Nuevos retos políticos. Premio Juan José Linz, 2014. Madrid: Centro de Estudos Políticos y Constitucionales, 2016, p. 31).

APRESENTAÇÃO

I. OS ASTRONAUTAS QUE ESTUDAM NA ESTAÇÃO ESPACIAL INTERNACIONAL
    E OS BILIONÁRIOS QUE DÃO OS SEUS PASSEIOS TURÍSTICOS E
    SIMBÓLICOS NO ESPAÇO SIDERAL TÊM CONDIÇÕES MELHORES DO QUE
    NÓS PARA FORMAR UMA IDEIA CLARA SOBRE A SOLIDARIEDADE. É UMA
    AFIRMAÇÃO ESTRANHA?

Já se sabe que, quando nos afastamos da nossa terra de residência e a olhamos de longe, conseguimos perceber melhor os seus méritos e talvez até lamentemos tudo o que ainda não fizemos por ela. Temos saudades das árvores que conhecemos desde a infância, dos bairros pacatos onde as crianças brincam e lamentamos a negligência com que a sujamos e praticamos outros maus-tratos que desfeiam as suas paredes ou os equipamentos lúdicos sociais.

Ora, quem vê o planeta Terra à distância, vê a nave-Terra que transporta toda a humanidade. Julgo que, estando tão longe, desvanecem-se as diferenças que separam as pessoas, as carências que distinguem as regiões ricas e as desfavorecidas, ficam indistintas as belezas naturais de uns lugares e a fealdade de outros; isto é, não se descortinam, por exemplo, as desigualdades, as injustiças que separam os cidadãos, a pobreza e as dificuldades das famílias. O que eu imagino que se veja, lá de longe, são as características fundamentais do planeta-nave, que é um globo único, viajando numa órbita determinada, cumprindo os rigores do tempo, sujeitando todos os seres vivos às determinantes climáticas. Sem escolha. Lá de tão longe, percebem-se apenas as condicionantes básicas que unem, em vez das diferenças que desunem.

Creio que este ponto de vista faz sobressair – por outras palavras – que estamos condenados a viver todos *em um mundo só*, sem alternativas num horizonte temporal razoável. Isto quer dizer que somos todos parte integrante do planeta-nave espacial – os três reinos da natureza, animal, vegetal e mineral, como se dizia antigamente. Cada ser é um átomo deste objeto voador e, portanto, sofre ou beneficia dos males e dos bens que influenciam a esfera azul. Ninguém pode pôr-se à parte, porque não há para onde ir nesta escala planetária. Isto é o mesmo que dizer que ninguém escapa às suas responsabilidades para o bem e para o mal. As boas contribuições e os gestos perniciosos de todos ficarão inevitavelmente gravados nos anéis do tempo, como no tronco cortado de uma árvore antiga.

Por outro lado, já foi ultrapassada a ideia de "vulnerabilidade" que assentava na existência de "grupos vulneráveis" que se podem identificar e classificar. Hoje, está a ficar claro que somos *todos* vulneráveis,[15] no sentido de que nenhum de nós pode prescindir completamente, e para sempre, dos outros para a satisfação das suas necessidades. Afinal, já há muito que os livros repetiam a fórmula conhecida de que "o homem é um ser social."

Estas duas realidades – a noção de que estamos condenados a viver em um mundo só e esta revisitação da interdependência sob a forma da "vulnerabilidade" geral de todos os seres humanos – implicam a noção de solidariedade, isto é, a noção de que *estamos condenados a viver in solidum*. Isto significa que cada um de nós tem de viver com a consciência de que é parte de um mundo único e de que todos afetam cada um e cada um afeta todos.

Afinal, os juristas sabem bem o que caracteriza as *obrigações solidárias*, quais são os poderes dos credores solidários e as responsabilidades dos devedores solidários. Só que, no nível planetário das nossas vidas, a solidariedade não é uma opção, mas sim uma inevitabilidade. Não se debate nem se estipula viver *in solidum*; no planeta-nave que se vê lá de cima, apenas se pode *reconhecer* esta condição humana ou viver na sua ignorância – na ignorância que não afasta aquela inevitabilidade.

II.   **DESDE HÁ VÁRIOS ANOS, A INTELIGÊNCIA E A GENEROSIDADE DA NOSSA COLEGA *TÂNIA DA SILVA PEREIRA* – RESPEITANDO UM LEGADO FAMILIAR CONHECIDO QUE RECEBEU – FEZ DESPONTAR UMA SÉRIE DE TRABALHOS SOBRE O CUIDADO EM QUE ESTE LIVRO SE INSERE. A SUA INFLUÊNCIA TOCOU AS ALTAS INSTÂNCIAS DO PODER JUDICIAL BRASILEIRO E NA DOUTRINA, E LOGROU UMA CONSAGRAÇÃO FORMAL MERECIDA E TAMBÉM INABALÁVEL.**

Noutras latitudes, sublinho a obra impressiva de *Jonatham Herring*, no Reino Unido, com vários títulos marcantes a sublinhar a nova ideia de vulnerabilidade, a premência da valorização do cuidado como fundamento último de todo o Direito da Família, e a noção de "autonomia relacional" que se deve opor ao individualismo vulgar.[16]

---

15.   [...] I develop the concept of vulnerability in order to argue for a more responsive state and a more egalitarian society. I argue that vulnerability is – and should be understood to be–universal and constant, inherent in the human condition. The vulnerability approach I propose is an alternative to traditional equal protection analysis; it is a "post-identity" inquiry in that it is not focused only on discrimination against defined groups, but concerned with privilege and favor conferred on limited segments of the population by the state and broader society through their institutions. As such, vulnerability analysis concentrates on the structures our society has and will establish to manage our common vulnerabilities. This approach has the potential to move us beyond the stifling confines of current discrimination-based models toward a more substantive vision of equality. FINEMAN, Martha Albertson. The vulnerable subject: Anchoring Equality in the Human Condition, *Yale Journal of Law and Feminism*, vol 20, n. 1, 2008. Disponível em: https://digitalcommons.law.yale.edu/cgi/viewcontent. cgi?article=1277&context=yjlf&httpsredir=1&referer=. Acesso em: 17 jul. 2021.

16.   HERRING, Jonathan. *Law and the relational self*. Cambridge University Press: Cambridge, 2020. Disponível em: https://www.cambridge.org/core/books/law-and-the-relational-self/807076346C464A85D1449C6333B1B43C. Acesso em: 17 jul. 2021. Ver tambem: MARTINS, Rosa Andréa Simões Cândido. A família entre o público e o privado – A proposta metodológica da autonomia relacional na análise do regime jurídico do casamento. Coimbra: Almedina, 2010, p. 176-211.

Mais timidamente, em Portugal, alinhando com esta tendência, será brevemente publicada a segunda edição de um Manual que passa a fazer uma caracterização nova dos deveres entre os conviventes (apesar da sua fragilidade contemporânea), designando-os por dever de cooperar, dever de cuidar, e dever de respeito reforçado. Quem quiser ler desenvolvimentos sobre a necessidade de praticar o cuidado, de acordo com um modo de viver solidário, dispõe de um texto recente – *Fratelli Tutti* – a última encíclica do Papa Francisco.

> Quando falamos em cuidar da casa comum, que é o planeta, fazemos apelo àquele mínimo de consciência universal e de preocupação pelo cuidado mútuo que ainda possa existir nas pessoas. De facto, se alguém tem água de sobra mas poupa-a pensando na humanidade, é porque atingiu um nível moral que lhe permite transcender-se a si mesmo e ao seu grupo de pertença. Isto é maravilhosamente humano! Requer-se este mesmo comportamento para reconhecer os direitos de todo o ser humano, incluindo os nascidos fora das nossas próprias fronteiras.[17]

A noção da inevitabilidade de viver *in solidum* é também a única explicação do movimento da Comissão Europeia no sentido da descarbonização progressiva da economia (de 55% até 2030 e 0% até 2050)[18] que implicará custos imensos para todos, da alimentação aos transportes, à energia, sem falar da destruição de postos de trabalho. Mas, uma vez mais, já não havia tempo para debate, nem opção de não agir. O mundo-nave onde viajamos todos, sem alternativa, não aguenta mais.

Quando tomamos em consideração o mundo global e os grandes fenómenos que afetam toda a humanidade sem que relevem os particularismos locais ou sociais, o planeta surge perante nós com o seu caráter único e total, sublinhando deste modo a condição humana de viver *in solidum*; sublinhando o carácter inevitável da solidariedade. Afinal, como disse *Nanni Moretti* a propósito do seu último trabalho, "o filme apenas desmascarou uma mentira. Que poderíamos prescindir dos outros, da comunidade."[19]

O livro *Cuidado e Solidariedade* mostra-se alinhado com os sinais dos tempos. Vai ser uma inspiração para muitos anos de estudos sobre a nossa vulnerabilidade e a nossa interdependência.

Guilherme de Oliveira

---

17. Neste documento, a noção de solidariedade vem referida vinte e cinco vezes; podem ler-se, sobretudo os números 114 a 117. Disponível em: https://www.vatican.va/content/francesco/pt/encyclicals/documents/papa-francesco_20201003_enciclica-fratelli-tutti.html. Acesso em: 17 jul. 2021.
18. Disponível em: https://ec.europa.eu/clima/policies/strategies_en. Acesso em: 17 jul. 2021.
19. No original: «*Tre piani, il film, [...] ha solo smascherato una bugia. Ovvero che potessimo fare a meno degli altri, della comunità*». ULIVI, Stefania. Nanni Moretti, a Cannes è la sua giornata: «Con la pandemia non possiamo fare a meno degli altri». Disponível em: https://www.corriere.it/spettacoli/cinema-serie-tv/festival-di-cannes/notizie/nanni-moretti-cannes-sua-giornata-con-pandemia-non-possiamo-fare-meno-altri-7ffdc7be-e259-11eb-a101-49a08d5b8f51.shtml. Acesso em: 17 jul. 2021.

SOBRE OS AUTORES

ACARY SOUZA BULLE OLIVEIRA

Médico. Residência em Neurologia (Unifesp). Mestre e Doutor em Neurociências/Neurologia (Unifesp). Pós-Doutor em Neurologia. Professor afiliado do Departamento de Neurologia e Neurocirurgia da Escola Paulista de Medicina (EPM) da Universidade Federal de São Paulo (Unifesp).

ADERBAL MAGNO CAMINADA SABRA

PhD e Membro Titular da Academia Nacional de Medicina. Chefe da Unidade de Alergia Alimentar e Autismo do Serviço de Imunologia Clínica e Experimental da Santa Casa da Misericórdia do Rio de Janeiro. Foi Professor Titular de Pediatria da UFF, da UFRJ, da FM de Petrópolis e da UNIGRANRIO. Fez Livre Docência e tornou-se Doutor na UFRJ. Pós-Doc em Gastroenterologia, Doenças Infecciosas Intestinais em Imunologia e Alergia Alimentar. Autor de 7 livros de medicina: Diarreias Agudas na Infância; Diarreia Aguda e Crônica em Pediatria; Mal Absorção; Doenças do Tubo Digestivo em Pediatria; Hepatologia Pediátrica e Manual de Alergia Alimentar. Autor de mais de 150 trabalhos científicos, com os trabalhos pioneiros que associam alergia alimentar e autismo.

ALFREDO ATTIÉ

Titular da Cadeira San Tiago Dantas e Presidente da Academia Paulista de Direito. Doutor em Filosofia pela Universidade de São Paulo. Mestre em Filosofia e Teoria Geral do Direito pela Faculdade de Direito da Universidade de São Paulo. *Master of Comparative Law da Cumberland School of Law*. Exerce a função de Desembargador no TJSP, tendo sido Procurador do Estado de São Paulo e Advogado. Estudou, pesquisou, lecionou e proferiu aulas e conferências, participou de Conselhos Editoriais, e publicou artigos e livros, no Brasil e no exterior. Diretor dos Centros Internacionais de Direitos Humanos de São Paulo e da Paz, Justiça, Solidariedade e Transformação de Conflitos, associados à Cadeira San Tiago Dantas, da Academia Paulista de Direito. Editor de Polifonia: Revista Internacional da Academia paulista de Direito. Autor das obras: A Reconstrução do Direito. 2003; Montesquieu, 2018; *Towards International Law of Democracy*, 2021; Brasil em Tempo Acelerado, 2021.

ANA CAROLINA BROCHADO TEIXEIRA

Doutora (UERJ) e Mestre (PUCMinas) em Direito. Professora do Centro Universitário UNA. Coordenadora editorial da Revista Brasileira de Direito Civil – RBDCivil. Advogada.

ANA CAROLINA CUBRIA

Doutoranda do Programa de Pós-Graduação em Teoria Psicanalítica da Universidade Federal do Rio de Janeiro (UFRJ). Mestre em Teoria Psicanalítica pela UFRJ. Membro do Núcleo de Estudos em Psicanálise e Clínica da Contemporaneidade (NEPECC/UFRJ). Graduada em Psicologia pela UFRJ.

ANA MARIA IENCARELLI

Psicóloga, Graduada pela Faculdade de Filosofia da Universidade Federal de Pernambuco. Psicanalista de Criança e Adolescente, pela *International Psychoanalytical Association*. Pós-graduada, *Diplôme d'Études Superieures Spécialisées*, pela Sorbonne. Ex-Professora da disciplina "Relação Médico-Paciente na Faculdade de Medicina da CESGRANDERIO. Autora do livro: Abuso Sexual, uma tatuagem na alma de meninos e meninas. Coautora da série sobre Cuidado e Responsabilidade, Cuidado e Vulnerabilidade, Cuidado e Afetividade, Cuidado e Direito de Ser; Coautora de Vida e Morte, Dignidade Humana e do livro 80 anos do Direito da Universidade do Estado do Rio de Janeiro, UERJ. Coautora do livro: A invisibilidade de crianças e mulheres vítimas das perversidades da lei de alienação parental – Pedofilia, Violência e Barbarismo. Ex-Presidente da ABRAPIA. Fundadora e Presidente da OSCIP Vozes de Anjos.

ANA SOFIA CARVALHO

Juíza de Direito no Tribunal Administrativo e Fiscal do Porto. Mestre em Direito Tributário e Fiscal pela Universidade do Minho.

ANDREA VIVIANA TAUBMAN

Escritora, tradutora, mestranda em Linguística, membro da Academia Teresopolitana de Letras, ativista pelo combate à violência sexual contra crianças e adolescentes por meio da literatura infantil.

ANTÔNIO CARLOS MATHIAS COLTRO

Desembargador TJSP. Especialização em Direito Civil (UNAERP). Mestre e Professor de IED na Faculdade Paulista de Direito, por cinco anos. Membro da Academia Paulista de Direito – Cadeira Herotides da Silva Lima – Direito das Relações Sociais (PUC-SP). Presidente do Instituto Brasileiro de Direito Constitucional. Regente de ensino na PUC-SP (1989/2005). Professor de IED na primeira turma da Faculdade Autônoma de Direito.

ANTÔNIO LUIZ FRANÇA DE LIMA

Advogado trabalhista, bacharel em Direito pela Faculdade de Direito da Universidade de Ribeirão Preto. Empresário rural. Piloto civil.

ARRUDA ALVIM

Advogado. Doutor e Livre Docente. Professor Titular da Pós-graduação *stricto sensu* (Mestrado e Doutorado) da Pontifícia Universidade Católica de São Paulo – PUC-SP.

ATAHUALPA FERNANDEZ

Membro do Ministério Público da União/MPU/MPT/ Brasil (Fiscal/Public Prosecutor). Doutor (Ph.D.) Filosofía Jurídica, Moral y Política/ Universidad de Barcelona/ España. Postdoctorado (Postdoctoral research) Teoría Social, Ética y Economia/ Universitat Pompeu Fabra/ Barcelona/España; Mestre (LL.M.) Ciências Jurídico-civilísticas/Universidade de Coimbra/Portugal. Postdoctorado (Postdoctoral research) *Center for Evolutionary Psychology da University of California*/Santa Barbara/ USA; Postdoctorado (Postdoctoral research) Faculty of Law/CAU – Christian-Albrechts-Universität zu Kiel/ Schleswig-Holstein/Deutschland. Postdoctorado (Postdoctoral research) Neurociencia Cognitiva Universitat de les Illes Balears-UIB/España. Especialista Direito Público/ UFPA/Brasil. Profesor Colaborador Honorífico (Associate Professor) e Investigador da Universitat de les Illes Balears, Cognición y Evolución Humana, Laboratório de Sistemática Humana – EVOCOG. Grupo de Cognición y Evolución humana/Unidad Asociada al IFISC (CSIC-UIB) Instituto de Física Interdisciplinar y Sistemas Complejos – UIB/España. Independent Investigator and Theoretician.

AUGUSTO DRUMMOND LEPAGE

Graduado em Direito pela Universidade de São Paulo. Juiz de Direito com atuação nas Varas da Família há 23 anos. Coordenador da Área de Direito de Família da Escola Paulista da Magistratura.

BÁRBARA TOLEDO

Tabeliã. Mestra em Direito da Criança, da Família e das Sucessões pela Universidade do Minho. Mestra em Direito pela Universidade Estácio de Sá. Graduada em Direito pela Universidade Federal Fluminense. Pós-graduada em Direito da Criança e do Adolescente pela Universidade do Estado do Rio de Janeiro e em Direito Notarial e Registral pela Pontifícia Universidade Católica de Minas Gerais.

BRUNO PATTO PINHO VIEIRA DE CAMARGO

Licenciatura em Artes Visuais. Especialização em Teorias e Técnicas para Cuidados Integrativos (Unifesp) e em Arteterapia (Universidade Paulista). Associado Fundador da Associação Brasileira de Cuidados Integrativos (ABRACI).

CAMILA DE JESUS MELLO GONÇALVES

Juíza de Direito do Estado de São Paulo. Mestre em Filosofia do Direito e Doutora em Direitos Humanos pela Faculdade de Direito da Universidade de São Paulo. Professora da Escola de Direito de São Paulo da Fundação Getúlio Vargas.

CARLOS EDUARDO GOMES RIBEIRO

Advogado com atuação na área criminal. Membro da Comissão do Jovem Advogado e da Comissão de Direitos e Prerrogativas da 132ª Subseção de Praia Grande da Ordem dos Advogados do Brasil, Seção São Paulo, (2016/2018).

CARLOS JESUS GIL

Geógrafo, formado na Universidade de Coimbra. Professor em diferentes regiões do país. Investigador/colaborador no Instituto de Psicologia Cognitiva e Desenvolvimento Humano e Social, da Faculdade de Psicologia e Ciências da Educação da Universidade de Coimbra, unidade I&D da Fundação para a Ciência e a Tecnologia. Autor de capítulos e artigos em Portugal e no Brasil. Estudos em Formação Musical (Conservatório de Música Calouste Gulbenkian). Baixista em diversas bandas musicais. Voluntário e primeiro secretário da Mesa da Assembleia da Plataforma PAJE, apoio a jovens ex-acolhidos. Sócio fundador do Centro Cultural e Recreativo da Praia de Mira.

CLARISSA DINIZ GUEDES

Professora Associada da Faculdade de Direito da Universidade Federal de Juiz de Fora – UFJF (Graduação e Mestrado). Doutora em Direito Processual pela Universidade de São Paulo – USP.

CLAUDIO LUIZ BUENO DE GODOY

Desembargador do Tribunal de Justiça do Estado de São Paulo. Livre Docente e Professor Associado do Departamento de Direito Civil da Faculdade de Direito da Universidade de São Paulo.

CLAYTON REIS

Licenciado pela Faculdade de Filosofia Ciências e Letras da UFPR. Bacharel em Direito pela Faculdade de Direito de Curitiba. Magistrado em segundo grau aposentado do TJPR. Pós-Doutor pela Universidade Central de Lisboa. Mestre em Direito Negocial pela UFPR. Doutor em Direito Negocial pela UFPR. Especialista em Responsabilidade Civil da UEM. Professor Adjunto IV aposentado da UEM. Professor titular do PPGD da ANIMA/UNICURITIBA. Professor Adjunto da UTP. Professor da Escola da Magistratura do Paraná. Membro Fundador da APLJ. Membro do IBERC. Autor de vários livros e artigos publicados. Advogado e parecerista em Curitiba-PR. E-mail: clayton@reisealberge.com

DIOVÂNIA MARIA SABINO DA FONSECA MELHORANCE

Pesquisadora e Graduada em Direito pela Universidade do Estado do Rio de Janeiro (UERJ).

FELIPE QUINTELLA MACHADO DE CARVALHO

Doutor, Mestre e Bacharel em Direito pela UFMG. Professor dos cursos de Graduação e de Mestrado da Faculdade de Direito Milton Campos. Professor do Ibmec BH. Professor convidado de cursos de pós-graduação. Presidente do Instituto Brasileiro de Direito Contratual (IBDCont) em Minas Gerais. Membro do Instituto Brasileiro de Direito de Família (IBDFAM), do Instituto Brasileiro de Estudos em Responsabilidade Civil (IBERC) e do Instituto Brasileiro de Direito Civil (IBDCivil). Sócio fundador do Quintella & Righetti Advocacia e Consultoria.

FERNANDO DE ALMEIDA SILVEIRA

Advogado. Psicólogo. Doutor em Psicologia (USP). Pós-doutor em Filosofia (UFSCar). Professor Associado de Psicologia e Humanismo e Trabalho em Saúde da Universidade Federal de São Paulo – UNIFESP – Campus Baixada Santista.

FRANCISCO EDUARDO LOUREIRO

Graduado em Direito pela Universidade de São Paulo. Mestre em Direito Civil pela PUC-SP Desembargador do Tribunal de Justiça de SP. Diretor da Escola Paulista da Magistratura de SP no biênio 2018/2.

GUILHERME CALMON NOGUEIRA DA GAMA

Doutor e Mestre em Direito Civil pela Universidade do Estado do Rio de Janeiro (UERJ). Professor Titular de Direito Civil da Faculdade de Direito da UERJ e do IBMEC/RJ. Professor Permanente do Programa de Pós-Graduação

Stricto Sensu em Direito da Universidade Estácio de Sá. Vice- Presidente e Desembargador Federal do Tribunal Regional Federal da 2ª Região. Coordenador da Rede de Juízes de Enlace para a Convenção da Haia de 1980. Ex. Conselheiro do Conselho Nacional de Justiça (CNJ).

GUILHERME DE OLIVEIRA

Professor catedrático jubilado da Faculdade de Direito de Coimbra. Fundador e Diretor do Centro de Direito da Família. Fundador e Presidente-Honorário do Centro de Direito Biomédico.

ISABEL RESTIER POÇAS

Advogada, Pós-Graduada em Direito do Património Cultural e em Teoria e Prática de Contencioso Administrativo e Tributário pela Faculdade de Direito da Universidade Lisboa.

ISMAEL HARDT DE CARVALHO

Advogado, formado pela Universidade do Vale do Itajaí em Santa Catarina – UNIVALI, especialista em Direito e Processo do Trabalho, atuou junto a Associação Florianopolitana de Voluntários – AFLOV. Trabalhou para o Instituto Latino-Americano das Nações Unidas para Prevenção do Delito e Tratamento do Delinquente – ILANUD e para a Rede Social São Paulo. Advogado do Escritório Gonçalves de Souza em Florianópolis, atua em ações coletivas de impacto social no Estado de Santa Catarina.

JOÃO PEDRO M. GASPAR

Pela Universidade de Coimbra, é Licenciado em Geologia. Mestre em Geociências. Doutor em Psicologia da Educação, com Pós-doutoramento em Educação Social. Investigador Integrado do Centro de Estudos Interdisciplinares da Universidade de Coimbra (CEIS20), do Centro de Investigação em Educação de Adultos e Intervenção Comunitária (CEAD), do Instituto de Psicologia Cognitiva IPCDHS) e do Laboratório Interdisciplinar de Pesquisa e Intervenção Social da PUC, Rio de Janeiro (LIPIS). Docente convidado em diversas Instituições de Ensino superior. Mentor e coordenador da PAJE – Plataforma de Apoio a Jovens (Ex) acolhidos. Supervisor e Consultor em várias Instituições na área da Infância e Família. Coordenador de projetos nacionais e internacionais na área da educação e crianças em risco. Conferencista em cerca de duas centenas de Seminários/ Encontros/ Congressos (Portugal, Espanha, Suíça, Brasil, Luxemburgo e Guiné Bissau. Autor e coordenador de livros, artigos e capítulos em publicações nacionais e internacionais. Membro de diversas Comissões Científicas e Editoriais. Revisor em revistas científicas (Portugal, Brasil e México). Membro do Conselho Científico da Academia de Líderes UBUNTU. Membro do INTRAC – International Research Network on Transitions to Adulthood from Care (representante português). Membro fundador e Presidente do Conselho Consultivo da AjudAjudar – Associação para a Promoção dos Direitos das Crianças e Jovens; Prémio Best Project no ICCA – International Conference on Childhood and Adolescence 2017.

JORGE GRACIA IBÁÑEZ

Professor Visitante equiparado a Professor Auxiliar, Escola de Criminologia da Faculdade de Direito da Universidade do Porto (Portugal). Centro de Investigação Interdisciplinar Crime, Justiça e Segurança (CJS). *Universidad Internacional de la Rioja*-UNIR (Espanha) e Laboratorio de Sociología Jurídica de *la Universidad de Zaragoza* (Espanha).

JOSÉ AMÉRICO ABREU COSTA

Juiz do Tribunal de Justiça do Estado do Maranhão. Titular da 1ª. Vara da Infância e da Juventude de São Luís do Maranhão. Pós-graduado em Direito Civil e Processual Civil pela Universidade Estácio de Sá. Pós-graduado em Direito Processual Civil pela Universidade Federal de Pernambuco. Pós-graduado em Direito Penal Econômico e Europeu pela Faculdade de Direito da Universidade de Coimbra (Portugal). Doutor *honoris causa* em Ciências Jurídicas pela Universidade Presbiteriana Emil Brunner.

JOSÉ ANTÓNIO S. COELHO

Pela Universidade de Aveiro, é Licenciado em Ensino de Biologia e Geologia. Mestre em Toxicologia e Ecotoxicologia. Professor do Quadro de Zona Pedagógica de Nomeação Definitiva. Atualmente exerce funções docentes no Instituto de Apoio à Criança. Participa no 3º Eixo de intervenção da Plataforma PAJE, no âmbito da investigação e publicação na temática das crianças e jovens em risco. Autor de comunicações nacionais e internacionais.

JOSÉ MARÍA MUÑOZ TERRÓN

Doctor por la Universidad de Granada. Profesor Titular de Filosofía en la Universidad de Almería. Miembro titular del Centro de Investigación Comunicación y Sociedad, Universidad de Almería. E-mail: jmterron@ual.es

JULIANA LOPES FERREIRA

Advogada. Doutoranda em Linguística Aplicada pela UFRJ. Mestra em Direito pela UNIRIO. Consteladora familiar e Mediadora de Conflitos no TJRJ. Cofundadora da Associação Práxis Sistêmica. Colaboradora do Núcleo de Mediação da Universidade Federal do Rio de Janeiro (NUMEC/UFRJ).

KÁTIA REGINA FERREIRA LOBO ANDRADE MACIEL

Procuradora de Justiça do Ministério Público do Estado do Rio de Janeiro. Titular da 2ª Procuradoria de Justiça da Infância e da Juventude (não infracional). Mestre em Direitos Fundamentais e Novos Direitos pela UNESA. Professora das Pós-graduações da Fundação Escola do Ministério Público (FEMPERJ), do Instituto de Educação Roberto Bernardes Barroso do MPRJ (IERBB) e da Pós-graduação em Família e Sucessões da Pontifícia Universidade Católica (PUC-RJ).

LAURO LUIZ GOMES RIBEIRO

Procurador de Justiça. Mestre em Direito das Relações Sociais pela PUC/SP. Doutor em Direito Constitucional pela PUC/SP. Professor. Autor de obras jurídicas.

LAURO SANTO DE CAMARGO

Procurador de Justiça aposentado do Ministério Público do Estado de São Paulo. Advogado. Músico inscrito na Ordem dos Músicos.

LÚCIA HELENA POLLETI BETTINI

Doutora e Mestre em Direito do Estado na subárea Direito Constitucional pela Pontifícia Universidade Católica de São Paulo – PUC-SP. Professora da Escola de Direito e Humanidades e da Escola da Indústria da Criatividade da Universidade Municipal de São Caetano do Sul – USCS. Professora do Programa de Pós-Graduação *lato sensu* na Instituição Toledo de Ensino – ITE – Bauru. Sócio membro do Instituto Brasileiro de Direito Constitucional – IBDC. Advogada em São Paulo.

LUCIA MARIA TEIXEIRA FERREIRA

Advogada e Consultora Jurídica. Mestre em Direito Civil pela Universidade do Estado do Rio de Janeiro

- UERJ, onde concluiu a Graduação em Direito. Pós-Graduada em Sociologia Urbana pelo Departamento de Ciências Sociais da UERJ. Procuradora de Justiça aposentada do Ministério Público do Estado do Rio de Janeiro. Possui a Certificação CIPP/E, da IAPP- *International Association of Privacy Professionals*, instituição à qual também é associada. É Coordenadora de Estudos, Pareceres e Ações Educativas da Comissão de Proteção de Dados e Privacidade da OAB/RJ (biênio 2019-2021) e é Co-coordenadora do Grupo de Trabalho Supremo Tribunal Federal (2021) do Observatório Legislativo e Jurisprudencial da Comissão de Direito Privado e Novas Tecnologias do Conselho Federal da OAB. Associada ao Instituto Brasileiro de Governança Corporativa – IBGC.

MARIA AGLAÉ TEDESCO VILARDO

Juíza de Direito. Doutora em Bioética, Ética Aplicada e Saúde Coletiva pelo PPGBIOS em associação da UERJ, UFRJ, UFF e FIOCRUZ. Doutorado sanduíche com bolsa da CAPES no *Kennedy Institute of Ethics – Georgetown University – Washington- DC*. Presidente do Fórum Permanente de Biodireito, Bioética e Gerontologia da Escola da Magistratura do Estado do Rio de Janeiro-EMERJ. Presidente do NUPEBIOS/EMERJ – Núcleo de Pesquisa em Bioética e Saúde Social da Escola da Magistratura do Estado do Rio de Janeiro.

MARIA BEATRIZ GUIMARÃES PINHEIRO

Especialista em desenvolvimento de pessoas e grupos desde 1977. *Coach* desde 1992. Filósofa (UFMG), com *Maîtrise* em Comunicação e D.E.A. em Ciências da Linguagem (*Université de Provence-France*).

MARIA DE FÁTIMA FREIRE DE SÁ

Doutora (UFMG) e Mestre (PUCMinas) em Direito. Professora da Graduação e do Programa de Pós-graduação (especialização, mestrado e doutorado) em Direito na PUCMinas. Pesquisadora do Centro de Estudos em Biodireito – CEBID. Advogada.

MARÍA TERESA MARTÍN PALOMO

Doctora en Análisis y Evaluación de Políticas y Procesos Sociales y Políticos por la Universidad Carlos III de Madrid. Profesora Titular de Sociología en la Universidad de Almería. Miembro titular del Centro de Estudio de las Migraciones y las Relaciones Interculturales (CEMyRI), Universidad de Almería. E-mail: tmartinp@ual.es

MARIANA DE SOUSA

Advogada, Formadora e Técnica de apoio à vítima. Inscrita na Ordem dos Advogados Portugueses no conselho distrital do Porto.

MARÍLIA CAMPOS OLIVEIRA E TELLES

Advogada colaborativa e mediadora de conflitos certificada pelo Instituto de Certificação e Formação de Mediadores Lusófonos – ICFML. Especialista em Direito de Família e Sucessões pela Escola Paulista de Direito. Presidente do Conselho e docente do Instituto Brasileiro de Práticas Colaborativas (2021/2022). Docente credenciada pela *International Academy of Collaborative Professionals*.

MARLY FERNANDEZ

Doutora (Ph.D.) Humanidades y Ciencias Sociales, Universitat de les Illes Balears – UIB/España. Postdoctorado (Postdoctoral research) Filogènesi de la moral y Evolució ontogénica, Laboratório de Sistemática Humana- UIB/España. Mestre (M. Sc.) Cognición y Evolución Humana, Universitat de les Illes Balears – UIB/España. Mestre (LL.M.) Teoría del Derecho, Universidad de Barcelona – UB/ España. Investigadora da Universitat de les Illes Balears – UIB. Laboratório de Sistemática Humana/ Evocog. Grupo de Cognición y Evolución humana – Unidad Asociada al IFISC (CSIC-UIB), Instituto de Física Interdisciplinar y Sistemas Complejos – UIB/España.

MIRIAM BOBROW

Psicóloga. Mediadora e terapeuta de casais e famílias. Terapeuta Colaborativa (Profissional da Saúde Mental) nos processos de divórcio e sucessão. Cofundadora do Departamento de Mediação no Centro de Estudos e Assistência a Família (CEAF). Membro do Mediativa – Instituto de Mediação Transformativa Reflexiva (MTR) com formação em Negociação e Mediação na Universidade de Columbia em Nova York. Diretora e docente do Instituto Brasileiro de Práticas Colaborativas (IBPC).

MIRIAM NARDELLI

Arquiteta. Mestre pela Universidade de Brasília (UnB) e pós-graduada em Iluminação e Design pelo IPOG-DF. Foi professora universitária por 14 anos na Unieuro-DF. Arquiteta aposentada do Banco do Brasil. Foi por duas vezes conselheira do Crea-DF, chegando a coordenadora da Câmara de Arquitetura. Integrou a Comissão Organizadora do XX Congresso Pan-americano de Arquitetos, em 2006, e foi coautora de artigo apresentado no IV Encontro Nacional de Tecnologia do Ambiente Construído, em 1997. Docente convidada para participar de bancas de graduação, atua também como orientadora e coorientadora de formandos.

PABLO STOLZE GAGLIANO

Juiz de Direito. Mestre em Direito Civil pela PUC-SP. Pós-graduado em Direito Civil pela Fundação Faculdade de Direito da Bahia. Membro da Academia Brasileira de Direito Civil, do Instituto Brasileiro de Direito Contratual e da Academia de Letras Jurídicas da Bahia. Professor da Universidade Federal da Bahia. Coautor do Manual de Direito Civil e do Novo Curso de Direito Civil (Ed. Saraiva).

PEDRO CAETANO DE CARVALHO

Filósofo e Juiz de Direito aposentado. Atividades já exercidas: Coordenador Estadual da Fundação Catarinense do Bem-estar do Menor. Presidente do Conselho Estadual dos Direitos da Criança e do Adolescente, onde representava a Escola de Pais do Brasil, seccional de SC. Professor da Escola Superior da Magistratura Catarinense – ESMESC. Secretário Executivo da Associação Brasileira dos Magistrados e Promotores da Infância e Juventude – ABMP. Ex-membro da Ordem dos Clérigos Regulares Teatinos e do IBDFAM. Autor de diversas publicações sobre o cuidado, família, criança e adolescente.

REBECCA FERREIRA LOBO ANDRADE MACIEL

Professora de Psicologia no Centro Universitário de Valença. Psicóloga clínica. Doutoranda em Psicologia Social pela Universidade do Estado (UERJ). Mestre em Ciência da Religião pela Universidade Metodista de São Paulo (UMESP). Pós-graduada em Ciência da Religião pela Faculdade de São Bento/RJ. Graduada em Teologia pelo Unibennet e em Psicologia pela Universidade Federal do Rio de Janeiro (UFRJ).

RODRIGO CARDOSO FERNANDES

Advogado. Professor Convidado do Curso de Pós-Graduação de Direito Especial da Criança e do Adolescente da Universidade do Estado do Rio de Janeiro (UERJ). Professor Titular de Prática Processual Civil da Universidade Candido Mendes – Campus Tijuca. Professor da Pós-Graduação de Direito Imobiliário da Universidade Candido Mendes – Campus Jacarepaguá. Advogado responsável pelo setor Cível do Escritório Modelo – FUCAM, do Campus Tijuca da Universidade Candido Mendes (2011/2014).

RUTH BARBOSA

Livre pensadora. Consteladora familiar pelo Instituto Bert Hellinger Brasil Central de São Paulo (IBHC/SP). Especialista em constelação familiar e organizacional certificada internacionalmente pelo Institut für Systemische Psychotherapie, Aufstellung und Beratung – München (ISPAB). Master no modelo de validação humana pelo Institute Virginia Satir of Germany (IVSG). Cofundadora da Associação Práxis Sistêmica.

SÂMIA INATY SMAIRA

Administradora de Empresa. Pós-graduação em Marketing (Escola Superior de Propaganda e Marketing). Especialização em Teorias e Técnicas para Cuidados Integrativos (Unifesp). Associada Fundadora e Diretora Presidente da Associação Brasileira de Cuidados Integrativos (ABRACI).

SÁVIO BITTENCOURT

Procurador de Justiça. Doutor em Ciências pela Universidade Federal do Rio de Janeiro. Mestre em Direito da Criança, da Família e das Sucessões pela Universidade do Minho. Mestre em História Social pela Universidade de Severino Sombra. Graduado em Direito pela Universidade Federal Fluminense e em Filosofia pela Universidade do Sul de Santa Catarina.

SELMA DANTAS TEIXEIRA SABRA

Professora Adjunta – Mestre da Pediatria da Universidade Federal Fluminense – UFF e da Clínica Médica da Criança e do Adolescente da Universidade do Grande Rio – UNIGRANRIO. Doutoranda da UFF. Membro Titular da Academia de Medicina do Rio de Janeiro. Membro da Associação de Mulheres Jornalistas e Escritoras do Brasil, (AJEB) Unidade Rio de Janeiro. Membro Titular da Academia Brasileira de Medicina e Reabilitação. Editora da Coluna Saúde de domingo do Jornal O Fluminense. Bacharel em Direito, advogada com pós-graduação "*Lato Sensu*" em Direito Civil e Processo Civil.

SERGIO NICK

Psiquiatra e Psicanalista. Vice-Presidente da *International Psychoanalytical* Association – IPA (2017-2021). Psicanalista de Crianças e Adolescentes – COCAP/IPA. Membro efetivo da Sociedade Brasileira de Psicanálise do Rio de Janeiro – SBPRJ. Membro da Associação Brasileira de Psiquiatria – ABP.

SÉRGIO ROXO DA FONSECA

Advogado. Procurador de Justiça aposentado do Ministério Público do Estado do Rio de Janeiro. Bacharel em Direito pela Faculdade de Direito da Universidade do Rio de Janeiro. Cidadão benemérito das cidades de Ribeirão Preto, Jardinópolis e Guará.

SISSY VELOSO FONTES

Psicóloga. Fisioterapeuta. Professora de Educação Física. Especialização em Teorias e Técnicas para Cuidados Integrativos (Unifesp) e em Intervenção Fisioterapêutica em Doenças Neuromusculares (Unifesp). Mestre em Neurociências (Unifesp). Doutora em Ciências/Neurologia (Unifesp). Professora afiliada do Departamento de Neurologia e Neurocirurgia da Escola Paulista de Medicina da Universidade Federal de São Paulo (Unifesp). Diretora de Planejamento da Associação Brasileira de Cuidados Integrativos (ABRACI).

SYLVIO CÉSAR ARIANO CHIOSSI

Bacharel em Direito. Especialização em Teorias e Técnicas para Cuidados Integrativos (Unifesp). Associado Fundador e Diretor Financeiro da Associação Brasileira de Cuidados Integrativos (ABRACI).

SOLANGE LUZ

Administradora pela FAPPES. Participou do "*Program Business and Professional Communication pela McGill University.*" Cofundadora do Movimento Conexão Favela. Responsável pela curadoria e criação de conteúdo da Voicers.

TAISA MARIA MACENA DE LIMA

Doutora e Mestre em Direito pela UFMG. Professora da Graduação e do Programa de Pós-graduação (mestrado e doutorado) em Direito na PUCMinas. Ex-bolsista do DAAD. Conselheira do KAAD. Desembargadora do Trabalho.

TÂNIA DA SILVA PEREIRA

Advogada especializada em Direito de Família, Infância e Juventude. Mestre em Direito Privado pela UFRJ, com equivalência em Mestrado em Ciências Civilísticas pela Universidade de Coimbra (Portugal). Professora de Direito aposentada da PUC/Rio e da UERJ. Autora de obras e textos sobre Direito de Família e Sucessões, Criança e Adolescente, Idoso e Pessoa com Deficiência. Membro do IBDFAM.

TATIANA ROCHA SEIXAS

Bacharel em Direito. Especialista em Direito Especial da Criança e do Adolescente. Professora Convidada do Curso de Pós-Graduação de Direito Especial da Criança e do Adolescente da Universidade do Estado do Rio de Janeiro (UERJ). Funcionária Pública do Tribunal de Justiça do Estado do Rio de Janeiro. Membro do IBDFAM.

TEREZA CRISTINA MONTEIRO MAFRA

Doutora, Mestra e Bacharela em Direito pela UFMG. Professora dos cursos de Graduação e de Mestrado da Faculdade de Direito Milton Campos. Diretora da Faculdade de Direito Milton Campos. Sócia fundadora do Tereza Mafra Advocacia.

TONIN ELIE OFEICHE DA COSTA

Advogada atuante no Direito de Família, ex-professora e advogada orientadora do Núcleo de Prática Jurídica da Universidade Veiga de Almeida (UVA-Barra da Tijuca).

WALDIRENE DAL MOLIN

Advogada colaborativa e mediadora. Mestre em Direito Econômico e Social pela PUC/PR e em Filosofia pela UFPR. Diretora e docente do Instituto Brasileiro de Práticas Colaborativa (IBPC) e da Pós-graduação em Gestão de Conflitos da Universidade Tuiuti.

SUMÁRIO

NOTA PÓSTUMA

Quando o trabalho estava finalizado para remessa à editora, lamentavelmente, perdemos o professor Arruda Alvim.

O eminente professor José Manoel de Arruda Alvim Netto, era bacharel, livre-docente, doutor e mestre em Direito pela PUC de São Paulo e foi professor titular de Direito Civil e coordenador da área de Direito Processual Civil da universidade.

Exerceu a advocacia brilhantemente e integrou o Poder Judiciário, tendo se aposentado como desembargador do Tribunal de Justiça de São Paulo, além de ter sido juiz do 1º Tribunal de Alçada Civil de São Paulo. Também foi Procurador da Fazenda Nacional de São Paulo.

Para nossa alegria, o professor Arruda Alvim – em mais de uma oportunidade – colaborou com o *Projeto Cuidado*. E nesta edição, revelando novamente sua generosidade, nos agraciou com um dos capítulos da obra. Assim, prestamos nossa homenagem, guardando a lembrança de sua amizade, grandeza, inteligência, simpatia e dedicação a tudo que se propôs. Certos de que sua lembrança estará sempre presente!

Tânia da Silva Pereira
Antônio Carlos Mathias Coltro

SOLIDARIEDADE TEM NOME: MUTIRÃO CONTRA A DESNUTRIÇÃO INFANTIL: EXPERIÊNCIA DE 20 ANOS

Aderbal Magno Caminada Sabra

Membro Titular da Academia Nacional de Medicina. Chefe da Unidade de Alergia Alimentar e Autismo do Serviço de Imunologia Clínica e Experimental da Santa Casa da Misericórdia do Rio de Janeiro. Foi Professor Titular de Pediatria da UFF, da UFRJ, da FM de Petrópolis e da UNIGRANRIO. Fez Livre Docência e tornou-se Doutor na UFRJ. Possui Pós-Doc em: Gastroenterologia, Doenças Infecciosas Intestinais e em Imunologia e Alergia Alimentar. Autor de livros de medicina e autor de mais de 150 trabalhos científicos, com os trabalhos pioneiros que associam alergia alimentar e autismo.

Selma Dantas Teixeira Sabra

Professora Adjunta – Mestre da Pediatria da Universidade Federal Fluminense – UFF e da Clínica Médica da Criança e do Adolescente da Universidade do Grande Rio – UNIGRANRIO. Doutoranda da UFF. Membro Titular da Academia de Medicina do Rio de Janeiro. Membro da Associação de Mulheres Jornalistas e Escritoras do Brasil, (AJEB) Unidade Rio de Janeiro. Membro Titular da Academia Brasileira de Medicina e Reabilitação. Editora da Coluna Saúde de domingo do Jornal "O Fluminense". Bacharel em Direito, advogada com pós-graduação "Lato Sensu" em Direito Civil e Processo Civil.

1. CONSIDERAÇÕES INICIAIS

A desnutrição continua sendo uma das causas de morbidade e mortalidade mais comuns entre crianças de todo o mundo. Sabemos muito bem como evitar a má nutrição, desde a concepção até a primeira infância e a adolescência. Para isso um conjunto de ações são necessárias para tentar minimizar o problema, criando uma determinação política dos governos nacionais, respaldada por compromissos financeiros claros, além de políticas que incentivem o investimento do setor privado em alimentos nutritivos, seguros e acessíveis para crianças, adolescentes, mulheres e famílias em geral.

No Brasil, embora a prevalência da desnutrição na infância tenha caído nas últimas décadas, o percentual de óbitos por desnutrição grave em nível hospitalar, se mantém em torno de 20%, muito acima dos valores recomendados pela Organização Mundial de Saúde (OMS), inferiores a 5%.

Este capítulo narra um projeto criado com o objetivo de oferecer atendimento médico às crianças nos locais de difícil acesso. Inserir os alunos no treinamento da prática médica, estimulando o interesse social pela prevenção e pelo atendimento primário. As patologias encontradas foram diagnosticadas e tratadas e os cartões vacinais vistoriados e atualizados. As crianças foram pesadas e medidas e aquelas com risco nutricional, de muito baixo peso ou baixo peso, foram encaminhadas para os Portais do Crescimento, Centro de Atenção à Criança Caxiense (CAICS), para a recuperação nutricional.

2. INTRODUÇÃO

A desnutrição continua a ser uma das causas de morbidade e mortalidade mais comuns entre crianças de todo o mundo. No Brasil, embora a prevalência da desnutrição na infância tenha caído nas últimas décadas, o percentual de óbitos por desnutrição grave em nível hospitalar, se mantém em torno de 20%, muito acima dos valores recomendados pela Organização Mundial de Saúde (OMS), inferiores a 5%.

Apesar do declínio da desnutrição, 149 milhões de crianças com menos de 5 anos ainda sofrem de déficit de crescimento e quase 50 milhões têm baixo peso; 340 milhões de crianças sofrem com a fome oculta de vitaminas e minerais[1].

Sabemos muito bem como evitar a má nutrição, desde a concepção até a primeira infância e a adolescência. Para isso um conjunto de ações são necessárias para tentar minimizar o problema, criando uma determinação política dos governos nacionais, respaldada por compromissos financeiros claros, além de políticas que incentivem o investimento do setor privado em alimentos nutritivos, seguros e acessíveis para crianças, adolescentes, mulheres e famílias.

É necessária que a nutrição infantil seja uma prioridade não apenas no sistema alimentar, mas também nas políticas de saúde, fornecendo também água e saneamento básico, garantindo educação e proporcionando proteção social. O sucesso em cada uma delas apoia o sucesso de todas.

O programa Ações Integradas das Doenças Prevalentes na Infância (AIDPI), do Ministério da Saúde, tem como objetivos identificar e tratar as principais doenças da infância e aplicar medidas de prevenção e promoção de saúde. A Universidade em parceria com a Arquidiocese de Duque de Caxias, a Pastoral da Criança e a Secretaria Municipal de Saúde, instituiu um programa de atendimento médico às comunidades carentes, aplicando o AIDPI modificado para combater a desnutrição.

Este projeto teve como objetivo oferecer atendimento médico às crianças nos locais de difícil acesso. Inserir os alunos no treinamento da prática médica, estimulando o interesse social pela prevenção e pelo atendimento primário. As patologias encontradas são diagnosticadas e tratadas e os cartões vacinais vistoriados e atualizados. As crianças são pesadas e medidas e aquelas com risco nutricional, de muito baixo peso ou baixo peso, são encaminhadas para os Portais do Crescimento, Centro de Atenção à Criança Caxiense (CAICS), para a recuperação nutricional.

---

1. UNICEF, 2019. Disponível em: https://www.unicef.org/brazil/media/5566/file/Situacao_Mundial_da_Infancia_2019_ResumoExecutivo.pdf.UNICEF2019. Acesso em: 15 ago. 2021.

O Mutirão Contra a Desnutrição Infantil, com este trabalho desenvolvido, conseguiu alcançar todos os seus objetivos durante os últimos 20 anos.

Foi capaz de humanizar o atendimento, melhorar as condições de saúde da população onde a Universidade está inserida e de formar médicos melhores, uma vez que serão capazes de entender o que se passa no dia a dia nessas comunidades carentes, com falta de alimentação, de saneamento básico, de médicos, e de medicamentos. Vivenciando na prática médica que é nossa obrigação amenizar o sofrimento humano, criando condições para a prevenção e recuperação das doenças prevalentes na infância e no combate à desnutrição.

Historicamente a mortalidade infantil no planeta caiu para quase a metade desde 1990, embora 18.000 crianças de menos de cinco anos de idade, continuassem morrendo a cada dia, segundo relatório da Organização das Nações Unidas divulgado em setembro de 2013. Entre 1990 e 2012, o número de mortes de crianças diminuiu de 12,6 a 6,6 milhões em todo o mundo, ou seja, uma queda de 47,8%[2].

A taxa de mortalidade infantil trata-se de um problema social que ocorre em escala global e é obtida através do número de crianças de um determinado local que morre antes de completar um ano de idade, a cada mil nascidas vivas. Esse dado é capaz de avaliar a qualidade de vida, a eficácia dos serviços públicos, a educação, o sistema de saúde, a disponibilidade de remédios e vacinas, o saneamento básico, dentre outros fatores, resultando em doenças e desnutrição. De acordo com o Fundo das Nações Unidas para a Infância (UNICEF), a redução da mortalidade infantil é uma das mais importantes metas nas políticas para a infância de todos os países[3].

Mais de 11 milhões de crianças morrem a cada ano no mundo devido a doenças infecciosas e a uma nutrição inadequada. Muitas dessas que sobrevivem não conseguem crescer nem desenvolver todo o seu potencial.

Na década de 70, houve um reconhecimento crescente da desigualdade e da injustiça social que acometiam os países em desenvolvimento, alterando a qualidade de vida dessas populações. Isso acontecia por conta da pobreza e do abandono de setores prioritários para a população, como a saúde e a educação. Diante dessa preocupação mundial, em 1975, a 28ª Assembleia Mundial da Saúde se projetou com o *slogan* "Saúde para todos". Com isso, o conceito de saúde para todos e por todos passou a ser organizado para a atenção primária de saúde.

Na cidade de Alma-Ata, em 1978, a Organização Mundial da Saúde e o Fundo das Nações Unidas para a Infância (UNICEF), organização mundial pioneira na defesa dos direitos das crianças e adolescentes, organizaram uma conferência internacional para discutir este tema, resultando na Declaração de Alma-Ata. Os 134

---

2. No Brasil, taxa de mortalidade infantil cai 75% desde 1990, aponta ONU. Disponível em: http://g1.globo.com/bemestar/noticia/2013/09/no-brasil-taxa-de-mortalidade-infantil-cai-75-desde-1990-aponta-onu.html. Acesso em: 15 jul. 2021.
3. FRANCISCO, Wagner de Cerqueira e. Mortalidade infantil no Brasil. Brasil Escola. Disponível em: https://brasilescola.uol.com.br/brasil/mortalidade-infantil-no-brasil.htm. Acesso em: 15 jul. 2021.

governos presentes se empenharam em desenvolver estratégias de responsabilidade para ações nacionais e internacionais, a fim de desenvolver e instituir a atenção primária sanitária em todo o mundo. A partir de então, Alma-Ata e "atenção primária de saúde" tornaram-se termos indissolúveis.

Entre as principais causas da mortalidade infantil estão à falta de assistência e de instrução às gestantes, ausência de acompanhamento médico, deficiência na assistência hospitalar, desnutrição, déficit nos serviços de saneamento ambiental, entre outros. A ausência de saneamento provoca a contaminação da água e dos alimentos, podendo desencadear doenças como a hepatite A, malária, febre amarela, diarreia, dentre outras. Segundo dados do Fundo de População das Nações Unidas, a taxa de mortalidade infantil mundial é de 45 óbitos a cada mil crianças nascidas vivas. Esses dados estão diminuindo, visto que há 20 anos o número de mortes de crianças com menos de um ano era de 65 para a mesma quantidade de crianças nascidas vivas. Vale destacar que essa redução não ocorre da mesma forma em todos os países. Nos países desenvolvidos economicamente, a taxa de mortalidade infantil é muito baixa, com registros inferiores a 3 mortes para cada mil nascidos vivos, como o Japão, Islândia, Finlândia, Suécia, Noruega e Cingapura[4].

Alguns países possuem taxas de mortalidade infantil altíssimas: Afeganistão (152), Chade (127), Angola (111), Guiné-Bissau (109), Nigéria (107), Somália (106), Mali (103) e Serra Leoa (102). Diante desse cenário, a Organização das Nações Unidas (ONU) incluiu a redução da mortalidade infantil entre uma das oito Metas de Desenvolvimento do Milênio. O ideal seria que os países ricos pudessem contribuir para a estruturação das nações que enfrentam esse grande problema social, ajudando a realizar a construção de hospitais, capacitação da equipe médica, educação familiar, subsídios para a alimentação adequada, saneamento ambiental, dentre outros instrumentos.

A estimativa de mortalidade de menores de cinco anos no Brasil, no ano de 1997, foi de 48,3/1000. Em 1998, a Taxa de Mortalidade Infantil (TMI) foi estimada em 33,1/1000 nascidos vivos. Com isto os indicadores de mortalidade infantil, diferem de região para região da mesma maneira que a velocidade do seu declínio. Em 2000, as regiões Sul, Sudeste e Centro-Oeste apresentavam TMI semelhantes, em torno de 20 por mil nascidos vivos; a região Norte apresentava TMI de 30 e a região Nordeste de 45 / 1000 nascidos vivos.[5]

Apesar da diminuição da queda da mortalidade infantil, o atual perfil de saúde infantil no Brasil ainda continua sendo um grande desafio para o Ministério da Saúde. Em 2001 mais de 1.680.000 crianças menores de cinco anos de idade foram hospitalizadas no Sistema Único de Saúde, com um custo superior a 400 milhões de reais. Os

---

4. Disponível em: https://news.un.org/pt/story/2018/02/1611481. Acesso em: 15 jul. 2021.
5. Organização Pan-Americana da Saúde (OPAS). Estimativas Globais de Saúde. Disponível em: https://www.paho.org/pt/noticias/9-12-2020-oms-revela-principais-causas-morte-e-incapacidade-em-todo-mundo-entre-2000-e. Acesso em: 15 jul. 2021.

problemas respiratórios e as doenças infecto-parasitárias, ainda continuam sendo as principais causas de internação. A única forma de minimizar estas internações seria uma boa atuação em nível primário, voltada para a prevenção, contribuindo para uma diminuição de gastos, bem como para uma melhor qualidade de saúde de nossas crianças.

Nos últimos anos, nos países em desenvolvimento, a diminuição na velocidade da redução da mortalidade infantil despertou preocupações no governo e nas instituições voltadas ao bem-estar infantil, levando ao desenvolvimento de pesquisas e estratégias para o alcance de indicadores mais animadores. No Brasil, entre 1990 e 2000, a mortalidade infantil caiu de 47,1 a 26,8 óbitos em menores de um ano para cada mil nascidos vivos, a partir daí observa-se uma desaceleração, chegando a 19,3 no ano de 2007.[6]

Aproximadamente 70% das mortes de recém-nascidos ocorrem por causas evitáveis, como a falta de um pré-natal adequado à gestante, falta de acompanhamento ao feto, ao recém-nascido e durante o parto. Além desses fatores, a mortalidade infantil também está associada ao nível de educação da população, ao nível socioeconômico, ao acesso aos serviços de saúde, ao saneamento básico, com a oferta de água tratada e um serviço de esgoto satisfatório.

Com a melhoria das políticas de saúde de vários fatores, observou-se um declínio da mortalidade infantil no Brasil, provavelmente associado ao aumento da cobertura vacinal infantil, uma vez que novas vacinas foram adicionadas ao calendário básico do Ministério da Saúde, o uso rotineiro da terapia de reidratação oral, a cobertura da consulta pré-natal, a ampliação dos serviços de saúde, a redução contínua da fecundidade, a melhoria das condições ambientais, o aumento do grau de escolaridade das mães e o incentivo ao aleitamento materno.

A taxa de mortalidade infantil trata-se de um problema social que ocorre em escala global é obtida através do número de crianças de um determinado local que morre antes de completar um ano de idade, a cada mil nascidas vivas. Esse dado é capaz de avaliar a qualidade de vida, a eficácia dos serviços públicos, a educação, o sistema de saúde, a disponibilidade de remédios e vacinas, o saneamento básico, dentre outros fatores, resultando em doenças e desnutrição.

A baixa escolaridade, principalmente a materna, atua como fator de risco para o óbito infantil, funcionando como um marcador de pior condição socioeconômico o que dificulta o acesso aos serviços de saúde, interferindo na compreensão da mãe quanto aos cuidados da saúde da criança.

Alguns estudos incluíram a variável renda para demonstrar a persistência das desigualdades sociais como fator condicionante do óbito infantil. Apesar da redução nas diferenças da mortalidade infantil entre os grupos sociais, ainda ocorre associação inversa entre a renda familiar e a mortalidade infantil.

---

6. FRANCISCO, Wagner de Cerqueira e. Mortalidade infantil no Brasil. Brasil Escola. Disponível em: https://brasilescola.uol.com.br/brasil/mortalidade-infantil-no-brasil.htm. Acesso em: 15 jul. 2021.

No Brasil, programas comunitários e estratégias de saúde para a família foram implementados para oferecer cuidados de saúde primários, objetivando expandir o acesso aos serviços de saúde, reduzir as desigualdades na cobertura, tratar as patologias prevalentes na infância, e combater a desnutrição, contribuindo desta forma para reduzir ainda mais a taxa de mortalidade infantil.

No momento em que uma em cada três crianças menores de 5 anos não está recebendo a nutrição necessária para crescer de forma adequada um estudo avaliou a Situação Mundial da Infância em 2019 examinando a má nutrição infantil.[7]

No século 21, a má nutrição infantil compreende um cenário de mudanças, devido ao crescimento das populações urbanas e a globalização dos sistemas alimentares, levando ao aumento da disponibilidade de alimentos ricos em calorias, porém com níveis baixos em nutrientes. A má nutrição promove atraso no crescimento e no desenvolvimento das crianças.[8]

Muitas crianças no mundo em desenvolvimento vivem em precárias condições, dificultando sua sobrevivência e seu pleno desenvolvimento.

Por conta disso, foi criado o programa das Ações Integradas das Doenças Prevalentes da Infância (AIDPI) que teve como finalidade promover uma rápida queda na mortalidade em crianças menores de cinco anos. AIDPI trata-se de uma nova abordagem da atenção à saúde na infância, desenvolvida originalmente pela Organização Mundial de Saúde (OMS) e pelo Fundo das Nações Unidas para a Infância e a Adolescência (UNICEF), caracterizando-se pela avaliação simultânea e integrada do conjunto de doenças de maior prevalência na infância, em vez do enfoque tradicional que busca abordar cada doença isoladamente.

A Divisão de Saúde e Desenvolvimento Infantil (CHD) da Organização Mundial de Saúde (OMS) e a Organização Pan-Americana da Saúde, junto a outras agências internacionais, formularam e testaram novos enfoques e instrumentos, com base nas experiências acumuladas de programas implementados em anos anteriores, a fim de verificar o desequilíbrio e a inequidade existentes em matéria de saúde voltada para crianças, traduzindo na implementação da estratégia de Atenção Integrada às Doenças Prevalentes na Infância (AIDPI).

A estratégia (AIDPI) constitui uma iniciativa global e ativa que reconhece que as crianças, estejam elas saudáveis ou doentes, não devem ser consideradas fora do contexto social no qual se desenvolvem. Enfatiza, portanto, a importância de melhorar as práticas concernentes à família e à comunidade, assim como atenção prestada através do sistema de saúde, a fim de proporcionar às crianças a oportunidade de crescer e

---

7. Fundo das Nações Unidas para a Infância e a Adolescência (UNICEF). *Situação Mundial da Infância 2019.* Disponível em: https://www.unicef.org/brazil/relatorios/situacao-mundial-da-infancia-2019-crianca-alimentacao-e-nutricao. Acesso em: 15 jul. 2021.
8. Fundo das Nações Unidas para a Infância e a Adolescência (UNICEF). Situação Mundial da Infância 2019. Disponível em: https://www.unicef.org/brazil/relatorios/situacao-mundial-da-infancia-2019-crianca-alimentacao-e-nutricao. Acesso em: 15 jul. 2021.

chegar a ser adultos saudáveis e produtivos. Além disso, a estratégia AIDPI permite a detecção precoce e o tratamento efetivo das principais doenças que afetam as crianças menores de 5 anos de idade; fortalece a aplicação de medidas de prevenção e promoção de saúde; incentivo à vacinação, detecção de distúrbios nutricionais e a educação dos pais na atenção adequada a crianças no domicílio; e pode ser adaptada às necessidades de cada país e de cada região, fortalecendo o processo de descentralização.

Essa estratégia consiste em um conjunto de critérios simplificados para a avaliação, classificação e tratamento das crianças menores de cinco anos que procuram as unidades de saúde. Além disso, é um somatório de ações preventivas e curativas, pois contempla ainda o monitoramento do crescimento e a recuperação nutricional, incentivo ao aleitamento materno e a imunização, sendo fundamental para a melhoria das condições de saúde das crianças.

Esse programa busca acelerar a redução da mortalidade na infância, a frequência e gravidade das doenças e as incapacidades resultantes, contribuindo para melhorar o crescimento e desenvolvimento de crianças menores de cinco anos. Além disso, busca melhorar as habilidades do profissional de saúde, a organização dos serviços de saúde e as práticas familiares e comunitárias relacionadas ao cuidado e saúde das crianças. (M. Saúde, 2000).

No Brasil, a estratégia AIDPI abrange as principais patologias na infância: pneumonia, diarreia, otite, doença febril, anemia e desnutrição, fazendo uma avaliação nutricional e incentivando o aleitamento materno, a imunização com avaliação do crescimento e desenvolvimento.

FASES DA IMPLANTAÇÃO DE AIDPI NO BRASIL, 2002

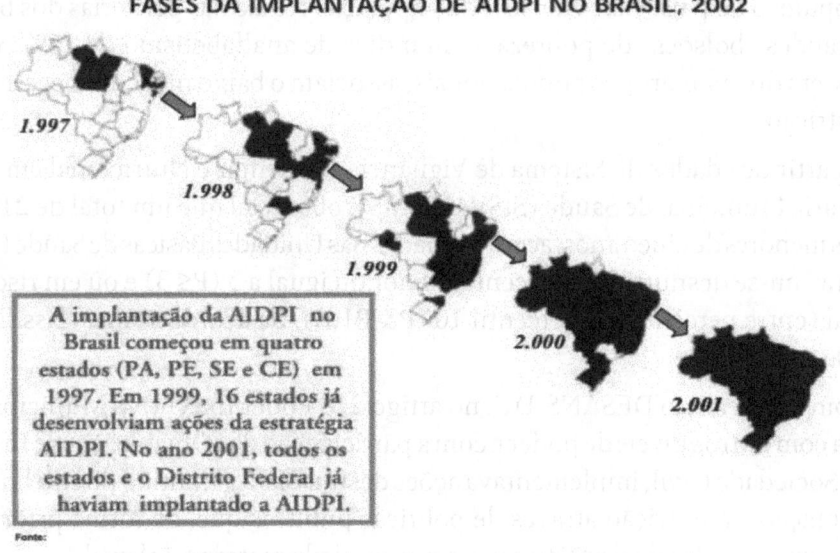

1.997

1.998

1.999

2.000

2.001

A implantação da AIDPI no Brasil começou em quatro estados (PA, PE, SE e CE) em 1997. Em 1999, 16 estados já desenvolviam ações da estratégia AIDPI. No ano 2001, todos os estados e o Distrito Federal já haviam implantado a AIDPI.

Fonte:

Na figura seguinte, podemos ver as fases ou etapas da implantação da Estratégia AIDPI em nosso país.

EVOLUÇÃO DA IMPLANTAÇÃO E IMPLEMENTAÇÃO DE AIDPI NO BRASIL, 1997-2002

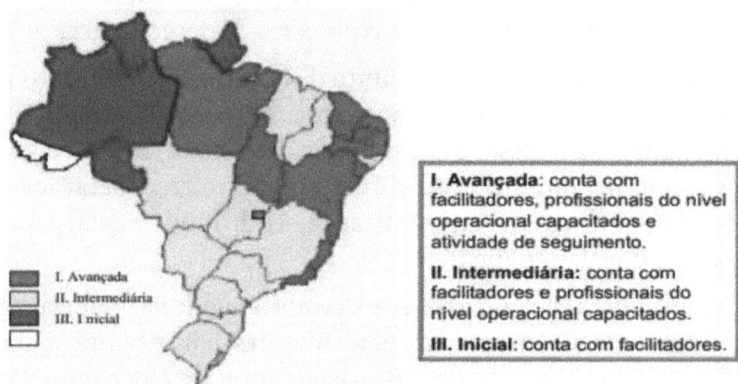

A avaliação da criança é feita inicialmente avaliando os sinais gerais de perigo, determinando a gravidade do caso. Quando presente um dos sinais gerais de perigo, a criança é classificada como portadora de Doença Muito Grave, sendo necessário referir imediatamente a um hospital ou serviço de atenção secundária. (CMDC)

Localizada no Estado do Rio de Janeiro, na Baixada Fluminense, na Região Metropolitana, Duque de Caxias possui um milhão de habitantes, sendo assim o mais populoso da Baixada Fluminense, o terceiro mais populoso do estado e o 18° mais populoso do país. Cerca de 30% da população reside nas periferias dos bairros e em grandes "bolsões" de pobreza, com índice de analfabetismo de 16%. Vários estudos, em diversos grupos populacionais, associam o baixo nível socioeconômico à desnutrição.

A partir dos dados do Sistema de Vigilância Alimentar e Nutricional em 2001, a Secretaria Municipal de Saúde (SISVAN/SMS), observou que um total de 21% das crianças menores de cinco anos, acompanhadas nas Unidades Básicas de Saúde (UBS), encontravam-se desnutridas (percentil menor ou igual a 3 (P≤ 3) e ou em risco nutricional (entre percentil 3 e percentil 10 (P3-P10)), de acordo com a classificação utilizada na época.[9]

Com a criação do DESANS-DC, no artigo 2, o Poder Executivo Municipal, em parceria com outros níveis de poder e com a participação das Organizações e Instituições da Sociedade Civil, implementava ações destinadas a garantir o direito humano à alimentação e à nutrição através de políticas públicas que, de forma prioritária, revertessem o quadro de desnutrição e a mortalidade materno-infantil.

---

9. National Center for Health Statistics (CDC). National Health Interview Survey. Disponível em: https://www.cdc.gov/nchs/surveys.htm. Acesso em: 15 jul. 2021.

Duque de Caxias está situado a 15 km da capital estadual. Possui população estimada em 2019 era de 919 596 habitantes, sendo assim o mais populoso da Baixada Fluminense, o terceiro mais populoso do estado e o 18° mais populoso do país. Cerca de 30% da população reside nas periferias dos bairros e em grandes "bolsões" de pobreza. O Município de Duque de Caxias ocupa uma área de 442 km², correspondente a 6.8% da área total da Região Metropolitana do Grande Rio, e está subdividido em quatro Distritos: o Distrito-sede, Campos Elíseos, Imbariê e Xerém.[10]

Vários estudos, em diversos grupos populacionais, associam o baixo nível socioeconômico à desnutrição, com índices de mortalidade infantil em 2017 de 14,35 óbitos por mil nascidos vivos.

A lei n° 2238, de 13 de março de 2009 criou no artigo 1, o Departamento Geral de Segurança Alimentar e Nutricional Sustentável de Duque de Caxias (DESANS-DC), órgão vinculado ao Gabinete do Prefeito, com o objetivo de articular e gerenciar políticas públicas municipais de segurança alimentar e nutricional sustentável.

A Política Nacional de Segurança Alimentar e Nutricional (PNSAN), publicada através do Decreto 7.272/2010, definiu em seu artigo 3° o monitoramento como uma de suas diretrizes. O Departamento Geral de Segurança Alimentar e Nutricional Sustentável (DESANS) do município de Duque de Caxias é o órgão responsável por desenvolver ações de assessoramento e emissão de pareceres, no intuito de contribuir para a construção e aprimoramento de ações de promoção do Direito Humano à Alimentação Adequada (DHAA).

O Curso de Medicina, consciente da necessidade de ampliar sua responsabilidade social, em resposta aos anseios da Baixada Fluminense – região que sofre com os principais agravos à saúde da população e objetivando o fortalecimento de sua ação, nessa área, constitui-se de um instrumento dinâmico e eficaz a serviço da comunidade acadêmica na sua missão de promover qualidade de vida.

A Arquidiocese de Duque de Caxias queria fazer uma avaliação dos índices de desnutrição na Baixada Fluminense, incluindo Duque de Caxias e São Joao de Meriti em parceria com a Pastoral da Criança e a partir do reconhecimento dessa necessidade foi implantado, em 2001, o MUTIRÃO CONTRA A DESNUTRIÇÃO.

São levadas vacinas, antibióticos, vermífugos, analgésicos, antipiréticos, sulfato ferroso, sais de reidratação oral, dentre outros medicamentos. Levamos também balanças, régua antropométrica, termômetros e fitas métricas para medições. Muitas vezes atendemos em igrejas, centros comunitários, creches e Portais do Crescimento-Centros de Atenção Integral a Criança Caxiense – CAICCS.

---

10. Câmara Municipal de Duque de Caxias (CMDC), 2019. Disponível em: CMDC-https://www.cmdc.rj.gov. br/?page_id=1155. Acesso em: 15 jul. 2021.

FIGURA 1 – LOGOTIPO DO MUTIRÃO CONTRA A DESNUTRIÇÃO EM DUQUE DE CAXIAS

O AIDPI disponibiliza uma ficha própria para menores de dois meses de idade modificada e outra para crianças de 2 meses a 5 anos. Utilizamos uma ficha modificada do AIDPI adaptada a nossa realidade, excluindo as doenças endêmicas como a malária, atualizando o novo calendário vacinal, acrescentando a aferição da estatura e do perímetro braquial. Pergunta-se também se a criança tem registro e, caso ainda não o tenha, a mesma possa ser encaminhada para a Secretaria de Ação Social para que possa ser registrada gratuitamente. A partir disso seguimos utilizando as estratégias do programa AIDPI, utilizando o formulário do AIDPI modificado. O atendimento é feito em crianças preferencialmente de até 5 anos de idade. Pode-se, então, identificar as doenças mais prevalentes nessa faixa etária, sendo atendidas em média 20 a 30 crianças por dia.

Em muitas destas comunidades, para chegarmos até o lugar de atendimento, precisamos vencer obstáculos de troncos ou de outros objetos, que são colocados pelo comando local para dificultar o acesso da polícia e de qualquer pessoa sem autorização prévia de acesso. Por conta disso, sempre entramos nestes locais com um agente da comunidade, que nos acompanha e possibilita a nossa livre circulação para atendimento dentro daquela comunidade, uma vez que em alguns destes locais, o tráfego de drogas tem sua plena atuação ou pela dificuldade de acesso.

Abaixo alguns cenários visitados

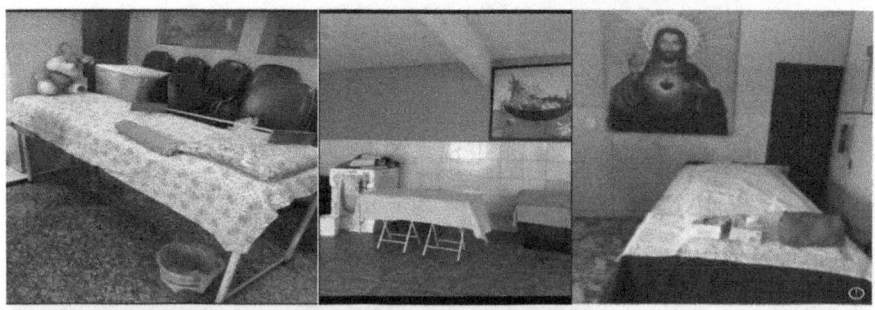

Nossos cenários

Atendendo em lugares de difícil acesso

Melhores condições de vida

O cenário de nossas crianças

Primeiramente, verifica-se se há algum dos sinais gerais de perigo, que necessite atendimento imediato e se necessário, encaminhamento para ser atendido de urgência no hospital de referência.

DIAGRAMA EXPLICATIVO DOS MÉTODOS UTILIZADOS NO MUTIRÃO

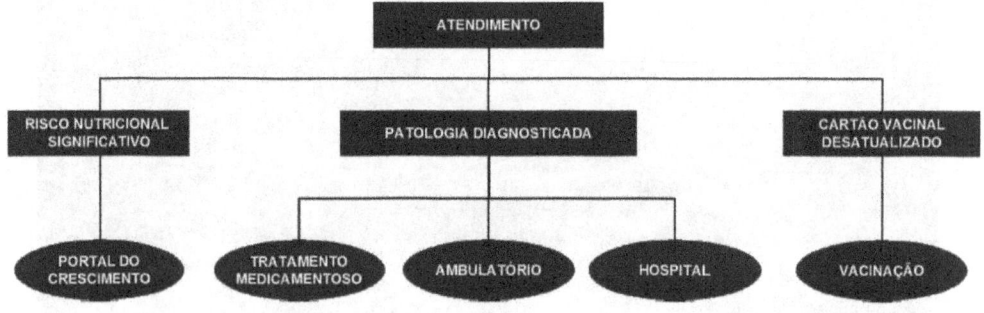

Inicia-se a avaliação se há sinais gerais de perigo.

3. RESULTADOS

Essa parceria possibilitou a distribuição gratuita de medicamentos e vacinas; a identificação e o encaminhamento gratuito para o registro de crianças até então sem certidão de nascimento, a notificação das famílias que participam de programas governamentais que auxiliam na alimentação, bem como a criação de locais para a recuperação das crianças diagnosticadas como baixo peso e muito baixo peso.

Até o mês de fevereiro de 2020, durante esses últimos vinte 20 anos, foram atendidas 16.194 crianças com idade variando de recém-nascidos a 60 meses, sendo 8414 (52 %) do sexo masculino e 7780 (48%) do sexo feminino.

Divisão por sexo

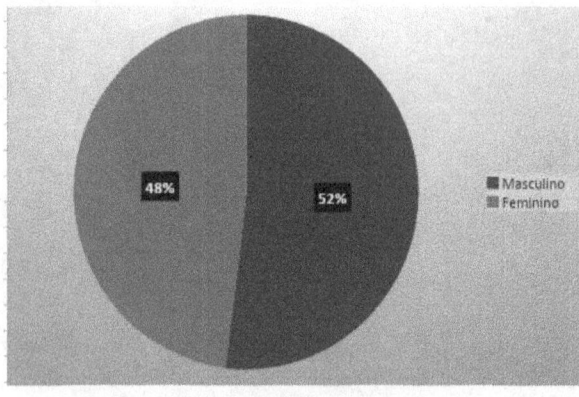

As Creches e Centros de Atendimento a Infância Caxiense (CCAICS) são considerados importantes para recuperar o estado nutricional e realizar o acompanhamento social de crianças menores de cinco anos que se encontram em risco nutricional e desnutrição.

Creche de recuperação nutricional

Ao longo de todos esses anos verificamos as doenças mais prevalentes naquelas populações de baixa renda. Podemos destacar a parasitose intestinal e as lesões de pele, como impetigo, escabiose, pediculose, dermatites em geral, Infecções das Vias Aéreas Superiores, como as mais prevalentes. Entre as outras doenças que apresentaram valores significativos estão: anemia, doença febril, diarreia aguda, otite e pneumonia.

Fazendo uma comparação entre as doenças mais prevalentes e as outras doenças diagnosticadas, distribuídos da seguinte forma: problemas respiratórios, como Infecção das vias aéreas superiores (IVAS), 3239 (20%,), pneumonia, 259 (1,6%), doença febril, 1700 (10,5%), diarreia aguda, 696 (4,3%,), anemia, 971(6%), parasitose intestinal, 4048 (25%); impetigo, 1215 (7,5%), escabiose 1052 (6,5%), pediculose, 1781 (10%), outras 2429 (15%).

Doenças mais prevalentes observadas no MUTIRÃO

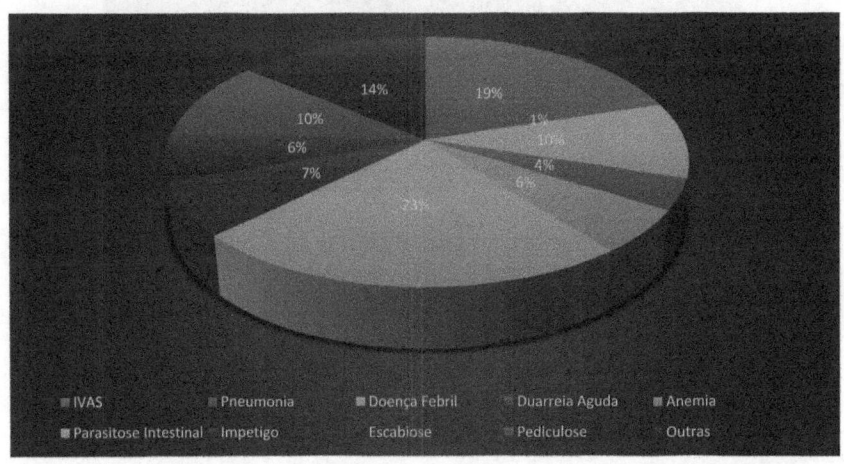

Muitas crianças apresentaram mais de uma patologia diagnosticadas em nossas atividades no Mutirão, podendo receber a medicação para levar para casa, durante o atendimento, facilitando o início do tratamento e encaminhando para atendimento especializado a nível ambulatorial quando necessário.

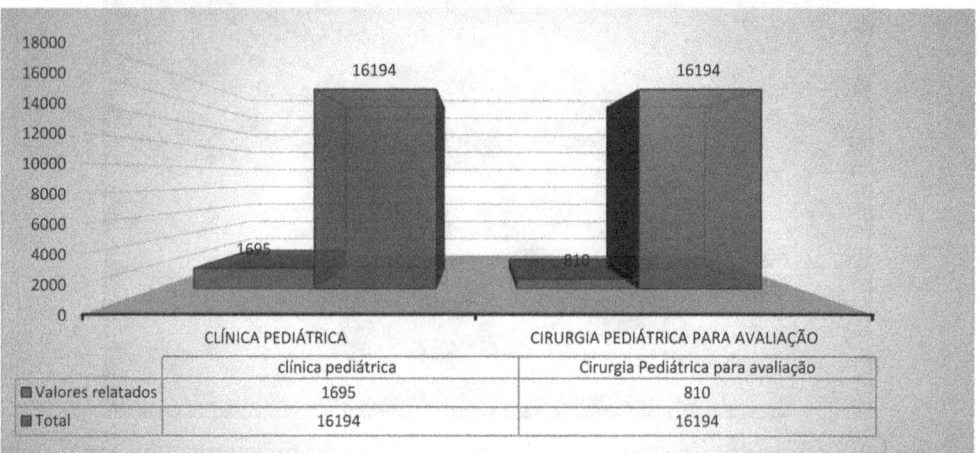

	clínica pediátrica	Cirurgia Pediátrica para avaliação
Valores relatados	1695	810
Total	16194	16194

Crianças encaminhadas para o Ambulatório das diferentes especialidades da clínica pediátrica chegou a 1695 (9,8%) e encaminhadas para o serviço de Cirurgia Pediátrica para avaliação, 810 (5 %), decorrente de hérnia umbilical, fimose, criptorquidia dentre outras.

Com relação à avaliação nutricional, verificamos que, de todas as 16194 crianças assistidas pelo mutirão, 2914 (18%) não apresentavam um ganho ponderal satisfatório. Crianças muito baixas peso representam em média 6,0% (972) das crianças atendidas; e com baixo peso, representando pouco mais que 12,0% (1942).

Ganho ponderal satisfatório/insatisfatório

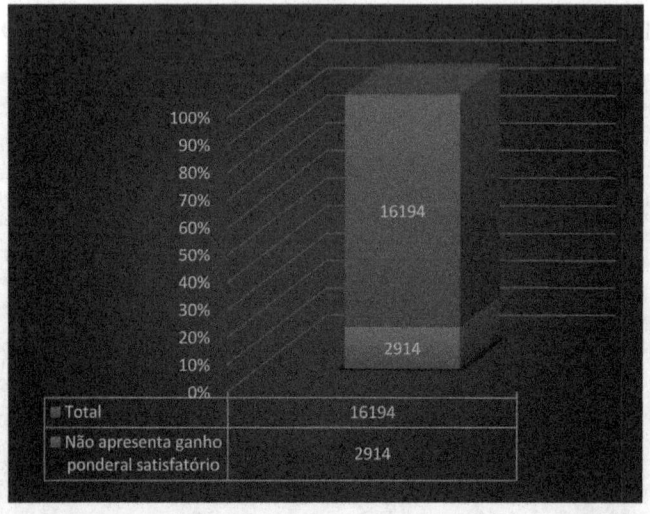

Total	16194
Não apresenta ganho ponderal satisfatório	2914

Fazendo uma relação percentual das vacinas aplicadas, verificamos que 10 % das crianças só receberam as vacinas administradas durante a nossa vista inicial, revacinando apenas quando retornamos àquelas comunidades, o que acontece às vezes uma vez ao semestre.

Algumas das crianças atendidas ao longo destes anos, cerca de 1% está retornando, atualmente, trazendo seus filhos, além de tantas outras jovens, que procuram o Mutirão para consultar seus filhos, com uma incidência crescente de mães adolescentes nessas comunidades carentes, atingindo cercade15%.

4. DISCUSSÃO

O Mutirão contra a Desnutrição em Duque de Caxias contribuiu para a queda da mortalidade infantil nessa região da Baixada Fluminense. "A realização do Mutirão não consegue solucionar todas as dificuldades enfrentadas pelas comunidades atendidas em Duque de Caxias, mas tenta, de forma bastante objetiva, direcionar o comportamento da população no sentido de gerar promoção e prevenção da saúde. Além disso, age de forma ativa, vacinando as crianças e oferecendo tratamento adequado para as principais doenças prevalentes na infância"

Fez-se necessário que não houvesse apenas a detecção do grau de desnutrição, mas também a implantação de um programa que recuperasse essas crianças. Com base nestes achados, foram criados os Portais do Crescimento pela prefeitura de Duque de Caxias, que são os locais para onde as crianças com baixo ganho ponderal são encaminhadas. Esses Portais, também denominados de Centros de Atenção Integral a Criança Caxiense, têm como objetivo oferecer a criança um ambiente onde ela permaneça durante todo o dia, tendo acesso a uma alimentação nutricionalmente adequada, balanceada e a uma educação básica e de lazer apropriada a sua faixa etária, proporcionando uma oportunidade de desenvolvimento físico e intelectual. Sempre que possível fazemos atendimento nestes locais.

Criada com o nome de "Creche Portal do Crescimento", a primeira creche municipal de combate à desnutrição foi inaugurada em maio de 2003 no Bairro do Amapá, 4° Distrito de Duque de Caxias.

Desde então, já foram criadas sete dessas creches, sendo a última no bairro de Campos Elíseos, recebendo atualmente o nome de Creche e Centro de Atendimento à Infância Caxiense (Lei Municipal 2.002, de 23 de outubro de 2006).

Esses Portais têm como objetivo oferecer a criança um ambiente em que permaneça durante todo o dia, tendo acesso a uma alimentação nutricionalmente adequada e a uma educação básica. Proporciona uma oportunidade de desenvolvimento físico e intelectual. Fazem parte da equipe médicos, nutricionistas, assistentes sociais, professores e cuidadores, sendo os dois últimos, na maioria das vezes, membros da comunidade. Após a recuperação nutricional, a criança é desligada desse serviço, dando a oportunidade para inserção de outras crianças desnutridas.

Um tema extremamente difundido atualmente é a respeito da atenção primária e suas ações ligadas à sociedade. Vive-se em uma época, onde cada vez mais o foco curativo é abandonado e substituído por modelo multiprofissional inerente a uma essência preventiva e holística, empregando um olhar individualizado a cada paciente, valorizando seu lado biopsicossocial.

Diante dessa conjuntura, o Mutirão contra a desnutrição evidenciou-se como uma excelente e favorável experiência prática, onde ocorreu o primeiro contato dos acadêmicos de medicina com a Atenção Primária. Nesta vivência, o acadêmico pode praticar conceitos aprendidos, como a prevenção de doenças e a promoção de saúde, através de ações em saúde voltadas às populações carentes do município de Duque de Caxias. Em relação à prevenção de doenças, os discentes puderam oferecer explicações a respeito da etiologia, quadro clínico, tratamento e profilaxia das afecções de cada paciente, assim como concederam instruções de como evitar novas infecções ou de contrair outros tipos de doenças de alta incidência da região, de modo que a consulta é baseada no AIDPI (Atenção Integrada às Doenças Prevalentes na Infância). Além disso, cada criança é pesada e medida, tendo seus dados antropométricos anotados na caderneta vacinal, bem como distribuído gratuitamente medicamentos segundo a necessidade de cada caso.

Outro aspecto relevante abordado durante as consultas no Mutirão refere-se à questão da promoção de saúde. Nessa linha, foram realizadas elucidações a respeito da importância de múltiplos assuntos, com o intuito de melhorar a qualidade de vida da população, como: prática de atividade física, coleta do lixo, do saneamento básico, de ferver a água e lavar bem os alimentos antes da ingestão, lavar as mãos antes das refeições e após o uso do banheiro, a importância de uma alimentação saudável, bem como dos perigos em deixar água parada. É importante e relevante a ação do Mutirão contra a Desnutrição na construção da consolidação das diferenças entre prevenção e promoção de saúde vivenciada na prática durante os atendimentos.

Os dados relativos à situação socioeconômica das crianças avaliadas deixam claro o impacto das desigualdades sociais junto à saúde infantil. Merece destaque a situação de extrema pobreza, com renda familiar insuficiente, precárias condições de moradia e saneamento, péssimas condições de higiene a desestruturação do núcleo familiar, além da falta de escolaridade nos outros membros da família. Todos esses fatores, direta ou indiretamente, prejudicam o desenvolvimento físico, observado na desnutrição, e intelectual, percebido no atraso do aprendizado escolar.

5. CONCLUSÕES

A realização do MUTIRÃO não consegue solucionar todas as dificuldades enfrentadas pelas comunidades atendidas, mas tenta, de forma bastante objetiva, direcionar o comportamento da população a fim de gerar promoção e a prevenção da saúde. Além disso, age de forma ativa, vacinando as crianças e oferecendo tratamento adequado para as principais patologias prevalentes na infância.

A participação efetiva em parceria com a comunidade, favoreceu um melhor aprendizado sobre os problemas socioeconômicos envolvidos com a desnutrição. Um mundo de patologias vistas de uma maneira simplificada, humanizada, com a terapêutica sendo fornecida sem custos para a criança. Esta facilidade garante a instituição do tratamento de maneira correta e eficaz. **Promove a capacitação dos alunos de Medicina, e os tornarão médicos num futuro breve com uma visão mais humanística, mais solidaria e mais conhecedores da realidade in loco dos problemas enfrentados por nossas crianças. O contato direto com a realidade desses pacientes desperta nos alunos um sentimento de preocupação social, que certamente lhes será útil, não só na formação acadêmica, como em toda a sua prática médica futura.**

Por outro lado, as comunidades se beneficiam com essas visitas, pois todos os atendimentos são supervisionados pela professora coordenadora do programa. Ter a oportunidade de um atendimento completo possibilita a resolução de alguns dos problemas enfrentados por essa população, já que com as parcerias é possível retirar certidões de nascimento, obter auxílio-alimentação, conseguir atendimento gratuito e especializado, e ter acesso a uma vaga em um dos locais de recuperação nutricional, encaminhamento para cirurgia e até internação hospitalar, quando necessário.

Os casos diagnosticados de fimose, hidrocele, criptorquidia, sinequia de pequenos lábios, hérnia umbilical ou inguinal, bem como outras alterações observadas durante o exame clínico, foram encaminhadas quando necessário, para o tratamento eletivo a nível hospitalar ou para tratamento ambulatorial, como endocrinologista, oftalmologista, otorrino, ortopedista, alergista, dermatologista, dentre outras atendidas em nossos ambulatórios.

Todos os encaminhamentos são identificados de forma especial, por terem passado por atendimento no Mutirão contra a Desnutrição, facilitando o agendamento.

Vale ressaltar que esta atividade foi ininterrupta durante todos estes últimos 20 anos, com apenas intervalo em julho e no final do ano decorrente do período de férias escolares do docente e dos discentes.

O Mutirão Contra a Desnutrição Infantil com este trabalho desenvolvido conseguiu alcançar todos os seus objetivos.

Foi capaz de humanizar o atendimento, melhorar as condições de saúde da população onde a Universidade está inserida e foi capaz de formar médicos melhores, uma vez que serão capazes de entender o que se passa no dia a dia nessas comunidades carentes, com falta de alimentação, falta de saneamento básico, onde faltam médicos, faltam medicamentos, vivenciando na pratica medica, que é nossa obrigação amenizar o sofrimento humano, criando condições para a prevenção e recuperação das doenças prevalentes na infância e no combate à desnutrição.

Esse trabalho estimula a inserção precoce de estudantes de Medicina na prática médica nas comunidades carentes, numa realidade nunca vivida anteriormente por eles. Aprendem na pratica a realidade das doenças comuns da infância, observam a falta de saneamento básico, a história alimentar precária, aprendendo a diagnosticar e tratar essas patologias prevalentes, distribuindo os medicamentos e ensinando como ministrar e usar estes remédios.

O Mutirão que já dura 20 anos, de forma ininterrupta, está suspenso atualmente por conta da pandemia pelo COVID 19, deixando muitas das nossas crianças desassistidas, numa realidade ainda mais cruel.

Esperamos que assim que for possível, possamos retornar as nossas atividades que têm um papel fundamental naquelas comunidades, pelo seu alto cunho social.

Esse trabalho busca sensibilizar o futuro profissional, a fim de que ele possa oferecer um atendimento humanizado às nossas crianças, que já se encontram marcado, desde tenra idade, pela nossa desigualdade social.

Nossas crianças merecem um meio ambiente melhor

"Mais de 11 milhões de crianças morrem a cada ano no mundo devido a doenças infecciosas e a uma nutrição inadequada. Em alguns países, inclusive, uma ou mais de cada 5 crianças morrem, antes de completar 5 anos. Muitas dessas que sobrevivem não conseguem crescer nem desenvolver todo o seu potencial."

SOLIDARIEDADE, CUIDADO E VULNERABILIDADE CIDADÃ

Alfredo Attié

Titular da Cadeira San Tiago Dantas e Presidente da Academia Paulista de Direito. Doutor em Filosofia da Universidade de São Paulo, Mestre em Filosofia e Teoria Geral do Direito pela Faculdade de Direito da Universidade de São Paulo, Master of Comparative Law da Cumberland School of Law. Exerce a função de Desembargador no TJSP, tendo sido Procurador do Estado de São Paulo e Advogado. Estudou, pesquisou, lecionou e proferiu aulas e conferências, participou de Conselhos Editoriais, e publicou artigos e livros, no Brasil e no exterior. Diretor dos Centros Internacionais de Direitos Humanos de São Paulo e da Paz, Justiça, Solidariedade e Transformação de Conflitos, associados à Cadeira San Tiago Dantas, da Academia Paulista de Direito. Editor de Polifonia: Revista Internacional da Academia paulista de Direito. Autor de A Reconstrução do Direito. 2003, Montesquieu, 2018, Towards International Law of Democracy, 2021, Brasil em Tempo Acelerado, 2021. Mais informações em http://lattes.cnpq.br/8117126316669740.

Lúcia Helena Polleti Bettini

Doutora em Direito do Estado na subárea Direito Constitucional pela Pontifícia Universidade Católica de São Paulo – PUC-SP (2009); Mestre em Direito do Estado na subárea Direito Constitucional pela Pontifícia Universidade Católica de São Paulo – PUC-SP(2004); Professora da Escola de Direito e Humanidades e da Escola da Indústria da Criatividade da Universidade Municipal de São Caetano do Sul – USCS; Professora do Programa de Pós-Graduação lato sensu na Instituição Toledo de Ensino – ITE – Bauru; Sócio membro do IBDC – Instituto Brasileiro de Direito Constitucional; Advogada em São Paulo. Mais informações em http://lattes.cnpq.br/3473315770826280.

1. INTRODUÇÃO

O presente artigo toca os três temas mais sensíveis da contemporaneidade, atravessando as fronteiras do jurídico, em sua relação com o político, bem como as tradicionais demarcações internas ao jurídico, notadamente as velhas postulações de distinção da juricidade interna da internacional, mas, sobretudo, da juricidade privada em relação à esfera propriamente pública da formação multifacetada do direito[1]. Por meio desses temas reconhece-se a desigualdade material[2] como fundante de uma nova forma de observar o andamento da vida comum. A vulnerabilidade, que

---

1. ATTIÉ JR., Alfredo. *Nossa cumplicidade, nossa melancolia. Revista do Advogado*, São Paulo, n. 62, p. 93–100, mar. 2001.

2. Os dez por cento mais ricos do mundo usufruíam, em 2019 – antes do início da pandemia COVID-19, quando a situação de desigualdade e os índices de pobreza agravaram-se – de 54,1% da renda mundial, enquanto os cinquenta por cento mais pobres, de apenas 8,3%. Disponível em: https://www12.senado.leg.br/noticias/

resulta dessa diferença aguda de acesso aos bens (materiais e imateriais) de existência, e a incapacidade consequente, em reivindicar bens para além dos necessários à sobrevivência, apontam para a necessidade do estabelecimento de novos parâmetros cognitivo-normativos, que superem a vertente que ainda enxerga o universo jurídico como empreendimento político da igualdade, rebaixando a divícia da perquirição real e científica da justiça à distinção simplista da licitude[3]. Assim, diante de uma realidade internacional que faz precária a continuidade de levar adiante uma análise derivada apenas da distinção entre liberdade e igualdade, as categorias da solidariedade e do cuidado são chamadas não apenas à esfera da ação social, mas devem alcançar, pelo esforço construtivo, o cerne da determinação político-jurídica do viver comum[4].

Nesse sentido, é preciso, antes de tudo, reconhecer que não vivemos mais a ordem dos direitos, inaugurada após o término dos conflitos mundiais do século XX, mas, isto sim, uma nova *"ordem de deveres e responsabilidades:"*[5] inaugurada com os documentos, consistentes em declarações e convenções internacionais que veicularam a preocupação internacional com o meio ambiente, desde 1972, a culminarem com os mais recentes esforços plurilaterais de figuração de objetivos de desenvolvimento sustentável, o mais recente deles sendo a estipulação da chamada Agenda 2030. Não se fala mais em direitos *tout court*, mas no estabelecimento de deveres e responsabilidades, que cabem a entes políticos internacionais – Estados e organizações internacionais –, mas também a entes jurídicos privados coletivos e individuais. Essa nova ordem abrange a ação crescente de indivíduos na ordem internacional, bem como de entes intermediários, superando a *summa divisio* liberal entre o público e o privado, bem como transcende as fronteiras entre o nacional e o internacional. A par, portanto, da alteração desse contexto lógico-normativo e dessa transformação subjetiva, novos temas, novos conceitos, novas categorias invadem a comodidade de uma vida jurídico-política assentada na velha lucubração dos sonhadores idealistas do direito internacional e das poltronas de reflexão dos doutrinadores do direito constitucional[6].

Dentre tais categorias estão a solidariedade e o cuidado. A indagação do presente artigo é da possibilidade de servirem solidariedade e cuidado para a construção de uma nova ordem transformadora das vulnerabilidades, por meio da elevação da preocupação cidadã. Portanto, solidariedade e cuidado como vias de mão dupla entre o reconhecimento e o dom, e a escuta, como empoderamento de parcelas crescentes da sociedade para exigir e atuar no campo público, por meio do exercício de direitos e a

---

infomaterias/2021/03/recordista-em-desigualdade-pais-estuda-alternativas-para-ajudar-os-mais-pobres. Acesso em: 25 jul. 2021.

3. Torna-se clássica a proposição funcionalista-sistêmica do direito calcada em sua *Ausdifferenzierung* dos demais sistemas, em que suas relações internas proporcionariam uma célula da totalidade social, a apreender o ambiente a partir da categoria da licitude-ilicitude.

4. ATTIÉ JR., Alfredo. *A reconstrução do direito: existência, liberdade, diversidade*. Porto Alegre: Fabris, 2003.

5. ATTIÉ, Alfredo. Regime di stato e regime di mercato: diritti e doveri nella costruzione della democrazia. *In:* DE CICCO, M. C. *I doveri nell'era di diritti*. Napoli: Editoriale Scientifica, 2020, p. 74-93. ATTIÉ, Alfredo. *Towards international law of democracy*. Valencia: Tirant, 2021.

6. ATTIÉ, Alfredo. *Brasil em tempo acelerado: política e direito*. São Paulo: Tirant, 2021.

assunção de responsabilidades. Desfazendo, assim, as velhas dicotomias da sujeição e da objetivação[7].

Nesse sentido, encontra-se em via de superação, ou, no mínimo, carecente de modulação, o paradigma do humano como ente dotado de *"direito a ter direitos"* preconizado por Hannah Arendt[8]. Para a importante politóloga, a humanidade teria assumido o papel antes atribuído à natureza e à história, não podendo mais sua essência ser extraída de uma ou outra. Teria havido uma alteração subjetiva de tal monta que a categoria da humanidade seria dotada da capacidade de agir pelos indivíduos, protegendo-os, ao estender seu pertencimento a essa mesma categoria. Essa atribuição dada à humanidade, entretanto, para a autora, seria impossível de ser concretizada, dada a configuração da ordem internacional que conheceu, ou seja, a ordem dos direitos humanos, em que os esforços humanitários de organizações internacionais se viam baldados pela presença marcante dos Estados como sujeitos absolutos do direito internacional. Para Arendt, não haveria esfera superior à dos Estados, ou das nações, em sua terminologia. Os crimes contra a humanidade continuariam a ocorrer, vaticinou, ao expressar seu ceticismo com relação a um governo mundial, que fatalmente espelharia a realidade dos governos nacionais, e sua relação com seus povos. A contribuição de Arendt é fundamental, claro. Entretanto, a transformação da *"ordem dos direitos"* em *"ordem dos deveres e responsabilidades"*[9] aponta outros instrumentos de ação e eficácia na ordem internacional, mormente as Cortes de Direitos Humanos e mesmo o Tribunal Penal Internacional, a par de uma atuação mais intensiva de indivíduos e das chamadas Organizações Não-Governamentais, e de uma variação muito mais ampla de temas e instrumentos.

A par disso, o tema da solidariedade encontra-se consagrado em instrumentos jurídicos nacionais e internacionais, resultando o do cuidado de deveres expressos de cooperação e de realização de políticas públicas protetivas das chamadas minorias.

O dicionário guarda precisamente o seguinte significado de solidariedade: *"sentimento de simpatia, ternura ou piedade pelos pobres, pelos desprotegidos, pelos que sofrem, pelos injustiçados etc.,"* que se conecta a *"cooperação ou assistência moral que se manifesta ou testemunha a alguém, em quaisquer circunstâncias (boas ou más)"*[10]. A etimologia se estabelece a partir da raiz (-*solid*) de solidário, cujo sentido mais antigo é propriamente jurídico, derivado do elo entre partes, numa relação obrigacional: a reciprocidade que corresponde a interdependência entre credores ou devedores. Nesse sentido, seu caráter é excepcional, isto é, resulta de um ato volitivo, seja legal, seja

---

7. ATTIÉ, Alfredo. *Brasil em tempo acelerado: política e direito*. São Paulo: Tirant, 2021.

8. ARENDT, Hannah. *Origens do totalitarismo*. Tradução de R. Raposo. São Paulo: Companhia das Letras, 1989. p. 332.

9. ATTIÉ, Alfredo. Regime di stato e regime di mercato: diritti e doveri nella costruzione della democrazia. *In:* DE CICCO, M. C. *I doveri nell'era di diritti*. Napoli: Editoriale Scientifica, 2020, p. 74-93. ATTIÉ, Alfredo. *Towards international law of democracy*. Valencia: Tirant, 2021. Ver nota de rodapé 5 supracitada.

10. HOUAISS, Antonio et al. Solidariedade. *Dicionário Houaiss da língua portuguesa*. Rio de Janeiro: Objetiva, 2001. (Grifo nosso).

negocial, ainda jurisprudencial. Contudo, a solidariedade de ordem constitucional prende-se a um sentido aparentemente ético, mas que é também jurídico – muito embora olvidado na evolução do direito moderno, de cunho privatístico estrito. Esse sentido é o de empatia: sentir o mesmo, apoiando, auxiliando, defendendo, concordando, irmanando[11]. A solidariedade, portanto, é um vínculo jurídico, que indica solidez, a consolidação de uma relação[12].

O cuidado complementa essa concepção, ao lhe acrescentar o sentido de solicitude, que é disposição de cuidar, ação em relação ao outro, correspondência à alteridade[13]. A origem etimológica de solicitude é *solllicitudo*[14], cuja significação é cuidado, atenção, inquietação diante do outro, preocupação com seu estado. Ser solícito e solidário determinam impedir que o outro permaneça na solitude[15].

Solidariedade e cuidado conformam os laços sociais de aproximação e convivência, claro. Mas, sobretudo, impõem a extensão desses laços aos que mais necessitem de proximidade, entes que, em decorrência de sua diferença, da qual pode decorrer uma deficiência específica, sofrem o desamparo social, encontram obstáculos à consecução de direitos, a seu exercício pleno.

Solidariedade e cuidado são elementos construtores de igualdade. Do ponto de vista político-jurídico, são construtores e indutores de cidadania.

Como se trata de uma relação de mão dupla, não são objeto de dação, mas de troca, reciprocidade. A solidariedade liga as pessoas e solidifica os liames político-jurídicos de interdependência, autorizando a tranquilidade de uma experiência comum segura, portanto, livre[16].

As ideias de solidariedade e de cuidado conectam-se diretamente ao jurídico como forma de manifestação da existência humana, põem-se na situação em que cada um de nós se encontra, de justiça ou injustiça: *"a solicitude é, junto à preocupação, uma forma cotidiana, ordinária do cuidado. Ela é a própria estrutura indiferenciada do direito... Haverá tantos modos de direito quanto são os modos positivos da solicitude"*[17]. Haveria, segundo essa perspectiva da filosofia da existência, a possibilidade de uma solicitude dos poderes políticos que procure não se substituir ao cidadão, porém *"precedê-lo*[18] *nos poderes de sua existência, não para desapossá-lo de seus cuidados, mas para lhos restituir autenticamente"*[19].

11. HOUAISS, Antonio et al. Solidário. *Dicionário Houaiss da língua portuguesa*. Rio de Janeiro: Objetiva, 2001.
12. ATTIÉ JR., Alfredo. *A reconstrução do direito: existência, liberdade, diversidade*. Porto Alegre: Fabris, 2003.
13. ATTIÉ JR., Alfredo. *A reconstrução do direito: existência, liberdade, diversidade*. Porto Alegre: Fabris, 2003.
14. HOUAISS, Antonio et al. Solicitude. *Dicionário Houaiss da língua portuguesa*. Rio de Janeiro: Objetiva, 2001.
15. De *solitudo*, solidão, retiro, abandono. Ver: HOUAISS, Antonio et al. "Solitude" e "Solidão". *Dicionário Houaiss da língua portuguesa*. Rio de Janeiro: Objetiva, 2001.
16. Ver ATTIÉ, Alfredo. Verbete "liberdade". *In*: BALERA, Wagner (cood.). *Enciclopédia Jurídica da PUCSP*: Tomo direitos humanos. São Paulo: PUCSP, 2021. Disponível em: https://enciclopediajuridica.pucsp.br/.
17. PEREIRA, Aloysio Ferraz. *Estado e direito na perspectiva da libertação*. São Paulo: Revista dos Tribunais, 1980. p. 177-179. (Grifo nosso).
18. *vorasuspringt*.
19. PEREIRA, Aloysio Ferraz. *Estado e direito na perspectiva da libertação*. São Paulo: Revista dos Tribunais, 1980. p. 180.

Ora, tal situação de conexão entre solidariedade e cuidado remete exatamente à ideia de justiça que se perfaz entre injustiças. Em um mundo de intensa desigualdade, em que a pobreza se apresenta como um dos mais urgentes problemas a solver, impedindo que as várias deficiências encontrem pleno amparo nas relações sociais e permitindo que encontrem agudização nas relações econômicas, cabe à justiça interromper o ciclo de mal-estar coletivo e de sofrimento individual. Essa, portanto, a urgência da correspondência jurídica entre solidariedade e cuidado.

Vamos estudar como se apresenta essa conexão na construção da cidadania coo superadora de vulnerabilidades.

2. CIDADANIA EM CONSTRUÇÃO

Bem por isso, é preciso constatar que uma das grandes preocupações da atualidade é o fato de a vulnerabilidade estabelecer-se de múltiplos modos, condicionados de maneira personalíssima, por exemplo, pela idade – a infância, a adolescência, a velhice – e inúmeras deficiências, assim como por fatores exteriores aos sujeitos, assim, por exemplo, pela exposição a um fluxo constante de informações, destacadamente, em tempo de utilização intensa de meios eletrônicos de comunicação e exposição.

Diversas plataformas, públicas ou privadas, redes sociais, com regularidade, disponibilizam um número muito elevado de informações dos mais variados conteúdos e, seja pela dificuldade de acesso de boa parcela da população e pela dificuldade do entendimento do conteúdo das informações, ou ainda, pela versão da informação que se apresenta, a cidadania e a democracia saem diminuídas em razão da falta de cuidado e solidariedade.

Os meios de comunicação eletrônica dão o suporte às informações particulares e públicas e, quanto às informações públicas, pelo presente estudo, devem se somar os princípios da radiodifusão à Administração Pública em sentido amplo, ou seja, além dos órgãos e sujeitos que integram o poder executivo em todos os níveis da federação, também o legislativo e judiciário, devem respeito aos princípios expressos da Administração Pública, descritos no artigo 37 da Constituição, entre eles a legalidade estrita, moralidade e impessoalidade, e do princípio implícito da finalidade pública, muito diferente do ambiente particular que, nos dias atuais pede minimamente parâmetros éticos de atuação e que as manifestações do pensamento não sejam contrária às leis.

Com o reconhecimento e afirmação dos princípios fundamentais, cidadania e a dignidade da pessoa humana como fundamentos do Estado democrático de direito e, no elenco dos objetivos fundamentais da República Federativa do Brasil, que são referências fundamentais da decisão política fundamental do Estado brasileiro, quanto à informação pública, que é devida, tais fundamentos do Estado devem imantar todo discurso daqueles que estão nas estruturas do poder estatal com a busca constante pela construção da justiça e solidariedade, seguindo a doutrina do cuidado. Cabe a todos os integrantes da Administração Pública em todas as estruturas do poder estatal, a aproximação das suas competências a esses objetivos fundamentais e respeito aos princípios expressos e implícitos que à organização do Estado se aplicam.

Não é compatível com as informações públicas e as atividades administrativas uma desvinculação desse referencial normativo constitucional, trazendo a condição dos discursos e atuações da esfera privada que se mostram imantados pela pessoalidade e, o que é pior, excesso de pessoalidade por meio de manifestações egocêntricas, da exaltação do eu e não das instituições que representam e das normas que as sustentam, atuação que incabível àqueles que devem o respeito à lei e representam a palavra de todos, sendo este o seu limite desde as grandes revoluções.

Nesse contexto, a afirmação dos direitos fundamentais sociais, especialmente educação e cultura, se revelam libertadores e instrumentos do cuidado e solidariedade, sustentáculos da ordem social, cada vez mais, indispensáveis para a manutenção da dignidade humana e cidadania.

Desde a promulgação da Constituição vigente, em 05.10.1988, que uma boa parcela da população brasileira tem como lembrança viva o discurso feito pelo presidente da Assembleia Nacional Constituinte, Ullysses Guimarães, no qual a democracia e a cidadania foram apresentadas como as grandes razões da alteração jurídico-política e social descritas na atual norma constitucional, o *telos* da Constituição de 1988. Uma das frases impactantes que externaram, no discurso, essa discussão foi: "Temos ódio à ditadura. Ódio e nojo". A Democracia passa a ser a referência maior, formalmente, a partir daquela data e ao lado da cidadania como decisão política fundamental do Estado brasileiro, vez que são integrantes dos princípios fundamentais.

Ao lado das modificações que houve na estrutura do poder estatal, a cidadania compõe os princípios fundamentais[20], portanto, todos dotados de força vinculante, que também se apresenta como um dos fundamentos do Estado Democrático de Direito, para sua realização, impõe o reconhecimento dos cidadãos como aqueles que "têm direito a ter direitos", conforme o pensamento de Hannah Arendt[21]. Ou seja, passamos a entender e a viver a cidadania tanto no seu sentido estrito ou aspecto político[22], com a possibilidade de participação do processo político[23], podendo votar e ser votado, ou seja, a vontade do Estado se submetendo à soberania popular, como

---

20. SARLET, Ingo Wolfgang, MARINONI, Luiz Guilherme e MITIDIERO, Daniel. *Curso de direito constitucional*. São Paulo: Saraiva Editor, 2015. p. 252.

21. ARENDT, Hannah. *Origens do totalitarismo*. Tradução de R. Raposo. São Paulo: Companhia das Letras, 1989.

22. A autora ao tratar do problema da liberdade, afirma que está relacionado com a ação e a política, vez que são potencialidades da vida humana, o que traz também os demais fenômenos da esfera política, entre eles, a igualdade, a justiça, o poder. A ausência de liberdade destitui a vida política de significado. (ARENDT, Hannah. *Entre o passado e o futuro*. Tradução de Mauro W. Barbosa. São Paulo: Perspectiva, 2007. p. 191-192.)

23. Vale repetir J. H. Meirelles Teixeira ao afirmar que os direitos políticos são exercidos pelos cidadãos, na condição de povo, elemento indispensável à formação do Estado.

em seu sentido amplo, que tem no cidadão o destinatário da proteção dos direitos fundamentais.

Tamanho o avanço que houve no tocante à proteção dos direitos fundamentais na atual Constituição, não sendo somente um lócus de positivação e destaque para a decisão política do Estado brasileiro, que ela recebe o atributo de Constituição cidadã. São lembranças inafastáveis, especialmente quando pensamos na interpretação da Constituição pelos seus mais variados intérpretes, que delas não podem declinar, vez que, além de expressas no núcleo material e sensível da Constituição, representam a vontade do constituinte originário.

A afirmação do Estado Democrático de Direito e a cidadania como um de seus fundamentos, no elenco dos princípios fundamentais, trazem um significado muito mais alargado que o texto indica, implicando em obrigatório respeito a esse núcleo essencial da Constituição e afastando de todos aqueles que estão nas estruturas do poder estatal, atuações que se traduzem em retrocesso, ou seja, contrárias à vontade de Constituição[24].

Diante dessa referência histórica, somada à promulgação do texto que confirma essa experiência vivida na transição do regime autoritário para o regime democrático, toda vez que temos uma manifestação que envolva a interpretação da Constituição, essa referência deve ser utilizada ao lado de todos os princípios e postulados integrantes da hermenêutica Constitucional[25], especialmente, quando esse intérprete é integrante da Administração Pública.

A qualidade de Constituição cidadã e a cidadania só se efetivam com as reiteradas tomadas de decisão que reafirmem diuturnamente o regime democrático e a proteção dos direitos fundamentais e consequente dignidade da pessoa humana, o que nos leva a concluir da indissociabilidade do regime democrático e cidadania, pois, não se efetivam em separado.

Dessa tomada de decisão, que se traduz em princípio fundamental e fundamento do Estado brasileiro, premissa para o presente capítulo, principiológica constitucional, fundamental, que são também influenciadas e reforçadas por compromissos internacionais assumidos pelo estados democráticos de direito[26], apesar dos mais de trinta anos da Constituição, reconhecemos e afirmamos a necessidade de ama-

---

24. Cf. HESSE, Konrad. *A força normativa da constituição*. Tradução de Gilmar Ferreira Mendes. Porto Alegre: Sérgio Antônio Fabris Editor, 1991. p. 19. "[...] a Constituição converter-se-á em força ativa se fizerem-se presentes, na consciência geral – principalmente, na consciência dos principais responsáveis pela ordem constitucional –, não só a vontade de poder, mas também a vontade de Constituição."

25. Para Celso Ribeiro Bastos existem pressupostos hermenêutico-constitucionais, entre eles, os postulados se apresentam e antecedem a própria interpretação e são enunciados cogentes. Supremacia constitucional, unidade da Constituição, maior efetividade e harmonização de suas normas, e força normativa da Constituição, são postulados da hermenêutica constitucional. (Cf. BASTOS, Celso Ribeiro. *Hermenêutica e interpretação constitucional*. São Paulo: Celso Bastos Editor, 1999. p. 95-ss.)

26. O Brasil integra o grupo de Países que votaram e aprovaram a Declaração Universal de Direitos Humanos, 1948, ONU, e ratificaram os dois tratados internacionais que dela decorrem, assumindo compromissos, também no plano internacional, com a democracia, cidadania e dignidade da pessoa humana.

durecimento do regime democrático, da cidadania e da educação política, vez que a vulnerabilidade cidadã tem se mostrado recorrente nos últimos tempos, a tal ponto de haver por parte das pessoas, cidadãos brasileiros, e, dos integrantes da Administração Pública, reiteradas manifestações e atuações anticonstitucionais[27], totalmente apartadas e desconectadas da democracia e cidadania[28].

Tal situação indica vulnerabilidade da cidadania causada por fatores externos, em destaque, o excesso de informações que se apresentam pelos meios de comunicação eletrônica, internet e os que dela derivam, suporte que, facilmente, pode carregar informações falsas, inteira ou parcialmente, como se correspondessem à realidade fática. Esse é o contexto largamente utilizado com intencionalidade de fazer prevalecer uma versão da informação que favoreça ao emissor da mensagem, com a ampla desvalorização do regime jurídico constitucional da informação e comunicação, leia-se, democrático.

A Constituição é sempre o caminho para o exercício e aprimoramento do regime democrático. O afastamento de seus preceitos, seja por motivos políticos, econômicos ou pessoais, afetam a Constituição, a democracia e cidadania. Para a manutenção do regime democrático e da cidadania, esta, em seus dois sentidos, há a obrigatoriedade de não descuidar da finalidade do Estado brasileiro, que vem afirmada pelos objetivos da República Federativa do Brasil, cada um deles colaborando para que a busca do bem comum[29] aconteça.

A construção de uma sociedade livre, justa e solidária, a redução das desigualdades e a promoção do bem de todos, e consequente diminuição das discriminações negativas, que segregam e excluem, são metas a serem alcançadas/perseguidas por todos aqueles que estão nas estruturas de poder estatal, conforme o estabelecido na Constituição e representam a adoção de uma política do cuidado. A decisão pelo cuidado vem em 1988 e a grande questão é como estabelecer uma cultura do cuidado que gere a efetividade da cidadania e solidariedade, tanto no plano interno como internacional.

Tal comando normativo constitucional, afasta atuações que com a Constituição não guardem respeito, o que inclui as informações, em destaque as públicas, que não recebam tratamento que lhe confira o atributo democrático. A cidadania só se realiza por meio de informação, comunicação e do processo educativo que elas integram, e, para tanto, deve haver o respeito à tríplice missão da educação que, somados aos

---

27. ATTIÉ, Alfredo. *Brasil em tempo acelerado: política e direito*. São Paulo: Tirant, 2021.
28. Manifestações recentes pedindo o fechamento do STF ou a volta do AI5, demonstram a falta de reconhecimento das instituições da República, como também, por parte dos que estão no exercício de cargos ou funções públicas, de desrespeito e contrariedade à Constituição, especialmente, aos princípios da Administração Pública, entre eles, legalidade, impessoalidade e moralidade.
29. Adotamos a posição de Dalmo de Abreu Dallari que afirma como elemento constitutivo do Estado o povo, a soberania, território e finalidade social. A finalidade social tem conceito desenvolvido pelo Papa João XXIII na encíclica "Pacem in Terris": "Conjunto de todas as condições sociais que permitam e favoreçam o desenvolvimento integral da personalidade humana". (Cf. DALLARI, Dalmo de Abreu. *Elementos de teoria geral do estado*. São Paulo: Editora Saraiva, 2002. p. 102-ss.)

princípios da radiodifusão, são limites constitucionais de atuação em favor da democracia e cidadania.

Para que as normas constitucionais, neste estudo, democracia e a cidadania, integrantes dos princípios fundamentais, sejam realizadas, e no plano concreto ou material, tenham eficácia e aplicabilidade, e se afaste ou diminua a condição de vulnerabilidade do cidadão, tanto no exercício dos seus deveres e direitos, como nas suas escolhas políticas, aqueles que utilizam dos veículos de comunicação massiva, devem atentar obrigatoriamente aos preceitos específicos das informações que são também práticas informais integrantes do processo educativo, e com isso, colaborar com a construção e amadurecimento da cidadania e democracia brasileira.

A condição plural e possibilidade de contraditório também são intrínsecas à comunicação, vez que social, e, respeitar tal premissa, é trazer a legitimidade dos discursos comunicativos nas democracias.

Diante dessas afirmações, acrescentamos a solidariedade e o cuidado, como grandes instrumentais facilitadores da construção de uma cidadania forte, que possa reafirmar a democracia sempre, em cada tomada de decisão.

3. SOLIDARIEDADE E CUIDADO

Desde a Declaração Universal dos Direitos Humanos, ONU, 1948, em função da tragédia global que representou a Alemanha Nazista na II Guerra Mundial, assumimos compromissos éticos que influenciaram as Constituições que vieram a partir desta declaração em razão de sua positivação. O reconhecimento da dignidade da pessoa humana como o valor maior que a sustenta e a fundamenta, em cada um dos seus considerandos e nos seus trinta artigos, ganha status constitucional no Brasil em 1988, com a promulgação da atual Constituição.

O pensamento de Kant, em especial, por meio dos imperativos categóricos, dos quais retiramos o referencial filosófico maior de interpretação da norma-princípio afirmada no art. 1°, inc. III da Constituição de 1988, sustentando o constitucionalismo na atualidade, traz o homem como o fim último de todas as ações, não podendo ser utilizado como meio para se alcançar resultados, tanto para o agir dos particulares como, especialmente, para os sujeitos e órgãos da Administração Pública. Destaque também, ao agir universal, ou seja, agir de tal forma que seus comportamentos possam se transformar em normas universais, são referenciais éticos ou filosóficos que irão delimitar a tomada de decisão para o cuidado e solidariedade.

O valor dignidade da pessoa humana, recebe proteção no elenco dos princípios fundamentais que, é também fundamento do Estado, irá justificar e fundamentar a doutrina do cuidado, vez que a solidariedade, de maneira expressa, aparece como um dos objetivos a serem perseguidos pelo Estado brasileiro e, todas essas metas, devem o respeito aos fundamentos e princípios estruturantes. Em leitura dos princípios fundamentais, retiramos a íntima relação entre a dignidade da pessoa humana e a cidadania pois, além de comporem o mesmo núcleo dos princípios fundamentais e fundamentos do Estado, possibilitam os direitos fundamentais no plano da efetividade, são o conteúdo de implementação da vida com dignidade e proteção do cidadão. Soma-se a solidariedade e o cuidado, que vêm para afastar ou, pelo menos, minimizar qualquer situação que acabe por nos distanciar da condição humana, o que implica um olhar para o outro como integrante da mesma comunidade, a qual todos pertencemos, com atenção e respeito às suas necessidades individuais e coletivas, e nos tempos de globalização e era da informação, numa dimensão muito estendida, planetária.

A empatia é a referência maior do conviver, do viver com o outro, ou seja, o emprego do cuidado nessa jornada deve começar com o reconhecimento do outro e de sua condição de sujeito de direitos, o que muitas vezes se mostra ausente nas mais variadas situações, destaque-se ao mundo globalizado que, na era da internet, a exclusão do sujeito é propiciada pela quantidade enorme de informações, sendo que, a recepção das informações não favorece interação que não seja a dos interesses de quem informa, na grande maioria das vezes com a intencionalidade do consumo de produtos ou serviços. A recepção não é tratada como local de sujeição e mútua interação, pois o interesse que prevalece é o do emissor da informação na lógica consumerista que favorece os interesses econômicos e políticos[30].

Bauman, ao tratar do tema globalização, afirma o enfraquecimento dos locais para a comunidade discutir e decidir os assuntos da mesma, com o afastamento de boa parcela dos sujeitos que ali vivem dessas decisões, pois a informação não depende mais de portadores, no processo comunicativo, emissão e recepção acontecem por meio de suporte intangível, no qual há um descolamento do espaço físico para o ciberespaço, sendo os detentores do poder, extraterritoriais, vez que a comunidade local, não é mais de interesse e ficam isolados e livres de qualquer intromissão dos que a integram[31].

Esse é o cenário atual, grandemente ampliado pelos efeitos da pandemia do Covid 19 e utilização do ciberespaço como regra, tem se revelado ausente de solidariedade e cuidados com o outro numa dimensão coletiva, mesmo que esse cuidado se apresente como compromisso político-jurídico constitucional que se repete em

---

30. Na oferta de produtos e serviços ainda temos um sistema de proteção e defesa do consumidor que traz mecanismos de defesa que se traduzem por responsabilidade em várias dimensões. O grande problema é o que tem por objeto as informações públicas que ficam apartadas das relações de consumo, vez que as mesmas, utilizam os meios eletrônicos e não propiciam o contraditório ou a mútua interação tão importante na comunicação.

31. Sobre a questão do poder extraterritorial com a rede mundial da internet, no lugar de trazer igualdade, uma vez que tem por destinatários os seres humanos, percebe-se grande polarização e separação brusca com efeitos profundos: *"...em vez de homogeneizar a condição humana, a anulação tecnológica das distâncias temporais/espaciais tende a polarizá-la. Ela emancipa certos seres humanos das restrições territoriais e torna extraterritoriais certos significados geradores de comunidade – ao mesmo tempo que desnuda o território, no qual outras pessoas continuam sendo confinadas, do seu significado e capacidade de doar identidade."* (Cf. BAUMAN, Zygmunt. *Globalização: as consequências humanas*. Tradução de Marcus Penchel. Rio de Janeiro: Zahar, 1999. p. 25-ss.)

tratados internacionais. A busca do bem comum é finalidade social dos estados democráticos de direito e, ao lado da cidadania e dignidade da pessoa humana, estão a solidariedade e o cuidado como deveres que propiciam e catalisam as condições sociais para que possa existir o desenvolvimento integral das pessoas.

O que estamos a experimentar é, tanto pelos particulares como pelos que estão no desempenho de atividades estatais ou no exercício dos atos de governo, esse distanciamento e segregação de pessoas, mesmo quando em grupos, a condição humana igualitária que parece se alcançar com a utilização da internet como suporte das informações[32], em quantidade enorme, tem determinado exclusão pelas inúmeras dificuldades no que diz respeito ao acesso, ao entendimento e à mútua interação, pois, o necessário entendimento, muitas vezes, não acontece e proposital.

Dentro da lógica de poder, econômico ou político e transtornos éticos que dele decorrem, essa situação favorece a manutenção dos efeitos segregacionistas que cada vez mais distanciam e afastam a possibilidade de desenvolvimento das pessoas e pertencimento a uma comunidade com a participação na tomada de decisões para uma vida feliz[33].

Esse é o contexto de afirmação da necessidade de uma sociedade voltada para a solidariedade e cuidado, ainda que tenhamos no plano normativo constitucional, com natureza jurídica de objetivos fundamentais do Estado brasileiro, a construção de uma sociedade livre, justa e solidária, ao lado da erradicação da pobreza e das desigualdades, com a promoção do bem de todos, há muito que se fazer. Uma sociedade que reconheça o cuidado como referencial maior de atuação seja consigo próprio, em todas as dimensões, e com os outros, incluindo os estranhos, instituições e os bens públicos, delimita a nova ética, a ética do cuidado[34].

Estabelecer uma cultura do cuidado, diante de tantas desigualdades não tem se mostrado missão muito fácil, mesmo tendo por referencial político e jurídico-constitucional atual e finalidade do Estado brasileiro, a busca do bem comum. Muitas vezes há um distanciamento dessa meta, mesmo sendo adotado de maneira expressa em nossa Constituição. Essa é a premissa básica do cuidado no Brasil e está negligenciada por muitos. Para nosso estudo, especialmente pelo não propiciar a condição adequada de realização de escolhas, seja em virtude da não comunicação por meio de informações que não propiciem o diálogo, e o pior, pela falta do enten-

---

32. Devemos reforçar a necessidade de reconhecer o Direito da Comunicação, com regras próprias e delimitadas em capítulo da Comunicação Social da Constituição, arts. 220 a 224, que também são aplicadas aos meios de comunicação eletrônica, que reforçam a condição democrática da comunicação, ou seja, informações que propiciem a comunicação social, ou o entendimento e respeito pelo outro na condição de receptor e sujeito de direitos.

33. Cf. Aristóteles. *A política*. Rio de Janeiro: Ediouro. p. 52.

34. Bernardo Toro ao tratar do cuidado o eleva à paradigma superior, o qual, determina o reconhecimento de uma nova ética. Para o autor, o cuidado evita o desaparecimento, o perecimento da espécie humana, e, para tanto, precisamos aprender o autocuidado em todas as dimensões, afetiva, espiritual, intelectual e o cuidado com os outros. O aprender a pedir ajuda se mostra essencial também em redes sociais, mas destaca que esses vínculos devem ser criados, pois eles são fundamentos da sociedade em tempos de internet.

dimento em decorrência das falhas no processo de ensino e aprendizagem para uma boa parcela das pessoas. Destaque-se o agravamento dessa situação com a pandemia, vez que muitos não puderam participar das práticas educativas que são realizadas integralmente pela internet[35].

Ao contrário do que poderíamos imaginar, a era da informação possibilita identificarmos um distanciamento do que fora proposto por Kant no direito cosmopolita, ou seja, a realização da paz perpétua por meio de um código não escrito que fosse capaz de influenciar tanto no plano interno como no internacional as condutas humanas, trazendo também os indivíduos ao lado dos Estados como sujeitos de direito de uma nova ordem mundial. Continuamos com muitos excluídos e com a necessidade da criação de várias leis para cuidar dessas pessoas que são reconhecidos como vulneráveis ou hiper vulneráveis.

A utilização dos veículos de comunicação massiva deve propiciar a cultura do cuidado, essa nova ética como paradigma da atualidade e não gerar mais desigualdades e discriminações negativas, uma vez que nas democracias, ancorados na solidariedade e cuidado. Portanto, todos aqueles que, por meio do discurso, emitem uma informação, devem o cuidado com o outro, para que ele receba a informação verdadeira, verossímil e possa entender e participar da comunicação e com isso, não só ter a experiência educativa como também a política.

Esse também é o contexto da solidariedade, que traz como um dos seus significados a comunhão de atitudes e sentimentos, para isso acontecer, o cuidado se impõe, para consigo e os outros. Algumas medidas aparecem como compromissos constitucionais como já descrevemos anteriormente, mas há a necessidade de se estabelecer uma cultura do cuidado e solidariedade com a intencionalidade de fortalecimento da cidadania, o que demanda atuação conjunta dos que estão no exercício das atividades administrativas, como também dos particulares que estejam em colaboração com o Estado ou no exercício das liberdades particulares.

Somente por meio de atuação voltada para o fortalecimento desses valores que imantam o cuidado e a solidariedade chegaremos à efetividade da cidadania.

O artigo 3º da Constituição Federal, ao estabelecer os objetivos fundamentais da República Federativa do Brasil refere a construção de uma sociedade livre e solidária, a erradicação da pobreza e da marginalização, assim como a redução das desigualdades sociais e regionais, associadas ao desenvolvimento nacional e à promoção do bem de todos, sem preconceitos nem discriminação.

É a moldura fundamental dos valores que a Constituição consagra, ao exigir que todos os demais dispositivos do sistema normativo brasileiro, incluindo sua interpretação e aplicação, sejam adotados tendo por escopo o cumprimento desses deveres.

---

35. Para uma boa parcela da população brasileira o meio de comunicação massivo acessível ainda é o rádio.

A solidariedade está, então, vinculada normativamente à sociedade livre – liberdade não apenas no sentido tradicional de busca de realização feliz da existência – de desigualdades de toda ordem, de carências ou necessidades materiais e imateriais, de preconceito e de discriminação[36]. A solidariedade, bem assim, indica o percurso da liberdade como engajamento socioeconômico – inclusive a liberdade de empreendimento e de trabalho. O percurso político-jurídico da sociedade tratada na dicção constitucional é de construção permanente de vínculos de união. Recusa, portanto, do ódio e adesão ao amor, isto é, a solicitude no envolvimento e desenvolvimento das relações jurídicas.

4. DISCURSO DA ADMINISTRAÇÃO PÚBLICA: ÉTICO E JURÍDICO

A Constituição brasileira atual trata, em capítulo próprio, da Administração Pública e enuncia os princípios regentes das tarefas administrativas, ou seja, por meio das normas constitucionais principiológicas, destaca os valores que são orientadores do agir administrativo. Inovou em 1988 e trouxe a moralidade para o elenco dos princípios expressos, tal como a dignidade humana, aproximando o direito e ética. Portanto, a moralidade administrativa não é mais tratada somente no plano individual e da tomada de consciência dos que estão no exercício das atividades administrativas, ela é apresentada com a roupagem jurídica de norma princípio constitucional que norteia e vincula toda atividade administrativa, por meio da lealdade e da boa-fé, e o seu descumprimento configura ilicitude. Há o reforço ao seu cumprimento, ou seja, da probidade na administração aos servidores públicos com a delimitação da improbidade administrativa[37] e como consequência pelo seu desrespeito os seus efeitos, sendo também, uma das possibilidades de crime de responsabilidade pelo Presidente da República[38]. Ou seja, há um delineamento jurídico-constitucional para a moralidade, sendo que o afastamento de seus preceitos aponta para a responsabilidade de seus agentes[39].

---

36. ATTIÉ, Alfredo. Verbete "liberdade". *In*: BALERA, Wagner (cood.). *Enciclopédia Jurídica da PUCSP*: Tomo direitos humanos. São Paulo: PUCSP, 2021. Disponível em: https://enciclopediajuridica.pucsp.br/.

37. *Art. 37. A administração pública direta e indireta de qualquer dos Poderes da União, dos Estados, do Distrito Federal e dos Municípios obedecerá aos princípios de legalidade, impessoalidade, moralidade, publicidade e eficiência e, também, ao seguinte:*
    [...]
    § 4º Os atos de improbidade administrativa importarão a suspensão dos direitos políticos, a perda da função pública, a indisponibilidade dos bens e o ressarcimento ao erário, na forma e gradação previstas em lei, sem prejuízo da ação penal cabível.

38. *Art. 85. São crimes de responsabilidade os atos do Presidente da República que atentem contra a Constituição Federal e, especialmente, contra:*
    [...]
    V – a probidade na administração;

39. A partir do pensamento Kantiano, Max Weber irá desenvolver a distinção entre a ética da convicção e a ética da responsabilidade, sendo a primeira determinada pelo cumprimento de uma norma, antecede a ação, a última relaciona-se com os possíveis resultados das condutas, sendo que, se não sou capaz de avaliar os possíveis resultados dos meus atos, devo interrompê-los. Ainda com base em Kant, temos Karl Otto Apel desenvolvendo a ética da responsabilidade solidária, ou seja, uma ética da humanidade que propicie

Outra preocupação do legislador constituinte foi no sentido de afastar tomadas de decisões que fossem ancoradas nos interesses particulares dos administradores ou que favoreçam ou prejudicam pessoas certas, sendo a impessoalidade a referência de atuação, não se admitindo animosidades ou perseguições, sendo a externação do princípio da igualdade. Sempre ao lado do referencial da legalidade estrita e da publicidade que indica a obrigatoriedade do estrito cumprimento das leis, por meio de competências ou atribuições, sendo amplamente publicadas todas essas tarefas administrativas. A impessoalidade vem fortemente reforçada por meio do princípio do concurso público, da estabilidade do servidor público e da licitação precedendo as contratações administrativas, entre outros. Mais recente, o princípio da eficiência vem para esse elenco de maneira expressa e chegamos à atuação que seja conforme a finalidade social do Estado ou do interesse público. Portanto, a obrigatoriedade do regime jurídico de direito público.

Para a Administração Pública a autonomia das vontades é muito diminuída, vale dizer que se resume à supremacia do interesse público sobre o interesse particularizado, também conhecido como regime de direito público ou administrativo, tendo sempre, na lei a referência das tomadas de decisões que devem a finalidade pública com ampla publicização de todas essas tarefas administrativas[40].

A regra é a aplicação do princípio da publicidade ou a informação amplamente publicizada que se traduz por dever de informar e, também, em direito subjetivo dos cidadãos do acesso à informação. Algumas dificuldades são constantes e se devem, especialmente, ao distanciamento do cumprimento de deveres constitucionais, seja quanto às competências expressas e enumeradas ou ao processo educativo e suas fragilidades, implicando em uma vulnerabilidade da cidadania, além de todas as outras que já estão delineadas por diversos estatutos[41] e tratados internacionais[42], mostrando claramente o quanto determinadas pessoas necessitam de cuidados no desenvolver do 'processo vital'[43]. Soma-se a todas essas vulnerabilidades uma maior

---

o direito cosmopolita por meio do consenso, da consciência da onipotência da educação, especialmente quando temos por suporte das informações os meios de comunicação massiva sendo amplamente utilizados. (Cf. BETTINI, Lúcia Helena Polleti. *Rádio e televisão como agentes educacionais: o imperativo do art. 221 da constituição e a ética da responsabilidade social*. 2009. Tese (Doutorado) – Pontifícia Universidade Católica de São Paulo, São Paulo, 2009.)

40. Cf. BETTINI, Lúcia Helena Polleti. Princípio da publicidade na administração pública: direito fundamental às informações públicas e a dignidade da pessoa humana. *In*: KIAN, Fátima Aparecida (org.). *Covid-19 aspectos multidisciplinares – direito*. São Paulo: Alexa Cultural, 2020. p. 105-ss.

41. Podemos citar o Estatuto da Criança e do Adolescente, Estatuto da Pessoa com Deficiência, Estatuto do Idoso, Estatuto da Igualdade Racial.

42. A autora afirma que o cuidado é o denominador comum da proteção especial dos "vulnerados", que se traduz por meio do diálogo das fontes, afirmação que nos interessa e transcrevemos: *"cuidado e afetividade e complementam, formando o substrato daquilo que nos torna humanos, e vêm a integrar as relações jurídicas, para que o Direito possa contemplar os indivíduos em sua completude, nas diversas etapas da sua vida"*. (Cf. PEREIRA, Tânia da Silva. Diálogo entre "estatutos": o cuidado e a tutela das vulnerabilidades. *In*: PEREIRA, Tânia da Silva; OLIVEIRA, Guilherme de; COLTRO, Antônio Carlos Mathias (coord.). *Cuidado e cidadania: desafios e possibilidades*. Rio de Janeiro: Editora GZ, 2019.)

43. Cf. SILVA, José Afonso da. *Curso direito constitucional positivo*. São Paulo: Malheiros, 2012. p. 197.

pois, inviabiliza o reconhecimento das demais e, o pior, retira a condição de cidadania política e a liberdade e aptidão para escolher representantes que atuem na busca do bem comum.

Não temos um estatuto da cidadania como nas demais situações de vulneração que determinam essas diferenças que tanto excluem e apontam para falta de solidariedade, justiça e liberdade, apesar de ser tema maior para os Estados democráticos de direito que se verifica com a adoção de objetivos expressos em atuação voltada para a realização da justiça social, da liberdade, da igualdade e fraternidade[44]. Quando pensamos em todas essas legislações estatutárias, elas decorrem da necessidade de trazer para algumas facetas da cidadania, em sentido amplo, proteção e efetividade de direitos fundamentais.

Num primeiro momento, por ter a cidadania o status de princípio fundamental, de fundamento do Estado brasileiro e de direito fundamental[45], ou seja, um destaque na Constituição, norma fundante, a cidadania política, ficaria sem essa necessidade de tratamento diferenciado, vez que o essencial faz parte do núcleo essencial fundamental, cláusula pétrea e com aplicação imediata, mas não tem se mostrado suficiente para que, no plano material ela se efetive.

Identificamos nas normas estatutárias o estabelecimento de políticas nacionais de proteção de todas essas pessoas em situação de vulnerabilidade e, por meio da Teoria do Diálogo das Fontes[46], ainda que não haja lei infraconstitucional para explicitar os mandamentos constitucionais acerca da cidadania, um "Estatuto da Cidadania", ademais do reconhecimento da vulnerabilidade dos cidadãos, especialmente na era da internet, onde existe uma enormidade de informações falsas, as "Fake News", da utilização do discurso de ódio e intolerância, totalmente contrário à cultura do cuidado e solidariedade, a afirmação dos direitos e deveres dos cidadãos e daqueles que se encontram no exercício das atividades administrativas, sejam atos de governo ou de aplicação da lei decorrente de competência ou atribuição decorrente do exercício de cargo ou função administrativa, pois o que temos presenciado, muitas das vezes, é o descumprimento dos deveres constitucionais acerca da informação pública e seu caráter que prioritariamente deve ser informativo, sempre com intenção de sujeição do receptor e também educativo, ou seja, capaz de promover o pleno desenvolvi-

---

44. A Constituição brasileira adota claramente o compromisso de construir uma sociedade justa, livre e solidária que até a sua promulgação não existia. Ainda padecemos dessas mesmas ausências que são o suporte para a cidadania fortalecida.

45. Encontramos a cidadania no elenco dos princípios fundamentais, Título I da Constituição, no artigo 1º, II, e também, no Título II que trata dos direitos e garantias fundamentais em diversos capítulos, pode trazer a impressão que a cidadania brasileira por estar amplamente ancorada e fundamentada no núcleo material constitucional sensível, no plano concreto, também se realiza da mesma maneira, mas estamos muito aquém do necessário para a efetividade desses comandos normativos vinculantes.

46. Pela Teoria do Diálogo das Fontes, sendo seu precursor na Alemanha, Erik Jayme, e no Brasil, Cláudia Lima Marques, se propõe a resolver conflitos ou antinomias de forma a interpretá-las e coordená-las sistematicamente, em consonância com os preceitos constitucionais, destacadamente os valores constitucionais e os direitos humanos fundamentais.

mento da pessoa, seu preparo para o exercício da cidadania e acesso aos melhores níveis de trabalho[47].

O discurso administrativo deve o respeito aos princípios constitucionais da administração pública sempre, às normas definidoras do direito de informação em seu tríplice aspecto com o reconhecimento do dever de informar e do direito subjetivo público de receber a informação que corresponda à realidade fática e não a versões que sejam do interesse particularizado daqueles que estejam no exercício das tarefas administrativas, somando-se o cunho informativo-educativo da informação, que respeite os valores éticos e sociais da pessoa e da família, conforme descrito nos princípios da radiodifusão[48].

Entendemos que a obrigatoriedade de política nacional do reconhecimento da cidadania e direitos e deveres que dela decorrem, incluindo as tarefas estatais que possibilitam a implementação das normas definidoras de direitos fundamentais, incluindo nessas metas o estudo formal dos princípios fundamentais e dos direitos fundamentais na educação infantil e fundamental, como forma de educar para a cidadania e com isso afastar ou minorar vulnerabilidade que tantos danos causa, tanto no plano individual como coletivo.

Tal política pública deve prever tanto a formação do aluno como a do professor, sendo matéria obrigatória nos cursos voltados para a docência, o mesmo na administração pública pela implementação das Escolas de Governo também se ocupando da aprendizagem da dimensão pública nos Estados democráticos de direito como resposta democrática para minorar as dificuldades e carências constantes tão significativas para o afastamento das desigualdades, falta de solidariedade e justiça social e fortalecer a cidadania.

5. CONCLUSÃO

O Estado republicano contemporâneo, que emerge, a pouco e pouco, da ordem internacional (econômica, social, política e jurídica) pós conflitos mundiais, sustentou-se em três pilares: *rule of law*, direitos humanos e democracia.

A *rule of* law, que, entre nós corresponde à expressão *estado de direito*, é construção vetusta. Suas origens encontram-se, inegavelmente, na Antiguidade, que, em

---

47. Cf. Constituição, *Art. 205. A educação, direito de todos e dever do Estado e da família, será promovida e incentivada com a colaboração da sociedade, visando ao pleno desenvolvimento da pessoa, seu preparo para o exercício da cidadania e sua qualificação para o trabalho.*

48. Cf. Constituição, em seu Art. 221 indica os princípios da radiodifusão que também são aplicados aos meios de comunicação eletrônica, além da Rádio e TV.
    Art. 221. A produção e a programação das emissoras de rádio e televisão atenderão aos seguintes princípios:
    I – preferência a finalidades educativas, artísticas, culturais e informativas; (grifo nosso)
    II – promoção da cultura nacional e regional e estímulo à produção independente que objetive sua divulgação;
    III – regionalização da produção cultural, artística e jornalística, conforme percentuais estabelecidos em lei;
    IV – respeito aos valores éticos e sociais da pessoa e da família. (grifo nosso)

matéria jurídica, conheceu a experiência da predominância de deveres em relação às *poleis* e às *rei publicae*, resumindo-se os direitos a uma esfera muito restrita da vida privada, na verdade dominada pela noção de *status*, que impedia a elaboração teórica de uma vinculação jurídica entre pessoas. Já se demonstrou alhures[49] que isso se devia ao fato de o direito ser concebido a partir de uma elaborada teoria das coisas ou causas, decorrendo o humano e a configuração da pessoa da experiência de apropriação, de sinais trocados: eram as coisas que se ligavam às pessoas, pelo que cada *status* era determinado pela qualidade e quantidade dessa conexão real. Havia coisas desvinculadas do humano, mas não pessoas desvinculadas de coisas. Exatamente a situação jurídica inversa da Modernidade, em que encontramos pessoas destituídas de coisas, mas não mais coisas desligadas de pessoas, instaurando-se um conflito essencial em torno dessa apropriação pessoal, ao ponto de se tornar vulgar a imagem de desencontro entre posse e propriedade. O que a caracteriza e demonstra a antecedência da *rule of law* – em relação aos outros dois pressupostos para a era republicana que vivemos – é o fato de estar fundada numa relação objetiva entre enunciados normativos e relações humanas.

A democracia é, historicamente, o segundo passo na construção dessa nova ordem republicana. Ela surge também na Antiguidade, e exatamente na experiência da cidade, da *polis*[50]. A democracia, assim a concebo, é sinônimo de política. Não existe política se não há participação de cidadãos. Se o ser humano é o animal da vida política, sua realização somente se perfaz quando ele participa ativamente dessa vida, com os demais seres humanos, em situação de igualdade de capacidades, e de liberdade de expressão e argumentação de seus desejos, projetos e ideais. Isso é democracia, termo correlato, desde o seu aparecimento ao de *isonomia* e *isegoria*. O tom ou acento está na ideia de igualdade. A liberdade se relaciona com a igualdade, na Antiguidade, como *liberdade da cidade* – correspondente, em meu desenho teórico, ao *direito político*, expresso na *rule of law*. A democracia, ademais, é um regime de vocação inclusiva. Ele chama atenção dos viventes para o fato de que todos podem contribuir, todos podem participar do campo de tomada de decisões sobre a coisa comum. Se ele, na prática, recusa, de início esse acesso irrestrito, sua história é de paulatina ampliação, tanto no plano da prática quanto no plano da imaginação.

O terceiro pilar, os direitos humanos decorrem da democracia e de sua fórmula e expressão histórica. São o lado e a contribuição propriamente modernos da tríade republicana contemporânea. Os direitos somente podem ser concebidos quando a relação antiga entre coisas e pessoas se inverteu. E o modo como se dá essa inversão é a história da inflexão religiosa no domínio do direito e da política. O cristianismo é seu motor – lembrando, contudo, que a contribuição, aqui, é mais dos monoteísmos como um todo (cristianismos, islamismos e sua base comum nos judaísmos). Quando

---

49. ATTIÉ Jr, Alfredo. *A reconstrução do direito: existência, liberdade, diversidade.* Porto Alegre: Fabris, 2003.
50. Veja-se, quanto ao que aqui, resumidamente, diz-se: ATTIÉ, Alfredo. *Towards international law of democracy.* Valencia: Tirant, 2021; e ATTIÉ, Alfredo. *Brasil em tempo acelerado: política e direito.* São Paulo: Tirant, 2021.

a tradição do helenismo, greco-romana, encontra a expansão do ideário islâmico--cristão-judaico (que reclamará também suas raízes naquela tradição, paradoxalmente), a crença na ideia de dignidade humana, oriunda do fato de o ser humano ser o destinatário do ato de criação, estabelece o caráter pessoal do direito e da política. A política e o direito passam a ser experiências e doutrinas pessoais, advindas das trocas humanas e não mais das relações entre homens e coisas. O humano passa a ser o centro do universo – no desenho acabado do produto daquele choque cultural entre helenismo, cultura greco-romana e monoteísmo, cultura judaico-cristã-islâmica, desenho que se perfaz no chamado Renascimento[51].

Muito bem, mas esses direitos decorrem da experiência democrática, exatamente em razão de seu caráter de inclusão. Mas os direitos humanos, assim como a democracia, também possuem como caráter essencial a inclusão paulatina. Mas ao qual se alia outro, talvez mais importante, que é sua capacidade de extensão, ou de invenção. Direitos humanos não apenas se reconhecem, mas se criam, inventam-se. Os direitos são exatamente essa capacidade de inventar direitos. Mais sujeitos se incluem neles, e essa inclusão gera novos e diferentes direitos[52]. Solidariedade e cuidado coroam essa história difícil de constituição da civilização global humana. Cabe a todos nós, em praça pública, reiterar, sempre e repetidamente, nossa adesão a esses valores.

---

51. ATTIÉ JR., Alfredo. *A reconstrução do direito: existência, liberdade, diversidade*. Porto Alegre: Fabris, 2003.
52. ATTIÉ, Alfredo. Introdução. *In:* SILVA, P.C. N. da. (coord.). *Direito do estado*. São Paulo: Editora Thot, 2021. p. 40-49.

A CRIANÇA E A SOLIDARIEDADE? ONDE SE APREENDE? ONDE SE APRENDE?

Ana Maria Iencarelli

Psicóloga. Graduada pela Faculdade de Filosofia da Universidade Federal de Pernambuco em 1973; Psicanalista de Criança e Adolescente, pela International Psychoanalytical Association; Pós-graduada, Diplôme d'Études Superieures Spécialisées, pela Sorbonne; Ex-Professora da disciplina "Relação Médico-Paciente" na Faculdade de Medicina da CESGRANDERIO. Autora do livro *Abuso Sexual, uma tatuagem na alma de meninos e meninas;* Coautora da série sobre *Cuidado e Responsabilidade, Cuidado e Vulnerabilidade, Cuidado e Afetividade, Cuidado e Direito de Ser;* Coautora de *Vida e Morte, Dignidade Humana;* e do livro *80 anos do Direito da Universidade do Estado do Rio de Janeiro, UERJ;* Coautora do livro *A invisibilidade de crianças e mulheres vítimas das perversidades da lei de alienação parental – Pedofília, Violência e Barbarismo.* Ex-Presidente da ABRAPIA; Fundadora e Presidente da OSCIP Vozes de Anjos.

1. INTRODUÇÃO

Temos como desejo e propósito neste artigo, trazer uma reflexão sobre a trajetória de formação do Princípio de Solidariedade, intrínseco ao tecido social e à forma humana de vida.

Nosso olhar está na perspectiva da Psicologia e da Psicanálise, áreas de nossa atuação laboral, que alimenta nossa curiosidade do pensar. Assim, fomos buscar nos pensadores psicanalistas que propuseram teorias do desenvolvimento infantil, em seus quatro principais vetores, à luz de nossa experiência que beira os cinquenta anos, os pontos que são percorridos ao longo do crescimento da Criança, que permitem torná-la um Sujeito entre outros Sujeitos.

A Solidariedade, ação que é movida por um sentimento em relação ao outro, forma o tecido social, está na motivação das Políticas Públicas, preenche o espaço de fraternidade em sua universalidade. A Solidariedade não tem fronteiras, nem geográficas, nem culturais, nem etnológicas. De difícil apreensão, porque, em sua grande maioria de ocasiões, acontece de maneira anônima, tanto de quem pratica quanto de quem recebe a ajuda solidária, os atos de solidariedade garantem a boa convivência humana, quando alguns buscam sanar ou minorar a falta vivida por muitos, ou muitos buscam sanar ou minorar a falta sentida por poucos.

Tentando refletir sobre sua trajetória, porquanto a Solidariedade está presente ao longo de nossa história humana como um marco civilizatório, e sua trajetória em cada um de nós, constata-se pelo desenvolvimento infantil que este valor humano tem uma evolução ao longo do crescimento da Criança. Não se nasce com Solidariedade. Ela é um sentimento/ação que é apreendida e aprendida ao longo dos primeiros anos de nossa vida. Pensamos que as primeiras manifestações de solidariedade ainda acontecem numa perspectiva narcisista, de busca de aprovação e elogio do entorno, busca narcísica, portanto. Mas seu bom amadurecimento se distancia do olhar de aprovação do outro para mergulhar no anonimato. A Solidariedade deve prescindir dos holofotes, porque é uma ação que se denomina pela generosidade e a responsabilidade comprometida com o outro. Sua evolução, portanto, está fundada na qualidade dos vínculos afetivos iniciais, e na capacidade adquirida de se nivelar ao outro sem hierarquização.

Este ato, essencialmente, humano não tem limites. E, o Cuidado, enquanto valor jurídico, alimenta o desejo e a, consequente, vivência da Solidariedade, o que prevê um pensar enquanto verbo conjugado em coletivo. É o outro, os outros, que importam.

2. A SOLIDARIEDADE EM SUA EXTENSÃO

O termo *solidariedade* é do conhecimento de todos, mas parece ser cada vez mais raro de ser encontrado, porque, enquanto conceito, é do conhecimento e do exercício de muito poucos. Mergulhamos numa era de egoísmo, de narcisismo, de radicalismo de ego, de impeditivos do olhar para o outro, e, portanto, de impeditivos da solidariedade. Sendo assim, é interligado com conceitos como a Fraternidade, a Compaixão e a Empatia. É um conceito psicossocial reconhecido, epistemologicamente, que leva ao Princípio da Solidariedade, portanto, um promovedor de direitos e, sobretudo, de deveres para com o outro, enquanto este outro se encontra em situação de vulnerabilidade, que seja transitória ou permanente.

E, como pensamento que prevê o coletivo, ele está na raiz também dos grupos e associações que se dedicam às reivindicações de medidas relativas ao trabalho, e às suas melhores condições. E, quando falamos de Cuidado, logo nos reportamos à condição de vulnerabilidade, que tem na ajuda e na proteção sua possibilidade de melhor solução de problemas inerentes a esta condição. Entretanto, é o Princípio Social da Responsabilidade pelo outro que patrocina qualquer ação de solidariedade.

Com uma vasta extensão, esse Princípio permeia as relações interpessoais em todas as sociedades. A interdependência entre os indivíduos, de todos os extratos sociais, tece redes de dimensões incalculáveis. Há sempre uma pessoa, ou grupo de pessoas, necessitando de apoio, de ajuda, de companhia até mesmo para compartilhar uma perda emocional. A dor pela perda de um campeonato, para alguns que nele investiram afetivamente, pode ser amenizada por um gesto de solidariedade. Estamos sempre diante da demanda de uma pessoa ou um grupo de pessoas, que está em situação de vulnerabilidade temporária ou permanente.

O ato de solidarizar-se implica no exercício espontâneo de nivelar-se ao outro ou aos outros. Este comportamento de se nivelar ao outro, diminuindo as diferenças, é indicativo de maturidade emocional e, consequentemente, maturidade social.

Movimentos sociais são construídos em leito de Solidariedade. Na década dos anos 80/90, acompanhamos um grande movimento social que lutou por melhores condições de trabalho e por liberdade. O mais notável exemplo dessa dimensão ampla, se deu na Polônia.

Solidarność, "Solidariedade" em polaco, foi uma federação sindical autónoma e independente, que nasceu das lutas dos operários e camponeses, dirigidas por Lech Walesa. Foi fundada em setembro de 1980 e é considerada o maior sindicato da história.

Os movimentos Feministas, buscando Direitos e Espaços de Respeito para mulheres, combatendo desigualdades de gênero, surgiram no final do século XIX com a mobilização pelo Direito ao sufrágio, e seguem se desdobrando por novas causas, tendo como ambiência a Solidariedade.

Por outro lado, é muito incoerente, assistirmos a discursos de cuidados ecológicos e cuidados com animais, numa solidariedade ambiental e animal, de ruídos midiáticos, mas não termos evidências do mesmo cuidado com as pessoas, e menos ainda, com as crianças. Observamos que ainda é necessário que exista um motivo, uma catástrofe que comova bastante para que a Solidariedade ocorra. Esse é um indicativo de imaturidade emocional do ser humano. A Solidariedade deveria ser continuada, natural. Afinal, toda a atividade humana enquanto sociedade está alicerçada pela Solidariedade.

O Cuidado, enquanto valor jurídico, alimenta o desejo e a, consequente, vivência da Solidariedade, o que prevê um pensar enquanto verbo conjugado em coletivo. É o outro, os outros, que importam. E, como pensamento que prevê o coletivo, ele está na raiz também dos grupos e associações que se dedicam às reivindicações de medidas relativas ao trabalho, e às suas melhores condições. Todo o mapeamento público, o planejamento, as propostas, e a execução de Políticas Públicas têm seu nascedouro na Solidariedade. E, quando falamos de Cuidado, logo nos reportamos à condição de vulnerabilidade, que tem na ajuda e proteção sua possibilidade de melhor solução de problemas inerentes a esta condição. Contudo, é o Princípio Social da Responsabilidade pelo outro que patrocina qualquer ação de solidariedade. Mesmo que não esteja no rol das atividades entre pessoa "A" e pessoa "B", visíveis uma a outra, que a distância e a invisibilidade sejam a regra, é a Solidariedade que traz sentido humanitário para todos. O comprometimento entre dois sujeitos que um se solidariza pelo outro é intrínseco ao ato da ajuda.

3. AS PSEUDOSSOLIDARIEDADES NA FORMAÇÃO DA CRIANÇA

O ser humano é conhecedor de truques relacionais. A Solidariedade é uma dessas estratégias que joga com a esperança de um atendimento através da promessa de uma Política Pública, que nunca acontecerá. Para angariar votos, por exemplo, é frequente que sejam prometidas melhorias em vários setores urbanos e aspirantes a urbanos. Esse tipo de Solidariedade, que raramente se consolida, fere a definição do conceito em pauta. A Solidariedade é generosa e desinteressada, não contém uma troca de qualquer ordem.

Gostaríamos de trazer esse aspecto na perspectiva da Criança. Como podemos ter uma expectativa de que Crianças que viveram esta decepção na infância possam adquirir a capacidade de se solidarizar na juventude ou na vida adulta? Já carentes de condições, muitas vezes, as fundamentais da dignidade, passam pela ilusão de uma esperança,que se esvai em mentira, em pressão por uma troca.

A manipulação da Solidariedade causa estragos que tendem à repetição transgeracional. O sentimento de se ver sendo usado pelo outro em nome da Solidariedade tem uma dupla repercussão. Primeiro uma noção da falta invade a mente, e com ela a frustração por estar nessa situação de falta. Logo uma outra noção, a de possuir uma falta que vai servir para um uso, e não aceder ao ato de Solidariedade por parte do outro.Essa situação de promessa/manipulação de Solidariedade acaba por causar um afundamento na vulnerabilidade que já existia.

Uma Criança enganada hoje com uma promessa de um ato de Solidariedade, muito provavelmente, se tornará descrente nas pessoas e nas instituições reguladoras. Mesmo que ela ainda não consiga entender os meandros ali contidos, ela é capaz de captar o sentimento de frustração e desalento do adulto que foi lesado pela promessa. Um interesse político egoísta decepciona. Esse tipo de comportamento que frauda uma boa intenção leva à acentuação do fosso entre afortunados e vulneráveis.

As nossas cidades partidas onde há demarcação de territórios que se escondem em frágeis mecanismos de ocultação desse *apartheid* transparente, corroboram um tipo de obstrução aos valores solidários. A ausência de assistência e de comprometimento das instituições em territórios apartados pelas diferenças Socio-financeiras e culturais, acrescenta a toda esta carência,a miséria psicológica, esta devastadora.

O conta-gotas de Solidariedade que só pinga quando chega uma catástrofe, está na base de personalidades insensíveis que se tornam incapacitadas à vida de cidadania. Esta falha no tecido social obstrui a possibilidade da Solidariedade, porque torna-se muito difícil ter um sentimento/ação em relação ao outro que passa a ser visto como ameaçador, como inimigo. Assim, não há espaço para a compaixão. Quando as relações afetivas interpessoais ressecam nos arredores da Criança, ela faz disso uma experiência para seu acervo de conhecimentos sobre os seres humanos. Somando-se à miséria objetiva da vida periférica das cidades, a miséria psicológica que deforma o valor social das Crianças em desenvolvimento.

Por outro lado, mergulhada em suas misérias, sendo a psicológica aquela que vai solidificar preconceitos e ressentimentos sociais que só aumentam a distância social e aprofundam ainda mais esse fosso. O abandono institucional faz eco na subjetividade do sujeito, confirmada pela vivência objetiva de um *apartheid* invisibilizado. A criança que vivencia esse caldo social de uma vida apartada, desamparada pelas Instituições e pelo Estado, na ausência de Políticas Públicas, na substituição da esperança pela mentira e abandono, dificilmente, conseguirá romper este muro que encarcera.

4. A CRIANÇA E A CONSTRUÇÃO DA SOLIDARIEDADE

O pensamento coletivo se opõe ao desejo egoísta de competir e "ganhar" do outro, conhecido e popular desejo de "se dar bem", posturas típicas da infância, que alimentam toda uma Cultura Anti-Sociedade. Todos, nascemos egoístas e aprendemos a socialização. Porquanto, é o outro que nos garante a sobrevivência. No entanto, muitos não percorrem as fases do desenvolvimento psicológico de maneira satisfatória, e permanecem nos estágios iniciais da infância, quando a predominância é o egoísmo narcísico.

Essa configuração *egoísmo x coletivismo* nos acompanha por toda nossa vida. É uma aprendizagem que resulta de experiências vivenciadas que evidenciam a interdependência do outro. A mente imatura acredita que nos bastamos, que não precisamos do outro. É a maturidade e a repetição dessas experiências vividas que nos fazem apreender a importância do outro, a importância dos outros. Até mesmo para conseguir estar capacitado a ficar só, uma aprendizagem, necessitamos das boas vivências com o outro.

Autores como Freud[1], Klein[2], Mahler[3], Bowlby[4], Spitz[5], para citar apenas alguns, são psicanalistas teóricos que se debruçaram sobre o desenvolvimento afetivo da criança, em suas respectivas Obras. Em todas as teorias psicanalíticas sobre o desenvolvimento psicológico da criança, o movimento vetorial do bebê ensimesmado para a entrada do outro em seu mundo.

O primeiro outro é a mãe, com quem faz uma dupla que lhe garante a sobrevivência pelo alimento/amamentação, abrindo, assim, caminho para o surgimento gradativo de outros integrantes do núcleo familiar, seguidos pelo microgrupo social, família extensa, escola. Esta expansão do egocentrismo no sentido de muitos é promovida pela qualidade dos vínculos afetivos que vão sendo construídos. São os vínculos afetivos, sendo o primordial o vínculo materno pela dependência intrínseca que o caracteriza, que tecem as primeiras linhas de sustentação para a formação do tecido social.

Empatia e Solidariedade são capacidades afetivas adquiridas, e muito próximas. Mas, para a Criança o acesso às duas tem percursos diferentes. Por ser mais distanciada, mais abstrata, a Solidariedade, para a Criança, é quase intangível. Ela tem, no entanto, na Empatia sua aprendizagem predecessora. A via facilitadora para o despertar da Empatia é a implicação de algo conhecido pela Criança. Buscar no corpo dela e na

---

1. FREUD, S. *Trois essaissurlathéorie de lasexualité*. Paris : Gallimard, 1962.
2. KLEIN, M. *Développements de la psychanalyse*. Paris : PUF, 1966
3. MAHLER, M. *Symbiosehumaine et individuation*. Psychoseinfantile. Paris: Payot, 1973.
4. BOWLBY, J. *Apego* – a natureza do vínculo. v. 1. São Paulo: Martins Fontes, 1990.
5. SPITZ, R. *Delanaissance à la parole, la première année de lavie de l'enfant*. Paris : PUF, 1968.

memória de dor sentida por ela, faz com que uma estrada seja pavimentada, que faz um convite para que a Criança chegue até o outro que ela machucou, movida pelo seu egoísmo e seu imediatismo. Ao desferir um impulso agressivo contra o amiguinho, bichinho ou brinquedo, contabilizar esse "machucado" sugerindo que o outro ficou com um "dodói", e, usando seu corpo como parâmetro, dar uma pequena ideia de como o outro está se sentindo. Essa introdução da compaixão pelo "dodói" do outro, usando elementos concretos – o corpo, a dor – inaugura a aquisição da Empatia, tão fundamental para a vida em sociedade, e que tangencia a consequente e vizinha Solidariedade. Por sua vez, o se solidarizar não possui esse eco corporal, portanto escapa a concretude dos primeiros anos da infância.

É a conjugação de empatia, solidariedade, responsabilidade, que compõem o caldo de sustentação desde a dupla mãe-bebê, e que será o alicerce da solidariedade que esse bebê desenvolverá no futuro.

Faz-se necessário remarcar que esse processo de desenvolvimento conjuga setores que se interligam e se promovem, mutuamente, no conjunto do crescimento. O desenvolvimento psicomotor, o desenvolvimento cognitivo, o desenvolvimento psicolinguístico, e o desenvolvimento afetivo, esse que perpassa todos os outros vetores. Se, inicialmente, para sobreviver o bebê necessita dos dois alimentos, o nutriente e o afeto, essa sobrevivência vai cedendo lugar para outras experiências relacionais com as pessoas de seu entorno. À medida que seu processo de maturação psicológica acontece, o bebê irá desdobrar esse vínculo primordial, o materno, que se inicia como um vínculovisceral, que vai sendo acrescido o afeto, numa mistura harmoniosa, em direção ininterrupta da constituição de um sujeito.

O psicomotor. Os bebês humanos nascem muito incompletos. Essa incompletude determina uma dependência absoluta a um adulto para que haja a sobrevivência. Entre os mamíferos, os herbívoros que não se mantiverem em pé, e procurando o alimento, nos primeiros 20 minutos serão olhados com restrição e podem logo ser separados como portadores de deficiência. Com os filhotes humanos, o tempo para cumprir essas duas tarefas, são necessários muitos meses e anos.

A maturação neurológica que se faz no sentido céfalo-caudal, traz a aquisição de habilidades motoras, permitindo que o bebê acesse, gradativamente, o mundo, a socialização. O sentar muda o tamanho do mundo, sua perspectiva, e a locomoção dá início ao Direito de ir e vir, mesmo que ainda bem limitado. Alguma autonomia vai sendo conquistada, e a aproximação com o outro do seu entorno pode começar a lhe proporcionar um esboço de código de convivência, regido por uma única lei: pode ou não pode.

Todas as aquisições motoras têm uma interligação direta com o afeto recebido, em estimulação, em cuidado, em proteção, em assistência quando necessário em momentos de erros motores, tão frequentes nesta fase. Esta compreensão da dimensão conjunta e multifacetada dos vetores do desenvolvimento infantil, nos autoriza o olhar da atenção em capacitar o bebê para que ele adquira a possibilidade de ter Solidariedade, portanto, de promover esse processo de humanização desse pequeno ser.

O psicolinguístico. Se, logo no início da vida, a comunicação é muito precária, o choro, os sons vão sendo produzidos para buscar a comunicação com seu ambiente. A amplificação dessa comunicação propicia a diminuição da ansiedade inicial traduzida sempre pelo choro. Mas, só falar não é suficiente para a boa convivência que este indivíduo em desenvolvimento busca. É preciso, também nesta área, investir na qualidade. Palavras são ações, são afetos, são faltas.

O cognitivo. A cognição marca a diferenciação entre humanos e demais animais porque permeia a motricidade e a linguagem. As interligações entre os quatro vetores aqui trazidos, são permanentes. É necessário que se estimulem, que se compensem, numa dinâmica de equilíbrio e desequilíbrio calculado, organicamente, para garantir a continuada movimentação versus o crescimento. São mecanismos próprios de desestabilização que promovem a organização em movimento, que acompanha o crescimento da Criança.

O desenvolvimento cognitivo, segundo Piaget[6], é um processo contínuo que acompanha a Criança desde sua fase inicial até os 16 anos, quando completa sua última fase. A inteligência nasce quando em movimentos espasmódicos, aleatórios, o bebê esbarra num chocalho ou brinquedo à sua frente. Como não tem ainda coordenação motora para repetir o movimento e ouvir de novo o ruído que foi produzido, o bebê ensaia várias vezes até acertar outra vez o chocalho e ouvir, novamente o som. É essa intencionalidade que marca o nascimento da inteligência.

Este é um ponto que merece atenção. A essência do pensar concreto interdita questões abstratas. A Solidariedade se inicia no sentimento em conexão com o outro e só se concretiza na consequente ação proveniente desta dimensão do afeto, o que é impalpável. Assim, ela permanece distanciada da cognição de amplo espectro durante a infância, período alimentado pela necessidade de ser mantido por alguém. A vulnerabilidade é inerente à infância, e, mesmo que não tenha consciência dessa vulnerabilidade, a Criança se comporta como tal, por força da Lei da Natureza e das Leis Civis. Para que o desenvolvimento saudável aconteça, faz-se necessário que esta engrenagem funcione a contento. Ou seja, a estruturação de todos esses vetores do crescimento, precisam levar a Criança à consciência social do espaço que ocupa no micro sistema, a família, e no macro sistema, a Sociedade a que pertence. O pertencimento é parte fundamental da identidade que está sendo forjada.

Esse conceito de pertencimento é consequente aos vínculos afetivos construídos. A formação de uma cadeia de sucessivas famílias, que são alimentadas pela qualidade desses vínculos afetivos. Vemos, assim, a sustentação de valores sociais realizada pelo afeto.

---

6. PIAGET, J. *La naissance de l'inteligence chez l'enfant*. Neuchâtel, Delachaux et Niestlé. Génève, 1968.

O afetivo. Desde os primeiros momentos de vida, inclusa a vida intrauterina, o afeto é a via de comunicação mãe-bebê. Spitz[7], afirma em sua teoria do desenvolvimento afetivo, que o aparecimento do 1º Sorriso é a 1ª Resposta Social do bebê. No jogo de reflexos entre mãe e bebê, onde um sorri para o outro e vice-versa, ele entende que é dado início o processo de socialização. O afeto, nessa troca contínua do dar e receber, se constitui o combustível estimulante dos desafios, muitos, para o bebê. Combustível que nutre as demais aquisições, as motoras, as cognitivas e as linguísticas, em conjunto. É pela aprovação e reprovação afetivas sentidas que o bebê se orienta e se joga nos desafios.

É nessa ambiência afetiva que o Sujeito vai sendo construído. Portanto, cabe salientar a importância da existência de condições básicas para o desenvolvimento. Falamos aqui do que é imprescindível para a garantia de Direitos da Criança, do fornecimento de itens que venham contemplar suas necessidades para realizar seu amadurecimento. Não é por mágica que uma Criança se torna um adulto responsável, um cidadão. Este resultado é consequência de um trabalho que só pode ocorrer se as condições forem satisfeitas.

As Políticas Públicas de Responsabilidade têm por objetivo garantir esse percurso, essa construção. A ausência delas compromete esta formação de todas as Crianças. Dizemos todas porque mesmo para aqueles indivíduos que não sofrem na pele, diretamente, as carências, a deformação da visão do outro se fará. Uma vez que há um *apartheid*, mesmo que invisibilizado, de dois tipos de condições para uma mesma população de Crianças, todas elas terão uma distorção da realidade, com anomalias que advenham desse fato.

E, essa ausência de Políticas Públicas que diminuam a desigualdade de acessos e de oportunidades, aponta para a ausência de vontade políticas daqueles que se propõem exercer a atividade representativa. Tudo faz pensar que esses que pretendem representar o grupo, são movidos a desejos de interesses egoístas. O pensar coletivo aparece apenas no discurso e na retórica. Não é genuíno. Contudo, encontram pelo mecanismo de defesa da identificação e da identificação com o agressor, em lugar de eco entre os mais vulneráveis. Afinal, as deficiências nas condições de crescimento, desviaram o curso do amadurecimento.

Junta-se às deficiências e ausências de condições prescritas na nossa Constituição Federal, tais sejam, alimentação, habitação, educação, cultura, esporte, lazer, segurança, entre outras, condições que seriam fundamentais para a Dignidade do Sujeito Criança, o caldo produzido por estas graves carências. Se pensarmos na quantidade de Crianças, milhões, que vivem e crescem em insegurança alimentar diária, chegaremos à necessidade da Solidariedade. Precisamos acrescentar a esta Miséria Socioeconômica, que já aprofunda o fosso das sociedades apartadas, a Miséria Psicológica. Esta forma deMiséria acomete as Crianças carentes, mas também as Crianças

---

7. SPITZ, R. *Delanaissnce à la parole, la première année de l avie de l'enfant.* Paris : PUF, 1968.

que crescem iludidas por um mundo que não existe, como se o mundo, como se todas as Crianças fossem como ela. Para essas Crianças também a Solidariedade será dificultosa, porquanto crescem sem o conhecimento da realidade do outro grupo de Crianças, o que favorece a formação de preconceitos desastrosos.

Tanto um grupo, quanto o outro, tem uma visão distorcida e, por isso, permanecem na vulnerabilidade. Crescer em ambiência deficiente, seja por miséria de fatores concretos, seja por miséria de fatores subjetivos, obstrui a capacitação para a vida social plena, para a cidadania, para uma boa vida afetiva. Ainda mais, porque essas deficiências não possuem materialidade. Só consequências.

Para a Criança, a Solidariedade é um conceito fluido, de difícil apreensão. Por ter seu desenvolvimento cognitivo em processo submetido ao raciocínio concreto, a Criança não encontra alojamento para o conceito em seu psiquismo. Pelo distanciamento entre quem presta a solidariedade e quem recebe este ato, fica difícil o alcance do ato como um todo, e da importância de sua dimensão socioafetiva. Esse processamento, pelo seu caráter não palpável pela Criança que precisa apreender o mundo e suas implicações através da experiência das percepções sensoriais, visto que, do nascimento aos 11 anos, seu desenvolvimento cognitivo se dá por raciocínio concreto, qual seja, por experiência. Além disso, vale lembrar que, como vulnerável, ela tem dificuldade em ter esse olhar em relação a outro vulnerável.

Mas, a Criança, em qualquer dos dois formatos políticos, na fartura, na média ou na carência/ausência de condições básicas, de posse dessas aquisições, as motoras, as cognitivas, as linguísticas em fase de esboço de comunicação, em qualquer dos mundos, com suas proporções de resultado, muito importante, se torna confiante para se lançar em novas conquistas pelo alimento afeto que lhe dá sustentação para prosseguir. Essa é uma construção da linha de vivências que se constituem em acervo da sua memória, sendo organizada. O ponto do egocentrismo é nodal nesta fase. O ponto da carência, também. Por isso, a sua dificuldade em ter um olhar para ajudar o outro, em qualquer aspecto. Esse é um risco de permanência no registro egocentrista, a não capacitação nesta conduta social, o olhar o outro.

A vivência de abandono político não é exclusividade do grupo das Crianças carentes e desfavorecidas. Os reflexos da ausência de condições básicas de alimentação, habitação, educação, segurança, para citar apenas alguns que são visíveis no cotidiano urbano, mas cada vez mais naturalizados, atingem a todos. Abandono social que alimenta a Miséria Psicológica e que confirma o desvio de propósito da atividade de representação da sociedade.

Há um desprezo social pelas questões que se referem ao coletivismo. Poucos se interessam pela formação verdadeira de sujeitos que exercerão sua cidadania. A Solidariedade não se ensina de um dia para o outro. Ela é o somatório das experiências afetivas, as positivas e as negativas. Urge resgatar o Compromisso com a Criança, para que ela possa construir o valor da Solidariedade. Enquanto as experiências da Criança forem se amontoando em terreno de manipulação de promessas que não se realizam, em terreno de mentiras sociais, o sentimento de abandono, e de desamparo, serão o lastro do ressentimento social.

Reconhece-se o esforço de alguns para trazer técnicas que mudam esse cenário. Entretanto, as posturas de *apartheid* da sociedade parecem estar muito solidificadas. A descrença nas instituições é grande. E, a Criança que cresce ouvindo os adultos apontarem falhas e erros, não conseguirão dar crédito, uma vez que fazem parte dessa experiência de ausência de comprometimento com o sujeito. O que corrobora a acentuação do fosso entre duas zonas dentro da mesma cidade. As manipulações e mentiras, ditas como promessas de recuperação de Direitos, são de consequências avassaladoras. O ressentimento provoca a agressividade que, continuada, veste-se de violência urbana, lembrando que o urbano é formado por pessoas.

A camuflagem de perversidades em atitudes nobres sempre atraiu aproveitadores da crença de ingênuos. Por outro lado, a Criança ou, até mesmo, o adulto, fazendo par, a carência fragiliza e inibe o sistema de avaliação e crítica da pessoa, deixando-a mais vulnerável ainda.

Mentir para uma Criança tem consequências duradouras. Muitas vezes essa mentira que expulsa a esperança, segue colhendo confirmações de desconfiança no outro, o que aciona mecanismos para uma defesa contra o outro, que passa a ser visto como inimigo. Decepção, impotência, agressividade, violência, vêm em cadeia. E, logo surge, o desejo de Poder. A vulnerabilidade é aprofundada. E, quanto mais vulnerável ressentido, mais violento. O Poder adquirido pela violência, aparece como "única solução".

Está formada a cadeia da não solidariedade. É a consequência da ausência de Políticas Públicas em face do não combate às Misérias, todas. A Socioeconômica e a Psicológica. As Crianças que vivem essa realidade, sentem como se as Misérias tivessem sido legalizadas, como se tivessem sido encarceradas por uma condenação onde não alcançam os crimes que teriam cometido.

Temos um fato sanitário mundial que trouxe a Solidariedade à roda. Um vírus obrigou ao afastamento do outro. Uma virose letal e democrática. Atinge a todos. Não há exceção a ninguém. Um desconhecido que usurpou um Poder absoluto. O Poder de matar, sumariamente. Muitos fantasmas ele reuniu num clima forte de muitas incertezas. Nada escapou ao repetidas vezes afirmado: "não sabemos". Todas as certezas, todas as respostas à Criança que pergunta muito por não se satisfazer com respostas não convincentes, foram varridas, não se sabe para onde.

Com esta extensa demolição de certezas que os humanos pensavam ter, novos arranjos precisaram ser feitos. A vivência da impotência em vários níveis, trouxe humildade, depressão, mas também, violência. Crise sanitária. Crise econômica. Por um novo tipo de proteção, que não era conhecido antes, compulsório, o contato corporal foi guardado na gaveta. E as diferenças Socioeconômicas explodiram. A linha da Miséria foi ultrapassada por milhares, ou milhões de pessoas que perderam o alimento, a moradia, a escola. Uma catástrofe que não veio da Natureza, como estávamos habituados. Parece ter se instalado nos lares e nos hospitais, que exibiam cenário de guerra.

As catástrofes são facilitadoras do surgimento da solidariedade. Entramos em comoção quando assistimos as matérias jornalísticas sobre pessoas que nunca vimos. A mobilização se inicia. A Solidariedade se torna grande. Contudo, o processo de adaptação ao horror acontece em paralelo. E uma grande parte dessa Solidariedade, não resiste e cai no esquecimento. Nossa mente entra num cansaço, e retorna ao egoísmo.

5.   CUIDADO E SOLIDARIEDADE

Por definição, a Solidariedade é a adesão circunstancial à causa ou à empresa de outros. Emprega-se esse termo para denominar uma ação generosa ou bem-intencionada. Como vimos, o aparecimento da intencionalidade marca o nascimento da inteligência. Sua raiz etimológica faz referência a um comportamento in-solidum, quando se unem os destinos de duas ou mais pessoas. Ser solidário, portanto, não é só prestar uma simples ajuda, ou praticar uma caridade, porque também implica em um compromisso com aquele a quem se presta Solidariedade.

A Solidariedade exclui qualquer tipo de troca e, principalmente, ela não tem a assinatura de quem oferece, ela ocorre sem que ninguém saiba. Essencialmente, ser solidário é ser desinteressado, sem outras intenções. A Solidariedade comunga a convicção de justiça e igualdade. A Solidariedade nivela, a todos, por igual.

O ser humano precisa apreender e aprender a Solidariedade. Esse Valor Social é resultante da construção do edifício dos vínculos afetivos primeiros e decorrentes.

Como vimos, a importância dos vínculos afetivos primários é fundamental para formação do indivíduo. Não é suficiente que haja vínculos. Faz-se necessário que haja qualidade nesses vínculos afetivos. O Cuidado, valor jurídico, também tem como característica fundamental a qualidade. É preciso considerar sempre o tipo de cuidado dado a uma Criança, a um vulnerável. Muitas vezes é confundido a presença de um cuidador com o ser cuidado por alguém. O cuidado automático que prioriza apenas a higiene, por exemplo, não cumpre a função do cuidado, assim como uma prática de higiene que tenha alguma falha, dentro de um contexto afetivo de qualidade, pode ser mais importante para a formação de uma Criança. O processo de desenvolvimento saudável demanda uma harmonia que preencha as necessidades mais prementes e tenha a flexibilidade entre os setores deste atendimento. A rigidez de uma regra prioritária deixa escapar urgências e emergências emocionais que se perderão na linha do desenvolvimento.

A qualidade do Cuidado vem se conectar com o Princípio da Responsabilidade e o Princípio do Comprometimento. A Solidariedade difere da caridade pontual. Ela está no lastro do funcionamento social, no alicerce da Cidadania. Este caldo é tanto mais eficiente em Direitos e Deveres entre os Sujeitos, quanto mais consciente da interdependência for uma Sociedade.

A Criança precisa ser estimulada a percorrer o caminho que, saindo do egoísmo, ruma ao coletivismo. Pela sua precariedade de recursos, ela tem na Empatia seu primeiro ponto. Como foi exposto, seu desenvolvimento psicológico se opera através do conjunto de vetores que levam ao amadurecimento. Desde seu desenvolvimento psicomotor, que aparentemente, não se comunica com a capacidade de se solidarizar, que precisa adquirir, passando pelo desenvolvimento linguístico, que lhe permitirá indagar, buscando respostas para suas dúvidas sobre do que adianta ajudar ao outro quando não se ganha nada, típico pensamento infantil, recheado de egoísmo, o valor social vai fazendo presença.

O desenvolvimento cognitivo proporcionará a possibilidade do pensamento lógico para a melhor efetivação de cada ato de Solidariedade ao longo da vida. À medida que o raciocínio concreto, que vigora até os 11 anos, cede espaço para o raciocínio abstrato, para a formulação de hipóteses mais amplas, quando o coletivismo tem a condição adequada de ser pensado e executado. Pelo anonimato tão, frequentemente, presente na vivência desse tipo de Cuidado com o outro, a Solidariedade é abstrata, apesar de ter um resultado palpável. Um sentimento que promove uma ação.

Ao mesmo tempo, ao lado do pensamento abstrato que se inicia a partir dos 11 anos, ressurge a intencionalidade constitutiva específica do momento do nascimento da inteligência em meio a movimentos espasmódicos aleatórios. A intencionalidade que define a primeira decisão de um movimento que é dirigido para obtenção de uma determinada resposta, reaparece, não mais através de um movimento muscular concreto, mas com o objetivo de olhar para o outro.

O ato da Solidariedade, praticado pela Criança, ainda que insípido pela imaturidade da infância, é precedido pela experiência da Empatia. Apesar de comungar de sentimentos próximos, a Empatia precisa ser apreendida, também, através de ensinamentos. É, geralmente a mãe, que apresenta a dimensão daquilo que uma ação de descarga agressiva da Criança pequena, causou em impulso reativo a outra criança, a um animal, ou até a um brinquedo.

Trazendo a imagem do dodói, a criança é convidada a se conectar com o outro através da consciência, mesmo que ainda rudimentar, usando como parâmetro o seu corpo e o corpo do outro. E, assim, é fundada a sua capacidade de Empatia, que precisará fazer uso para o convívio saudável, e que permeará os seus futuros atos de Solidariedade.

Em tempos de pandemia, quando um vírus, acenando com a morte, colocou o afastamento corporal entre as pessoas como regra primordial, as diferenças sociais foram marcadas por mais acentuadas linhas de pobreza e miséria. Para as Crianças, as perdas do pouco que já tinham conquistado foram dolorosas. Contudo, talvez seja a maior perda, escutar da mãe, do pai, o "não sei' que passou a ser a resposta constante. Aquelas figuras que sabiam sempre responder, passaram ao não saber. Essa quebra da crença na onipotência parental, produz na Criança um sentimento de medo. As respostas deram lugar a sequências intermináveis de incertezas.

Esse agravante da pandemia atual, os conceitos psicanalíticos, se encontram no desenvolvimento da criança e fundamentam não apenas o conceito e o valor jurídico, mas a vivência afetiva da solidariedade. As catástrofes da pandemia, a sanitária, a econômica e a desastrosa psicológica, afundaram a nossa Criança num fosso social. A inexistência de Políticas Públicas que facilitassem a inclusão das Crianças e Adolescentes da parte apartada de nossas cidades, apontam para uma deformação, ou uma mutilação que se evidenciará nas próximas décadas.

Como é previsto, essas catástrofes provocaram uma onda de Solidariedade. Era preciso buscar com urgência o alimento para as pessoas, milhares, milhões, que estavam passando fome. Redes de Solidariedade se formaram, mas, como acontece, houve uma adaptação à situação, passando ao esquecimento. No entanto, as Redes de Solidariedade formadas nas favelas, por pessoas com pouco a oferecer, mas muito a compartilhar. Compartilhar afeto com alguém que não se conhece. Não é preciso ter recurso monetário sobrando. É preciso ter Solidariedade, ter o olhar no outro. Esse é um valor civilizatório que vem de lugares onde as instituições civilizatórias não chegam. É um fenômeno que foge à regra: não tendo recebido da Sociedade ou do Estado, consegue criar Solidariedade.

A inescrupulosidade leva pessoas ao uso da Solidariedade buscando a visibilidade midiática para obter algum tipo de lucro. O Poder da sedução. Comum em tempos de campanha eleitoral, a utilização do desejo de ser ajudado por estar em situação de falta, essa postura do desvio de propósito, segue sem respeito ao sofrimento do outro.

A dificuldade de ser praticada por uma Criança, pela sua condição de imaturidade, de ser em desenvolvimento, a Solidariedade, mesmo assim, pode ser vivida por uma Criança. E, a Solidariedade dirigida à Criança tem um valor dobrado pela perspectiva de seu efeito na formação de mais um ser Solidário.

Solidariedade é afeto. Solidariedade é Cuidado. A qualidade do Cuidado de hoje funda a boa Solidariedade de amanhã. Solidariedade é o resultado de Vínculos Afetivos de qualidade. Solidariedade é Responsabilidade Social, enquanto não se tem as Políticas Públicas focadas na Criança, que sejam Consistentes, Consequentes e Continuadas.

ANÁLISE CRÍTICA DAS POLÍTICAS DE CUIDADO A IDOSOS EM PORTUGAL

Ana Sofia Carvalho

Juíza de Direito no Tribunal Administrativo e Fiscal do Porto. Mestre em Direito Tributário e Fiscal pela Universidade do Minho.

Isabel Restier Poças

Advogada, Pós-Graduada em Direito do Património Cultural e em Teoria e Prática de Contencioso Administrativo e Tributário pela Faculdade de Direito da Universidade Lisboa.

Jorge Gracia Ibáñez

Professor Visitante equiparado a Professor Auxiliar, Escola de Criminologia da Faculdade de Direito da Universidade do Porto (Portugal). Centro de Investigação Interdisciplinar Crime, Justiça e Segurança (CJS). Universidad Internacional de la Rioja-UNIR (Espanha) e Laboratorio de Sociología Jurídica de la Universidad de Zaragoza (Espanha).

Mariana de Sousa

Advogada, Formadora e Técnica de apoio à vítima. Inscrita na Ordem dos Advogados Portugueses, no conselho distrital do Porto, desde 2010.

Sumário: 1. Introdução – 2. Políticas públicas de cuidado da perspectiva dos direitos – 3. Análise das políticas de cuidado a pessoas idosas em Portugal e sua implementação jurídica, em particular o estatuto do cuidador informal – 4. Conclusões .

1. INTRODUÇÃO

Como seres humanos finitos e vulneráveis, simplesmente não poderíamos existir sem o cuidado de outros. O cuidado, como garantia de sobrevivência física, é assim um elemento indispensável para o funcionamento da sociedade. Além disso, resulta, pela sua própria natureza, um conceito estreitamente relacionado com o de vulnerabilidade, referida não só às pessoas necessitadas e recetoras do mesmo, mas também às condições em que as pessoas cuidadoras exercem e providenciam esses cuidados. O cuidado constitui um elemento essencial no desenvolvimento da vida social. Não obstante, é uma realidade *pouco visível*.

Definir o cuidado não é uma tarefa fácil. Silvia López Gil e Amaia Pérez Orozco[1] notam como, para lhe dar maior visibilidade, por vezes, fala-se de cuidado num sentido

---

1. PÉREZ-OROSCO, A.; LÓPEZ-GIL, S. *Desigualdades a flor de piel*. Cadenas globales de cuidados. Concreciones en el empleo de hogar y las políticas públicas. Madrid: ONU Mujeres, 2011. p. 111. (Tradução nossa).

tão amplo que acaba por englobar quase todas as relações humanas; noutras ocasiões, ao tentar reduzi-lo a uma série de tarefas específicas mais politicamente operativas, é frequentemente descaracterizado, distanciando-o da componente afetivo-relacional que lhe é inerente. O que contribui, dada a forma sob a qual é socialmente assumido, para gerar efeitos ambivalentes. Walker[2] resumiu perfeitamente esta ambivalência do cuidado, afirmando que

> [...] é simultaneamente uma experiência pessoal profunda e uma instituição social opressiva. O cuidado contribui para o sentido de ligação de uma pessoa, mas também interfere com atividades que contribuem para um sentido de competência na vida adulta e para a independência económica. O cuidado está relacionado com a preocupação com o outro e o afeto, mas também com o medo e a obrigação.

Por outras palavras, o cuidado contém tanto elementos de atividade (*labour*) como de sentimento gerado pelos laços afetivos entre as pessoas (*love*). É, como Finch and Grooves[3] o conceitua, um *trabalho de amor* (*labour of love*).

Os cuidados poderiam ser definidos, numa tentativa de evitar estes perigos, como "a gestão e manutenção diária da vida e da saúde, a necessidade mais básica e diária que permite a sustentabilidade da vida"[4]. Em suma, trata-se de "tomar conta do bem-estar físico e emocional dos corpos"[5].

O debate público acerca de quem e como deve ocupar-se do cuidado – a família, o Estado, o mercado – é uma questão crucial porque o modelo atual gera grandes desigualdades. De uma perspetiva socioeconómica, o trabalho de cuidados remunerados agrupa trabalhadores altamente qualificados (especialmente nos campos social e da saúde) e trabalhadores domésticos. Este cuidado profissionalizado, especialmente entre os trabalhadores menos qualificados, apesar da sua importância social, é um sector subvalorizado no mercado, precário, mal pago e no qual tanto as mulheres como a população imigrante se encontram sobre representadas. Enquanto o cuidado não remunerado que é exercido na família, por outro lado, implica uma "atividade difusa, por vezes intangível, que pode ocupar todo o tempo e toda a energia da pessoa que a assume em relação a um terceiro"[6].

Por todo o exposto, é da maior importância a abordagem das políticas de cuidado do ponto de vista dos direitos humanos ou dos direitos fundamentais, especialmente

---

2. WALKER, A. Conceptual perspectives on gender and family caregiving. *In*: Dwyer, J.; Coward, R. (org.). *Gender, families and elder care*. Newbury Park: Sage, 1992. p. 44. (Tradução nossa).

3. FINCH, D.; GROVES, D. *A labour of love. Women, work and care*. London: Routeldge. 1983. (Tradução nossa).

4. PÉREZ OROCO, A. Amenaza tormenta: la crisis de los cuidados y la reorganización del sistema económico. *Revista de Economía Crítica*, n. 5, p. 7-37, mar. 2006. p. 10. Disponível em: http://revistaeconomiacritica. org/node/896. Acesso em: 12 jul. 2021. (Tradução nossa).

5. PÉREZ-OROSCO, A.; LÓPEZ-GIL, S. *Desigualdades a flor de piel*. Cadenas globales de cuidados. Concreciones en el empleo de hogar y las políticas públicas. Madrid: ONU Mujeres, 2011. p. 20. (Tradução nossa).

6. DURÁN, M. A. El futuro del cuidado: el envejecimiento de la población y sus consecuencias. *Pasajes: Revista de pensamiento contemporáneo*, n. 50, p. 114-127, 2016. p. 116. Disponível em: https://roderic.uv.es/handle/10550/57752. Acesso em: 07 jul. 2021. (Tradução nossa).

do desenvolvimento dos direitos sociais relacionados, sendo que um grupo especialmente recetor de cuidados é o das pessoas idosas, sobre as quais nos debruçaremos neste artigo.

Com o presente trabalho almejamos analisar criticamente o recente desenvolvimento das políticas de cuidado em Portugal relativas às pessoas idosas na perspetiva do direito ao cuidado. Todavia, antes de analisarmos em concreto o caso português, é preciso fazermos algumas considerações gerais, no que diz respeito às políticas públicas de cuidado e a sua relação com os direitos.

2. POLÍTICAS PÚBLICAS DE CUIDADO DA PERSPECTIVA DOS DIREITOS

Dada a natureza essencial dos cuidados na sobrevivência da sociedade, o contraste entre esta relevância social e a natureza muitas vezes marginal da discussão pública sobre ela resulta chocante. Como conclui Fabienne Bruyère[7], "se os cuidados dos outros devem ser feitos em silêncio, isto prova que as sociedades não são totalmente democráticas". Esta conclusão leva precisamente a autora a defender a construção daquilo a que ela chama uma democracia *sensível*, alinhada também com a proposta sobre a democracia de cuidados *(caring democracy)* feita por Joan Tronto[8]. Para a autora,

> A cidadania, tal como o cuidado, é simultaneamente uma expressão de apoio (como quando o governo dá apoio a quem precisa de cuidados) e um fardo: o fardo de ajudar a manter e preservar as instituições políticas e a comunidade. Participar efetivamente neste tipo de democracia dos cuidados exige que os cidadãos pensem bem nas suas responsabilidades para consigo próprios e para com os outros[9].

Em diferentes combinações e com diferentes pesos, a responsabilidade pelos cuidados como relações materiais é atribuída através desta política de cuidados às famílias, ao Estado e ao mercado, como Walker[10] descreveu em meados dos anos 90, chamando a esta distribuição uma economia mista de bem-estar *(welfare mix)*.

A este respeito, Tronto[11] postula que, se considerarmos que existem boas razões nas democracias liberais para entender o cuidado como um bem público, devemos então fazer uma tripla presunção: primeiro, que as pessoas terão direito a receber cuidados adequados ao longo da vida; segundo, que também deve ser reconhecido o direito que habilite as pessoas a participarem em relações de cuidados a outras pessoas significativas nas suas vidas; terceiro, que a participação em discussões

---

7. BRUYÈRE F. L *Éthique du care*. 3. ed. Paris: Presses Universitaires de France, 2011. p. 24. (Tradução nossa).
8. TRONTO, J.C. *Caring democracy: markets, equality and justice*. New York: NYU Press, 2013. p. 10. (Tradução nossa).
9. TRONTO, J.C. *Caring democracy: markets, equality and justice*. New York: NYU Press, 2013. p. 10. (Tradução nossa).
10. WALKER, A. The family and the mixed economy of care-can they be integrated? *In*: Len, I.; Perkins, E. (org.). *The future of family care for older people*. London: HMSO, 1995. p. 202. (Tradução nossa).
11. TRONTO, J.C. *Caring democracy: markets, equality and justice*. New York: NYU Press, 2013. p. 153-154. (Tradução nossa).

públicas, acerca de como abordamos as duas suposições acima mencionadas devem ser postas em prática deve ser encorajada. Tudo isto é articulado através de políticas de cuidados públicos.

Um relatório recente da Organização Internacional do Trabalho[12] (OIT) definiu políticas de cuidados como "políticas públicas que atribuem recursos para reconhecer, reduzir e redistribuir cuidados não remunerados sob a forma de dinheiro, serviços e tempo". Vão desde transferências de proteção social relacionadas com cuidados e subsídios para trabalhadores com responsabilidades familiares, prestadores de cuidados não remunerados ou pessoas com necessidade de cuidados, até à prestação direta de serviços de cuidados e serviços complementares relacionados com cuidados. Incluem também regulamentos laborais, incluindo regulamentos de licenças e outras disposições laborais favoráveis à família que permitem um melhor equilíbrio entre o trabalho e a vida familiar. Mas também estas políticas são consideradas transformadoras quando,

> [...] ao mesmo tempo, garantem os direitos humanos, a atividade e o bem-estar dos prestadores de cuidados, remunerados e não remunerados, bem como os dos beneficiários dos cuidados, evitando potenciais consequências negativas e fazendo a ponte entre os interesses concorrentes[13].

Em suma, apesar da sua componente emocional, o cuidado é também uma relação material que é levada a cabo sob códigos de conduta jurídico-morais que têm a função social de a legitimar[14]. Quando falamos do direito ao cuidado, independentemente da sua concretização, devemos, portanto, referir-nos a ele num sentido amplo, "uma vez que este novo direito não se esgotaria no seu espeto passivo de ser cuidado, mas englobaria também um direito ao cuidado"[15]. Por outras palavras, devemos garantir, através deste direito, as condições para que o exercício dos cuidados não envolva cenários de desvantagem e coloque os prestadores de cuidados, especialmente as mulheres, numa posição de subordinação e vulnerabilidade. Até mesmo, potencialmente, considerar a possibilidade de um direito de não cuidar quando a assunção de cuidados se baseia na imposição, no medo e na falta real de qualquer outra alternativa, assumindo uma forma de coerção difícil de assumir em algumas circunstâncias, como, por exemplo, em casos de violência[16].

---

12. EL trabajo de los cuidados y los trabajadores del cuidado para un futuro con trabajo decente. *OIT*. Ginebra: Oficina Internacional de trabajo, 2018. p. 113. Disponível em: https://www.ilo.org/global/publications/books/WCMS_633168/lang--es/index.htm. Acesso em: 3 mai. 2021. (Tradução nossa).
13. EL trabajo de los cuidados y los trabajadores del cuidado para un futuro con trabajo decente. *OIT*. Ginebra: Oficina Internacional de trabajo, 2018. p. 113. Disponível em: https://www.ilo.org/global/publications/books/WCMS_633168/lang--es/index.htm. Acesso em: 3 mai. 2021. (Tradução nossa).
14. SALES, T. Ciudadanía y cuidados; apuntes para una política feminista democrática. *Daimon. Revista Internacional de Filosofía*, n. 63, p. 159-174, 2014. p. 168. Disponível em: http://dx.doi.org/10.6018/daimon/189751. Acesso em: 3 mai. 2021. (Tradução nossa).
15. MARRADES, A. Los nuevos derechos sociales: el derecho al cuidado como fundamento del pacto constitucional. *Revista Derecho político UNED*, n. 97, p. 209-242, set./dez. 2016. p. 237, Disponível em: http://revistas.uned.es/index.php/derechopolitico/article/view/17623. Acesso em: 20 maio 2021. (Tradução nossa).
16. IBÁÑEZ, J. G. *El maltrato familiar hacia las personas mayores. Un análisis sociojurídico*. Zaragoza: Prensas Universitarias de Zaragoza, 2012. (Tradução nossa).

Embora nem todas as pessoas com necessidade de cuidados sejam idosas, uma proporção significativa delas encontra-se numa situação de dependência. Temos de ter em conta que Portugal tem uma população bastante envelhecida. Por exemplo até 2019 uma população com 65 anos e mais era de 2.262.325[17]. O Inquérito Social Europeu de 2014 estimou que 1 em cada 3 adultos com idades entre os 25 e 75 anos prestam cuidados informais e que 1 em 13 cuidadores presta cuidados durante pelo menos 11 horas por semana. Em Portugal, estima-se que existam mais de 800 mil prestadores de cuidados informais[18] muitos das quais tomam conta de idosos.

Paradoxalmente, a necessidade de cuidado duma parte importante dessas pessoas idosas é fornecida por sociedades em que a discriminação contra elas (o *idadismo*) se encontra bastante presente. Como se recolhe num recente relatório realizado pela APAV em parceria com a Fundação Calouste Gulbenkian[19], a representação social dominante da velhice comporta uma serie de estereótipos quanto às pessoas idosas, "que são frequentemente vistas pela sociedade como pessoas frágeis, doentes e dependentes". Ao mesmo tempo "todo o grupo populacional a que pertencem estas pessoas é encarado pelas camadas mais jovens da população – a população ativa – como um encargo económico e social que pesa nos bolsos do Estado e que lhes retira oportunidades de crescimento e prosperidade"[20,]. De facto, até aos anos 70, a tradição teórica no campo da gerontologia social atribuía a causa dos problemas na velhice à dificuldade de adaptação individual ao envelhecimento, à reforma ou ao declínio físico. Todas estas questões eram assumidas, até certo grau, como desenvolvimentos inevitáveis no Estado e na economia que geram desigualdade na velhice. O foco de atenção vai-se deslocando para a análise do mercado de trabalho e do sistema de reforma, e para a relação destes com o empobrecimento dos idosos. Os baixos rendimentos são aceites como uma característica natural dos idosos, enquanto estes são configurados como um fardo social. Aliás, como conclui o relatório supracitado:

> Numa sociedade cada vez mais envelhecida, as atitudes e comportamentos idadistas são potenciados por uma visão estritamente económica da sociedade: as pessoas idosas estão reformadas (o que significa que o Estado terá de lhes atribuir uma pensão, o que se traduz em custos económicos), podem ter problemas de saúde que as obrigue a depender do Sistema Nacional de Saúde e/ou da Segurança Social e, em contrapartida, não trabalham, logo não produzem[21].

A solidariedade intergeracional no seio das famílias, que estariam a suportar uma parte importante dos cuidados nas nossas sociedades, não pode ser uma desculpa, a nosso ver, para os Estados não intervirem através de políticas públicas adequadas

---

17. INE. *PORDATA* Disponível em: https://www.pordata.pt/. Acesso em: 1 fev. 2021.
18. APAV – Associação Portuguesa de Apoio à Vítima; Fundação Calouste Gulbenkian. *Portugal mais velho. Por uma sociedade onde os direitos não têm idade.* Lisboa, 2020. p. 90.
19. APAV – Associação Portuguesa de Apoio à Vítima; Fundação Calouste Gulbenkian. *Portugal mais velho. Por uma sociedade onde os direitos não têm idade.* Lisboa, 2020. p. 3.
20. APAV – Associação Portuguesa de Apoio à Vítima; Fundação Calouste Gulbenkian. *Portugal mais velho. Por uma sociedade onde os direitos não têm idade.* Lisboa, 2020. p.3.
21. APAV – Associação Portuguesa de Apoio à Vítima; Fundação Calouste Gulbenkian. *Portugal mais velho. Por uma sociedade onde os direitos não têm idade.* Lisboa, 2020. p. 127.

sob uma perspectiva de direitos. Sendo assim, a consideração do cuidado enquanto direito supõe para o Estado, não apenas obrigações negativas (e.g. não impedir o acesso das pessoas idosas ao sistema de saúde), mas também obrigações positivas, tais como o fornecimento dos meios para cuidar (no âmbito familiar e no âmbito institucional). Ademais é necessário assegurar que esse cuidado seja exercido em condições de igualdade entre homens e mulheres, pois tradicionalmente as tarefas de cuidado têm sido atribuídas na sociedade às mulheres gerando graves desigualdades. Desta forma, "a compreensão da cidadania pode ser enriquecida por uma ética do cuidado, mas deve ser garantida por uma ética dos direitos" [22].

A partir destas considerações vamos focar-nos na análise das principais políticas de cuidados em Portugal relativas às pessoas idosas.

3. ANÁLISE DAS POLÍTICAS DE CUIDADO A PESSOAS IDOSAS EM PORTUGAL E SUA IMPLEMENTAÇÃO JURÍDICA, EM PARTICULAR O ESTATUTO DO CUIDADOR INFORMAL

O artigo 72.º da Constituição da República Portuguesa (doravante CRP) sob a epígrafe "Terceira Idade", modificado em 1982 e em 1997, consagra explicitamente "específicos direitos das pessoas idosas (n.º 1), como típicos direitos sociais, aos quais correspondem determinadas imposições e obrigações estaduais (n.º 2)"[23]. Nos termos do referido artigo, incumbe ao Estado promover uma política de terceira idade que respeite a autonomia pessoal do idoso. Esta política de terceira idade

[...] não se deve basear apenas na prestação de apoios materiais (embora isso seja importante para a segurança económica e social das pessoas idosas), mas também na adopção de medidas sociais e culturais que respeitem a sua autonomia pessoal e sejam tendentes a superar o isolamento e a marginalização social [...]. Este paradigma constitucional de pessoa idosa acolhe as ideias da aceitação, promoção e inserção dessa pessoa – *cultura positiva da velhice* –, visando dar-lhe um estatuto autónomo e activo (*successful aging*), contrariamente às ideias tradicionais de reforma passiva e *desactivada (envelhecimento passivo)*[24].

Por outro lado, a autonomia pessoal

[...] significa o reconhecimento e respeito pelo direito de autodeterminação pessoal das pessoas de idade em relação às várias formas de acolhimento, desde os centros de dia e centros de con-vívio até ao apoio domiciliário e internamento em lares. Pretende-se, por um lado, evitar formas coactivas na colocação das pessoas e, por outro lado, permitir a escolha pessoal dentro do leque de medidas de apoio dinamizadas pelas políticas de terceira idade[25].

---

22. LISTER, Ruth. Dilemmas in engendering citizenship. *Economy and Society*, v. 24, 1995. p. 1-40. (Tradução nossa).
23. CANOTILHO, J.; MOREIRA, V. *Constituição da República Portuguesa Anotada*. v. I., 4. ed. rev., Coimbra Editora, 2007. p. 884.
24. CANOTILHO, J.; MOREIRA, V. *Constituição da República Portuguesa Anotada*. v. I., 4. ed. rev., Coimbra Editora, 2007. p. 884-885.
25. MIRANDA, J.; MEDEIROS, R. *Constituição portuguesa anotada*. v. 1, 2. ed. Coimbra: Wolters Kluwer/Coimbra Editora, 2010. p. 1405.

De notar que a política de terceira idade não pode ser uma política estatizante, antes devendo promover a construção de redes de proximidade, no quadro da sociedade civil e ainda tendo sobretudo em conta a família, instituição fundamental da sociedade (cf. artigo 67.º, n.º 1 da CRP) e figura privilegiada no campo da velhice. Neste campo, as políticas públicas devem potenciar o alargamento das redes familiares, nomeadamente adotando medidas específicas para as pessoas que cuidam de familiares idosos ao mesmo tempo que exercem uma atividade profissional[26].

A gestão social do cuidado, o apoio público e a maneira como os cuidados familiares e os cuidados institucionais estão relacionados através de políticas sociais sobre o tema são aspetos fundamentais na vida das pessoas idosas e suas famílias. Segundo José, J., Portugal

> [...] insere-se no grupo de países onde vigora um «familiarismo implícito», que se carateriza por uma baixa oferta de serviços sociais e por um sistema rudimentar de licenças para prestar cuidados, e de prestações sociais diretas e indiretas para compensar os custos do cuidar. Este «familiarismo implícito» reproduz as desigualdades de género na prestação de cuidados familiares, as quais desfavorecem as mulheres[27].

Para acautelar o bem-estar dos idosos, tentando garantir o seu enquadramento jurídico, a prestação de cuidados de longo prazo é uma questão fulcral. Embora nem todas as pessoas idosas estejam dependentes e necessitadas de cuidados, a evolução biológica e das doenças associadas com a velhice, incluindo as diferentes formas de demência, faz com que muitas pessoas idosas precisem de cuidados específicos. No preâmbulo da Estratégia de Proteção ao Idoso (cf. Resolução do Conselho de Ministros n.º 63/2015, de 25 de agosto) reconhece-se que

> A idade avançada tem especificidades, designadamente no plano dos cuidados de saúde, do apoio social e do enquadramento familiar, bem como da tutela jurídica, que devem ser devidamente regulados, em ordem a garantir em todas as fases da vida o respeito pela dignidade da pessoa humana. Na verdade, os cidadãos idosos estão amiúde expostos a práticas que atentam contra os seus direitos mais elementares, cuja defesa importa assegurar[28].

Como vimos, a crescente longevidade dos indivíduos tem riscos associados, como podem ser a exposição a doenças crónicas e incapacidades funcionais prolongadas, que podem determinar sofrimento e marginalização de muitas pessoas idosas. Os riscos associados à doença prolongada/crónica e à dependência têm um grupo de exposição muito significativo em Portugal, incidindo sobre cerca de um terço da população do país. Podemos definir dependência como

> [...] a situação em que se encontra a pessoa que, por falta ou perda de autonomia física, psíquica ou intelectual, resultante ou agravada por doença crónica, demência orgânica, sequelas pós-traumá-

---

26. MIRANDA, J.; MEDEIROS, R. *Constituição portuguesa anotada*. v. I, 2. ed. Coimbra: Wolters Kluwer/Coimbra Editora, 2010. p. 1406.
27. CANOTILHO, J.; MOREIRA, V. Constituição da República Portuguesa Anotada. v. I., 4. ed. rev., Coimbra Editora, 2007. p. 884.
28. Resolução do Conselho de Ministros n.º 63/2015, de 25 de agosto.

ticas, deficiência, doença severa e ou incurável em fase avançada, ausência ou escassez de apoio familiar ou de outra natureza, não consegue, por si só, realizar as atividades da vida diária [...][29]

e doença crónica como

[...] a doença de curso prolongado, com evolução gradual dos sintomas e com aspetos multidimensionais, potencialmente incapacitante, que afeta, de forma prolongada, as funções psicológica, fisiológica ou anatómica, com limitações acentuadas nas possibilidades de resposta a tratamento curativo, mas com eventual potencial de correção ou compensação e que se repercute de forma acentuadamente negativa no contexto social da pessoa por ela afetada[30].

Até ao presente, a socialização desta classe de riscos de longevidade tem sido reduzida. A resposta familiar tem prevalecido e a institucionalização em estruturas residenciais funciona como último recurso, quando as situações se tornam demasiado complicadas para serem geridas em família. Com efeito, a mudança nas estruturas familiares nos últimos decénios tem feito aumentar o número de pessoas sem retaguarda familiar perante os riscos de doenças e dependências prolongadas ou definitivas. A procura de oferta pública de cuidados de longa duração será, por isso, cada vez maior.

No entanto, os custos dos cuidados profissionais ao domicílio são claramente superiores aos dispensados em instituições, por óbvias razões de deseconomias de escala. Uma possibilidade intermédia, com crescente adesão, é o recurso a cuidadores informais no domicílio, já que é privilegiada a permanência tão prolongada quanto possível dos idosos nas suas residências particulares, em detrimento da institucionalização em lares residenciais. Estas estruturas são vistas pela sociedade como sistemas fechados, quase guetos, para cuidar dos idosos cuja autonomia esteja diminuída.

Após 2006, os cuidados de longa duração a disponibilizar à população em risco desenvolveram-se com o lançamento da Rede Nacional de Cuidados Continuados Integrados. Incluem cuidados de saúde de largo espectro – de convalescença, de média e longa duração, paliativos – prestados em instituições ou, mais raramente, no domicílio dos utentes, associados a intervenções de assistência social, tudo englobado em gestão unificada envolvendo o Serviço Nacional de Saúde e a Segurança Social. A necessidade e procura de proteção pública contra estes riscos de longevidade continuará a manifestar-se de forma intensa, sendo expectáveis as dificuldades de parte da população com menores recursos para lidar com tais riscos[31]. Tenha-se em conta que em Portugal os idosos têm uma taxa de exposição ao risco de pobreza acima de 20%.

---

29. Ver artigo 3.º do Decreto-Lei nº 101/2006, de 6 de junho.
30. Ver artigo 3.º do Decreto-Lei nº 101/2006, de 6 de junho.
31. Neste sentido MENDES, Fernando Ribeiro. *Segurança social: o futuro hipotecado*. Lisboa: Fundação Francisco Manuel dos Santos, 2011. p. 93, 95, 101, 102, 127-128.

Com efeito, como medida positiva em matéria de saúde, deve ser salientada a Rede Nacional de Cuidados Continuados Integrados (regulada pelo Decreto-Lei nº 101/2006, de 6 de junho) que assume um papel prioritário na atenção aos idosos necessitados de apoio médico. Com efeito, a Rede Nacional de Cuidados Continuados Integrados[32] (RNCCI) é constituída por um conjunto de instituições, públicas ou privadas, que prestam (ou virão a prestar) cuidados continuados de saúde e de apoio social a pessoas em situação de dependência, tanto na sua casa, como em instalações próprias. Resulta duma parceria entre os Ministérios do Trabalho Solidariedade e Segurança Social (MTSSS) e da Saúde (MS) e vários prestadores de cuidados de Saúde e de Apoio Social.

Nos Cuidados Continuados Integrados a pessoa em situação de dependência, independentemente da sua idade, recebe cuidados de saúde e apoio social. O objetivo é ajudar a pessoa a recuperar ou manter a sua autonomia e maximizar a sua qualidade de vida. Trata-se de um conjunto de intervenções de saúde e/ou de apoio social com o objetivo de promover a autonomia e melhorar a funcionalidade da pessoa em situação de dependência, através da sua reabilitação, readaptação e reinserção familiar e social.

Podem aceder aos Cuidados Continuados Integrados, entre outras, pessoas nas seguintes situações: idosos com critérios de fragilidade (dependência e doença) e pessoas com doença severa, em fase avançada ou terminal. A RNCCI inclui unidades de internamento que prestam cuidados de saúde e de apoio social[33], na sequência de episódio de doença aguda ou da necessidade de prevenção de agravamentos de doença crónica, centrados na reabilitação, readaptação, manutenção e ações paliativas a pessoas que se encontram em situação de dependência, com vista à sua reintegração sociofamiliar.

Não havendo necessidade de internamento, os cuidados serão assegurados pelas equipas domiciliárias de cuidados continuados de saúde (ECCI), que asseguram cuidados domiciliários de enfermagem e médicos (preventivos, curativos, reabilitadores e/ou ações paliativas); cuidados de fisioterapia; apoio psicossocial e de terapia ocupacional, envolvendo os familiares e outros prestadores de cuidados; educação para a saúde aos doentes, familiares e cuidadores; apoio na satisfação das necessidades básicas; apoio no desempenho das atividades da vida diária.

---

32. Na exposição que fazemos da Rede Nacional de Cuidados Continuados Integrados seguimos de perto: INSTITUTO DA SEGURANÇA SOCIAL, I.P. *Guia prático-rede nacional de cuidados continuados integrados*. 2019. Disponível em: http://www.seg-social.pt/documents/10152/27195/N37_rede_nacional_cuidados_continuados_integrados_rncci/f2a042b4-d64f-44e8-8b68-b691c7b5010a. Acesso em: 05 out 2019.

33. Estas unidades proporcionam e garantem ao utente a prestação dos cuidados de saúde, de reabilitação, de manutenção, de conforto e de apoio psicossocial adequados; a personalização dos cuidados prestados mediante a identificação de um profissional, designado "Gestor de Caso", responsável direto pelo acompanhamento do processo individual e garante da comunicação com os demais intervenientes na prestação de cuidados; uma utilização adequada dos fármacos; alimentação que tenha em conta uma intervenção nutricional adequada; a prestação de cuidados de higiene; um ambiente seguro, confortável, humanizado e promotor de autonomia; atividades de convívio e lazer; e a participação, ensino e treino dos familiares/cuidadores informais.

Se houver necessidade de internamento, existem as seguintes Unidades:

a) Unidade de convalescença[34];

b) Unidade de média duração e reabilitação (UMDR)[35];

c) Unidade de longa duração e manutenção (ULDM)[36].

Deve destacar-se também:

a) a Lei nº 25/2012, de 26 de Julho (que regula as diretivas antecipadas de vontade, designadamente sobre a forma de testamento vital, e a nomeação de procurador de cuidados de saúde e cria o Registo Nacional do Testamento Vital), que veio acautelar a autonomia da vontade da pessoa (nomeadamente a idosa), o seu direito à autodeterminação pessoal, mais concretamente o seu direito à autodeterminação em matéria de cuidados de saúde[37];

b) a Lei nº 52/2012, de 5 de setembro (Lei de Bases dos Cuidados Paliativos) que consagra o direito e regula o acesso dos cidadãos aos cuidados paliativos, define a responsabilidade do Estado em matéria de cuidados paliativos e cria a Rede Nacional de Cuidados Paliativos a funcionar sob a tutela do Ministério da Saúde (cf. Base I da citada Lei). Esta rede pode assumir importância para pessoa idosa, quando vítima de doença grave ou incurável, em fase avançada ou progressiva.

---

34. Destina-se a internamentos até 30 dias consecutivos e a pessoas que estiveram internadas num hospital devido a uma situação de doença súbita ou ao agravamento duma doença crónica, que já não precisam de cuidados hospitalares, mas requeiram cuidados de saúde que, pela sua frequência, complexidade ou duração, não possam ser prestados no domicílio. Esta Unidade assegura cuidados médicos e de enfermagem permanentes; exames complementares de diagnóstico, laboratoriais e radiológicos e prescrição e administração de medicamentos; cuidados de fisioterapia; apoio psicológico e social; higiene, conforto e alimentação; convívio e lazer e reabilitação funcional intensiva.

35. Destina-se a internamentos que durem entre 30 e 90 dias consecutivos.e a pessoas que, na sequência de doença aguda ou reagudização de doença crónica, perderam a sua autonomia e funcionalidade, mas que podem recuperá-la e que necessitem de cuidados de saúde, reabilitação funcional e apoio social e pela sua complexidade ou duração, não possam ser assegurados no domicílio, com previsibilidade de ganhos funcionais atingíveis até 90 dias consecutivos. A UMDR assegura cuidados médicos diários; cuidados de enfermagem permanentes; cuidados de fisioterapia e de terapia ocupacional; prescrição e administração de medicamentos; apoio psicossocial; higiene, conforto e alimentação; convívio e lazer; reabilitação funcional.

36. Destina-se a internamentos de mais de 90 dias consecutivos e a pessoas com doenças ou processos crónicos, com diferentes níveis de dependência e graus de complexidade, que não reúnam condições para serem cuidadas em casa ou na instituição ou estabelecimento onde residem. Presta apoio social e cuidados de saúde de manutenção que previnam e retardem o agravamento da situação de dependência, favorecendo o conforto e a qualidade de vida. A ULDM pode ter ainda internamentos com menos de 90 dias (máximo 90 dias por ano) quando há necessidade de descanso do principal cuidador.
    A ULDM assegura atividades de manutenção e de estimulação; cuidados de enfermagem permanentes; cuidados médicos regulares; prescrição e administração de medicamentos; apoio psicossocial; controlo fisiátrico periódico; cuidados de fisioterapia e de terapia ocupacional; animação sociocultural; higiene, conforto e alimentação; reabilitação funcional de manutenção.

37. Para concretização do direito à autodeterminação em matéria de cuidados de saúde ver NUNES, Rui. *Regulação da saúde*. Porto: Vida Económica, 2005. p. 144-150.

Por outro lado, ao nível do sistema de segurança social[38], no sistema de proteção social de cidadania[39], no subsistema de ação social cujos objetivos fundamentais são a prevenção e reparação de situações de carência e desigualdade socioeconómica, de dependência, de disfunção, de exclusão ou vulnerabilidade sociais, bem como a integração e promoção comunitárias das pessoas e o desenvolvimento das respetivas capacidades, a nível de prestações sociais potencialmente aplicáveis a idosos e familiares conexos, podemos encontrar, para além das prestações pecuniárias, atividades de apoio social relativas a pessoas idosas exercidas designadamente em estruturas residenciais para pessoas idosas e pelos serviços de apoio domiciliário. Concretizemos as mesmas.

O serviço de apoio domiciliário (doravante SAD) é

[...] a resposta social que consiste na prestação de cuidados e serviços a famílias e ou pessoas que se encontrem no seu domicílio, em situação de dependência física e ou psíquica e que não possam assegurar, temporária ou permanentemente, a satisfação das suas necessidades básicas e ou a realização das atividades instrumentais da vida diária, nem disponham de apoio familiar para o efeito [...][40]

sendo objetivos do SAD:

a) Concorrer para a melhoria da qualidade de vida das pessoas e famílias;

b) Contribuir para a conciliação da vida familiar e profissional do agregado familiar;

c) Contribuir para a permanência dos utentes no seu meio habitual de vida, retardando ou evitando o recurso a estruturas residenciais;

d) Promover estratégias de desenvolvimento da autonomia;

e) Prestar os cuidados e serviços adequados às necessidades dos utentes, sendo estes objeto de contratualização;

f) Facilitar o acesso a serviços da comunidade;

g) Reforçar as competências e capacidades das famílias e de outros cuidadores.[41]

Esta resposta social visa evitar ou adiar ao máximo o recurso a estruturas residenciais para pessoas idosas, contribuindo para a manutenção dos utentes em meio natural de vida.

---

38. O Sistema de Segurança Social abrange o sistema de proteção social de cidadania, cujo objetivo passa por garantir direitos básicos dos cidadãos e a igualdade de oportunidades, bem como promover o bem estar e a coesão sociais; o sistema previdencial, que tem por finalidade garantir, assente no princípio de solidariedade de base profissional, prestações pecuniárias substitutivas de rendimentos de trabalho perdido em consequência da verificação das eventualidades legalmente definidas, nomeadamente, doença, maternidade, paternidade e adoção, desemprego, acidentes de trabalho e doenças profissionais, invalidez, velhice e morte, e por fim, o sistema complementar, que se destina a complementar a proteção oferecida pelos outros sistemas de tipo obrigatório.

39. O sistema de proteção social de cidadania engloba o subsistema de ação social, o subsistema de solidariedade e o subsistema de proteção familiar (artigo 28.º da Lei de Bases da Segurança Social).

40. Cf. artigo 2.º da Portaria n.º 38/2013, de 30 de janeiro.

41. Cf. artigo 3.º da Portaria n.º 38/2013, de 30 de janeiro.

Além dos serviços de apoio domiciliário cumpre chamar a atenção para a possibilidade de acolhimento familiar, prevista no Decreto-Lei n.º 391/91, de 10 de outubro, que regula o acolhimento familiar de pessoas idosas ou com deficiência. Trata-se de uma resposta social que consiste em integrar, temporária ou permanentemente, em famílias consideradas idóneas, pessoas idosas (pessoas com 60 e mais anos), ou pessoas adultas com deficiência, quando, por ausência ou falta de condições de familiares e/ou inexistência ou insuficiência de respostas sociais, não possam permanecer no seu domicílio e/ou que se encontrem em situação de dependência ou de perda de autonomia, vivam isoladas e sem apoio de natureza sociofamiliar.

A figura do acolhimento familiar das pessoas idosas é parecida com a do acolhimento familiar de crianças e jovens. No entanto, o acolhimento familiar a pessoas idosas é prestado necessariamente a título oneroso e pode ser permanente (arts. 1º, nº 3, e 5º, nº 1, do DL nº 391/91). Seja como for, o diploma é pouco conhecido e, portanto, pouco aplicado. E repare-se que, num ambiente social que privilegia tanto as crianças, não será de estranhar que uma eventual família de acolhimento prefira receber menores em lugar de idosos[42].

Apesar de tudo, este instituto desempenha um papel relevante tendo em conta as crescentes situações de abandono de idosos por parte de familiares, visando também evitar ou adiar ao máximo o recurso a estruturas residenciais para pessoas idosas, contribuindo para a manutenção dos utentes em meio natural de vida.

A estrutura residencial para pessoas idosas é regulada atualmente pelo Decreto-Lei n.º 64/2007, de 14 de março[43] (com a redação que lhe foi dada pelo Decreto-Lei n.º 33/2014, de 4 de março) e pela Portaria n.º 67/2012, de 21 de março[44], tratando-se de um equipamento social que visa o alojamento coletivo, temporário ou permanente, para pessoas idosas em que sejam desenvolvidas atividades de apoio social e prestados cuidados de enfermagem (artigo 1.º, n.º 2 de tal Portaria). Nos termos do artigo 5.º da Portaria, destina-se à habitação de pessoas com 65 ou mais anos que, por razões familiares, dependência, isolamento, solidão ou insegurança, não podem permanecer na sua residência, podendo ainda proporcionar alojamento em situações pontuais, decorrentes da ausência, impedimento ou necessidade de descanso do cuidador. Ademais, pode também acolher pessoas adultas de idade inferior a 65 anos, em situações de exceção devidamente justificadas. As estruturas residenciais para pessoas idosas visam:

a) Proporcionar serviços[45] permanentes e adequados à problemática biopsicossocial das pessoas idosas;

---

42. PINHEIRO, J.D. *O direito da família contemporâneo.* Lisboa: AAFDL, 2017. p. 315.
43. Diploma que define o regime de licenciamento e de fiscalização da prestação de serviços dos estabelecimentos de apoio social.
44. Esta portaria define as condições de organização, funcionamento e instalação das estruturas residenciais para pessoas idosas.
45. Nos termos do artigo 8.º da Portaria, a estrutura residencial presta um conjunto de atividades e serviços, designadamente:
   "a) Alimentação adequada às necessidades dos residentes, respeitando as prescrições médicas;

b) Contribuir para a estimulação de um processo de envelhecimento ativo;

c) Criar condições que permitam preservar e incentivar a relação intrafamiliar;

d) Potenciar a integração social[46].

Em termos de obrigações[47], para habitar nestas estruturas é exigido um valor pela utilização dos serviços e equipamentos, determinado em função dos rendimentos da família, tendo em conta as orientações em vigor relativas a esta matéria, sendo que a tal utilização estará sujeira às normas inscritas no regulamento interno da instituição que presta o apoio.

Cumpre aqui chamar ainda à atenção à possibilidade intermédia, com crescente adesão, do recurso a cuidadores informais, atualmente já regulados pela Lei n.º 100/2019, de 6 de setembro (Estatuto do Cuidador Informal). Nos termos de tal diploma, são:

a) cuidadores informais (artigo 2.º), o cuidador informal principal e o não principal:

b) sendo principal: o cônjuge ou unido de facto, parente ou afim até ao 4.º grau da linha reta ou da linha colateral da pessoa cuidada, que acompanha e cuida desta de forma permanente, que com ela vive em comunhão de habitação e que não aufere qualquer remuneração de atividade profissional ou pelos cuidados que presta à pessoa cuidada e

c) não principal: o cônjuge ou unido de facto, parente ou afim até ao 4.º grau da linha reta ou da linha colateral da pessoa cuidada, que acompanha e cuida desta de forma regular, mas não permanente, podendo auferir ou não remuneração de atividade profissional ou pelos cuidados que presta à pessoa cuidada.

d) pessoa cuidada (artigo 3.º):

---

b) Cuidados de higiene pessoal;

c) Tratamento de roupa;

d) Higiene dos espaços;

e) Atividades de animação sociocultural, lúdico-recreativas e ocupacionais que visem contribuir para um clima de relacionamento saudável entre os residentes e para a estimulação e manutenção das suas capacidades físicas e psíquicas;

f) Apoio no desempenho das atividades da vida diária;

g) Cuidados de enfermagem, bem como o acesso a cuidados de saúde;

h) Administração de fármacos, quando prescritos.", devendo permitir

"a) A convivência social, através do relacionamento entre os residentes e destes com os familiares e amigos, com os cuidadores e com a própria comunidade, de acordo com os seus interesses;

b) A participação dos familiares ou representante legal, no apoio ao residente sempre que possível e desde que este apoio contribua para um maior bem-estar e equilíbrio psicoafetivo do residente".

46. Cf. artigo 3º da Portaria n.º 67/2012, de 21 de março.

47. Cf. INSTITUTO DA SEGURANÇA SOCIAL, I.P. *Guia prático-apoios sociais-pessoas idosas*. 2017. Disponível em: http://www.seg-social.pt/documents/10152/33603/N35_apoios_sociais_idosos/638b6f1a-61f-6-4302-bec3-5b28923276cb. Acesso em: 05 out 2019.

e) quem necessite de cuidados permanentes por se encontrar em situação de dependência, e seja titular de uma das seguintes prestações sociais:

I) complemento por dependência de 2.º grau;

II) subsídio por assistência de terceira pessoa.

f) quem, transitoriamente, se encontre acamado ou a necessitar de cuidados permanentes, por se encontrar em situação de dependência, e seja titular de complemento por dependência de 1.º grau, mediante avaliação específica dos Serviços de Verificação de Incapacidades do Instituto de Segurança Social, I. P.

O reconhecimento do cuidador informal é da competência do Instituto de Segurança Social, mediante requerimento por aquele apresentado (artigo 4.º, nº 1), podendo beneficiar de informação e encaminhamento para redes sociais de suporte, incentivando o cuidado no domicílio, designadamente através de apoio domiciliário [artigo 7.º, n.º 1, al. i)].

Cumpre lembrar, como sugere Eekelaar[48], que o cuidar implica também poder embora seja esperado que, neste contexto, o seu uso seja benéfico. Em determinados casos, portanto, o papel do cuidador/a, apesar de ser exercido com boas intenções, pode ter consequências negativas chegando até, no pior cenário, a situações de maus--tratos. Recorde-se que os defensores do modelo situacional, o mais recorrente na explicação dos maus-tratos em contexto de cuidados, costumam falar no estresse do cuidador/a como um fator de risco essencial para compreender a violência familiar contra pessoas idosas.

Assim é extremamente importante que um dos direitos do cuidador informal seja beneficiar de períodos de descanso que visem o seu bem-estar e equilíbrio emocional (artigo 5.º al. g)), podendo por isso beneficiar das seguintes medidas (artigo 7.º, n.º 2):

a) Referenciação da pessoa cuidada, no âmbito da Rede Nacional de Cuidados Continuados Integrados (RNCCI), para unidade de internamento, devendo as instituições da RNCCI e da RNCCI de saúde mental assegurar a resposta adequada;

b) Encaminhamento da pessoa cuidada para serviços e estabelecimentos de apoio social, designadamente estrutura residencial para pessoas idosas ou lar residencial, de forma periódica e transitória;

c) Serviços de apoio domiciliário adequados à situação da pessoa cuidada, nas situações em que seja mais aconselhável a prestação de cuidados no domicílio, ou quando for essa a vontade do cuidador informal e da pessoa cuidada.

Neste âmbito, como medida de apoio ao cuidador informal, com o objetivo específico de assegurar o seu descanso, o valor a pagar pelo utente nas unidades de internamento da RNCCI é positivamente diferenciado, através da aplicação de uma percentagem sobre o rendimento per capita do seu agregado familiar inferior à legalmente em vigor (artigo 7.º, n.º 11).

---

48. EEKELAR, J. *Family law and personal life*. Oxford: Oxford University Press, 2006. p. 178-179. (Tradução nossa).

Aqui chegados/as e definidos que foram os conceitos essenciais à aplicação da Lei n.º 100/2019, de 6 de setembro, importa referir[49] que a mesma prevê o desenvolvimento de projetos-piloto que apliquem de forma experimental as medidas de apoio ao cuidador informal, enquadrados nas condições previstas no Estatuto.

Estes projetos-piloto têm uma duração de 12 meses, tiveram início a 1 de junho de 2020, abrangeram 30 concelhos do território nacional e incidiram sobre:

a) O desenvolvimento de um programa de enquadramento e acompanhamento.

b) Atribuição de um subsídio ao cuidador informal principal.

c) Apoio ao cuidador através de um plano de apoio a definir pelos agrupamentos de centros de saúde.

Com o fim do primeiro projeto-piloto a 31 de maio de 2021 e devido ao desconhecimento de vários cuidadores sobre o subsídio, a Segurança Social prevê avançar ainda este mês (junho de 2021) com uma campanha de divulgação do estatuto de cuidador informal.

No que concerne ao reconhecimento do cuidador informal, importa reforçar que existem certas circunstâncias a ter em conta, a saber:

a) O requerente cumprir os requisitos genéricos e, nas situações de cuidador informal principal, os requisitos específicos;

b) A pessoa cuidada cumprir os requisitos e prestar o seu consentimento.

c) O estatuto de cuidador informal só pode ser reconhecido a um cuidador por domicílio.

Existem requisitos genéricos e específicos, ambos cumulativos para o reconhecimento do cuidado informal.

Assim, o reconhecimento do estatuto de cuidador informal depende dos seguintes requisitos genéricos:

a) Possuir residência legal em território nacional;

b) Ter idade superior a 18 anos;

c) Apresentar condições físicas e psicológicas adequadas aos cuidados a prestar à pessoa cuidada;

d) Ser cônjuge ou unido de facto, parente ou afim até ao 4.º grau da linha reta ou da linha colateral da pessoa cuidada.

---

49. Na exposição que fazemos seguimos de perto: INSTITUTO DA SEGURANÇA SOCIAL, I.P. *Guia prático-estatuto do cuidador informal: cuidador informal principal e cuidador informal não principal*. 2021. Disponível em: http:seg-social.pt/documents/10152/17083150/8004_Estatuto%20Cuidador%20Informal%20Principal%20e%20Cuidador%20Informal%20não%20Principal/edcbe0f7-3b85-48b8-ad98-2e0b2e475dd4. Acesso em: 06 jun. 2021.

Para além dos requisitos genéricos, já elencados, o reconhecimento do cuidador informal principal depende ainda do preenchimento dos seguintes requisitos específicos:

a) Viver em comunhão de habitação com a pessoa cuidada;

b) Prestar cuidados de forma permanente;

c) Não exercer atividade profissional remunerada ou outro tipo de atividade incompatível com a prestação de cuidados permanentes à pessoa cuidada;

d) Não se encontrar a receber prestações de desemprego;

e) Não auferir remuneração pelos cuidados que presta à pessoa cuidada.

Saliente-se que as pessoas cuidadas para efeitos de reconhecimento do estatuto de cuidador informal também têm que atestar condições:

a) Encontrar-se numa situação de dependência de terceiros e necessitar de cuidados permanentes;

b) Não se encontrar acolhida em resposta social ou de saúde, pública ou privada, em regime residencial.

Também, a pessoa cuidada deve ser titular de uma das seguintes prestações:

a) Subsídio por assistência de terceira pessoa;

b) Complemento por dependência de 2.º grau;

c) Complemento por dependência de 1.º grau, desde que, transitoriamente ou prolongadamente, se encontre acamado ou a necessitar de cuidados permanentes;

d) Complemento por dependência de 1.º e 2.º graus e subsídio por assistência de terceira pessoa, atribuídos pela Caixa Geral de Aposentações.

Ressalve-se que os cuidadores informais beneficiam de medidas de apoio: medidas de apoio comuns ao cuidador informal e medidas de apoio específicas ao cuidador informal principal:

Medidas de apoio comuns ao cuidador informal:

a) Profissionais de referência – dependendo das necessidades da pessoa cuidada os serviços competentes da área da saúde e da segurança social da área de residência da pessoa cuidada designam um profissional de saúde.

b) Plano de Intervenção Específico ao cuidador (PIE) – o PIE é elaborado pelo referido profissional de referência da saúde, com a colaboração do profissional de referência da segurança social e a participação ativa do cuidador informal e da pessoa cuidada.

c) Grupos de autoajuda – o cuidador informal tem direito a ser incluído em grupos de autoajuda que são criados nos serviços de saúde responsáveis pelo seu acompanhamento e dinamizados por profissionais de saúde.

d) Formação e informação – Os serviços de saúde devem garantir ao cuidador informal informação específica adequada às necessidades da pessoa cuidada e à melhor forma de lhe prestar os cuidados necessários, em colaboração com os serviços da segurança social.

e) Apoio psicossocial – Socorrendo-se de recursos da área da segurança social e da saúde.

f) Aconselhamento, acompanhamento e orientação.

g) Descanso do cuidador informal – O cuidador informal pode beneficiar de um período de descanso, de acordo com o definido no PIE, conforme já aclarado acima.

h) Promoção da integração no mercado de trabalho – Após a cessação da prestação de cuidados, o cuidador informal, que tenha sido reconhecido e que pretenda desenvolver atividade profissional na área do cuidado, pode ser encaminhado para um Centro Qualifica para efeitos Reconhecimento, Validação e Certificação de Competências (RVCC) escolar e profissional.

i) Conciliação entre a atividade profissional e a prestação de cuidados – Aqui aplica-se o regime da parentalidade previsto no Código do Trabalho aos titulares dos direitos de parentalidade a quem seja reconhecido o estatuto de cuidador informal não principal.

j) Estatuto do trabalhador-estudante – Ao cuidador informal que não exerça atividade profissional e que frequente oferta de educação ou de formação profissional é reconhecido, com as necessárias adaptações, o estatuto de trabalhador–estudante.

Existem ainda medidas de apoio específicas ao cuidador informal principal, além das medidas comuns, já especificadas, a saber:

a) Subsídio de apoio – ao cuidador informal principal que acompanha e cuida da pessoa cuidada de forma permanente, que com ela vive em comunhão de habitação e que não aufira qualquer remuneração de atividade profissional ou pelos cuidados que presta à pessoa cuidada pode ser atribuído um subsídio de apoio que consiste numa prestação mensal em dinheiro atribuída mediante condição de recursos.

b) Inscrição no regime de Seguro Social Voluntário – O cuidador informal principal tem direito a inscrever-se no regime do seguro social voluntário, mediante o pagamento de uma taxa contributiva. Neste regime a proteção abrange as eventualidades invalidez, velhice e morte.

c) Promoção da integração no mercado de trabalho – O cuidador informal principal tem direito a apoios e intervenções técnicas promovidas pelo Instituto do Emprego e da Formação Profissional, I. P. (IEFP, I. P.), que visam a sua inserção socioprofissional e o regresso ao mercado de trabalho.

Por fim, há que referir, o reconhecimento do estatuto de cuidador informal cessa nos seguintes casos:

a) Cessação de residência em Portugal da pessoa cuidada ou do cuidador;

b) Cessação da vivência em comunhão de habitação entre a pessoa cuidada e o cuidador, no caso de cuidador informal principal;

c) Incapacidade permanente e definitiva, ou dependência, do cuidador;

d) Morte da pessoa cuidada ou do cuidador;

e) Não observância dos deveres do cuidador informal, mediante informação fundamentada por profissionais da área da segurança social ou da área da saúde;

f) Cessação da verificação das condições que determinaram o reconhecimento ou a sua manutenção do estatuto.

Ressalve-se, ainda que, 22,1% a população portuguesa, de acordo com as estatísticas divulgadas pelo Eurostat[50], no seu relatório do ano de 2021, tem 65 anos ou mais anos de idade, sendo que Portugal fica no quarto lugar deste ranking do envelhecimento da população ao nível da União Europeia.

Deste modo, a nosso ver, urge analisar as conclusões do fim do primeiro projeto-piloto do estatuto do cuidador informal (que cessou a 31 de maio de 2021) e uma vez que este ainda é desconhecido por grande parte da população portuguesa, avançar com uma campanha de divulgação maciça do referido estatuto, para ir de encontro às necessidades da população.

4. CONCLUSÕES

Como seres humanos finitos e vulneráveis, simplesmente não poderíamos existir sem o cuidado dos outros. O cuidado, como garantia de sobrevivência física, é assim um elemento indispensável para o funcionamento da sociedade. Além disso, resulta, pela sua própria natureza, um conceito estreitamente relacionado com o de vulnerabilidade, referida não só às pessoas necessitadas e recetoras do mesmo, mas também às condições em que as pessoas cuidadoras exercem e providenciam esses cuidados. O cuidado constitui um elemento essencial no desenvolvimento da vida social e ao mesmo tempo contribui para o sentido de ligação de uma pessoa, mas também interfere com atividades que contribuem para um sentido de competência na vida adulta e para a independência económica.

Considerando o cuidado um bem público devem as políticas de cuidados públicos articular as seguintes presunções: primeiro, que as pessoas terão direito a receber cuidados adequados ao longo da vida; segundo, que também deve ser reconhecido o direito que habilite as pessoas a participarem em relações de cuidados a outras pessoas significativas nas suas vidas; terceiro, que a participação em discussões públicas, acerca de como abordamos as duas suposições acima mencionadas devem ser postas em prática deve ser encorajada.

---

50. MORE than a fifth of the EU population are aged 65 or over. *Eurostat*, 13 mar. 2021. Disponível em: https://ec.europa.eu/eurostat/web/products-eurostat-news/-/ddn-20210316-1?redirect=%2Feurostat%2F. Acesso em: 06 jul.2021. (Tradução nossa).

Essas mesmas políticas são consideradas transformadoras quando, ao mesmo tempo, garantem os direitos humanos, a atividade e o bem-estar dos prestadores de cuidados, remunerados e não remunerados, bem como os dos beneficiários dos cuidados, evitando potenciais consequências negativas e fazendo a ponte entre os interesses concorrentes.

O cuidado além de uma componente emocional constitui também uma relação material que é levada a cabo sob códigos de conduta jurídico-morais que têm a função de a legitimar e deve ser visto em sentido amplo, "uma vez que este novo direito não se esgotaria no seu especto passivo de ser cuidado, mas englobaria também um direito ao cuidado". Ou seja, devemos garantir, através deste direito, as condições para que o exercício dos cuidados não envolva cenários de desvantagem e coloque os prestadores de cuidados, especialmente as mulheres, numa posição de subordinação e vulnerabilidade. Até mesmo, potencialmente, considerar a possibilidade de um direito de não cuidar quando a assunção de cuidados se baseia na imposição, no medo e na falta real de qualquer outra alternativa, assumindo uma forma de coerção difícil de assumir em algumas circunstâncias, como, por exemplo, em casos de violência.

Por vezes, embora nem todas as pessoas com necessidade de cuidados sejam idosas, uma parte significativa encontra-se numa situação de dependência e inserida e sociedade em que discriminação contra elas existe – *o idadismo* – e também em situação de desigualdade económica.

Apesar da existência da solidariedade intergeracional no seio das famílias cabe ao Estado intervir através de políticas públicas adequadas sob uma perspetiva de direitos. O cuidado enquanto direito supõe para o Estado obrigações negativas (e.g. não impedir o acesso das pessoas idosas ao sistema de saúde), mas também obrigações positivas, tais como o fornecimento dos meios para cuidar (no âmbito familiar e no âmbito institucional). Ademais, é necessário assegurar que esse cuidado seja exercido em condições de igualdade entre homens e mulheres, pois tradicionalmente as tarefas de cuidado têm sido atribuídas na sociedade às mulheres gerando graves desigualdades.

Em Portugal, nos termos do artigo 72.º da Constituição da República Portuguesa incumbe ao Estado promover uma política de terceira idade que respeite a autonomia pessoal do idoso, permitindo nomeadamente a escolha pessoal dentro do leque de medidas de apoio dinamizadas pelas políticas de terceira idade. Tais políticas não podem ser estatizantes, antes devendo promover a construção de redes de proximidade, no quadro da sociedade civil e ainda tendo sobretudo em conta a família, instituição fundamental da sociedade, de modo a superar o isolamento e a marginalização social.

A gestão social do cuidado, o apoio público e a maneira como os cuidados familiares e os cuidados institucionais estão relacionados através de políticas sociais sobre o tema são aspetos fundamentais na vida das pessoas idosas e suas famílias. Portugal insere-se no grupo de países onde vigora um «familiarismo implícito», que se carateriza por uma baixa oferta de serviços sociais e por um sistema rudimentar de licenças para prestar cuidados, e de prestações sociais diretas e indiretas para compensar os custos do cuidar. Este «familiarismo implícito» reproduz as desigualdades de género na prestação de cuidados familiares, as quais desfavorecem as mulheres.

Após 2006, os cuidados de longa duração a disponibilizar à população em risco desenvolveram-se com o lançamento da Rede Nacional de Cuidados Continuados Integrados. Incluem cuidados de saúde de largo espectro – de convalescença, de média e longa duração, paliativos – prestados em instituições ou, mais raramente, no domicílio dos utentes, associados a intervenções de assistência social, tudo englobado em gestão unificada envolvendo o Serviço Nacional de Saúde e a Segurança Social. A necessidade e procura de proteção pública contra estes riscos de longevidade continuará a manifestar-se de forma intensa, sendo expectáveis as dificuldades de parte da população com menores recursos para lidar com tais riscos.

Uma possibilidade intermédia, com crescente adesão, é o recurso a cuidadores informais no domicílio, já que é privilegiada a permanência tão prolongada quanto possível dos idosos nas suas residências particulares, em detrimento da institucionalização em lares residenciais. Neste campo, as políticas públicas devem potenciar o alargamento das redes familiares, nomeadamente adotando medidas específicas para as pessoas que cuidam de familiares idosos ao mesmo tempo que exercem uma atividade profissional. O Estatuto do Cuidador Informal visa permitir a conciliação do cuidado com a vida profissional, mas também com o bem-estar dos envolvidos no processo. Assim, um dos direitos do cuidador informal é beneficiar de períodos de descanso que visem o seu bem-estar e equilíbrio emocional, podendo beneficiar de medidas que garantam tal direito.

De acordo com as estatísticas divulgadas pelo Eurostat, no seu relatório do ano de 2021, 22,1% a população portuguesa tem 65 anos ou mais anos de idade, sendo que Portugal ocupa o quarto lugar deste ranking do envelhecimento da população ao nível da União Europeia.

Deste modo, a nosso ver, urge analisar as conclusões do fim do primeiro projeto-piloto do estatuto do cuidador informal (que cessou a 31 de maio de 2021) e uma vez que este ainda é desconhecido por grande parte da população portuguesa, avançar com uma campanha de divulgação maciça do referido estatuto, para ir de encontro às necessidades da população.

OS CUIDADOS E A SOLIDARIEDADE EM RELAÇÃO ÀS CRIANÇAS

Andrea Viviana Taubman

Escritora, tradutora, mestranda em Linguística, membro da Academia Teresopolitana de Letras, ativista pelo combate à violência sexual contra crianças e adolescentes por meio da literatura infantil.

Tonin Elie Ofeiche da Costa

Advogada atuante no Direito de Família, ex-professora e advogada orientadora do Núcleo de Prática Jurídica da Universidade Veiga de Almeida (UVA-Barra da Tijuca).

Sumário: 1. Justificativa – 2. Uma hipotética minuta de contrato que convida à reflexão sobre os cuidados e a solidariedade com as crianças – 3. O cuidado como direito da criança: honrá-la! – 4. A solidariedade; 4.1 O princípio da solidariedade e da dignidade da pessoa humana; 4.2 O princípio da solidariedade e o Estatuto da Criança e do Adolescente – 5. Considerações finais.

---

1. JUSTIFICATIVA

De acordo com o artigo 227 da Constituição Federal de 1988, "é dever da família, da sociedade e do Estado assegurar, com absoluta prioridade, todos os direitos das crianças e adolescentes e mantê-los a salvo de todas as formas de negligência, discriminação, exploração, violência, crueldade e opressão". No entanto, *todos os anos são registradas milhares de denúncias de violações de direitos de crianças e adolescentes*, ela desqualificação da narrativa da criança em nossa sociedade adultocêntrica, que impõe a noção do mundo dos adultos como ponto de referência para crianças e adolescentes, constituindo uma matriz sociocultural que naturaliza esse mundo adulto como "o que é potente, valioso e dotado da capacidade de decidir e controlar a vida alheia, colocando a infância, a adolescência e a velhice em condição de inferioridade e subordinação neste mesmo movimento", como definido pelo sociólogo chileno Claudio Duarte Quapper.

2. UMA HIPOTÉTICA MINUTA DE CONTRATO QUE CONVIDA À REFLEXÃO SOBRE OS CUIDADOS E A SOLIDARIEDADE COM AS CRIANÇAS

Olá! Acho que vocês já devem saber, meu horário de chegada amanhã está previsto para as 17 horas.

Soube que é esperado um frio bastante intenso e não estou levando indumentária adequada. Já me disseram que aí é bem diferente do meu local de origem. Vejam, aqui é permanentemente quente, muito agradável. Suponho que possam conseguir agasalhos suficientes em quantidade e tamanho. Sinceramente, espero que todos os cuidados sejam diligenciados para preservar minha integridade física, considerando-se minha impossibilidade e hipossuficiência para obtenção de tais recursos no presente momento.

Devo esclarecer que no lugar onde vivo não me faltam alimentos, não tenho problemas de moradia, de segurança, nem mesmo preocupações com minha saúde. Tudo é controlado com presteza, a tempo e a hora.

Podem imaginar, portanto, que me sinto um tanto angustiado pelas significativas mudanças que, cálculo, enfrentarei a partir de minha chegada aí. Sobretudo no prazo inicial, em que serei instado a entrar em contato com situações com as quais ainda não estou familiarizado. Principalmente, peço que se lembrem a todo momento que não domino o idioma nem tenho maior conhecimento de seus costumes. Chamo especial atenção neste sentido: a falta de solidariedade poderá malograr quaisquer esforços para a manutenção das condições que envio a seguir, à guisa de minuta de contrato, com o intuito de ratificar o que já foi informalmente acordado, para o fiel cumprimento do estabelecido entre as partes.

De minha parte, comprometo-me a envidar os melhores esforços para que nada obste o pleno sucesso de todas as empreitadas que decorrerão deste contrato.

Pelo longo período que pretendo permanecer sob seus auspícios, creio ser necessário colocar algumas questões que me parecem urgentes e fundamentais para auferir os desfechos mais significativos e desfrutar das melhores e mais intensas experiências de convivência.

Estou certo de que há interesse mútuo que nosso contrato, que vem sendo negociado ao longo dos últimos meses, alcance pleno sucesso e seja, por ambas as partes, rigorosamente cumprido, a fim de que, ao final do mesmo, nenhuma das partes venha a reclamar dos resultados obtidos.

Sei que receberei a atenção necessária para suprir minhas demandas básicas e mesmo outras suplementares. Para tal, creio ser importante detalhá-las a fim de evitar quaisquer dissabores, respaldando ambos os contratantes de possíveis descumprimentos.

São inegociáveis as seguintes cláusulas:

• Em hipótese alguma me deixarão em situação de risco ou vulnerabilidade, quais sejam: exposto a violências, negligências, maus-tratos; mediante o quê, buscarei outras alternativas para garantir minha proteção.

• Em hipótese alguma me colocarão em situações que exponham minha imagem publicamente – preservando minha identidade pessoal – e/ou favoreçam o desenvolvimento de patologias que me tirem a integridade corporal e a condição de energia e eficiência como indivíduo.

• Em hipótese alguma colocarão à prova a veracidade de quaisquer informações, queixas ou relatos que forem por mim a vocês comunicados, desqualificando meu discurso, já que me encontrarei em fase de adaptação e aquisição de conhecimentos acerca das normas e praxes da sociedade na qual estou ingressando.

- *Em hipótese alguma me obrigarão a fazer ou deixar de fazer alguma coisa que me impeça de usar minha liberdade de expressão, de ação e de atuação, em qualquer contexto que se apresente.*

- *Em hipótese alguma me colocarão em situações em que deva escolher imitar suas ações ou seguir suas recomendações, ou seja, não se comunicarão comigo por meio de duplas mensagens, sempre levando em consideração que ainda estarei em processo de compreensão das condutas aceitáveis ou condenáveis inerentes às normas gerais.*

- *Em hipótese alguma permitirão que eu seja constrangido mediante a impossibilidade de locomoção, excetuando-se, evidentemente, as situações em que possa vir a correr algum risco que porventura ainda desconheça em face ao período de adaptação em andamento.*

- *Em hipótese alguma permitirão que minha liberdade de exteriorização de crença ou culto seja violada, ainda que, em algum momento do percurso que em breve iniciarei, venha a optar por novas diretrizes; igualmente não impedirão que eu tenha acesso aos bens culturais que estejam disponíveis para minha fruição.*

- *Em hipótese alguma permitirão que meu direito ao lazer seja transposto em detrimento a obrigações laborais, anteriormente à conclusão plena do meu período de adaptação.*

- *Em hipótese alguma permitirão que eu seja tolhido de exercer plenamente o direito a me relacionar com todas as pessoas que façam parte das minhas possibilidades de desenvolvimento pessoal.*

Tudo isto posto e devidamente acordado, reforço minhas postulações, com a certeza de que serei bem interpretado nas melhores intenções com as quais pretendo me vincular em todos os aspectos e campos das experiências humanas, buscando alcançar a excelência não de resultados, mas, certamente dos esforços possíveis para o bom e fiel cumprimento do contrato de convivência acima elaborado, por meio do qual creio que todas as partes envolvidas amealharão significativos frutos em prol de ambos os interesses.

Sem mais para o momento, contudo destacando a ocasião solene que nos traz a este conjunto de proposituras, solicito que este documento seja apreciado sob a ótica da solidariedade, levando em consideração a perspectiva de um indivíduo que traz consigo não apenas uma hipossuficiência de longo prazo, mas também uma vulnerabilidade que, de acordo com as aquisições que serão paulatinamente conquistadas, diminuirá ao longo do percurso.

Para dirimir eventuais conflitos ou questões oriundas do presente instrumento, elegem as partes o foro Universal do Cuidado e da Solidariedade, com renúncia expressa a qualquer outro por mais privilegiado que possa ser. E, por estarem justas e contratadas, assinam o presente instrumento para que produza seus legais e jurídicos efeitos, comprometendo-se ambas as partes a cumpri-lo por si, seus herdeiros e sucessores, o que fazem na presença de toda a Espécie Humana, que a tudo assistirá e também assina.

O filho que está para nascer	A família que o receberá

3. O CUIDADO COMO DIREITO DA CRIANÇA: HONRÁ-LA!

De acordo com o professor e jurista Dalmo de Abreu Dallari, "a criança tem direito desde seu nascimento a ser, pensar, sentir, querer, viver e sonhar"[1]. Para garantir esses direitos, antes de mais nada, ela deve receber um nome e uma nacionalidade pelos quais se anunciará ao mundo. O mundo é a testemunha desses fatos. Ou deveria ser.

Por analogia, a chegada de uma criança ao mundo deveria equivaler à chegada de um estrangeiro ao país que o acolhe, ou seja, explicando-lhe como funcionam as regras no novo país, o que ele pode e o que não pode fazer, o que deve e o que não deve fazer e como poderá comunicar suas necessidades sem conhecer ainda o idioma. Mas é desta forma que recebemos os seres humanos recém-chegados no seio da família e da sociedade? Quantas vezes observamos, em nosso cotidiano, cenas de verdadeira invisibilidade em relação às crianças? Um exemplo típico é quando um conhecido se aproxima da família num restaurante, cumprimenta todos os adultos presentes e ignora as crianças como se não existissem.

No Reino Animal, os seres humanos são a espécie que apresenta maior vulnerabilidade e dificuldade de aquisição de autonomia, motivos pelos quais demanda cuidados especiais por longo período para sobreviver. E esses cuidados são múltiplos e não dizem respeito apenas aos aspectos físicos e materiais, mas também à saúde mental e emocional.

"É preciso reconhecer e não esquecer em momento algum, que, pelo simples fato de existir, a criança já é uma pessoa e, por essa razão, merecedora do cuidado e respeito que é devido exatamente, na mesma medida a todas as pessoas"[2]. No entanto, apesar de haver respaldo jurídico que ampara o superior interesse da criança, que garante sua proteção integral e que a reconhece como pessoa em condição peculiar de desenvolvimento, nem sempre vemos espelhados na prática o conjunto desses princípios.

E é neste ponto que vamos nos deter para refletir: como seria a vida das crianças se, antes de chegarem ao mundo, pudessem firmar, efetivamente, um contrato com suas famílias da mesma forma que o fazem os adultos em todas as suas tratativas? Teríamos dados tão alarmantes de violência contra as crianças? Apenas em 2019, no Disque 100, foram registradas mais de 86 mil violações de direitos de crianças e adolescentes.[3]

E o que esse número expressivo nos mostra? Que crianças e adolescentes ainda são vistos como propriedade dos adultos que com elas convivem, ou seja, passados

---

1. DALLARI, Dalmo de Abreu, KORCZAK, Janusz. *O direito da criança ao respeito*. Tradução Yan Michalski. 4. ed. São Paulo: Summus Editorial, 1986. p. 21.
2. DALLARI, Dalmo de Abreu, KORCZAK, Janusz. *O direito da criança ao respeito*. Tradução Yan Michalski. 4. ed. São Paulo: Summus Editorial, 1986. p. 21.
3. BRASIL. Ministério da Mulher, da Família e dos Direitos Humanos. Disque Direitos Humanos – Relatório 2019. Brasília, DF, 2019. Disponível em: https://www.gov.br/mdh/pt-br/centrais-de-conteudo/disque-100/relatorio-2019_disque-100.pdf. Acesso em: 25 jul. 2021.

mais de 30 anos da promulgação da Constituição Federal de 1988 e do Estatuto da Criança e do Adolescente (ECA) ainda se percebe uma parcela da população ignorando a condição de sujeito de direito dessas pessoas, a tal ponto que, periodicamente, novas leis precisam ser propostas e promulgadas, como, por exemplo, a recente Lei 13.010, conhecida como Lei Menino Bernardo, que estabelece o direito da criança e do adolescente de serem educados sem o uso de castigos físicos, de tratamento cruel ou degradante. É digno de ser problematizado o motivo pelo qual a sociedade segue normalizando o uso de violência como método aceitável de impor obediência a esses que menos condições têm de se defender, tendo em vista o longo período necessário para aquisição de autossuficiência.

Por outro lado, crianças e adolescentes que vivem sob a égide dos cuidados como valor natural têm também resguardado o respeito a seus direitos fundamentais, entre eles o artigo 17 do ECA – inviolabilidade física, psíquica e moral, abrangendo a preservação da imagem, da identidade, da autonomia, dos valores, ideias e crenças, dos espaços e objetos pessoais – a que todo ser humano tem (ou deveria ter) direito.

> Contudo, em relação às crianças e adolescentes, esse direito surge potencializado, pois os danos que podem surgir em razão de sua inobservância são irreversíveis, acompanhando aquelas pessoas por toda sua vida. Por esse motivo, o Estatuto também estipula que é dever comum ("dever de todos") governante ou não, colocar a criança e o adolescente a salvo de 'qualquer tratamento desumano, violento, aterrorizante, vexatório e constrangedor' (art. 18)[4].

> A criança não deve ser usada para satisfazer a vaidade, as fantasias ou os interesses dos pais. É uma violência contra a criança vesti-la de modo que ela fique exposta ao ridículo, forçá-la a imitar os gestos e trejeitos de atores ou atrizes da moda, empurrá-la para um exibicionismo que lhe dê evidência fácil sem considerar os efeitos futuros, usá-la para atividades, que acarretem vantagens materiais para os pais ou ponham estes em evidência, sem levar em conta que tudo o que a criança fizer influirá na formação e no desenvolvimento de sua personalidade[5].

Não raro, vemos, nestes tempos de redes sociais e hiperexposição no mundo virtual, crianças que vivem suas vidas com agendas mais lotadas do que a de muitos adultos, crianças sendo adultizadas e erotizadas, crianças expostas a um consumismo exacerbado, adolescentes imitando personalidades adultas do mundo virtual, entrando em contato com conteúdos impróprios para suas fases de desenvolvimento numa ânsia desenfreada de pertencerem ao mundo dos adultos e serem por esse mundo aceitas e validadas. O adultocentrismo vigente na sociedade impõe a noção do mundo dos adultos como ponto de referência para crianças e adolescentes, constituindo uma matriz sociocultural que naturaliza esse mundo adulto como "o que é potente, valioso e dotado da capacidade de decidir e controlar a vida alheia"[6].

---

4. ROSSATO, Luciano Alves; LÉPORE, Paulo Eduardo; CUNHA, Rogério Sanches. *Estatuto da criança e do adolescente comentado artigo por artigo*. São Paulo: Revista dos Tribunais, 2013. p. 145.
5. DALLARI, Dalmo de Abreu, KORCZAK, Janusz. *O direito da criança ao respeito*. Tradução Yan Michalski. 4. ed. São Paulo: Summus Editorial, 1986. p. 24.
6. DUARTE QUAPPER, Claudio. Sociedades adultocéntricas: sobre sus orígenes y reproducción. *Ultimadécad.*, Santiago, v. 20, n. 36, p. 99-125, jul. 2012. Disponível em: https://scielo.conicyt.cl/scielo.php?script=sci_art-text&pid=S0718-22362012000100005&lng=es&nrm=iso. Acesso em: 20 out. 2020. (tradução nossa).

Não raro vemos, também, famílias que enxergam em seus filhos "oportunidades" de sucesso financeiro, transformando-os em verdadeiros "negócios", incluindo aqui a criminosa exploração sexual.

Crianças e adolescentes têm de ter direito à infância e à adolescência e tudo o que concerne a essas fases da vida, a saber, os direitos elencados e consolidados na Carta Magna de 1988 e no Estatuto da Criança e do Adolescente (Lei 8.069/90). Essas pessoas não podem e não devem ser tratadas como objetos. Há de se honrá-las e cuidá-las, com empatia e solidariedade.

De acordo com o cantor e compositor canadense, de ascendência armênia, nascido no Egito, Raffi Cavoukian, fundador da *Child Honoring* – um paradigma de restauração global com foco nas crianças –

[...] honrar a criança é uma visão de esperança e renovação em reação a uma época de crise social e ecológica nunca antes vista no mundo todo. É uma metaestrutura para tratar das maiores questões de nosso tempo e redirecionar a sociedade rumo a um bem maior através do atendimento das necessidades prioritárias dos mais jovens[7].

Ainda em seu entendimento,

[...] honrar a criança é uma visão, um princípio organizador e um modo de vida – uma revolução de valores que pede uma profunda reestruturação de todas as esferas da sociedade. Ela começa com três dados: primeiro, a primazia dos primeiros anos – a primeira infância é a porta de entrada do ser humano. Segundo, enfrentamos uma degradação do planeta sem precedentes em extensão e escala, um estado de emergência que requer um remédio na mesma escala, e isso coloca em perigo os mais novos. E, terceiro, a crise pede uma reação sistêmica de desintoxicação dos ambientes que compõem a ecologia da criança[8].

Mas esclarece: nada disso tem a ver com educar de forma permissiva ou criar de tal forma que a criança se torne "reizinho ou rainhazinha" da casa. A nova ideia seria organizar a sociedade em torno das necessidades destes mais jovens membros, o que também nada tem a ver com se opor a nenhuma pessoa ou a ideologias – esta é uma aliança proposta com as crianças e suas famílias, independentemente de sua natureza (biológica, socioafetiva, adotiva, extensa etc.).

Nesse mesmo contexto honroso da criança, Raffi diz:

Honrar a criança é uma lente corretiva que, uma vez utilizada, permite que questionemos tudo, desde a maneira como medimos o progresso econômico até o modo como zelamos pelo planeta, do tratamento físico das crianças ao impacto corporativo em suas mentes e corpos, do consumismo feroz à educação de linha de produção[9].

---

7. CAVOUKIAN, Raffi; OLFMAN, Sharna (org.). *Honrar a criança:* como transformar este mundo. São Paulo: Instituto Alana, 2009. p. 24.
8. CAVOUKIAN, Raffi; OLFMAN, Sharna (org.). *Honrar a criança:* como transformar este mundo. São Paulo: Instituto Alana, 2009. p. 27.
9. CAVOUKIAN, Raffi; OLFMAN, Sharna (org.). *Honrar a criança:* como transformar este mundo. São Paulo: Instituto Alana, 2009. p. 28.

Voltamos ao nosso "contrato inicial": como seria a sociedade se toda família que recebesse uma criança compreendesse a necessidade imperiosa de cuidados e observância às singularidades que esses jovens membros recém-chegados demandam? Se ambas as partes pudessem conhecer e acordar previamente a dinâmica de como essa relação poderia se dar, de forma não violenta e respeitosa, provavelmente teríamos "a formação de que [as crianças] precisam para florescer. [...] Honrar a criança envolve honrar toda a vida e, basicamente, significa viver reverenciando o mistério da criação".[10]

Nós, as autoras, acreditamos que toda relação saudável e equilibrada sustenta-se em códigos justos e proporcionais às possibilidades de cada indivíduo envolvido. A relação entre pais e filhos deve se basear em um "código dual de experiência, sendo a chave para compreensão de como as emoções organizam as habilidades intelectuais e de fato criam uma noção de identidade"[11].

Por todo o exposto, trazemos ao debate o que, segundo Raffi, seria uma declaração de responsabilidade para com esta e com as futuras gerações[12]:

UMA DECLARAÇÃO PARA HONRAR A CRIANÇA

Descobrimos que estas alegrias são autoevidentes:

Que todas as crianças são criadas plenas, dotadas

de inteligência inata, com dignidade e admiração, e são dignas de respeito.

A incorporação da vida, da liberdade e da felicidade,

as crianças são bênçãos originais, estão aqui para aprender a própria canção.

Todo menino e toda menina têm direito de amar, sonhar e pertencer a uma "aldeia" afetuosa. E buscar uma vida de propósitos.

Afirmamos nossa responsabilidade de nutrir e cultivar os jovens, honrar seus ternos ideais como o coração do ser humano.

Reconhecer os primeiros anos como a base da vida e apreciar a contribuição das crianças para a evolução humana.

Nós nos comprometemos a modos pacíficos e juramos proteger do mal e da negligência esses cidadãos mais vulneráveis.

Como guardiões de sua prosperidade, honramos a abundante Terra cuja diversidade nos sustenta.

Assim prometemos nosso amor às gerações futuras."

---

10. CAVOUKIAN, Raffi; OLFMAN, Sharna (org.). *Honrar a criança*: como transformar este mundo. São Paulo: Instituto Alana, 2009. p. 28.

11. CAVOUKIAN, Raffi; OLFMAN, Sharna (org.). *Honrar a criança*: como transformar este mundo. São Paulo: Instituto Alana, 2009. p. 41-42. Ver também GREENSPAN, Stanley I.; SHANKER, Stuart G.; BENDERLY, Beryl I. *A arquitetura emocional da mente*. São Paulo: Instituto Alana, 2009.

12. CAVOUKIAN, Raffi; OLFMAN, Sharna (org.). *Honrar a criança*: como transformar este mundo. São Paulo: Instituto Alana, 2009. p. 31.

4. A SOLIDARIEDADE

Na "minuta do contrato" que abre este artigo no item 1, em que se ditaram as "inegociáveis cláusulas", falamos sobre a indesejável atitude, ainda tão comum de se ver nos seios das famílias e em outros ambientes de convivência da criança, do "faça o que eu digo, não faça o que eu faço". Enxergamos esta atitude como altamente violenta e que afronta o princípio da solidariedade.

A criança criada em ambiente verdadeiramente solidário, crescerá imbuída da noção de que é bom praticar o "fazer o bem, sem olhar a quem". Lamentavelmente, vemos essas palavras ditas constantemente, sem, contudo, representarem a realidade factual na prática. Inclusive nas próprias relações dos adultos com suas crianças!

Incluir a solidariedade num padrão natural de valores pressupõe estar disposto a atentar ao problema de outra pessoa. E estar disposto a colaborar ou, ao menos, dar-lhe apoio para enfrentar tal dificuldade, resultando em transformações valorosas para ambas as partes – quem pratica e quem recebe o resultado dessas ações.

Solidariedade pode ser pensada como "generosidade em ação", proporcionando uma percepção de esperança e acenando com novas possibilidades para quem a recebe, frutos desse sentimento de união e de cuidado, do importar-se com o outro. Desenvolver o sentimento de solidariedade nas crianças potencializa a perspectiva de que se tornem cidadãos mais conscientes, sensíveis, empáticos e atuantes em busca de uma sociedade mais justa e equilibrada.

É fundamental que as crianças compreendam, desde sempre – e voltamos a destacar a importância do exemplo – que a solidariedade não se pratica no campo exclusivo dos aportes materiais. Se assim fosse, elas, a princípio, enquanto hipossuficientes, não poderiam estar inseridas nessa forma de prática. Solidariedade está em cada palavra gentil que dirigimos a outrem, cada gesto respeitoso e generoso que dirigimos a quem quer que seja – sem distinção de qualquer natureza e norteados pelo sincero desejo de colaborar com o bem-estar e a felicidade daquele que será destinatário dessas palavras e gestos – e também em obter felicidade e bem-estar por ter tomado essa iniciativa. É estimular permanentemente o questionamento de como nossa criança se sentiria se estivesse no lugar desse outro, o que ela gostaria de receber se os papéis se invertessem. E tudo isso pode e deve fazer parte das rotinas do cotidiano: colaborar nas tarefas domésticas (proporcionalmente às possibilidades de cada idade e/ou condição), ter a boa vontade de socorrer um colega que tenha esquecido algum material escolar, emprestando-lhe o que faltou, consolar outras pessoas em sofrimento com palavras gentis, visitar um amigo acamado – fomentando as amizades verdadeiras e mostrando que amizade se faz em momentos bons e ruins –, participar de projetos sociais e ter o bom hábito de doar seus pertences... enfim, há inúmeras maneiras de prestar solidariedade que estão ao alcance de crianças, mesmo pequenas.

4.1   O princípio da solidariedade e da dignidade da pessoa humana

O artigo 3º, I da Constituição Federal brasileira, corporifica o princípio da solidariedade quando nos diz que constituem objetivos fundamentais da República Federativa do Brasil construir uma sociedade livre, justa e solidária, consoante com a Declaração Universal de Direitos Humanos, documento elaborado pela Organização das Nações Unidas (ONU) no pós-II Guerra Mundial, em que se reconhece que todos os membros da família humana fazem jus, de forma equânime e inalienável, à dignidade, à liberdade e à justiça .

A partir dessa Declaração, a solidariedades e torna imprescindível no ordenamento jurídico e ganha outra dimensão, passando a assegurar uma melhor convivência social, tendo a dignidade da pessoa humana, nesse mesmo período, alcançado a sua aclamação, com o homem sendo conhecido como possuidor de direitos e deveres na esfera social.

Criada a Declaração Universal de 1948, avizinha-se, novamente, o Direito à Ética, e estes princípios passam a agir concomitantemente, com destaque para o princípio da dignidade humana, que poderia ser entendida como o que faz cada ser humano digno de receber a mesma valorização e o mesmo respeito por parte do poder público e privado, garantindo a cada um e a cada uma as mínimas condições para que possa gozar de uma vida saudável, bem como que não será alvo de qualquer ato ultrajante e desumano, fomentando, assim, a participação na construção de sua própria trajetória individual e coletiva.

Por meio do princípio da solidariedade, pratica-se o cuidado e a preocupação com o bem-estar do outro e com a percepção de que esse outro indivíduo também é credor de direitos e deveres, fazendo com que a solidariedade seja originada a partir da responsabilidade que os membros de uma coletividade têm uns com os outros, bem como se busca viabilizar a efetivação dos direitos fundamentais.

Tendo em vista a natureza do princípio da solidariedade, entendemos que, em todas as relações jurídicas e cotidianas, públicas ou privadas, este se aplica, ou, melhor dizendo, deveria se aplicar, enquanto direito difuso, a todos os cidadãos de modo igualitário – incluindo-se, obviamente, as crianças e os adolescentes.

4.2   O princípio da solidariedade e o Estatuto da Criança e do Adolescente

Com a Lei 8.069 de 1990 – Estatuto da Criança e do Adolescente –, a definição de todas as crianças e adolescentes como sujeito de direitos, sem possibilidade de discriminação (artigo 3º), abrangeu de forma mais detalhada o modo como se daria a proteção integral desses infantes e adolescentes, pela comunidade, pela sociedade em geral e pelo poder público (artigo 4º), e a eminente importância dirigida ao direito à convivência familiar e comunitária, ditando o cuidado que se deve ter em relação a esse âmbito da vida da criança e do adolescente.

Em 5 de outubro de 1988 foi promulgada a Carta Magna até hoje vigente que, principalmente através dos artigos 227 e 228, inicia um novo tempo e novos horizontes para crianças e adolescentes no Brasil, consideradas pessoas em condição peculiar de desenvolvimento (artigo 6º do ECA), dignas de receber proteção integral e de ter garantido seu melhor interesse.

> A doutrina da *proteção integral* assegura não só os direitos fundamentais conferidos a todas as pessoas, mas também aqueles que atentam às especificidades da infância e da adolescência. A norma constitucional da *prioridade absoluta dos direitos e melhor interesse* assegura que, em qualquer situação, encontre-se a alternativa que garanta que os interesses da criança e do adolescente estejam sempre em primeiro lugar[13].

O artigo 227 estabeleceu, também, que a responsabilidade de garantir os direitos de crianças e adolescentes é compartilhada entre Estado, famílias e sociedade, ou seja, que todos os adultos desta Nação são responsáveis por todas as crianças e todos os adolescentes, independentemente de estarem vinculados por relações consanguíneas.

O art. 4º do Estatuto da Criança e do Adolescente traz o *princípio da prioridade absoluta*, garantindo para esses sujeitos de direitos:

a) primazia de receber proteção e socorro em quaisquer circunstâncias;

b) precedência de atendimento nos serviços públicos ou de relevância pública;

c) preferência na formulação e na execução das políticas sociais públicas;

d) destinação privilegiada de recursos públicos nas áreas relacionadas com a proteção à infância e à juventude.

Nota-se pelo Princípio da Prioridade Absoluta constante do ECA, que o Princípio da Solidariedade em relação a crianças e adolescentes é descrito em sua máxima expressão: são essas as pessoas que receberão, antes de quaisquer outras, a primazia de todos os cuidados!

O *princípio da proteção integral* advém da Constituição Federal de 1988, que no artigo 227 já citado determina o direito à vida, à saúde, à alimentação, à educação, ao lazer, à profissionalização, à cultura, à dignidade, ao respeito, à liberdade e à convivência familiar e comunitária, além de colocar as crianças e os adolescentes a salvo de toda forma de negligência, discriminação, exploração, violência, crueldade e opressão, sendo este princípio o que abre o Estatuto da Criança e do Adolescente em seu artigo primeiro. Crianças e adolescentes são sujeitos de direitos, porém, precisam de adultos responsáveis para efetivá-los, resguardando seus bens jurídicos fundamentais até completarem plenamente seu desenvolvimento em todas as áreas, ou seja, nos campos moral, físico, mental, espiritual e social. Aqui também encontramos a solidariedade daqueles que já alcançaram seu pleno desenvolvimento para com aqueles que ainda estão em processo nesse percurso.

---

13. PRIORIDADE ABSOLUTA. Entenda a prioridade. Disponível em: https://prioridadeabsoluta.org.br/entenda-a-prioridade/. Acesso em: 14 jul. 2021.

No momento em que a sociedade se vê convocada, na esfera do Direito, a inserir a criança e ao adolescente nas decisões comunitárias, provocada pelo princípio da participação popular, vê-se também o quão relacionado esse princípio está com o princípio da solidariedade, o que não acontecia antes da promulgação do ECA, em que se tratava a criança e ao adolescente como "menor", colocando-os em situação análoga a de outros sujeitos infratores, inclusive maiores, sempre que estivessem em confronto com a Lei, submetidos a medidas judiciais. Podemos assim entender que essa equiparação não se dava apenas no sentido de qualificá-lo como infrator – o famigerado "de menor" – mas também em dar-lhe a mesma punição de reclusão, segregação e exposição a todas as formas de violência carcerária (promiscuidade, violência física e abandono), indo contra toda e qualquer forma de pensamento solidário e de promoção do indivíduo. Não se pensava nessa criança ou nesse adolescente infrator como alguém que tivesse direitos, e com a noção disseminada de que é "de pequenino que se torce o pepino", toda forma de violência praticada pelo Estado era amparada na tese de que estavam disciplinando o "de menor" para que ele se tornasse um "cidadão de bem". Evidentemente, equiparar crianças e adolescentes – pessoas em condição peculiar de desenvolvimento, que ainda não alcançaram a maturidade psíquica – a adultos criminosos contrapõe-se ao princípio da solidariedade!

Traremos agora para análise o princípio do "melhor interesse da criança", cuja origem encontra-se na Convenção Internacional dos Direitos da Criança aprovada, por unanimidade, na sessão de 20 de novembro da Assembleia Geral das Nações Unidas.

De acordo com a professora, advogada e uma das organizadoras desta obra, dra. Tânia da Silva Pereira, foi

> Ratificada pelo Brasil através do Decreto n° 99.710/90, indique-se sua versão oficial, ao dispor no art. 3.1: 'todas as ações relativas às crianças, levadas a efeito por instituições públicas ou privadas de bem-estar social, tribunais, autoridades administrativas ou órgãos legislativos, *devem considerar, primordialmente, o interesse maior da criança'* [...] O Brasil incorporou, em caráter definitivo, o princípio do 'melhor interesse da criança' em seu sistema jurídico, e sobretudo, tem representado um norteador importante para a modificação das legislações internas no que concerne à proteção da infância em nosso continente[14].

Mais uma vez, destaca-se aqui o princípio da solidariedade, quando, em toda e qualquer situação litigiosa, deverá prevalecer primordialmente o superior interesse da criança sob todas as óticas, ou seja, estará esse sujeito – a criança – como protagonista centralizador de todas as tomadas de decisão do Poder Judiciário. Crianças não deveriam ser, em hipótese alguma, instrumento de barganha em qualquer cenário de disputa!

---

14. PEREIRA, Tânia da Silva. O princípio do melhor interesse da criança – da teoria à prática. *Revista Brasileira de Direito de Família*, Porto Alegre, n. 6, 2000. p. 36.

Podemos interligar o ECA com o princípio da solidariedade sob a perspectiva de que este coloca crianças e adolescentes prioritariamente nas questões protetivas, mas igualitariamente nas questões dos direitos fundamentais, e insta toda a sociedade a se importar e agir para garantir o bem-estar dessa parcela mais vulnerável da população, que, por si só, não tem capacidade de pleitear seus próprios direitos.

O que de fato vale dizer é que não importa somente a verdadeira natureza dos princípios basilares para a formação, concretização e colocação em prática do Estatuto da Criança e do Adolescente na seara da proteção integral a estes, mas é fundamental a necessária ampliação da intervenção dos particulares reunidos em sociedade ou não, bem como de todos os envolvidos, também no âmbito público, para buscar a realização dos direitos dos infantes em toda a sua plenitude, de modo a atingir um diálogo visando a consolidação de uma práxis realmente democrática.

5. CONSIDERAÇÕES FINAIS

De acordo com o dr. Pedro Hartung, coordenador jurídico do Instituto Alana, "Na infância, o mundo muda e a humanidade nasce. Todas as grandes expressões do ser humano começaram na infância ou só foram possíveis porque tiveram nessa fase os estímulos necessários para que se desenvolvessem". Conectamos essa percepção com outra, voltando a Raffi Cavoukian – não por acaso, no livro publicado pelo mesmo Instituto Alana, organização de impacto socioambiental que promove o direito e o desenvolvimento integral da criança, fomenta novas formas de bem viver e tem por missão descortinar questões sensíveis à criança e iluminar valores humanistas, conectados com a dimensão socioambiental, reconhecendo a potência de cada pessoa e das ações coletivas, cocriando e disseminando conteúdos capazes de construir imagens que inspirem um futuro melhor para todos –

> Crianças que se sentem percebidas, amadas e honradas, são muito mais capazes de se tornarem pais amorosos e cidadãos produtivos. Crianças que não se sentem valorizadas, estão desproporcionalmente representadas nas listas assistenciais e registros policiais[15].

Cometemos violência e não honramos a criança quando olhamos para ela e não enxergamos alguém que "já é", projetando sua vida apenas para "quando crescer".

Nossa legislação é assertiva: a criança não é "o cidadão do futuro". A criança, em sua condição peculiar de desenvolvimento, se constitui como cidadã e sujeito de direitos, mesmo que o senso comum ainda refute essa verdade que está consubstanciada na Constituição Cidadã de 1988 e no Estatuto da Criança e do Adolescente de 1990.

O pediatra, escritor e educador polonês Henryk Goldszmit, conhecido historicamente pelo pseudônimo Janusz Korczak (Varsóvia 1878-Treblinka 1942), precursor nas iniciativas em prol dos direitos da criança, diz: "É como se existissem duas vidas.

---

15. CAVOUKIAN, Raffi; OLFMAN, Sharna (org.). *Honrar a criança:* como transformar este mundo. São Paulo: Instituto Alana, 2009. p. 28.

Uma é séria e respeitável; a outra vale menos, é apenas tolerada com indulgência. Costumamos dizer: o futuro homem, o futuro trabalhador, o futuro cidadão"[16].

Sabemos hoje, pelas pesquisas desenvolvidas em torno da primeira infância (zero a seis anos) que esta é a fase mais importante no que tange ao desenvolvimento das vias sensoriais, da visão, da audição, da linguagem e das funções cognitivas – destacando-se, ainda, a fase da chamada "primeiríssima infância", que, de acordo com a Fundação Maria Cecilia Souto Vidigal, é considerada pela ciência como sendo o período mais nobre para o desenvolvimento das funções cerebrais de um indivíduo.

Cuidar da infância, sobretudo nesta primeira fase, além de todos os benefícios de ordem emocional para quem cuida e para quem é cuidado, implica até mesmo resultados extraordinários se olharmos para o famoso estudo desenvolvido pelo Prêmio Nobel de Economia de 2000, James Heckman, em que é afirmado que a cada um dólar investido nessa fase da vida, sete dólares retornam com resultado positivo no longo prazo (a chamada "Equação de Heckman").

Crianças amadas, bem cuidadas, respeitadas, honradas e tratadas com solidariedade tendem

> [...] a trazer como retorno maior qualidade de vida, melhor colocação no mercado de trabalho, melhores salários e oportunidades profissionais e mais saúde, constatada pelos índices baixos de hipertensão, doenças cardíacas e obesidade, além da diminuição das chances de envolvimento com bebidas alcoólicas e cigarros antes dos dezessete anos[17].

Por todo o exposto, este artigo pretende fazer um verdadeiro chamamento aos leitores que o encontrem, para que estendam seu olhar em direção às crianças como iniciamos nossa provocação: como trataria um estrangeiro recém-chegado para um longo período de convivência em seu lar?

Voltamos a Janusz Korczak, trazendo as provocações dele em relação à criança, que estão intrinsecamente ligadas às nossas:

> *Ela é como um estrangeiro numa cidade desconhecida, que não entende a língua, não sabe a mão das ruas, nem as leis, nem os hábitos. Às vezes quer virar-se sozinho; ao encontrar dificuldades, pede informação e conselhos. Precisa de um guia que responda educadamente às suas perguntas. Vamos respeitar a sua ignorância!*
>
> *Um aventureiro, um mal-intencionado, um amigo da onça explorarão o desconhecimento do visitante estrangeiro, lhe darão uma resposta incompreensível, de propósito o induzirão ao erro. O homem grosseiro resmungará agressivamente. Nós, da mesma forma, machucamos a criança com as nossas repreensões, censuras e castigos, em vez de lhe dar amavelmente as informações de que precisa.*
>
> *Como seria pobre o conhecimento da criança se ela não fosse buscar essas informações junto aos colegas, ou roubando palavras esparsas, ouvindo às escondidas conversas dos adultos. Respeitemos o labor da sua investigação!*

---

16. DALLARI, Dalmo de Abreu, KORCZAK, Janusz. *O direito da criança ao respeito*. Tradução Yan Michalski. 4. ed. São Paulo: Summus Editorial, 1986. p. 85.

17. Instituto Alana. *Primeira infância é prioridade absoluta*. p. 11.

Respeitemos o insucesso e as lágrimas!
Uma meia rasgada, um joelho arranhado, um copo quebrado, um dedo ferido, um galo na testa
– cada acidente resulta em dor.
Uma mancha de tinta no caderno é um pequeno infortúnio, mas significa insucesso e aborrecimento.
'Quando é papai quem derrama o chá, mamãe diz que não faz mal; quando sou eu, levo uma
bronca'.
Pouco familiarizada com a dor, a discriminação e a injustiça, a criança sofre e chora mais facil-
mente que o adulto. Mas as suas lágrimas suscitam chacotas, parecem desprovidas de gravidade,
chegam a ser irritantes.
'Chorão, rabugento, resmungão, outra vez abriu o berreiro, mulherzinha; homem não chora.'
Eis algumas expressões que os adultos incluem em seu vocabulário quando se referem às crianças.
As lágrimas que parecem ser fruto de teimosia ou manha representam na verdade sensações de
impotência e revolta, um protesto desesperado, um grito de socorro, uma queixa contra a prote-
ção negligente, uma manifestação de inconformismo para com imposições e constrangimentos
descabidos, um sintoma de mal-estar; em todos os casos, um sinal de sofrimento.[18]

Fomos crianças um dia. Muitas vezes, na vida adulta, não conseguimos lembrar detalhes de nossa infância. Desbotam-se na memória situações que nos feriram, nos marcaram, nos colocaram em risco e aumentaram a natural vulnerabilidade que caracteriza esse primeiro trecho da caminhada na existência de todo ser humano. Enquanto inaugural, deveria ser pródigo de belas descobertas que encorajassem o recém-chegado a percorrer com confiança distâncias cada vez maiores e empreender desafios que o levassem a concretizar suas melhores condições para colaborar com a grande Família Humana.

Quando iniciamos a escrita deste texto, visualizamos a ideia simbólica do bebê plenamente conhecedor dos seus direitos e deveres se anunciando ao mundo com um "contrato de convivência" previamente acordado entre si e sua família, como se o trouxesse "debaixo do braço".

Enveredamos pelas alamedas da utopia e nos permitimos à ousadia de questionar: se não houvesse tantas violações de direitos, quantas violências seriam evitadas? Quantas histórias de dores e quantas reparações poderiam não ser necessárias? Quantos prejuízos psicológicos, morais, sociais, físicos poderiam nem existir? E, em seus lugares, quantos esforços e investimentos poderiam ser envidados para melhorar a qualidade de vida e desenvolvimento dessas crianças se esse "hipotético contrato" fosse fato e não sonho?

Sim, nos demos o direito de sonhar.

Sonhar e propor uma reflexão – que pode mesmo ser interpretada como incômoda por sua natureza inusitada – sobre a distância entre o que dita a letra da Lei do Estatuto da Criança e do Adolescente e a realidade sobre essas regras que ainda não se consolidaram no seio da sociedade como um todo, embora passadas mais de

---

18. DALLARI, Dalmo de Abreu, KORCZAK, Janusz. *O direito da criança ao respeito.* Tradução Yan Michalski. 4. ed. São Paulo: Summus Editorial, 1986. p. 87-88

três décadas em que tantos brasileiros e brasileiras se debruçaram para garantir a dignidade dos mais vulneráveis entre nós.

Diante de tudo o que ora vivemos, ao longo da pandemia da Covid-19 e das severas mudanças climáticas que têm afetado o equilíbrio do planeta, a casa maior em que vivemos, observamos as atitudes e posturas de cuidado e solidariedade que os menores são capazes de ter quanto às demandas de segurança sanitária e ambiental e que deveriam ser tomadas como regras, posto que estão impactando a vida de todos nós, coletivamente. Quando vemos que eles têm mais facilidade de cumprir com essas determinações do que muitos adultos que ainda não compreendem que o atual momento demanda o máximo de cuidados e solidariedade (e que nem sempre temos em relação aos infantes), temos a certeza de que as crianças sabem muito e, definitivamente, não são, como tantas e tantas vezes se referem a elas, um problema, hoje, mais do que nunca, devemos prestar atenção no que dizem e fazem. Elas, sem dúvida, são parte da solução.

O CUIDADO COMO MANIFESTAÇÃO DA SOLIDARIEDADE

Antônio Carlos Mathias Coltro

Desembargador do TJSP; Especialização em Direito Civil (UNAERP); Mestre em Professor de IED na Faculdade Paulista de Direito, por cinco anos; Membro da Academia Paulista de Direito; Cadeira Herotides da Silva Lima; Direito das Relações Sociais (PUC-SP); Presidente do Instituto Brasileiro de Direito Constitucional; Regente de ensino na PUC-SP (1989/2005); Professor de IED na primeira turma da Faculdade Autônoma de Direito.

> *"O cuidar não é exigência, tem por lei, sua licitude, mas e sua essência? Não é um ato, é uma atitude"*[1]. Leonardo Boff.

1. NOTA INTRODUTÓRIA

Para iniciar este texto, entende-se necessário retornar ao ano de 2008, quando acordou-se, em um congresso do IBDFAM e graças à louvável iniciativa de Tânia da Silva Pereira e Guilherme de Oliveira e um grupo de pessoas que ali estavam, iniciar os estudos sobre o cuidado e, tal o êxito da proposta, que, a partir dela passou-se à publicação de obras tratando do tema, com artigos de autores diversos, em múltiplo e interessante viés e abordagem de aspectos com liame filosófico, sociológico, antropológico e psicológico, uma vez que, segundo o Prof. Guilherme, no posfácio da obra *O cuidado como valor jurídico*, em que instaurada a verdadeira antologia concernente ao assunto, "Agora que chegou até aqui – estimado leitor – já verificou que o Direito está a mudar", dando-se isto em circunstâncias sensíveis, em especial quanto ao direito de família, prestando-se o título das várias obras editadas para indicar os subtemas considerados em cada uma e o relevo sócio-antropológico, psicológico e jurídico a tais coletâneas inerente, em evidente preocupação quanto aos aspectos humanos.

Advirta-se, contudo e como escrito por Tânia da Silva Pereira, no prefácio do mesmo livro, que,

---

1. CONVERSANDO com um poeta: um poema sobre o cuidado como essência de vida. *Cuidando do Mestre*, 14 dez. 2017. Disponível em: https://cuidandodomestre.wordpress.com/2017/12/14/conversando-com--um-poeta-um-poema-sobre-o-cuidado-como-essencia-de-vida/. Acesso em: 17 ago. 2021.

A proposta de um debate sobre o 'cuidado' no âmbito do Direito nasceu de um encontro com o Professor Guilherme de Oliveira, da Universidade de Coimbra, em 07 de setembro de 2005, enquanto esteve no Rio de Janeiro para a 'II Bienal de Jurisprudência', por iniciativa da EMERJ em convênio com o 'Centro de Direito de Família' daquela importante Universidade Europeia.

Naquela oportunidade ajustou-se a realização de um projeto de pesquisa conjunto intitulado 'Fórum de estudos Brasil-Portugal; infância. juventude e idoso', tendo como tema norteador 'O cuidado como valor jurídico'. Por serem polos opostos da cronologia da vida, cada qual com especificidades e fragilidades, buscou-se a integração entre eles, destacando a convivência in-tergeracional como transmissora de valores e da cultura[2].

Encerra a prefaciadora invocando Lya Luft, segundo a qual, "Quem ama cuida, cuida de si mesmo, da família, da comunidade, do país – pode ser difícil, mas é de uma assustadora simplicidade e não vejo outro caminho"[3].

Com efeito e a partir de uma Constituição Federal em que se dispôs sobre a dignidade da pessoa humana como um dos fundamentos da República e em cujo preâmbulo se aludiu expressamente à preocupação com uma sociedade fraterna, pluralista e sem preconceitos, com a imprescindível observância ao postulado do devido processo legal, sem desconsiderar o mais nela inserido, de ordem humanista e cujo relevo não foi possível ao constituinte olvidar, conduzindo ainda a que não descurasse, como enunciado por Tânia e Guilherme, das mudanças a que subme-tida a sociedade e, que, naturalmente, fizeram com que o direito também mudasse, principalmente por e como evidenciado pelo segundo de tais autores, ser "[...] mais nítido um Direito atento às pessoas, na sua intimidade, na sua fragilidade, na sua dignidade, afinal"[4], mesmo porque, conforme o mesmo autor.

A expressão que os franceses gostavam de usar para arrumar um certo conjunto de temas e de soluções – o Direito das Pessoas e da Família – tem um sentido e um conteúdo cada vez mais rico.

'*Primum vivere philosophare*! [...] certamente! O "Direito do dinheiro" prosseguirá a sua carreira triunfante. Mas o '[...] philosophare impõe-se cada vez mais, com a pretensão de um sentido à vida ou, para os menos exigentes, com o propósito modesto de encontrar os caminhos que nos permitam ir vivendo em paz, uns com os outros'[5].

Ainda que o referido tenha sido lançado em um Posfácio, evidente o seu cabi-mento no início de escrito no qual se objetiva referir o cuidado como manifestação da solidariedade, pois, conforme a consulta permite constatar (embora o sentido que o cuidado tenha seja de conhecimento de todos, percebido, além de também sentido), caracteriza "[...] a ação de cuidar (preservar, guardar, conservar, apoiar,

---

2. PEREIRA, Tânia da Silva. Prefácio. *In*: PEREIRA, Tânia da Silva; OLIVEIRA, Guilherme de (coord.). *O cuidado como valor jurídico*. Rio de Janeiro: Forense, 2008. p. XIII.
3. PEREIRA, Tânia da Silva. Prefácio. *In*: PEREIRA, Tânia da Silva; OLIVEIRA, Guilherme de (coord.). *O cuidado como valor jurídico*. Rio de Janeiro: Forense, 2008. p. XIII.
4. PEREIRA, Tânia da Silva; OLIVEIRA, Guilherme de. Posfácio. *In*: PEREIRA, Tânia da Silva; OLIVEIRA, Guilherme de (coord.). *O cuidado como valor jurídico*. Rio de Janeiro: Forense, 2008. p. 195-196.
5. OLIVEIRA, Guilherme de. Posfácio. *In*: PEREIRA, Tânia da Silva; OLIVEIRA, Guilherme de (coord.). *O cuidado como valor jurídico*. Rio de Janeiro: Forense, 2008. p. 396.

tomar conta). O cuidado implica ajudar os outros, tentar promover o seu bem-estar e evitar que sofram de algum mal"[6].

Como decorrência e se é real que o constituinte não aludiu a ele de maneira específica, pode-se afirmar, em razão de várias circunstâncias existentes na Constituição Federal, ser possível afirmar que os autores da Carta Maior implicitamente o consideraram como aspecto a ser levado em conta na elaboração de normas que a integram, podendo-se mencionar, como reduzido exemplo, dentre outras, as correspondentes aos artigos 227[7] e 226, § 3º[8], em que se nota a preocupação com a infância, a juventude e a entidade familiar, de acordo com os termos constantes em cada uma delas, onde se nota o *cuidado* evidente que a redação de tais s disposições mereceu.

Além do exposto e como bem enunciado por Roberta Tupinambá, "[...] o cuidado poderá exercer funções primordiais, quais sejam as de interpretação, integração e controle, no que tange às relações jurídicas em linhas gerais [...]" e "[...] deve apontar deveres e delimitar direitos, evidenciando uma maior dinâmica em todas as relações jurídicas. E por que não se cogitar a hipótese de violação do cuidado como fato gerador de prejuízos indenizáveis? Essa deveria ser a orientação contemporânea"[9].

A teor do acrescido pela mesma autora, "Diante das mudanças experimentadas no cerne das relações humanas e, em especial, das relações familiares no decurso do tempo, sobretudo com o advento da Constituição Federal de 1988, emerge a importância do tema proposto", referindo, após, que,

A consistência moral dos princípios constitucionais, a vigência do Novo Código Civil, do Estatuto da Criança e do Adolescente, e do Estatuto do Idoso, e ainda a ratificação da Convenção Internacional sobre os Direitos da Criança por meio do Decreto n. 99.710/1990 representaram o delineamento de novos paradigmas no âmbito das relações familiares[10].

Em outro instante de seu texto comenta sobre a "[...] boa-fé nas relações obrigacionais e jurídicas de modo geral, mas até hoje, deve-se assumir, é difícil conceituá-la, dado que seu sentido é plural, e não singular", advertindo, que, "A evolução do conceito da boa-fé operou uma transformação incrível no âmbito jurídico, sendo

---

6. CONCEITO de cuidado. *Conceito de*. Disponível em: https://conceito.de/cuidado. Acesso em: 23 abr. 2021.

7. Art. 227. É dever da família, da sociedade e do Estado assegurar à criança, ao adolescente e ao jovem, com absoluta prioridade, o direito à vida, à saúde, à alimentação, à educação, ao lazer, à profissionalização, à cultura, à dignidade, ao respeito, à liberdade e à convivência familiar e comunitária, além de colocá-los a salvo de toda forma de negligência, discriminação, exploração, violência, crueldade e opressão.

8. Art. 226. A família, base da sociedade, tem especial proteção do Estado.

   § 3º Para efeito da proteção do Estado, é reconhecida a união estável entre o homem e a mulher como entidade familiar, devendo a lei facilitar sua conversão em casamento.

9. TUPINAMBA, Roberta. O cuidado como princípio jurídico nas relações familiares. *In*: PEREIRA, Tânia da Silva; OLIVEIRA, Guilherme de (coord.). *O cuidado como valor jurídico*. Rio de Janeiro: Forense, 2008. p. 26.

10. TUPINAMBA, Roberta. O cuidado como princípio jurídico nas relações familiares. *In*: PEREIRA, Tânia da Silva; OLIVEIRA, Guilherme de (coord.). *O cuidado como valor jurídico*. Rio de Janeiro: Forense, 2008. p. 357-379.

resguardada expressamente pela Legislação Brasileira", acrescentando a doutrinadora, em outro parágrafo:

> Tendo em vista que todo o ordenamento jurídico brasileiro está inspirado em valores como a lealdade, a honestidade e a confiança, sobretudo no tocante ao cumprimento das obrigações cíveis, a boa-fé, se analisada historicamente, abre uma porta, ou melhor, abre um precedente para a aceitação do cuidado como princípio jurídico[11].

Dessarte e como pondera no tópico 5.1. de seu trabalho e sob o subtítulo o cuidado e a boa-fé, de adequada menção, com relevo ao trecho em itálico,

> *O dever de cuidado deve emergir de modo a se sobrepor a todos os demais deveres jurídicos*, posto que o mesmo visa a resguardar, antes e acima de qualquer coisa, o ser humano, que é o mais importante dos seres, mesmo porque, é ao redor do ser humano que tudo acontece e que todas as relações se estabelecem.

De outro aspecto e inerente ao cuidado como virtude moral, acrescenta Jonas Muriel Backendorf:

> De acordo com Noddings (2013, pp. 1-2), nome destacado na argumentação favorável à ética do cuidado, este modelo teórico surge como contraponto aos modelos ditos excessivamente abstratos, este modelo teórico surge como contraponto aos modelos ditos excessivamente abstratos e racionalistas (o alvo central da crítica é o modelo kantiano e seus derivados, como o de John Rawls, pautados na ideia de justiça (ibid.., p. 4). Esses modelos, segundo a autora, além de dar à ética uma aparência quase matemática, puseram-na muito além da experiência real e do sentimento que a permeia ibid., p. 2). Conforme a leitura de Card, Noddings 'inverte a posição kantiana, questionando se a justiça é uma virtude. Segundo ela, a justiça é um substituto pobre para o cuidado' (CARD, 2010, p. 77). A visão intelectualista e pautada em bens como a justiça seria 'a linguagem do pai' (Nodding, 2013, p. 2). Trata-se, em outras palavras, de uma oposição direta àquilo que Margaret Little definiu como 'modelos burocráticos', e detalhou com uma instrutiva metáfora:

> Nesse modelo, a agência moral envolve uma divisão clara do trabalho: a razão é responsável por estabelecer aos veredictos morais: posteriormente, a razão passa seu relatório para a vontade, motivação ou emoção, que então executam ou não uma resposta apropriada. O quanto uma pessoa é boa em dar veredictos morais precisos acaba sendo completamente independente de quão é boa em dar veredictos morais precisos acaba sendo completamente independente de quão responsiva ela tende a ser em relação a esses veredictos. É possível neste modelo familiar, que as pessoas combinem uma tremenda perspicácia moral com um afeto completamente atrofiado: os melhores especialistas em moral pode ser as pessoas menos morais (LITTLE, 1995, p. 118)[12].

Se a partir da iniciativa tendente a sua consideração e exame, inúmeros trabalhos foram publicados, o certo é que ainda hoje tem-se como apropriado o estudo do instituto, disto advindo o interesse em nestas notas analisar o cuidado e a solidariedade,

---

11. TUPINAMBA, Roberta. O cuidado como princípio jurídico nas relações familiares. *In*: PEREIRA, Tânia da Silva; OLIVEIRA, Guilherme de (coord.). *O cuidado como valor jurídico*. Rio de Janeiro: Forense, 2008. p. 357-379).
12. TUPINAMBÁ, Roberta. O cuidado como princípio jurídico nas relações familiares. *In*: PEREIRA, Tânia da Silva; OLIVEIRA, Guilherme de (coord.). *O cuidado como valor jurídico*. Rio de Janeiro: Forense, 2008. p. 378-379.

não com a pretensão de ser esgotado o tema, mas apenas serem lançadas observações pertinentes à matéria, cientes os leitores que muito ainda há que ser a respeito tratado.

Se o cuidado advém do latim cura e de *cogitare-cognatus*[13], na dicção de Roberta Tupinambá, indicando o sentido de "mostrar interesse, ter atenção, atitude de desvelo, preocupação, bom trato", ela mesma menciona, que,

> Leonardo Boff define a terminologia do cuidado da seguinte forma: 'O que se opõe ao descuido e ao descaso é o cuidado. Cuidar é mais que um ato; é uma atitude. Portanto, abrange mais que um momento de atenção, de zelo e de desvelo. Representa uma atitude de ocupação, preocupação, de responsabilização e de envolvimento afetivo com o outro[14].

Em verdade e como indicado por Lucas Leal Sampaio,

> Na Constituição Federal de 1988, o dever de cuidar tem como fundamento inicialmente o princípio da dignidade da pessoa humana, positivada em seu primeiro artigo, sendo este um dos pilares da República. De acordo com o Ministro Luís Roberto Barroso3 (2010, p. 22), uma das características deste princípio é o seu valor intrínseco a todos os seres humanos, não dependendo de concessão, não podendo ser retirado, transferido ou perdido. Por tal motivo, não tem como requisito nem a razão, estando presente em bebês recém-nascidos, jovens e até mesmo incapazes.

> Neste viés, percebe-se a importância deste princípio no desenvolvimento dos seres humanos e, por consequência, sua influência nas relações familiares[15].

Em verdade e como o mesmo Leal Sampaio, no texto supracitado,

> O reconhecimento do cuidado como valor jurídico demonstra um avanço no âmbito das relações familiares, garantindo àqueles que possuem uma situação de desvantagem, seja por estarem no

---

13. "A filologia da palavra 'cuidado' aponta sua derivação do latim cura (cura), que constitui um sinônimo erudito de cuidado. Na forma mais antiga do latim, a palavra cura escreve-se coera e é usada, num contexto de relações de amor e amizade, para expressar uma atitude de cuidado, de desvelo, de preocupação e de inquietação pela pessoa amada ou por um objeto de estimação. Estudos filológicos indicam outra origem para a palavra 'cuidado', derivando-a de *cogitare cogitatus,* que significa cogitar, pensar, colocar atenção, mostrar interesse, revelar uma atitude de desvelo e de preocupação. Como se pode notar, a natureza da palavra 'cuidado' inclui duas significações básicas, intimamente ligadas entre si: a primeira uma atitude de desvelo, de solicitude e de atenção para com o outro e a segunda uma preocupação e inquietação advindas do envolvimento e da ligação afetiva com o outro por parte da pessoa que cuida. Assim, parece que a filologia da palavra 'cuidado' indica que cuidar é mais que um ato singular; é modo de ser, a forma como a pessoa se estrutura e se realiza no mundo com os outros. É um modo de ser no mundo que funda as relações que se estabelecem com as coisas e as pessoas (1-2). Estas noções de cuidado como preocupação e solicitude e o entendimento de que o cuidar é essencial para o ser humano conforma elementos centrais na fábula-mito grecolatina, que ganha expressão literária definitiva na Roma do final da era pré-cristã. Mais do que qualquer outra fonte, esta alegoria encontrada em uma coletânea mitológica do segundo século da era cristã tem influenciado a ideia de cuidado na literatura, filosofia, psicologia e ética, através dos séculos". ZOBOLI, E. L. C. P. A redescoberta da ética do cuidado: o foco e a ênfase nas relações. *Revista da Escola de Enfermagem da USP,* São Paulo, 2004, 38(1):21-7, p. 21-27. Disponível em: http://www.bioetica.org.br/library/modulos/varias_bioeticas/arquivos/Varias_cuidados.pdf. Acesso em: 21 jul. 2021.
14. TUPINAMBÁ, Roberta. O cuidado como princípio jurídico nas relações familiares. *In*: PEREIRA, Tânia da Silva; OLIVEIRA, Guilherme de (coord.). *O cuidado como valor jurídico.* Rio de Janeiro: Forense, 2008. p. 378-379.
15. SAMPAIO, Lucas Leal. O reconhecimento do cuidado como valor jurídico e sua inserção no ordenamento jurídico brasileiro. *FIDES,* Natal, v. 8, n. 1, p. 241-250, jan./jun. 2017. p. 243-244. Disponível em: http://www.revistafides.ufrn.br/index.php/br/article/view/311/318. Acesso em: 15 mai. 2021.

primeiro estágio da vida ou por sua condição etária avançada, a possibilidade de se desenvolver de forma adequada, com saúde, educação, cultura e lazer ou aproveitar os dias restantes, após promover o cuidado dos seus descendentes durante muitos anos.

Desta forma, o direito vem cada vez mais aceitando esse novo contexto em que a sociedade se encontra. Principalmente após a vigência da Constituição Federal de 1988 percebe-se a adequação da legislação pátria, reconhecendo o cuidado como valor jurídico e dando a este instituto uma qualidade de interesse público, uma vez que se fundamenta no princípio da dignidade da pessoa humana. Nesse sentido, o Estatuto da Criança e do Adolescente, o Estatuto do Idoso e o Código Civil de 2002 confirmaram os novos paradigmas constitucionais, garantindo o cuidado a todos os membros da sociedade.

Por fim, o Superior Tribunal de Justiça parece partilhar do mesmo entendimento, com duas decisões pioneiras elevando o cuidado à qualidade de valor jurídico. Percebe-se que muito embora não seja possível obrigar uma pessoa a amar outra, sendo tal sentimento fora do alcance da tutela jurídica, o cuidado, de caráter objetivo, pode ser considerado uma obrigação legal com fundamento constitucional, e, pois, um dever imposto a todos[16].

Evidencia-se, pois, o relevo assumido por tal circunstância, já no plano constitucional, com evidente reflexo no âmbito sócio, psicológico e antropológico, caracterizando-se, para Leonardo Boff, citado por Roberta Tupinambá, como "um modo de ser essencial"[17].

Quanto à solidariedade, desde logo se deve aludir ao fato de a própria CF, no art. 3º e seu inciso I, mencionar constituírem objetivos fundamentais da República Federativa do Brasil: I – construir uma sociedade livre, justa e solidária, constando-se a preocupação do constituinte, logo no início dos dispositivos integrantes da Carta Maior, indicar a solidariedade, que se caracteriza, à evidência, como um princípio dela emergente.

Segundo indicado por Ana Cristina Monteiro de Andrade Silva,

De acordo com o dicionário Aurélio, assim pode ser definida solidariedade: '1. Qualidade de solidário. 2. Laço ou vínculo recíproco de pessoas ou coisas independentes. 3. Adesão ou apoio a causa, empresa, princípio etc., de outrem. 4. Sentido moral que vincula o indivíduo à vida, aos interesses e às responsabilidades dum grupo social, duma nação, ou da própria humanidade. 5. Relação de responsabilidade entre pessoas unidas por interesses comuns, de maneira que cada elemento do grupo se sinta na obrigação moral de apoiar o(s) outro(s). 6. Sentimento de quem é solidário. 7. Dependência recíproca. 8. Jur. Vínculo jurídico entre os credores (ou entre os devedores) duma mesma obrigação, cada um deles com direito (ou compromisso) ao total da dívida, de sorte que cada credor pode exigir (ou cada devedor é obrigado a pagar) integralmente a prestação objeto daquela obrigação'.

A solidariedade passa pela empatia, mas nela não se encerra. Ao contrário, vai além dela. Enquanto a empatia é a capacidade de se colocar no lugar do outro, a solidariedade consiste na preocupação

---

16. SAMPAIO, Lucas Leal. O reconhecimento do cuidado como valor jurídico e sua inserção no ordenamento jurídico brasileiro. *FIDES*, Natal, v. 8, n. 1, p. 241-250, jan./jun. 2017. p. 249. Disponível em: http://www.revistafides.ufrn.br/index.php/br/article/view/311/318. Acesso em: 15 mai. 2021.

17. TUPINAMBA, Roberta. O cuidado como princípio jurídico nas relações familiares. *In*: PEREIRA, Tânia da Silva; OLIVEIRA, Guilherme de (coord.). *O cuidado como valor jurídico*. Rio de Janeiro: Forense, 2008. p. 363.

com a situação alheia e na tomada de ações para minimizar o sofrimento do próximo. Frans de Waal assim explicita essa distinção: 'A solidariedade difere da empatia pelo fato de ser proativa. A empatia é o processo pelo qual nos damos conta da situação de outra pessoa. A solidariedade, em contraste, reflete nossa preocupação com o outro e um desejo de fazer com que a situação melhore'[18].

Adiante, acresce a autora, no mesmo trabalho: "O agir solidário não se resume em um ato caridoso, mas trata de obedecer fielmente ao artigo 3º, inciso I, da Constituição Federal, já que o princípio da solidariedade foi erigido à hierarquia constitucional de forma expressa".

Em verdade e na esteira do enunciado por Ricardo Werner Friedrich, em interessantíssimo artigo sobre o assunto,

A solidariedade social, na juridicizada sociedade contemporânea, já não pode ser considerada como resultante de ações eventuais, éticas ou caridosas, pois se tornou um princípio geral do ordenamento jurídico, dotado de força normativa capaz de tutelar o respeito devido a cada um.

Por fim, cabe dizer que o princípio da solidariedade tem aplicação imediata na Constituição Federal de 1988, por ser um dos objetivos principais da República, devendo os indivíduos dotados de direitos e deveres respeitarem o comando da lei, visando a melhora na qualidade de vida da sociedade[19].

2.   RELAÇÃO ENTRE O CUIDADO E A SOLIDARIEDADE

O enfoque do cuidado e da solidariedade forçosamente passa pela referência à dignidade da pessoa humana, já citada anteriormente, uma vez que como tudo o que diz respeito á vida, não se pode olvidar a necessidade de invocar a moral e a ética, por vinculadas aos institutos mencionados.

Com efeito e afora o já referido,

[...] o cuidado e a solidariedade estão brotando por todos os continentes e cantos do planeta, nas comunidades, nas conversas nas famílias.

Escreve a jornalista brasileira Juliana Monteiro, direto de Roma: 'O país inteiro (Itália) fechou. A flor no asfalto é a solidariedade. Estamos todos cuidando de quem não tem defesa suficiente para ele. Eu cuido do morador de rua que dorme no frio, embaixo da marquise do meu prédio, das senhorinhas que cumprimento no mercado, do senhor da loja de molduras. Pensamos coletivamente numa onda de cuidado com o outro, esse desconhecido, que eu nunca tinha vivido antes. Cuidem-se uns dos outros. Fiquem firmes'[20].

---

18. SILVA, Ana Cristina Monteiro de Andrade. Princípio constitucional da solidariedade. *Revista de Doutrina da 4ª Região*, Porto Alegre, n. 57, dez. 2013. Disponível em: https://revistadoutrina.trf4.jus.br/index.htm?https://revistadoutrina.trf4.jus.br/artigos/edicao057/AnaCristina_Silva.html. Acesso em: 17 ago. 2021.

19. FRIEDERICH, Ricardo Werner. A histórica aplicação do princípio da solidariedade como direito humano na constituição federal de 1988. *Revista Jus Navigandi*, Teresina, a. 24, n. 5784, 4 mai. 2019. Disponível em: https://jus.com.br/artigos/68109/a-historica-aplicacao-do-principio-da-solidariedade-como-direito-humano-na-constituicao-federal-de-1988/3. Acesso em: 17 ago.2021.

20. HECK, Selvino. O lado bom: cuidado e solidariedade. Luiz Müller Blog, 19 mar. 2020. Disponível em: https://luizmuller.com/2020/03/19/o-lado-bom-cuidado-e-solidariedade-por-selvino-heck/. Acesso em: 17 jun. 2021.

Em verdade e a partir da provocação de Tânia da Silva Pereira, abrindo os olhos de todos para o estudo do cuidado, foi possível aferir o interesse de estudiosos não só em aprofundar o exame do instituto, como também em sua aplicação a situações variadas do dia a dia, com relevo no tocante ao âmbito jurídico e suas ramificações, principalmente quanto ao direito de família, prestando-se a própria obra coordenada por ela e Guilherme de Oliveira a indicar tal fato.

Por conta disso e em relação a estas notas deliberou-se referenciar o cuidado como manifestação da solidariedade, ante o evidente vínculo existente quanto a um e outra, uma vez que a prática do cuidado estabelece óbvia ligação com a solidariedade.

A propósito e como observado por Leonardo Boff,

> O cuidado é uma atitude amorosa para com a vida, protege a vida, quer expandir a vida. E toda vida precisa de cuidado. Se não cuidarmos da vida de uma criança que nasce, ela acaba morrendo. Lembro uma tradição filosófica que não teve repercussão na história do pensamento do Ocidente, do tempo de César Augusto, quando um dos escravos, Higino, chefe da biblioteca imperial, criou uma fábula na qual coloca o cuidado como essência do ser humano. Por que o cuidado? Porque, diz ele, o cuidado é o orientador antecipado de todos os atos. Vem antes do pensamento, antes da criatividade, antes da liberdade. Tudo o que o ser humano faz tem de fazer com cuidado, senão pode ser desastroso, destrutivo[21].

Para Juan Maria Cuevas Silva, em publicação cujo título é Bioética: entre a ética do cuidado, a solidariedade e a dignidade,

> A ética do cuidado não é entendida aqui exclusivamente como cuidado com paliativos no caso de doença, mas esta ética vai além, vai desde o cuidado da vida individual até a vida coletiva, desde o início e a gestação da vida até seu mesmo desenvolvimento (fato que pode-se conferir no que desenvolve no seu artigo Amparo Zárate sobre o aborto). Mas isso não se pode limitar apenas ao processo da vida humana; reduzir a ética do cuidado a um conceito antropocêntrico seria ratificar e validar ações que vão contra a natureza e tudo aquilo que é vida e que não é considerado humano. A ética do cuidado é do cuidado do planeta, ou seja, que a tarefa da Bioética não se limita somente ao médico e jurídico, mas que se deve encarregar pela promoção de uma ética do cuidado focado no combate às ameaças das crises sociais e ecológicas que acompanham ao mundo contemporâneo, que como tem-lo planteado Carlos Parra e Harold Muñoz, no contexto das dinâmicas de mercado que é necessária e urgente estabelecer ´a responsabilidade social empresarial ambiental`. A este respeito, é primordial uma ética (¿Bioética?) do cuidado das crianças, dos idosos, do reino animal, mineral e vegetal, tudo o que significa vida e que possa fornecer o que for necessário para preservar a vida; em outras palavras, é o que alguns autores e teóricos chamam de "ética planetária" ou o que planteia José Arlés Gómez ao respeito da "ecoética". Mas, como conseguir isto? É uma tarefa que deve ser abordada com todos, saltar de uma ética da individualidade e da preservação das classes sociais, a uma ética da solidariedade e a cooperação[22].

21. BOFF, Leonardo. A ética e a formação de valores na sociedade. Instituto Ethos, Empresas e responsabilidade social. Instituto Ethos Reflexão, São Paulo, a. 4, n. 11, p. 03-21, out. 2013. p. 08. Disponível em: https://www.ethos.org.br/wp-content/uploads/2013/02/Reflex%C3%A3o11.pdf. Acesso em: 21 ago. 2021.
22. SILVA, Juan María Cuevas. Bioética: entre a ética do cuidado, a solidariedade e a dignidade. *Revista Latinoamericana de Bioética*, Bogotá, v. 14, n. 2, jul./dez. 2014. Disponível em: http://www.scielo.org.co/scielo.php?script=sci_arttext&pid=S1657-47022014000200001&lng=pt&nrm=iso&tlng=pt. Acesso em: 21 ago. 2021.

Indicando o quanto um e outro dos itens a que se referem estas notas estão entrosados, o mesmo doutrinador agrega, na sequência e no escrito citado, o seguinte, que, pelo interesse, toma-se a liberdade para referir, mesmo ocupando espaço não pequeno, mas que vale a pena ser usado, por sua oportunidade.

Segundo Boff, referindo-se à Ética da solidariedade,

Junto com a ética do cuidado impõe-se uma ética da solidariedade. Solidariedade não é apenas uma virtude que podemos ter ou não ter. Solidariedade e cooperação, dizem os estudiosos de física quântica e também os cosmólogos, fazem a lei suprema do universo. Porque no universo tudo tem a ver com tudo, em todos os pontos, em todos os momentos. Todos somos interdependentes. É uma lei objetiva, cósmica. Dizem-nos os etnoantropólogos que o salto da animalidade para a humanidade ocorreu no momento em que nossos ancestrais começaram a levar o que caçavam para o grupo, de modo a dividir o alimento fraternalmente entre si. A solidariedade e a cooperação é que permitiram a sociabilidade, o surgimento da linguagem, e definem o ser humano como sócio, como companheiro — filologicamente, aquele que comparte o pão.

Somos, portanto, seres de solidariedade. O que importa é transformar esse dado objetivo da cooperação universal num projeto pessoal, num projeto político. Uma sociedade, uma comunidade ou uma empresa só funcionarão se criarem laços de cooperação, de inclusão. Só assim cada um se afinará com a lógica do Universo e se tornará benevolente e não destrutivo[23].

Aliás e como menciona o mesmo Leonardo Boff no referido trabalho e, por sua adequação tem-se apropriado transcrever,

Heidegger dedicou o centro de seu genial *O Ser e o Tempo ao cuidado*. Durante uma longa entrevista, pouco antes de sua morte, fizeram uma crítica a ele, dizendo: 'Todos os grandes filósofos elaboraram os temas básicos da filosofia, da epistemologia, da metafísica, da estética e fundamentalmente da ética. O senhor é um grande filósofo, mas não elaborou nenhuma ética'. E Heidegger respondeu ao entrevistador: 'Você está enganado. Leia os parágrafos 39 a 44 de O Ser e o Tempo e lá encontrará toda a ética'. É a ética do cuidado. Cuidado consigo mesmo, com seu corpo, com sua vida, com seu futuro, com a natureza, com os ecossistemas. Portanto, o cuidado é a dimensão fundamental dos seres humanos. Nós cuidamos de tudo aquilo que amamos, e amamos tudo aquilo de que cuidamos. Hoje, mais do que nunca, precisamos dessa ética mínima ligada à própria vida.

Ninguém precisa ensinar cuidado a ninguém. Uma criança sabe que não pode pisar em casca de banana e tem de cuidar de seu caderno, de sua roupa. E, no entanto, nos damos conta de que hoje o mundo é atravessado por uma grande falta de cuidado em todos os aspectos. Cidades abandonadas, crianças e jovens desassistidos, a economia devastada por processos especulativos, ecossistemas descuidados, o planeta entregue à própria sorte. É preciso elaborar uma ética do cuidado, que funciona como um consenso mínimo a partir do qual todos possamos nos amparar e desenvolver uma atitude cuidadosa, protetora e amorosa para com a realidade[24].

---

23. BOFF, Leonardo. A ética e a formação de valores na sociedade. Instituto Ethos, Empresas e responsabilidade social. Instituto Ethos Reflexão, São Paulo, a. 4, n. 11, p. 03-21, out. 2013. p. 08. Disponível em: https://www.ethos.org.br/wp-content/uploads/2013/02/Reflex%C3%A3o11.pdf. Acesso em: 21 ago. 2021.

24. BOFF, Leonardo. A ética e a formação de valores na sociedade. Instituto Ethos, Empresas e responsabilidade social. Instituto Ethos Reflexão, São Paulo, a. 4, n. 11, p. 03-21, out. 2013. p. 08. Disponível em: https://www.ethos.org.br/wp-content/uploads/2013/02/Reflex%C3%A3o11.pdf. Acesso em: 21 ago. 2021.

Pese o quanto anotado pelo articulista, no último parágrafo de seu texto, dele é possível inferir constituir-se o cuidado em circunstância que é resultante e protetora da vida.

Quem cuida atua de forma solidária, preocupando-se com o(s) outro(s) e a própria comunidade, em indubitável solidariedade, devendo-se relevar, como doutrinado em seu texto pelo citado Ricardo Werner Friederich, impõe-se

> [...] dizer que o sistema jurídico contemporâneo brasileiro traz, elencado em sua Constituição, um rol de direitos fundamentais e, ainda, o princípio da dignidade humana, norteador de todo ordenamento jurídico. Tal princípio, inerente a todos os seres humanos, independe de merecimento pessoal ou social. Assim, como direito positivado, a dignidade da pessoa humana assume status de "super princípio", com conteúdo jurídico capaz de associá-la aos direitos fundamentais, bem como o da solidariedade. Desta forma, em razão de o princípio da solidariedade estar associado ao princípio da dignidade da pessoa humana, o primeiro se inter-relaciona com qualquer outro princípio, presente em qualquer dimensão dos direitos fundamentais. (REIS, 2007).

> Os direitos humanos se inter-relacionam, se complementam, independentemente do momento histórico-social em que são reconhecidos e assegurados e, desta forma, pode-se afirmar que o princípio (direito/dever) da solidariedade é um supremo direito da humanidade, é universal[25].

Para Luiz Antônio Betinelli e Alacoque Lorenzini Erdmann, "O cuidado solidário é um processo, um acontecimento, em que são partilhados os sentimentos e vontades, sendo indispensável o respeito pelas diferenças e um interesse autêntico pelo outro"[26].

> [...] Os direitos humanos fundamentais se inter-relacionam, se complementam, independentemente do momento histórico ou social em que são reconhecidos e implementados. Nisso vale dizer que o princípio (direito/dever) da solidariedade é um supremo direito da humanidade, como o da dignidade da pessoa humana, ocorrendo tanto em nível individual quanto coletivo[27].

A teor do proposto por Jeanne da Silva Machado[28],

> Fundada na evolução dos direitos humanos, que passou a reconhecer os direitos de liberdade, de igualdade e de solidariedade, conhecidos como direitos de terceira geração ou de terceira dimensão, a solidariedade assegura o direito ao desenvolvimento e ao patrimônio comum da humanidade, estando a solidariedade inevitavelmente relacionada com o cuidado.

---

25. FRIEDERICH, Ricardo Werner. A histórica aplicação do princípio da solidariedade como direito humano na constituição federal de 1988. *Revista Jus Navigandi*, Teresina, a. 24, n. 5784, 4 mai. 2019. Disponível em: https://jus.com.br/artigos/68109/a-historica-aplicacao-do-principio-da-solidariedade-como-direito-humano-na-constituicao-federal-de-1988. Acesso em: 21 ago. 2021.
26. BETTINELLI, Luiz Antônio; ERDMANN, Alacoque Lorenzini. Cuidado solidário: um compromisso social da enfermagem em unidades de terapia intensiva. *Cogitare Enfermagem*, Curitiba, v. 3, n. 2, p. 23-33, jul./dez. 1998. p. 24. Disponível em: https://revistas.ufpr.br/cogitare/article/view/44323. Acesso em: 17 jun. 2021.
27. FRIEDERICH, Ricardo Werner. A histórica aplicação do princípio da solidariedade como direito humano na constituição federal de 1988. *Revista Jus Navigandi*, Teresina, a. 24, n. 5784, 4 mai. 2019. Disponível em: https://jus.com.br/artigos/68109/a-historica-aplicacao-do-principio-da-solidariedade-como-direito-humano-na-constituicao-federal-de-1988. Acesso em: 21 ago. 2021.
28. MACHADO, Jeanne da Silva. A solidariedade na responsabilidade ambiental. Rio de Janeiro: Lumen Juris, 2006. p. 113.

No tocante a tal aspecto, inclusive, vale invocar o escrito por Adriana Fasolo Pilati Scheleder e Renata Holzbach, sob o título "O princípio da solidariedade, a teoria humanista e os direitos humanos fundamentais como meios de valorização do afeto [...]" em acréscimo ao já invocado e dirigido a que:

> Com a evolução dos fatos sociais e, consequentemente, do Direito, historicamente a Constituição deixa de ser um limite à atuação do Estado e passa a ser voltada ao cidadão, adotando novos valores: os valores individuais (liberais) são substituídos por valores sociais. Adotam-se princípios constitucionais que se integram às normas infraconstitucionais.
>
> O direito privado, consoante menciona Pedro Oliveira da Costa, é revisitado, arraigado por princípios constitucionais, como o da dignidade da pessoa humana, que deve ser respeitada acima de todas as coisas (CF, art. 1°, III), e o da solidariedade (CF, art. 3°, I). Assim, ao invés de aclamar a tríade revolucionária francesa (liberdade, igualdade e fraternidade), a Constituição reconheceu a solidariedade social como objetivo fundamental da República Federativa do Brasil, buscando a construção de uma sociedade livre, justa e solidária.
>
> Para Maria Celina Bodin de Moraes, o texto constitucional, ao imputar ao Estado e a todos cidadãos o encargo de construir uma 'sociedade solidária', através da distribuição de justiça social, agregou um novo valor aos já existentes. Referencia ainda a autora, que a disposição não se trata, apenas, de impor limites à liberdade individual, atribuindo inteira relevância à solidariedade social: 'o princípio cardeal do ordenamento é o da dignidade humana, que se busca atingir através de uma medida de ponderação que oscila entre os dois valores, ora propendendo para a liberdade, ora para a solidariedade'[29].

É demonstrado, assim, o *cuidado* do constituinte com os primeiros destinatários da legislação e que são os cidadãos, deixando claro haver a CF se ocupado não só quanto ao reconhecimento da dignidade da pessoa humana, como relevar a solidariedade no inerente às ligações afetivas, cumprindo ao intérprete da lei atuar eticamente com vistas às sua aplicação, uma vez que, segundo o afirmado por Leonardo Boff, referindo-se à existência, na atualidade, de diversos modelos éticos objetivando solucionar as questões que a complexidade da vida social contemporânea tem suscitado, sendo algumas "[...] elaborações recentes em vista das práticas sociais e técnico-científicas das sociedades complexas"[30], principalmente tendo em conta a advertência feita por Guilherme de Oliveira, sobre surgir de forma mais evidente, "[...] um direito atento às Pessoas, na sua intimidade, na sua fragilidade, na sua dignidade, afinal" e que "[...] atingiu uma pujança nuca vista", em circunstâncias variadas e por ele referidas no Posfácio à uma vez mais citada obra sobre *O cuidado como valor jurídico*, coordenada juntamente com Tânia da Silva Pereira, em que ele próprio reconhece, em igual manifestação, estarem os afetos e o cuidado "[...] a instalar-se no coração

29. SCHLEDER, Adriana Fasolo Pilati; TAGLIARI, Renata Holzbach. O princípio da solidariedade, a teoria humanista e os direitos humanos fundamentais como meios de valorização do afeto quando do estabelecimento de vínculos de filiação. *IBDFAM*, Belo Horizonte, 01 fev. 2018. Disponível em: https://ibdfam. org.br/artigos/377/O+principio+da+solidariedade,+a+teoria+humanista+e+os+direitos+humanos+fundamentais+como+meios+de+valoriza%C3%A7%C3%A3o+do+afeto+quando+do+estabelecimento+de+v%C3%ADnculos+de+filia%C3%A7%C3%A3o. Acesso em: 08 jul. 2021.
30. BOFF, Leonardo. *Justiça e cuidado: opostos ou complementares? In*: PEREIRA, Tânia da Silva; OLIVEIRA, Guilherme (coord.). *O cuidado como valor jurídico*. Rio de Janeiro: Forense, 2008. p. 1.

do Direito", possivelmente, como assinala, "[...] pela mão das mulheres-juristas que têm chegado à profissão tradicionalmente masculina"[31], possibilitando, como aqui se acresce, inovadores debates, como, por exemplo, a respeito do cuidado na condição de valor jurídico e as consequências disto advindas.

Cabe não olvidar, como feito pelo mestre, que "Os códigos civis – que pretendiam resumir e disciplinar toda a vida dos indivíduos – mostram-se hoje lacunosos e insolitamente ´patrimonialistas`. Escapam-lhes dimensões fundamentais da vida das pessoas e das comunidades"[32].

Impõe-se, destarte e ainda na esteira do proposto por Boff, trazido por Roberta Tupinambá, considerar, que,

> O que se opõe ao descuido e ao descaso é o cuidado. Cuidar é mais que um ato; é uma atitude. Portanto, abrange mais que um momento de atenção, de zelo e de desvelo. Representa uma atitude de ocupação, preocupação, de responsabilização e de envolvimento afetivo com o outro[33].

Afinal e como apropriadamente asseverado pelas já citadas Scheleder e Tagliari,

> Luiz Edson Fachin argumenta que a doutrina e a jurisprudência acolhem o valor jurídico do afeto, porquanto a ´seiva que alimenta o Direito é a própria vida, concreta, real, não formada de conceitos estéreis e abstratos, de equações lógicas desprovidas da matéria que constitui a própria realidade individual e social[34],

o que acaba por se envolver e confirmar o asseverado por Guilherme de Oliveira, antes citado, quanto ao surgimento de um direito com maior atenção às pessoas e suas circunstâncias, as quais enuncia, tendo-se como de aqui se referir a da dignidade da pessoa humana, com a ampla significação que possui e relativamente a qual tem-se como adequado o conceito de por Ana Paula de Barcellos, referida por Aline Ribeiro Pereira[35]:

> A dignidade humana pode ser descrita como um fenômeno cuja existência é anterior e externa à ordem jurídica, havendo sido por ela incorporado. De forma bastante geral, trata-se da ideia

31. OLIVEIRA, Guilherme de. Posfácio. *In*: PEREIRA, Tânia da Silva; OLIVEIRA, Guilherme de (coord.). *O cuidado como valor jurídico*. Rio de Janeiro: Forense, 2008. p. 396.
32. OLIVEIRA, Guilherme de. Posfácio. *In*: PEREIRA, Tânia da Silva; OLIVEIRA, Guilherme de (coord.). *O cuidado como valor jurídico*. Rio de Janeiro: Forense, 2008. p. 396.
33. TUPINAMBA, Roberta. O cuidado como princípio jurídico nas relações familiares. *In*: PEREIRA, Tânia da Silva; OLIVEIRA, Guilherme de (coord.). *O cuidado como valor jurídico*. Rio de Janeiro: Forense, 2008. p. 363.
34. SCHLEDER, Adriana Fasolo Pilati; TAGLIARI, Renata Holzbach. O princípio da solidariedade, a teoria humanista e os direitos humanos fundamentais como meios de valorização do afeto quando do estabelecimento de vínculos de filiação. *IBDFAM*, Belo Horizonte, 01 fev. 2018. Disponível em: https://ibdfam.org.br/artigos/377/O+principio+da+solidariedade,+a+teoria+humanista+e+os+direitos+humanos+fundamentais+como+meios+de+valoriza%C3%A7%C3%A3o+do+afeto+quando+do+estabelecimento+de+v%C3%ADnculos+de+filia%C3%A7%C3%A3o. Acesso em: 08 jul. 2021.
35. BARCELLOS, 2019 *apud* PEREIRA, Aline Ribeiro. O princípio da dignidade da pessoa humana no ordenamento jurídico. *Aurum*, 17 dez. 2020. Disponível em:https://www.aurum.com.br/blog/principio-da-dignidade-da-pessoa-humana/. Acesso em: 21 ago. 2021.

que reconhece aos seres humanos um status diferenciado na natureza, um valor intrínseco e a titularidade de direitos independentemente de atribuição por qualquer ordem jurídica.

Anote-se, entretanto e como referido por Elisângela Padilha e Carla Bertoncini, reportando-se inclusive a Robert Aléxy e analisando a natureza relativa ou absoluta de tal postulado, que,

> [...] apesar de constituir um valor maior, isto não significa que deva prevalecer em toda e qualquer circunstância, mas tão somente que ocupa uma posição privilegiada com relação aos demais direitos fundamentais. Logo, conforme afirma Robert Alexy, o princípio da dignidade da pessoa humana acaba por sujeitar-se a uma necessária relativização[36],

inferindo-se, assim, a necessidade de sua consideração em limites que cada caso recomende sejam tidos em conta.

Assim e a teor do manifestado pelas referidas autoras e a que se alude em função da importância,

> A relação entre dignidade da pessoa humana e direitos fundamentais é objeto de controvérsia. Há quem diga que os direitos e garantias fundamentais encontram seu fundamento imediato na dignidade da pessoa humana. Para outros, nem todos os direitos fundamentais encontram seu fundamento direto na dignidade da pessoa humana. Sobre o tema, Ingo Wolfgang Sarlet esclarece:
>
> "[...] mesmo que se deva admitir que o princípio da dignidade da pessoa humana como principal elemento fundamente e informador dos direitos e garantias fundamentais também da constituição de 1988 – o que, de resto, condiz com a sua função como princípio fundamental – também é certo que haverá de se reconhecer um espectro amplo e diversificado no que diz com a intensidade desta vinculação, é que embora se possa aceitar, ainda mais em face das peculiaridades da constituição brasileira, que nem todos os direitos fundamentais tenham fundamento direto na dignidade da pessoa humana, sendo, além disso, correta a afirmação de que o conteúdo em dignidade dos direitos é variável, tais circunstâncias não retiram da dignidade da pessoa humana, na sua condição de princípio fundamental e estruturante, a função de conferir uma determinada (e possível) unidade de sentido ao sistema constitucional de direitos fundamentais, orientando – tal como bem aponta Jorge Reis Novais – inclusive as possibilidades de abertura e atualização do catálogo constitucional de direitos. (SARLET, 2015, p. 94)".
>
> Logo, não se pode utilizar a dignidade da pessoa humana, na condição de valor (e princípio normativo) como um critério exclusivo para se reconhecer os direitos fundamentais, embora grande parte dos direitos fundamentais previstos na Constituição Federal de 1988 corresponda a exigências da dignidade da pessoa humana. No que diz respeito à relação entre a dignidade da pessoa humana e os direitos fundamentais, acredita-se que a dignidade da pessoa humana se apresenta como um limite aos direitos fundamentais e também assume a condição de limite aos limites. Vale dizer, dependendo de cada caso concreto, o princípio da dignidade da pessoa humana constitui um instrumento importante e necessário para restringir direitos fundamentais na esfera das relações privadas[7]. Além disso, qualquer intervenção na esfera dos direitos fundamentais também deve respeitar a dignidade da pessoa humana quando esta for o núcleo essencial daqueles.

---

36. PADILHA, Elisângela; BERTONCINI, Carla. A dignidade da pessoa humana na teoria dos direitos fundamentais de Robert Alexy: uma análise sobre o seu caráter absoluto ou relativo na ordem jurídico-constitucional. Revista de Direito Brasileira, São Paulo, v. 13, n. 6, p. 95-110, jan./abr. 2016. p. 108. Disponível em: https://core.ac.uk/reader/210567940. Acesso em: 21 ago. 2021.

Sendo assim, a dignidade da pessoa humana e direitos fundamentais estão sempre posicionados em uma conjuntura de concorrência e colisão, que remete também ao problema da possibilidade, ou não, de se estabelecer limitações à própria dignidade da pessoa humana (SARLET, 2015, p. 96-97)[37].

E inquestionavelmente o, como citado em Boletim do IBDFAM, reportando-se, então, à edição de *O cuidado como valor jurídico*, coordenado por Tânia da Silva Pereira e Guilherme de Oliveira,

O cuidado deve informar as relações privadas e institucionais. Efetivas violações vinculadas à falta de responsabilidade e compromisso, devem justificar a mobilização das forças cogentes do Estado. Leonardo Boff nos convoca a vivenciar um ser humano completo, sensível e solidário, cordial e conectado com tudo e com todos no Universo. Para ele, *"sem o cuidado o homem se faria inumano"*[38].

Tal a importância que o exame do cuidado teve, que sua consideração passou a abordá-lo frente a circunstâncias variadas, como as concernentes ao *Valor jurídico; Vulnerabilidade; Responsabilidade; Sustentabilidade e Cidadania*, abordadas em volumes diversos e nos quais os temas foram objeto da abordagem por inúmeros autores, cada um enfocando os assuntos sob múltiplas e interessantes circunstâncias e indicando, com isto, a importância que o assunto possui e o interesse motivado por sua análise.

Quanto a tal, inclusive e em se tratando de assunto como esse e destinado ao que o próprio vocábulo indica, *cuidado*, desde logo se pode asseverar como estando, a evidência, enfronhado com a *dignidade da pessoa humana*, tanto assim que no próprio livro em que procedeu-se á consideração sobre o *cuidado como valor jurídico*,, um dos trabalhos, da autoria de Isa Gabriela de Alemida Stefano e Oswaldo Peregrina Rodrigues, observam que afora as premissas enunciadas no trabalho e consideradas como paradigma e a *"[...] o cuidado como valor jurídico como objetivo de enfoque dos direitos da pessoa idosa, optou-se* por sua apreciação *com o fito de se averiguar os direitos do idoso embasados no princípio da dignidade da pessoa humana*[39]", sem olvidar o princípio da proteção integral a que se refere o art. 20 do Estatuto do Idoso, "[...] cujas normas e regras de proteção há de ser interpretadas consoantes os princípios, objetivos, direito e garantias fundamentais da cidadania, dignidade da pessoa humana, solidariedade e igualdade[40]", demonstrando, assim, o íntimo vínculo existente entre o cuidado e a dignidade da pessoa humana.

37. PADILHA, Elisângela; BERTONCINI, Carla. A dignidade da pessoa humana na teoria dos direitos fundamentais de Robert Alexy: uma análise sobre o seu caráter absoluto ou relativo na ordem jurídico-constitucional. Revista de Direito Brasileiro, São Paulo, v. 13, n. 6, p. 99-100, jan./abr. 2016. p. 108. Disponível em: https://core.ac.uk/reader/210567940. Acesso em: 21 ago. 2021.

38. PEREIRA, Tânia da Silva. O cuidado como valor jurídico. *IBDFAM*, 08 mar. 2006. Disponível em: https://ibdfam.org.br/artigos/216/O+cuidado+como+valor+jur%C3%ADdico. Acesso em: 21 ago. 2021.

39. STEFANO, Isa Gabriela de Almeida; RODRIGUES, Oswaldo Peregrina. O idoso e a dignidade da pessoa humana. *In*: PEREIRA, Tânia da Silva; OLIVEIRA, Guilherme de (coord.). *O cuidado como valor jurídico*. Rio de Janeiro: Forense, 2008. p. 260.

40. STEFANO, Isa Gabriela de Almeida; RODRIGUES, Oswaldo Peregrina. O idoso e a dignidade da pessoa humana. *In*: PEREIRA, Tânia da Silva; OLIVEIRA, Guilherme de (coord.). *O cuidado como valor jurídico*. Rio de Janeiro: Forense, 2008. p. 260.

Se, como mencionam Livia Gaigher Bosio Campello e Vladmir Oliveira da Silveira, "[...] tanto a dignidade quanto a cidadania são conceitos que se vinculam à necessidade de proteger o ser humano em todas as suas dimensões"[41] e se tal forma de agir caracteriza, uma maneira pela qual o *cuidado* se manifesta, segundo se conclui nestas notas, resta evidenciada a ligação existente entre o postulado da dignidade, nos termos referidos na CF e o mesmo cuidado, perceptível facilmente o *envolvimento* entre ambos existente!

3. CONCLUSÃO

Cabe relevar, na lição de Paulo Lôbo, que,

A solidariedade, como categoria ética e moral que se projetou para o mundo jurídico, significa um vínculo de sentimento racionalmente guiado, limitado e autodeterminado que impõe a cada pessoa deveres de cooperação, assistência, amparo, ajuda e *cuidado* em relação às outras[42],

constatando-se uma vez mais, a relação entre o sentido de ambos.

Em verdade, a solidariedade é uma atitude afetiva no cuidado.

Solidariedade é o substantivo feminino que indica a qualidade de solidário e um sentimento de identificação em relação ao sofrimento dos outros.

A palavra **solidariedade** tem origem no francês *solidarité* que também pode remeter para uma responsabilidade recíproca[43].

---

41. CAMPELLO, Livia Gaigher Bosio; OLIVEIRA, Vladmir. Dignidade, cidadania e direitos humanos. In: Encontro Nacional do COPENDI, 19, 2010, Fortaleza. Anais do [...]. p. 4982. Disponível em: http://www.publicadireito.com.br/conpedi/manaus/arquivos/anais/fortaleza/Integra.pdf. Acesso em: 21 ago. 2021.

42. LÔBO, Paulo. Princípio da solidariedade familiar. Jus.com, out. 2013. Disponível em: https://jus.com.br/artigos/25364/principio-da-solidariedade-familiar. Acesso em: 21 ago. 2021.

43. SIGNIFICADO de solidariedade. Significados. Disponível em: https://www.significados.com.br/solidarieda-de/#:~:text=Solidariedade%20%C3%A9%20o%20substantivo%20feminino,remeter%20para%20uma%20responsabilidade%20rec%C3%ADproca. Acesso em: 21 ago. 2021.

ACIDENTE DO TRABALHO E DOENÇAS OCUPACIONAIS

Antônio Luiz França de Lima

Advogado trabalhista, bacharel em Direito pela Faculdade de Direito da Universidade de Ribeirão Preto, empresário rural, piloto civil.

Lauro Santo de Camargo

Procurador de Justiça aposentado do Ministério Público do Estado de São Paulo, advogado, músico inscrito na Ordem dos Músicos.

Sérgio Roxo da Fonseca

Advogado, Procurador de Justiça aposentado do Ministério Público do Estado do Rio de Janeiro, bacharel em Direito pela Faculdade de Direito da Universidade do Rio de Janeiro; cidadão benemérito das cidades de Ribeirão Preto, Jardinópolis e Guará.

1. INTRODUÇÃO: "AB INITIO LABOR"

O tema aqui examinado pelos autores em referência tem como objeto procurar o conceito de acidente do trabalho, com o seu desdobramento para atingir também tanto as doenças ocupacionais do trabalho como os acidentes sem lesão, indicando, ainda que brevemente, possíveis soluções jurídicas e políticas para uma gravíssima questão que atinge historicamente a figura de empregados, de empregadores e, consequentemente, da sociedade em evolução.

2. PRIMEIRA REFLEXÃO

O tema relevante, que convoca a presente edição – entre outros – tem como raiz o vocábulo "cuidado" que ancora sua semântica, na raiz do verbo latino "*cogitare*", que gera o adjetivo "cuidador". Há expansão noticiada por Silveira Bueno[1] que registra: "pensar, julgar, ter pensão de alguém, tomar conta dele". O que reafirmam e confirmam Antônio Geraldo da Cunha[2] e Deonísio da Silva[3].

---

1. BUENO, F. S. *Grande dicionário etimológico-prosódico da língua portuguesa*. v. 2. São Paulo: Saraiva, 1968. p. 862.
2. CUNHA, A. G. *Dicionário etimológico da língua portuguesa*. 4. ed. Rio de Janeiro: Lexikon, 2010. p. 193.
3. SILVA, D. *De onde vêm as palavras*. 17. ed. Rio de Janeiro: Lexikon, 2014. p.130.

Daí se extrai que a questão revela um interesse que ancora a reflexão tanto de pensar como de encontrar veredas para os conflitos históricos e jurídicos nascidos do atual estágio do relacionamento e do conhecimento humano.

3. BREVE RELATO HISTÓRICO

Examina-se a figura do acidente do trabalho com ou sem lesão, como também as doenças ocupacionais, com ou sem surtos epidêmicos ou endêmicos.

Destaca-se assim a necessidade de refletir a preocupação de, a cada passo, alinhar o pensamento exposto à reflexão sobre o papel da sociedade civil que tudo pode, menos violar a lei; frente ao Estado de Direito que nada pode, salvo o que for autorizado pela lei.

Há um número incomensurável de acidentes do trabalho e de moléstias ocupacionais surgidos das relações individuais e grupais de prestação de serviço, impondo que seja realizada uma análise, tanto quanto possível, de sua matriz, como também a formulação de uma concreta propositura de uma firme política de inserção de seu cuidado e de sua contenção.

Os primeiros anos do Brasil tiveram como panorama o Nordeste (Bahia, Pernambuco e Maranhão) e a margem atlântica dos Estados do Rio de Janeiro e de São Paulo.

Na região paulista, o ponto de contato era o espaço que liga as cidades do Rio de Janeiro com São Vicente.

Os navegantes que chegaram à região não percebiam a vastidão do território existente além da Serra do Mar. Historiadores atribuem a um certo João Ramalho, nunca identificado, ter atravessado a serra, indicando a existência do planalto batizado então com o nome de Borda do Campo: um planalto de terras agricultáveis.

Pouco antes da descoberta da costa brasileira, vale a pena registrar que os navegantes portugueses, costeando o noroeste do continente africano, não ultrapassavam o Cabo do Bojador, supondo que ali se acabava o planeta Terra: a Terra seria plana segundo a crença religiosa; era o Sol que contornava a terra, e não a Terra que contornava o Sol.

No local, a água do mar chocava-se com o Bojador, transformando-se numa grande neblina. Supondo que a Terra fosse plana, os navegantes estavam convencidos de que no local a água do mar despencava das costas africanas até as profundezas do Inferno, elevando a cortina de fumaça, impedindo a visão do homem comum. Ingressar na neblina do Bojador era o mesmo que jogar a caravela no abismo infernal.

Em 1453, o português Gil Eanes atravessou o Bojador, dando um grande passo para a definição do planeta, desmanchando o temor de navegar além da neblina, abrindo caminho para as Índias e para a América do Sul; quem quiser ir além da dor tem que ir além do Bojador, no famoso verso de Fernando Pessoa.

As palavras não mentem. Acreditava-se, até então, que o Sol nascia no oriente, palavra de origem latina derivada de "*orire*" (nascer), e morria no ocidente, que deriva também de outro verbo latino, "*occidere*", que se traduz por "morrer". "*Occidere*" é o eixo natal das palavras que define, os crimes de homicídio ("*homo occidere*"), infanticídio, suicídio, uxoricídio. Até hoje se usam as expressões no sentido anterior à descoberta de Gil Eanes. Não se modernizaram nem mesmo após as navegações lusitanas: todos os dias o Sol ainda "nasce" no oriente e "morre" no ocidente.

Os fatos são registrados no extraordinário poema "Mar Português"[4], de Fernando Pessoa: os portugueses passaram além da dor e até mesmo além da Taprobana.

A exploração do Brasil nos seus primeiros 100 anos, retratados pela extraordinária pena de Thales Guaracy[5], registra que na região sul

> [...] o número de mortes por doença tornou-se exponencial. Em Piratininga, que Anchieta classificava como 'fronteira' entre a ocupação cristã e o território ocupado pelos índios, os índios viviam em casas de taipa que aumentaram o tamanho da Vila de São Paulo. [...] Dos oito mil índios sobreviventes da epidemia de varíola, de acordo com Anchieta, em 1585 só restavam dois mil. No Nordeste, os índios já caminhavam para o desaparecimento, substituídos por escravos negros transportados da Guiné e de Angola.

Dois dos mais significativos lutadores contra a violência disparada contra os homens durante a primeira fase da descoberta da América eram sacerdotes: Padre Antônio Vieira, (nascido em 1608 em Lisboa, falecido em 1697 em Salvador), de ascendência judaica pela mãe e ascendência negra pelo lado paterno, o mais extenso escritor da língua portuguesa, que teve sua carreira diplomática restringida por sua luta contra a escravidão e contra a perseguição desencadeada contra os judeus; e Las Casas (nascido em 1484 em Sevilha, falecido em 1566 em Madrid), o primeiro sacerdote consagrado nas Américas, foi sagrado bispo, desenvolveu enorme trabalho contra a escravidão dos índios, editando regras para o cultivo da agricultura; participou da segunda viagem de Cristóvão Colombo.

O ciclo do café, iniciado antes do encerramento da escravidão brasileira, surgiu como resultado do plantio das sementes trazidas da Guiana Francesa para o Brasil em 1772 por Francisco de Mello Palheta. Converteu-se na alavanca da atividade econômica brasileira, iniciada em 1880 e enfraquecida em 1930, com a quebra da Bolsa de Nova York.

Na época em que o café foi introduzido em nossa agricultura, a cidade de São Paulo tinha o tamanho que o colocava em sétimo lugar entre as cidades brasileiras. No entanto, nem mesmo a quebra da Bolsa de Nova York em 1930 destruiu totalmente esta cultura, que, ao lado da cana-de-açúcar, continuou até hoje sendo um marco do desenvolvimento econômico brasileiro.

---

4. PESSOA, F. *Obra poética*. Rio de Janeiro: Aguilar, 1997. p. 82.
5. GUARACY, T. *A conquista do Brasil – 1500-1600*. São Paulo: Editora Planeta, 2015, p. 51.

Registre-se ainda que mesmo nos tempos atuais o Supremo Tribunal Federal reconheceu atividades laborais – em casos pontuais, é bem verdade – análogas à escravidão, tal como decidiu a Ministra Rosa Weber: A "escravidão moderna" é mais sutil do que a do século XIX e o cerceamento à liberdade pode ocorrer de diversos constrangimentos econômicos e não necessariamente físicos. Priva-se alguém de sua liberdade e de sua dignidade tratando-o como coisa, e não como pessoa humana, o que pode ser feito não só mediante coação, mas também pela violação intensa e persistente de seus direitos básicos, inclusive do trabalho digno. A violação do direito do trabalho digno impacta a capacidade da vítima de realizar escolhas segundo a sua livre determinação. Isso também significa "reduzir alguém a condição análoga à de escravo"[6].

Acompanhando a manifestação da ilustre Ministra, a crítica urbanista registra que, até hoje, os edifícios aqui construídos são dotados de duas portas, uma para o acesso dos senhores, outra para o ingresso dos servos.

O plantio do café teve grande impulso no Vale do Paraíba, para depois deslocar-se para o eixo Ribeirão Preto-Campinas-Santos. O centro da cultura cafeeira foi instalado na cidade de Ribeirão Preto. A queda da Bolsa de Valores de Nova York contribuiu de forma determinante para o encerramento do período da predominância da cultura do café. O escritor Monteiro Lobato[7] retrata a cidade de Ribeirão Preto, "dotada de um teatro monumental", fadada então ao insucesso, ao se tornar símbolo clássico do que o autor batizou como o exemplo da "cidade morta".

No entanto, o período histórico foi marcado por fatos decisivos para a qualificação econômica, alterando até mesmo os prognósticos dos mais sábios analistas sejam da área econômica ou da área jurídica.

De grande relevância foi a inauguração da estrada de ferro condutora do café produzido na região de Ribeirão Preto para o porto de Santos, passando por Campinas para atingir São Paulo.

A mais disso, deu-se uma grande imigração de famílias italianas e japonesas, que, nos primeiros tempos, foram encaminhadas para a produção agrícola.

Vale a pena anotar que os italianos, ao chegarem à região cafeeira, passaram a qualificar a terra como "vermelha" – como de fato é. No entanto, em seu idioma original a palavra "vermelha" é compreendida como "rosso". Assim os italianos passaram a chamar como "rossa" a terra vermelha. A influência da cultura italiana foi tão grande que até hoje os brasileiros passaram a usar o adjetivo "roxo" para identificar a terra vermelha. Na região há paradoxalmente uma cidade denominada "Terra Roxa", erguida sobre terra vermelha. É escusado dizer que não se conhece, ao menos na região, qualquer sinal de terra roxa.

---

6. Inq. 3.412, rel. Rosa Weber, julgado 29-3-2012, P. DJE de 12.11. 2012.
7. Ver Cidades Mortas do autor.

Contudo, as marcas deixadas pela imigração atraída pela cultura do café não permaneceram somente na introdução de vocábulos novos na linguagem popular, mas, também na introdução de vários novos instrumentos jurídicos, entre os quais as leis trabalhistas e as leis regentes da área do infortúnio laboral.

A dificuldade vocabular não foi a única encontrada. Os italianos que começaram a chegar no século XIX trouxeram outros costumes. Não só eles, mas também a abolição dos escravos abriu caminho para o aparecimento da primeira lei referente aos acidentes do trabalho.

Veja-se a respeito o que foi publicado pelo jornal Folha de S. Paulo[8], tendo como referência sua edição de 100 anos atrás:

> Lei que ampara trabalhador em acidente de trabalho é burlada - Quando se votou a lei sobre os acidentes no trabalho, o operariado respirou satisfeito. Mas por pouco tempo. Essa lei, que garante direito e ampara vítima de acidente de trabalho, vem sendo sistematicamente burlada. Não faltam exemplos: quando ocorre um acidente, a direção do estabelecimento industrial prefere não chamar a Assistência para não se sujeitar à lei e pagar indenizações. Em vez disso, o operário é levado imediatamente ao escritório da fábrica, onde recebe curativo e é mandado para casa. A fábrica nem lhe paga os dias de convalescência.

Percebe-se que até hoje o direito à indenização acidentária em favor do trabalhador recebe muitas vezes este tratamento, que, no entanto, vem sendo alterado pelas razões adiante explicitadas: modernamente observa-se que o acidente do trabalho gera grandes prejuízos também para o órgão empregador. Há necessidade de evitar o acidente por estampar nos dias de hoje mais de uma consequência grave.

Um relevante fato ocorrido no sentido de empurrar a questão para os tribunais foi o episódio da Revolta da Vacina. Os fatos se deram quando se tornou obrigatória a vacinação na cidade do Rio de Janeiro, sob a orientação de Oswaldo Cruz. Grande parte da população se negou a se submeter àquelas ordens. Famosos juristas sustentavam que a obrigatoriedade atropelava a liberdade do cidadão comum. Uma das mais lidas revistas publicava desenhos de alguém sendo vacinado por um enfermeiro que portava uma seringa do tamanho de um guarda-chuva. Outro órgão de imprensa divulgava um desenho de um vacinado que, por tal causa, havia se tornado uma "assombração".

Os fatos se deram marcadamente em 1904, quando o Presidente Rodrigues Alves e o Prefeito Pereira Passos, apelidado de "bota abaixo", resolveram reordenar a urbanização da cidade do Rio de Janeiro, até então a capital federal do Brasil.

Foi indicado Oswaldo Cruz para administrar a política de saneamento, tendo em conta a epidemia de varíola, peste bubônica e febre amarela. Foi necessária a intervenção das Forças Armadas e a decretação de "estado de sítio". Encerrados os tumultos, imposta a vacinação, a política foi ampliada para todo o território nacional,

---

8. LEI que ampara trabalhador em acidente de trabalho é burlada. *Folha de S. Paulo*, São Paulo, 23 mar. 2021, pg. B14.

resultando dela a salvação de incontáveis vidas. Anotaram os cronistas que após o sucesso da política administrada por Oswaldo Cruz, era ele vaiado pela população toda vez em que era reconhecido transitando pelas ruas do Rio de Janeiro. O seu nome foi usado para batizar um dos mais famosos centros de pesquisa do Brasil, a FIOCRUZ.

Outro episódio marcante para o conhecimento das doenças ocupacionais foi a descoberta do "barbeiro" como o transmissor do *Trypanosoma cruzi*, doença revelada pelo pesquisador Carlos Chagas em 1908, que, homenageando Oswaldo Cruz, este também usou o nome dele para batizar o transmissor.

A doença atingia um número vultoso de pessoas na América Latina. Até a metade do século XX, a doença de Chagas era transmitida especialmente para os trabalhadores rurais que, na sua grande maioria, residiam em casas feitas de sapé ou de taipa, acompanhando a tradição dos índios. O inseto transmissor alojava-se nas paredes e nos tetos daquelas taperas e atacava os moradores à noite, deixando suas fezes contaminadas ao lado de suas picadas.

Até mesmo compositores aplaudiam as casas de sapé em suas canções, confundindo a beleza das músicas com a violência da mortandade ali promovida. Essas músicas fizeram parte da cultura brasileira, com destaque para Tim Maia e Dircinha Batista[9].

O Mal de Chagas praticamente desapareceu no Brasil em razão de dois fatores: a) o extraordinário trabalho do médico e professor da USP Hélio Lourenço, que impôs uma política em favor do desaparecimento das casas de sapé; b) com a mecanização do trabalho agrícola.

Neste mesmo período, ainda no âmbito da Faculdade de Medicina da Universidade de São Paulo, o médico e professor Luiz Marino Bechelli iniciou e completou um extraordinário trabalho para conter a epidemia de hanseníase, do qual resultou o fechamento dos leprosários, e o tratamento pela via medicamentosa. O doutor Bechelli converteu-se numa autoridade internacional, sendo convidado até mesmo para descrever os atos de aplicação de sua ciência.

Como referência ainda contra as doenças do trabalho, há o enorme trabalho realizado por Monteiro Lobato, veiculado no denominado "Almanaque do Biotônico Fontoura", onde o grande escritor lançou a figura[10] do Jeca Tatu, que, por sabidas razões, andava descalço, na década de 1940/1950. Sustentava o grande escritor que muitas moléstias que atingiam os brasileiros eram resultantes de não terem calçados[11]. O advogado e escritor Monteiro Lobato conseguiu calçar o homem brasileiro e contribuir decisivamente para o desaparecimento de inúmeras doenças inclusive aquela desencadeada pelo contato dos pés descalços com a urina dos cavalos.

---

9. Conferir Tim Maia e Dircinha: *"Casa de sapé, pra mim e pra você! Lá, bem no alto da serra. Só nós dois, mais ninguém. Lá, onde o céu beija a terra, nosso ninho de amor, e depois um neném."*
10. Almanaque biotônico fontoura. São Paulo, 1952.
11. LOBATO, Monteiro. *Jeca tatuzinho*. São Paulo: Fontoura. edição especial.

Registre-se a existência de um número ainda não apurado de picadas de abelhas africanas, especialmente em área rural, cujo veneno levou à morte um enorme número não registrado de trabalhadores rurais.

Outra contribuição histórica nessa área foi o trabalho realizado, pelos nossos contemporâneos Promotores de Justiça[12] Antônio Alberto Machado e Marcelo Pedroso Goulart impondo a proibição do transporte de trabalhadores rurais da cidade para o seu trabalho na carroceria de caminhões e tratores. Esses acontecimentos se deram por volta de 1990, quando até então um número bem grande de trabalhadores rurais transportados por caminhões ou tratores morriam ou se tornavam inválidos em razão de acidentes de trânsito. Os Promotores de Justiça estavam executando a Constituição do Estado de São Paulo, então recentemente promulgada.

De acordo com o Ministério do Trabalho,

> [...] 90% dos acidentes do trabalho ocorrem em função da absoluta falta de condições mínimas de segurança do trabalho. São Paulo (43%), Rio de Janeiro (9,8%) e Rio Grande do Sul (10,8%) são os principais focos dos acidentes e, em somente em um ano (1988) parâmetros oficiais apontaram para cerca de um milhão de trabalhadores acidentados (cinco mil vítimas fatais), havendo quem assegure que nem a Guerra do Vietnã mutilou tantos nos seus dezesseis anos de conflagração (1957 a 1993)[13].

As consequências desastrosas dos acidentes do trabalho, já então, eram da competência da Justiça Estadual, portanto, daí por que um histórico trabalho desenvolvido pelo Ministério Público do Estado de São Paulo.

Com a edição da Emenda Constitucional número 45, a conferir nova redação ao artigo 114 da Carta Magna de 1988, ficou partida a competência judicial: compete à Justiça do Trabalho (federal) a ação civil proposta pelo empregador contra a autarquia seguradora e a ação de responsabilidade civil do acidentado contra o empregador.

Aduza-se que a ação acidentária laboral em posta face da seguradora oficial permanece sob competência da Justiça Estadual, mas a ação por acidente extralaboral – nova modalidade de acidente indenizável – restou afeta à Justiça Federal. Desnecessário perceber que conflitos de competência nasceram em todo território nacional, especialmente nas cidades de pequeno tamanho.

Propõe-se o retorno do conhecimento dos conflitos acidentários *in genere* para a competência da Justiça Estadual com força num grande argumento: a Justiça e o Ministério Público estaduais mantêm seus serviços tanto nas grandes como nas pequenas cidades, ao contrário da Justiça Federal, ao contrário da Justiça do Trabalho, facilitando a breve solução das ações, evitando-se os "eternizantes" conflitos de competência.

---

12. Membros do Ministério Público do Estado de São Paulo.
13. CAMARGO, Lauro Santo de. *A execução de sentença no acidente do trabalho*. São Paulo, Saraiva, 1994. p. 1.

4. CONCEITUAÇÃO JURÍDICA

O conceito de acidente do trabalho foi assim sintetizado: a) acidente do trabalho definido expressamente pela lei de regência; b) morte súbita no local do trabalho; c) acidente do trabalho ocorrido no percurso da ida e vinda do trabalhador para o local do trabalho; d) doença contraída ou agravada em virtude da atividade laboral, excluídos os casos de endemia ou epidemia: e) doença resultante de endemia ou epidemia em casos de trabalhadores prestadores de serviço no atendimento de pessoas atingidas pela doença; f) acidente sem lesão.

5. ACIDENTE SEM LESÃO

Nesse ponto, examina-se o último tópico, referente aos acidentes do trabalho sem lesão, que tem como objeto a quebra de equipamento do empregador sem que seja identificado dano aos seus empregados. Nesse caso, há necessidade da implantação de uma nova política e de novas soluções administrativas.

Há mais de cinquenta anos, algumas empresas substituem a visão expressada na notícia publicada pelo jornal Folha de S. Paulo, aqui transcrita, segundo a qual, no início do século XX, os empregadores ocultavam a ocorrência de acidentes com o objetivo de afastarem-se do pagamento de possíveis indenizações.

Ainda hoje, um número incontáveis de empresa e de empreendimento relutam em instalar um política de supressão de periculosidade, tal como acabou de denunciar o Ministério Público do Trabalho ao formular acusação, sob multa de 60 milhões, contra o descumprimento de acordo celebrado com entidades dedicadas ao atendimento da saúde pública instaladas na cidade do Rio de Janeiro: hospitais Lourenço Jorge, Miguel Couto, Salgado Filho, Souza Aguiar, Evandro Freire, Rocha Faria, Alberto Schweitzer e Pedro II. Em 2020 o Ministério Público tinha ajuizado ação civil pública para que o governo municipal carioca desenvolvesse e programasse planos de proteção individual e adotasse medidas que evitassem ou amenizassem "a exposição de trabalhadores ao coronavírus". Contudo a Procuradoria verificou o descumprimento de diversas cláusulas. Entre os problemas encontrados estão insuficiência de EPIs, déficit de profissionais de saúde e retaliação com a abertura de processo disciplinar contra um profissional que divulgou vídeo em rede social apontando problemas com a máscara que lhe foi fornecida[14].

Adotando posição contrária à do setor público carioca já é possível identificar empresas que, caminhando por veredas inversas, propõem-se publicamente a adotar um comportamento diverso, seja para proteger o quadro de empregados, como também para amparar o conjunto do seu equipamento.

Uma dessas empresas, a Dupont Industrial do Brasil, localizada na margem da Rodovia Presidente Dutra, nas proximidades do centro empresarial instalado em

---

14. BÉRGAMO, Mônica. *Folha de S. Paulo*, São Paulo, 7 jul. 2021. p. B12.

Volta Redonda, serve bem como ótimo exemplo. Há anos fizemos uma visita em seu estabelecimento.

O preceito básico da administração moderna: para cada um caso de acidente lesivo à saúde ou à existência de um trabalhador identifica-se um número muitas vezes maior de quebra de equipamentos (sem lesão a trabalhadores).

Veem-se na parte frontal da sede da Dupont bandeiras coloridas que fazem parte da linguagem formulada pela empresa com seus empregados: a) uma determinada cor indica a inocorrência de acidentes; b) outra cor indica a ocorrência de acidentes. Tal linguagem provoca a abertura e a instalação de troca de conhecimentos entre os empregados, ensejando a discussão sobre quais fatos teriam provocado os acidentes com ou sem lesão.

Ali as portas de todas as salas são abertas para fora e não para dentro, para facilitar a saída em caso de sinistro. O chão é pintado com tinta amarela, desenhando o percurso, com o objetivo de evitar que uma pessoa desavisada se ponha defronte da porta, evitando que sua abertura a atinja.

Exemplarmente, no dia 30 de abril de 2021 o noticiário da TV comunicou que o incêndio de um prédio residencial, localizado na cidade de São Paulo, impôs a abertura do telhado para a salvação da família ali residente, isso porque ninguém conseguiu destravar a porta, que era aberta para dentro. Sabe-se que até mesmo nos hospitais brasileiros as portas são abertas para dentro, espantosamente.

Na Dupont os veículos encaminhados para receber combustível passam a ser dotados de corrente para evitar incêndios resultantes da combustão da energia estática. Temos em nossa pesquisa a combustão do combustível de uma pequena aeronave que, inadvertidamente, recebia gasolina sem a cautela de ligá-la a uma corrente com a terra, ocasionando um acidente de gravíssimas consequências. O fato ocorreu no aeroporto da cidade de Ribeirão Preto. Poucos são os postos de gasolina que se valem desse cuidado em nosso país. Quase nenhum!

Ainda na Dupont, qualquer espécie de acidente é seguida de: a) abertura no local de uma corrente de água; b) imediatamente acendem-se luzes (possivelmente verdes) que indicam o caminho do socorro para o trabalhador evadir-se.

As caixas elétricas são dotadas de alavancas cobertas por longas luvas destinadas a cobrir a mão e o braço esquerdo. As luvas não servem para o braço direito. Têm a finalidade de deslocar o corpo do operador para o lado da caixa, impedindo ser atingido por algum desastre.

Há uma importante lógica empresarial. Por ocasião da visita realizada junto à empresa Dupont, fomos informados que a destruição de equipamentos resultante de acidente sem lesão é consideravelmente maior do que os valores destinados à reparação de lesões sofridas por seus empregados.

Conclui-se propondo que seja adotada firme política normativa contra acidente sem lesão o que, seguramente, favorecerá a saúde dos trabalhadores, a defesa dos equipamentos patronais, e, finalmente, a modernização da prestação de serviço público ou privado no Brasil.

6. ACIDENTE TÍPICO

Esta ocorrência é prevista pela lei de regência e tem como consequência impedir que se discuta na hipotética ação judicial a existência ou a inexistência da relação entre o exercício da atividade laboral e a morte ou incapacidade sofrida pelo trabalhador. Assegura-se o direito de discutir os demais tópicos da ação.

7. ACIDENTE ATÍPICO

Trata-se de ocorrência causadora de incapacidade laboral não expressamente prevista na lei de regência, cabendo ao trabalhador sinistrado comprovar a existência de relação de causalidade entre o infortúnio e a atividade laboral.

Observa-se que numerosos feitos foram ajuizados, quase todos patrocinados pelo Ministério Público, tendo como objeto o reconhecimento da relação de causalidade ligando a incapacitações geradas pelo Mal de Chagas (quase todos seguidos da morte súbita do trabalhador rural) e a atividade laboral. O pedido era contestado afirmando-se que o Mal de Chagas, por ser endemia, não gerava indenizações acidentárias. Inúmeras ações foram julgadas procedentes. Ficou decidido que era dever legal do empregador submeter o futuro empregado a exame prévio antes de admiti-lo em sua empresa, impedindo a prestação de trabalho incompatível com o Mal de Chagas ou de qualquer outra limitação mórbida.

Esperava-se que, com o deslocamento da competência das ações de responsabilidade civil por acidente do trabalho, editada pela EC nº 45, as eventuais condenações fossem pedagógicas, punitivas e reparadoras, de molde que se coibissem novos atentados à incolumidade física e moral dos trabalhadores ofendidos e dos equipamentos empresariais. Consabidamente não foi satisfeita a expectativa de modernização do sistema. Estamos presenciando uma aplicação burocrática da jurisdição, com os juízes tributários à conclusão de laudos opinativos que invariavelmente não demonstram a ciência de quem os assina, o que levou ao proferimento de muitas decisões inclinadas a negar a condição degenerativa como concausas da moléstia ocupacional? Em sentido contrário, encontra-se a doutrina editada pelo notável Juiz José Antônio Ribeiro de Oliveira Silva[15], que aplica com maestria a responsabilidade objetiva do empregador pelo acidente do trabalho.

O que se passa hoje são condenações por dano moral em valor muito reduzido, quando ocorrem, e em havendo pensionamento pago antecipadamente, o deságio sofrido é de 30%. Tais condutas judiciosas não assustam ninguém, tanto é que a lista

---

15. SILVA, José Antônio Ribeiro de Oliveira. *Responsabilidade objetiva do empregador*. 3. ed. São Paulo: Editora LTr, 2014.

dos maiores "clientes" da Justiça do Trabalho é a mesma há anos, com as mesmas infrações trabalhistas, sem qualquer punição pela redundância, isso sem falar nos peritos fazendários que se atrelam a tabelas da Susep, inservíveis para avalição laboral, uma vez que securitárias.

8. CONCLUSÃO

Conclui-se, assim, que é importante a restauração da competência das Justiças estaduais para a solução das questões atinentes à responsabilidade por infortúnio laboral, merecendo ainda um franco debate pelo trabalho hoje denominado "acidente sem lesão", o que, seguramente, elevará o tratamento do cuidado dispensado a uma tão grave questão histórica e social do Brasil.

Vem sendo posta a questão com muita dificuldade, inclusive na área bibliográfica, reduzindo o campo do debate que ultrapassou em muito os limites tantos dos interesses dos trabalhadores como dos empregadores, atingindo assim uma questão não apenas de evolução do sistema econômico, para indicar a compossibilidade de a questão transformar-se em triste marco histórico do Brasil.

Em verdade, o dever de cuidar deve ter vários alvos: o primeiro a dignidade física de trabalhador; o segundo (entrelaçado ao primeiro) a necessária segurança das empresas e, seguramente com a segurança social e política de um país que mantém, sem guerras, um dos mais extensos territórios produtivos do mundo.

A experiência de algumas empresas vem demonstrando objetivamente que os acidentes sem lesão produzem muito mais efeitos negativos na produção, fator que as leva a multiplicar e decuplicar esforços no sentido de implantar o mais seguro e correto ambiente da prestação de serviços.

Impossível não registrar que o Brasil, seus trabalhadores e seus empregadores convivem com o maior desastre moral e econômico de sua história, com mais de 500.000 pessoas mortas em virtude da pandemia do coronavírus.

É possível afirmar que o País, a sua sociedade, o seu mercado perderão um enorme espaço de tempo para repor o número de habitantes, reduzindo, com certeza, os prognósticos de sobrevida, de prazos para a convivência pacífica, como até mesmo os limites do mercado consumidor.

O Brasil é o Brasil, nos seus limites e no seu padrão histórico, que seguramente o levará a ultrapassar o abismo no qual se encontra em razão da pandemia.

Mas urge impor uma forte política de segurança do trabalho e de equidade empresarial, indicando com segurança os caminhos pacíficos a trilhar para alcançar o progresso.

A AMENIZAÇÃO DO DIREITO CIVIL CONTEMPORÂNEO

Arruda Alvim

Advogado. Doutor e Livre Docente. Professor Titular da Pós-graduação *stricto sensu* (Mestrado e Doutorado) da Pontifícia Universidade Católica de São Paulo – PUC-SP.

Clarissa Diniz Guedes

Professora-Associada da Faculdade de Direito da Universidade Federal de Juiz de Fora – UFJF (Graduação e Mestrado). Doutora em Direito Processual pela Universidade de São Paulo – USP. A autora manifesta aqui sua gratidão ao prof. Arruda Alvim, pela generosidade do convite para publicar em coautoria, tendo em vista que as ideias centrais do artigo são fruto, reconhecidamente, da pesquisa e vasta produção acadêmica do primeiro autor. Coube à segunda autora, tão somente, sistematizar e complementar algumas dessas ideias, tomando o cuidado de destacar produções anteriores do prof. Arruda Alvim, que aprofundam alguns dos aspectos aqui citados.

1. INTRODUÇÃO

A regulação e aplicação do direito privado se submeteram – e ainda se submetem – a profundas alterações, decorrentes da gradativa transformação do panorama do direito civil a partir do fim do século XIX e do início do século XX[1].

No âmbito infraconstitucional, tais influxos somente vieram a ser consagrados de forma orgânica no CC/2002, mas a legislação extravagante ao CC/1916 já era sensível ao caráter social do direito civil.

Verifica-se, com o passar dos anos, uma amenização dos institutos de direito privado, na linha evolutiva traçada pela constitucionalização do direito civil, bem como pelo desenvolvimento de diretrizes marcadas pela compreensão do direito civil à luz dos direitos humanos, no plano internacional.

---

1. Tais transformações tiveram início com o peso da significação da Constituição de Weimar, que repercutiu desde logo na Constituição de 1934 – que inseriu os direitos sociais no Título IV do Capítulo II –, acentuando-se particularmente ao influxo a Constituição de 1988. Deve-se lembrar que anteriormente à Constituição de Weimar, a Constituição Mexicana de 1917, igualmente, veio a consagrar direitos de caráter social. Cf. ALVIM NETTO, José Manoel de Arruda. Processo e constituição. *In:* DANTAS, Bruno; CRUXÊN, Eliane; SANTOS, Fernando; LAGO, Gustavo Ponce Leon (org.). *Constituição de 1988:* O Brasil 20 anos depois. A consolidação das instituições. v. III. Brasília: Senado Federal Instituto Legislativo Brasileiro, 2008. p. 388-483; e ALVIM NETTO, José Manoel de Arruda. *Comentários ao código civil brasileiro* – Livro introdutório a direito das coisas e o direito civil. t. I, v. XI. Rio de Janeiro: Forense, 2009. p. 3.

Fala-se, aqui, da flexibilização das características e efeitos antes delineados categoricamente pela disciplina dos contratos, do direito de família e, até mesmo, da responsabilidade civil.

Nesse contexto, tiveram importância acentuada três fatores, mencionados por Cappelletti: a proliferação de textos normativos voltados à proteção dos direitos sociais e das minorias, cuja aplicação dependia de um espectro maior de reflexões e justificativas por parte do Judiciário[2]; e a necessidade de atribuir significado a termos e valores imprecisos contidos nas Declarações dos Direitos do Homem e, posteriormente, nas Constituições[3]. Esses fatores, ao lado do crescimento da atividade estatal – legislativa e administrativa – tendente à promoção dos direitos sociais, acentuaram também o papel do juiz e da jurisprudência nos países de *civil law*, onde se passou a assumir a atividade criativa do judiciário.

As alterações que amenizam a rigidez do direito privado nem sempre se esgotam na lei, e raramente são previstas em textos legais minudentes e exaustivos. Elas ocorrem no momento próprio da aplicação da lei, e são decorrentes, em grande parte, da inserção dos fatos jurídicos num contexto de profundas transformações.

Neste artigo, trataremos de alguns dos pilares do direito civil à luz da percepção dessa *amenização*, tendo em vista as transformações que contemporaneamente vem ocorrendo.

2. O DIREITO DE FAMÍLIA, A SOLIDARIEDADE E O DEVER DE CUIDADO

A despatrimonialização do direito de família é um dos reflexos daquilo que aqui denominaremos *amenização* da rigidez dos institutos de direito privado. No âmbito da família, a sensibilidade diante do *outro* e a preocupação com o dever de cuidado se revelam de forma direta e imediata. As relações afetivas reforçam a necessidade de um olhar solidário e igualitário diante das "novas" modalidades de famílias. Também se modifica o *modo de olhar* para as relações familiares, tanto na perspectiva da igualdade de gênero[4], como da preocupação com a com a infância e a juventude, consolidada no dever de cuidado.

Fala-se em "novas" modalidades de família, justamente, no sentido dogmático--jurídico, pois é certo que do ponto de vista sociológico muitas relações, diversas da *literal* definição constitucional, já podiam ser inseridas na noção de família.

---

2. Fala-se, aqui, em reflexões e justificativa diante do inegável caráter interpretativo inerente à aplicação de qualquer texto normativo. A proliferação de leis específicas, em contraposição às codificações isoladamente consideradas, e exige, no entanto, maiores reflexões no momento da definição da *lei aplicável ao caso*, o que também atrai a necessidade de um ônus argumentativo maior no momento da justificação desta escolha.
3. Reflexões sobre a criatividade jurisprudencial no tempo presente. Cf. CAPPELLETTI, Mauro. *Processo, ideologias e sociedade*. Tradução e notas de Elício Cresci Sobrinho. v. I. Porto Alegre: Sérgio Antonio Fabris editor, 2008. p. 10.
4. Essa modificação tem início, na CF/1988 (art. 226, §5º) e, mais especialmente, com o CC/2002, que se refere ao *poder familiar* (v.g. arts. 1.630 e s.) e, não mais, ao *pátrio poder.*

Conquanto a evolução constitucional ultrapasse a literalidade do texto, a barreira estabelecida pelo art. 226 e §§, da CF/1988, que alude à união, aos direitos e aos deveres do homem e da mulher precisa ser – e, gradativamente, vem sendo – superada pelos tribunais.

Houve considerável modificação paradigmática pelo Supremo Tribunal Federal no julgamento da ADPF 132/RJ e da ADI 4277/DF[5], que atribuiu ao art. 1.723 do Código Civil interpretação conforme à Constituição para, à luz do princípio da dignidade da pessoa humana, viabilizar o reconhecimento da entidade familiar formada a partir da união contínua, pública e duradoura entre pessoas do mesmo sexo, segundo as mesmas regras e consequências da união estável heteroafetiva. Esse acórdão tem como premissa a afirmação de que "a Constituição Federal não empresta ao substantivo 'família' nenhum significado ortodoxo ou da própria técnica jurídica"[6].

Com base nesse entendimento, o Superior Tribunal de Justiça assinalou, no julgamento do Resp 1.183.378/RS[7], que a Constituição de 1988 inaugurou uma nova fase do direito de família, "baseada na adoção de um explícito poliformismo familiar em que arranjos multifacetados são igualmente aptos a constituir esse núcleo doméstico chamado 'família', recebendo todos eles a 'especial proteção do Estado'."[8] Nessa perspectiva, superou-se o conceito histórico de casamento, antes considerado via única para a constituição de família e, por vezes, "um ambiente de subversão dos ora consagrados princípios da igualdade e da dignidade da pessoa humana"[9]. Ainda de acordo com o Superior Tribunal de Justiça,

> [...] a concepção constitucional do casamento – diferentemente do que ocorria com os diplomas superados – deve ser necessariamente plural, porque plurais também são as famílias e, ademais, não é ele, o casamento, o destinatário final da proteção do Estado, mas apenas o intermediário de um propósito maior, que é a proteção da pessoa humana em sua inalienável dignidade.[10]

Por isso, entende a Corte Superior que

> [...] o pluralismo familiar engendrado pela Constituição – explicitamente reconhecido em precedentes tanto desta Corte quanto do STF – impede se pretenda afirmar que as famílias formadas por pares homoafetivos sejam menos dignas de proteção do Estado, se comparadas com aquelas apoiadas na tradição e formadas por casais heteroafetivos[11].

Em conclusão, decidiu-se que o que importa, à luz da Constituição,

> [...] é que essas famílias multiformes recebam efetivamente a 'especial proteção do Estado', e é tão somente em razão desse desígnio de especial proteção que a lei deve facilitar a conversão da

---

5. STF, ADPF 132, rel. Min. Ayres Britto, Tribunal Pleno, j. 5.5.2011, *DJe*-198, Divulg 13.10.2011.
6. STF, ADPF 132, rel. Min. Ayres Britto, Tribunal Pleno, j. 5.5.2011, *DJe*-198, Divulg 13.10.2011.
7. STJ, REsp 1183378/RS, rel. Min. Luis Felipe Salomão, 4. T., j. 25.10.2011, *DJe* 1.2.2012.
8. STJ, REsp 1183378/RS, rel. Min. Luis Felipe Salomão, 4. T., j. 25.10.2011, *DJe* 1.2.2012.
9. STJ, REsp 1183378/RS, rel. Min. Luis Felipe Salomão, 4. T., j. 25.10.2011, *DJe* 1.2.2012.
10. STJ, REsp 1183378/RS, rel. Min. Luis Felipe Salomão, 4. T., j. 25.10.2011, *DJe* 1.2.2012.
11. STJ, REsp 1183378/RS, rel. Min. Luis Felipe Salomão, 4. T., j. 25.10.2011, *DJe* 1.2.2012.

união estável em casamento, ciente o constituinte que, pelo casamento, o Estado melhor protege esse núcleo doméstico chamado família[12].

Tais julgados resultaram na Resolução nº 175/2013 do Conselho Nacional de Justiça, que veda às autoridades competentes a recusa de habilitação, celebração de casamento civil ou de conversão de união estável em casamento entre pessoas do mesmo sexo.

Há, ainda, outras entidades familiares – não previstas expressamente na Constituição Federal e não necessariamente contempladas por decisões do Supremo Tribunal Federal – onde a relação afetiva justificaria a aplicação de consequências jurídicas antes exclusivas ao casamento e à união estável, resultando em reflexos de natureza alimentar, previdenciária e, até mesmo, no plano da doação de órgãos[13].

Tudo isso decorre da consciência da igualdade entre as pessoas tida como inerente ao advento do Estado Social e à superação do individualismo exacerbado que pautou a era liberal[14]. Há, também, uma conscientização do fato de que a relação de

---

12. "Se é verdade que o casamento civil é a forma pela qual o Estado melhor protege a família, e sendo múltiplos os 'arranjos' familiares reconhecidos pela Carta Magna, não há de ser negada essa via a nenhuma família que por ela optar, independentemente de orientação sexual dos partícipes, uma vez que as famílias constituídas por pares homoafetivos possuem os mesmos núcleos axiológicos daquelas constituídas por casais hetero-afetivos, quais sejam, a dignidade das pessoas de seus membros e o afeto. 7. A igualdade e o tratamento isonômico supõem o direito a ser diferente, o direito à autoafirmação e a um projeto de vida independente de tradições e ortodoxias. Em uma palavra: o direito à igualdade somente se realiza com plenitude se é garantido o direito à diferença. Conclusão diversa também não se mostra consentânea com um ordenamento constitucional que prevê o princípio do livre planejamento familiar (§ 7º do art. 226). [...] 10. Enquanto o Congresso Nacional, no caso brasileiro, não assume, explicitamente, sua coparticipação nesse processo constitucional de defesa e proteção dos socialmente vulneráveis, não pode o Poder Judiciário demitir-se desse mister, sob pena de aceitação tácita de um Estado que somente é 'democrático' formalmente, sem que tal predicativo resista a uma mínima investigação acerca da universalização dos direitos civis." (STJ, REsp 1183378/RS, rel. Min. Luis Felipe Salomão, 4. T., j. 25.10.2011, DJe 1.2.2012).
13. Cf. ARRUDA ALVIM; GUEDES, Clarissa Diniz; FERREIRA, Gustavo Fernandes. Transplante de órgãos no Brasil: um panorama jurídico da regulamentação da doação de órgãos por pessoas não relacionadas aos receptores. In: ARRUDA ALVIM et. al (org.). Direito médico: aspectos materiais, éticos e processuais. São Paulo: RT, 2021.
14. Escrevemos sobre o tema em outra oportunidade, quando frisamos que, num primeiro momento – surgimento dos direitos sociais, sobretudo os de cunho individual – o princípio da solidariedade não abandona completamente a ótica individualista, apenas. Os direitos surgidos no Estado Social são direitos individuais, de cunho socializante, porque referentes a sujeitos que se encontram em situações diferenciadas e que, por isso, necessitam de tutela especial do Estado. Marcam, por isso, uma mudança de enfoque do princípio da isonomia, até então visto pela perspectiva meramente formal, que passa a ser encarado sob a ótica substancial, no sentido de se compensarem as diferenças existentes no plano fático (social, econômico etc.) mediante tratamento diferenciado da lei. O equilíbrio social é, pois, a tônica do Estado Social de Direito. Se, no período liberal, partiu-se de uma visão do indivíduo isolado, alheio à sociedade, para conceber os direitos de primeira dimensão, já no Estado Social tem-se em mira o homem inserido na sociedade, do que florescem os direitos de segunda dimensão. Estes direitos, embora já se revistam de cunho social, são ainda, em sua maioria, direitos de natureza individual, eis que somente com a emergência dos direitos de terceira dimensão é que se verão bem definidos os direitos coletivos num sentido amplo e, bem assim, as possibilidades da respectiva tutela pelo Estado (ARRUDA ALVIM. Direitos sociais: qual é o futuro? Revista Forense. v. 403, p. 3-30, mai./jun. 2009.). Já para Manoel Gonçalves Ferreira Filho, embora os direitos sociais tenham algum fundamento na solidariedade, são os direitos de natureza coletiva que devem ser chamados de direitos da solidariedade (Cf. FERREIRA FILHO, Manoel Gonçalves. Direitos humanos fundamentais. 10. ed. São Paulo: Saraiva, 2008. p. 51).

interdependência entre os sujeitos independe da manifestação de opção sexual ou de características genéticas, psicológicas ou sociais específicas.

O princípio da dignidade da pessoa humana e o princípio da solidariedade caminham lado a lado[15] para resguardar a proteção do núcleo familiar[16]. E, quando se associa a dignidade da pessoa humana à consecução da igualdade na diversidade (igualdade substancial), é possível falar em dignidade social, que

> [...] não se refere ao indivíduo já desenraizado da abstração contratualista setecentista ('teorias do contrato social'), mas ao ser, na sua dupla acepção de 'cidadão' e 'pessoa', inserido numa determinada comunidade, na sua relação vertical com o Estado e outros entes públicos, e 'horizontal' com os outros cidadãos[17].

Entre deveres recíprocos de solidariedade entre as pessoas (sem olvidar o Estado), destaca-se, entre muitos, o dever de cuidado com a criança, como o adolescente e o jovem. A tarefa dos pais e responsáveis, de zelar pela existência digna da criança,[18] e os deveres de "sustento, guarda e educação dos filhos menores" (art. 22 do Estatuto da Criança e do Adolescente), devem ser desempenhados em consonância com esse dever de cuidado e com o princípio da *"paternidade responsável"* (art. 226, §7°, da CF/1988).

Nesse contexto, afigura-se insuficiente o instituto da responsabilidade civil por danos – ainda que de ordem patrimonial[19] –, bem como a própria atuação do judiciário na regulamentação dos direitos familiares e imposição do dever de cuidado, sendo sempre preferíveis métodos tendentes à justiça coexistencial, bem como iniciativas pedagógicas que extrapolam o campo restrito do direito.

De qualquer modo, o reconhecimento, por si, da juridicidade do dever de cuidado, na perspectiva da afetividade, mesmo diante de situações de cumprimento de outros deveres jurídicos mais objetivos, inerentes ao poder familiar, ilustra a dificulda-

---

15. QUEIROZ, Cristina. Direitos fundamentais sociais: questões interpretativas e limites de justiciabilidade. *In*: SILVA, Virgílio Afonso da (org.). *Interpretação constitucional*. São Paulo: Malheiros, 2005. p. 172.

16. Quanto ao ponto, Paulo Luiz Netto Lobo explica que "A Constituição e o direito de família brasi0leiros são integrados pela onipresença desses dois princípios fundamentais e estruturantes: a dignidade da pessoa humana e a solidariedade. A solidariedade e a dignidade da pessoa humana são os hemisférios indissociáveis do núcleo essencial irredutível da organização social, política e cultural e do ordenamento jurídico brasileiros. De um lado, o valor da pessoa humana enquanto tal, e os deveres de todos para com sua realização existencial, nomeadamente do grupo familiar; de outro lado, os deveres de cada pessoa humana com as demais, na construção harmônica de suas dignidades." (LÔBO, Paulo. Princípio da solidariedade familiar. *Jus.com.br*, out. 2013. Disponível em: https://jus.com.br/artigos/25364/principio-da-solidariedade-familiar. Acesso em: 15 jun. 2017).

17. QUEIROZ, Cristina. Direitos fundamentais sociais: questões interpretativas e limites de justiciabilidade. *In*: SILVA, Virgílio Afonso da (org.). *Interpretação constitucional*. São Paulo: Malheiros, 2005. p. 172.

18. Veja-se, a propósito, a redação do art. 229 da CF/1988: "Os pais tem o dever de assistir, criar e educar os filhos menores, e os filhos maiores tem o dever de ajudar e amparar os pais na velhice, carência ou enfermidade."

19. Embora a jurisprudência reconheça o direito à reparação por danos decorrentes do abandono afetivo (cf. STJ, 3ª T., REsp 1698728/MS, rel. Min. Moura Ribeiro, Rel. p/ Acórdão Min. Nancy Andrighi, j. 04.05.2021, *DJe* 13.05.2021; 3ª T., Rel. Min. Nancy Andrighi, REsp n° 1.159.242/SP, j. 24.04.2012, *DJe* 10.05.2012), trata-se de situação extrema de descumprimento do dever de cuidado que, ainda assim, não soluciona a questão da carência afetiva do menor.

de de se definir, com exatidão, os limites do direito privado na regulação das relações familiares, reforçando a ideia de que a solidariedade e a preocupação com o outro atenuam a rigidez dos institutos jurídicos e a própria definição de seus contornos.

3. A SOCIALIDADE E A AMENIZAÇÃO DO DIREITO CONTRATUAL

A amenização do direito contratual deve ser entendida a partir dos marcos teóricos que permearam a constitucionalização do direito das obrigações[20] como um todo, iniciando-se pela interpretação do CC/1916 e pela elaboração de legislação esparsa (como o Código de Defesa do Consumidor), e passando pela elaboração do CC/2002. É um processo, ainda não finalizado, de flexibilização de estruturas que antes eram rígidas, e que foram abaladas pelos princípios da igualdade substancial e da solidariedade.

Quanto à função social do contrato, é possível, certamente, dizer, que sempre existiu. De início, o contrato exerce uma função social por excelência, que tem relação com a convergência de vontade e de declaração das partes contratantes no tocante ao seu objeto e às obrigações recíprocas que estabelece. É também possível dizer que, embora mais rígida, a cláusula *rebus sic stantibus* comporta, há tempos, exceções que buscam o reequilíbrio contratual. A preocupação com a igualdade substancial ampliou, todavia, as hipóteses que excepcionam a *lei contratual,* ao mesmo passo em que se criou uma mentalidade – também afeta à socialidade – de, quando possível, ser preferível a revisão (e a manutenção do contrato) à sua extinção, mesmo diante de condições que objetivamente seriam consideradas violações às regras contratuais. De um certo modo, é possível dizer que tanto as situações que excepcionam a observância do contrato como aquelas que tendem à sua manutenção atendem à função social desse instituto.

O que mudou, sobretudo no tocante à visão *do outro* foi, essencialmente, a assunção de que a confiança é muito importante, tanto na vida como na vida dos negócios. Nesse sentido, o CC/2002 não olvidou da importância de se associar a *vontade* dos contratantes ao *conteúdo* das declarações, tendo presente que é necessário, antes de tudo, confiar naquilo que nos é comunicado para que possamos aderir àquilo que nós julgamos ser a vontade do outro. É pela declaração que um contratante conhece o que o outro quer, em função do que assume os próprios compromissos. O que se conjuga, no negócio jurídico, são duas ou mais vontades, realmente; no entanto, essas somente podem ser identificadas pelo que foi comunicado, *i.e.,* pelo que foi declarado. Ou seja, a vontade é elemento constitutivo do negócio jurídico, tal como haja sido declarada[21].

---

20. O direito obrigacional é operacionalizado basicamente por meio dos contratos, e a estrutura dos contratos é a estrutura daquilo que hoje é denominado "negócio jurídico". O negócio jurídico é o *molde* dentro do qual se alojam os contratos.

21. A valorização *explícita* na lei da confiança que um contratante tem que ter no outro encontra-se, a nosso ver, no vigente art. 112 do CC/2002. Esse dispositivo admite o peso da intenção, mas com um filtro intranspo-

Por outro lado, a valorização da liberdade contratual, permeada pelos valores vigentes até aproximadamente a Segunda Guerra Mundial, foi seguida por um acréscimo e, por vezes, por uma mutação de valores que conduziram, paulatinamente, à transição do *individualismo* para a *socialidade*, o que explica a redação do art. 420 desse novo Código e de outros dispositivos que, vamos dizer, são tributários desse art. 420 do CC/2002, onde se expressa esta função social do contrato.

Não é inteiramente correto afirmar que contemporaneamente há uma significação ética do direito, ao passo que isso não se passava nesse tempo do limiar do liberalismo. Contrariamente a isso afirmava-se que '*quem diz contratual, diz justo*', o que significava a medula ética do liberalismo no campo obrigacional e contratual. E, no que diz respeito ao direito de propriedade – como já se aflorou – era esse direito o supedâneo e a própria condição da liberdade, o que igualmente permeava o direito de propriedade com uma significação ética. Essa significação não foi completamente abandonada, porque a *socialidade* não descarta a importância do indivíduo; apenas *ameniza* o individualismo, inserindo o titular de direitos no contexto da sociedade e, também, compreendendo as coletividades – e a própria sociedade – como titulares de direitos e de interesses.

Com isso, o contrato deixou de ficar estritamente atrelado ao interesse individual do contratante, dado que, formado dentro de um ambiente de quase absoluta liberdade, fortaleceu o forte e prejudicou o fraco.

A igualdade substancial e a proteção da confiança, aliados à já mencionada admissão de um papel criativo do judiciário – premissa antes obstada pela desconfiança da burguesia em relação aos juízes, que permeou o período pós-revolução francesa –, modificou a concepção do contrato, que deixa de gravitar, exclusivamente, em torno do indivíduo. Passa a ser legitimado também em face da sociedade.

Diante disso, ao lado da autonomia da vontade, são correlacionadas à figura do contrato possibilidades que podem conduzir à sua modificação inviabilização. O *pacta sunt servanda* protege a confiança nas declarações de vontade, mas protegem-se os contratantes hipossuficientes, assim entendidos os que já o fossem à data da celebração do contrato ou aqueles que sucumbiram diante de eventos imprevistos.

A lesão (art. 157 do CC/2002) e o estado de perigo (art. 156 do CC/2020) não pressupõem, para que possam ser aplicados, que se trate de contrato de trato sucessivo ou de adimplemento dilargado no tempo. Já a onerosidade excessiva configura-se, principalmente, em virtude de um contrato cujo adimplemento haja sido diferido no tempo, à luz de determinados referenciais, que poderá conduzir à resolução do

---

nível que é o da declaração. Poder-se-á surpreender a vontade de alguém num negócio jurídico por meio do exame da declaração, mas não posso ir além da declaração, descartando-a, por assim dizer, para perquirir outra vontade que não esteja na declaração. Esse art. 112 do CC/2002, diferentemente do que *textualmente* consta no art. 85 do CC/1916, coloca um adendo: "Nas declarações de vontade se atenderá mais a intenção *nela consubstanciada* do que ao sentido literal da linguagem." Isto é, a vontade está na declaração e, a partir daí, posso e devo, naturalmente, entender e interpretar o negócio jurídico, em função da intenção das partes.

contrato, salvo concordância da parte que resultaria beneficiada pelas alterações em equitativamente alterar o contrato. É o que está nos arts. 478 a 480 do CC/2002.

E, como dito, encarta-se na *socialidade* a própria ideia de manutenção do contrato, a partir do seu reequilíbrio, evitando-se, por exemplo, que o inadimplemento irrelevante possa efeitos de rescindi-lo (teoria do adimplemento substancial). A ideia de adimplemento substancial não constitui propriamente uma inovação no direito privado, mas sua aplicação no Brasil guarda estreita relação com os princípios da boa-fé e da confiança[22].

A boa-fé em sua dimensão objetiva (arts. 113 e 422 do CC/2002) considera o comportamento em si e sua manifestação exterior em relação aos demais envolvidos em uma determinada situação jurídica. Boa-fé objetiva é aquela em que o próprio sistema jurídico fornece parâmetros para ser avaliada, o que certamente, facilita a tarefa do juiz e mesmo o próprio comportamento das partes. Ao aludirmos à boa-fé objetiva, o que se quer dizer é uma modalidade de boa-fé objetivada na lei – mas que, necessariamente, também comporta interpretação[23]. A boa-fé é descrita na Alemanha (e no Brasil podemos utilizar conceito semelhante) pela fórmula *Treu und Glauben*, que se traduz para o português em "lealdade e crença". Atua a boa-fé como uma regra de conduta na condução da vida em sociedade.

A proteção da confiança (Vertrauensschutz) é reflexo da evolução da autonomia da vontade privada. De um lado, protege-se a vontade declarada, através da autor-responsabilidade; de outro, calibra-se a desigualdade entre contratantes. A evolução da liberdade de contratar foi construída na própria restrição dessa liberdade[24]. Nesse contexto, a boa-fé objetiva[25] ameniza o direito obrigacional e contratual a partir de

---

22. Sobre os pressupostos à aplicação da teoria do adimplemento substancial e sua relação com a boa-fé, cf.: STJ, REsp 76.362/MT, rel. Min. Ruy Rosado de Aguiar, 4ª T., j. 11.12.1995, *DJ* 01/04/1996; REsp 1581505/SC, rel. Min. Antonio Carlos Ferreira, 4ª T., j.18/08/2016, *DJe* 28/09/2016; REsp 1236960/RN, rel. Min. Antonio Carlos Ferreira, 4ª T., j. 19.11.2019, *DJe* 05.12.2019.

23. Arruda Alvim. *Tratado de direito processual civil.* v. 2, 2. ed. ampl. São Paulo: Revista dos Tribunais, 1996. p. 383. No âmbito do direito privado é enorme o papel da boa-fé, inclusive o de servir de duto para a internação de valores constitucionais no âmbito do direito privado. Veja-se o que diz o jurista Medicus: "*Das BGB hat den Grundsatz von Treu und Glauben an die Spitze des Schuldrechts gestellt: Alle Schuldverhältnisse sollten diesem Grundsatz unterstehen; es sollte also keine strengrechtlichen Schuldverhältnissie mehr geben.* [...] *Allerdings ist die Vorschrift nach 1948 eine neue Funktion zugewachsen: § 242 steht an erster unter derjenigen Generalklauseln, mit derem Hilfe die Wertungen des Grundgesetz in das bürgerliche Recht Eingang finden*" – em vernáculo: "O Código Civil colocou a cláusula geral da boa fé [objetiva] no *topo do direito das obrigações.* Todas as relações obrigacionais dependem dessa cláusula geral; não deve mais haver relações obrigacionais insuscetíveis de alterações. [...] De qualquer forma é a prescrição de 1948 [refere-se à Lei Fundamental de Bonn] que fez nascer uma nova função: o § 242 assume o primeiro lugar e por seu intermédio penetram no Código Civil os *valores da Constituição*". Ver: Dieter Medicus. *Schuldrecht I. Allgemeiner Teil [Direito das obrigações I. Parte geral].* Munique: C.H. Beck´sche, 2004. p. 76-77; na edição de 1984, Munique: C.H. Beck´sche, p. 63, § 16, 2 (tradução nossa).

24. Sobre o tema: LARENZ, Karl. *Lehrbuch des Schuldrechts.* v. 2, 13. ed. Munique: Beck, 1994. p. 35 e ss.

25. A boa-fé é instituto originário do direito privado, cujo "renascimento" na sua forma mais concreta está no Código Civil Alemão (BürgerlichesGesetzbuch) de 1900. Trata-se de uma cláusula geral que, no direito civil, situa-se no topo do direito das obrigações, no sentido de que qualquer relação obrigacional deve depender da boa-fé dos participantes: MEDICUS, Dieter. *Schuldrecht I. Allgemeiner Teil [Direito das Obrigações I. Parte geral].* Munique: C. H. Beck´sche, 2004. p. 76-77.

institutos como a *supressio* e a *surrectio*, e de preceitos como a vedação do comportamento contraditório (*non venire contra factum proprium*).

Há ainda diversas hipóteses, como aquelas – legais e jurisprudenciais – que coíbem e permitem a revisão de cláusulas abusivas, que refletem, de modo geral, a necessidade de flexibilização da rigidez contratual com base na consideração da hipossuficiência de uma das partes e do decorrente desequilíbrio contratual.

4. A FUNÇÃO SOCIAL DA PROPRIEDADE E DA POSSE

Na linha do que ocorreu com o direito contratual, cuja preocupação extrapola o interesse dos contratantes, o direito de propriedade passou a ser visto, também, como devendo respeitar, além do interesse do proprietário, os interesses da sociedade[26].

A Constituição alude à função social da propriedade em diversos dispositivos, desde o art. 5º, XXIII, que consagra, de maneira ampla, o preceito, passando pela ordem econômica e financeira (art. 170, III), pela política urbana (art. 182, §2º), agrícola e fundiária (arts. 185, parágrafo único, 186, *caput*).

Implicitamente, há outras diversas disposições constitucionais a sinalizar que a sociedade não pode mais viver à sombra do indivíduo e de um direito absoluto de propriedade. Como exemplo, pode-se citar a proteção constitucional ao meio ambiente (art. 225 da CF/1988).

Atualmente, não mais existe um direito de propriedade sem qualquer limite ao seu exercício (e à utilização da coisa), naqueles termos sempre lembrados do art. 544 do Código Napoleão[27] (que muitos afirmaram ter existido, mas que, em rigor, não existiu nem mesmo nos tempos do liberalismo, em verdade); e, ainda, a legislação modela um direito de propriedade que, se comparado com o do passado, acabou por comportar delimitações crescentes, tendo em vista a situação da propriedade urbana (variável em relação ao zoneamento e no que tange ao âmbito do direito de construir) ou rural (com ou sem aproveitamento à luz do sistema jurídico).

---

26. É que dispõe, aliás, o parágrafo único do art. 2.035 do CC/2002: "Parágrafo único. *Nenhuma convenção prevalecerá se contrariar preceitos de ordem pública, tais como os estabelecidos por este Código para assegurar a função social da propriedade e dos contratos*" (grifo nosso).

27. O Código Napoleão (art. 544) conceitua a propriedade como "o direito de fazer e de dispor das coisas do modo mais absoluto, contanto que delas não se faça um uso proibido pelas leis ou pelos regulamentos". Esta definição está atrelada à concepção privatística que norteou a Revolução Francesa, marcando o triunfo do liberalismo clássico. A propriedade refletia instituto inserido nos postulados da legalidade e igualdade formal. Neste sentido, Raymond-Théodore Troplong: "Ainsi comprise, la propriété est la plus démocratique des institutions, puisqu'elle a à la base les deux éléments essentiels de la démocratie, la liberté et l'égalité" ("Assim compreendida a propriedade é a mais democrática das instituições, dado que ela tem em sua base os dois elementos essenciais à democracia, a liberdade e a igualdade") (*Mémories de L'Academie des Sciences Morales et Politiques de France,* Paris: edição de Librairie de Firmin Didot Frères, 1850, tomo VII, p. 39). Em rigor, pode-se dizer que se *equiparar o direito de propriedade, enquanto direito absoluto,* a um direito *sem limites,* constituiu-se em erro, e, erro porquanto se abstraiu da consideração das razões históricas, que motivaram imprimir à configuração desse direito esse caráter de absoluto (*v.* GAREA, Rafael Colina. *La función Social de la Propriedad Privada en la Constitución Española de 1978,* cit., no II (em que aborda a modificação do *poder absoluto* para um *poder funcional*), 1, 1-A, p. 83 e ss.

Essas normas delimitadoras – considerando o proprietário como membro integrante de uma sociedade e legitimando-se o direito de propriedade por causa desta – extravasam muito o terreno dos direitos de vizinhança, regulados nos arts. 1.277 a 1.313 do novo Código Civil, devendo respeitar mais intensa e extensamente o campo dos direitos da coletividade, os quais objetivam o bem-estar social (por causa de valores sediados no âmbito do direito público e, portanto, indisponíveis)[28].

No âmbito infraconstitucional, e sem querer esgotar o tema, pode-se citar, entre as leis que relatizam o direito de propriedade, com base no critério da *socialidade,* o Estatuto da Cidade (Lei 10.257/2001), que vincula o cumprimento da função social ao atendimento de exigências de ordenação da cidade previstas no plano diretor (art. 39), assegurando qualidade de vida e justiça social aos cidadãos, bem como o desenvolvimento das atividades econômicas segundo as diretrizes do Estatuto[29].

Esse mesmo estatuto fortaleceu alguns instrumentos, bem como instituiu novos instrumentos, tendentes a relativizar o direito de propriedade com base na *socialidade.* Essa relativização pode ser feita a partir de políticas urbanísticas que estimulem o exercício do direito de propriedade em conformidade com os fins de desenvolvimento harmônico e sustentável das cidades e, também, a partir de restrições mais extremas, em situações como as de tombamento e desapropriação.

O art. 4°, inciso V, do Estatuto da cidade prevê, ao lado da desapropriação e das limitações administrativas, historicamente conhecidas, diversos institutos voltados à habitabilidade das cidades e sustentabilidade de seus habitantes[30].

---

28. Nesse passo, é interessante anotar antiga lição de Savatier, para quem "[...] depuis cette époque, le monde étant devenu beaucoup plus petit, on a constaté que tous les hommes étaient voisins les uns des autres. Ainsi, le droit de propriété, au lieu de rester simplement un droit civil, est, de plus en plus, entré dans les dépendan- ces du droit public" (*Du Droit Civil au Droit Public*, Paris: LGDJ, 1950, p. 40 e ss.) ("[...] desde essa época, tendo o mundo se tornado menor, constatou-se que os homens eram vizinhos, uns dos outros. Desta forma, o direito de propriedade, em lugar de remanescer simplesmente um direito civil, ingressou, cada vez mais, nas dependências do direito público").

29. O art. 2° do Estatuto da Cidade mostra um grande panorama relacionado com as diretrizes gerais a serem seguidas para que seja possível ordenar o pleno desenvolvimento das funções sociais da cidade. Estas diretrizes correspondem dizem respeito: ao planejamento urbano, em todas as esferas governamentais (incs. I a IV); instrumentos específicos (incs. V e VI), voltados ao cumprimento de certos objetivos urbanísticos (inc. VI e respectivas alíneas); à preocupação com a expansão urbanística de forma democrática, integrada e sustentável, com a distribuição isonômica do solo e das facilidades propiciadas pelo ambiente urbano (incs. VII a IX e XII a XV); aspectos pertinentes à ordem financeira e tributária (inc. X).

30. A *servidão administrativa* é restrição igualmente conhecida, dirigida ao caráter exclusivo da propriedade em benefício de um bem de domínio público, mediante indenização. O interesse urbanístico a ser atendido pela imposição deste ônus consiste na ordenação dos espaços habitáveis. O tombamento de imóveis ou de mobiliário urbano também é instituto historicamente utilizado com objetivo de preservar bens de valor histórico, cultural, arquitetônico e ambiental para a população, sobressaindo, com nitidez, sua função urbanística. Por este instituto, como se sabe, não se altera a titularidade do domínio do bem, mas impõe-se ao proprietário o dever de manter e restaurar o bem a fim de preservá-lo manter suas características. O direito de superfície, conhecido desde o Direito Romano e revitalizado pelo Estatuto da Cidade e pelo Código Civil de 2002, pelo qual o proprietário transfere ao superficiário o direito de construir, plantar, manter construção ou demolir edificação em seu imóvel, é também considerado importante instrumento urbanístico para a aplicação concreta da função social da propriedade. Permite-se, por esta via, que o superficiário se incumba de funcionalizar imóvel alheio, com amplo espectro de atuação (Cf. MAZZEI, Rodrigo Reis. O direito de

Ainda nesse diploma, destaca-se a *usucapião especial de imóvel urbano*, que pressupõe a utilização de área total inferior a 250 metros quadrados (por possuidor) para fins de moradia própria ou da família do adquirente do domínio, pelo prazo de cinco anos ininterruptos e sem oposição, desde que não seja proprietário de outro imóvel urbano ou rural (art. 9º do Estatuto da Cidade). O Estatuto também prevê a *usucapião coletiva*, destinada sobretudo à regularização fundiária de favelas. Além da extensão de *mais de* 250 metros quadrados e do prazo de cinco de ocupação por anos ininterruptos e sem oposição, são pressupostos desta modalidade de usucapião: a ocupação por população de baixar renda, a utilização como moradia e a impossibilidade de identificação dos terrenos ocupados por cada possuidor, que não poderão ser proprietários de outro imóvel urbano ou rural.

O instituto da usucapião é ressaltado, entre muitos, por refletir, ao lado da função social da propriedade, a função social da *posse*. O direito à posse gravita em torno da propriedade[31], de tal modo que a ele se agregaram direitos (tais como: *trabalho, moradia* etc.), análogos aqueles influenciaram a concepção de propriedade baseada na socialidade, porquanto o fenômeno possessório é, entre nós e na nossa tradição desde 1916, disciplinado fundamentalmente em função do referencial do direito de propriedade.

O primeiro autor deste trabalho já se manifestou, algumas vezes, sobre a função social da propriedade e da posse[32-33] e, especificamente, sobre os fatores que influenciam a *amenização* da natureza antes absoluta e individual desses institutos. Aqui, importa citar, sobretudo à luz do CC/2002 e do Estatuto da Cidade, algumas manifestações dessa amenização: (a) a possibilidade de usucapir, mais rapidamente, diante de valores do trabalho, moradia e criação da riqueza; (b) a proteção da situação que "consistir em *extensa área,* na *posse ininterrupta* e de *boa-fé,* por *mais de cinco anos,* de *considerável número de pessoas,* e estas nela houverem realizado, em conjunto ou

---

superfície no ordenamento jurídico brasileiro. Dissertação (Mestrado em Direito) – Pontifícia Universidade Católica de São Paulo, São Paulo: 2007, p. 272-363; BARBOSA, Diana Coelho. *Direito de superfície à luz do estatuto da cidade.* Curitiba: Juruá, 2002. p. 135-136)

31. Tanto o Código Civil de 1916 (art. 485) como o de 2002 (art. 1196) assumiram, francamente, a posição da teoria objetiva em relação à posse, segundo a qual a posse gravita, fundamentalmente, em torno da propriedade (por exemplo, servindo ao proprietário-possuidor). Essa a ideia central da obra de Rudolf von Ihering (*Über den Grund des Besitzesschütßes, Eine Revision der Lehre vom Besitz [Do fundamento da proteção possessória: uma revisão da doutrina da posse].* 2. ed. Iena: Ed. Maule, 1869. p. 155-179).

32. V. especialmente: ALVIM NETTO, José Manoel de Arruda. *Comentários ao código civil brasileiro* – Livro introdutório a direito das coisas e o direito civil. t. I, v. XI. Rio de Janeiro: Forense, 2009; ARRUDA ALVIM. A função social da propriedade, os diversos tipos de propriedade e a função social da posse. *In:* GAGLIARDI, Rafael Villar; VENOSA, Sílvio de Salvo; NASSER, Paulo (org.). 10 anos do código civil: desafios e perspectivas. v. 1. São Paulo: Atlas, 2012. p. 568-.

33. Cf., a propósito do tema: ZAVASCKI, Teori Albino. A tutela da posse na constituição e no projeto do novo código civil. *In:* MARTINS-COSTA, Judith (org.). *A reconstrução do direito privado.* São Paulo: Revista dos Tribunais, 2002; ALBUQUERQUE, Ana Rita Vieira. *Da função social da posse e sua consequência frente à situação proprietária.* Rio de Janeiro: Lumen Juris, 2002; DIDIER JR. Fredie, A função social da propriedade e a tutela processual da posse. *Revista de Processo,* v. 161, jul. 2008. p. 9; FIGUEIRA JR., Joel Dias, *Liminares nas ações possessórias.* 2. ed. São Paulo: Revista dos Tribunais, 1999. p. 67. E, mais remotamente: GIL, Hernández. *La función social de la posesión.* Madrid: Alianza Editorial, 1969.

separadamente, *obras e serviços considerados pelo juiz de interesse social e econômico relevante"* [34]; (c) a transformação estrutural das cidades, como consta do Estatuto da Cidade, com vistas a afeiçoar as situações de propriedade ao desempenho de sua função social, *o que virá a ocorrer ao longo do tempo, dependentemente de vontade política e da existência de recursos, os quais demandam articulação entre setor público e privado*; (d) a vedação ao proprietário em exercer o seu direito de propriedade com ânimo ou espírito emulativo; (e) a exigência (Lei nº 8.629/1993), de aproveitamento adequado e racional do solo rural, bem como a utilização racional dos recursos naturais disponíveis[35].

Já se anotou, também, que, para além dos fatores e situações mencionados, que refletem a amenização do direito de propriedade no plano legislativo, a jurisprudência procede, ainda que sem fundamentação expressa nesse sentido, à aplicação direta do disposto no art. 5º, inciso XXIII da Constituição Federal.

A propósito, já foram examinados noutra sede julgados que, na prática, limitaram o exercício do direito de propriedade e da posse, devido ao descumprimento de sua função social pelo proprietário, fora das hipóteses previstas na legislação[36]. Nessas ocasiões, constatou-se que os tribunais utilizaram critérios muito mais *arrojados* que

---

34. Nesse texto do art. 1.228, § 4º, do CC, há três conceitos vagos – *extensa área, considerável número de pessoas* e que estas, em conjunto ou não, hajam realizado *obras e serviços considerados pelo juiz de interesse social e econômico relevante,* o que demonstra o amplo poder de aplicação da norma de que resultou investido o Poder Judiciário, *como, ainda – note-se – a própria "tradução/explicitação do conteúdo" do conceito vago da função social, é, a seu turno, feita por intermédio de outros conceitos vagos.*

35. ARRUDA ALVIM, *Comentários ao código civil brasileiro* – do direito das coisas. t. I, v. IX. (Livro Introdutório). Rio de Janeiro: Forense, 2009.

36. ARRUDA ALVIM. A função social da propriedade, os diversos tipos de propriedade e a função social da posse. *In*: GAGLIARDI, Rafael Villar; VENOSA, Sílvio de Salvo; NASSER, Paulo (org.). 10 anos do código civil: desafios e perspectivas. v. 1. São Paulo: Atlas, 2012. p. 568. Entre os julgados analisados, destacam-se: TJSP, 8ª Câm., Apel. 212.726, *v.u.,* j. 16.12.1994; STJ, 4ª T., Resp 75.659, j. 21.06.2005. Na análise, concluiu-se que "O que se extrai, em suma, dos julgados do TJSP e do STJ, é que a situação consolidada de uma favela, de porte, estabelecida há anos, em confronto com um proprietário inerte, conduz à ilação de que este não estava imprimindo ao bem sua finalidade social e econômica. Em contrapartida, verificou-se nessa favela a concretização de uma situação albergada pela função social da propriedade (o que, paradoxalmente, conduziu a uma decisão contrária aos interesses do proprietário, do único proprietário); ou seja, como o proprietário não se comportava em conformidade com o que determinaria a função social da propriedade, entendeu-se que não tinha direito à ação reivindicatória, ainda que, consta do acórdão, não houvesse se consumado a usucapião. A questão versava o direito à propriedade urbana e, embora invocado o art. 524 do CC/1916, então vigente, foi, em realidade, solucionada a partir de parâmetros que sequer hoje constam do Código Civil vigente, ultrapassando, ainda, o sentido e alcance da normativa ali contida. E, em realidade, decidiu-se com base na CF, art. 5º., XXIII." Também foi analisado caso julgado pelo extinto Tribunal de Alçada do Estado de Minas Gerais, no qual verificou-se hipótese de aplicação do direito processual civil à luz e ao influxo direto do que consta do texto constitucional. O objeto da ação decorreu de esbulho ao exercício da posse pelo proprietário, praticado por um "numeroso grupo de trabalhadores sem-terra" que ocuparam a propriedade. O recurso a que se deu provimento foi dos sem-terra, que receberam permissão para, liminarmente, permanecer na posse até o julgamento final da causa. Naquela oportunidade, deixou-se de conceder medida liminar em ação possessória porque o proprietário de imóvel rural, autor da ação possessória não demonstrou "que a propriedade que atende à função social exigida pela Constituição Federal," mas, ao revés, havia "indícios bastantes" de descumprimento desta função social (Agravo de Instrumento nº 425.429, relator Alberto Vilas Boas, 2ª Câmara Cível, j. em 25/11/2003, publicado no DJ-MG de 07/02/04).

a própria lei infraconstitucional para implementar a função social da propriedade e da posse.

Essa realidade reflete, sem dúvida, o já aludido engrandecimento do papel do Judiciário na criação do direito e, também na amenização do direito civil contemporâneo.

Recentemente, a preocupação com a função social da posse e a relativização do direito de propriedade – e da própria força vinculante do contrato – pôde ser divisada em leis (v. Lei 14.010/2020, art. 9º) e julgados[37] que inviabilizaram transitoriamente o despejo de locatários no período da pandemia da COVID-19, inserindo o elemento da crise sanitária como novo aspecto a ser considerado no panorama de amenização do direito civil contemporâneo[38].

5. CONSIDERAÇÕES FINAIS

A amenização da rigidez dos institutos do direito civil emerge da constitucionalização e da interpretação deste à luz dos tratados internacionais que consagram direitos humanos.

No âmbito do direito de família, observa-se a necessidade de se abrandarem as previsões objetivas e categóricas na própria concepção da entidade familiar. Ainda, o dever de cuidado impõe a reflexão sobre a efetividade de institutos muito rígidos como a responsabilidade civil para a proteção de direitos que se consumam a partir da afetividade entre as pessoas. Por outro lado, a própria via adjudicatória é deficiente para viabilizar o pleno exercício da dignidade humana no ambiente familiar.

No tocante ao direito contratual, a socialidade é via de mão dupla: ao mesmo tempo que impõe a manutenção dos contratos, com o objetivo de satisfazer os interesses individuais e da sociedade, pode conduzir à revisão de cláusulas e à própria rescisão contratual, em casos extremos de inobservância da igualdade material. A necessidade de reequilíbrio das relações sociais e convivência harmônica entre cidadãos e coletividades conduz à ampliação das hipóteses de relativização dos *pacta sunt servanda*, à luz, sobretudo, do princípio da confiança.

Ameniza-se ainda, a noção clássica do direito de propriedade, abandonando-se a ideia de que proprietário possa fazer o que deseja, inclusive, no âmbito do direito de usar e de *não usar*. O perfil atual da propriedade, como de tantos outros direitos leva em conta a situação desse direito de outros, bem como o seu papel no ordenamento jurídico.

---

37. TJMG, AI 1.0000.20.529759-1/001, Rel. des. Roberto Vasconcellos, j. 04.03.2021, DJe 05/03/2021.
38. A propósito, também do direito à posse e do risco das desocupações, imissões na posse e despejo no período da pandemia, cf. a decisão liminar proferida pelo Min. Luís Roberto Barroso na ADPF 828, j. 3.6.2021, pela qual ficam impossibilitadas "medidas administrativas ou judiciais que resultem em despejos, desocupações, remoções forçadas ou reintegrações de posse de natureza coletiva em imóveis que sirvam de moradia ou que representem área produtiva pelo trabalho individual ou familiar de populações vulneráveis".

Por fim, pretendemos demonstrar que esta amenização ocorre tanto no plano da legislação promulgada à luz da Constituição de 1988, como, também, no plano jurisprudencial, de forma tão intensa que os Tribunais algumas vezes se antecipam à legislação, relativizando e reinterpretando textos normativos cuja literalidade já se revela defasados na perspectiva da socialidade.

ALTRUÍSMO E CUIDADO PODE LEVAR A SELEÇÃO NATURAL À SOLIDARIEDADE?

Atahualpa Fernandez

Membro do Ministério Público da União/MPU/MPT/Brasil (Fiscal/Public Prosecutor); Doutor em Filosofía Jurídica, Moral y Política (Ph.D.) pela Universidad de Barcelona, España; Postdoctorado em Teoría Social, Ética y Economía (Postdoctoral research) pela Universitat Pompeu Fabra em Barcelona na España; Mestre em Ciências Jurídico-civilísticas (LL.M.) pela Universidade de Coimbra em Portugal; Postdoctorado em Center for Evolutionary Psychology (Postdoctoral research) da University of California de Santa Barbara em USA; Postdoctorado em Faculty of Law (Postdoctoral research) pela CAU – Christian-Albrechts-Universität zu Kiel de Schleswig-Holstein em Deutschland; Postdoctorado em Neurociencia Cognitiva (Postdoctoral research) pela Universitat de les Illes Balears-UIB na España; Especialista Direito Público pela UFPa. No Brasil. Profesor Colaborador Honorífico (Associate Professor) e Investigador da Universitat de les Illes Balears, Cognición y Evolución Humana / Laboratório de Sistemática Humana/ Evocog. Grupo de Cognición y Evolución humana/Unidad Asociada al IFISC (CSIC-UIB)/ Instituto de Física Interdisciplinar y Sistemas Complejos/UIB/España; *Independent Investigator and Theoretician.*

Marly Fernandez

Doutora (Ph.D.) Humanidades y Ciencias Sociales/ Universitat de les Illes Balears- UIB/ España; Postdoctorado (Postdoctoral research) Filogènesi de la moral y Evolució ontogènica/ Laboratório de Sistemática Humana – UIB/España; Mestre (M. Sc.) Cognición y Evolución Humana/ Universitat de les Illes Balears – UIB/España; Mestre (LL.M.) Teoría del Derecho/ Universidad de Barcelona – UB/ España; Investigadora da Universitat de les Illes Balears – UIB / Laboratório de Sistemática Humana/ Evocog. Grupo de Cognición y Evolución humana/Unidad Asociada al IFISC (CSIC-UIB)/ Instituto de Física Interdisciplinar y Sistemas Complejos/UIB/España.

> *"En última instancia, el altruísmo tiene que ver con pagar un costo personal para ayudar a otros, esto es, con lo que la mayoría de nosotros quiere decir cuando habla de hacer el bien".*
> L. A. Dugatkin.

Sumário: 1. Conduta moral, cuidado e solidariedade – 2. Bases naturais do comportamento social e moral: natureza-cultura – 3. Altruísmo e cooperação avançada – 4. Altruísmo, cuidado e natureza humana.

1. CONDUTA MORAL, CUIDADO E SOLIDARIEDADE

Pode a conduta moral humana, o cuidado e a solidariedade ser explicada em termos de seleção natural?

Essa mesma questão foi proposta por Charles Darwin aduzindo em seu favor a existência de equivalentes ao heroísmo em outros animais. No capítulo IV do *Descent of Man*, Darwin diz:

In Abyssinia, Brehm encountered a great troop of baboons who were crossing a valley: some had ascended the opposite mountain, and some were still on the valley; the latter were attacked by the dogs, but the old males immediately hurried down from the rocks, and with mouths widely opened, roared so fearfully, that the dogs quickly drew back. They were again encouraged to the attack; but by this time all the baboons had reascended the heights, excepting a young one, about six months old, who, loudly calling for aid, climbed on a block of rock, and was surrounded. Now one of the largest males, a true hero, came down again from the mountain, slowly went to the young one, coaxed him, and triumphantly led him away — the dogs being too much astonished to make an attack[1].

Por que, então, não chamamos "solidários" aos babuínos? O próprio Darwin explica: por que carecem de uma condição humana, que é o sentimento moral, o *moral sense*. Essa capacidade para comportar-se de maneira moral é, depois de tudo, somente humana, ainda que outros animais, com os primatas entre eles, poderiam alcançá-la se desenvolvessem o bastante suas faculdades nesse sentido.

O naturalismo ético inaugurado por Darwin fez da moral algo dependente da natureza humana, mas sem indicar em que forma. E mais: as explicações evolutivas acerca das condutas denominadas altruístas (se considera tecnicamente assim uma conduta de todo indivíduo que investe recursos próprios para maximizar a aptidão adaptativa de outro) tropeçaram muito cedo, já na obra de Darwin, com certas dificuldades acerca de como a seleção natural poderia favorecer dita estratégia. Como a gente culta compreende, a seleção natural maximiza a aptidão do indivíduo, o levou a pensar que, se um indivíduo possui a tendência a renunciar a sua aptidão em favor de outro, é provável que seja eliminado pela seleção natural.

Mas acreditamos que trabalharíamos mal as pretensões de uma perspectiva funcional e evolucionista se nos limitássemos, a exemplo da tradição de corte liberal, a uma mera busca e determinação dos limites negativos que a natureza põe aos ideais éticos (e jurídicos). Em realidade, este tipo de análise é muito mais ambiciosa, pois o que busca não é somente a origem e o sentido último do comportamento ético, senão também o de explicar sua origem em uma qualidade que torna possível o cuidado e a solidariedade, qualidades que usualmente se alude baixo o nome de altruísmo.

Cabem poucas dúvidas de que em muitas espécies os mais fortes são capazes de aniquilar os mais débeis. Não obstante, em um mundo de dependência mútua não seria muito prudente dar semelhante passo. O verdadeiramente importante não é *"por que"* é necessário moderar o egoísmo, senão *"de que modo"* coexistem o cuidado, a solidariedade e o interesse próprio. Como mantêm os indivíduos um equilíbrio que lhes permita satisfazer seus interesses e, ao mesmo tempo, atuar de forma solidária? Se estas perguntas (que se deduzem diretamente do apoio mútuo como fator fundamental de uma sociedade decente) resultam familiares é porque nos enfrentamos com elas a diário.

---

1. Darwin, C. *The descent of man, and selection in relation to sex*. Princeton: Princeton University Press, 1981. p. 20.

2. BASES NATURAIS DO COMPORTAMENTO SOCIAL E MORAL: NATUREZA-CULTURA

O peso das adaptações filogenéticas no desenvolvimento da conduta moral do ser humano parece estar fora de qualquer discussão em toda teoria social normativa que, na atualidade, pretenda ser digna de algum crédito[2]. A evolução da conduta moral não é apenas o resultado da adaptação ao meio ambiente material, tal como pressupôs Engels em ensaio publicado em 1876. Também implicou a seleção de atributos que determinaram o sucesso nas interações entre os membros da mesma espécie. Em termos mais gerais, nossa capacidade ética e nosso comportamento moral devem ser contemplados como um atributo do cérebro humano e, portanto, como um produto mais da evolução biológica e que está determinado pela presença (no ser humano) de três faculdades que são necessárias e, em conjunto, suficientes para que dita capacidade ou comportamento se produza: I) a de antecipar as consequências das ações; II) a de fazer juízos de valor e; III) a de eleger entre linhas de ações alternativas. O desenvolvimento neurocognitivo do ser humano favoreceu o aparecimento de tais faculdades e, a partir delas, surgiu inevitavelmente a moralidade[3]. Na advertência de Changeux[4], cérebro é evidentemente a "base" da linguagem e da moral, e o único meio através do qual os valores chegam ao mundo.

Assim que nosso comportamento, nossas sociedades, nossa cultura e nossas normas de conduta (éticas ou jurídicas) parecem ser a resposta que elaboramos, com os mecanismos psicológicos evolucionados de que dispomos, para solucionar os problemas relativos às exigências e contingências de uma existência essencialmente grupal. E isto se dá graças a uma arquitetura cerebral que confirma a longínqua ideia de Konrad Lorenz, a saber: a existência de um imperativo biológico capaz de combinar respostas instintivas e códigos morais.

Como afirma Antonio Damásio[5], os valores éticos constituem estratégias adquiridas para a sobrevivência dos indivíduos de nossa espécie, mas tais habilidades adquiridas encontram um apoio neurofisiológico nos sistemas neurais de base que executam as condutas instintivas. Os processos cerebrais que têm uma relação com as emoções articulam-se profundamente com os que provocam cálculos de avaliação. E se é certo que o juízo ético-jurídico está baseado em raciocínios que provocam cálculos de avaliação – mas também em emoções e sentimentos morais produzidos pelo cérebro –, não pode ser considerado como totalmente independente da consti-

---

2. Rose, M. *Darwin's spectre*: evolutionary biology in the modern world. Priceton University Press, 2000.
3. Parecem ser três as condições (necessárias e suficientes) que se deram para a evolução da moralidade: 1. *valor do grupo* ou *inclusão social*, que consiste na dependência do grupo para encontrar comida ou para defender-se dos inimigos e depredadores; 2. *apoio mútuo* ou *preocupação pela comunidade*, que consiste na cooperação e intercâmbio recíproco dentro do grupo; 3. *conflito dentro do grupo*, condição segundo a qual os membros individuais de um determinado grupo têm interesses díspares (Waal, F. *Good natured*. The origins of right and wrong in humnans and other animals. Cambridge: Harvard University Press, 1996.)
4. Changeux, J.P. *Fundamentos naturais da ética*. Lisboa: Instituto Piaget, 1996.
5. Damasio, A. R. Compreender os fundamentos naturais das convençoes sociais e da ética, dados neuronais. *In*: Jean-Pierre Changeux (org.). *Fundamentos Naturais da Ética*. Lisboa: Instituto Piaget, 2001. p. 113-129

tuição e do funcionamento deste órgão cuja gênese deverá então ser reintegrada na história evolutiva própria de nossa espécie.

Nesse sentido, as transformações evolutivas do último período do gênero *Homo* modelaram a conduta moral primitiva e se serviram dela para a aparição de grupos cuja sobrevivência dependia sobremaneira da relação mútua entre o grau muito elevado de altruísmo/cooperação e a emergência de uma inigualável capacidade preditiva da conduta humana. E os subprodutos de tais estratégias (sócio-) adaptativas (nelas incluídas, por certo, o cuidado), baseadas na complexidade cognitiva e linguística do ser humano, são o resultado da enorme riqueza de nossa insólita e complicada "inteligência" social.

Ora, se damos por boa a afirmação anterior, chegamos a uma cadeia causal que justifica parte do processo de surgimento da moral. Tem que ver com a circunstância da evolução filogenética, fixada já em nossos antecessores do gênero *Homo*, de uns cérebros o bastante grandes e complexos como para sustentar a arquitetura cognitiva que nos permite realizar juízos avaliativos a respeito do comportamento humano. Nada obstante, a obtenção induvidável durante a filogênesis humana de uns cérebros maiores e mais complexos levanta desde logo um enigma. Dado que o tecido neuronal é o mais "custoso" em termos de necessidades biológicas e energéticas[6], não se pode pensar que se conseguira de forma acidental. Devem existir benefícios importantes derivados da disposição de maiores cérebros. Mas, quais são estes benefícios? Em que consistem?

A resposta pode intentar buscar-se mediante a comparação das condutas filogenéticamente fixadas. Outras espécies de certa complexidade social resolvem suas necessidades adaptativas por outras vias. Durante a evolução dos seres vivos em nosso planeta apareceram ao menos quatro vezes os comportamientos altruístas extremos nas chamadas "espécies eusociales": os himenópteros (formigas, vespas, abelhas, termitas), os camarões parasitários das anémonas dos mares coralinos (*Synalpheus regalis*)[7], as ratas-topo peladas (*Heterocephalus glaber*)[8] e os primatas (com os humanos como melhor exemplo). Pois bem, nem os insetos sociais, nem as ratas-topo e nem os camarões parasitários dispõem de uma linguagem como a nossa.

Seus meios de comunicação podem ser muito complexos. As abelhas, por exemplo, efetuam um exercício de dança específico para transmitir informações sobre a localização e qualidade dos alimentos. Inclusive os animais da espécie mais próxima à humana, os chimpanzés, dispõem de uma variada gama de gestos, gritos e outras condutas para manifestar ou dissimular o medo e a agressividade, da mesma maneira com que manifestam certo sentido de justiça, mostram desejos de congraçar-se e

---

6. Aiello, L. C.; Wheeler, P. The expensive tissue hypothesis: the brain and the digestive system in human and primate evolution. *Current Anthropology*, n. 36, 1995. p. 199-221.
7. Duffy, J. E. Eusociality in a coral-reef shrimp. *Nature*, n. 381, 1996. p. 512-514.
8. O'Riain, M.; Jarvis, J. & Faulkes, C. A dispersive morph in the naked mole-rat. *Nature*, n. 380, 1996. p. 619–621

mantêm relações sexuais complexas[9]. Mas jamais fazem uso de uma linguagem de dupla articulação com estrutura sintática.

A linguagem, pois, pode ser considerada como a chave para rastrear benefícios adaptativos capazes de supor uma pressão adaptativa no sentido dos grandes cérebros dos seres humanos.

A capacidade linguística própria de nossa espécie, que é a ferramenta mais importante para a transmissão da cultura, aporta-nos certas vantagens claras na estratégia de sobrevivência social que os sistemas de comunicação mais simples não poderiam sustentar. Mas seguimos sem conhecer porque a vantagem adaptativa é tão grande como para chegar ao ponto de permitir-nos conhecer "quem fez o que a quem". Podemos predizer em termos de conduta bem definidas as conquências das ações de nossos congéneres, mas, por outro lado, não somos capazes de acudir a uma definição mais precisa de justiça ou de delimitar em que aspecto, por exemplo, a teoria da ética do cuidado é preferível a de um deontologismo mais sossegado.

Para intentar entender e superar a obscuridade tradicional das discussões teóricas na análise da ética quiçá a perspectiva mais fecunda seja a funcional, quer dizer, aquela que não parte de uma suposta (e por vezes reducionista e/ou eclética) perspectiva axiológica, sociológica ou estrutural, senão que intenta dilucidar *para que* serve, por exemplo, a ética do cuidado no âmbito da (evolucionada) existência humana. E uma vez redimensionado e situado este tipo de análise sobre a ética a uma dimensão propriamente evolucionista e funcional, é possível conjecturar que se a ética (e o direito) foi criada pelo homem, para os propósitos do homem, então todos os propósitos que porventura possamos encontrar e extrair dela devem ser devidos, em última instância, aos propósitos do homem. Mas, "quais são estes propósitos?", é algo assim como um mistério.

Contudo, porque os humanos são sempre um problema tão sensível, parece razoável partir da hipótese (empiricamente rica) de que a resposta se encontre (como sucede com as teorias que relacionam o tamanho do cérebro com a inteligência social), na necessidade de competir com êxito na complexidade de nosso estilo de vida social, isto é, na forma pela qual nossos antepassados homínidos resolveram um problema adaptativo associado aos múltiplos e incessantes relacionamentos derivados de uma vida substancialmente grupal: nossos ancestrais homínidos, em algum momento de nosso passado evolutivo, necessitaram (por pressões seletivas) gerar um modelo de comportamento, melhor que as alternativas então existentes, que permitisse uma otimização *funcional* e *adaptativa* do mecanismo de funcionamento das formas elementares de sociabilidade que parecem estar arraigadas na estrutura de nossa arquitetura mental.

---

9. de Waal, F. *Good natured. The origins of right and wrong in humnans and other animals*. Cambridge: Harvard University Press, 1996.

Assim as coisas, uma explicação darwiniana sobre a evolução da ética (e do direito) supõe que as normas de conduta (no caso, de natureza moral e jurídica) representaram uma vantagem seletiva ou adaptativa para uma espécie essencialmente social como a nossa que, de outro modo, não haveria podido prosperar. Tais normas plasmaram a necessidade da possessão de um mecanismo operativo que permitisse habilitar publicamente nossa capacidade inata de inferir os estados mentais e de predizer o comportamento dos indivíduos. De tal maneira se ampliaria o conhecimento social entre os membros do grupo e se desenvolveria nossa também inata capacidade para cooperar e resolver conflitos sociais sem necessidade de recorrer a formas de hierarquização e organização social típicas de numerosas espécies animais, como a agressividade[10]. Um tal mecanismo normativo supõe a possibilidade de oferecer soluções a problemas adaptativos práticos, delimitando (mais do que compondo conflitos) por via não conflitiva os campos em que os interesses individuais, sempre a partir das reações do outro, possam ser válida e socialmente exercidos[11].

De uma maneira geral, resulta impossível fixar uma origem da moral (e do direito), nem mesmo se a entendemos da maneira mais ampla e flexível imaginável. Mas temos sustentado que essa origem tem que ver com um desafio adaptativo que os seres humanos tiveram que afrontar: um desafio que nasceu da necessidade humana de entender e valorar o comportamento de seus congêneres, de responder a

---

10. Tal como assinala o evolucionista Richard Alexander, a principal força hostil da natureza encontrada pelo ser humano é o outro ser humano. Os conflitos de interesses estão onipresentes e os esforços competitivos dos outros membros de nossa espécie se converteram no traço mais caracteristicamente marcante de nosso panorama evolutivo. Em virtude de que todos temos as mesmas necessidades, os outros membros de nossa própria espécie são nossos mais temíveis competidores no que se refere a vivenda, emprego, companheiro sexual, comida, roupa etc. Sem embargo, ao mesmo tempo, são também nossa única fonte de assistência, amizade, ajuda, aprendizado, cuidado e proteção. Isto significa não somente que a qualidade de nossas relações sociais foi sempre vital para o bem-estar material de nossa espécie, como a solução pacífica dos conflitos e a igualdade passaram a ser uma estratégia eficaz para evitar os altos custos sociais da competição e da desigualdade material. Essas considerações vão ao âmago mesmo dos dois tipos distintos de organização social encontrados entre os humanos e os primatas não hominídeos: o que se baseia no poder e domínio ("agônico") e o que se baseia em uma cooperação mais igualitária ("hedônico"). Devido a que as sociedades de classes têm sido predominante ao largo da história da humanidade, temos a tendência a considerar como norma humana as formas agônicas de organização social. Mas isso passa por alto da evidência de que durante nossa pré-história como caçadores-recoletores – a maior parte da existência humana – vivemos em grupos hedônicos. De fato, os antropólogos qualificaram de "firmemente" igualitárias as sociedades modernas de caçadores-recoletores. Em uma análise de mais de um centenar de informes antropológicos sobre vinte e quatro sociedades recentes de caçadores-recoletores extendidas ao largo do planeta, Erdal e Whiten chegaram à conclusão de que estas sociedades se caracterizavam por um "igualitarismo, cooperação e reparto a uma escala sem precedentes na evolução dos primatas..., de que não há hierarquia dominante entre os caçadores-recoletores [...], e de que o igualitarismo é um universal intercultural que provêm sem lugar a dúvidas da literatura etnográfica". Em resumo, o igualitarismo das sociedades de caçadores-recoletores – recentes em termos evolutivos –, que marcou as pautas de nossa existência passada enquanto seres humanos "anatomicamente modernos", deveria considerar-se como uma eficaz estratégia sócio-adaptativa que evitava os altos custos sociais da desigualdade material. (Alexander, R. *Darwinismo y asuntos humanos.* Barcelona: Salvat, 1994. E Erdal, D.; Whiten, A. Egalitarism and machiavellian intelligence in human evolution. *In:* Mellars, P.; Gibson, K. (org.). *Modelling the early humand mind.* Cambridge: McDonald Institute Monographs, 1996. p. 136-160.)

11. Ricoeur, P. *Le juste.* Paris: Esprit, 1995.

ele, de predizê-lo e de manipulá-lo e, a partir disso, de estabelecer e regular as mais complexas relações da vida em grupo. Outras espécies como as dos chimpanzés têm pressões seletivas muito similares e, ainda assim, não desenvolveram nossos sistemas de normas estabelecidos através de códigos explícitos.

Cabem poucas dúvidas, pois, acerca do carater da ética (e do direito) como ferramenta destinada a resolver conflitos grupais e de manter vivo um limite (ainda que mínimo) de altruísmo e cooperação entre os membros de nossa espécie. Mas o carater distintivo não significa que a moral e o direito se vejam livres de qualquer tipo de fator ou influência que provem das circunstâncias específicas em que se produziu a evolução coordenada do cérebro humano, dos grupos de homínidos e de suas soluções culturais.

Não somos crianças errantes que ocasionalmente pecam por desobedecer a instruções procedentes de um ser indefinível, estranho e exterior de nossa espécie; somos adultos que descobrimos que determinados pactos são necessários para resolver problemas recorrentes relativos à sobrevivência, ao êxito reprodutivo e à vida em comunidade, e aceitamos a necessidade de assegurá-los mediante juramento "sagrado". Os sentimentos morais (o cuidado, a solidariedade...) derivam de nossa arquitetura cognitiva inata e os códigos éticos e jurídicos, por sua vez, surgiram como produtos da interação da biologia e a cultura. Mas é importante entender que se trata de um processo de influências mútuas, de tal forma que as primeiras expressões normativas deveram cambiar o próprio entorno de desenvolvimento da inteligência social.

Entendidas assim, as normas éticas e jurídicas não são simplesmente um conjunto de regras faladas, escritas ou formalizadas que as pessoas seguem. Representam a formalização de regras comportamentais, sobre as quais uma alta percentagem de pessoas concorda. Refletem as inclinações do comportamento humano e oferecem benefícios potenciais àqueles que as seguem. Quando as pessoas não reconhecem ou acreditam nesses benefícios potenciais, as normas são, com frequência, não somente ignoradas ou desobedecidas – pois carecem de legitimidade e de contornos culturalmente aceitáveis em termos de uma comum, consensual e intuitiva concepção de justiça –, senão que seu cumprimento acaba condicionado a um critério de autoridade que lhes impõem por meio da "força bruta"[12]. E uma vez que a sociedade usa leis para encorajar as pessoas a se comportar diferentemente do que elas se comportariam na falta de normas, esse propósito fundamental não somente torna a ética e o direito altamente dependentes da compreensão das múltiplas causas do comportamento humano como, e na mesma medida, faz com que quanto melhor for esse entendimento da natureza humana, melhor a ética e o direito poderão atingir seus propósitos.

Da mesma forma, formulamos juízos de valor sobre o justo e o injusto não somente por razões de cálculo, como expressam a teoria dos jogos e as teorias sociais

---

12. Gruter, M. *Law and the mind*. London: Sage, 1991.

normativas, senão porque também estamos dotados de certas intuições morais inatas e de determinados estímulos emocionais que caracterizam a sensibilidade humana e que permitem que nos conectemos potencialmente com todos os demais seres humanos. Essas estratégias, se plasmam grande parte de nossas intuições e emoções morais, não são construções arbitrárias, senão que servem ao importante propósito de, por meio de juízos de valor, tornar a ação coletiva possível – e parece razoável admitir que os seres humanos encontram satisfação no fato de que as normas sejam compartidas pelos membros da comunidade. Daí que as virtudes da solidariedade, do cuidado, da tolerância, da compaixão e da justiça não são fórmulas políticas que nos esforçamos para alcançar, sabendo das dificuldades do caminho, mas compromissos que assumimos e esperamos que outros assumam.

Em contra do estabelecido pelo modelo do *Homo economicus*, o que nos incita a comportar-nos moral e juridicamente não é o cálculo deliberado entre as possibilidades de obter certo benefício ao incumprir uma norma estabelecida e o risco que se corre ao ser descobertos e castigados por nosso ato. Tampouco funcionamos mediante uma adesão consciente a normas com as que racionalmente comungamos. Entram em jogo melhor certas intuições ou sentimentos morais de grande importância nas relações humanas, e o fazem de um modo sub-reptício, espontâneo, sem dar-nos apenas conta dele: empatia, remordimento, vergonha, humildade, sentido de honra, prestígio, compaixão, compa-nheirismo. E isto é fundamental na eleição moral porque, se há algo que a moralidade leva implícito, são as convicções fortes: estas não surgem – ou não podem surgir – através da fria racionalidade kantiana, senão que requerem preocupar-se pelos outros e ter fortes instintos viscerais sobre o que está bem ou mal[13]. Simplesmente atuamos diante de uma regra de conduta do modo como nos ensinam a atuar, motivados pelo desejo inato de "identificação grupal", enormemente favorecido por meio da adoção de práticas sociais e comportamentos comuns que funcionam em uma determinada coletividade.

O cuidado e a solidariedade, se os entendemos mais além da expressão formal das teorías acadêmicas e das normas de conduta, não são invenções de pensadores ou construções intelectuais. Apareceram e evolucionaram como parte de nossa na-tureza a partir de um largo e tortuoso processo coevolutivo e, para compreendê-los, devemos mirar para dentro do cérebro: para a forma como o conjunto mente/cérebro processa os instintos e as predisposições que permitem criar e explorar os vínculos sociais relacionais alí existentes e cuja gênese deverá então ser reintegrada na história evolutiva própria de nossa espécie.

3. ALTRUÍSMO E COOPERAÇÃO AVANÇADA

Assim que não há nada de mal em reconhecer que a natureza põe limites ao so-cial, ao moral e ao juridicamente alcançável, e que o desconhecimento destes limites acarreta custos sociais que podem ser evitados.

---

13. Waal, F. de. *El simio y el aprendiz de sushi. Reflexiones de un primatólogo sobre la cultura.* Barcelona: Paidós, 2002.

Para o que aqui interessa, o problema central passa a ser o da evolução do altruísmo, cuja aparição e a persistência em distintas espécies animais parece uma contradição à luz da teoria da evolução, uma vez que se trata de um daqueles traços comportamentais que aparentemente diminui o êxito adaptativo dos indivíduos que os possuem e que por ele deveriam ser eliminados pela seleção natural.

Durante mais de cem anos, na comunidade científica se desenvolveu um vaidoso debate acerca do significado do altruísmo nos animais humanos e não humanos. Iniciada em 1859, a polêmica foi muito relevante porque a posição dominante determinaria nossa maneira de contemplar a origem da bondade ou da generosidade. Mas, em que consiste o altruismo? Qual é a natureza e os tipos de altruísmo que, sendo a expressão da empatia e da simpatia, constitui um dos pilares da moralidade humana e está na base do comportamento social?

Para começar, diremos que somente há moral e sociedade na medida em que cada indivíduo consagra uma parte do seu tempo e de suas energias mais às tarefas de interesse coletivo do que a garantir a sua própria sobrevivência imadiata e êxito individual[14].

No marco da teoria da evolução, a explicação do altruísmo parte, em primeiro lugar, do pressuposto de que os traços de um organismo dependem de seus genes. Quando aparece um novo traço em um indivíduo de uma espécie (por mutação genética), e este traço contribui à aptidão para sobreviver de seu possuidor em um entorno natural dado, haverá uma pressão da seleção natural em favor desse traço, quer dizer, este persistirá e se propagará hereditariamente na espécie. A aptidão para sobreviver ou êxito adaptativo se mede pelo êxito reprodutivo, pelo número promedio esperado de seus descendentes. Esta relação entre genes, fenotipos, aptidão para sobreviver e seleção natural vale tanto para os traços físicos como para os psicológicos ou do comportamento. A pergunta é, então, se o comportamento altruísta é um traço que possa contribuir para incrementar a aptidão para sobreviver e seja por ele seleccionado pela pressão do entorno.

Para responder esta pergunta é necessário ter presente quais tipos de comportamentos podem ser chamados altruistas. Um comportamento é altruista se cumpre dois requisitos: I) ter efeitos positivos na aptidão de sobrevivência de um indivíduo não descendente do indivíduo que se comporta como altruísta, e II) efeitos negati-

---

14. Para Martin Hoffman, por exemplo, é na empatia que se assentam as raízes da moral. Em sua opinião, é a empatia em relação às possíveis vítimas, o fato de compartir a angústia de quem sofre, de quem está em perigo ou de quem se acha desvalido, o que nos impulsa a ajudá-las. E mais além desta relação evidente entre a empatia e o altruísmo nos encontros interpessoais, Hoffman propõe que a empatia – essa capacidade de colocar-nos no lugar do outro, de identificar-nos uns com os outros e compartilhar nossos sentimentos – é, em última instância, a base de nossos relacionamentos e o fundamento da atitude ética. Como produto e projeto do homem, toda e qualquer conduta social normativa não deveria – e, portanto, não poderia – jamais prescindir da compreensão e do sentimento pelos outros, pois este é o instinto biológico que está na base do agir moral: não para merecer prêmios ou escapar de castigos, mas simplesmente para seguir uma intuição moral que provém da raiz humana compartida e do código genético comum que está inscrito na arquitetura mental de cada um de nós.

vos na aptidão de sobrevivência do individuo que se comporta como altruísta e por conseguinte de sua descendência. Em geral, ambos os requisitos se dão automaticamente juntos, pois quando um indivíduo favorece a outro que não é seu descendente incorre em um custo, por mínimo que seja, em sua aptidão para sobreviver e na de seus descendentes.

Por isso utilizam os sociobiólogos e etólogos o termo altruísmo para estes traços, posto que também em nossa compreensão cotidiana dizemos que alguem é altruísta quando incorre em um sacrifício pessoal em favor de outra pessoa. A diferença do conceito sociobiológico com o conceito cotidiano é que no conceito sociobiológico não se presta atenção aos motivos do comportamento, senão somente aos efeitos observáveis dele. Por outro lado, segundo o conceito biológico, a ajuda prestada aos descendentes por via do cuidado paternal não é altruísmo, porque se dirige diretamente à própria prole e incide positivamente sobre o próprio êxito reprodutivo[15].

De qualquer forma, o altruísmo levanta um problema. Darwin o teve presente ao menos com respeito a dois traços cuja persistência não era facilmente explicável em termos de êxito adaptativo. Perguntava-se, por um lado, pela persistência da moralidade nos humanos e, por outro, pela de castas estéries nos insetos sociais. Tanto a esterilidade como a moralidade não parecem a primera vista ser beneficiosas para seus possuidores, ao menos não em termos de êxito reprodutivo. Segundo a teoria da evolução, estes traços deveriam haver-se extinguido rapidamente depois de sua aparição.

Darwin sugeriu uma solução a este aparente dilema para sua teoria. Relativamente ao problema da moralidade humana, Darwin apontou o seguinte:

> *É extremamente duvidoso que a prole dos pais mais benévolos e solidários ou dos que são mais fiéis a seus camaradas se possa criar em maiores números que a prole dos pais mais egoístas e traiçoeiros da mesma tribo. Quem esteja disposto a sacrificar sua vida antes que trair a seus camaradas acabará sem descendência antes de ter oportunidade de herdar sua nobre natureza. Mas ainda que um alto nível de moralidade não dê vantagens aos indivíduos particulares e a sua descendência, um progresso no nível de moralidade e um aumento no número de indivíduos nobres pode dar uma imensa vantagem a uma tribo sobre a outra.*[16]

E a respeito dos insetos sociais disse: *"[...] se os insetos (que resultam estéries) já eram sociais e se é uma vantagem para a comunidade que vários deles nasçam capazes de trabalhar, mas incapazes de procriar, não vejo dificuldade para que este estado de coisas se perpetue por seleção natural*[17].*"*

---

15. Sober, E. & Wilson, D. S. *Unto others*. The evolution and psichology of unselfish behavior. Harvard: Harvard University Press, 1998.
16. Darwin, C. The descent of man, and selection in relation to sex. Princeton: Princeton University Press, 1981. p. 63.
17. Darwin, C. The descent of man, and selection in relation to sex. Princeton: Princeton University Press, 1981. p. 63.

A solução que Darwin sugere aqui é que, se bem a esterilidade e a moralidade não ajudam à sobrevivência de seus possuidores por anular em um caso ou diminuir no outro o êxito reprodutivo do indivíduo, estes traços podem sem embargo ser úteis a uma *comunidade* particular e favorecer seu êxito reprodutivo sobre outras comunidades ou grupos. Darwin sugere então, como solução a seu dilema, que a seleção pode operar sobre traços que beneficiem a *grupos* e não a *indivíduos*. Mas é preciso notar que a de que a seleção pode ter traços que favoreçam a grupos, não é a ideia standard da teoria de Darwin. A ideia standard é que os traços selecionados pela pressão do entorno são traços com efeitos benéficos para o *indivíduo* particular.

Pode entender-se o altruísmo de ao menos quatro maneiras diferentes e perfeitamente compatíveis entre si, sendo que recentemente passou-se a admitir uma nova explicação menos reducionista: a seleção de grupo. Resumidamente, os tipos de altruísmo podem ser agrupados da seguinte for.

Em primeiro lugar, os animais realizamos sem pestanear ações em benefício de nossos parentes porque eles são (em maior ou menor medida segundo o grau de parentesco) portadores de nossos genes, que com sua sobrevivência e reprodução podem ser replicados e estendidos ao longo de sucessivas gerações. A preocupação humana ante o sofrimento não é proporcional à intensidade ou quantidade do mesmo, senão ao grau de parentesco de quem o padece: ainda que acreditemos que não deveria ser assim, o certo é que nos importa mais um "arranhão" que sofreu nosso filho em um acidente de trânsito – por exemplo – que a morte de 2.000 pessoas desconhecidas em um terremoto ocorrido em algum lugar muito remoto do mundo. Quantos mais genes compartidos, mais altruismo; quantos menos, mais indiferença. Esta teoría, proposta a finais dos anos sessenta por William Hamilton, se conhece como *seleção familiar ou de parentesco*[18].

Em segundo lugar, quando os comportamentos altruístas aparecem entre indivíduos não emparentados é devido a que se estabelece entre eles uma expectativa de reciprocidade. Toda ação altruista está condicionada pela exigência ou a esperança de que quem dá aos demais acaba recebendo cedo ou tarde deles alguma compensação, ainda que seja em forma de prestígio moral. A contrapartida da ação altruista não tem por que ser a mesma. Não se trata necessariamente, pois, de um «eu me sacrifico por teu bem estar se tu fazes o mesmo por mim», senão mais bem de um «eu me sacrifico por teu bem estar se obtenho alguma compensação por isso». A esta modalidade de altruísmo a denominou em 1972 seu máximo defensor, o biólogo Robert Trivers, *altruismo recíproco*[19].

Em terceiro lugar, quando um animal exibe uma conduta que resulta claramente perigosa para sua sobrevivência, como a que mostra o macho alfa de um grupo de primatas ao defender aos mais débeis de seu grupo, pode estar simplemente mos-

---

18. Hamilton, W. D. The Genetical Evolution of Social Behavior. *Journal of Theoretical Biology*, n. 7, 1964. p. 1-52.
19. Trivers, R.L. The evolution of reciprocal altruism. *Quarterly Review of Biology*, n. 46, 1971. p. 35-56.

trando ante os machos rivais sua superioridade e, em especial frente às fêmeas, suas magníficas qualidades naturais. Ocorre então algo parecido como quando um pavão real exibe uma majestosa calda: se põe em evidência ante seus depredadores, mas isso lhe serve para ir mais além da promoção do bom estado de saúde que evidencia sua plumagem: faz gala de seu valor na exposição frente ao perigo. O comportamento altruísta pode ser fruto do mesmo mecanismo, denominado pelo investigador Amotz Zahavi *princípio de handicap*, que apesar de nao parecer, é completamente adaptativo. É adaptativo fomentar o prestígio frente a congêneres com os que podemos chegar a aparear-nos mediante atos de desprendimento altruísta; se arrica a vida, mas, se se sobrevive, se ganha em eficácia reprodutiva[20].

Em quarto lugar, se tem sugerido que o altruísmo, especialmente o que se realiza espontâneamente com desconhecidos quando se encontram em situação de perigo, pode ser entendido como um intercâmbio de favores em que o indivíduo que arrisca sua vida por outro é recompensado mediante a intervenção de terceiros; se alguém salva a ma criança de morrer afogada em uma piscina pondo em perigo sua vida, todo o grupo tomará conhecimento em pouco tempo (os humanos estamos sempre muito pendentes dos acontecimentos sociais), e a imagem dessa pessoa como valente e despreendida ficará firmemente fixada na comunidade, o qual lhe servirá de ajuda em suas relações, em seus negócios, em sua ascenção na hierarquia social etc. O que os demais pensam de nossas ações tem uma grande importância para nossas atitudes morais. Este mecanismo se chama *reciprocidade indireta*, e foi formulado pelo sociobiólogo Richard Alexander em seu livro *The Biology of Moral Systems*[21]; se parece ao defendido por Amotz Zahavi, mas situa-se fundamentalmente no benefício recebido por parte da comunidade inteira e não exclusivamente por parte de um congênere do sexo oposto.

Por último, a teoria da seleção de grupo. Esta foi considerada até há muito pouco tempo como uma heresia pelos darwinistas. Como deixaram bem estabelecido os fundadores da teoria sintética da evolução do século XX, a unidade de seleção natural é o indivíduo. A ideia de uma seleção de grupos e não de indivíduos foi fortemente criticada e segue sendo controversa. Depois de um trabalho muito reconhecido de George Williams no ano de 1966, parece haver certo "consenso" no sentido de que a evolução do altruísmo por uma seleção de grupos como a que sugere Darwin não é matematicamente impossível, mas sim altamente improvável. Pode suceder em condições evolutivas muito especiais que não é muito provável que se cumpram. Mas se segue debatendo a possibilidade de falar-se de outros níveis de seleção: o do gen, o do grupo... De fato, o que interessa ao gen pode não interessar ao indivíduo; daí as enfermidades de origem genético. E o que interessa (no sentido biológico de sobreviver e procriar) a um indivíduo pode não interessar ao grupo; daí, precisamente,

---

20. Zahavi, A.; Zahavi, A. *The handicap principle*: a missing piece of Darwin's puzzle. Oxford, Oxford University Press, 1997.
21. Alexander, R. *The biology of moral systems*. New York: Aldine de Gruyter, 1987.

os conflitos de interesses entre indivíduos do mesmo grupo. Ao fim e ao cabo, como defendeu em seu dia Richard Dawkins, os indivíduos somos veículos através dos quais os genes se replicam a si mesmos em sua implacável luta contra a entropia[22].

Mas parece razoável supor que um grupo de indivíduos pode ser também uma unidade de seleção natural. Pensemos em um cenário em que há vários grupos. Nestes grupos há distinta proporção de indivíduos altruístas: em uns predominam os altruistas, em outros os egoístas. Seria perfeitamente possível que os grupos nos quais predominem os altruistas fossem em peral mais eficaces, quer dizer, deixassem mais descendentes, que os grupos nos quais predominem os egoístas. Ainda que dentro de cada grupo se encontrassem individualmente favorecidos os egoístas, a eficácia destes seria suficientemente contrapesada pela maior eficácia global dos grupos onde predominam os altruistas, com o que no acervo genético iriam ganhando os genomas com tendência ao altruismo. Deste modo se está considerando o grupo como unidade de seleção: o único que se necessita para que isto funcione é, como se disse, que os altruistas e os não altruistas se concentrem em diferentes grupos[23].

Nada obstante, os teóricos da evolução têm insistido em outros modelos evolutivos que, sem apelar à ideia da seleção de grupos, servem para explicar a existência de comportamentos altruístas e muito particularmente da moralidade nos humanos. Por exemplo, com a intenção de explicar estes atos paradoxos a sociobiología cunhou o conceito de "aptitude inclusiva" (Hamilton, 1964), desenvolvendo ao redor dele uma teoria não individual de evolução por seleção natural: a "seleção de parentesco".

As implicações da seleção de parentesco, e de outros modelos do comportamento altruísta, como o altruísmo recíproco, tem resultado de grande interesse para os propósitos do naturalismo ético, mas que, por outro lado, põe em pauta de discussão uma questão em particular: se damos por sentado que a seleção de parentesco (ou qualquer das outras hipóteses alternativas) pode explicar com notável êxito o comportamento altruísta das formigas e das ratas, nos será útil também para explicar o altruísmo humano? Dito de outro modo: Estamos referindo-nos ao mesmo fenômeno quando falamos de altruismo, tanto nas formigas como nos seres humanos?

A relação entre o altruísmo moral (o humano) e o altruísmo biológico (o animal) parece ser demasiado complexa como para responder com um simples sim ou não a dita pergunta. Autores como Bertram, Voorzanger, D.S. Wilson e Settle já trataram, entre outros, do problema mostrando ao menos as numerosas dificultades que encontraremos sempre que estemos dispostos a transferir ao campo do ser humano uns modelos e umas teorias estabelecidos para a interpretação do comportamento dos himenópteros. Mas, ainda aceitando que tais dificultades existem, não podemos estar de acordo em absoluto com Voorzanger ou Settle quando afirmam que o altruísmo biológico não tem nada que ver com o altruísmo moral.

---

22. Dawkins, R. *El gen egoísta*. Barcelona: Salvat, 2000.
23. Sober, E.; Wilson, D. S. *Unto others*. The evolution and psichology of unselfish behavior. Harvard: Harvard University Press, 1998.

Simplesmente se está afirmando que entre um e outro fenômeno há conexões impossíveis de se dissimular. Se o conceito de altruismo biológico que se está manejando é o que tratamos aqui, o de uma conduta que produz um descenso na aptidão biológica do autor, resulta difícil negar que o altruismo moral, como tal conduta, conduz de fato a um *handicap* assim. É algo evidente, por muita alergia que se tenha com relação ao naturalismo, mais ou menos forte segundo o alcance que se lhe dê como fator responsável pela constituição e desenho da moralidade humana. Em síntese, a importância da relação mútua entre altruismo genético e a emergência de uma conduta moral mais complexa, no momento em que a espécie humana estava desenvolvendo suas capacidades cognitivas e a linguagem articulada, parece estar fora de dúvidas.

A conduta humana (para a qual reservaremos o termo "altruísmo moral") está fixada também por seleção natural, assim que obedece por completo à definição do altruísmo biológico que dávamos antes. Os humanos, por meio do comportamento moral, diminuem seus recursos ao favorecer a outros indivíduos, parentes ou não. O "altruísmo moral" é, portanto, um tipo especial de "altruísmo biológico". Esta é a postura que cabe assinalar a Darwin, aos neodarwinistas, aos etólogos e aos sociobiólogos. Mas conviria insistir em algo que, por óbvio, não se deve (e não se pode) deixar, com frequência digna da melhor causa, olvidar: ao sustentar que o autruismo moral é um tipo especial de altruismo biológico não se está reduzindo a ética à biologia.

Dado por inequívoco o fato que a moralidade humana postula uma cooperação e um comportamento altruísta que de fato transcendem as fronteiras das relações de parentesco, nos limitaremos a analisar, para o que aqui nos interessa e com algo mais de detalhe, um dos modelos que trata de dar uma explicação razoável à evolução do comportamento moral humano. O mais prometedor pelo momento parece ser o modelo proposto inicialmente por Robert Trivers, em um artigo de 1972, intitulado "*The evolution of reciprocal altruism*" e desenvolvido posteriormente por Robert Axelrod, em um artigo publicado em 1981, "*The emergence of cooperation among egoists*"[24].

Trivers se lança a buscar a solução da evolução da cooperação para além dos estreitos limites do parentesco. Parte da mesma ideia que já havia preocupado a Darwin: em uma população mixta de altruístas puros e de egoístas puros, os altruístas terminarão por desaparecer devido a seu menor êxito adaptativo. Trivers anota, contudo, que os altruístas podem prosperar e propagar-se se desenvolvem um altruísmo menos puro e altivo, e ajudam somente aos que estão dispostos a corresponder. Posteriormente Axelrod desenvolveu esta ideia e sustentou com a ajuda de investigadores dedicados à teoria de jogos e a outras disciplinas, que um jogo ao que denominaram *TIT FOR*

24. Axelrod, R. The Emergence of Cooperation Among Egoists. *The american political science review*, n. 75, 1981. p. 306-318.

TAT – em português talvez 'um por outro' ou 'olho por olho' – é uma estratégia muito mais exitosa que o puro egoísmo[25].

Trata-se do programa apresentado pelo professor de psicologia A. Rapoport, da Universidade de Toronto, e cujas características que o tornam uma estratégia bastante estável e eficaz são três: em primeiro lugar, se trata de uma estratégia *amável* que nunca é primeira em deixar de cooperar ou, em outras palavras, que não abandona a cooperação sem ser incitado a ele (abandono); em segundo lugar, responde de imediato ao término da reciprocidade ; por último, não é uma estratégia *rancorosa* senão que volta a corresponder tão pronto como o oponente esteja disposto a fazê-lo.

TIT FOR TAT é uma estratégia para a interação social entre indivíduos que se aplica quando as interações são numerosas, em todo caso mais de uma, como de fato costumam ser sempre as interações sociais. Consiste em que o indivíduo se comporta como altruísta na primeira interação, e nas interações posteriores se comporta exatamente da mesma forma como se comportou o sócio escolhido, quer dizer, mantém seu altruísmo somente se foi correspondido, do contrário se comporta como egoísta. Isto implica que o indivíduo pode guardar memória de se foi correspondido ou não por outro ao que solicitou ajuda e atuar de acordo.

Essa, aliás, a razão pela qual o altruísmo recíproco não funciona com os indivíduos que se vêem pouco ou que têm dificuldades para identificar-se e para saber quem lhes fez um favor: necessitam ter boa memória e relações estáveis, como ocorre com os primatas. E como o principal objetivo da cooperação e da coesão social é o apoio mútuo, é natural que semelhantes relações se estabeleçam sobretudo entre indivíduos que compartem interesses.

Em lugar de simplificar a relação entre genes e a conduta, Trivers se concentra nos níveis intermédios, como as emoções e os processos psicológicos. Também distingue entre distintos tipos de colaboração baseando-se no que cada participante aporta e obtem dela. Por exemplo, a cooperação com uma compensação imediata não é altruísmo recíproco.

Obviamente que este processo é muito mais complexo que a simples cooperação simultânea. Por exemplo, há o problema da primeira vez que um indivíduo ajuda, que é todo um risco, já que nem todo mundo acata as regras. Se eu ajudo a um amigo a carregar um piano, não sei se mais adiante ele fará o mesmo por mim. Ou se um morcego comparte o sangue com outro, não há nenhuma garantia de que ao dia seguinte o outro lhe devolverá o favor. O altruísmo recíproco difere dos demais modelos de cooperação porque se estabelece com riscos, depende da confiança e

---

25. De fato, não é fácil encontrar uma expressão em português que transmita a ideia básica de *TIT FOR TAT*. Mas, como advertiu L.L. Cavalli-Sforza, *TIT FOR TAT* não tem somente um sentido negativo: devolve mal por mal, mas também bem por bem. Assim que parece mais razoável utilizar a frase *pagar com a mesma moeda*, mais acorde com a origem da sentença inglesa que, de acordo com o dicionário Webster´s, deriva de *plus tip for plus tap*, algo assim como mais gorjeta por mais cerveja (de barril).

requer que os indivíduos cujas contribuições deixam a desejar sejam rechaçados ou castigados para evitar que o sistema inteiro se venha abaixo.

Este modelo explica por certo como pode evolucionar uma forma de cooperação entre indivíduos não emparentados e resolver assim um dos enigmas que preocupava a Darwin. Não obstante, é óbvio que aqui também se pode objetar que este "altruísmo recíproco", como foi denominado por Trivers, não é o altruísmo desinteressado de que falam algumas teorias éticas. Isto é certo, mas, em consideração à imparcialidade, há que anotar que nem todas as teorias éticas elaboradas pelos filósofos reconhecem a existência de um altruísmo puramente desinteressado.

O filósofo escocês David Hume, por exemplo, enfatizou que o ser humano não está confinado a um puro egoísmo e é capaz de verdadeiro afeto e generosidade, mas assinalou que estes são realmente desinteressados no seio dos estreitos vínculos familiares. Para além destes estreitos limites a cooperação social está sujeita à condição da reciprocidade. Isto é o que Hume chama a *virtude artificial da justiça.* Também é interessante notar que ao menos um filósofo moral contemporâneo, que se ubica na tradição humeana da justiça, o liberal norteamericano John Rawls, simpatiza com a ideia de que o sentido da justiça que dá estabilidade a nossas sociedades tem fundamentos biológicos e é produto da evolução por seleção natural.

Rawls simpatiza especialmente com o conceito de "altruísmo recíproco" de Trivers que acabamos de expor. Anota que é este conceito e não o conceito do puro altruísmo, o que pode dar um fundamento biológico à virtude da justiça como equidade, que é central em sua própria filosofia moral. Uma explicação bastante simples da justiça e da igualdade, porque é justamente o contrário da horrível tradição liberal acerca do monismo motivacional do comportamento humano e, em biologia, da lei da selva.

De modo que se alguém pretenda pôr em dúvida que a investigação de corte sociobiológico sobre o altruísmo possa dar uma explicação evolucionista e funcionalista da origem da ética, do cuidado e da solidariedade, assim como das atitudes ético-jurídicas fundamentais, poderá apaziguar sua dúvida pensando em filósofos como Hume e Rawls, que dão exemplo de que ao menos certos estilos de filosofia moral concordam com uma explicação funcional e evolucionista do comportamento moral humano.

4. ALTRUÍSMO, CUIDADO E NATUREZA HUMANA

Nossas mentes, dizem Sober e Wilson[26], foram formadas por mecanismos psicológicos que evolucionaram por seleção natural para favorecer um comportamento adaptativo relacionado com o interesse pelo bem-estar dos demais e com as predisposições típicas de uma espécie desenhada para ser social, fidedigna e cooperadora.

---

26. Sober, E.; Wilson, D. S. *Unto others.* The evolution and psichology of unselfish behavior. Harvard: Harvard University Press, 1998.

Os seres humanos estão imersos nos instintos sociais: vêm ao mundo equipados com predisposições para aprender a cooperar, a distinguir o justo do tramposo, a ser leais, a conquistar boa reputação, a intercambiar produtos e informações, a dividir o trabalho e a modelar sua individualidade e seus vínculos sociais relacionais a partir das reações do outro. Nisso, somos únicos, e o somos, em uma medida essencial, graças à maneira como funcionam nossos cérebros. Espécie alguma avançou tanto em sua caminhada evolutiva, pois nenhuma outra construiu uma sociedade tão integrada, à exceção dos parentes dentro de uma grande família, como a colônia de formigas.

Devemos nosso êxito como espécie aos instintos sociais que possuímos; eles nos permitiram colher benefícios inimagináveis de nossa entranhável vida social (por exemplo, ao nascer com um cérebro imaturo, que leva certo tempo para desenvolver-se, jamais poderíamos sobreviver, como espécie, se não dispuséssemos de intensas emoções morais e de rígidos códigos de ética compartidos pelo grupo ao qual pertencemos). São eles os responsáveis pela rápida expansão do nosso cérebro nos últimos dois milhões de anos e, consequentemente, por nossa predisposição a cuidar de nossos congêneres. A sociedade e a mente humana evoluíram juntas, uma reforçando tendências da outra. Longe de ser uma característica universal da vida animal, a tendência a cooperar, a cuidar, a solidarizar e a raciocinar em termos de contrato social (de reciprocidade) é a marca de qualidade e legitimidade do ser humano, aquilo que nos distingue de outros animais.

Uma compreensão mais profunda das causas últimas, radicadas em nossa natureza, do comportamento moral humano, pode ser muito importante para saber quais são os limites e as condições de possibilidade do cuidado no contexto das sociedades contemporâneas. Estabelecer teorias éticas, valores e preceitos normativos que não têm nada que ver com a natureza humana é o mesmo que condená-los ao fracasso. É possível, por que não dizer, que a maior parte das propostas éticas que já se formularam ao longo da história pequem por sua inviabilidade em função dessa desatenção com relação a realidade biológica que nos constitui, ou seja, pela falta de precisão de sua adesão à natureza humana.

A GUARDA COMPARTILHADA APLICADA À LUZ DO PRINCÍPIO DA SOLIDARIEDADE E DO DEVER DE CUIDADO: VISÃO CRÍTICA DOS ARTIGOS 1.583 E 1.584 DO CÓDIGO CIVIL

Augusto Drummond Lepage

Graduado em Direito pela Universidade de São Paulo. Mestre em Direito Civil pela PUC-SP Desembargador do Tribunal de Justiça de SP Diretor da Escola Paulista da Magistratura de SP no biênio 2.018/2.

Francisco Eduardo Loureiro

Graduado em Direito pela Universidade de São Paulo. Juiz de Direito com atuação nas Varas da Família há 23 anos. Coordenador da Área de Direito de Família da Escola Paulista da Magistratura.

Sumário: 1. O princípio constitucional da solidariedade e o direito de família – 2. Solidariedade e guarda compartilhada: imperfeições dos Artigos 1.583 e 1.584 Do Código Civil – 3. Solidariedade, guarda compartilhada com divisão de tempo e guarda alternada – 4. Conclusão.

1. O PRINCÍPIO CONSTITUCIONAL DA SOLIDARIEDADE E O DIREITO DE FAMÍLIA

A Constituição Federal de 1988 alçou a solidariedade à condição de princípio constitucional, ao prever no art. 3º, I, ser objetivo fundamental da República Federativa do Brasil a construção de uma sociedade livre, justa e solidária.

Na lição de Maria Celina Bodin, a solidariedade pode ser compreendida como um

[...] fato social que dá razão à existência do ser humano no mundo, como virtude ética para que uma pessoa reconheça na outra um valor absoluto ainda mais amplo do que a justa conduta exigiria, e, ainda, como resultado de uma consciência moral e de boa-fé como comportamento pragmático para evitar lesão a outrem, a si mesmo, e à sociedade[1].

O princípio da solidariedade, a exemplo dos direitos e garantias fundamentais, incide não apenas nas relações dos indivíduos para com o Estado, mas também nas relações privadas, entre grupos de pessoas.

---

1. MORAES, Maria Celina Bodin de. O princípio da solidariedade. *In:* PEIXINHO, Manoel Messias; GUERRA, Isabela Franco; NASCIMENTO FILHO, Firly (org.). 2003, p. 167-190 *apud* CARDOSO, Alenilton da Silva Cardoso. *Princípio da solidariedade:* a confirmação de um novo paradigma. *Revista Forense*, v. 405, set./out. 2009. p. 04.

Não obstante os direitos e garantias fundamentais exerçam importante função de limitar o poder do Estado, impondo a este a observância de condutas ativas e deveres de abstenção perante os cidadãos, são também aplicáveis a estes em suas relações privadas. Fala-se, nesse sentido, não só na eficácia vertical dos direitos fundamentais, atinente ao vínculo Estado-cidadão, mas também em sua eficácia horizontal (ou eficácia privada/eficácia em relação a terceiros)[2], concernente às relações dos particulares entre si.

Não há dúvida que o Direito de Família é campo fértil para aplicação do princípio da solidariedade, em suas múltiplas facetas. As formações familiares se encontram funcionalizadas, voltadas à realização de seus membros e garantia dos vulneráveis.

Existe solidariedade recíproca entre cônjuges e companheiros, quanto aos deveres de assistência e socorro. Há relação de colaboração, não mais de subordinação entre os cônjuges, como ocorria no Código Civil de 1916.

No que se refere aos filhos, a solidariedade importa no dever jurídico "da pessoa ser cuidada até atingir a idade adulta, isto é, de ser mantida instruída e educada para sua plena formação social. A Convenção Internacional sobre Direitos da Criança inclui a solidariedade entre os princípios a serem observados, o que se reproduz no ECA (art. 4º)"[3].

É preciso estar atento, porém, mais uma vez na justa observação de Paulo Lobo, que os princípios, por sua natureza de conteúdo indeterminado e aberto, necessitam da intermediação do Poder Judiciário para que possam adquirir a plenitude de sua força normativa[4].

Diversos precedentes dos tribunais afirmam, por exemplo, que os alimentos entre cônjuges não mais se subordinam à inocência de quem pede, ou à culpa de quem paga, nos termos do artigo 1.702 do Código Civil. Não são prêmio pela boa conduta, ou pena pelo mau comportamento durante o casamento, temas que se solucionam no campo da responsabilidade civil – danos morais ou materiais – mas sim repousam na solidariedade que ilumina a relação de conjugalidade.

Necessário, porém, que o princípio da solidariedade se aplique nos tribunais com mais ênfase ao regime de guarda e visitas dos filhos menores, com a exata compreensão do significado da guarda compartilhada e divisão de tempo entre os pais.

---

2. SARLET, Ingo. *Direitos fundamentais e direito privado*: algumas considerações em torno da vinculação dos particulares aos direitos fundamentais. Revista dos Tribunais, v. I, 2012. p. 433.
3. LÔBO, Paulo Luiz Neto. O princípio constitucional da solidariedade nas relações de família. *In*: CONRADO, Marcelo; PINHEIRO, Rosalice Fidalgo (org.). *Direito privado e constituição*: ensaios para uma recomposição valorativa da pessoa e do patrimônio. Curitiba: Juruá, 2009. p. 329.
4. LÔBO, Paulo Luiz Neto. O princípio constitucional da solidariedade nas relações de família. *In*: CONRADO, Marcelo; PINHEIRO, Rosalice Fidalgo (org.). *Direito privado e constituição*: ensaios para uma recomposição valorativa da pessoa e do patrimônio. Curitiba: Juruá, 2009. p. 326.

2. SOLIDARIEDADE E GUARDA COMPARTILHADA: IMPERFEIÇÕES DOS ARTIGOS 1.583 E 1.584 DO CÓDIGO CIVIL

A Constituição da República de 1988 é absolutamente clara ao determinar no art. 229, que "os pais têm o dever de assistir, criar e educar os filhos menores".

O Código Civil, ao disciplinar o poder familiar, de igual modo, em seu artigo 1.634 dispôs que "compete aos pais, quanto à pessoa dos filhos menores: I – dirigir-lhes a criação e educação; II – tê-los em sua companhia e guarda".

Lembra Gustavo Tepedino que a marca do poder familiar revela peculiaridade essencial, pois se trata de situação jurídica subjetiva existencial, caracterizada pela atribuição aos pais do poder de interferência na esfera jurídica dos filhos menores, no interesse destes últimos e não dos titulares do chamado poder jurídico[5].

Daí se extrai que o artigo 1.584 parágrafo 2º., ao estabelecer a escolha legal pela guarda compartilhada na falta de acordo entre os pais, na verdade somente deu concretude ao exercício do poder familiar, com ênfase à sua projeção para além da dissolução do casamento ou do final da união estável dos pais.

Contém o artigo 1.584, parágrafo 2º. do Código Civil, porém, algumas imperfeições, que devem ser ajustadas ao sistema do regime de guarda em harmonia com o poder familiar visto como atribuição que se exerce no interesse dos filhos, e não dos pais, titulares formais da situação.

Talvez a maior imperfeição do dispositivo seja o regime de exceções ao compartilhamento. Prevê que "salvo se um dos genitores declarar ao magistrado que não deseja a guarda do menor". Se o compartilhamento envolve atribuições de responsabilidades pela criação, educação e formação do filho menor, inerentes ao exercício do poder familiar, é óbvio que não podem ser estas renunciadas ou dispensadas a critério de qualquer um dos pais.

Do mesmo modo que impensável a renúncia ao exercício do poder familiar, que constitui ato ilícito, apenável hoje pela indenização por abandono afetivo, consoante entendimento consolidado pela doutrina e jurisprudência, inadmissível também que manifestem os pais perante o juiz o desejo do não compartilhamento.

Na verdade, onde diz a lei que a conversão em guarda unilateral ocorrerá quando um dos pais manifestar que não *quer* (não deseja) o compartilhamento, leia-se de um dos pais que não *pode* exercer o compartilhamento, por razões objetivas e comprovadas. São os casos, por exemplo, de pais que se encontram acometidos de moléstias graves, ou privados da liberdade, que manifestam a impossibilidade, temporária ou permanente, de cumprir atribuições para criação e formação de seus filhos menores.

---

5. TEPEDINO, Gustavo. A tutela constitucional da criança e do adolescente: projeções civis e estatutárias. *In*: CHINELLATO, Silmara; SIMÃO, José Fernando; FUJITA, Jorge Shiguemitsu; ZUCCHI, Maria Cristina (org). *Direito de família no novo milênio*. Estudos em homenagem ao professor Álvaro Villaça Azevedo. São Paulo: Atlas, 2010. p. 431.

De igual modo, embora não diga expressamente a lei, o princípio do melhor interesse da criança dita o regime de guarda – compartilhada ou unilateral – a ser adotado. Deve a guarda compartilhada ser afastada se demonstrado que tal regime, embora decorra de escolha legal, não atende ao melhor interesse da criança. Evidente que a incompatibilidade entre o compartilhamento e o interesse do filho menor não pode vir amparado em mera suspeita vaga, ou alegação vazia. Ao contrário, deve ser calcada em razão objetiva, demonstrada por prova segura, inclusive com apoio da equipe multidisciplinar do Juízo.

A situação que tem criado maior celeuma nos tribunais é a da exata compreensão do disposto no artigo 1.583, parágrafos 2º. e 3º, ao determinar que na guarda compartilhada o tempo de convívio com os filhos deve ser dividido de forma equilibrada entre a mãe e o pai, atendendo ao melhor interesse dos menores. Dispõe, mais, que a cidade considerada base de moradia dos filhos será aquela que melhor atender aos interesses dos filhos.

O princípio da solidariedade impõe, em primeiro lugar, o dever de colaboração entre pai e mãe, de modo a facilitar o compartilhamento da guarda. A flexibilidade de horários, a troca de dias de permanência com o filho quando houver algum impedimento na data inicialmente acordada, a facilitação quanto aos locais de retirada e devolução da criança, são comportamentos juridicamente exigíveis, ainda que não expressamente ajustados em acordo judicial.

Decorrem do dever de observância, nas palavras de Macia Celina Bodin, citada no início deste artigo, "de uma consciência moral e de boa-fé como comportamento pragmático para evitar lesão a outrem".

Passa-se à análise da lamentável confusão entre os conceitos de guarda alternada e de guarda compartilhada com divisão equilibrada de tempo, que tantos danos têm causado aos interesses dos pais e, sobretudo, dos filhos menores.

3. SOLIDARIEDADE, GUARDA COMPARTILHADA COM DIVISÃO DE TEMPO E GUARDA ALTERNADA

O crescimento exponencial do número de divórcios, o ingresso paulatino da mulher no mercado de trabalho, o feminismo (com sua crítica à autoridade patriarcal coercitiva e à maternidade tradicional) e a ação organizada de grupos de direitos dos pais[6] acabaram por questionar o modo de organização das relações familiares pós divórcio, desenvolvendo novas práticas parentais, notadamente o processo de tomada de decisões dos pais em relação aos filhos menores e a divisão do tempo de convivência entre eles.

---

6. Nos Estados Unidos, American Coalition for Father and Children, Fathers for Equal Rights; na Inglaterra, Equal Parenting Council. No Canadá, um outro Equal Parenting Council *apud* Parkinson, Patrick. Family Law and the Indissolubility of Parenthood. Cambridge University Press. p. 3).

Anteriormente, reinava de maneira massivamente dominante a evidência imemorial de que cabia às mulheres, por natureza e direito, se ocupar das crianças.

Ultrapassado o velho sistema de mãe em casa/pai no trabalho, as mães se viram na contingência de se dividir entre os cuidados parentais e seus projetos profissionais e os pais passaram a pleitear maior participação na vida dos filhos. Cristalizou-se a ideia de que o divórcio não era o fim da família, mas antes uma forma de reorganização familiar na qual o mútuo exercício da parentalidade era, este sim, efetivamente indissolúvel.

Este fenômeno social teve início nos Estados Unidos nos anos 60 com a aprovação do divórcio sem culpa. A *joint custody* começou a ser praticada em meados dos anos 70. Na época, a novidade causou viva polêmica, com debates na imprensa entre psicólogos infantis, psicanalistas, psiquiatras, terapeutas e mediadores familiares[7].

As objeções tinham defensores da envergadura de Albert J. Solnit, que preconizava a importância da figura primária de referência para a criança[8], que deveria saber que há um adulto com a responsabilidade de seu cuidado diário, pois ela precisaria de uma âncora[9]. No outro lado do debate, figuras da qualidade do professor de psiquiatria Melvin Roman, defendendo ser crucial para a criança a continuidade do contato com os dois pais, acreditando que a metade dos pais divorciados poderia ter sucesso com a guarda compartilhada[10].

O debate acabou sendo em certa medida superado pela desintegração dos papéis de gênero no mundo desenvolvido, pela admissão por parcela considerável dos especialistas dos anos 90 e 2000 de que a guarda compartilhada, física e legal, contribuía para o bem-estar psicológico dos filhos e por sua adoção legislativa em praticamente todo o mundo ocidental desenvolvido.

A guarda compartilhada, física e legal, é hoje admitida pelos 50 estados americanos e pelo Distrito de Colúmbia. Suécia, Finlândia e Noruega a introduziram em acordos de divórcio em 1977 e Inglaterra e País de Gales (1989), Canadá (1997), Alemanha (1998), França (2002), Espanha (2005), Bélgica, Itália e Austrália (2006) a adotaram em suas leis, por acordo ou decisão judicial.

Tudo isso sob a influência da Convenção Internacional dos Direitos das Crianças, firmada em 1989 (da qual o Brasil é signatário e cujo texto passou a integrar o direito positivo brasileiro por força do Decreto 99.710/90), que em seus artigos 9º, 12 e 18 consagrou o direito da criança de manter regularmente relações pessoais e contato direto com ambos os genitores, de participar das decisões que lhe dizem respeito, assim como o princípio de que ambos os pais têm obrigações comuns com relação à educação e ao desenvolvimento da criança.

---

7. IS the joint custody good for children? *New York Times*. Nova Iorque, 03 fev. 1980.
8. Este posicionamento, fundamentado na teoria do apego, foi desenvolvido no livro escrito em parceria com Joseph Goldstein e Anna Freud, publicado em 1973, Beyond the best interests of the child.
9. IS the joint custody good for children? *New York Times*. Nova Iorque, 03 fev. 1980.
10. IS the joint custody good for children? *New York Times*. Nova Iorque, 03 fev. 1980.

No direito positivo brasileiro, a guarda compartilhada foi introduzida em 2008, mediante a aprovação da Lei 11.689, que a definiu como a *responsabilização conjunta e o exercício de direitos e deveres do pai e da mãe que não vivam sob o mesmo teto, concernentes ao poder familiar dos filhos comuns* (1.583, § 1º, do Código Civil).

Embora para alguns a mudança fosse tida como perfunctória, diante da tradição do direito civil brasileiro de que o poder familiar não se extinguia com o divórcio, a nova lei redefiniu a abordagem a respeito do instituto da guarda, antes tida como um feixe de direitos, nele incluído o direito de residência, a qual passou a ser vista com a feição de responsabilidade, não mais unilateral, mas conjunta, que privilegia o envolvimento de ambos os genitores. A noção de responsabilidade passa a ser equiparada à noção de cuidado, a guarda é encarada como a manifestação prática da parentalidade, esta entendida como indissolúvel[11].

Ao se referir à definição legal, no paradigmático REsp 1.251.000-MG, a Ministra Nancy Andrighi faz todas as distinções entre poder familiar e guarda e entre guarda alternada e guarda compartilhada física, argumentando que a lei deu

[...] ênfase ao exercício do Poder Familiar de forma conjunta, mesmo após o fim do casamento ou da união estável, porque, embora cediço que a separação ou divórcio não fragilizavam, legalmente, o exercício do Poder Familiar, na prática, a guarda unilateral se incumbia dessa tarefa.

A errônea consciência coletiva que confundia guarda com o Poder Familiar, atribuindo a quem detinha a guarda o exercício uno do Poder Familiar, teve como consequência mais visível o fenômeno denominado Sunday dads – pais de domingo.

Nessa circunstância, o genitor que não detém a guarda – usualmente o pai – tende a não exercer os demais atributos do Poder Familiar, distanciando-se de sua prole e privando-a de importante referencial para a sua formação.

[...]

A guarda compartilhada, apesar de tecnicamente não se traduzir em uma sensível alteração legal, dado que a interpretação sistemática das disposições relativas à guarda dos filhos já possibilitaria a sua aplicação, teve a virtude, para além de fixar o Poder Familiar de forma conjunta como regra, extirpar o ranço cultural que ainda informava a criação dos filhos no pós-casamento ou pós-união estável.

A partir do momento em que essa visão social se alterou para comportar, e também exigir, uma participação paterna mais ativa na criação dos filhos, geraram-se condições para que a nova disposição legal, mais consentânea com a realidade social de igualdade entre os gêneros, reavivasse o que está preconizado quanto a inalterabilidade das relações entre pais e filhos, após a separação, divórcio ou dissolução da união estável, prevista no art. 1.632 do CC-02[12].

É claro o propósito legal de reunir, de incentivar a coparentalidade, incluindo o genitor não residente nas decisões afetas ao filho, de estimular a cooperação, que aqui se apresenta como a face visível do princípio da solidariedade familiar.

---

11. Cf., por todos, PARKINSON, Patrick. *Family law and the indissolubility of parenthood.* Cambridge: Cambridge University Press, 2011.
12. STJ. REsp 1.251.000-MG – Rel. Nancy Andrighi– j. 23.8.2011.

A despeito da generosidade destas ideias, a preferência legal da guarda compartilhada então estabelecida pela Lei 11.698/08 ao artigo 1.584, § 2°, do Código Civil (quando não houver acordo dos genitores, a guarda compartilhada será aplicada *sempre que possível*), sofreu forte resistência no cotidiano forense através da criação de requisito não escrito de uma convivência harmoniosa dos genitores para a sua implantação.

E assim a locução *sempre que possível* acabou significando *quase nunca,* pois a mera existência de uma disputa judiciária denotava a ausência de entendimento entre os genitores.

Essa interpretação desviante do escopo constitucional da norma, o qual decorre do princípio da solidariedade e do direito fundamental da criança de convivência com ambos os genitores, levou o Congresso Nacional[13], a modificar novamente o Código Civil em 2014, através da Lei 13.058, que impôs a guarda compartilhada como regra, cujas únicas exceções são: I) a inaptidão de um dos genitores ao exercício da parentalidade; II) a declaração de um dos genitores de que não deseja a guarda do filho.

Os claros termos da lei e de julgados do Superior Tribunal de Justiça dispensaram a convivência harmoniosa como requisito da guarda compartilhada[14],mas não impediram que ainda hoje subsista entendimento minoritário no sentido de que a divergência que ultrapasse o mero dissenso seja fator impeditivo à implantação do instituto[15].

A solidariedade não decorre apenas da interpretação constitucional do direito civil no tema da convivência familiar. Ela está devidamente positivada, a exemplo do que ocorre com o artigo 7° da Lei 12.318/10 que na fixação da guarda unilateral, quando inviável a guarda compartilhada, impõe a preferência pelo genitor que viabiliza a efetiva convivência da criança ou adolescente com o outro genitor.

O Código Civil francês ostenta disposição muito semelhante em seu artigo 373-2-11 ao determinar o juiz, quando se pronuncia sobre as modalidades de exercício da autoridade parental, que considere a aptidão de cada um dos pais de assumir seus deveres e o respeito aos direitos do outro genitor.

A lei francesa, por sua vez, se inspirou confessadamente no Código de Família do Estado da Califórnia que, em sua Seção 3040 estipula que quando o tribunal con-

---

13. Exposição de Motivos do Projeto de Lei 1009/2011: *"Ocorre que alguns magistrados e membros do ministério público têm interpretado a expressão 'sempre que possível' existente no inciso em pauta, como 'sempre que os genitores se relacionem bem'".* Disponível em: https://www.camara.leg.br/proposicoesWeb/fichadetramitacao?idProposicao=498084. Acesso em: 26 mai. 2021.

14. *"O texto legal irradia, com força vinculante, a peremptoriedade da guarda compartilhada. O termo 'será' não deixa margem a debates periféricos, fixando a presunção – jure tantum – de que se houver interesse na guarda compartilhada por um dos ascendentes, será esse o sistema eleito, salvo se um dos genitores [ascendentes] declarar ao magistrado que não deseja a guarda do menor (art. 1.584, § 2°, in fine, do CC)"* (REsp 1.626.495-SP e 1.629.994-RJ– rel. Nancy Andrighi – j. 15.9.16 e 6.12.16).

15. REsp 1.688.690-DF – rel. Antônio Carlos Ferreira – j. 15.10.19; e AgInt no Ag em REsp 1.355.506-SP – rel. Raul Araújo – j. 12.2.19.

ceder a custódia a um dos genitores, ele deverá considerar, entre outros fatores, *qual dos pais tem maior probabilidade de permitir o contato frequente e contínuo da criança com o pai que não detém a custódia.*

Além de impor a guarda compartilhada jurídica de modo expresso, a Lei 13.058/14 ainda positivou a guarda compartilhada física, consubstanciada na divisão equilibrada do tempo de convivência da criança com ambos os genitores.

Os artigos 1.583 e 1.584 do Código Civil estabelecem, de modo claro, em três passagens, que *o tempo de convívio com os filhos deve ser dividido de forma equilibrada com a mãe e com o pai* (artigo 1.583, § 2º); que a guarda compartilhada poderá ser decretada pelo juiz em razão da *distribuição de tempo necessário ao convívio do filho com o pai e com a mãe* (artigo 1584, inciso II); que no estabelecimento do tempo de convivência, o juiz poderá se basear em orientação técnico-profissional ou de equipe interdisciplinar, que deverá visar à *divisão equilibrada do tempo com o pai e com a mãe* (artigo 1.584, § 3º).

Esta divisão equilibrada e proporcional do tempo de convivência imposta pela lei nova, em muito supera a tradicional regulamentação de visitas (normalmente paternas em finais de semana alternados com um eventual pernoite de meio de semana) e permite a dupla residência do filho com a mãe e com o pai.

A explícita possibilidade legal da instituição da dupla residência dentro do regime da guarda compartilhada não foi bem recebida por alguns operadores do Direito, os quais, na maioria das vezes, calcam sua oposição na confusão conceitual entre a guarda compartilhada com dupla residência e a guarda alternada.

Rodrigo da Cunha Pereira tenta explicar esta aversão à dupla residência:

> As resistências à aplicação da verdadeira guarda compartilhada, e de uma convivência igualitária dos filhos com ambos os pais, que pressupõe duas casas para os filhos advêm de um discurso inicial, hoje já superado em alguns países, de que duas residências gerariam instabilidade emocional pelo suposto sentimento de não pertencimento permanente a um contexto físico familiar. Contudo, esta é uma perspectiva de lugar dos adultos para a realidade das crianças/adolescentes. O lugar das crianças e adolescentes é ao lado de suas referências principais, ou seja, do pai e da mãe. Eles não terão falta de rotina. Sua rotina será esta de duas casas. Quando isto estiver implementado na maioria das guardas e convivência, estará implementada a verdade cultura da guarda compartilhada[16].

Além da abordagem psicológica, há realmente uma sensível confusão conceitual entre a guarda alternada e a guarda compartilhada com dupla residência (guarda compartilhada física), institutos que foram muito bem distinguidos no voto da Ministra Nancy Andrighi no REsp 1.251;000-MG, o qual nos fornece os melhores subsídios técnicos:

---

16. PEREIRA, Rodrigo da Cunha. *Direito das famílias.* 2. ed. São Paulo: Forense, 2021. p. 421.

Adotando os termos pela sua clareza, é precisa a ideia de que a guarda compartilhada inclui não só a custódia legal, mas também a custódia física, tanto por não haver restrições, no texto de lei quanto ao exercício do Poder Familiar na guarda compartilhada, quanto pela inviabilidade de se compartilhar apenas a custódia legal da criança.

Para essa situação, não haveria a necessidade de se inovar a legislação, pois a guarda unilateral já existente separa a custódia física – exercida por apenas um dos pais – da custódia legal, que já era, sob o regime anterior, ao menos em tese, compartilhada.

Na verdade, a força transformadora dessa inovação legal está justamente no compartilhamento da custódia física, por meio da qual ambos os pais interferem no cotidiano do filho.

[...]

A formação da nova personalidade, em boa parte, é fruto dessa fusão de posicionamento e posturas distintas, que são combinadas na mente da criança, em composição solo, na qual conserva o que entende ser o melhor de cada um dos pais e alija o que reputa como falha.

A ausência de compartilhamento da custódia física esvazia o processo, dando à criança visão unilateral da vida, dos valores aplicáveis, das regras de conduta e todas as demais facetas do aprendizado social.

Dessa forma, a custódia física não é um elemento importante na guarda compartilhada, mas a própria essência do comando legal, que deverá ser implementada nos limites possíveis permitidos pelas circunstâncias fáticas.

De se ressaltar, ainda, que a custódia física conjunta, preconizada na guarda compartilhada, em muito se diferencia da guarda alternada.

Na guarda alternada, a criança fica em um período de tempo – semana, mês, semestre ou ano – sob a guarda de um dos pais que detém e exerce, durante o respectivo período, o Poder Familiar de forma exclusiva.

A fórmula é repudiada tanto pela doutrina quanto pela jurisprudência, pois representa verdadeiro retrocesso, mesmo em relação à guarda unilateral, tanto por gerar alto grau de instabilidade nos filhos – ao fixar as referências de autoridade e regras de conduta em lapsos temporais estanques – como também por privar o genitor que não detém a guarda de qualquer controle sobre o processo de criação de seu filho.

A guarda compartilhada, com o exercício conjunto da custódia física, ao revés, é processo integrativo, que dá à criança a possibilidade de conviver com ambos os pais, ao mesmo tempo em que preconiza a interação deles no processo de criação.

O estabelecimento de um lapso temporal qualquer, onde a custódia física ficará com um deles, não fragiliza esse Norte, antes pelo contrário, por permitir que a mesma rotina do filho seja vivenciada à luz do contato materno e, em outro momento, do contato paterno, habilita a criança a ter uma visão tridimensional da realidade, apurada a partir da síntese dessas isoladas experiências interativas[17].

Petra Sofia Portugal Mendonça Ferreira, autora da melhor monografia a respeito do tema, detalha que

[...] a guarda alternada, diferentemente da guarda compartilhada, pressupõe o exercício exclusivo do poder familiar por um genitor durante determinado período, findo o qual haverá a alternância de residências do filho, quando então o exercício do poder familiar passará a ser exclusivo do outro progenitor. Alterna-se a residência e, de modo exclusivo, o poder familiar. Como dito anteriormente, tal espécie de guarda não tem guarida no ordenamento jurídico brasileiro, eis

---

17. STJ, REsp 1.251.000/MG, 3ª Turma, rel. Min. Nancy Andrighi, j. 23/08/2011.

que o artigo 1634 do Código Civil garante a ambos os pais, independente do estado conjugal, o exercício do poder familiar.

[...]

Há, portanto, uma diferença basilar desse instituto com a guarda física compartilhada, repousando no fato de que, nesse último modelo, não há exclusividade no exercício do poder familiar, já que os pais continuariam a exercê-lo em conjunto, não cabendo falar em direito de visita, haja vista ambos possuírem, em igualdade de condições. Os direitos e deveres inerentes aos cuidados e desenvolvimento do menor, ou seja, da própria parentalidade[18].

É certo que a lei não exige que a divisão do tempo seja matematicamente igualitária. Não há unanimidade sobre qual o percentual a ser aplicado na proporcional divisão de tempo entre os genitores. No Quebec, por exemplo, se considera o mínimo de 40% do tempo da criança com um dos genitores, abaixo do qual se estaria no terreno das visitas. Há estudos científicos, todavia, que consideram 28% do tempo total de guarda, quer dizer, 2 dias por semana regularmente, além das férias escolares, como indicadores do compartilhamento da guarda física[19].

Petra S. P. Mendonça Ferreira informa que internacionalmente se considera a configuração da guarda compartilhada física quando a criança passa entre 33 a 50% de seu tempo com um dos genitores[20].

Sem apego à exatidão dos números, o que verdadeiramente importa é a qualidade dos contatos e que a divisão do tempo reserve a cada um dos genitores uma continuidade temporal que lhe possibilite uma *convivência substancial* com a prole, que ultrapasse os curtos períodos de final de semana, durante a qual possa se desenvolver atividade construtora de laços emocionais, como exemplifica a professora de psicologia adolescente e educacional da Wake Forest University, Linda Nielsen, tempo para cozinhar juntos, preparar-se para a escola, trabalhar juntos nas tarefas escolares, fazer compras, estar juntos de forma espontânea, não estruturada[21].

É certo que a quantidade de tempo é menos importante do que a qualidade da relação entre genitor e filho – explica o psicólogo clínico francês Gerard Poussin

Mas para se ter uma relação de qualidade ... é preciso uma relação! Daí um mínimo de tempo passado juntos, abaixo do qual não é mais possível desenvolver o processo deapego. Não se pode pretender respeitar o lugar do pai impossibilitando a criação de laços entre ele e a criança. É o princípio da alternância que assim o permite, mesmo considerando-se que, que em função da idade, haja uma modulação diferente entre uma e outra criança[22].

---

18. FERREIRA, Petra Sofia Portugal Mendonça. *A dupla residência da criança pós-divórcio*. Belo Horizonte: D'Plácido, 2020. p. 120-121.
19. CLOUTIER, Richard; FILION, Lorraine; TIMMERMANS, Harry. *Quandles parents se séparent*. 2. ed. CHU Sainte-Justine, 2018. p. 55-60.
20. FERREIRA, Petra Sofia Portugal Mendonça. *A dupla residência da criança pós-divórcio*. Belo Horizonte: D'Plácido, 2020. p 42.
21. NIELSEN, Linda, 2011 *apud* FERREIRA, Petra Sofia Portugal Mendonça. *A dupla residência da criança pós-divórcio*. Belo Horizonte: D'Plácido, 2020. p. 57.
22. POUSSIN, Gerard. Le père est-il une mère suffisamment bonne? *In*: NEYRAND, Gérard; GAUDRON, Chantal Zaouche (org.). *Le livre blanc de la residence alternée*. Toulouse: Erès, 2014. p. 48.

Acrescente-se que o Código Civil admite a possibilidade de que a guarda compartilhada seja fixada mesmo quando os pais residam em cidades diversas e não exige uma base de residência para a criança quando os genitores morem na mesma cidade ou em cidades próximas. O artigo 1583, §3º deixa claro que somente na hipótese de ospais residirem em cidades diferentes, deverá ser escolhida uma delas para base de moradia dos filhos, evitando deslocamentos constantes da criança, com os consequentes desgaste, riscos e custos.

O simples fato de a guarda compartilhada não ter uma única residência base não a converte em guarda alternada, que pressupõe guardas unilaterais de cada um dos pais por períodos certos de tempo.

Rodrigo da Cunha Pereira também é da opinião de que "na guarda compartilhada não há necessidade da definição se o filho vai residir com qualquer dos pais, até porque isto contraria o espírito da guarda compartilhada"[23].

Por isso, a mera aposição do rótulo "guarda compartilhada", com a fixação da residência do filho na casa materna e as mesmas visitas paternas tradicionais em finais de semana alternados significa nenhuma mudança em relação ao que se praticava antes do advento das Leis 11.698/08 e 13.058/14, o que nos remete ao paradoxo de di Lampedusa[24/25].

O entendimento atual de oposição frontal à dupla residência cria verdadeira contradição em termos: a guarda é compartilhada, mas sem divisão de tempo. Com isso, o compartilhamento, entendido como acompanhamento, cuidado, orientação, cooperação[26] em tudo o que fiz respeito à formação do filho comum fica encapsulado em uma fórmula jurídica abstrata, sem efeito prático.

---

23. PEREIRA, Rodrigo da Cunha. *Direito das famílias*. 2. ed. São Paulo: Forense, 2021. p. 417.
24. "Para que tudo permaneça como está é preciso que tudo mude", célebre frase de Tancredi a seu tio, D. Fabrizio, no livro O Leopardo, que sintetiza a coexistência histórica da mudança e da conservação social.
25. Precisa é a explicação do professor da Universidade de Toulouse, Gerard Neyrand, a respeito da demonização da guarda compartilhada com dupla residência: *Sem dúvida porque ela vem a simbolizar uma nova organização da esfera privada colocada em prática a partir dos anos 1960, se traduzindo por uma democratização da esfera familiar que muitos não aceitam em razão do questionamento de seus paradigmas sexuais e geracionais anteriores (Le Camus, 1999; Neyrand, 2000; Castelain, 2002). Está em jogo um certo número de engrenagens sociais que outrora forneciam o quadro de referência antropológica das relações familiares organizado em torno do casamento, o papel secundário da mulher, a ilegitimidade da separação, a especialização materna nas relações com os filhos e a denúncia do questionamento de tal modelo matrimonial e educativo* (NEYRAND, Gérard. Le parcours mouvementé de la residente alternée en France. *In*: NEYRAND, Gérard; GAUDRON, Chantal Zaouche (org.). *Le livre blanc de la residence alternée*. Toulouse: Erès, 2014. p. 15)
26. O psicólogo e mediador canadense Harry Timmermans bem acentua o papel preponderante da cooperação parental (que não se confunde com harmonia ou boa comunicação) ao comentar o mito de que a guarda compartilhada só poderia ser aplicada se houvesse uma boa comunicação entre os pais, residências próximas e modelos educativos parecidos: *"o mais importante é a cooperação entre os pais: nós não conhecemos criança melhor equipada para enfrentar a vida do que a criança cujos dois pais cooperem a seu respeito: esta criança tem grandes chances de estar ao abrigo dos três maiores perigos que a ameaçam na sequência do divórcio de seus pais: as tensões parentais, a pobreza e a perda do relacionamento com um de seus pais"*. (CLOUTIER, Richard; FILION, Lorraine; TIMMERMANS, Harry. *Quand les parents se séparent*. 2. ed. CHU Sainte-Justine, 2018. p. 246).

O maior contato do filho com ambos os genitores atende aos melhores interesses da criança, por expressa disposição legal, uma vez que a Convenção Internacional dos Direitos da Criança, que integra o direito positivo brasileiro por força do Decreto 99.170/90, assegura o direito da criança em manter contato direto da criança e relações com ambos os genitores[27], o que em muito supera as efêmeras e espaçadas visitas quinzenais. Apenas situações concretamente colocadas e demonstradas caso a caso, podem obstar esta convivência mais frequente, o que não se confunde com proclamações genericamente contrárias ao modelo legalmente estabelecido.

A solidariedade familiar é antes de tudo inclusiva, implica em alteridade e socialidade e eleva o direito do filho de ter convivência substancial e ser educado por ambos os genitores a um patamar de direito fundamental, o qual não pode ser infirmado simplesmente porque se acredita aprioristicamente que a convivência igualitária é nociva à criança.

São inúmeras as dificuldades de implantação da guarda compartilhada com dupla residência[28], que não parece ser reservada para a maioria dos casos no atual estágio de desenvolvimento cultural, mas isso absolutamente não significa que o instituto deva ser proibido, principalmente nas hipóteses de acordos dos pais.

A aversão à guarda compartilhada com dupla residência, na maior parte das vezes confundida com a guarda alternada, leva à maciça negativa da dupla residência nas varas da Família, inclusive em pedidos de cunho consensual, nos quais os genitores transcrevem no acordo uma forma de convivência já decidida e praticada pela família.

O fenômeno não escapou à observação de Mario Luiz Delgado:

> [...] costuma-se repetir, sem qualquer embasamento empírico, que esse regime é prejudicial ao desenvolvimento da criança. Trata-se de um estereótipo bastante sedimentado entre nós e que faz com que pouquíssimas residências simultâneas sejam fixadas pelo Judiciário brasileiro. E pior do que isso, o que assume exponencial gravidade, é a existência de decisões judiciais que se negam a homologar acordos consensuais em que os pais acordaram a divisão de residências. Outrossim, não são poucos os representantes do Ministério Público que interferem de forma contrária à homologação desses acordos, com base em um clichê, repito, jamais comprovado[29].

---

27. A seção 1626, 3 do BGB dispõe que *"O interesse superior da criança, como regra geral, inclui o contato com ambos os pais"*.

28. *"Mesmo quando as relações familiares não são marcadas por uma hostilidade séria em curso, a mudança de uma abordagem de custódia única para uma que envolve ambos os pais não é simples. A paternidade na família pós divórcio não é uma continuação dos padrões anteriores, mas requer padrões totalmente novos para serem desenvolvidos. O divórcio significa, portanto, uma reinvenção da paternidade dos filhos em vez de uma continuação de um padrão previamente estabelecido. Isso porque, após a separação, é frequente o caso de que os pais que desempenharam um papel secundário como pais são colocados em uma posição onde, por períodos significativos de tempo, especialmente durante as férias escolares, eles são os cuidadores primários – um papel que pode muito bem ser estranho para eles no curso de um casamento intacto."* (PARKINSON, Patrick. Family Law and the indissolubility of parenthood. Cambridge: Cambridge University Press, 2011. p. 64).

29. DELGADO, Mario Luiz. Guarda alternada ou guarda compartilhada com duas residências? Disponível em: http://genjuridico.com.br/2020/03/12/guarda-alternada-ou-guarda-compartilhada/. Acesso em: 26 mai. 2021.

Não é sem razão que Maria Berenice Dias adverte que este posicionamento constitui

> [...] uma ingerência demasiada do Estado na vida íntima e particular, uma intromissão sem limites nas decisões da família, com prejuízos significativos para o bom desenvolvimento dos filhos, que receberiam orientações de dois lares diferentes, muitas vezes com valores e princípios antagônicos[30].

Recusa-se o ajuste familiar sob o argumento de que para o equilíbrio e estabilidade emocional do menor deva existir uma relação de continuidade e definição[31]; de que a criança que vive períodos alternados nas casas dos genitores divorciados, mudando-se de tempos em tempos de uma casa para outra, tem mais dificuldades em se sentir segura e protegida em seu abrigo natural e enfrentar as várias fases da infância e da adolescência[32]; pela perda do referencial de rotina e pela confusão psicológica[33], pela alternância de rotinas e pela perda da referência de residência que comprometeria a estabilidade emocional da criança[34];porque pernoites na casa paterna em finais de semana alternados e às terças e quintas, significariam a adoção da guarda alternada[35];pela ausência de previsão legal[36].

Registre-se ainda a solução de se determinar, sem qualquer requerimento das partes, a realização de vagarosos estudos psicossociais a fim de se aferir a possibilidade de excepcional homologação do ajuste[37], providência que em muito retarda as homologações e submete a família a entrevistas e aferições de todo dispensáveis, o que na prática desestimula o prosseguimento do pedido consensual.

A não homologação de acordos de guarda compartilhada com dupla residência, além de contrária aos melhores interesses das crianças e ao princípio da solidariedade familiar, representa indevida intromissão estatal na forma como as famílias resolveram reorganizar a própria vida e as joga na clandestinidade jurídica, pois não é de se esperar que deixem de fazer o que já praticam porque o judiciário não legitimou seu *modus vivendi*, aliás amparado na lei e na constituição.

O princípio da intervenção mínima do Estado nas relações familiares, positivado no artigo 1513 do Código Civil, tem como fonte o disposto nos artigos 1º, inciso III e 226 § 7º, da Constituição da República, e significa que o Estado não deve se imiscuir no âmago familiar a fim de impor soluções contrárias à livre deliberação das partes, mormente em situações em que contam com explícito amparo legal.

Quanto aos argumentos utilizados para se negar a convivência igualitária da criança com ambos os genitores, não se compreende a razão de se privilegiar a es-

---

30. DIAS, Maria Berenice. *Manual de direito das famílias*. 14. Salvador: Jus Podium, 2021. p. 388.
31. TJSP –Apelação nº 0010390-37.2011.8.26.0004
32. TJSP –Apelação nº1002395-64.2016.8.26.0073
33. TJSP –Apelação nº1000086-87.2019.8.26.0001
34. TJSP – Apelação nº 1002450-29.2019.8.26.0099
35. TJSP – AI nº 2031144-94.2019.8.26.0000
36. TJSP –AI nº2225345-86.2019.8.26.0000 e nº2245575-18.2020.8.26.0000
37. TJSP – Apelações nº1001877-85.2020.8.26.0218 enº1008342-16.2019.8.26.0099

tabilidade espacial, que traz a residência na casa de um dos pais, em detrimento da estabilidade de relacionamento, que une a criança a seus dois pais num contexto social de investimento profissional das mães e de proximidade dos pais com os filhos.

Michel Tort, psicanalista e professor da Universidade Denis Diderot (Paris VII) denuncia a instrumentalização de noções tiradas da psicanálise, notadamente o manejo sumário de teorias do apego, que se encontra há muito tempo intrincado nos argumentos de certos pseudopsiquiatras,

> [...] que incriminam muito claramente o divórcio em geral e os efeitos da separação e não se baseiam de forma alguma na clínica psicanalítica. Eles se limitam a estigmatizar, sem noções e conceitos, na linguagem desleixada da psicologia vulgar da família tradicional, o que se afasta de suas normas e a natureza intrínseca mente patológica da evolução dominante dos costumes. O viés primário dessa psicopatologia deriva fundamentalmente da necessidade ideológica de lutar contra a nova organização social, em vez de estudar sem apriorismos o funcionamento de situações de residência alternada[38].

A questão da continuidade teve sua irrelevância demonstrada pelo psicólogo canadense e professor emérito da Universidade Laval, Richard Cloutier:

> Examinemos um pouco mais de perto a noção de "continuidade" que justifica frequentemente a escolha de conceder a guarda à mãe. Quando a guarda de uma criança é confiada exclusivamente a apenas um de seus pais, à criança se impõe o distanciamento do outro, geralmente o pai. Todavia, o pai, além de ser a fonte da metade do patrimônio genético da criança, é geralmente um dos dois adultos mais significativos na vida desta última e uma figura de identificação maior. Quando se diz que os contatos com a figura paterna têm o risco de diminuir, e mesmo cortados depois da separação, é difícil de defender que a ruptura pai-filho não é portadora de uma descontinuidade significativa para a criança. [...] a questão que se coloca é: assegura-se mais de continuidade à criança conservando o ambiente material intacto ou preservando sua relação com as duas figuras parentais?[39].

A meta-análise, realizada nos Estados Unidos por Robert Bausermanem, sobre os resultados de 33 estudos diferentes sobre a adaptação dos filhos à dupla residência, constata que as crianças em residência alternada se adaptam melhor que aquelas em guarda unilateral. Segundo o estudo, os índices de adaptação das crianças em residência alternada são semelhantes àqueles de crianças provenientes de famílias intactas[40].

Em recente publicação, a pesquisadora da Carolina do Norte, Linda Nielsen, analisou 60 estudos publicados em inglês em revistas acadêmicas ou em relatórios do governo. Destes, 34 estudos revelaram que as crianças JPC (joint physical custody – guarda física compartilhada) tinham melhores resultados em todas as medidas

---

38. TORT, Michel. Le statut des arguments invoquant la psychanalyse dans le débat sur la résidence alternée. *In:* NEYRAND, Gérard; GAUDRON, Chantal Zaouche (org.). *Le livre blanc de la residence alternée.* Toulouse: Erès, 2014. p.44.

39. CLOUTIER, Richard; FILION, Lorraine; TIMMERMANS, Harry. *Quand les parents se séparent.* 2. ed. CHU Sainte-Justine, 2018. p. 64-65.

40. BAUSERMAN, Robert. Child adjustment in joint-custody versus sole custody arrangements: a meta-analytic review. *Journal of Family Psychology.* n. 16, 2002. p. 91-102.

comportamentais – bem-estar emocional, físico e acadêmico e relacionamentos com pais e avós. Em 14 estudos, as crianças JPC tiveram resultados iguais em algumas medidas e melhores resultados em outras em comparação com crianças SPC (sole physical custody – guarda unilateral). Em 6 estudos JPC e SPC as crianças eram iguais em todas as medidas. Em 6 estudos, crianças JPC foram piores em uma das medidas do que as crianças do SPC, mas iguais ou melhores em todas as outras medidas[41].

A alternância de residências é comumente criticada por impor à criança deslocamentos regulares entre dois domicílios, o que traria maior dose de estresse e de descontinuidade na vida cotidiana. Por outro lado, pondera Richard Cloutier

> [...] este modo de guarda apresenta a vantagem de evitar o distanciamento relacional da criança e o genitor não guardião e de manter os dois pais ativos no seu compromisso, tendo como resultante do que eles podem assim oferecer a seu filho os recursos materiais, afetivos e sociais que ele precisa. Na prática, observa-se que os pais que optam pela guarda compartilhada têm a tendência de serem mais escolarizados e de possuírem rendimentos mais elevados que os outros, o que coloca seu filho em um ambiente sócio-econômico mais favorável[42].

Cabe ponderar que o vetusto sistema de guarda unilateral, com finais de semana alternados e um ou dois pernoites semanais, como acontece com muita frequência em classes mais favorecidas, tem por consequência um grande fracionamento do tempo de convivência e a multiplicação de deslocamentos, que bem poderiam ser evitados através da alternância após períodos de convivência substancial.

Foi o que aconteceu na pandemia de covid-19, onde um número significativo de pais optou pela alternância de residências justamente em razão do desincentivo dos deslocamentos pelas autoridades sanitárias.

Em sua monografia plena de referências Petra Sofia Portugal Mendonça Ferreira também critica a renitência da jurisprudência brasileira, calcada em velhos argumentos requentados:

> Tendo em vista a existência de inúmeras pesquisas realizadas em diversos países de cultura ocidental, que apontam variados benefícios para a criança acerca da prática da alternância de residência pós-divórcio, entende-se serem infundadas as razões pelas quais a jurisprudência brasileira ainda resiste em aplicar ou incentivar a efetivação da dupla residência (residência alternada), no contexto da guarda compartilhada em sua modalidade física, tendo o legislador andado bem em promover as alterações na legislação civil, alinhando o Brasil com as orientações internacionais em relação ao tema, mormente as determinações constantes da Convenção Internacional dos Direitos da Criança, no sentido de que a criança tem direito de manter regularmente relações pessoais e contatos diretos com ambos os pais, salvo se tal se mostrar contrário ao interesse superior da criança[43].

---

41. NIELSEN, Linda. Joint versus sole physical custody: children's outcomes independent of parent–child relationships, income, and conflict in 60 Studies. *Journal of Child Custody*, 2018.
42. CLOUTIER, Richard; FILION, Lorraine; TIMMERMANS, Harry. *Quand les parents se séparent*. 2. ed. CHU Sainte-Justine, 2018. p. 59.
43. FERREIRA, Petra Sofia Portugal Mendonça. *A dupla residência da criança pós-divórcio*. Belo Horizonte: D'Plácido, 2020. p. 141.

Firme no entendimento de que a beligerância entre genitores não é fator impeditivo para a guarda compartilhada e aplicando rigorosamente a lei, o Superior Tribunal de Justiça, em aresto relatado pelo Ministro Villas Bôas Cueva, decidiu pela guarda compartilhada física, mesmo em situação de agressões verbais e físicas entre os genitores, onde

> [...] a solução mais simples, adotada em inúmeros casos é a de afastar o compartilhamento da guarda, deixando a um dos pais o convívio limitado das visitas regulamentadas. Essa solução, ainda que reduza a complexidade da atividade jurisdicional, além de se afastar do ideal preconizado pelo legislador e recomendado expressamente pelo Conselho Nacional de Justiça (Recomendação n. 25/2016, da então Corregedora Nacional Min. Nancy Andrighi), retrata o quanto o Poder Judiciário ainda está atrelado às fórmulas extraídas do regime anterior à promulgação da Lei n. 13.058/2014[44].

Ressalve-se que aqui não há nenhuma pretensão de erigir a guarda compartilhada com duplicidade de residências em dogma a ser perseguido, pois a generalização é estranha à melhor abordagem do Direito de Família. A atividade jurisdicional é complexa, artesanal, que impõe uma análise sempre detida das peculiaridades dos casos que se apresentam ao Judiciário, de modo empírico, sem lugar para preconceitos,

Como quase tudo no Direito de Família, as soluções são tópicas, submetem-se à análise do caso concreto, a avaliações psicossociais, à verificação do quadro fático e do perfil dos envolvidos. Do mesmo modo que a guarda compartilhada com dupla residência pode não representar a melhor solução para certos casos, ela também não pode ser vista como algo pernicioso em si a ser evitado em todas as situações.

4. CONCLUSÃO

A guarda compartilhada, regime adotado por expressa opção legislativa, pressupõe não apenas a divisão equitativa de responsabilidades e tarefas, mas também a divisão do tempo de convivência com os filhos menores.

O compartilhamento jurídico sem o correspondente compartilhamento fático esvazia o instituto e subtrai sua função, deixando-o como um mero rótulo, sem conteúdo ou utilidade.

A interferência dos pais na esfera jurídica dos filhos, como exercício do poder familiar ou como guarda compartilhada,

> [...] só encontra justificativa funcional na formação e no desenvolvimento da personalidade dos próprios filhos, não caracterizando posição de vantagem juridicamente tutelada em favor dos pais. A função delineada pela ordem jurídica para a autoridade parental, que justifica o espectro de poderes conferidos aos pais — muitas vezes em detrimento da isonomia na relação com os filhos e em sacrifício da privacidade e das liberdades individuais dos filhos —, só merece tutela se

---

44. REsp nº 1.707.499 – DF – Ministro Ricardo Villas Bôas Cueva – j. 09.4.2019

exercida como um múnus privado, um complexo de direitos e deveres visando ao melhor interesse dos filhos, na perspectiva de sua futura independência como pessoa[45].

Disso decorre que não existe *a priori* qualquer óbice ao compartilhamento jurídico da guarda em harmonia com o compartilhamento do tempo de convivência do pai e da mãe com os filhos menores.

Ao contrário. A função da guarda compartilhada, de atender ao melhor interesse dos filhos, normalmente exigirá distribuição equitativa do tempo de convivência, como, de resto, previsto expressamente no art. 1.583, parágrafo 2º. do Código Civil.

Não se admite que a pretexto de confusão conceitual entre duas figuras absolutamente distintas – guarda unilateral alternada e guarda compartilhada com divisão equitativa de tempo –se negue homologação a acordo a que chegaram as partes, que reflete exercício de autonomia privada, observa a dinâmica familiar e preserva o interesse preferencial dos filhos.

Como adverte Gustavo Tepedino, "A regulação das instituições familiares deve pressupor da prévia análise e reserva de espaços de autonomia, uma vez que a intervenção estatal pode colocar em crise a percepção do privado como espaço de liberdade"[46].

Parte da jurisprudência já se deu conta do grave equívoco de deixar de homologar acordos nos quais os pais ajustam a guarda compartilhada com divisão equitativa de tempo. Precedentes recentes do Tribunal de Justiça de São Paulo afirmam que somente se justifica a ingerência do Estado perante a família na hipótese de desacordo entre os pais[47].

Resta o passo final, de fixar guarda compartilhada com divisão equitativa do tempo nos casos em que existe litígio entre os pais, abandonando a velha fórmula surrada dos finais de semana alternados, que limitam aquele que não reside com o filho que o veja somente duas vezes ao mês, situação incompatível com atribuição de corresponsabilidade e participação efetiva na formação da criança.

---

45. TEPEDINO, Gustavo. A tutela constitucional da criança e do adolescente: projeções civis e estatutárias. *In*: CHINELLATO, Silmara; SIMÃO, José Fernando; FUJITA, Jorge Shiguemitsu; ZUCCHI, Maria Cristina (org). *Direito de família no novo milênio*. Estudos em homenagem ao professor Álvaro Villaça Azevedo. São Paulo: Atlas, 2010. p. 432.
46. TEPEDINO, Gustavo. Editorial. *Revista Trimestral de Direito Civil*. v. 47, Rio de Janeiro: Padma, 2011
47. Agravo de Instrumento nº 2212405-55.2020.8.26.0000; Apelação nº 1000496-30.2017.8.26.0450; Agravo de Instrumento nº 2177586-34.2016.8.26.0000; Apelação nº 0078892-34.2011.8.26.0002; Agravo de Instrumento nº 2011921-24.2020.8.26.0000; Agravo de Instrumento nº 2011921-24.2020.8.26.0000; Apelação Cível nº 1000596-46.2018.8.26.0483.

O CUIDADO E O DIREITO À FAMÍLIA: FAZERES ESSENCIAIS DE UM GRUPO DE APOIO À ADOÇÃO

Bárbara Toledo

Tabeliã, mestra em Direito da Criança, da Família e das Sucessões pela Universidade do Minho, mestra em Direito pela Universidade Estácio de Sá, graduada em Direito pela Universidade Federal Fluminense, pós-graduada em Direito da Criança e do Adolescente pela Universidade do Estado do Rio de Janeiro e em Direito Notarial e Registral pela Pontifícia Universidade Católica de Minas Gerais.

Sávio Bittencourt

Procurador de Justiça, doutor em Ciências pela Universidade Federal do Rio de Janeiro, mestre em Direito da Criança, da Família e das Sucessões pela Universidade do Minho, mestre em História Social pela Universidade de Severino Sombra, graduado em Direito pela Universidade Federal Fluminense e em Filosofia pela Universidade do Sul da Santa Catarina.

1. INTRODUÇÃO

Os avanços na área da infância ao longo da história embasaram a estruturação jurídica que hoje norteia a defesa dos direitos da criança e do jovem e constitui o Direito da Criança como um verdadeiro ramo do Direito de Família.

Muitas foram as conquistas, frutos de pactos e convenções internacionais, que despertaram a consciência de autoridades, povos e países, impondo, ainda que, sutil e progressivamente, a adesão a tais normas e a adoção de leis e medidas que efetivassem a promoção e proteção dos direitos da criança.

Neste artigo abordar-se-ão os fazeres de um grupo de apoio à adoção, fundado pelos autores há mais de 20 anos, que revelam o importante papel destas organizações, que assumem em sua maioria a roupagem jurídica de associações civis sem fins lucrativos, ainda que alguns ainda não tenham formalizado o seu funcionamento como pessoas jurídicas. Esmiuçar esta experiência é necessário para que se tenha acesso ao leque de atividades comumente exercidas pelos grupos de apoio à adoção, muitas vezes desconhecidas inclusive de integrantes da rede de proteção à criança e ao adolescente.

Para tal fim, far-se-á uma pequena digressão sobre a importância da convivência familiar e o adequado exercício das responsabilidades parentais, como insumos afetivos e estruturais para o desenvolvimento dos infantes. Ato contínuo, será abordado o surgimento histórico dos grupos de apoio à adoção, movimento espontâneo e voluntário da sociedade civil organizada, desenvolvendo atividades tendencialmente de forma gratuita. Por fim, a narrativa contextualizada da experiência de um grupo de apoio à adoção, com seus projetos e articulações para auxiliar no provimento eficaz do direito à família para crianças e adolescentes brasileiros, bem como na estabilidade da família adotiva. Neste ponto, a variedade de tarefas assumidas pelos voluntários do Grupo de Apoio à Adoção Quintal de Ana será apresentada como síntese do papel dos grupos de todo o Brasil, que obviamente comportam suas peculiaridades e personalidades, mas que representam todo o movimento pelo direito de viver em família. Ao final, as considerações derradeiras apresentarão o resumo dos principais papéis dos grupos de apoio à adoção.

2. A CONVIVÊNCIA FAMILIAR E AS RESPONSABILIDADES PARENTAIS

Ressalte-se que dentre as normas supracitadas foi a Convenção sobre os Direitos da Criança da ONU de 1989 a responsável pelo grande marco para o reconhecimento jurídico da criança como sujeito de direitos, tendo destacado a importância da família para o seu bem-estar e desenvolvimento harmonioso[1], determinando sua proteção especial como prioridade absoluta. Como consequência dessa proteção integral, não se pode admitir que a criança seja exposta a situação de vulnerabilidade que importe em risco ao seu desenvolvimento e formação.

A família recebeu historicamente a função de célula *mater* da sociedade e, como elemento social de fundamental importância, tem direito à proteção e à assistência do Estado de modo que possa desempenhar o seu papel de propiciar o meio natural e seguro para o desenvolvimento da criança e formação do jovem.

Nesse contexto, a Constituição Brasileira de 1988, no seu artigo 226, estabelece o seguinte:

Art. 226: A família, base da sociedade, tem especial proteção do Estado.

§ 7º Fundado nos princípios da dignidade da pessoa humana e da paternidade responsável, o planejamento familiar é livre decisão do casal, competindo ao Estado propiciar recursos educacionais e científicos para o exercício desse direito, vedada qualquer forma coercitiva por parte de instituições oficiais ou privadas.

§ 8º O Estado assegurará a assistência à família na pessoa de cada um dos que a integram, criando mecanismos para coibir a violência no âmbito de suas relações[2].

As prerrogativas de identidade e privacidade próprias da família se mantêm; entretanto, ganham destaque dois elementos – o cuidado e o afeto –, que assumem, cada vez mais, relevo como valores jurídicos.

---

1. BOLIEIRO, Helena; GUERRA, Paulo. *A criança e a família*. 2. ed. Coimbra: Coimbra Editora, 2014. p. 13-22.
2. BRASIL. Constituição de 1988. Brasília, DF: Presidência da República. Disponível em: https://www.senado. leg.br/atividade/const/con1988/con1988_07.05.2015/art_226_.asp. Acesso em: 18 jul. 2021.

A convivência familiar é entendida como o direito fundamental de toda pessoa humana de viver junto à família de origem, em ambiente de afeto e de cuidado mútuos, configurando-se como um direito vital, especialmente, quando se tratar de pessoa em formação, no caso a criança.

É importante salientar que o direito de viver em família está contido no princípio da prevalência da família cuja síntese é a promoção de direitos e a proteção da criança e do adolescente com prioridade da manutenção na sua família natural ou extensa ou, se isto não for possível, demonstrada por decisão judicial fundamentada, na sua colocação em família adotiva.

Dessa sorte, a família é, e deve ser, o porto seguro para a integridade física e emocional de toda a criança. Ser criado e educado junto dos pais biológicos ou adotivos deve significar para o menor de 18 anos estar integrado num núcleo de amor, respeito e cuidado.

Corolário do princípio da prevalência da família é o princípio da responsabilidade parental, *pautado* no cuidado que a família deve ter com a criança e o jovem na promoção do seu desenvolvimento saudável e integral, de acordo com previsão no artigo 101, parágrafo único, inciso IX, do Estatuto da Criança e do Adolescente.

Assim, a responsabilidade parental não é uma mera faculdade ou uma possibilidade concedida pela lei aos genitores da criança, mas um verdadeiro poder-dever a que estão incumbidos. Em outras palavras, "os pais não podem exercer as responsabilidades parentais livremente, de acordo unicamente com a sua vontade, mas sim de acordo com a função que estes poderes e deveres pretendem realizar"[3].

Dentro do contexto das responsabilidades parentais, "a atuação protetiva dos pais consubstancia-se numa atuação de controlo, de vigilância e de defesa tendente a subtrair o filho menor a todas as situações de perigo a que ele possa estar sujeito"[4]. Portanto, está implícito o cuidado de não expor a criança e/ou o jovem a uma situação de risco e/ou perigo, ou de afastá-lo dessa situação quando não puder removê-la.

Cada vez mais a doutrina tem tratado o cuidado como valor jurídico capaz de ser aferido e comprovado, sendo natural que isso possa refletir-se na própria jurisprudência, a partir da análise do caso concreto *sub judice*. Assim, verificando-se atitudes e comportamentos responsáveis e protetivos dos direitos da criança constata-se o cuidado e, por via de consequência, o afeto. Isto porque o cuidado é o corpo de delito do afeto[5], pois quem ama cuida.

Entretanto, nem sempre os genitores conseguem exercer, com desenvoltura, as responsabilidades parentais, podendo, em certos casos, serem eles próprios aqueles

---

3. RODRIGUES, Hugo Manuel Leite. *Questões de particular importância no exercício das responsabilidades parentais*. Coimbra: Coimbra Editora, 2011. p. 42.
4. RODRIGUES, Hugo Manuel Leite. *Questões de particular importância no exercício das responsabilidades parentais*. Coimbra: Coimbra Editora, 2011. p. 183.
5. BITTENCOURT, Savio. *A nova lei de adoção: do abandono à garantia do direito á convivência familiar e comunitária*. Rio de Janeiro: Lumen Juris, 2010. p.154.

que expõem o filho a alguma situação de risco e/ou perigo. Nessas circunstâncias, não poderá o Estado, cujo dever inicial é de abster-se em observância à privacidade e à intimidade da vida familiar, ignorar a violação dos direitos da criança[6]. Deverá, pois, intervir para afastar o perigo e restituir a segurança à criança.

Isto porque uma coisa é certa em qualquer realidade social: não haverá respeito efetivo pelos direitos infantojuvenis se a família, o Estado e a sociedade não estiverem cientes de suas responsabilidades e assumirem cada qual o papel que lhes cabe nessa engrenagem. O fundamento dessa intervenção está justamente na corresponsabilidade estabelecida pela ordem constitucional, em seu art. 227, entre família, Estado e sociedade na promoção, defesa e garantia dos direitos infantojuvenis:

> Art. 227: É dever da família, da sociedade e do Estado assegurar à criança, ao adolescente e ao jovem, com absoluta prioridade, o direito à vida, à saúde, à alimentação, à educação, ao lazer, à profissionalização, à cultura, à dignidade, ao respeito, à liberdade e à convivência familiar e comunitária, além de colocá-los a salvo de toda forma de negligência, discriminação, exploração, violência, crueldade e opressão[7].

Entretanto, a intervenção estatal, por intermédio dos seus órgãos competentes (Conselho Tutelar, Ministério Público e Poder Judiciário), deve sempre reforçar as responsabilidades parentais e proporcionar medidas (previstas nos artigos 101 e 129 do Estatuto da Criança e do Adolescente) através das quais os pais ou os responsáveis legais pela criança, possam se empoderar dessa função parental, em estrita observância ao princípio da prevalência da família e seu corolário, o princípio da responsabilidade parental[8],conforme disposto no artigo 100 do Estatuto da Criança e do Adolescente, *in verbis*: "Artigo 100: Na aplicação das medidas levar-se-ão em conta as necessidades pedagógicas, preferindo-se aquelas que visem ao fortalecimento dos vínculos familiares e comunitários."

O direito da criança e do jovem exige, para além de uma boa regulamentação e atuação dos envolvidos no sistema de proteção, uma articulação e sensibilização da sociedade para que possa despertar e assumir a sua quota de responsabilidade na defesa e promoção dos direitos infantojuvenis.

Nesse diapasão, a sociedade civil tem-se organizado para a defesa dos direitos da criança e do jovem nas mais diversas vertentes: como em campanhas de incentivo ao aleitamento materno, contra os maus tratos, exploração sexual e abuso infantil, entre outras. Tais iniciativas são de extrema importância, pois uma sociedade desperta e ativa tem uma capacidade de influenciar e transformar a realidade local, corrigindo o que muitas vezes o Estado não consegue mesmo com políticas públicas estruturadas. No campo do direito à convivência familiar, se fez necessário que a sociedade se organizasse voluntariamente

---

6. MOREIRA, Sónia. A autonomia do menor no exercício dos seus direitos. *Scientia Ivridica*. t. L, n. 291, p. 159-194, set./dez. 2001. p. 168.
7. BRASIL. Constituição de 1988. Brasília, DF: Presidência da República. Disponível em: https://www.senado. leg.br/atividade/const/con1988/con1988_06.06.2017/art_227_.asp. Acesso em: 18 jul. 2021.
8. AMARAL, Jorge Augusto P.. *Direito da família e sucessões*. 4. ed. Coimbra: Almedina, 2014. p. 232.

para auxiliar na promoção de acolhimento familiar, provisório ou definitivo, de crianças afastadas de suas famílias de origem. Entre estas iniciativas, é notável a aparição dos grupos de apoio à adoção, que abarcam muitas tarefas, legalmente reconhecidas, para além do que o nome sugere, como se verá na experiência que aqui se relata.

3.   O SURGIMENTO DOS GRUPOS DE APOIO À ADOÇÃO

No Brasil surgiu, na década de 1990, um movimento em defesa do direito de toda a criança e adolescente viver em família, com foco precípuo nas crianças e adolescentes em situação de acolhimento institucional sem perspectiva de reintegração na família de origem ou com remota possibilidade de adoção, em verdadeira privação do convívio familiar.

Esse movimento cresceu com a iniciativa de famílias adotivas que, a partir das suas histórias de adoção, tendo conhecido de perto os meandros do abandono infantojuvenil, as suas consequências nefastas, toda a *via-crucis* do processo de adoção, e o preconceito social que ronda o tema adoção, mobilizaram-se para apoio mútuo, combate ao preconceito e tentativa de sensibilização e transformação da realidade da vida de milhares de crianças e jovens institucionalizados por longo tempo[9].

Somaram-se às famílias, profissionais do sistema de defesa dos direitos da criança, pretendentes à adoção e muitas outras pessoas, sensíveis à causa, dando forma aos Grupos de Apoio à Adoção que, hoje, contabilizam em torno de 200 grupos espalhados por todas as regiões do Brasil, com uma atuação estruturada em princípios comuns, e uma capacidade de trabalho e influência sociopolítica, ao ponto de passar a integrar a rede de apoio e defesa da criança e adolescente[10]. Muitas ações têm sido desenvolvidas ao longo de quase três décadas pela adoção necessária, legal, segura e para sempre. Trata-se de experiências exitosas que representaram a assunção da corresponsabilidade da sociedade na promoção dos direitos de criança e do adolescente[11]. Nessa perspectiva, o Instituto Quintal de Ana, associação civil sem fins lucrativos, surge na condição de sociedade civil organizada com o objetivo principal de promover o direito à convivência familiar de tantas crianças e adolescentes privados do mesmo por força da negligência, do abandono e/ou do longo tempo de acolhimento institucional.

4.   OS FAZERES DE UM GRUPO DE APOIO À ADOÇÃO

O Quintal de Ana desenvolve seu trabalho em três eixos principais: orientação e preparo dos pretendentes à adoção, e apoio às famílias adotivas; busca de soluções

---

9. BITTENCOURT, Savio. *A nova lei de adoção:* do abandono à garantia do direito á convivência familiar e comunitária. Rio de Janeiro: Lumen Juris, 2010. p. 19-21.
10. BITTENCOURT, Savio. *A nova lei de adoção:* do abandono à garantia do direito á convivência familiar e comunitária. Rio de Janeiro: Lumen Juris, 2010. p. 19-21.
11. ANDRADE E SILVA, Maria Bárbara Toledo. O papel dos grupos de apoio à adoção na garantia do direito à convivência familiar. *In*: TOLEDO, Bárbara (org.); BITTENCOURT, Sávio (coord.). *Adoção e o direito de viver em família* – famílias em concreto e os grupos de apoio à adoção. Curitiba: Juruá, 2017. p. 217-219.

e alternativas para a promoção da convivência familiar das crianças e adolescentes em situação de acolhimento institucional; e, divulgação e consolidação da cultura da adoção legal, segura e para sempre.

Esse terceiro e último eixo é de grande importância e afeta imediatamente os demais, pois trata da concepção da adoção como verdadeiro instrumento para promover o direito à convivência familiar daquelas crianças cujos vínculos com a família de origem estão enfraquecidos ou já se encontram rompidos, persistindo a violação ao direito fundamental de viver em família.

Para tanto se faz *mister* propor o debate, questionar o porquê de tantos preconceitos em relação à adoção e tanto apego ao biologismo, provocar a reflexão acerca do real sujeito do princípio da prevalência da família, se os pais ou o filho.

Por outro lado, revela o quanto a adoção se configura como verdadeira política pública eis que verdadeiro instrumento para fazer valer o direito constitucional de viver em família.

Para atender o 1º eixo do trabalho, o Quintal de Ana promove um curso preparatório-reflexivo para pretendentes à adoção, com o objetivo de elaborar as suas reais motivações para adotar, mobilizando recursos subjetivos para que possam fortalecer a escolha pela paternidade/maternidade adotiva, vencer os preconceitos e mitos acerca do tema e, principalmente, trabalhar o perfil do filho idealizado e o filho real[12], de modo a suscitar a reflexão acerca das adoções necessárias.

É importante registar que a designação "adoção necessária" compreende a adoção de crianças em condição de adoção, isto é, disponibilizadas judicialmente para serem adotadas. Cumpre salientar, entretanto, que, por força da demora do processo de destituição do poder familiar, é pouco comum estarem disponíveis para adoção as crianças de tenra idade. Dessa forma, o termo "adoção necessária" acaba por referir-se, em regra, às crianças maiores, aos grupos de irmãos, às crianças com alguma questão de saúde ou deficiência. Anteriormente, a adoção inter-racial também se caracterizava como necessária, dada a resistência de adoção de crianças negras ou de outra etnia por candidatos brancos. Mas, felizmente, o perfil dos pretendentes tem se ampliado para contemplar a adoção dessas crianças, independentemente da etnia.

Há prioridade processual para a adoção de crianças nessas condições, conforme prevê o artigo 50, parágrafo 15, da Lei 8069/1990: "Artigo 50 § 15. Será assegurada prioridade no cadastro a pessoas interessadas em adotar criança ou adolescente com deficiência, com doença crônica ou com necessidades específicas de saúde, além de grupo de irmãos."

Esse curso, inicialmente procurado espontaneamente pelos interessados em adotar, passou a ser exigência legal após a edição da Lei 12010/2009, que alterou o

---

12. Gigante, Stella. Grupo preparatório reflexivo. *In*: TOLEDO, Bárbara (org.); BITTENCOURT, Sávio (coord.). *Adoção e o direito de viver em família* – famílias em concreto e os grupos de apoio à adoção. Curitiba: Juruá, 2017. p. 116-119.

Estatuto da Criança e do Adolescente, conforme se verifica da leitura dos artigos 50, parágrafo 3º e 197-C, parágrafo 1º, *in verbis*:

Art. 50: A autoridade judiciária manterá, em cada comarca ou foro regional, um registo de crianças e adolescentes em condições de serem adotados e outro de pessoas interessadas na adoção.

Parágrafo 3º. A inscrição de postulantes à adoção será precedida de um período de preparação psicossocial e jurídica, orientado pela equipe técnica da Justiça da Infância e da Juventude, preferencialmente com apoio dos técnicos responsáveis pela execução da política municipal de garantia do direito à convivência familiar.

Art. 197-C: Intervirá no feito, obrigatoriamente, equipe interprofissional a serviço da Justiça da Infância e da Juventude, que deverá elaborar estudo psicossocial, que conterá subsídios que permitam aferir a capacidade e o preparo dos postulantes para o exercício de uma paternidade ou maternidade responsável, à luz dos requisitos e princípios desta Lei. (Incluído pela Lei nº 12.010, de 2009)

Parágrafo 1º: É obrigatória a participação dos postulantes em programa oferecido pela Justiça da Infância e da Juventude, preferencialmente com apoio dos técnicos responsáveis pela execução da política municipal de garantia do direito à convivência familiar e dos grupos de apoio à adoção devidamente habilitados perante a Justiça da Infância e da Juventude, que inclua preparação psicológica, orientação e estímulo à adoção inter-racial, de crianças ou de adolescentes com deficiência, com doenças crônicas ou com necessidades específicas de saúde, e de grupos de irmãos. (Redação dada pela Lei nº 13.509, de 2017).

Para cumprir esta exigência legal, surgiu a parceria firmada entre o Tribunal de Justiça do Estado do Rio de Janeiro e o Quintal de Ana cujo objeto é a realização do curso acima mencionado a todos os pretendentes encaminhados pelos Juízos da Infância do Estado.

Como dito anteriormente, o curso se traduz em um espaço para os pretendentes expressarem-se, tirarem dúvidas, sem estarem a ser avaliados, partilharem as experiências de famílias que já adotaram, de forma que possam compreender as peculiaridades da adoção, o respeito pela história pregressa da criança e o seu direito de conhecer a sua origem biológica (artigo 48º do Estatuto da Criança e do Adolescente), e tudo mais que possa concorrer para uma adoção legal, segura jurídica e emocionalmente, e, preferencialmente, necessária[13].

Como sucedâneo desse trabalho de preparação, o Quintal oferece ainda o Grupo de Gestação e Busca Ativa que procura dar o suporte psicológico e jurídico diretamente aos pretendentes já habilitados para o fortalecimento do seu propósito adotivo, amparo no que diz respeito à ansiedade provocada pelo tempo de espera na "fila da adoção" (Sistema Nacional da Adoção), assim como no tocante ao amadurecimento do perfil do filho pretendido e da possibilidade de sua ampliação a partir da conexão com a busca ativa.

---

13. Gigante, Stella. Grupo preparatório reflexivo. *In*: TOLEDO, Bárbara (org.); BITTENCOURT, Sávio (coord.). *Adoção e o direito de viver em família* – famílias em concreto e os grupos de apoio à adoção. Curitiba: Juruá, 2017.

Assim,

> [...] os Grupos de Apoio à Adoção precisam cada vez mais desenvolver como recurso em seu trabalho o cuidado na preparação dos pretendentes/pais, pois somos a porta de entrada para o mundo adotivo, um mundo até então, geralmente, desconhecido por eles. [...] Concordo que nosso trabalho deva ser nutrido com o desejo de cuidar sempre pelo que seja melhor para a criança, mas não podemos esquecer que o melhor para uma criança, sem dúvida, é ter pais. Se o mundo adotivo nos entrega a possibilidade de promover encontros onde podemos através de conversas e palestras permitir transformações nos entendimentos sobre o exercício da parentalidade, precisamos aproveitá-los para aceder às potencialidades e competências de cada um através da formação de vínculos e sinalizar a importância da responsabilidade de cada um em relação à escolha de ser pai e mãe pela adoção[14].

Para fins de atender as famílias adotivas, o Quintal de Ana oferece o Núcleo de Pós-adoção para a reflexão e troca de experiências entre as famílias que já adotaram ou estão com a guarda provisória de seus filhos para fins de adoção, sob a orientação de um psicólogo, na perspectiva de superar eventuais desafios e preconceitos no relacionamento entre adotantes e adotado, possíveis dificuldades na adaptação junto à família extensa, à escola e demais grupos sociais, em prol de uma adoção para sempre. Tal acompanhamento não é obrigatório, muito embora alguns tribunais tenham estabelecido a parceria com os grupos de apoio à adoção, na perspectiva de evitar a devolução de crianças adotadas.

> Os pais adotivos sempre dedicados, muitas vezes não sabem lidar com as limitações de seus filhos, com sua história inicial, com a diferença racial, com a mentira que muitas vezes é contada pela criança como um mecanismo de autoproteção, com os pequenos furtos praticados ou com fatos e atitudes mais complicados e até mesmo com as situações cotidianas que ocorrem nas escolas, nos meios familiares e na sociedade, provocando, assim, frustrações e muita angústia para os pais por não se sentirem capazes de solucionar essas questões[15].

Paralelamente ao Núcleo de Pós-Adoção destinado aos pais, o Quintal proporciona um espaço para os filhos através do Pintando o Sete no Quintal para trabalhar com eles sua história de adoção e fortalecer a autoestima de sua identidade adotiva, lançando mão de atividades lúdicas.

As iniciativas acima descritas são de suma importância porque, muito embora se dirijam imediatamente aos adultos, têm por alcance mediato o superior interesse da criança e do jovem, pois preparam e fortalecem os adultos que lhe garantirão o direito à convivência familiar e comunitária.

---

14. Morani, Sylvania. Grupos de apoio à adoção: solo fértil de afeto que semeia e faz brotar o direito de cada criança viver, crescer e pertencer a uma família. *In*: TOLEDO, Bárbara (org.); BITTENCOURT, Sávio (coord.). *Adoção e o direito de viver em família* – famílias em concreto e os grupos de apoio à adoção. Curitiba: Juruá, 2017. p. 122.

15. ASSAD, Maria Thereza de Almeida. Aprendendo a construir laços afetivos com fortalecimento do núcleo família. *In*: TOLEDO, Bárbara (org.); BITTENCOURT, Sávio (coord.). *Adoção e o direito de viver em família* – famílias em concreto e os grupos de apoio à adoção. Curitiba: Juruá, 2017. p. 178.

O segundo eixo é fundamental para despertar a sociedade e instituições para a realidade do abandono, a institucionalização indeterminada, e a violação perene do direito fundamental de toda criança e jovem crescer em família.

Um pressuposto para que esse objetivo seja alcançado é dar visibilidade a essas crianças em situação de acolhimento, pois o que não é visto não incomoda, não instiga e não compromete.

Para tanto, diversas ações foram empreendidas empiricamente por agentes sociais, como os grupos de apoio à adoção, ao ponto de impactarem as entidades envolvidas a tomarem consciência da necessidade de fazerem além e, de alguma forma, regulamentarem tais iniciativas, em prol da restituição do direito de crianças e adolescentes de viverem em família[16].

O início da estruturação desta atividade consistiu justamente numa aproximação das instituições de acolhimento, na ajuda às suas necessidades e no conhecimento das crianças e jovens ali residentes. Disto resultou um acompanhamento periódico dos acolhidos, de identificação e contacto com as suas famílias de origem ou responsáveis, com vista à reaproximação, na tentativa de reatamento dos vínculos para uma futura reintegração familiar. Esse trabalho desenvolvido pelo Quintal de Ana e intitulado de Projeto Um Lar para Todos serviu, *inclusive,* de fonte de dados para o sistema criado em 2007 pelo Ministério Público – Módulo da Criança e do Adolescente (MCA) –, para cadastrar todas as informações pertinentes às crianças e adolescentes acolhidos no estado do Rio de Janeiro, extraídas dos relatórios técnicos do acompanhamento supramencionado[17].

Parece ter servido de inspiração à iniciativa legislativa que resultou em 2009, na edição da Lei n.º 12.010/2009, que passou a exigir das entidades de acolhimento relatórios semestrais de todas as crianças e jovens ali residentes, *ex vi* do disposto no artigo 2º, § 2:

> Os dirigentes de entidades que desenvolvem programas de acolhimento familiar ou institucional remeterão à autoridade judiciária, no máximo a cada 6 (seis) meses, relatório circunstanciado acerca da situação de cada criança ou adolescente acolhido e sua família, para fins da reavaliação prevista no § 1º do art. 19 desta Lei.

Não obstante as instituições terem assumido tal obrigação, a aproximação anterior mantém-se através de visitas mensais com o propósito de apresentar aos pretendentes à adoção as crianças acolhidas, aquelas disponíveis para adoção, proporcionando-lhes o encontro, o despertar da empatia e a sensibilização para uma possível adoção necessária, em consonância com a recomendação legal prevista no parágrafo 4.º do artigo 50 do Estatuto da Criança e do Adolescente:

---

16. BITTENCOURT, Savio. *A nova lei de adoção:* do abandono à garantia do direito á convivência familiar e comunitária. Rio de Janeiro: Lumen Juris, 2010. p. 26-28.
17. BITTENCOURT, Savio. *A nova lei de adoção:* do abandono à garantia do direito á convivência familiar e comunitária. Rio de Janeiro: Lumen Juris, 2010. p. 26-28.

Sempre que possível e recomendável, a preparação referida no § 3º deste artigo incluirá o contacto com crianças e adolescentes em acolhimento familiar ou institucional em condições de serem adotados, a ser realizado sob a orientação, supervisão e avaliação da equipe técnica da Justiça da Infância e da Juventude, com apoio dos técnicos responsáveis pelo programa de acolhimento e pela execução da política municipal de garantia do direito à convivência familiar.

A visitação tem como objetivo principal fazer com que essas crianças e adolescentes, que passaram toda, ou, grande parte de suas vidas institucionalizadas, tenham a possibilidade de serem vistas e ouvidas, como pessoas e sujeitos de direitos que são, além de poderem conviver com pessoas diferentes[18].

De forma genuína, a partir dessas visitas nas instituições de acolhimento, surgiram, espontaneamente, os primeiros casos de apadrinhamento de crianças. Justamente, porque do encontro entre adultos e crianças nasce a empatia, identificam-se as afinidades, e brota no coração o desejo de viver uma experiência diferente, de se comprometer com alguém.

Diante desses casos de encontros concretos foi configurado o apadrinhamento afetivo como um meio de apoiar, afetivamente, crianças e adolescentes que vivem nas instituições de acolhimento e, estão fora do perfil padrão para adoção e para os quais a reintegração familiar é hipótese muito remota.

Nesse contexto, o Apadrinhamento Afetivo do Quintal de Ana foi criado justamente para promover a essas crianças, a partir de oito anos, e a esses adolescentes, uma oportunidade de convívio familiar e comunitário, com os padrinhos e madrinhas, quando então passam a participar do cotidiano dessas famílias, interagindo com os amigos e parentes, abrindo seus horizontes e aumentando seus conhecimentos. Esses indivíduos, então, adquirem novos conceitos e valores, e o mais importante: passam a ser amados, protegidos, acarinhados e estimulados para o futuro e para o entendimento de que o sucesso deles depende principalmente de si próprios, de sua dedicação ao estudo, ou seja, passam a se sentir integrados a uma família e pertencendo a alguém que se importa e se preocupa com eles. É nessa convivência que cresce as chances dessas crianças e adolescentes serem adotados, porque ela promove o amor e o desejo de mantê-los dentro desse novo padrão de instituição familiar, até então desconhecido por eles[19].

Por outro lado, o apadrinhamento afetivo dá a oportunidade aos padrinhos de acompanharem o desenvolvimento dessas crianças e/ou adolescentes, orientando--os, contribuindo com a construção da sua autonomia social e sendo uma referência familiar, pelo contato direto com eles na instituição e nos momentos em família, aos finais de semana e feriados, quando podem levá-los a passear.

---

18. GOMES, Angela Cristina. O despertar de um novo olhar. *In*: TOLEDO, Bárbara (org.); BITTENCOURT, Sávio (coord.). *Adoção e o direito de viver em família* – famílias em concreto e os grupos de apoio à adoção. Curitiba: Juruá, 2017. p. 142.
19. ORLANDO, Edna Gloria Vasconcelos. Apadrinhamento afetivo: efeitos do afeto em crianças e adolescentes institucionalizados. *In*: TOLEDO, Bárbara (org.); BITTENCOURT, Sávio (coord.). *Adoção e o direito de viver em família* – famílias em concreto e os grupos de apoio à adoção. Curitiba: Juruá, 2017. p. 94-95.

Os frutos do apadrinhamento afetivo são imensuráveis, principalmente, pelas vezes que o apadrinhamento se converteu em adoção, e adoção necessária.

Isto porque a aproximação gera o contato, o contato leva ao conhecimento, o conhecimento leva à empatia que, por sua vez, desperta o desejo. Do que se conclui a importância fundamental de se dar visibilidade às crianças acolhidas, para que seu universo não se limite à instituição, aos cuidadores e demais profissionais a ela vinculados. E para promover essa visibilidade se faz mister todo o cuidado na articulação com a instituição, no preparo dos pretendentes para um comportamento responsável na ocasião das visitas, e no suporte das crianças e adolescentes para receber e interagir com os visitantes, sem falsas expectativas.

Após anos da vivência prática do apadrinhamento afetivo, foi recomendada a sua adesão pelas instituições de acolhimento no Estado do Rio de Janeiro, *ex vi* da Lei n.º 7149/2015[20], tendo sido, posteriormente, regulamentado através da Lei n.º 13.509/2017 que alterou o Estatuto da Criança e do Adolescente:

> Artigo 19-B: A criança e o adolescente em programa de acolhimento institucional ou familiar poderão participar de programa de apadrinhamento.

---

20. LEI Nº 7149 DE 17 DE DEZEMBRO 2015.
Art.º 1º Fica instituído no âmbito do Estado do Rio de Janeiro o PROGRAMA "UM LAR PARA TODOS" consistente no apadrinhamento de crianças e adolescentes acolhidas e sob a responsabilidade das unidades de Secretaria de Estado da Criança e do Adolescente, dos Conselhos Tutelares Estaduais e dos estabelecimentos privados que se destinem ao acolhimento e amparo, em conformidade com a Lei nº 8.069/90 a qual dispõe sobre o Estatuto da Criança e do Adolescente e dá outras providências.
Art. 2º O Programa de que trata o artigo 1º desta lei tem por finalidade:
I – Permitir o acolhimento e apadrinhamento social, nos finais de semana, feriados e datas comemorativas;
II – Possibilitar, através de procedimentos simplificados, a inserção e o convívio social das crianças e dos adolescentes das instituições;
III – Proporcionar a divulgação para sociedade civil das crianças e adolescentes que se encontram aguardando adoção ou acolhidas por alguma espécie de situação de risco;
IV – Possibilitar às crianças e adolescentes a vivência fora da instituição, proporcionando-lhes autonomia social e maturidade emocional.
§ 1º As crianças que não possuem processo de habilitação para adoção e/ou que não tenham interessados em adotá-las terão preferência no processo de apadrinhamento social.
§ 2º O casal e/ou o indivíduo com processo de habilitação/adoção de uma criança poderá ser inserido no Programa "UM LAR PARA TODOS" possibilitando um compartilhamento e convívio social com a criança e/ou adolescente durante o tramite processual da adoção.
Art. 3º As pessoas interessadas em apadrinhar crianças ou adolescentes deverão procurar os órgãos competentes e afirmar sua disponibilidade e vontade de exercer o afeto, solidariedade e amor, bem como possuir recursos financeiros para proporcionar uma melhoria na qualidade de vida do "afilhado".
Art. 4º Ao beneficiário do Programa fica assegurado e garantido o convívio familiar, ainda que parcial, promovido por visitas ao lar do seu "padrinho", convivência comunitária, acompanhamento escolar, repasses de valores de ética, educação e amor.
Art. 5º O padrinho poderá retirar o seu "afilhado" nos feriados e nos finais de semana possibilitando a vivência fora da instituição de crianças e adolescentes.
Art. 6º Poderá haver visitas em dias de semana, quando justificadas por algum tipo de evento especial, como aniversário do padrinho e/ou do afilhado, de algum membro da família que aderiu ao apadrinhamento social, bem como de eventos culturais e sociais que sejam de relevância para educação da criança e/ou adolescente.
Art. 7º Esta Lei entrará em vigor na data de sua publicação.

Parágrafo 1º: O apadrinhamento consiste em estabelecer e proporcionar à criança e ao adolescente vínculos externos à instituição para fins de convivência familiar e comunitária e colaboração com o seu desenvolvimento nos aspetos social, moral, físico, cognitivo, educacional e financeiro.

Parágrafo 2º: Podem ser padrinhos ou madrinhas pessoas maiores de 18 (dezoito) anos não inscritas nos cadastros de adoção, desde que cumpram os requisitos exigidos pelo programa de apadrinhamento de que fazem parte.

Parágrafo 3º: Pessoas jurídicas podem apadrinhar criança ou adolescente a fim de colaborar para o seu desenvolvimento.

Parágrafo 4º: O perfil da criança ou do adolescente a ser apadrinhado será definido no âmbito de cada programa de apadrinhamento, com prioridade para crianças ou adolescentes com remota possibilidade de reinserção familiar ou colocação em família adotiva.

Parágrafo 5º: Os programas ou serviços de apadrinhamento apoiados pela Justiça da Infância e da Juventude poderão ser executados por órgãos públicos ou por organizações da sociedade civil.

Parágrafo 6º: Se ocorrer violação das regras de apadrinhamento, os responsáveis pelo programa e pelos serviços de acolhimento deverão imediatamente notificar a autoridade judiciária competente.

Outra iniciativa de grande importância é a busca ativa, que surgiu por intermédio de atores do sistema de garantia dos direitos da criança e do adolescente, como juízes, promotores e equipes técnicas das Varas da Infância Juventude e Idoso, sensibilizados com o longo tempo de acolhimento de crianças e adolescentes sem quaisquer perspectivas de convivência familiar. Tal situação levou-os a procurar, junto dos Grupos de Apoio à Adoção famílias para aquelas crianças, já sem possibilidades de reintegração familiar ou fora do perfil padrão de adoção.

Afinal,

[...] não se trata mais de procurar crianças para preencher o perfil desejado pelos pretendentes, mas sim de buscar famílias para crianças e adolescentes que se encontram privados da convivência familiar. Isso pressupõe o investimento na conscientização e sensibilização da sociedade acerca desse direito das crianças e adolescentes e no desenvolvimento de metodologias adequadas para a busca ativa de famílias adotantes. Trata-se, portanto, de investir para que a adoção seja o encontro de desejos e prioridades e ocorra em consonância com os procedimentos legais previstos no Estatuto da Criança e do Adolescente[21].

Assim, denominou-se, a princípio, Busca Ativa a divulgação por essas autoridades dos dados e informações acerca das crianças institucionalizadas, para os quais estão ativamente procurando uma família, a fim de restituir-lhes o seu constitucional direito de viver em família.

Já havia, no Plano Nacional de Convivência Familiar e Comunitária, previsão para tal iniciativa, conforme se pode depreender da leitura abaixo:

[...] são destacados alguns aspectos que subsidiam a posição defendida neste Plano, em relação à adoção: [...] preparação prévia, aproximação gradativa e acompanhamento no período de adap-

---

21. MOREIRA, Silvana do Monte. A busca ativa pelos grupos de apoio à adoção. *In*: TOLEDO, Bárbara (org.); BITTENCOURT, Sávio (coord.). *Adoção e o direito de viver em família – famílias em concreto e os grupos de apoio à adoção*. Curitiba: Juruá, 2017. p.237.

tação dos adotantes e adotandos, realizados por equipe interprofissional, preferencialmente da Justiça da Infância e da Juventude, em parceria com Grupos de Apoio à Adoção e profissionais do serviço de acolhimento. Nesse sentido, o foco da preparação deve ser tanto nos adotantes quanto nos adotandos, garantindo-se que estes últimos sejam sujeitos ativos no processo e também recebam o suporte necessário, sendo oportunizado, inclusive, as despedidas de seus cuidadores e colegas; n) busca ativa de famílias para estas crianças e adolescentes que, por diversos fatores, têm sido preteridos pelos adotantes, fomentando as possibilidades de adoçãonacional para os mesmos [...].

A Lei n.º 12010/2009, que alterou o Estatuto da Criança e do Adolescente, determinou a criação do Cadastro Nacional de Adoção, e também de cadastros estaduais, no seu artigo 50:

A autoridade judiciária manterá, em cada comarca ou foro regional, um registo de crianças e adolescentes em condições de serem adotados e outro de pessoas interessadas na adoção.

§ 5º Serão criados e implementados cadastros estaduais e nacional de crianças e adolescentes em condições de serem adotados e de pessoas ou casais habilitados à adoção.

§ 6º Haverá cadastros distintos para pessoas ou casais residentes fora do País, que somente serão consultados na inexistência de postulantes nacionais habilitados nos cadastros mencionados no § 5º deste artigo.

§ 7º As autoridades estaduais e federais em matéria de adoção terão acesso integral aos cadastros, incumbindo-lhes a troca de informações e a cooperação mútua, para melhoria do sistema.

§ 8º A autoridade judiciária providenciará, no prazo de 48 (quarenta e oito) horas, a inscrição das crianças e adolescentes em condições de serem adotados que não tiveram colocação familiar na comarca de origem, e das pessoas ou casais que tiveram deferida sua habilitação à adoção nos cadastros estadual e nacional referidos no § 5º deste artigo, sob pena de responsabilidade.

§ 9º Compete à Autoridade Central Estadual zelar pela manutenção e correta alimentação dos cadastros, com posterior comunicação à Autoridade Central Federal Brasileira.

Busca Ativa, portanto, é a ação de divulgar crianças e adolescentes sem possibilidade de reintegração e/ou com remota chance de adoção, inicialmente através dos contatos com os Grupos de Apoio à Adoção, nos *media* sociais e, fundamentalmente, por intermédio do Sistema Nacional de Adoção, que deve ser o maior instrumento para a mesma.

Outros órgãos que também aderiram à busca ativa, na tentativa de dar visibilidade às crianças e adolescentes acolhidos. Um exemplo foi o sistema "Quero uma Família" do Ministério Público do Rio de Janeiro, o "Adote" do Tribunal de Justiça do Paraná, campanhas junto a equipes de futebol como "Adote um pequeno torcedor" de Pernambuco, entre outros[22].

Somado a todas essas ações, há de se mencionar as caminhadas e corridas pela adoção, idealizadas pelo Quintal de Ana, nas mais diversas cidades brasileiras, em caráter pioneiro em Niterói e no Rio de Janeiro, ganhando a atenção dos *media inclusive*; como também, a instalação das Frentes Parlamentares Pró Adoção nas casas legislativas, inicialmente RJ seguida de SP, e no Congresso Nacional, responsáveis

---

22. Cf: http://queroumafamilia.mprj.mp.br/.

por uma nova postura na garantia e regulamentação com prioridade dos direitos da criança, como visto.

Não restam dúvidas de que tais iniciativas foram responsáveis por uma transformação marcante na cultura da adoção pela sociedade brasileira assim como pelas entidades responsáveis diretamente pela defesa dos direitos da criança e do adolescente, desmistificando o tema, minimizando medos e preconceitos e abrindo os corações das famílias brasileiras para o acolhimento das crianças nos mais variados perfis.

Afinal, o que não se pode aceitar é uma tolerância sem medida com a reestruturação da família de origem, muitas vezes idealizada, que mantém refém do acolhimento a criança em verdadeira e indeterminada violação do direito à convivência familiar.

Com efeito, a prevalência da família é princípio a favor da criança e do jovem. São eles os sujeitos do direito à família, os pais devem ser família para a criança e o jovem. E para ser família é preciso que cumpram as suas funções parentais com afeto e cuidado. Simples assim, como está previsto na lei. Dessa forma, pouco importa se a família é a de origem ou por via da adoção, se é uma família monoparental, hétero ou homossexual. O que se pretende é o sentimento de pertencimento, afeto e cuidado fundamentais na formação biopsicossocial de um indivíduo.

Não é dada a prerrogativa política ao magistrado, promotor de justiça, equipas técnicas, a possibilidade de ser a favor ou contra a adoção ou a qualquer forma de configuração familiar. Seu papel é de avaliar as condições propícias para o desenvolvimento de uma criança e a formação de um jovem em determinado contexto familiar e fazer valer o melhor interesse da criança e do jovem. A Constituição Federal e a legislação já fizeram a opção pela prevalência da família de amor, seja ela qual for, biológica ou adotiva.

Entretanto, milhares de crianças continuam varridas para debaixo do "tapete da sociedade", mofando nas instituições de acolhimento a pretexto de uma provável remota reintegração familiar.

> Apesar da clareza meridional destes princípios, o preconceito demagógico que paira sobre alguns setores da rede acarreta o abandono criminoso de crianças e adolescentes em abrigos, sob o argumento de que a reintegração familiar é uma obrigação inafastável. Sem opor qualquer embargo ao fato de que, sendo possível e conveniente para a criança, a reintegração deve ser tentada, é imperioso registar que uma reintegração desastrada e indevida acarreta mais danos para as crianças do que a sua separação da família de origem, quando há possibilidade da adoção por pessoas preparadas para criá-la e amá-la[23].

Vê-se o tempo transcorrer, a criança crescer no abrigo, a família de origem sumir aos poucos até desaparecer, os traumas do abandono, da institucionalização, da falta de um olhar particularizado, do afeto e cuidado personalizados marcarem a alma, a violação ao direito de viver em família se tornar perene, e por outro lado,

---

23. BITTENCOURT, Savio. *A nova lei de adoção*: do abandono à garantia do direito á convivência familiar e comunitária. Rio de Janeiro: Lumen Juris, 2010. p. 39-85

imensas famílias dispostas a serem famílias de afeto e cuidado, sujeitas aos critérios de preparação, avaliação e espera, longa espera por um filho.

O que se está à espera? Qual a justificativa para tanta morosidade? Qual o nó da violação de direitos que precisa ser desatado? As normas legais ensinam o caminho, os princípios dão as diretrizes, e nós, poder público e sociedade, estamos realmente dispostos a seguir tudo isto?

É preciso identificar o preconceito e romper com ele.

5. CONSIDERAÇÕES FINAIS

A experiência do Quintal de Ana perpassa pelos fazeres da maioria dos grupos de apoio à adoção, presentes nas cinco regiões do País. Podem, em apertada síntese, ser mencionados como seus papéis fundamentais:

1. Apoio às famílias adotivas, para acoroçoar os laços afetivos, enfrentar eventuais dificuldades inerentes à convivência, inclusive durante o estágio de convivência para evitar devoluções;

2. A preparação dos pretendentes à adoção, para capacitá-los a lidar com as peculiaridades da paternidade/maternidade adotiva, em colaboração gratuita com o Poder Judiciário.

3. Auxílio ou promoção de programas de apadrinhamento afetivo, com o fito de incentivar e preparar candidatos a padrinhos e madrinhas para que sejam referência emocional e apoio pessoal para crianças e adolescentes que não tenham pretendentes à adoção.

4. Criação de uma nova cultura de adoção, para propagar esta forma de filiação pela sociedade, superando preconceitos contra a família e a criança adotivas e defendendo a realização de adoções com respeito às normas legais.

5. Conscientização sobre a violação de direitos humanos das crianças consistente na institucionalização prolongada ou desnecessária de crianças e adolescentes, demonstrando os malefícios causados pela ausência da convivência familiar adequada.

6. Promover a busca ativa de famílias para adotar as crianças que estejam fora do perfil declarado pelos cadastrados no Sistema Nacional de Adoção, garantido o direito à família com a promoção das adoções necessárias.

Obviamente, cada grupo de apoio à adoção trará experiências particulares, meios de ação próprios, talhados a partir da criatividade e das condições de trabalho de seus integrantes. Na essência, todos velam pelo cumprimento integral do direito à família, para que todas as crianças possam ter a convivência afetiva que permitirá o seu pleno desenvolvimento físico e emocional. São, em última análise, artesãos do cuidado com a criança, que é o sujeito maior de direitos do nosso ordenamento jurídico.

FAMÍLIA ACOLHEDORA:
EXPRESSÃO DE SOLIDARIEDADE E CUIDADO

Camila de Jesus Mello Gonçalves

Juíza de Direito do Estado de São Paulo. Mestre em Filosofia do Direito e Doutora em Direitos Humanos pela Faculdade de Direito da Universidade de São Paulo. Professora da Escola de Direito de São Paulo da Fundação Getúlio Vargas.

Claudio Luiz Bueno de Godoy

Desembargador do Tribunal de Justiça do Estado de São Paulo. Livre Docente e Professor-Associado do Departamento de Direito Civil da Faculdade de Direito da Universidade de São Paulo.

1. SOLIDARIEDADE E CUIDADO

Compreende-se expresso no artigo 3º, I, da Constituição Federal, o valor jurídico da solidariedade ou – posto em movimento – do solidarismo social. Isto muito embora ele já desse substrato axiológico a inúmeros institutos do direito privado. Mas não se pode desconsiderar a relevância que assume quando na Constituição se dispõe ser objetivo da República a construção de uma sociedade que, além de justa, seja solidária. Impõe-se um valor social fundante, portanto que o é igualmente do ponto de vista jurídico desde que, sabidamente, o sistema jurídico constitui um subsistema social.

Insista-se, todavia – e aqui tomando por critério a carga de concretude a diferenciá-los –, em que o valor do solidarismo inspira princípios e, a partir deles, regras nos mais variados campos e, particularmente, o do direito civil. Animou a própria codificação atual, fincada nos princípios cardeais da operabilidade e da eticidade, mas ainda e justamente da socialidade, isto é, da superação da intrassubjetividade como marco da disciplina civilística, assim ao mesmo tempo funcionalizado ao prestígio de valores que são sociais. Por exemplo, na parte geral do CC/02, deu novos contornos a uma entrevisão neste sentido objetiva do instituto do abuso do direito, quando exercido de modo contrário ou excedendo de modo manifesto os limites impostos por sua função econômico-social, consoante levado ao texto do artigo 187 do CC. No direito das obrigações, ademais do estabelecimento de uma cláusula geral de responsabilidade civil sem culpa, baseada no risco especial da atividade desenvolvida a terceiros, em proveito do agente (art. 927, parágrafo único), expressou princípio básico dos contratos, logo na abertura do título respectivo (o Título V do Livro I da Parte Especial): o da sua função social. Tal funcionalização se revela – e ainda com mais remota origem histórica – no próprio conteúdo do direito de propriedade. Além do nível constitucional de exigência do artigo 5º, XXIII, acode a propósito a disposição do artigo 1.228, parágrafo 1º, do CC, em que se se agregam a um só tempo o interesse individual do titular e a preservação, com o seu exercício, do interesse social. Esta noção se projeta identicamente ao direito sucessório, em que se procura compatibilizar a autonomia privada com a preservação de interesses supraindividuais, de garantia do núcleo familiar. E, aos fins deste estudo, bem no campo do direto de família (lembre-se aqui da justificativa ao próprio instituto dos alimentos) e da criança e do adolescente sobreleva o valor da solidariedade[1].

Mas, de maneira geral, e seja como for, tem-se na solidariedade social o vetor fundamental de interdependência entre as pessoas e que lhes impõem *deveres positivos* de colaboração[2]. No âmbito jurídico, supera-se uma racionalidade do sistema que afaste sua funcionalização ao atendimento, não só de interesses individuais, mas simultaneamente de valores, de interesses e de bens sociais, a todos concernentes. Em especial no direito de família e da criança e adolescente, depois de reforçar esta visão mais ampla de superação do individualismo que a solidariedade induz, anota Paulo Lôbo que por ela (ou pelo princípio que a veicula), e desde a Constituição Federal, se impõe, não apenas ao Estado, mas também à sociedade, a especial proteção ao grupo familiar, de um lado, e à criança e ao adolescente, de outro[3]. O autor ainda aponta que, no núcleo familiar e, particularmente em relação aos filhos, a solidariedade se deve entender precisamente pelo *cuidado* a se lhes dispensar até a idade adulta; e que, quanto à criança e adolescente, a solidariedade se revela em princípio a observar a partir da Convenção Internacional sobre os Direitos da Criança, mas também conforme o imperativo do artigo 4º do ECA[4]. Mas relembre-se que este último preceito impõe, exatamente, um *dever* – de novo – não apenas ao Estado, mas ainda à sociedade em geral, que é o de assegurar, com absoluta prioridade, os direitos à formação da criança e do adolescente. Bem no que, destarte, se aproxima

---

1. O coautor deste estudo tratou destas revelações da solidariedade, nos campos citados do direito civil, em GODOY, Cláudio Luiz Bueno de. *Função social do contrato*. 4. ed. São Paulo: Saraiva, 2012. p. 141-146; GODOY, Cláudio Luiz Bueno de. Responsabilidade civil do condômino nocivo e sanção de expulsão. *In*: NERY, Rosa Maria Andrade; DONNINI, Rogério (coord.). *Responsabilidade civil*. Estudos em homenagem ao professor Rui Geraldo Viana. São Paulo: Revista dos Tribunais, 2009. p. 111-113; GODOY, Cláudio Luiz Bueno de. Dos herdeiros necessários e da gravação da legítima no novo Código Civil. *In*: NANNI, Giovanni Ettore (coord.). *Temas relevantes do direito civil contemporâneo*. Reflexões sobre os cinco anos do Código Civil. Estudos em homenagem ao Professor Renan Lotufo. São Paulo: Atlas, 2008. p. 718-721.
2. COMPARATO, Fábio Konder. *A evolução histórica e os princípios fundamentais dos direitos humanos*. Texto de apoio para palestra no Curso de Direitos Humanos. EPM (Escola da Magistratura de São Paulo). Outubro de 2000. p. 11-12.
3. LÔBO, Paulo. Direito de família e os princípios constitucionais. *In*: PEREIRA, Rodrigo da Cunha (org.). *Tratados de direito das famílias*. v. 1. Belo Horizonte: IBDFAM, 2015. p. 111.
4. LÔBO, Paulo. Direito de família e os princípios constitucionais. *In*: PEREIRA, Rodrigo da Cunha (org.). *Tratados de direito das famílias*. v. 1. Belo Horizonte: IBDFAM, 2015. p. 112.

a ideia então, decorrente da solidariedade, de um *dever positivo de cuidado* para com a criança e com o adolescente que a todos se estabelece.

Relacionando solidariedade e cuidado, em uma acepção mais genérica, Rodrigo da Cunha Pereira salienta que a primeira está implícita no dever social de proteção à criança e ao adolescente, conforme a sua visão o que

[...] advém do dever civil de cuidado ao outro", tudo enquanto "resultante da superação do individualismo jurídico, como ocorria na sociedade dos primeiros séculos da modernidade e se preocupava predominantemente com os interesses patrimoniais e individuais[5].

Numa acepção mais estrita, porém, considera-se que o cuidado se possa compreender como um dever que, a rigor, efetiva o imperativo categórico de solidariedade em matéria de direito da criança e do adolescente. E o que necessariamente se projeta ao instituto do acolhimento familiar.

Heloisa Helena Barboza, depois de conceituar o cuidado como uma verdadeira conduta do indivíduo em relação ao outro, de *"desvelo e solicitude"*, acentua que, posto se tome como valor jurídico implícito no ordenamento, na realidade ganha concretude e, acima de tudo, coercibilidade quando se reconhece como um *dever* que, forçosamente, impõe *responsabilidade* àquele de quem por isso ele é exigível[6]. Forte na lição de Guilherme Calmon Nogueira da Gama, realça ainda que o dever de cuidado carrega consigo a marca da alteridade, mas, ainda, a assunção de compromissos, de uma atitude de ocupação com o outro[7].

O dever de cuidado, decerto, não é alheio ao ordenamento jurídico, e desde há muito. Basta pensar, por exemplo, no instituto histórico da curatela, a exata expressão do latim *curare* e, assim, do cuidado com o outro, a quem ele se volta a beneficiar, proteger, afinal por quem se zela. Está na base do poder-dever de guarda e, a rigor, em matéria de criança e adolescente, lembra Roberta Tupinambá – que o vê também como um princípio, portanto igualmente norma – da própria doutrina da proteção integral levada ao art. 3º e 100, II, do ECA e, antes até, contemplada no artigo 3º da Convenção Internacional sobre os Direitos da Criança, que a ela assegura *os cuidados necessários ao seu bem-estar*[8]; porém, ainda especifica, aqui enquanto real dever, o cuidado devido e explicitado das entidades educacionais com as crianças e adolescentes que recebe, conforme o art. 53, parágrafo único, da mesma normatização. A rigor, nada diverso do que se dá em relação ao acolhimento familiar.

5. PEREIRA, Rodrigo da Cunha. *Princípios fundamentais norteadores do direito de família*. 2. ed. São Paulo: Saraiva, 2012. p. 224.
6. BARBOSA, Heloisa Helena. Paternidade responsável: o cuidado como dever jurídico. *In*: PEREIRA, Tania da Silva; OLIVEIRA, Guilherme de (coord.). *Cuidado e responsabilidade*. São Paulo: Atlas, 2011. p. 87-90.
7. BARBOSA, Heloisa Helena. Paternidade responsável: o cuidado como dever jurídico. *In*: PEREIRA, Tania da Silva; OLIVEIRA, Guilherme de (coord.). *Cuidado e responsabilidade*. São Paulo: Atlas, 2011. p. 92.
8. TUPINAMBÁ, Roberta. O cuidado como princípio nas relações familiares. *In*: PEREIRA, Tânia da Silva; OLIVEIRA, Guilherme de (coord.). *O cuidado como valor jurídico*. Rio de Janeiro: Forense, 2008. p. 375.

No âmbito da jurisprudência, anota Tania da Silva Pereira o reconhecimento do cuidado pelo Superior Tribunal de Justiça, no julgamento do Recurso Especial n. 1.106.637, rel. Min. Nancy Andrighi, publicado em 01.07.2010, remissivo ao cuidado enquanto fundamento (um deles, no caso), a que então se tivesse reconhecido a legitimidade do padrasto para postular a destituição do poder familiar, como passo antecedente ao requerimento de adoção[9]. De se recordar, ainda, logo depois, do julgamento do abandono afetivo pela Corte Superior. De novo, recorreu-se à noção de cuidado – ali, primeiramente, enquanto valor jurídico – para definir o ilícito do abandono afetivo e determinar as consequências indenizatórias dele derivadas. E tudo de sorte a distinguir o cuidado, objetivamente tomado, do afeto como causa do abandono. Conforme então se assentou,

> [...] calha lançar luz sobre a crescente percepção do cuidado como valor jurídico apreciável e sua repercussão no âmbito da responsabilidade civil, pois, constituindo-se o cuidado fator curial à formação da personalidade do infante, deve ele ser alçado a um patamar de relevância que mostre o impacto que tem na higidez psicológica do futuro adulto"; depois se acrescentando que "o cuidado é fundamental para a formação do menor e do adolescente; ganha o debate contornos mais técnicos, pois não se discute mais a mensuração do intangível – o amor – mas, sim, a verificação do cumprimento, descumprimento, ou parcial cumprimento, de uma obrigação legal: cuidar. Negar ao cuidado o status de obrigação legal importa na vulneração da membrana constitucional de proteção ao menor e adolescente, cristalizada, na parte final do dispositivo citado: '[...] além de colocá-los a salvo de toda a forma de negligência [...]'[10].

Já aqui, destarte, especificando-se verdadeiramente um dever de cuidado.

Note-se, bem a propósito, a importância que assume a entrevisão não apenas deste dever de cuidado como, ainda, de seu conteúdo objetivo, portanto que não se relaciona a um ânimo subjetivo necessariamente a considerar. E no que inclusive se definem, por exemplo, contornos distintivos entre a noção jurídica de afetividade e o sentimento de afeto[11].

Mas, seja como for e, de novo, erige-se então um particular dever de cuidado que efetiva, em última análise, o valor básico e constitucional de solidarismo nas relações jurídicas.

Tal o que, evidentemente, não exclui enxergar no cuidado – em carga menos densa de concretude, porém mais densa de abrangência e de significado – como um valor jurídico e veiculado mesmo por um princípio que se dispõe para ramos ou institutos próprios, em especial no direito assistencial, de família e da criança e do adolescente. Como também nem por isso o cuidado se dissociaria – senão antes se aproximaria – do solidarismo, pelos traços comuns de alteridade, de intersubjetividade e de interdependência.

---

9. PEREIRA, Tânia da Silva. O "cuidado" chega ao superior tribunal de justiça. *In*: PEREIRA, Tânia da Silva; OLIVEIRA, Guilherme de (coord.). *Cuidado e responsabilidade*. São Paulo: Atlas, 2011. p. 351-372
10. STJ, 3ª t., REsp 1.159.242/SP, rel. Min. Nancy Andrighi. 24.04.2012
11. Cf.: CALDERÓN, Ricardo Lucas. *Princípio da afetividade no direito de família*. Rio de Janeiro: Renovar, 2013. p. 320.

Todavia, vê-se no cuidado uma face mais operativa que desponta no dever social em que se traduz, portanto que envolve – como já se disse logo atrás – compromissos e, mais, envolve responsabilidades[12]. Neste sentido, justamente, salienta Tânia da Silva Pereira: "*o cuidado é a essência do acolhimento*"; e que "*acolher é assumir compromisso e responsabilidade*"[13] Decerto que, em última análise, efetivando-se o valor central da solidariedade, do serviço ao outro. Mais que isso, e ainda com a mesma autora citada:

> [...] o cuidado como 'expressão humanizadora', preconizado por Vera Regina Waldow, também nos remete a uma efetiva reflexão, sobretudo quando estamos diante de crianças e jovens que, de alguma forma, perderam a referência da família de origem [...] a autora afirma: "o ser humano precisa cuidar de outro ser humano para realizar a sua humanidade, para crescer no sentido ético do termo. Da mesma maneira, o ser humano precisa ser cuidado para atingir sua plenitude, para que possa superar obstáculos e dificuldades da vida humana"[14].

2. A MEDIDA PROTETIVA DE ACOLHIMENTO NO SISTEMA JURÍDICO BRASILEIRO

Com a Constituição de 1988, altera-se o paradigma do sistema jurídico no trato da infância e da juventude. Da doutrina do menor em situação irregular, marcada pela preocupação com a sociedade fundada no casamento, pelo estigma às mães solteiras e fundada no pressuposto da incapacidade de as famílias carentes cuidarem de suas proles, passou-se à doutrina da proteção integral, que reconhece às crianças e adolescentes a condição de cidadãos[15], titulares dos direitos elencados na CF, art. 227, *caput*.

A proteção atualmente assegurada à criança e ao adolescente pela norma brasileira pode ser entendida como um exemplo de solidariedade jurídica, no sentido já empregado, de interdependência que impõe *deveres positivos* de colaboração, na medida em que envolve a responsabilização simultânea das três esferas de convivência humana: a família, a sociedade e o Estado.

E uma expressão dessa atuação conjunta emerge na previsão legal da medida de proteção de acolhimento, prevista no ECA, art. 101, III. De acordo com a legislação, identificada uma situação de risco em desfavor da criança e havendo necessidade de afastá-la do convívio familiar, caberá o acolhimento como estratégia para garantir o distanciamento da criança e/ou adolescente da situação de risco, de forma temporária e transitória. O Conselho Tutelar, com competência para aplicar a medida

---

12. Cf.: PEREIRA, Tânia da Silva. Abrigo e alternativas de acolhimento familiar. *In*: PEREIRA, Tânia da Silva; OLIVEIRA, Guilherme de. *O cuidado como valor jurídico*. Rio de Janeiro: Forense, 2008. p. 310.
13. PEREIRA, Tânia da Silva. O "cuidado" chega ao superior tribunal de justiça. *In*: PEREIRA, Tania da Silva; OLIVEIRA, Guilherme de (coord.). *Cuidado e responsabilidade*. São Paulo: Atlas, 2011. p. 371.
14. PEREIRA, Tânia da Silva. Abrigo e alternativas de acolhimento familiar. *In*: PEREIRA, Tânia da Silva; OLIVEIRA, Guilherme de. *O cuidado como valor jurídico*. Rio de Janeiro: Forense, 2008. p. 309.
15. MACIEL, Kátia Regina Ferreira Lobo Andrade. A medida protetiva de acolhimento familiar sob a perspectiva da corresponsabilidade do poder público. *In*: PEREIRA, Tânia da Silva Pereira; OLIVEIRA. Guilherme de (coord.). *Cuidado e responsabilidade*. São Paulo: Atlas, 2011. p. 138-146.

de acolhimento (ECA, art. 136, I), representa a sociedade, enquanto o Estado, em última instância, assume a responsabilidade pela criança durante o acolhimento institucional ou por meio da família acolhedora, a qual bem sintetiza a articulação conjunta das esferas envolvidas no sistema protetivo da criança e do adolescente.

A medida de proteção de acolhimento pode ser executada de duas formas: por meio do acolhimento institucional ou por meio do acolhimento familiar, modalidade introduzida de forma preferencial, no ECA, em 2009. O acolhimento institucional, como o nome diz, ocorre em instituições próprias ou conveniadas às prefeituras municipais. Os atuais abrigos e casas-lar substituíram os antigos orfanatos, existentes na vigência da doutrina do menor em situação irregular, grandes e massificados, e se distinguem entre si de acordo com o número de crianças e adolescentes e com a disponibilidade dos adultos cuidadores. Enquanto no abrigo institucional podem ser acolhidos até 20 crianças e adolescentes cuidados por educadores que se revezam em turnos, nas casas-lar o limite é de até 10 crianças e adolescentes atendidos por educador residente[16]. Ambos consistem em formas de acolhimento caracterizadas pelo atendimento grupal, cujas dificuldades de atenção individualizada decorrem de sua própria estrutura organizacional. Embora o modelo atual consista em avanço significativo em comparação aos antigos orfanatos, a institucionalização mantém-se como nota característica no acolhimento institucional.

Estudos revelaram impactos negativos nas crianças, em consequência da institucionalização. Cuidados diários voltados ao apoio escolar e ações cotidianas como colocar para dormir, ensinar autocuidados e preparar para uma vida autônoma são mais bem sucedidas quando permeadas por vínculos afetivos[17]. Tais vínculos também são importantes para o desenvolvimento da capacidade de resiliência infantil, assim entendida:

> [...] crianças resilientes são aquelas que, apesar de terem vivido situações adversas, conseguem desenvolver suas capacidades pessoais, tornam-se produtivas, estabelecem relações saudáveis e encontram o equilíbrio emocional por meio da superação destas situações[18].

Natural supor que a rotatividade de cuidadores, em revezamento de turnos, prejudique a formação dos vínculos essenciais para o desenvolvimento pleno das personalidades humanas. De fato, os prejuízos emocionais de crescer sem o afeto proporcionado por um adulto e a atenção de um cuidador principal comprometem a sociedade como um todo, na medida em que os indivíduos privados de cuidados

---

16. Famílias acolhedoras. Instituto Fazendo História, 2019. Disponível em: https://static1.squarespace.com/static/56b10ce8746fb97c2d267b79/t/5d3622ad42b5000001a80d58/1563828984034/WEB+_LIVRO+FAM%C3%8DLIAS+ACOLHEDORAS+07+JULHO+2019+FINAL.pdf. Acesso em: 03 mai. 2021. p. 15.

17. Famílias acolhedoras. Instituto Fazendo História, 2019. Disponível em: https://static1.squarespace.com/static/56b10ce8746fb97c2d267b79/t/5d3622ad42b5000001a80d58/1563828984034/WEB+_LIVRO+FAM%C3%8DLIAS+ACOLHEDORAS+07+JULHO+2019+FINAL.pdf. Acesso em: 23 jun. 2021. p. 18.

18. Famílias acolhedoras. Instituto Fazendo História, 2019. Disponível em: https://static1.squarespace.com/static/56b10ce8746fb97c2d267b79/t/5d3622ad42b5000001a80d58/1563828984034/WEB+_LIVRO+FAM%C3%8DLIAS+ACOLHEDORAS+07+JULHO+2019+FINAL.pdf. Acesso em: 23 jun. 2021. p. 27

parentais *"não atingem seu potencial em termos de competências de educação e de vida, de modo que contribuem pouco com a sociedade e, ao contrário, exigem a intervenção do Estado em toda a sua vida adulta, gerando inclusive prejuízo econômico"*[19].

Diante dessa realidade e com base em estudos das áreas médica e psicológica, que apontaram para riscos ao desenvolvimento infantil saudável causados pela institucionalização, ganhou força global a ideia do acolhimento familiar como alternativa ao acolhimento institucional, na tentativa de rompimento com a cultura enraizada pela doutrina da situação irregular, no Brasil.

3. O ACOLHIMENTO FAMILIAR

Como programa formal, o acolhimento familiar teve início nos Estados Unidos em 1910, na Inglaterra em 1940, na Espanha em 1970 e na Itália em 1980[20]. No Brasil, está previsto no art. 34 e parágrafos do Estatuto da Criança e do Adolescente, com a redação que lhes foi dada pelas Leis nº 12.010/2009 (Lei de Adoção) e nº 13.257/2016, essa última denominada Lei da Primeira Infância. Dá-se sob a forma de guarda em benefício da família acolhedora, a quem são transferidas algumas das responsabilidades cotidianas subjacentes ao poder familiar, mediante requerimento e comunicação ao juízo da Infância e da Juventude[21].

Como medida de proteção, essa forma de acolhimento é essencialmente transitória, voltada à reintegração familiar ou ao encaminhamento à família substituta, na hipótese de impossibilidade de retorno à família natural (ECA, art. 92, I e II). Na definição de Janete Aparecida Giorgetti Valente em sua tese de mestrado intitulada "O Acolhimento Familiar como Garantia do Direito à Convivência Familiar e Comunitária", a família acolhedora é

> [...] aquela que tem a função de acolher em seu espaço familiar, pelo tempo que for necessário, a criança e/ou adolescente que, para ser protegido, foi retirado de sua família, respeitando sua identidade e sua história, oferecendo-lhe todos os cuidados básicos mais afeto, amor, orientação, favorecendo seu desenvolvimento integral e sua inserção familiar, assegurando-lhe a convivência familiar e comunitária[22].

De acordo com a sistemática legal, verificada situação de risco e determinado o acolhimento, os primeiros esforços serão no sentido de propiciar condições para que

19. Famílias acolhedoras. Instituto Fazendo História, 2019. Disponível em: https://static1.squarespace.com/static/56b10ce8746fb97c2d267b79/t/5d3622ad42b5000001a80d58/1563828984034/WEB+_LIVRO+FAM%C3%8DLIAS+ACOLHEDORAS+07+JULHO+2019+FINAL.pdf. Acesso em: 23 jun. 2021. p. 28

20. MARTINS, Lara Barros; COSTA, Nina Rosa do Amaral; ROSSETTI-FERREIRA, Maria Clotilde. Acolhimento familiar: caracterização de um programa. *Paideia*, v. 20, n. 47, p. 359-370, set-dez. 2010. p. 368.

21. SANCHES, Helen Crystine Corrêa. 34, § 3º. *In*: VERONESE, Josiane Rose Petry; SILVEIRA, Mayra; CURY, Munir (coord.). *Estatuto da criança e do adolescente comentado*: comentários jurídicos e sociais. 13. ed. rev. e atual. São Paulo: Malheiros, 2018. p. 320

22. VALENTE, 2008 *apud* NETO, Lélio Ferraz de Siqueira. *In*: VERONESE, Josiane Rose Petry; SILVEIRA, Mayra; CURY, Munir (coord.). *Estatuto da criança e do adolescente comentado*: comentários jurídicos e sociais. 13. ed. rev. e atual. São Paulo: Malheiros, 2018. p. 314-315.

a criança volte a conviver com sua família de origem, seja por meio de orientações e encaminhamentos dirigidos aos adultos, seja mediante o fortalecimento dos vínculos afetivos previamente existentes. Somente num segundo momento, constatada tal impossibilidade, é que se mostra viável o encaminhamento para a adoção, dada a excepcionalidade dessa alternativa no sistema legal brasileiro (ECA, art. 19). Bem por isso, sustenta-se a relevância do acolhimento familiar em circunstâncias de real possibilidade de retorno dos filhos à família natural, defendendo-se que, na impossibilidade de colocação em família extensa ou de reintegração à família de origem, deva ser priorizada uma solução definitiva e não o acolhimento familiar, temporário por essência.[23].

Essa recomendação justifica-se pela preocupação de evitar a formação de vínculos afetivos transitórios com terceiros, no caso, com os membros da família acolhedora, quando a fragilidade dos vínculos naturais apontar para a dificuldade de retorno à família de origem. Nessa hipótese, vislumbrada a conveniência de aproximação com família adotiva como última estratégia para garantir os direitos da criança, o acolhimento familiar acaba por sobrecarregar o infante com rupturas sucessivas, que vão contra a proteção integral que se pretende, o que vem sendo objeto de preocupação nos países em que essa forma de acolhimento é mais largamente utilizada[24]. De outro lado, sustenta-se o cabimento do acolhimento familiar em casos de adoção inviabilizada pela falta de candidatos adequados disponíveis, como na hipótese de adolescentes e crianças com enfermidades ou deficiência[25], garantindo um lar substituto àqueles que teriam dificuldade de gozar do direito à convivência familiar via adoção.

O programa encontra sua previsão no SUAS – Sistema Único de Assistência Social, entendendo-se por famílias acolhedoras aquelas "qualificadas e inseridas em programa específico que se propõem a cuidar, em suas casas, de crianças e/ou adolescentes afastados do seu núcleo familiar e comunitário originário por um período provisório"[26].

4. FAMÍLIA ACOLHEDORA, SOLIDARIEDADE E CUIDADO

O acolhimento familiar foi estabelecido como modalidade preferencial ao acolhimento institucional, a revelar a influência da literatura científica na instituição do

23. SANCHES, Helen Crystine Corrêa. 34, § 3º. In: VERONESE, Josiane Rose Petry; SILVEIRA, Mayra; CURY, Munir (coord.). Estatuto da criança e do adolescente comentado: comentários jurídicos e sociais. 13. ed. rev. e atual. São Paulo: Malheiros, 2018. p. 320

24. Famílias acolhedoras. Instituto Fazendo História, 2019. Disponível em: https://static1.squarespace.com/static/56b10ce8746fb97c2d267b79/t/5d3622ad42b5000001a80d58/1563828984034/WEB+_LIVRO+FA-M%C3%8DLIAS+ACOLHEDORAS+07+JULHO+2019+FINAL.pdf. Acesso em: 23 jun. 2021. p. 23

25. BECKER, Maria Josefina. 33 e 34. In: VERONESE, Josiane Rose Petry; SILVEIRA, Mayra; CURY, Munir (coord.). Estatuto da criança e do adolescente comentado: comentários jurídicos e sociais. 13. ed. rev. e atual. São Paulo: Malheiros, 2018. p. 317

26. SIQUEIRA NETO, Lélio Ferraz de. 33 e 34. In: VERONESE, Josiane Rose Petry; SILVEIRA, Mayra; CURY, Munir (coord.). Estatuto da criança e do adolescente comentado: comentários jurídicos e sociais. 13. ed. rev. e atual. São Paulo: Malheiros, 2018. p. 313.

primeiro como política pública apoiada pela União, por melhor concretizar o direito à convivência familiar e comunitária insculpido no ECA, art. 19.

Tomados os fins do presente estudo, voltado à análise da família acolhedora como expressão de solidariedade e cuidado, cumpre aprofundar dois aspectos da legislação especial: a impossibilidade de pessoas inscritas no cadastro de adoção funcionarem como família acolhedora e a transferência de recursos em contrapartida ao acolhimento.

O ECA, art. 34, § 3º, determina:

A União apoiará a implementação de serviços de acolhimento em família acolhedora como política pública, os quais deverão dispor de equipe que organize o acolhimento temporário de crianças e de adolescentes em residências de famílias selecionadas, capacitadas e acompanhadas *que não estejam no cadastro de adoção* (grifo nosso).

Ou seja, a lei estabelece, para a inscrição como família acolhedora, a condição de não inserção da família no cadastro de adoção.

A partir da redação do parágrafo transcrito, fica claro que o interesse no exercício da parentalidade adotiva não deve ser o móvel para a inscrição no programa de acolhimento familiar. Se de um lado a família acolhedora responsabiliza-se pelo amparo material e afetivo, abrindo-se para a formação de um novo vínculo, de outro precisa estar consciente de que tal será transitório, dada a impossibilidade de evolução para uma relação jurídica de filiação, por expresso impedimento legal.

Nesse sentido, ROSSATO, LÉPORE e CUNHA afirmam que os programas de acolhimento familiar não podem servir de atalho para a adoção, sob pena de desvirtuar seu principal objetivo, de proteger a criança, temporariamente, enquanto a família natural se reestrutura[27]. Na mesma linha, afirma Kátia Regina Ferreira Lobo Andrade Maciel que a função da família acolhedora não é de "pais substitutos", mas de "pais terapeutas", cujos esforços serão no sentido de fortalecer a família de origem para que tenha condições de receber a criança de volta, vinculando-se afetivamente à criança sem competir ou desvalorizar a família natural[28]. Cabe, então, indagar os motivos que levam as pessoas a se disponibilizarem a acolher crianças.

Pesquisas nacionais e regionais realizadas junto a famílias acolhedoras revelam que são estimuladas por compaixão, síndrome do ninho vazio, gratidão pelo que receberam na vida ou, ainda, consciência dos problemas do mundo e vontade de contribuir, identificando-se a presença do desejo de cuidar e do afeto como importantes fatores motivacionais para o acolhimento[29]. O perfil preponderante é de casais com

---

27. ROSSATO, Luciano Alves; LÉPORE, Paulo Eduardo; CUNHA, Rogério Sanches. *Estatuto da criança e do adolescente*: lei n. 8.069/90 – comentado artigo por artigo. 11. ed. São Paulo: Saraiva, 2019. p. 193.

28. MACIEL, Kátia Regina Ferreira Lobo Andrade. A medida protetiva de acolhimento familiar sob a perspectiva da corresponsabilidade do poder público. *In*: PEREIRA, Tânia da Silva Pereira; OLIVEIRA. Guilherme de (coord.). *Cuidado e responsabilidade*. São Paulo: Atlas, 2011. p. 159

29. UNICEF. Família acolhedora: perfil da implementação do serviço de família acolhedora no Brasil. Rio de Janeiro: Associação Brasileira Terra dos Homens, 2015. Disponível em: http://terra-dos-homens.s3.ama-

filhos (84%)[30], entre 30 e 49 anos, com bom nível de escolarização e movidos por sentimentos solidários e preocupações sociais[31]. Todavia, em pesquisa realizada pela Universidade Federal de Viçosa/MG, a conclusão foi de que a incipiência da formação prévia e a falta de capacitação continuada durante o processo de acolhimento prejudicam a percepção das famílias como participantes da política de proteção à criança, comprometendo seu sentimento de pertencimento e autorreconhecimento como parte da engenharia política protetiva da infância[32].

De todo modo, parece clara a motivação solidária no ato de cadastramento daqueles que se dispõem a acolher criança ou adolescente em seu seio familiar, sem expectativas outras que não proporcionar cuidados materiais e imateriais àqueles que precisam ser retirados temporariamente do meio social em que inseridos.

Nessa linha, entende-se que a previsão de transferência de recursos durante o acolhimento não compromete o traço de solidarismo na ação daqueles que se inscrevem como família acolhedora, tendo em vista que a demanda de cuidados inerente à participação no programa é proporcionalmente superior aos valores envolvidos, ainda que variáveis de município para município. Bem por isso, não se trata de salário ou remuneração da família acolhedora,[33] mas tão somente de uma colaboração com o custeio dos gastos do infante.

De fato, a contrapartida apenas evita sobrecarregar a família que acolhe, não necessariamente privilegiada economicamente, com despesas extras que não teria de suportar para a manutenção individualista de seus membros, mas que se tornam necessárias em razão do acolhimento. Como ponderado em publicação especializada da Associação Brasileira Terra dos Homens, em parceria com a Unicef, sobre a implementação da família acolhedora no Brasil, "[A] dificuldade para encontrar famílias acolhedoras pode estar alinhada com a real dificuldade financeira daquelas pessoas que, mesmo sendo solidárias, não têm condições para arcar com mais alguém em sua casa"[34]. Daí a importância da transferência de recursos para o sucesso do programa.

zonaws.com/uploads/ckeditor/attachments/54/Familia_acolhedora_perfil_da_implementacao_Final.pdf. Acesso em: 03 jul. 2021. p. 47.

30. MARTINS, Lara Barros; COSTA, Nina Rosa do Amaral; ROSSETTI-FERREIRA, Maria Clotilde. Acolhimento familiar: caracterização de um programa. *Paideia*, v. 20, n. 47, p. 359-370, set-dez. 2010. p. 364.

31. Idem, p. 368

32. SANCHES, Helen Crystine Corrêa. 34, § 3º. *In*: VERONESE, Josiane Rose Petry; SILVEIRA, Mayra; CURY, Munir (coord.). *Estatuto da criança e do adolescente comentado*: comentários jurídicos e sociais. 13. ed. rev. e atual. São Paulo: Malheiros, 2018. p. 319

33. MACIEL, Kátia Regina Ferreira Lobo Andrade. A medida protetiva de acolhimento familiar sob a perspectiva da corresponsabilidade do poder público. *In*: PEREIRA, Tânia da Silva Pereira; OLIVEIRA. Guilherme de (coord.). *Cuidado e responsabilidade*. São Paulo: Atlas, 2011. p. 159

34. UNICEF. Família acolhedora: perfil da implementação do serviço de família acolhedora no Brasil. Rio de Janeiro: Associação Brasileira Terra dos Homens, 2015. Disponível em: http://terra-dos-homens.s3.amazonaws.com/uploads/ckeditor/attachments/54/Familia_acolhedora_perfil_da_implementacao_Final.pdf. Acesso em: 03 jul. 2021. p. 47.

Um derradeiro aspecto deve ser destacado, no intuito de fomentar a discussão e o aperfeiçoamento de programa que tão bem traduz a solidariedade e o cuidado a serem dispensados a crianças e adolescentes no paradigma da proteção integral.

A disponibilidade para dar afeto e cuidar de uma criança e/ou adolescente no âmbito da própria família, sem a expectativa de futuramente se tornar pai ou mãe, não é coisa simples. Pressupõe dar mais do que receber, o que não é humanamente fácil, tanto assim que o apego é um dos riscos a serem trabalhados com a família acolhedora. A dedicação e a proteção são fundamentais para o bom vínculo entre a criança ou adolescente e a família que a acolhe. Contudo, a família pode manifestar dificuldade no momento de partida da criança, quando ela deverá ser reintegrada a sua família de origem ou enviada a uma solução mais definitiva[35].

Para o sucesso do programa, portanto, mostra-se imprescindível capacitar a família acolhedora para uma multiplicidade de afetos simultâneos, e não concorrentes, de modo a, se possível, contribuir para fortalecer os vínculos da/o acolhida/o com sua família natural ao mesmo tempo em que se desenvolvem novos vínculos com a família acolhedora, na superação do individualismo que marca a exclusiva proteção dos membros da entidade familiar.

---

35. UNICEF. Família acolhedora: perfil da implementação do serviço de família acolhedora no Brasil. Rio de Janeiro: Associação Brasileira Terra dos Homens, 2015. Disponível em: http://terra-dos-homens.s3.amazonaws.com/uploads/ckeditor/attachments/54/Familia_acolhedora_perfil_da_implementacao_Final.pdf. Acesso em: 03 jul. 2021. p. 50.

O DEVER DE SOLIDARIEDADE NA SOCIEDADE BRASILEIRA DESIGUAL: O DEVER DE CUIDADO COM AS FAMÍLIAS EM SITUAÇÃO DE VULNERABILIDADE SOCIAL E COM O EGRESSO DO SISTEMA PENAL

Carlos Eduardo Gomes Ribeiro

Advogado com atuação na área criminal e membro da Comissão do Jovem Advogado e da Comissão de Direitos e Prerrogativas da 132ª Subseção de Praia Grande da Ordem dos Advogados do Brasil, Seção São Paulo, (2016 / 2018).

Lauro Luiz Gomes Ribeiro

Procurador de Justiça, Mestre em Direito das Relações Sociais pela PUC/SP e Doutor em Direito Constitucional pela PUC/SP. Professor. Autor de obras jurídicas.

> *"O que se opõe ao descuido e ao descaso é o cuidado. Cuidar é mais que um ato; é uma atitude. Portanto, abrange mais que um momento de atenção. Representa uma atitude de ocupação, preocupação, de responsabilidade e de envolvimento afetivo com o outro".*
> Leonardo Boff.

1. INTRODUÇÃO

Neste artigo pretendemos apresentar algumas reflexões sobre o compromisso constitucional com a formação de uma sociedade solidária, seu sucesso e fracasso, diante de uma realidade que aponta para um sério risco de decepção, ante fenômenos como a globalização, o narcisismo coletivo, transparecendo uma sociedade doente, que pode ter como principal causa sua *"baixa humanidade"*.

Intimamente imbricado a isto traremos a questão da desigualdade que, como adverte Luís Roberto Barroso[1], embora inter-relacionado com a pobreza, com ela não

---

1. BARROSO, Luís Roberto. *Sem data venia*: um olhar sobre o Brasil e o mundo. Rio de Janeiro: História Real, 2020. p. 159.

se confunde e aponta para uma disparidade na distribuição de bem-estar, riqueza e poder em uma sociedade.

Diante desta dura realidade buscaremos tratar do dever de cuidado, que sempre anima os estudos desta coleção, com especial destaque às famílias em situação de vulnerabilidade social[2] e o egresso do sistema penal.

Em relação a estes último, em geral esquecido pela doutrina, em que pese ter cumprido sua pena em situação degradante, em *'estado de coisas inconstitucional*[3], após cumpri-la, é simplesmente "devolvido" ao seio da sociedade, sem apoio, sem dinheiro, sem perspectiva de se reinserir, como determina a Lei de Execuções Penais, em seu artigo 10 (Lei Federal 7.210/84) que dispõe que *"a assistência ao preso e ao internado é dever do Estado, objetivando prevenir o crime e orientar o retorno à convivência em sociedade"*. Não se olvide que não é só o Estado o responsável pela "ressocialização" do egresso, cabendo à toda sociedade, sendo mais que um dever, calçado no espírito de solidariedade humana que deve agir em favor deste grupo social, via de regra, menos favorecidos.T

2. O DEVER DE SOLIDARIEDADE E O PROPÓSITO DE REDUÇÃO DAS DESIGUALDADES SOCIAIS À LUZ DA CF/88

Nossa Constituição Cidadã, em seu artigo 1º, III, traz esculpido, como princípio fundamental, a "Dignidade da Pessoa Humana".

Tal princípio garante, obrigatoriamente, o respeito e a integridade, física e emocional, de todo ser humano, exigindo que todos sejam tratados com respeito. Uma das finalidades do Estado é oferecer e oportunizar as condições para que as pessoas se tornem dignas.

Neste sentido, o EGRESSO goza, como todo cidadão, *"sem preconceitos de origem, raça, sexo, cor, idade e quaisquer outras formas de discriminação"* de respeito e direito a ser reintegrado em sociedade, sob a obrigação do Estado e de toda a sociedade que o receberá, solidariamente colaborando para que, novamente, seja digno.

Desde logo vale a advertência de que o capítulo da Constituição Federal onde posicionado o art.5º é intitulado "Dos direitos e deveres fundamentais", ou seja, não há apenas direitos, mas também deveres fundamentais, dentre os quais o da solidariedade.

Não temos espaço aqui para estudar a solidariedade na dimensão de um direito fundamental de terceira geração – a geração dos *direitos de solidariedade* –, como tal admitido por muitos, a partir da triangulação dos direitos fundamentais em gerações sugerida por Kasel Vasak (ou dimensão, como defendem outros, para afastar a ideia

---

2. Apesar de multidimensional, no presente texto adotamos o conceito de *vulnerabilidade social* como a uma condição de fragilidade material e/ou moral de indivíduos ou grupos, que estão à margem da sociedade, em processo de apartação social, em razão de riscos produzidos, especialmente, por fatores socioeconômicos.
3. ADPF 347 MC, Rel. Min. Marco Aurélio. j. em 09/09/2015

de sequência de gerações) e, sim, como um dever autônomo, mais do que apenas um reflexo necessário da garantia de um direito fundamental específico, como adverte Virgílio Afonso da Silva[4].

Segue o constitucionalista, aduzindo que

[...] o dever de solidariedade tem outra natureza e outros destinatários. Trata-se, em primeiro lugar, de um dever de agir, não de se abster. Além disso, são os indivíduos, não o Estado, os destinatários precípuos do dever de solidariedade. Embora seja correto afirmar que o Estado tem que criar as condições para que esse dever seja exercido pelas pessoas, são primordialmente estas, não o Estado, que devem ser solidárias. A inclusão da solidariedade como um dos objetivos da República Federativa do Brasil, no art.3°, I, expressa bem essa Relação. O Estado brasileiro deve criar condições – por meio de regras, instituições e procedimentos – para que a sociedade brasileira seja solidária[5].

E a evocação deste dever está voltada para o atingimento do tipo ideal de sociedade que o preâmbulo de nossa Carta chama de "fraterna".

Avançando um pouco mais, como tivemos oportunidade de anotar em outro estudo[6], o solidarismo, amplamente reconhecido no sistema público de previdência social, é também tido como a doutrina moral e social baseada na solidariedade social e na busca pela justiça social, tendo na posição da Igreja Católica um importante marco para seu desenvolvimento, como se pode notar pela encíclica *Rerum Novarum*, do Papa Leão XIII, que enaltece o reconhecimento dos trabalhadores como seres humanos e prega uma maior solidariedade entre os indivíduos.

Talvez esteja ainda em estágio embrionário em nossa sociedade, porque, como lembra Durkheim[7], a compreensão de solidariedade está diretamente vinculada ao grau de *"consciência coletiva"* de certa sociedade, consciência coletiva esta que pode ser entendida como o conjunto de crenças e dos sentimentos da média dos membros de uma mesma sociedade.

Postas as coisas nestes termos, nos dias atuais podemos afirmar que a solidariedade deixou de ser vista como um mero ato de caridade para representar um sistema de proteção social a ser praticado pelo Estado e pela sociedade na busca do bem-estar comum e na garantia da dignidade da pessoa humana, de tal modo que no seio social não haja pessoas excluídas nem marginalizadas.

Por este princípio reforça-se o dever da sociedade de aceitação do pluralismo e da diversidade social, com a responsabilidade de os excluídos receberem auxílio e apoio para que seus direitos fundamentais sejam efetivados.

---

4. SILVA, Virgílio Afonso da. *Direito constitucional brasileiro*. São Paulo: Editora da Universidade de São Paulo, 2021. p. 125.
5. SILVA, Virgílio Afonso da. *Direito constitucional brasileiro*. São Paulo: Editora da Universidade de São Paulo, 2021. p.126.
6. RIBEIRO, Lauro Luiz Gomes; ANDRADE, Adriano; MASSON, Cleber; ANDRADE, Landolfo; LINO, Gabriel; MACHADO, Rafael. *Interesse difusos e coletivos*. v. 2, 4. ed. rev. atual. Rio de Janeiro: Método, 2021. p. 542.
7. DURKHEIM, Émile. *Divisão do trabalho*. São Paulo: Martins Fontes, 1999. p. 50-51-154.

Pelo princípio da solidariedade é possível exigir-se que a interpretação da ordem econômica e dos direitos sociais esteja voltada para a consecução do bem comum, sendo todos responsáveis, uns pelos outros.

Imbricado a este dever está o objetivo fundamental de nossa República de erradicar a pobreza e a marginalização e reduzir as desigualdades sociais e regionais[8], objetivo este também presente como um dos princípios norteadores de nossa ordem econômica[9].

É da ideologia constitucional tal construção de uma sociedade livre, justa e solidária, em que se busque a redução das desigualdades sociais e regionais, um verdadeiro programa de ação e de legislação e, portanto, sua realização é obrigatória para os órgãos e agentes estatais e para a sociedade.

Não é exagero lembrar que todas estas ideias estão presas, como a sombra ao corpo, à concepção maior de dignidade da pessoa humana, fundamento de nosso Estado Democrático de Direito, sintetizada no conhecido pensamento kantiano: os seres humanos não têm preço nem podem ser substituídos, pois eles são dotados de um valor intrínseco absoluto, são dotados de dignidade.

Enfim, a todos deve ser garantido o mínimo existencial, bem delineado por Barroso como o núcleo essencial dos direitos fundamentais sociais e seu conteúdo equivale às pré-condições para o exercício dos direitos individuais e políticos, da autonomia privada e pública[10].

3.   A DESIGUALDADE NO BRASIL: RÁPIDO PANORAMA

Desde que o mundo é mundo existem desigualdades. Não é por outra razão que com elas preocupou-se Rousseau, em seu discurso sobre a origem e os fundamentos da desigualdade entre os homens, no século XVIII e chamou a atenção para o fato de que *"A religião nos ordena a crer que, tendo o próprio Deus tirado os homens do estado de natureza, imediatamente após a criação, são eles desiguais porque assim quis que o fosse [...]"*[11].

Nos últimos dois séculos o ser humano experimentou vertiginoso progresso econômico, científico e social que rendeu bons frutos para muitos, que deixaram de ser pobres, mas também deixaram de ser iguais a tantos outros que permaneceram na pobreza.

É certo que já há algum tempo em termos de desigualdade se rebaixou o nível do social e eticamente tolerável; nunca existiram tão poucos ricos e tantos muito

---

8. Cf.: Art.3º, III da CF/88.
9. Cf.: Art.170, VII da CF/88
10. BARROSO, Luís Roberto. *Curso de direito constitucional contemporâneo*: os conceitos fundamentais e a construção do novo modelo. 6. ed. São Paulo: Saraiva, 2017. p. 290.
11. ROUSSEAU, Jean-Jaques. *Discurso sobre a origem e os fundamentos da desigualdade entre os homens*. Traduçaõ de Laurent de Saes. SãoPaulo: Edipro, 2017. p. 57.

pobres e nunca se coisificou tanto o ser humano, transformou-se o *"outro"* em um ser etéreo, uma abstração, ferindo de morte a constatação de Protágoras de que o ser humano *"é a medida de todas as coisas"*.

Portanto, pode-se afirmar que o progresso impulsionou a desigualdade, na medida em que houve distribuição desigual de seus frutos.

É certo que não se pode confundir pobreza com desigualdade, embora estejam umbilicalmente presas uma à outra pois a primeira refere-se à falta do mínimo necessário a uma vida digna, do mínimo eticamente exigível de bens materiais, identificado de forma individual, e, regra em função a renda ou da capacidade de consumo. Já a desigualdade, no dizer de Barroso, é um conceito relacional que identifica disparidade na distribuição de bem-estar, riqueza e poder em uma sociedade[12].

Lembra o constitucionalista que a desigualdade é medida pelo Índice ou Coeficiente Gini, que calcula a distribuição da riqueza em uma sociedade e a que desperta o estigma não é a que privilegia o talento, o trabalho honesto, mas aquela que decorre da distorção do oferecimento da igualdade de oportunidades às pessoas, gerando os incluídos e os excluídos e impede o acesso igual aos bens da vida, como saúde, educação, e condições mínimas de existência digna[13]; gera uma legião de excluídos que povoam a zona mais periférica, caracterizada pela perda de trabalho e pelo isolamento social. A exclusão se dá, efetivamente, pelo estado de todos os que se encontram fora dos circuitos vivos das trocas sociais, sempre lembrando que não se nasce excluído, não se este sempre excluído, salvo se trate de caso muito particular de isolamento.

No Brasil, balanço divulgado pelo Instituto Brasileiro de Geografia e Estatística (IBGE) indica que o Brasil alcançou, em 2020, a marca de aproximadamente 9 milhões de pessoas em situação de extrema pobreza, com renda *per capita* inferior a R$ 89,00, segundo critério de elegibilidade do Bolsa Família. Outros estudos recentes do IBGE apontam que 16 milhões de cidadãos brasileiros estão em condição de pobreza, com renda per capita inferior a R$ 178,00.

Uma pesquisa recentemente divulgada[14], realizada por pesquisadores do núcleo *Food for Justice – Power, Politics and Food Inequality in a Bioeconomy*, da Universidade Livre de Berlim, em parceria com pesquisadores da UFMG e da UnB, mostra que a insegurança alimentar se agravou de forma alarmante no Brasil.

O Brasil havia deixado de figurar no triste Mapa da Fome da Organização das Nações Unidas (ONU) em 2013, quando apenas 3,6% dos brasileiros estavam em situação de insegurança alimentar grave – ou simplesmente fome, retomando agora, quando o IBGE confirmou que, em 2018, voltamos a ter 5% da população em estado de fome, índice que nos reinclui no rol dos países desafortunados do mundo.

---

12. BARROSO, Luís Roberto. *Sem data venia*: um olhar sobre o Brasil e o mundo. Rio de Janeiro: História Real, 2020. p. 164.
13. BARROSO, Luís Roberto. *Sem data venia*: um olhar sobre o Brasil e o mundo. Rio de Janeiro: História Real, 2020. p. 164.
14. Conferir revista Carta Capital, ed. eletrônica de 14 de abril de 2021.

A desigualdade brasileira é tão estrutural que a própria Constituição Federal prevê a sua "redução" e não sua "exclusão" (art.3º, III), missão inalcançável.

Lembra Barroso que nossa desigualdade é assustadora. O estrato de 1% de brasileiros mais ricos concentra um terço da renda do país. Isso quer dizer que apenas 2,4 milhões de pessoas, que integra esse grupo, teve rendimento médio mensal de R$ 27.744,00, enquanto os 50% mais pobres – mais de cem milhões de pessoas – ganharam a média de R$820,00. Segundo o PNUD (Programa de Desenvolvimento das Nações Unidas), nosso país ocupa a sétima posição dentro os mais desiguais, estando à frente, apenas da África do Sul, Namíbia, Zâmbia, República Centro-Africana, Lesoto e Moçambique[15].

As causas são multifatoriais, podendo-se citar a escravidão (além de causar a degradação humana, seu fim foi trágico, pois não se deu estrutura nem formação que garantisse uma integração social ou equiparação de oportunidades para a população negra recém liberta), a colonização de exploração (preocupada, apenas, na extração de riquezas e envio para a corte portuguesa), a falta de educação básica de qualidade e ofertada a todos e todas, mantendo-se o privilégio de poucos (e os mesmos) e o gigantismo do Estado, dominado pelas elites que historicamente direcionaram as políticas públicas em seu prol, dentre outros.

E não pode ser esquecido o fenômeno da globalização.

A globalização pode ser entendida, de forma bastante resumida, como a aproximação entre sociedades e nações ao redor do mundo, tanto no aspecto econômico como social, cultural, tecnológico ou político. A maior ênfase é dada ao âmbito dos mercados econômicos entre os países e o desenvolvimento acelerado da ciência e da tecnologia, tudo muito facilitado pela contínua expansão dos meios de comunicação, através de veículos de transmissão massiva, em especial os computadores e a internet.

Este fenômeno começou a ocorrer após a Segunda-Guerra Mundial (1939-1945) acentuou-se a partir da queda do Muro de Berlim (1989), ganhando vigor com o fim da Guerra Fria (1990), com a desintegração da União Soviética (1991) e com a abertura chinesa para a economia ocidental.

Tem o mérito de eliminar fronteiras, estimular a interdependência entre os países e as empresas, cada vez mais transnacionais, mas também carrega pesado fardo de estimular, em velocidade assustadora, a desigualdade social e econômica entre as nações pelo mundo.

Um pouco deste fenômeno é descrito por Eric Hobsbawm, na obra *"Era dos Extremos: o breve século XX – 1014-1991"*, especialmente a partir do item 19 assim

15. BARROSO, Luís Roberto. *Sem data venia*: um olhar sobre o Brasil e o mundo. Rio de Janeiro: História Real, 2020. p.165.

como por Zygmunt Bauman na obra *"Tempos Líquidos"*, logo no capítulo primeiro, quando trata do que chama de "globalização negativa"[16].

Outra interessante análise deste fenômeno é feita por Yuval Noah Harari, quando chama a atenção para o fato de que a história do século XX girou em grande parte em torno da promessa de redução da desigualdade entre as classes, estimulada pelas novas ideologias do comunismo e do liberalismo, assim como com a Revolução Industrial que trouxe forte importância às massas.

Entretanto, lembra Harari apesar da expectativa de avanço do processo igualitário nos primeiros anos deste século, o que significaria "pessoas na Índia e no Egito usufruiriam das mesmas oportunidades e privilégios de pessoas na Finlândia e no Canadá", o que se vê é a globalização induzindo crescente desigualdade, entre e dentro das sociedades, com alguns grupos monopolizando cada vez mais dos seus frutos. Segundo ele, "Hoje, o 1% mais rico é dono de metade da riqueza do mundo. Ainda mais alarmante, as cem pessoas mais ricas possuem juntas mais do que as 4 bilhões mais pobres"[17].

A Min. do STF Rosa Weber, na apreciação do Inq. n.3.412 – DJe de 12.11.12, já teve oportunidade de salientar este risco de subdivisão do ser humano em castas ao chamar a atenção para situações de verdadeira escravidão moderna, que é mais sutil do que aquela do século XIX e ocorre sempre que se priva alguém de sua dignidade e liberdade, tratando-o como coisa, hipótese que se dá com a violação intensa e persistente de direitos básicos.

O triste resumo disto tudo é a favelização[18], serviços públicos de baixa qualidade, educação precária, informalidade, alta criminalidade e violência e exclusão social, com muitos seres humanos vivendo abaixo da linha da pobreza e batalhando pela sobrevivência como verdadeiros "Sísifos" (aludimos ao mito grego, mas para designar aqueles que fazem verdadeiras façanhas acima de suas forças).

Não nos cabe nem temos espaço aqui para discutir soluções, apenas deixando consignado que o enfrentamento desta questão deve ser o mais profundo possível, senão a luta contra a exclusão e as desigualdades resultará em um sopro de alento, um pronto socorro social, ou seja, intervir aqui e ali para tentar estancar a ruptura do tecido social. Embora esta intervenção seja útil, pode significar um empenho apenas pela rama, implicando em renúncia de intervenção sobre a causa, sobre o processo que produz estas situações.

---

16. Globalização negativa, segundo o autor, é *"uma globalização seletiva do comércio e do capital, da vigilância e da informação, da violência e das armas, do crime e do terrorismo; todos unânimes em seu desdém pelo princípio da soberania territorial e em total falta de respeito a qualquer fronteira entre Estados"*. HOBSBAWM, Eric. *Era dos extremos: o breve século XX – 1014-1991*. Tradução de Marcos Santarrita. São Paulo: Companhia das Letras, 1995. p. 13.

17. HARARI, Yuval Noah. *21 lições para o século 21*. Tradução de Paulo Geiger. São Paulo: Companhia das Letras, 2018. p.103-104.

18. E para quem quiser aprofundar-se na nossa história, vale a consulta à obra SCHWARCZ, Lilia M.; SARLING, Heloisa M. *Brasil: uma biografia*. São Paulo: Companhia das Letras, 2015.

4. A PROTEÇÃO SOCIAL PELA ASSISTÊNCIA PÚBLICA E A ASSISTÊNCIA PRIVADA

A proteção social pode ser entendida como um conjunto de ações mais ou menos institucionalizadas de que a sociedade pode se valer com vistas a superar a pobreza, a marginalização e todas as outras formas de exclusão social. Pode e deve acontecer através da assistência pública e também privada.

Sobre a proteção social, fazemos um apontamento histórico, na perspectiva jurídica, que certamente não é um marco no enfrentamento da pobreza em geral porque impossível imaginar que antes dele (enfrentamento jurídico) não tenha havido nada em termos de "*act for relief of the poor*", especialmente através de atividades religiosas.

Nos referimos ao que foi conhecida como a "*Lei dos Pobres*", editada pela Rainha Elizabeth I e implantada na Inglaterra em 1601, que constituía na criação da obrigação de contribuição para fins sociais e cujo produto seria destinado a atender as carências daqueles residentes em limite territorial de determinada paróquia.

Ela ganha relevo e contorno de direito fundamental da pessoa humana na Declaração dos Direitos do Homem e do Cidadão, na versão de 1793, em seu art.21 que dispunha que "os auxílios públicos são uma dívida sagrada. A sociedade deve a subsistência aos cidadãos infelizes, quer seja procurando-lhes trabalho, quer seja assegurando os meios de existência àqueles que são impossibilitados de trabalhar".

Entre nós, teremos previsão constitucional pioneira na Carta do Império, de 1824, no art.179.

Importante o registro de que inicialmente a proteção social foi entendida como um favor do Estado aos vulneráveis, através da assistência social, diferentemente do que viria a ocorrer após, a partir do exemplo alemão, em 1983, quando esta proteção social passa a decorrer de uma contrapartida do beneficiário e nos referimos à assistência previdenciária.

Sabemos que, na atualidade, a CF/88 colocou a assistência social e a previdência social (juntamente com a saúde), como partes formadoras do tripé da seguridade social[19] (art.194).

A assistencial social é entendida, enquanto política pública, como um conjunto articulado de ações públicas e da própria sociedade – primordialmente através do terceiro setor –, com vistas a prover a todo aquele em situação de vulnerabilidade social, com renda inferior ao mínimo legal, condições básicas para sua participação social e uma vida digna[20]. Difere da previdência, como já referimos, que é organizada com um caráter contributivo e de filiação obrigatória, para atender a coberturas de

---

19. Assim dispõe o texto constitucional: "*Art. 194. A seguridade social compreende um conjunto integrado de ações de iniciativa dos Poderes Públicos e da sociedade, destinadas a assegurar os direitos relativos à saúde, à previdência e à assistência social*".

20. É instituída através do SUAS (sistema único de assistência social), que se organiza pela Proteção Social Básica (PSB), com programas, ações e serviços preventivos (evitar o agravamento da vulnerabilidade social) e pela

doenças, invalidez, morte, proteção ao trabalhador em situação de desemprego e outras situações de necessidade.

5. O DEVER DE CUIDADO PARA COM AS FAMÍLIAS EM SITUAÇÃO DE VULNERABILIDADE SOCIAL

Não podemos deixar, neste passo, de fazer uma rápida referência ao direito à proteção, a partir das lentes de Robert Alexy.

Para ele, os "direitos de proteção" devem ser entendidos como os direitos do titular de direitos fundamentais diante do Estado, para que o proteja contra as ações e intervenções de terceiros e dentro de enorme leque de objetivos.

Esclarece Alexy que "Não são apenas a vida e a saúde os bens passíveis de serem protegidos, mas tudo aquilo que seja digno de proteção a partir do ponto de vista dos direitos fundamentais: por exemplo, a dignidade, a liberdade, a família e a proprie-dade"[21] e esta proteção se dá de várias formas, dentre as quais, as normas de direito penal, de responsabilidade civil e pela prática de atos administrativos e ações fáticas.

No caso brasileiro, a Constituição da República de 88 dispõe, expressamente, além do dever de solidariedade, que a família é a base da sociedade e tem especial proteção do Estado (art.226), que deverá prestar-lhe assistência, na pessoa de cada um de seus integrantes, em especial para coibir a violência no âmbito de suas rela-ções (§8°).

Encontramos no Supremo Tribunal Federal, o guardião maior da Constituição Federal, uma boa explicação sobre do que tratamos ao nos referirmos à instituição "família".

Na ADI 4.277 e ADPF 132, sob relatoria do então Ministro Ayres Brito, ficou bem delineado que a família de que trata o texto constitucional é o núcleo doméstico, pouco importando se formal ou informalmente constituído, ou se ela é integrada por casais heteroafetivos ou por pares homoafetivos.

E mais. A família ou entidade familiar (sinônimos perfeitos) como instituição privada e que é voluntariamente constituída entre pessoas adultas, mantém com o Estado e a sociedade civil uma necessária relação tricotômica. O núcleo familiar é o "principal lócus institucional de concreção dos direitos fundamentais, que a própria Constituição designa por 'intimidade e vida privada'" e será sempre a figura central, continente, de que tudo o mais é conteúdo.

Em síntese, a família, esse microssistema social, com objetivos comuns, me-canismos de proteção e estrutura de preservação, que busca o bem-estar de seus

---

Proteção Social Especial (PSE), de caráter protetivo (quando está na iminência ou já ocorreu a violação de direitos e há necessidade de se resgatar a dignidade e as condições de vida da família ou indivíduo).

21. ALEXY, Robert. *Teoria dos direitos fundamentais*. Tradução de Virgílio Afonso da Silva. 2. ed. São Paulo: Malheiros, 2017. p. 450.

integrantes, é tida e havida como a célula-mãe da sociedade, a forma microscópica e originária do Estado, o ambiente onde os conflitos imanentes não destroem o espaço agradável que é assentado na afetividade e por todos esses qualificativos não pode nem deve sofrer as agruras da fome, da falta de um teto, da violência intestina, do abandono, da apartação social.

Escorado no símbolo moral e jurídico da solidariedade e na necessidade de proteção da dignidade humana e da entidade familiar, é dever da sociedade (que pode ser desincumbido, p.ex. através do correto pagamento de impostos e da atividade indispensável do terceiro setor) e do Estado (através da implantação de políticas públicas), amparar e proteger os núcleos familiares que estejam em situação de vulnerabilidade social, ainda com maior razão se deles fizerem parte uma ou mais crianças e adolescentes que, por força de disposição constitucional, estão a merecer proteção integral (art.227).

Nada obstante, as formas de proteção social de que tratamos linhas acima muitas vezes são ineficientes, principalmente pela falta de políticas públicas estruturantes, permitindo que tenhamos pessoas morando em favelas, em locais inóspitos, sem saneamento básico, cada vez mais famílias inteiras em situação de rua e na rua ou alguns de seus integrantes, que apesar de trabalhadores, em algum momento não conseguiram mais pagar o aluguel e vão engrossar o universo de cidadãos e cidadãs invisíveis para o resto da população, ou melhor esclarecendo, invisíveis enquanto não incomodam, pois passam a ser visíveis quando estão dormindo diante de uma instituição financeira, um restaurante etc. e precisam ser de lá retirados.

A todas essas mazelas se soma o número insuficiente de equipamentos de acolhimentos, que muitas vezes ainda são inseguros, muito embora o ideal não seja o acolhimento e sim a garantia a todos de uma moradia digna. De igual forma, a grande maioria destas pessoas tem dificuldade para se cadastrar para receber algum auxílio, como p.ex. o bolsa família ou auxílio emergencial, por falta de acesso à internet.

Faltam programas habitacionais sérios para suprir a falta de mais de 7 milhões de habitações no Brasil, uma educação pública de qualidade que liberte e garanta a justiça social, uma distribuição justa de renda, enfim, vivemos, parafraseando a Corte Constitucional Colombiana, um "estado de coisas estruturalmente inconstitucional" relativamente a esta parcela da população que é esquecida, negligenciada e apartada da sociedade, como indesejável.

Em boa hora o Supremo Tribunal Federal, no julgamento do Mandado de Injunção (MI) n. 7300, determinou que o governo federal implemente, a partir de 2022, o pagamento do programa de renda básica de cidadania para os brasileiros em situação de extrema pobreza e pobreza, com renda *per capita* inferior a R$ 89 e R$ 178, respectivamente e reconheceu que houve omissão na regulamentação do benefício, previsto na Lei 10.835/2004.

É um sopro de esperança e, simultaneamente, uma demonstração cabal da falha do Estado brasileiro, do desinteresse dos poderes constituídos em todos os níveis federativos, no dever de cuidado com as famílias em vulnerabilidade social.

O enfrentamento deve ser sistêmico, atacando as várias faces do problema e com a participação nas discussões e tomadas de decisões de todos os "players" que de alguma forma são atingidos por ele, do mais rico ao mais pobre, o poder público, a universidade, a elite, a sociedade através do terceiro setor e da iniciativa privada e um exemplo que pode ser dado, no que diz respeito à sua concepção, é o projeto "favela 3 d", capitaneado pela ONG Gerando Falcões, dirigida pelo empreendedor social Edu Lyra, que conta com o apoio da sociedade, tanto pelo terceiro setor (através da referida ONG), como pela iniciativa privada (grandes empresas) e o poder público, tanto municipal como estadual, todos sentando na mesma mesa e discutindo e apontando soluções afinal, vale lembrar que quem não participa da solução não se sente responsável por ela. Promete ser uma ação social de sucesso.

6. O DEVER DE CUIDADO PARA COM O EGRESSO DO SISTEMA PENAL

O EGRESSO, na definição do Dicionário Aurélio, é o *"que se saiu, se afastou"*, *"Detento que se retirou, legalmente, de estabelecimento penal"*.

Pois bem, tratando-se do EGRESSO do sistema carcerário, podemos defini-lo como aquele que após o cumprimento de pena, retorna ao convívio social.

A legislação penal brasileira traz em sua Lei de Execução Penal[22], para efeito da responsabilidade do Estado, como aquele que, "liberado definitivo, pelo prazo de 1 (um) ano da saída do estabelecimento" ou, "em livramento condicional, durante o período de prova".

Definido, podemos dizer que o sentenciado, após cumprimento de sua pena, quando posto em liberdade, será considerado, para o bem ou para o mal, "O EGRESSO".

Já em um Decreto[23] do Estado de São Paulo, sua definição vai além: "o que cumpre pena em regime semiaberto ou aberto, o favorecido pela concessão da suspensão condicional da pena, o anistiado, entre outros", ou seja, amplia o rol de sentenciados beneficiados pelos direitos à uma assistência e cooperação do Estado para sua reinserção à sociedade.

Em brevíssima explicação, aos não envolvido com o Direito, vejamos:

Quando condenado a pena privativa de liberdade, o sentenciado deverá, em razão do que ficou definido por sentença, em tese já quando não cabe mais recurso, iniciar o seu cumprimento de pena em três situações distintas e determinadas em lei: Regime fechado, semiaberto ou regime aberto, ou seja, a depender de vários fatores

---

22. Lei nº 7.210, de 11 de julho de 1984.
23. Decreto nº 55.126, de 7 de dezembro de 2009.

que foram sopesados quando prolatada a sentença, entre total da pena, condições do sentenciado etc., iniciará em um destes três regimes seu "encarceramento".

Após algum tempo durante o seu cumprimento de pena, por determinação expressa na Lei de Execução Penal[24], quando preenchidos basicamente dois requisitos, quais sejam, objetivo e subjetivo, o sentenciado deverá "progredir" de regime, vale dizer, cumprindo determinada fração da sua pena imposta e tendo bom comportamento carcerário, ele passará do regime mais gravoso (no qual se encontra) para o regime mais benéfico, ou seja, sem saltar, do fechado para o semiaberto e deste para o regime aberto.

Da mesma forma, em razão do instituto do Livramento Condicional, que não é considerado progressão de regime, cumprindo determinados parâmetros, o sentenciado é posto em liberdade, independente do regime em que se encontra.

Pois bem, na condição de EGRESSO, retornando, em certa medida ao convívio social, a Lei de Execução Penal determina como obrigação do Estado que o mesmo tenha "orientação e apoio", não só lhe oferecendo alojamento e alimentação, por um certo tempo em caso de necessidade, assim como colaboração para que o mesmo seja reinserido no mercado de trabalho[25].

Destarte, o legislador entendeu que o EGRESSO é carecedor de assistência e apoio, e tem o direito de ver-se assistido no seu retorno ao convívio social.

Em um mundo que foi idealizado, pelo arcabouço legal, assim deveria ser, no entanto, não é o que lhe aguarda.

Vejamos, brevissimamente, sua trajetória até alcançar a condição de EGRESSO, e assim poder "contar" com a assistência do Estado, e não só, a sociedade também deve ser chamada nessa empreitada.

6.1   Da prisão

Após ser julgado e condenado, nesta condição, como sentenciado e encarcerado, passa a ser custodiado do Estado, e ao Estado cabe o dever de cuidar da incolumidade do cidadão sob sua custódia, e, devendo-lhe, por norma legal, "edificar sua ressocialização", traze-lo do estado de sentenciado e encarcerado para o de homem livre e apto ao convívio social, princípio este estampado como fundamento na Lei de Execução Penal: "Art. 1º A execução penal tem por objetivo efetivar as disposições de

---

24. Artigo 112 da LEP.
25. *Art. 25. A assistência ao egresso consiste: I – na orientação e apoio para reintegrá-lo à vida em liberdade;*
    II – Na concessão, se necessário, de alojamento e alimentação, em estabelecimento adequado, pelo prazo de 2 (dois) meses. Parágrafo único. O prazo estabelecido no inciso II poderá ser prorrogado uma única vez, comprovado, por declaração do assistente social, o empenho na obtenção de emprego.
    Art. 26. Considera-se egresso para os efeitos desta Lei: I – o liberado definitivo, pelo prazo de 1 (um) ano a contar da saída do estabelecimento; II – o liberado condicional, durante o período de prova.
    Art. 27. O serviço de assistência social colaborará com o egresso para a obtenção de trabalho.

sentença ou decisão criminal e proporcionar condições para a harmônica integração social do condenado e do internado".

Mais que esta determinação da Lei de Execução Penal, que trata diretamente do sentenciado em cumprimento de pena, dentre os direitos e garantias fundamentais, a Constituição Federal, em seu artigo 5º, proíbe as penas cruéis[26] e garante ao cidadão-preso o respeito à integridade física e moral[27], e mais, para além do que determina nossa legislação, passível de cumprimento dos tratados internacionais[28] dos quais nosso país é signatário, e estão, basicamente, todos baseados no princípio da dignidade da pessoa humana.

Visto que o EGRESSO é oriundo do sistema carcerário, vamos entender um pouco sobre a situação em que o EGRESSO cumpriu sua pena, em quais condições, sentenciado e encarcerado, porém sem nunca deixar de "ser humano".

Em consonância com o que ficou conhecido como "Estado de Coisas Inconstitucional" (ECI), (terminologia surgida em 1997, durante uma decisão da Corte Constitucional Colombiana em uma decisão que versou sobre direitos previdenciários), em feliz voto na ADPF- 347[29] junto ao Supremo Tribunal Federal, assim manifestou-se o Decano Ministro Marco Aurélio:

> [...] Presente quadro de violação massiva e persistente de direitos fundamentais, decorrente de falhas estruturais e falência de políticas públicas e cuja modificação depende de medidas abrangentes de natureza normativa, administrativa e orçamentária, deve o sistema penitenciário nacional ser caracterizado como 'estado de coisas inconstitucional[30].

Ou seja, após julgado (espera-se que num julgamento justo), sentenciado pelo ato praticado e definido como crime[31], o homem condenado é, via de consequência, levado ao cárcere para o cumprimento da reprimenda.

Salvo no regime aberto, em que o sentenciado cumprirá sua pena em "Casa do Albergado", e, na falta desta, em prisão domiciliar[32], com obrigação de respeitar determinadas condições restritivas em sua liberdade, no regime semiaberto e no

---

26. *XLVII – não haverá penas [...] ;e) cruéis.*
27. *XLIX – é assegurado aos presos o respeito à integridade física e moral.*
28. Conforme o § 3º do artigo 5º da Constituição Federal, os tratados internacionais de defesa de direitos, aprovados pelo Congresso Nacional, passam a ser considerados emendas constitucionais. BRASIL. Constituição de 1988. *Constituição da República Federativa do Brasil de 1988.* Brasília, DF: Presidência da República. Disponível em: http://www.planalto.gov.br/ccivil_03/constituicao/constituicao.htm. Acesso em: 15 jun. 2021.
29. ADPF 347 MC, Rel. Min. Marco Aurélio. j. em 09/09/2015. Disponível em: http://portal.stf.jus.br/processos/detalhe.asp?incidente=4783560. Acesso em: 15 jun. 2021.
30. ADPF 347 MC, Rel. Min. Marco Aurélio. j. em 09/09/2015. Disponível em: http://portal.stf.jus.br/processos/detalhe.asp?incidente=4783560. Acesso em: 15 jun. 2021.
31. Lei de Introdução ao Código Penal o faz: *"Considera-se crime a infração penal a que a Lei comina pena de reclusão ou de detenção, quer isoladamente, quer alternativa ou cumulativamente com a pena de multa; contravenção, a infração penal a que a lei comina, isoladamente, pena de prisão simples ou de multa, ou de ambas, alternativa ou cumulativamente."*
32. O STJ, por sua vez, entende que o condenado a regime aberto deve cumprir a pena na Casa do Albergado e, na sua falta, ser colocado em prisão domiciliar (REsp.1187343/RS).

fechado, cumprirá em uma unidade prisional, em uma das reconhecidas (em sua maioria), como refletido pelo então Ministro da Justiça, José Eduardo Cardozo, "*[...] "masmorras medievais*[33]*"*.

Nas palavras do Ministro Gilmar Mendes, em recente manifestação:

> O sistema carcerário representa uma das maiores tragédias humanitárias da história do Brasil, por ignorar a violação de direitos que ocorrem nas prisões. A afirmação foi feita nesta segunda-feira (14/6) pelo ministro Gilmar Mendes, do Supremo Tribunal Federal, na abertura da audiência pública convocada por ele para discutir formas de garantir a fiscalização do sistema penitenciário[34].

Desde a sua prisão (via de regra inicia-se pelo flagrante[35]), até o cumprimento total de sua pena, o sentenciado passa a cumprir não tão somente a pena de privação de sua liberdade, o que por si só já é um "castigo imposto", indiscutivelmente necessário, mas passa a sofrer todo tipo descuidados e *falta de solidariedade*, por certo não previstos em nossa legislação, mas que sim, fará parte de sua "nova" vida de excluído.

Como bem definiu o ministro Marco Aurélio em voto na ADPF 347, o encarcerado no Brasil sofre:

> Nesse contexto, diversos dispositivos, contendo normas nucleares do programa objetivo de direitos fundamentais da Constituição Federal, são ofendidos: o princípio da dignidade da pessoa humana (artigo 1º, inciso III); a proibição de tortura e tratamento desumano ou degradante de seres humanos (artigo 5º, inciso III); a vedação da aplicação de penas cruéis (artigo 5º, inciso XLVII, alínea "e"); o dever estatal de viabilizar o cumprimento da pena em estabelecimentos distintos, de acordo com a natureza do delito, a idade e sexo do apenado (artigo 5º, inciso XLVIII); a segurança dos presos à integridade física e moral (artigo 5º, inciso XLIX); e os direitos à saúde, educação, alimentação, trabalho, previdência e assistência social (artigo 6º) e à assistência judiciária (artigo 5º, inciso LXXIV). Outras normas são afrontadas, igualmente reconhecedoras dos direitos dos presos: o Pacto Internacional dos Direitos Civis e Políticos, a Convenção contra a Tortura e outros Tratamentos e Penas Cruéis, Desumanos e Degradantes e a Convenção Americana de Direitos Humanos.
>
> Também a legislação interna é transgredida: a Lei nº 7.210, de 1984, a chamada "Lei de Execução Penal", na qual são assegurados diversos desses direitos, inclusive o alusivo a cela individual salubre e com área mínima de seis metros quadrados, e a Lei Complementar nº 79/94, por meio da qual foi criado o Fundo Penitenciário Nacional – FUNPEN, cujos recursos estão sendo contingenciados

---

33. Citado na ADPF 347 – Minuta do voto Ministro Marco Aurélio – 28 de maio 2021.
34. GOES, Severino. Sistema carcerário é uma das maiores tragédias humanitárias do Brasil, diz Gilmar. *ConJur*. Disponível em: https://www.conjur.com.br/2021-jun-14/sistema-carcerario-brasileiro-tragedia-humanitariagilmar?imprimir=1. Acesso em: 15 jun. 2021.
35. "*A prisão em flagrante consiste na principal forma de entrada de pessoas no sistema prisional brasileiro. Especialmente em relação aos crimes relacionados ao comércio de drogas, o flagrante policial é a (principal) estratégia manejada pelas polícias para controlar este tipo de criminalidade. Este modelo de controle do tráfico de drogas utilizado pelas polícias, que privilegia o flagrante em detrimento da investigação, entre outras consequências, produz um aprisionamento por tráfico de drogas focalizado em públicos específicos (jovens, negros e moradores de periferias), cujas prisões não representam prejuízos para as grandes redes do comércio de drogas*". CONECTAS. *Prisão a qualquer custo. Como o sistema de justiça descumpre decisão do STF sobre penas para pequenos traficantes. São Paulo: Conectas: Direitos Humanos, 2019. Disponível em: https://www.conectas.org/wp--content/uploads/2019/11/Conectas_relatorio_trafico_privilegiado_170x260_web_rev1.pdf. Acesso em: 15 jun. 2021.

pela União, impedindo a formulação de novas políticas públicas ou a melhoria das existentes e contribuindo para o agravamento do quadro[36].

Pois bem, por alguns anos, por vezes muitos, privado de sua liberdade, do convício com sua família, amigos, parentes, enfim, certo de que por previsão legal[37], não há que se questionar, mas um dia ele retornará ao seio social.

Não só ao Estado, importante frisar, a sociedade, em sua maior parte, também é omissa, talvez por ignorância ou pelo apego ao adágio popular, aqui adaptado, "bandido bom é bandido preso", não se importando com isso – acredita que estando o "criminoso" intramuros, todos os seus problemas foram resolvidos, não representa mais um perigo.

Não é, ou pelo menos, não deveria ser assim, com leciona Barcellos:

Importa destacar que a forte violação dos direitos fundamentais dos presos repercute além das respectivas situações subjetivas, produzindo mais violência contra a própria sociedade. Segundo as palavras da professora Ana Paula de Barcellos, "o tratamento desumano conferido aos presos não é um problema apenas dos presos: a sociedade livre recebe os reflexos dessa política sob a forma de mais violência. (BARCELLOS, Ana Paula de. Violência urbana, condições das prisões e dignidade humana. Revista de Direito Administrativo nº 254, 2010 [Biblioteca Digital Fórum de Direito Público])[38].

Em sendo assim, em que pese o arcabouço jurídico que deve orientar o cumprimento de pena, não é o que lhe oferecem.

Além do princípio constitucional da dignidade da pessoa humana, que deveria assegurar condições mínimas ao enclausurado, há vasta legislação que assim o "protege", no entanto, além da privação de liberdade, cabe-lhe também o "suplício" da pena.

Uma boa definição das condições em que o preso estará submetido vem do jurista e doutrinador Eugenio Raúl Zaffaroni[39]:

A prisão ou cadeia é uma instituição que se comporta como uma verdadeira máquina deteriorante: gera uma patologia cuja principal característica é a regressão[40], o que não é difícil de explicar. O preso ou prisioneiro é levado a condições de vida que nada têm a ver com as de um adulto: é privado de tudo que o adulto faz ou deve fazer usualmente em condições e com limitações que adulto não conhece (fumar, beber, ver televisão, comunicar-se por telefone, receber ou enviar correspondência, manter relações sexuais etc.).

---

36. ADPF 347 MC, Rel. Min. Marco Aurélio. j. em 09/09/2015. Disponível em: http://portal.stf.jus.br/processos/detalhe.asp?incidente=4783560. Acesso em: 15 jun. 2021.
37. Cf., *Artigo 5º XXXIX – não há crime sem lei anterior que o defina, nem pena sem prévia cominação legal.*
38. Citado em ADPF 347 – Minuta do voto Ministro Marco Aurélio – 28/05/21.
39. ZAFFARONI, Eugenio Raul. *1927 – em busca das penas perdidas: a perda da legitimidade do sistema penal.* Rio de Janeiro: Revan, 1991. p. 135-136.
40. Cf. CASTEX, Mariano F; CABANILLAS, Ana M. *Apentes para una psico-sociologia carcelaria.* Reprod. Buenos Aires, 1986; Cohen, Staley. Taylor, Laurie. Psychological Survival. The experience of Long-Term Imprisonment, Middlesex, 1972.

Determina a lei regente da execução penal, como explicitado acima, após cumpridos os requisitos objetivo (tempo) e subjetivos (comportamento), o sentenciado tem o direito de "progredir" de regime, "progredir" do mais grave ao menos severo.

Pois bem, assistido por um advogado ou, na ausência deste, por um Defensor Público, após apresentação de um "boletim informativo" expedido pelo diretor da unidade prisional, faz-se o requerimento ao Juízo responsável pela execução da pena, que, após ouvido o representante do Ministério Público, vai à decisão do Magistrado. Em média, este trâmite leva de dois a quatro meses para ter-se uma decisão.

Isso, além de, como ocorre em muitos casos, lhe ser exigido laudo favorável, por exame criminológico[41], para aferição de sua "condição de não mais delinquir", e, hodiernamente exigir-lhe o pagamento da pena de multa.

A fora as "pedras no caminho", como é sabido pelos que militam na área, após longa *via crucis*, é posto em liberdade, chegamos ao EGRESSO.

6.2   O suporte

Importante destacar, como divulgado em 2017 pelo Departamento Penitenciário Nacional (Depen), vejamos:

> O crescimento do espectro punitivo no mundo contemporâneo tem sido comprovado de forma inequívoca por toda sorte de dados empíricos, como também por diferentes abordagens teóricas. A despeito de haver em muitos países um processo descendente na curva de encarceramento – como nos EUA, primeiro no ranking mundial em número de pessoas presas –, no Brasil continuamos em franco, exponencial e contínuo crescimento da população carcerária. Mais do que isso: esse contexto preocupante é potencializado pelo fato de que a crescente superpopulação carcerária implica também um agravante nas condições degradantes há muito observadas (WOLFF, 2003)[42].

Isto posto, fazendo justiça, há esforço de uma pequena parte da sociedade, entidades não governamentais, que se preocupam e buscam auxiliar o EGRESSO.

Para não fazer injustiças, deixamos de enumerá-las, mas estão por aí sim, normalmente sem contar com apoio, por vezes vistas com certa ressalva, se envolvendo, buscando, assim como o pássaro com água no bico tentando apagar o fogo na floresta.

Quanto aos órgãos governamentais, estes sim, tem por obrigação (legal) assisti-los e reinseri-los no retorno à sociedade, destacamos algumas iniciativas que

---

41. A Lei nº 10.792/2003 alterou significativamente o artigo 112 da Lei de Execuções Penais, substituindo a necessidade do exame criminológico para a progressão de regime por um atestado de bom comportamento carcerário. Fica, a critério do juiz, requisitar quando achar necessário o exame, desde que em decisão motivada.
42. Wolff, 2003 *apud* MELO, Felipe Athayde Lins de. Política nacional de atenção às pessoas egressas do sistem prisional. Brasília, 2020. Disponível em: http://antigo.depen.gov.br/DEPEN/dirpp/pasta-egresso/teste01/Politica_Nacional_de_Atencao_as_Pessoas_Egressas_do_Sistema_Prisional.pdf. Acesso em: 16 jun. 2021. p.15.

devem ser comemoradas, porém, tímidas, atingindo uma parcela muito pequena de EGRESSOS e seus familiares.

Uma destas iniciativas, destacamos, vindas do Conselho Nacional de Justiça (CNJ), foi a criação dos "Escritórios Sociais", em certas unidades da Federação, com serviços de apoio exclusivo para os presos que deixam a cadeia e que terão (no futuro incerto) capacidade para atender até 4,2 mil pessoas por mês, em que pese cerca de 300 mil pessoas deixarem anualmente as penitenciárias do país, de acordo com estimativas do Departamento Penitenciário Nacional (Depen)"[43].

Cabe destacar, com "previsão" de atender a 4,2 mil EGRESSOS mensalmente, quando pelas estimativas do DEPEN, 25 mil deixam o cárcere a cada mês.

O Estado de São Paulo, outro exemplo, tem iniciativas ligadas à Secretaria de Assuntos Penitenciários, desenvolvida pela Coordenadoria de Reintegração Social e Cidadania, porém, com respeito aos envolvidos, de forma tímida e reativa.

Em atendimento pessoal aos sentenciados, em unidades prisionais da chamada baixada santista, descobre-se que os cumpridores de penas não têm conhecimento de tais iniciativas, e, salvo raríssimas exceções, nem acesso aos programas desenvolvidos.

Há realmente alguns programas, tais como o de *Inserção de Egressos do Sistema Penitenciário no Mercado de Trabalho –PRÓ-EGRESSO,* que consiste em "ações conjuntas entre a Secretaria do Emprego e Relações de Trabalho e a Secretaria da Administração Penitenciária", do Estado de São Paulo, que têm a intenção (promessa) de prestar assistência ao EGRESSO, no entanto, ainda sem efetividade substancial.

O Departamento Penitenciário Nacional (Depen) divulgou, em 13 de setembro de 2017, a inciativa de mapeamento sobre as ações desenvolvidas pelos estados para atendimento aos EGRESSOS do sistema penitenciário, quando foi apresentado o "Cenário nacional da atenção às pessoas egressas dos sistemas prisionais"[44], onde revela-se o descaso: Estados com algum tipo de iniciativa pública são 15; Estados com atendimento de patronatos, 5; Estados com atendimento por organizações da sociedade civil, 4 e Estados sem qualquer tipo de atendimento, 6.

Nota-se flagrante que, em que pese caber ao Estado a responsabilidade já exaustivamente decantada alhures, esta "missão" ainda é minimamente presente na atuação de políticas públicas para auxiliar, acompanhar e dar assistência ao EGRESSO na missão/dever de reintegrá-lo em sociedade.

---

43. INSTITUIÇÕES debatem políticas públicas para egressos. *CNJ,* 19 dez. 2019. Disponível em: https://www.cnj.jus.br/instituicoes-debatem-politicas-publicas-para-egressos-do-sistema-prisional/. Acesso em: 15 jun. 2021.

44. DEPEN desenha política destinada a egressos do sistema penitenciário. Justiça.gov. Brasília, 13 set. 2017. Disponível em: https://www.justica.gov.br/news/depen-faz-mapeamento-para-desenhar-politica-destinada-a-egressos-do-sistema-penitenciario. Acesso em: 16 jun. 2021.

6.3   A liberdade

Para ZÉ da SILVA[45], o grande dia, o mais esperado, inicia-se como um *"vá com Deus e boa sorte"*, e saibam, só com Ele e a sorte ele poderá contar.

São seis horas da manhã, os portões se abrem e ele segue, sensação de ar fresco, liberdade, o sol nascendo de uma cor que ele não se recorda, ele caminha, inicialmente desconfiado, será mesmo que posso ir, pensamentos em turbilhão, passos lentos, acelera o andar, pensa em correr, não, melhor não, vai se distanciando até que não vê mais o presídio.

Deixou para trás sua penitência, mas vai lembrar-se dela por muito tempo.

Agora começa a acreditar, está livre, quer logo ir para casa, soca o ar num gesto de comemorar um gol, chega ao lado da rodovia e pronto – não vê o ESTADO.

Caminhando bem um tanto, chega à rodoviária, telefona para família, que sem esperar por ele, não sabe o que fazer. Pedem que aguarde – a família vai buscá-lo, e também, não vê o ESTADO.

Onde está o ESTADO? Este ente ele conhece pelo desprezo que fez dele por um longo tempo, pelo esquecimento dele como ser humano, conhece pelo desconhecimento de que ele tem um nome, não é só um número, ESTADO que não lhe reconheceu o pertencimento.

Onde está também a sociedade que deveria recebê-lo, afinal, disseram a ele que a pena, além de retributiva e preventiva, tem o caráter restaurativo, o princípio de ressocialização, o reeducaria, lhe daria assistência médica e dentária, visto que, nas palavras de representantes do Estado, no cárcere vale a teoria da *"terapêutica carcerária"* para sua reinserção, e após estando ele extramuros, vire-se, o Estado já não mais o reconhece, deixou e ser "problema" dele.

A lição trazida em Regras de Mandela[46], na Regra 90 assim preconiza:

> O dever da sociedade não cessa com a libertação de um recluso. Seria por isso necessário dispor de organismos governamentais ou privados capazes de trazer ao recluso colocado em liberdade um auxílio pós-penitenciário eficaz, tendente a diminuir os preconceitos a seu respeito e a permitir-lhe a sua reinserção na sociedade.

Frise-se, para sua reinserção na sociedade, condição para que o EGRESSO volte a ser tido como cidadão de direitos, ter condição de buscar novas oportunidades de ser um "cidadão de bem", livrar-se da pecha de EGRESSO, ex-presidiário, necessita da presença do Estado, ativa e presente, e, da mesma forma, na mesma intensidade, da *solidariedade* da sociedade.

---

45. Nome fictício, história real, relatado por um sentenciado defendido pelo autor.
46. Regras mínimas das Nações Unidas para o tratamento de reclusos. Regras de Nelson Mandela. *UNODC* – Escritório das Nações Unidas sobre Drogas e Crimes. Disponível em: https://www.unodc.org/documents/justice-and-prison-reform/Nelson_Mandela_Rules-P-ebook.pdf. Acesso em: 17 jul. 2021.

Importante destacar, agora que ele está livre (muitos deles foram privados de liberdade por anos), mas rotulado como EGRESSO, se não contar com apoio e suporte para que ele possa criar a oportunidade de refazer-se, de alcançar condições mínimas para sua sobrevivência, e para muitos, de sua família, o "crime" está de portas e janelas abertas para o seu retorno.

Ao ESTADO caberes socializá-los para que possam viver livres novamente em uma sociedade democrática, *fundada na solidariedade* e no respeito à dignidade de todo ser humano.

E ao fim, não nos esqueçamos das palavras do Santo Padre Francisco: "Santo Ambrósio afirmava que «a natureza concedeu todas as coisas aos homens para uso comum. [...] Portanto, a natureza produziu um direito comum para todos, mas a ganância tornou-o um direito de poucos»"[47].

Mais importante ainda:

Não cedamos à tentação de nos desinteressarmos dos outros, especialmente dos mais frágeis, não nos habituemos a desviar o olhar, mas empenhemo-nos cada dia concretamente por «formar uma comunidade feita de irmãos que se acolhem mutuamente e cuidam uns dos outros»[48].

7. CONCLUSÃO

Ao fim e ao cabo, neste rápido percurso sobre a realidade brasileira é possível afirmar que tanto as famílias em situação de vulnerabilidade social com o egresso do sistema penal estão longe de alcançar o ideal de cidadania propalado por Hannah Arendt, que pode ser sintetizado no direito a ter direitos e assim ser reconhecido em qualquer parte do mundo.

O grande guarda-chuva de toda essa proteção social é a dignidade da pessoa humana, tido e havido como um supra princípio constitucional que dá origem a todos os outros direitos fundamentais, pois de nada adiante o direito à vida se esta vida não for vivida dignamente, o mesmo ocorrendo com os demais direitos fundamentais.

Embora haja previsão constitucional para uma proteção social, de responsabilidade da sociedade e do Estado, ainda vivemos uma situação de enorme desigualdade social, expondo-se famílias inteiras e os egressos do sistema penal a uma situação de apartação social, de invisibilidade incompatíveis com o propósito de uma sociedade livre, justa e solidária, que busque o bem de todos, sem discrimi-

---

47. MENSAGEM do Santo Padre Francisco para a celebração do 54º dia mundial da paz. *Arquidiocese de Ribeirão Preto*, 01 jan. 2021. Disponível em: https://arquidioceserp.org.br/mensagem-do-santo-padre-francisco-para-a-celebracao-do-54o-dia-mundial-da-paz/. Acesso em: 17 jul. 2021.
48. MENSAGEM do Santo Padre Francisco para a celebração do 54º dia mundial da paz. *Arquidiocese de Ribeirão Preto*, 01 jan. 2021. Disponível em: https://arquidioceserp.org.br/mensagem-do-santo-padre-francisco-para-a-celebracao-do-54o-dia-mundial-da-paz/. Acesso em: 17 jul. 2021.

nação, a erradicação da pobreza e da marginalização e a redução das desigualdades sociais e regionais.

Fora do Direito, mas com ele imbricado, o que talvez possa definir o momento que vivemos é a falta de compaixão, tão bem definida por Dalai Lama como uma atitude mental baseada no desejo de que os outros se livrem do seu sofrimento e está associada a uma sensação de compromisso, responsabilidade e respeito para com o outro[49].

---

49. LAMA, Dalai; HOWARD, C. Cutler. A arte da felicidade: um manual para a vida/de sua santidade. Tradução de Waldéa Barcellos. São Paulo: Martins Fontes, 2001. p. 128.

SOLIDARIEDADE E COOPERAÇÃO NO AMBIENTE FAMILIAR[1]

Clayton Reis

Licenciado pela Faculdade de Filosofia Ciências e Letras da UFPR em 1966. Bacharel em Direito pela Faculdade de Direito de Curitiba, em 1970. Magistrado em segundo grau aposentado do TJPR. Pós-Doutor pela Universidade Central de Lisboa em 2012. Mestre em Direito Negocial pela UFPR em 1997. Doutor em Direito Negocial pela UFPR em 1999. Especialista em Responsabilidade Civil da UEM em 1988. Professor Adjunto IV aposentado da UEM. Professor titular do PPGD da ANIMA/UNICURITIBA. Professor Adjunto da UTP. Professor da Escola da Magistratura do Paraná. Membro Fundador da APLJ. Membro do IBERC. Autor de vários livros e artigos publicados. Advogado e parecerista em Curitiba/PR. clayton@reisealberge.com.

1. INTRODUÇÃO

A família é um centro de convivência por excelência, onde se depara com uma verdadeira *oficina* de construção da personalidade do ser humano, em que o elemento aglutinador encontra-se fundado na afetividade. Em seu interior permeiam sentimentos de toda ordem. Ela exerce um poder fascinante sobre os seus integrantes, podendo convertê-los em episódios de conflitos ou de solidariedade e cooperação. A socióloga francesa Michelle Perrot conceituou a família de forma precisa ao compará-la com um centro de convivência denominado O NÓ E O NINHO – pode ser um nó quando se converte em local de conflitos e violência ou, de forma antagônica, um ninho como um espaço de convivência, harmonia e solidariedade. É ainda equiparada a um grande laboratório onde se encontram presentes diferentes substâncias químicas identificadas através dos mais diversos hormônios, tais como: (I) *Ocitocina* (hormônio do amor); (II) *Tiroidianos T3 e T4* (hormônio do metabolismo); (III) *Grelina* (Hormônio da fome); (IV) *Cortisol* (hormônio do despertar); (V) *adrenalina e noradrenalina* (hormônio da ação); e (VI) *testosterona* (hormônio do sexo), dentre outros catalogados pela bioquímica que são partes integrantes do metabolismo das pessoas, que se manifestam nos mais diversos momentos durante a trajetória dos indivíduos no espaço familiar. Afinal, os seres humanos são sensíveis e, quase sempre, dominados pelas emoções em que os sentimentos da razão nem sempre se encontram livres para agir de forma plenamente consciente.

---

1. Solidary and Cooperation in the Family environment

É importante destacar que a família como núcleo social é identificada pela diversidade, formada por pessoas humanas dotadas de personalidades distintas, que apresentam pontos de contatos semelhantes em razão dos antecedentes genéticos que estão impregnados na intimidade dos seus integrantes. Toda esta multiplicidade de fatores físicos, químicos, biológicos, sociológicos, filosóficos e emocionais demonstram que se trata de uma sociedade extremamente complexa, em que as pessoas convivem dentro de espaços físicos e geográficos delimitados.

A despeito desta intrincada realidade existencial, a família representa para o Estado e para a sociedade o núcleo plural mais importante no ambiente coletivo, a ponto de merecer do legislador Constituinte atenção particular, como prescrever que *a família terá especial proteção do Estado* – art. 226, da Constituição da República.

Esta proteção especial do Estado não implica que este a discipline ou intervenha de forma arbitrária em sua estrutura. *A contrário sensu,* a Constituição veda expressamente (art. 226, § 7º., combinado com o art. 1.531, do Código Civil) *qualquer forma coercitiva por parte de instituições oficiais ou privadas sobre seu planejamento*; o que significa que a família é uma instituição da maior relevância social. Afinal, ela é o farol e os alicerces de *"uma sociedade livre, justa e solidária"*, porque compreende a responsabilidade de educar a pessoa e convertê-la em um cidadão consciente e responsável dos seus direitos e obrigações. No modo de entender deste articulista, e de acordo com o pensamento de doutrinadores, quando a família falha em sua missão educativa, o Estado obriga-se a investir em sistemas repreensivos. E, por estas e outras significativas razões, além da família ser um vasto laboratório experimental é, da mesma forma, a mais valiosa escola do ser humano, na obrigação de repassar valores fundamentais para os seus integrantes.

No curso da sua longa história, a família sofreu as mais diversas influências da religião, do processo de geração, da econômica, do social e do meio ambiente. A família romana, centrada no *pater familiae,* era revestida de características jurídicas, em razão da sua importância e do significado que a instituição representou para a estruturação do Estado romano. Nesta linha da história, é indiscutível que Roma sofreu, por sua vez, influência direta da civilização grega, que lhe legou toda a sua ordem filosófica e institucional, especialmente na organização política do Estado e na organização da família.

A sociedade grega era patriarcal, as mulheres não podiam possuir propriedades, administrar negócios, eram sempre tuteladas pelo marido e tinham como objetivo educar os filhos com o propósito de torná-los o *homem completo.*

Dentre as culturas mais antigas, em particular a egípcia, que merece destaque porque legou para a sociedade humana, um modelo de família centrado na paternidade e na forte e influente estrutura religiosa. Os egípcios implantaram à sua cultura elementos essenciais, tais como a estabilidade, a permanência e o isolamento. Estas características somente foram possíveis porque o primeiro Estado-Nação formado no curso da história era fortalecido por uma organização familiar forte e unida em torno dos valores religiosos.

A religião sempre foi o ponto alto da extraordinária civilização egípcia, cujas bases eram ensinadas e praticadas no interior da sociedade familiar. "No antigo Egito as belas e atraentes mulheres representadas em muitas pinturas e esculturas podem refletir um certo potencial político do seu sexo, inexistentes em outros lugares", relata-nos J.M. Roberts[2]. Portanto, deduz-se que o processo de formação da sociedade familiar no curso da história teve um componente religioso e ético, que refletiu enormemente na construção do Estado.

Nenhuma sociedade pode sobreviver sem um componente valorativo, voltado para canalizar as energias dos homens para um ponto superior, que conferem razão à sua existência com forte elemento agregador. Assim, quanto maior forem os elementos axiológicos que cimentam uma civilização, melhor será o seu destino e mais duradoura será a sua existência. Os sistemas violentos e opressivos são, em geral, transitórios.

Os maiores e mais significativos legados da história na *construção dos homens* encontram-se presentes nas forças da alma humana, considerada por Kelsen "como um todo uno, uma mescla do intelecto com o sensível"[3], e não na força dos seus exércitos. Nesta ordem conceitual, a solidariedade e a cooperação constituem o ponto alto da ligação, da união e da agregação dos seres humanos, na medida que conferem razão e sentido à existência das pessoas na ordem social.

2. A ESTRUTURA DA SOCIEDADE FAMILIAR

A família é o primeiro núcleo social organizado que constitui a base do Estado. Desde épocas remotas, os seres vivos na natureza congregam-se por meio de forças atávicas para defenderem-se e nutrir-se diante das adversidades presentes no ambiente hostil. Sabiamente, a natureza equipou os seres vivos com primitivos instintos de defesa e nutrição para a sua sobrevivência. Este complexo mecanismo encontra-se presente também nos organismos celulares – os elementos virais buscam congregar-se e autodefenderem-se dos ataques das moléculas celulares antagônicas.

Assim, o princípio de congregação entre os afins apresenta-se como um movimento coordenado por força invisível de permanência. Teilhard de Chardin, em sua primorosa obra intitulada *O Fenômeno Humano*, alude a esses movimentos ao afirmar que, "Por essa razão, inicialmente, a reprodução surge como um simples processo imaginado pela natureza para assegurar a permanência do instável no caso dos vastos edifícios moleculares"[4]. E, nas linhas seguintes o autor conclui, "A vida parece, nos

---

2. ROBERTS, J. M. *O livro de ouro da história do mundo* – da pré-história à idade contemporânea. Tradução de Laura Alves e Aurélio Rebello. 2. ed. Rio de Janeiro: Edição Edouro, 2000. p. 25.
3. KELSEN, Hans. *A ilusão da justiça*. São Paulo: Martins Fonte, 1995. p. 400.
4. CHARDIN, Teilhard de. *O fenômeno humano*. São Paulo: Cultrix Ltda., 1955. p. 116.

primórdios, ter se reproduzido apenas para se defender"[5]. Deste pensamento resulta a conclusão de que a vida em sua ampla dimensão possui uma energia atávica de agregação e de defesa mútua – um princípio elementar de *coesão familiar* e de ajuda mútua entre os seus membros. Foram sobre esses princípios vitais que a organização familiar originou-se, impulsionada pela poderosa força da "noodinâmica: dinâmica da energia espiritual, dinâmica do Espírito", segundo a expressão utilizada por Chardin[6].

No transcurso dos tempos, os organismos desenvolveram-se lenta e progressivamente, para adquirir a consciência do seu *status* e, a partir deste momento, adicionar aos processos primitivos elementos valorativos que passaram a integrar a sociedade familiar desde o *homo sapiens*.

"O homem", no dizer de J.M. Roberts, "é a única criatura conhecida que pensa deliberadamente em possíveis mudanças no meio ambiente e no modo de produzi-la"[7]. E, adiante o autor conclui, "Refrear os impulsos naturais com vistas a uma satisfação futura está na raiz de todas as realizações da humanidade. É o mecanismo que os psicólogos chamam de "inibição, o tênue início do planejamento consciente"[8]. Esse momento de despertar é considerado o ponto alto do processo civilizatório, porque agregar conhecimento e valores é uma capacidade de seres humanos que ultrapassam as fronteiras da sensação e adentraram na esfera da razão, onde habitam os seres elevados envolvidos por uma energia moral ou, quando adquiriram consciência do seu estado físico e dimensional. Um instante de iluminação, consistente em um processo de libertação da inadequada concepção do homem sobre si mesmo, que levou Steven Pinker[9] afirmar que, "segundo Immanuel Kant em 1784 o iluminismo *é a saída do ser humano da menoridade de que ele é o próprio culpado*". Uma saída que é um verdadeiro despertar diante das duras realidades que o envolvem na atmosfera da disputa e da intolerância e que abre as portas para os valores agregadores insculpidos na família consciente.

A concentração no interior da família dos direitos humanos sinaliza um novo comportamento nas relações que se operam entre os seus integrantes. Com lucidez, Carlos Roberto Gonçalves destaca que "o direito de família é o mais humano de todos os ramos do direito"[10.] A família contemporânea alterou, precisamente, de forma substancial, o tradicional patriarcalismo presente na família romana. Essa verdadeira revolução que se operou na sua intimidade, de sociedade verticalizada para horizontal

5. CHARDIN, Teilhard de. *O fenômeno humano*. São Paulo: Cultrix Ltda., 1955. p. 116.
6. CHARDIN, Teilhard de. *O fenômeno humano*. São Paulo: Cultrix Ltda., 1955. p. 365.
7. ROBERTS, J. M. *O livro de ouro da história do mundo* – da pré-história à idade contemporânea. Tradução de Laura Alves e Aurélio Rebello. 2. ed. Rio de Janeiro: Edição Ediouro, 2000. p. 25.
8. ROBERTS, J. M. *O livro de ouro da história do mundo* – da pré-história à idade contemporânea. Tradução de Laura Alves e Aurélio Rebello. 2. ed. Rio de Janeiro: Edição Ediouro, 2000. p. 26.
9. PINKER, Steven. *O novo mundo iluminismo* – em defesa da razão, da ciência e do humanismo. Tradução de Laura Teixeira Mota e Pedro Maia Soares. São Paulo: Companhia de Letras, 2018. p. 25.
10. GONÇALVES, Carlos Roberto. *Direito civil brasileiro*. Direito da família. v. IV, 4. ed. São Paulo: Editora Saraiva, 2007. p. 6.

e permitiu a divisão de responsabilidade entre os seus componentes, possibilitando a geração do desenvolvimento dos valores imanentes em cada um dos integrantes.

Essa comunhão de interesses existenciais contribuiu para despertar entre os seus membros uma reflexão acerca dos objetivos sociais e pessoais da organização familiar[11]. Paulo Lôbo assinala que:

> O modelo igualitário da família constitucionalizada se contrapõe ao modelo autoritário do Código Civil de 1916. O consenso, a solidariedade, o respeito à dignidade das pessoas que a integram são os fundamentos dessa imensa mudança paradigmática que inspiram o marco regulatório estampado nos artigos 226 e 230 da Constituição de 1988[12].

Assim, o modelo de estrutura de toda e qualquer organização haverá de instrumentalizar-se de acordo com os padrões de conduta que tenha como baliza princípios éticos que justifiquem adequadamente os seus fins. O importante nestas instituições é a sua permanência no tempo. Essa durabilidade opera-se na família, a mais antiga de todas as instituições, que passou através das mais diferentes épocas no transato da história.

Nesta longa passagem na história, em seus conhecidos períodos de turbulência, moldou, alterou, incorporou e repensou valores para reconstruir a sua estrutura. Todavia, sua mais importante modelagem foi direcionada na valorização dos seus membros e na importância do seu destino.

John Passmore proclama que,

> [...] o homem não é um deus e tampouco uma fera que lhe seja permitido reconhecer este fato e estar contente com a perfeição que lhe é própria. Todos os homens podem e deveriam ter bom caráter. Este é um tipo de perfeição, a perfeição do caráter, que os homens deveriam ter como objetivo[13].

"É claro", no dizer de William J. Bennett,

> [...] nenhum lar é perfeito. Pode ser o lugar onde nos são apresentados os vícios, bem como as virtudes. E, infelizmente, alguns lares não são bons lugares – nem todos os lares são portos seguros, nem todos os corações têm calor. Mas todos os lares ensinam alguma lição, mesmo que errada[14].

Assim, almeja-se que a família assuma essa responsabilidade, de construir o homem de caráter e repassar-lhe o sentido ético e moral da existência. E, por meio

---

11. Segundo William J. Bennett: "É no lar que recebemos os primeiros ensinamentos sobre as virtudes. É nosso primeiro campo de treinamento moral, o lugar onde aprendemos o que é certo e o que é errado, através do carinho e da proteção daqueles que nos amam acima de tudo. A formação do nosso caráter é guiada pelo *faças e não faças*, pelas instruções e exortações com que nos deparamos em casa. Também importantes na construção do nosso senso de moral são os exemplos dados pela mãe, pelo pai, irmã e irmãos. No mundo familiar do lar doce lar, adquirimos o hábito da virtude que nos fortalecerá quando sairmos pelo mundo afora". (BENNETT, Willian J. *O livro das virtudes II* – o compasso moral. Rio de Janeiro: Nova Fronteira, 1996. p. 17.)
12. LÔBO, Paulo. *Direito civil – famílias*. 2. ed. São Paulo: Editora Saraiva, 2009. p. 5.
13. PASSMORE, John. *A perfectibilidade do homem*. Tradução de Jesualdo Correia. Rio de Janeiro: Topbooks, 2004. p. 308.
14. BENNETT, Willian J. *O livro das virtudes II* – o compasso moral. Rio de Janeiro: Nova Fronteira, 1996. 18.

desta missão, contribuir para a formação de uma sociedade em que predomine a liberdade, a justiça e a solidariedade.

3. FUNDAMENTOS DOS PRINCÍPIOS DA SOLIDARIEDADE E DA COOPERAÇÃO

Os princípios basilares da Revolução Francesa, de 1789, foram definidos sobre três pilares fundamentais: Liberdade, Igualdade e *Fraternidade* – apenas três palavras que exprimem uma profunda razão para uma mudança política e a maneira de pensar das pessoas naquele período da História. A Revolução Francesa representou um divisor de águas na História da humanidade, ao ponto de Roberts afirmar que "a revolução francesa foi um evento na História mundial tanto quanto na História da França"[15].

A Assembleia da ONU, em 1948, por sua vez, proclamou uma nova ordem Mundial ao prescrever no Artigo I, da Declaração Universal dos Direitos Humanos que, "Todos os homens nascem livres e iguais em dignidade e direitos. São dotados de razão e consciência *e devem agir em relação uns aos outros com espírito de fraternidade*". Estes princípios sempre estiveram presentes no espírito dos homens, não obstante esquecidos durante os infindáveis conflitos, que infringiu imenso sofrimento aos seres humanos na sua trajetória.

A importância desses princípios reside no fato de que eles sempre foram aglutinadores, ao passo que os seus antagônicos constituem valores desintegradores, ou seja, possuem fortes energias destrutivas. Na verdade, os primeiros representam uma conquista da humanidade na busca de valores, sabidamente que no homem primitivo esses sentimentos ainda se encontravam adormecidos e aprimoraram-se em virtude da sua capacidade de socializar-se e desenvolver os seus sentimentos inatos de companheirismo.

"Na solidariedade", segundo narra Nicola Abbagnano, "não entendida como reconhecimento metafísico de uma essência incomum intemporal, mas como criação histórica de indivíduos capazes de identificar-se com a vida alheia"[16]. Todavia, esta capacidade de contato com o próximo revela uma poderosa energia consciente da sua importância no mundo relacional.

O psicólogo estadunidense Daniel Goleman descreve esta relação como uma verdadeira inteligência emocional, ou seja, a capacidade de compreender o próximo e relacionar-se equilibradamente com ele[17]. O autor descreve essa realidade ao afirmar, "Como Freud observou em *O Mal-estar na Civilização*, o aparelho social tem tentado impor normas para conter o excesso emocional que emerge, como ondas de dentro

15. ROBERTS, J. M. *O livro de ouro da história do mundo* – da pré-história à idade contemporânea. Tradução de Laura Alves e Aurélio Rebello. 2. ed. Rio de Janeiro: Edição Ediouro, 2000. p. 521.
16. ABBAGNANO, Nicola. *Dicionário de filosofia*. 5. ed. rev. e atual. São Paulo: Martins Fontes, 2007. p. 1086.
17. GOLEMAN, Daniel. *Inteligência emocional* – a teoria revolucionária que define o que é ser inteligente. Rio de Janeiro: Objetiva, 2012.

de cada um de nós"[18]. Foi nesta linha de conduta que a família passou a entender e conhecer o verdadeiro sentido da cooperação e da solidariedade, para ingressar no mundo da tolerância e da compreensão, que comandam a racionalidade do homem. Tornou-se igualmente necessário estabelecer o verdadeiro entendimento entre a solidariedade e o solidarismo – a primeira representa uma força de coexistência e a segunda de oportuna situação de estar ao lado do outro. A primeira é permanente e a segunda transitória. Os valores de ambas são diferentes. A solidariedade exige sentimento de abnegação daquele que se solidariza, um amor ao outro ou à sua forma de ser. Neste caso, trata-se de um compartilhamento, uma assistência recíproca, presente no ambiente familiar em que os seus integrantes pautam-se por condutas éticas e morais fundadas na cooperação e na coparticipação.

Na perspectiva jurídica, a solidariedade não se afasta da sua identidade semântica. De Plácido e Silva ensina que, "De solidário, radicado no *solidus* latino, gramaticalmente solidariedade traduz o sentido do que é total ou por inteiro ou pela totalidade. Assim, em realidade, revela-se a solidariedade numa comunidade de interesses, ou numa corresponsabilidade"[19]. O sentido nos remete a uma reflexão conclusiva de uma coparticipação da pessoa para com outra pessoa – basicamente na intimidade do núcleo familiar, representado pelo princípio da mútua assistência prescrito no art. 1.566, inciso III, do Código Civil. Portanto, a solidariedade sinaliza a ideia de um valor fundamental que deve estar presente na família, indica preocupação inserta da norma legislativa, para cimentar essa união em razão dos seus efeitos relevantes na estrutura organizacional do Estado. Nessa linha, Hans Kelsen ao fazer alusão a Platão, proclama que, "Formar homens com amor, amá-los formando-os e configurar sua comunidade como uma comunidade do amor, é o anseio dessa vida; sua meta é formar os homens e reformar sua comunidade. É por isso que seu pensamento, mais do que qualquer outra coisa, tem por objeto a educação e o Estado"[20].

O homem na atualidade alcançou grandes conquistas diante dos avanços do conhecimento e da tecnologia, mas ainda se encontra prisioneiro das suas emoções, que no geral são destrutivas e interferem no avanço à pacificação social. Ocorre, no momento presente, uma imensa defasagem entre o homem-científico com o homem-espiritual. Uma verdadeira busca do *homo sapiens* direcionada à sua verdadeira identidade, distanciada das meras aparências para converter-se em realidade existencial.

Hannah Arendt assinala, "Em sua busca – o *Anstrengung des Begriffs* (O esforço do conceito) de Hegel –, o espírito, não menos do que os sentidos, espera que algo lhe apareça"[21]. Vive-se uma letárgica situação de perplexidades que se avolumam, sem

---

18. GOLEMAN, Daniel. *Inteligência emocional* – a teoria revolucionária que define o que é ser inteligente. Rio de Janeiro: Objetiva, 2012. p. 51.

19. SILVA, De Plácido e. *Vocabulário Jurídico*. 27. ed., atualizadores Nagib Slaibi Filho e Gláucia Carvalho. Rio de Janeiro: Forense, 2006. p. 1323.

20. KELSEN, Hans. *A Ilusão da Justiça*. São Paulo: Martins Fontes, 1955. p. 64.

21. ARENDT, Hannah. *A Vida do Espírito*. Rio de Janeiro: Civilização, 2009. p. 40.

ter-se conhecimento desta triste realidade com as quais envolver-se, não tendo consciência dos seus graves efeitos na ordem dos valores e da construção do ser humano.

Eis a importância da família, em seu esforço na direção da conquista espiritual dos seus integrantes, para que esses valores sejam exercidos e edificados dentro de uma estrutura organizacional, com o propósito de restabelecer as energias construtivas, substituindo-as pelas energias fugazes e passageiras, com o propósito para direcioná-las na edificação do SER e não do TER.

Na perspectiva desta importante "construção do ser" do ser humano, não se deve distanciar dos impulsos que conduzem a pessoa para a esfera dos valores que enobrece e dignifica a criatura humana. Na direção dos sentimentos de solidariedade, José Jairo Gomes proclama que "É o sentimento a causa primeira de todos os projetos e construções humanas, o fato primordial que impulsiona o homem para o agir ético-moral, para a realização pessoal, para o progresso e, muitas vezes, também para a destruição"[22]. E, adiante na mesma página o autor destaca, "É o sentimento de *afeto* que tem orientado, entre nós, o Direito de Família e as definições a respeito da guarda e adoção de crianças".

Afeto e solidariedade apresentam pontos comuns e são convergentes. A solidariedade na família é a energia que a une e exerce a poderosa e determinante influência no processo educacional dos filhos. Por esta razão que o legislador pátrio estabeleceu que o afeto constitui o elemento fundamental que cimenta as relações entre os cônjuges e, especialmente, entre os filhos e os pais, na conformidade prescrita no art. 1.583, § 2º., inciso I, do Código Civil. Não se pode tergiversar sobre esta importante e valiosa bússola, que deve nortear a família em seu propósito de edificação da dignidade da pessoa humana.

4. A INTERVENÇÃO DESSES PRINCÍPIOS NA FAMÍLIA

No momento em que se refere à família está-se, por óbvia conclusão, a destacar uma sociedade muito diferente das demais, porque se encontra impregnada de valores. O *affectio societatis* possui características distantes e extremamente distintas da *affectio maritalis*. Na primeira, ocorre um interesse comum dos sócios na formação da sociedade comercial, identificada e concentrada no direcionamento do lucro empresarial. Na segunda, há em seu conteúdo um elemento valorativo de grande magnitude, representado pela solidariedade, cooperação, sentimento de afeto e amor. José Jairo Gomes ressalta que, "pode-se dizer que neste tipo de comunidade a solidariedade expressa uma energia natural que mantém as pessoas unidas pela comunhão de sentimentos e ideais"[23]. E, convenha-se, nem poderia ser diferente, porque se trata de um núcleo social congregado por seres humanos predominantemente

---

22. GOMES, José Jairo. *Responsabilidade e eticidade*. Belo Horizonte: Del Rey, 2005. p. 145.
23. GOMES, José Jairo. *Responsabilidade e eticidade*. Belo Horizonte: Del Rey, 2005. p. 151.

ligados por laços sanguíneos e ancestrais e, especialmente, por meio de sentimentos de solidariedade e afeto.

Não obstante permaneçam presentes neste ambiente pessoas naturalmente divergentes e que, por vezes, são geradoras de conflitos e desagregações, a família não perde o seu elemento vital. Na contemporaneidade, encontra-se em curso uma verdadeira revolução da família, que ampliou o seu conceito de sociedade conjugal formado pela associação de pessoas que ingressam neste núcleo por meio do casamento formal ou informal.

As relações entre as pessoas multiplicaram-se de forma divergente. Os casais modernos não estão preocupados com a forma, mas com o conteúdo das relações que justificam a congregação de ambos para a formação da sociedade conjugal. A ciência e a tecnologia possibilitaram a geração do filho através de variadas formas conceptivas. A sociedade moderna encontrou múltiplas alternativas para suprir a concepção intrauterina, destinada à geração do filho. Todavia, a questão central do presente texto direciona-se sobre o estudo e a análise dos elementos determinantes, que mantêm a família unida em torno de dimensões elevadas. Neste sentido, Paulo Lôbo pontua que "A família atual busca sua identificação na solidariedade (art. 3º, I da Constituição), como um dos fundamentos da afetividade, após individualismo triunfante dos dois últimos séculos, ainda que não retome o papel do predominante que exerceu no mundo antigo"[24].

Na atualidade, a sociedade está profundamente atenta ao destino da família. Multiplica-se e melhora-se substancialmente o *modus vivendi*, especialmente na área científica e tecnológica. Todavia, não se aprende a viver em paz na adversidade com o outro. Steven Pinker[25] faz uma advertência, "A evolução nos deixou outro fardo: nossas faculdades cognitivas, emocionais e morais são adaptadas à sobrevivência e reprodução do indivíduo em um ambiente arcaico, e não à prosperidade universal em um ambiente moderno"[26]. As emoções não estão sendo suficientes e adequadamente administradas e, por esta razão, o homem está carente de inteligência emocional. Esta situação reflete-se de forma inequívoca na sociedade familiar ao interferir e gerar conflitos e incertezas nos comandos e diretrizes dos seus integrantes.

A diminuição do espaço emocional reflete-se de forma imediata na célula familiar, impedindo os seus membros de movimentar-se com equilíbrio e dignidade. Neste ambiente psicológico, mesclado em alguns casos por situações depressivas sob o ponto de vista econômico e moral, vicejam resultados de aviltamento do ser humano. O quadro familiar deteriora-se neste momento, e observa-se um verdadeiro

---

24. LÔBO, Paulo. *Direito civil* – famílias. 2. ed. São Paulo: Editora Saraiva, 2009. p. 2.
25. PINKER, Steven. *O novo mundo iluminismo* – em defesa da razão, da ciência e do humanismo. Tradução de Laura Teixeira Mota e Pedro Maia Soares. São Paulo: Companhia de Letras, 2018. p. 46.
26. PINKER, Steven. *O novo mundo iluminismo* – em defesa da razão, da ciência e do humanismo. Tradução de Laura Teixeira Mota e Pedro Maia Soares. São Paulo: Companhia de Letras, 2018. 46.

vazio existencial, essencial para o desenvolvimento psicológico do ser humano na sua passagem existencial.

A pessoa humana, pressionada por estes fatores de desagregação social e ética, inicia um verdadeiro processo de falência moral e social no interior da família. "A existência de que estamos mais certos e que melhor conhecemos é incontestavelmente a nossa própria", assina com clareza e profundidade Henri Bergson, "visto que a respeito de todos os outros objetos temos noções que podem ser tidas como exteriores e superficiais, enquanto de nós próprios temos uma percepção interior e profunda"[27].

Neste quadro de conflitos, urge tomar-se consciência desta preocupante realidade, para reatar o compromisso com os propósitos elevados que fornecem energias vitais para a sua sobrevivência e desenvolvimento. E, para alcançar esses desideratos de equilíbrio e pacificação dos desejos em conflito, não se torna necessário que o ser humano converta-se em um super-homem para potencializar atividades construtivas e unificadoras; basta apenas que desenvolva a sua capacidade de encontrar soluções para a diversidade de problemas que ocorrem nas lides existenciais.

John Passmore exorta para prosseguir-se na tarefa de edificar-se a pessoa melhor ao afirmar, "A perfeição, então, não constitui uma perfeição metafórica, mas sim uma atividade de perfeição, e a tarefa do homem é moral"[28]. Afinal, os humanos são seres destinados a conhecer e ao mesmo tempo saber o que melhor lhes convém escolher para prosseguir na jornada da vida em busca de soluções equilibradas e corretas na construção da vida familiar.

5. OS EFEITOS DA COOPERAÇÃO E DA SOLIDARIEDADE NA FAMÍLIA

No plano da existência, a pessoa não pode sobreviver sem projetos e princípios. São essências que norteiam a trajetória do *homo sapiens* que lograr alcançar o *homo tecnologicus* e que, por seu turno, pretende atingir o *homo noeticus*, uma conquista e, ao mesmo tempo, um processo de libertação física e psicológica do ser humano em seu caminhar.

Hannah Arendt assinala que, "Em cada um destes casos, o que redime o homem – como animal laborans, homos faber, ou pensador – é algo inteiramente diferente, algo que vem de fora, não do homem por certo, mas de cada uma de suas respectivas atividades"[29]. A família assume o dever de transferir para os integrantes da Polis esses valores que foram cultivados e exercitados no interior da sociedade familiar. É lícito afirmar que os governantes que receberam heranças valorativas originados desta célula social transmitiram-nas para a vida comunitária onde exercem as funções de

---

27. BERGSON, Henri. *A evolução criadora*. Tradução de Adolfo Casais Monteiro. São Paulo: Editora UNESP, 2010. p. 15.
28. PASSMORE, John. *A perfectibilidade do homem*. Tradução de Jesualdo Correia. Rio de Janeiro: Topbooks, 2004. p. 307.
29. ARENDT, Hannah. *A condição humana*. Prefácio de Celso Lafer. 10. ed., Rio de Janeiro: Editora Forense Universitária, 2007. p. 248.

reprodução desses valores. Costuma-se afirmar no jargão popular *que os bons frutos não caem longe das boas árvores*.

Os valores da cooperação e da solidariedade representam poderosas forças valorativas, que constroem o caráter dos homens e modelam-nos para o exercício pleno da cidadania. Por esta razão, o relacionamento no lar propicia e estimula a pessoa a solidarizar-se com o outro, por meio do exercício da compreensão e da tolerância diante das diversidades presentes nesse ambiente comunitário.

A família, movida pelo sentimento de cooperação e de solidariedade, emerge como célula social no imenso oceano da multiplicidade. Maria Berenice Dias ensina que

> Solidariedade é o que cada um deve ao outro. Esse princípio, que tem origem nos vínculos afetivos, dispõe de acentuado conteúdo ético, pois contém em suas entranhas o próprio significado da expressão solidariedade, que compreende a fraternidade e a reciprocidade. *A pessoa só existe enquanto coexiste*. O princípio tem assento constitucional, tanto que seu preâmbulo assegura uma sociedade fraterna.[30]

Dir-se-á que a personalidade do homem é temperada e modelada, a exemplo do ferro nas fornalhas do lar, por meio das temperaturas elevadas do fogo e das mãos hábeis dos ferreiros, que conferem forma e resistência ao metal trabalhado. É no interior do lar que o indivíduo adquire personalidade, ao aprimorar os seus pendores natos e latentes que jazem no interior de cada pessoa. José Jairo Gomes alude ao fato de que, "A conclusão a que chegou foi a de que a cooperação é a melhor forma de ação no trato social"[31]. Cooperar e solidarizar são palavras mágicas que operam transformações na intimidade das pessoas, mesmo as pessoas mais resistentes cedem diante dos efeitos produzidos pelos gestos produzidos por esses sentimentos nobres.

O processo de participação e de união com o sofrimento do outro é a mais autêntica demonstração de integração entre dois seres humanos; o que revela o sentimento de apoio e solidariedade de uma pessoa para com a outra. A sensibilidade, diante da captação da necessidade do outro, indica nobreza em face do sentimento de afeição e desejo de cooperar com o semelhante em um processo de dificuldade. Estes gestos demonstram maturidade emocional de quem age, em relação àquele que necessita desta ação, para superar ou sobreviver diante da dificuldade. Por este motivo, essa energia humana no inter-relacionamento coletivo dentro da família é a causa que propicia o crescimento emocional de todos dotados desta capacidade

---

30. Dias pontifica que, "A lei civil igualmente consagra o princípio da solidariedade ao prever que o casamento estabelece plena comunhão de vida (CC. 1.511). A obrigação alimentar dispõe de igual conteúdo (CC. 1.694). Os integrantes da família são, em regra, reciprocamente credores e devedores de alimentos. A imposição de tal obrigação entre parentes representa a concretização do princípio da solidariedade familiar. Também os alimentos compensatórios têm como justificativa o dever de assistência, nada mais do que a consagração do princípio da solidariedade". (DIAS, Maria Berenice. *Manual de direito das famílias*. 12. ed. São Paulo: Revista dos Tribunais, 2017. p. 56.)

31. GOMES, José Jairo. *Responsabilidade e eticidade*. Belo Horizonte: Del Rey, 2005. p. 183.

de geração da força-motriz do afeto que movimentam as pessoas na direção das dimensões superiores.

É nestes momentos culminantes presentes no ser humano que se revelam a sua dimensão espiritual, aferidas por gestos nobres que extrapolam a materialidade da existência. É, desta forma, no interior do lar, que o ser humano aprende a sinfonia dos diversos instrumentos de uma orquestra, cada um deles com tonalidades diferentes, que produzem sons diversos e orquestrados para executarem a beleza presente na harmonia sinfônica das orquestras. Os pais devem ser os maestros na vida dos seus filhos, cada um é um instrumento diferente que possui tonalidades distintas. Assim, devem ser treinados para executar harmoniosamente a verdadeira música da vida.

Segundo José Jairo Gomes[32],

> [...] talvez seja a família o lugar onde com mais expressividade se revelem os sentimentos de solidariedade e cooperação entre os indivíduos. É ela o abrigo seguro contra a angústia existencial do ser humano, contra os sentimentos de insegurança e desamparo que os fustigam[33].

Desta forma, é neste ambiente em que predominam as lições vitais para o pleno desenvolvimento do ser humano pelo despertar de suas energias latentes para o bem ou para o mal. Se o Estado possui o dever de conduzir a conduta dos cidadãos, mediante a edição de normas civis e criminais, a família contribui para atingir esse desiderato de forma efetiva e principiológica, pois será nos primeiros momentos de aquisição da consciência das crianças que a família exerce a sua poderosa influência no processo educacional.

O Estado e a escola complementam e habilitam a pessoa ao exercício completo na vida social, mas será a família que lançará no solo fértil do espírito humano, as sementes que irão germinar pela ação da sociedade. Os primeiros cuidados direcionados na educação dos filhos estão explícitos no art. 1.634, inciso I, do Código Civil, ao prescrever que cabe aos pais dirigir a criação e a educação dos filhos.

No dizer de Adam Smith,

> Aos olhos da natureza, ao que parece, uma criança é um objeto mais importante do que um ancião, e suscita uma simpatia bem mais viva e mais universal. E deveria realmente ser assim. Da

---

32. GOMES, José Jairo. *Responsabilidade e eticidade*. Belo Horizonte: Del Rey, 2005. p. 206.
33. Uma reportagem publicada na Folha de São Paulo, no dia 20.06.2021, na página B2, SAÚDE, sobre o tema: "Órfãos da Covid lidam com luto, sobrevivência e saudade de abraço", retrata a dura realidade da sobrevivência e da ausência de afetos no interior da família ao relatar: "Ryan e Ruan estão entre os milhares de órfãos de uma pandemia que adoece famílias inteiras e já matou meio milhão de pessoas no país. São crianças e jovens que tentam superar a dor enquanto lidam com novos arranjos familiares e questões de sobrevivência. *Muitas vezes, porém, a única coisa que queriam era um abraço. É minha maior saudade, um abraço forte do meu pai de que vai ficar tudo bem, e um carinhoso da minha mãe de que se não ficar ela está ali. É o abraço de avô que cuida e dá risada juntos, emociona Ryan*". Essa dura realidade, na situação narrada, revela a importância da família, como ninho de afeto e amor, que unem os seres humanos em torno da célula familiar (Nota do Autor). (GOMES, José Jairo. *Responsabilidade e eticidade*. Belo Horizonte: Del Rey, 2005.)

criança tudo se pode esperar, ou ao menos desejar. Em situações comuns muito pouco pode-se esperar de um ancião.[34]

Dessa realidade, resulta a importância e o significado no processo de educação da criança, bem como a responsabilidade dos pais e da família na formação dos alicerces éticos e morais sobre os quais o futuro cidadão haverá de construir a sua existência. Os efeitos desta cooperação e solidariedade são efetivos, na medida em que ela transmite para seus herdeiros essas marcas que definem e impregnam o caráter da pessoa, tornando-a um cidadão livre e de bons costumes[35].

6. OS DESENCONTROS FAMILIARES EM FACE DAS DEFICIÊNCIAS DOS SEUS PRINCÍPIOS BASILARES

Não há família perfeita. Todas apresentam deficiências estruturais, sociais, éticas, espirituais e de consciência da sua vocação social. Na ótica da socióloga francesa Michele Perrot, a família, além de ser um ninho, é, igualmente, um Nó de conflitos e problemas de diversas magnitudes. Neste teatro vivo da realidade existencial desenvolvem-se dramas e novelas com finais tristes e outros felizes. E, cada um dos atores que se apresentam nesta arena da vida desempenham papéis pautados pela ausência de condutas éticas e de conhecimento da realidade e da valiosa importância da família no ambiente social.

Na modernidade, em que as redes sociais são pautadas, em geral, pela vulgaridade e por *fake news*, os espíritos menos desavisados da sua realidade existencial deixam-se dominar pelos impactos da frivolidade dos costumes e hábitos. Ao ponto de Mario Vargas Llosa afirmar que "os valores vigentes são ocupados pelo entretenimento, onde divertir-se, escapar do tédio, é a paixão universal"[36]. Por esta conduta, a sociedade familiar perde o seu foco, banaliza a sua função relevante de *construção de homens*. O que ainda mantém a família unida é o natural instinto gregário do ser humano, consequência da verdadeira necessidade de sobrevivência, que prescreve a necessidade de cooperação recíproca.

A família, no entanto, não pode desviar-se do seu caminho e, muito menos, deixar-se envolver pela civilização do espetáculo, ao ponto de perder o seu destino de preparar o homem para o exercício da cidadania. Afinal, no dizer de Hans Kel-

---

34. SMITH, Adam. *Teoria dos sentimentos morais*. Tradução de Lia Luft. São Paulo: Martins Fontes, 2020. p. 275.

35. Gomes relata que não existe família onde falte respeito, lealdade e intimidade profunda, comunhão espiritual e sentimentos de amor, de afeto e de solidariedade entre os parentes. Tal implica a assunção de responsabilidades dos membros da família entre si, sobretudo daqueles que não se encontrem em condições de agir livre e autonomamente no mundo, como é o caso dos idosos – principalmente quando se encontram em idade muito avançada – e de filhos menores; especialmente quanto a estes, incumbe aos genitores não só o dever de alimentos, como ainda o de zelar por eles, provendo-lhes abrigo, educação, vestuário e tudo quanto se faça necessário para o desenvolvimento integral e digno das suas personalidades". (GOMES, José Jairo. *Responsabilidade e eticidade*. Belo Horizonte: Del Rey, 2005. p. 207.)

36. LLOSA, Mário Vargas, 2013 *apud* DOTTI, René Ariel, 2018. Prefácio. *In*: REIS, Clayton. *Galileu Galilei* – a ciência no banco dos réus. Curitiba: Juruá, 2018. p. 21.

sen, "a alma do homem" é o homem "verdadeiro", sua essência moral, "aquilo que faz de nós o que verdadeiramente somos"[37]. Por estas razões, a família não deve permitir a perda dos valores que sempre nortearam a sua conduta, como base da sociedade fundada nos princípios da dignidade da pessoa humana e na paternidade responsável.

Não se deve olvidar, segundo prescreve Carlos Roberto Gonçalves, que "o direito de família é o mais humano de todos os ramos do direito"[38]. Isto significa que, diferentemente dos demais segmentos do Direito, estar-se-á na presença de um direito especial, porque envolve direitos e obrigações que se encontram diretamente relacionados com o ser humano em toda a sua dimensão[39]. Por sua vez, revela-se claro que o componente essencial neste núcleo social relevante, o elemento aglutinador sempre foi e sempre estará sedimentado no princípio da *affectio maritalis* considerado o regulador no direito de família romana.

A ética, como observado, é relevante elemento aglutinador no Direito de Família, que interfere no relacionamento entre os seus componentes e, igualmente, no direito que prescreve regras de conduta necessárias dentro do núcleo familiar. Eduardo Vera Cruz Pinto pontua que,

> A relação com os outros é intrínseca à natureza do homem e deve ser equilibrada e justa e desenvolvida de acordo com as regras jurídicas. Os vícios e as virtudes das pessoas, bem como a construção do seu caráter, são importantes no cumprimento das regras de Direito, mas não são um problema específico do Direito.[40]

É evidente que a estruturação do caráter do homem não é uma questão jurídica, não obstante o Direito prescreve regras de condutas – *alterum no laedere, ius suum cui que tribuere e honeste vivere, segundo a célebre lição de Ulpiano* – mas sim, uma responsabilidade da família[41]. No pensamento de Dimas Messias de Carvalho, "A entidade familiar atualmente é reconhecida como uma comunidade de afeto, de ajuda mútua, de realização da dignidade como ser humano. O *affectio maritalis* torna o elemento radiador da convivência familiar"[42].

37. KELSEN, Hans. *A ilusão da justiça*. São Paulo: Martins Fontes, 1995. p .403.
38. GONÇALVES, Carlos Roberto. *Direito civil brasileiro*. Direito da família. v. IV, 4. ed. São Paulo: Editora Saraiva, 2007. p. 6.
39. Por esta razão que José Jairo Gomes, proclama que, "O ideal de uma civilização avançada sob o ponto de vista ético é que, ao menos no recesso do lar, a solidariedade e a cooperação familiar, venha m a lume naturalmente, sem a necessidade da intervenção estatal". (GOMES, José Jairo. *Responsabilidade e eticidade*. Belo Horizonte: Del Rey, 2005. p. 206.)
40. PINTO, Eduardo Vera Cruz. *Curso livre de ética e filosofia do direito*. Cascais: Principia, 2010. p. 94.
41. Segundo Eduardo, "a família assenta na estabilidade do vínculo que a institui e une as pessoas que a integram, através de um conjunto de regras e de comportamentos que estão normalizados. A ruptura desse vínculo, por imperativo do respeito pelos direitos de cada uma das partes, não significa o fim da família, mas a sua continuação, pela constituição de outros vínculos, desejados e efectivados". (PINTO, Eduardo Vera Cruz. *Curso livre de ética e filosofia do direito*. Cascais: Principia, 2010. p. 268.)
42. CARVALHO, Dimas Messias de. *Direito de família*. 2. ed. Belo Horizonte: Del Rey, 2009. p. 7.

Nesta perspectiva, a família que se desenhou no passado distante, não pode deixar de ser invocada na contemporaneidade; ou seja, o elemento que a marcou e a manteve unida no transato dos séculos. Eduardo Vera Cruz Pinto destaca que,

A qualificação jurídica como família faz-se pela valorização da estrutura, duração e empenho dos vínculos que unem os membros de uma comunidade de sangue e de afinidade, não pela formalidade observada na sua constituição de origem.[43]

Na realidade, o que se destaca nas instituições e que as tornam perenes são os seus elementos valorativos, que conferem valor e conteúdo aos seus propósitos, porque os interesses quando são mesquinhos e desprovidos de conteúdos são efêmeros e transitórios.

A família é uma instituição que se perpetuou no transato da história ao contribuir para a formação do Estado como pessoa jurídica, constituída por diversos grupos familiares, que se congregaram para atingir objetivos comuns a partir de regras constitucionalizadas em princípios e valores, cujo propósito é atingir objetivos e interesses comuns. Por consequência, as desagregações que ocorrem na estrutura das instituições, diante do esvaziamento do seu conteúdo axiológico, contribuem para as mudanças de rumos e para formatar uma nova ordem na família, nem sempre sedimentadas nos princípios da dignidade do ser humano.

7. COMO SERÁ A FAMÍLIA NO PRÓXIMO MILÊNIO?

A presente indagação remete a diversas reflexões. A civilização do espetáculo, a liberdade sem limites, as relações sem responsabilidade, a descrenças nos diversos valores, a igualdade de gênero, os novos modelos de família, a perda da autoridade paterna-materna no poder familiar, a emancipação prematura dos filhos dentre outros fatores, constituem elementos que interferem nos alicerces que sustentam a estrutura da família. O *pater familiae* romano há muito perdeu a sua autoridade na condução dos destinos da família. Neste sentido, a atenção de Michelle Perrot em sua proposta de uma nova família, que se avizinha no século XXI, decorre de toda esta realidade presente na contemporaneidade. Luiz Edson Fachin destaca que, "o ponto de chegada talvez não passe de uma nova partida. Assim, ao final, tem algum sentido pronunciar *a fórmula que prescreve a ausência de toda fórmula*. Há, não obstante, direções. Vias e ruelas transitam como indicadores para a reflexão"[44].

As instabilidades sociais, econômicas e sobretudo morais geram na sociedade uma insegurança imensa que se reflete diretamente na família. Os efeitos da realidade das incertezas da época presente conduzem as pessoas a perder a sua confiança no seu

43. PINTO, Eduardo Vera Cruz. *Curso livre de ética e filosofia do direito*. Cascais: Principia, 2010. p. 268.
44. FACHIN, Luiz Edson. *Elementos críticos do direito de família*: curso de direito civil. Rio de Janeiro: Renovar, 1999. p. 289.

destino e, desafortunadamente, na esperança de um mundo melhor para concretizar os seus projetos existenciais[45]. Por esta razão, Semy Glanz[46] afirma que

O desafio da pós-modernidade, como democracia, é aprender a viver com instabilidade e continuar tão responsável quanto possível ética e humanamente. Muitos problemas sociais de então eram devidos à quebra, não da família, mas da estrutura econômica e social[47].

Judith Stacey narra que as famílias estão muito inseguras na condução do seu destino, abaladas pelo abrandamento dos valores familiares, instabilidade econômica e insegurança nos destinos da sociedade[48].

É inquestionável que a sociedade familiar para preservar os seus valores e manter os rumos certos na educação e no preparo de seus filhos necessita do apoio da infra-estrutura econômica, emocional, social e da crença nos ideais dos seus propósitos. A ausência desses requisitos fundamentais torna a manutenção da sociedade familiar insegura e incerta. A família não poderá perder a sua direção voltada para o processo de conscientização da pessoa e direcionada ao propósito de transmitir aos filhos o legado e os valores fundamentais que sempre estiveram imantados com seus objetivos.

Nesta linha de pensamento, Rosa Maria De Andrade Nery[49] destaca de forma primorosa o ponto essencial da família, ao proclamar:

[...] como legado cultural à disposição da dualidade existencial do ser humano, o casamento contribuiu e contribui para a estruturar juridicamente o ambiente familiar para o estar junto, que é o fundamental para a preservação da vida, para a educação dos filhos, para a transmissão da cultura e para a vivência da liberdade de consciência.[50]

---

45. Fachin acrescenta que, "O ente familiar não é mais uma única definição. A família se tornou plural. Há realmente uma passagem intimamente ligada às modificações políticas, sociais e econômicas. Da superação do antigo modelo da "grande família", na qual avulta o caráter patriarcal e hierarquizado da família, uma unidade centrada no casamento, nasce a família moderna, com a progressiva eliminação da hierarquia, emergindo uma restrita liberdade de escolha; o casamento fica dissociado da legitimidade dos filhos. Começam a dominar as relações de afeto, de solidariedade e de cooperação. Proclama-se a concepção eudemonista da família, não é mais o indivíduo que existe para a família e para o casamento, mas a família e o casamento existem para o seu desenvolvimento pessoal em busca de sua aspiração à felicidade". (FACHIN, Luiz Edson. *Elementos críticos do direito de família*: curso de direito civil. Rio de Janeiro: Renovar, 1999.p. 289.)
46. GLANZ, Semy. *A família mutante – sociologia e direito comparado*. São Paulo/ Rio de Janeiro: Renovar, 2005. p. 55.
47. Glanz relata que: "O termo pós-moderno" significa a natureza da vida familiar atual "contestada, ambivalente e indecisa". O pós-modernismo não é um novo estágio do desenvolvimento da família, mas a descrença nos estágios ordenados. Um movimento de recuo e de avanço, em que as pessoas recebem padrões antigos e tentam outros novos, tornando as famílias mais democráticas, mas a instabilidade tem sido maior que a democracia". (GLANZ, Semy. *A família mutante – sociologia e direito comparado*. São Paulo/ Rio de Janeiro: Renovar, 2005. p. 55.)
48. STACEY, Judith. *Em nome da família*: repensando valores da família na era pós-moderna. Boston: Beacon Press, 1996.
49. NERY, Rosa Maria de Andrade. *Instituições de direito civil*. Direito de família. v. V. São Paulo: Revista dos Tribunais, 2015. p. 2.
50. Nery, neste contexto, ressalta que, "Há, por assim dizer, no direito de família, um redutor da autonomia privada, com vistas à preservação das finalidades institucionais ditadas por sua funcionalidade própria e que se desenham inicialmente pela vontade das partes, mas que se conduzem em segundo tempo por *ius cogens*. Esta, talvez, seja a grande peculiaridade do direito de família, que muitas vezes causa perplexidade

Não se pode afirmar, todavia, que somente as famílias abastadas podem cumprir essa missão de legado e transmissão da cultura aos filhos, quando exemplos de retidão e profunda consciência dos seus deveres encontram-se em grande escala presentes em famílias humildes e carentes de recursos materiais. Os sentimentos que movimentam a família estão distantes dos resultados genéticos e ou patrimoniais, eles revelam-se nos ideais, nas lutas, nos anelos, nos sonhos e nas tradições de ordem moral.

Os valores mencionados no parágrafo anterior revelam-se nos pensamentos e nas condutas que estão presentes nos membros da sociedade familiar. A busca do afeto e do solidarismo são forças energéticas valiosas no âmbito da família, associadas à maturidade espiritual dos integrantes no núcleo familiar[51].

Rosa Maria de Andrade Nery pontua com profundo acerto que "o casamento civil também participa do rol das grandes experiências e aspirações espirituais da humanidade, em benefício de todo o gênero humano"[52]. Na verdade, uma aventura pautada por múltiplas vivências no campo pessoal, profissional, psicológico, socio-lógico e axiológico – um laboratório para o exercício da compreensão, tolerância e do solidarismo entre os consortes. Esses princípios basilares foram listados como deveres inerentes aos cônjuges, prescritos no artigo 1.566 do Código Civil, particu-larmente, a fidelidade recíproca (inciso I), a mútua assistência (inciso III) e respeito e consideração mútuos (inciso V).

A família que se desenha no futuro será múltipla, diante das diversas facetas de uma sociedade em processo de desagregação. O escritor estadunidense Alvin Toffler, em 1971, lançou uma obra intitulada *O Choque do Futuro* cujo conteúdo é uma família fragmentada. Semy Glanz neste sentido comenta:

> Conclui TOFFLER: "O casamento de casal sem filho, a paternidade profissional, a criação de filhos e sua geração entre os aposentados, as famílias reunidas, as comunas, os casamentos de grupos geriátricos, as unidades homossexuais, a poligamia – tudo isto, então são, umas poucas formas de família e práticas familiares com as quais as minorias que inovam terão de experimentar nas próximas décadas. Nem todos nós, no entanto, teremos vontade de participar de tais experiências. E a maioria, que será dela?"[53].

---

ao intérprete, por já não serem tão compreendidos e aceitos os fundamentos de ordem pública dessa disci-plina". (NERY, Rosa Maria de Andrade. *Instituições de direito civil*. Direito de família. v. V. São Paulo: Revista dos Tribunais, 2015. p. 3.)

51. FACHIN, Luiz Edson. *Elementos críticos do direito de família*: curso de direito civil. Rio de Janeiro: Renovar, 1999. p. 305. O autor, nesta direção, ao citar Paulo Luiz Neto Lôbo em nota de rodapé 27 proclama, "A excessiva preocupação com os interesses patrimoniais, caraterísticas do direito de família de corte liberal, não encontra eco na família atual, vinculada por outros interesses de cunho pessoal ou humano, tipificados por elemento aglutinador e nuclear distinto: a afetividade. Esse elemento nuclear define o suporte fático da família tutelada na nova Constituição, conduzindo ao fenômeno que denominamos repersonalização", asseverou Paulo Luiz Neto Lôbo (2009 *In*: BITTAR, Carlos Alberto. *O direito de família e a constituição de 1988*. São Paulo: Saraiva, 1989. p. 53-77): "A repersonalização das relações de família".

52. NERY, Rosa Maria de Andrade. *Instituições de direito civil*. Direito de família. v. V. São Paulo: Revista dos Tribunais, 2015. p. 2.

53. GLANZ, Semy. *A família mutante – sociologia e direito comparado*. São Paulo/Rio de Janeiro: Renovar, 2005. p. 671.

Desde o prognóstico de Alvin Toffler em 1971 até a contemporaneidade, a família transformou-se radicalmente, ao ponto de exigir das Cortes de Justiça proceder ajustes compatíveis na legislação vigente para aceitação pela sociedade dos novos modelos de família que surgiram e estão ainda em surgimento.

A família mutante certamente fará os seus ajustes, de forma a amoldar a sua estrutura às novas realidades que estão emergindo na pós-modernidade[54] – uma nova família desenha-se para o futuro, mais solidária, humanizada e livre, de forma a valorizar o princípio da dignidade da pessoa humana. Semy Glanz proclama que, "Esperemos que haja também mudanças na visão e orientação dos governantes e que o mundo evolua sempre mais. Só assim, as famílias serão cada vez melhores"[55]. Certamente que este prenúncio é almejado por todos e representa um paradigma capaz de ser alcançado em razão das escolhas mais conscientes que se operam na sociedade presente, entre os legisladores e magistrados atentos em corrigir os ajustes necessários para atingir este propósito.

8. QUAL A MELHOR FORMA DE COOPERAR COM A FAMÍLIA SOLIDÁRIA?

O casamento, ao lado das questões socioafetivas, envolve igualmente fatores de ordem econômica. A disciplina relativa ao regime de bens e a sua administração antes e após a celebração do matrimônio ocupa destacada importância nos Códigos Civis dos diferentes Estados. Por sua vez, os conflitos decorrentes da partilha de bens, após a dissolução da sociedade conjugal de forma judicial ou *pós-morte*, é objeto das maiores disputas entre os herdeiros.

Observa-se, no mesmo sentido, os processos indenizatórios decorrentes igualmente da extinção da sociedade por morte em acidentes culposos ou, ainda, de forma judicial, são definidos em valores de significativa importância, sejam oriundos de danos morais resultantes, bem como das perdas e danos – lucros cessantes e danos emergentes – e, da mesma forma, nas prestações alimentícias decorrentes da ruptura conjugal de forma ilícita[56]. Da mesma forma, o destacado interesse econômico exis-

---

54. O autor proclama que: "O Direito de Família clássico foi surpreendido pelos avanços da técnica médica. No transcurso que principia no "estado de natureza" e alcança a engenharia genética, os fatos surpreendem o Direito quando a pessoa se veste como sujeito e objeto nas relações jurídicas. Assim mesmo, "as certezas" da técnica devem ser submetidas ao filtro da juridicidade, onde encontrará seus limites e possibilidades. Ancorados nos princípios constitucionalizados não deve ter como horizonte final o texto constitucional expresso. Os princípios desbordam das regras e neles a hermenêutica familiar do século XXI poderá encontrar abrigo e luz". (FACHIN, Luiz Edson. *Elementos críticos do direito de família*: curso de direito civil. Rio de Janeiro: Renovar, 1999. p. 297.)

55. GLANZ, Semy. *A família mutante – sociologia e direito comparado*. São Paulo/ Rio de Janeiro: Renovar, 2005. p. 676.

56. O autor ensina que, "Na falta do Estado, os privados repartem os custos do que é necessário para a vida. O mecanismo de desoneração estatal veicula-se através da família na teia parental. Habitação, saúde, educação, entre outras conotações, os alimentos correspondem a esse múnus público exercido, dentro da família, pelos particulares. No inadimplemento das prestações sociais a que se obriga o Estado, o parentesco opera o suprimento de necessidades básicas via a fixação alimentar". (FACHIN, Luiz Edson. *Elementos críticos do direito de família*: curso de direito civil. Rio de Janeiro: Renovar, 1999. p. 266.)

tente nas corporações e empresas familiares que gira em torno dos sócios-familiares que integram o capital da sociedade comercial. Todos estes fatos decorrem da prevalência dos relevantes interesses econômicos que pesam sobre a sociedade familiar.

Afinal, esta realidade decorre da interferência do econômico na vida das pessoas e que as tornaram reféns do valor do capital, em uma sociedade com acentuada tendência consumerista[57]. Segundo o pesquisador europeu Harry Willekens[58], citado por Semy Glanz[59], "conclui o autor que o casamento é hoje uma espécie de instituição de seguridade social, enquanto o antigo era um modo de administrar e transmitir os meios de produção"[60]. O forte componente econômico interfere nas relações matrimoniais e, em alguns casos, é o motivo principal que conduzem os casais ao consórcio, quando são relegados os princípios valorativos.

Diante desta realidade, poder-se-á deduzir em análise simplista, que o elemento vinculante do casamento *affectio maritalis*, confunde-se com o *affectio societatis*[61]. Não se pretende neste estudo comercializar o matrimônio – uma instituição sagrada e imaculada que sobrevive no passar dos séculos e consuma-se como uma das instituições mais relevantes da história humana.

Nesse particular, Paulo Lôbo assinala que, "Evidentemente, as relações de família também têm natureza patrimonial; sempre terão. Todavia, quando passam a ser determinantes, *desnatura a função da família, como espaço de realização pessoal e afetiva de seus membros*"[62]. A família foi instituída com o propósito da constituição de um núcleo onde predomine o amor e o afeto entre dois seres que se unem, para

---

57. O autor aponta para o fato, "editados sob inspiração do liberalismo individualista, alçaram a propriedade e os interesses patrimoniais a pressuposto nuclear de todos os direitos privados, inclusive o direito de família. O que as condições liberais sistematizaram já se encontrava na raiz histórica do próprio conceito de família. Lembra Pontes de Miranda que a palavra família, aplicada aos indivíduos, empregava-se no direito romano em acepções diversas. Era também usada em relação às coisas, para designar o conjunto do patrimônio, ou a totalidade dos escravos pertencentes a um senhor". (LÔBO, Paulo. *Direito civil – famílias*. 2. ed. São Paulo: Editora Saraiva, 2009. p. 7.)
58. WILLEKENS, Harry. Long term developments of family law in western Europe: an explanation. *In*: ECKELAAR, John; NHLAPO, Thandabantu. *The changing family*. Oxford: Hart Publishing, 1998.
59. GLANZ, Semy. *A família mutante – sociologia e direito comparado*. São Paulo/ Rio de Janeiro: Renovar, 2005. p. 5.
60. Segundo a autora, "O direito civil foi aos poucos seguindo modelos do casamento, mas atribuindo aos casais não casados certos direitos semelhantes, quando havia uma alguma estabilidade na relação. Assim, exemplifica, concedeu-se uma compensação em caso de ruptura culposa, indenização pela perda do ente querido, reconhecimento de uma autoridade parental conjunta e recurso à procriação medicamente assistida". (GLANZ, Semy. *A família mutante – sociologia e direito comparado*. São Paulo/ Rio de Janeiro: Renovar, 2005. p. 6.)
61. A autora leciona que "A afetividade é o princípio que fundamenta o direito das famílias na estabilidade das relações socioafetivas e na comunhão de vida, com primazia em face de considerações de caráter patrimonial ou biológico. O termo *affectio societatis*, muito utilizado no direito empresarial, também pode ser utilizado no direito de família, como forma de expor a ideia da afeição entre duas pessoas para formar uma nova sociedade: a família. O afeto não é somente um laço que envolve os integrantes de uma família. Também tem um viés externo, entre as famílias, pondo humanidade em cada família". (DIAS, Maria Berenice. *Manual de direito das famílias*. 12. ed. São Paulo: Revista dos Tribunais, 2017. p. 59.)
62. LÔBO, Paulo. *Direito civil – famílias*. 2. ed. São Paulo: Editora Saraiva, 2009. p. 11.

fortalecer as difíceis experiências da vida mediante a comunhão de interesses comuns em benefício de ambos e da prole[63]. Segundo narra Antônio Carlos Mathias Coltro[64]:

> A família surgiu antes do casamento, este último uma criação humana; aquela, como dito um fato natural, chamando-a Eça de Queiroz de o "esponsal natural das almas", mencionando Sá Pereira: "A família é fato natural. Não o cria o homem, mas a natureza. Quando um homem e uma mulher se reúnem sob o mesmo teto, em torno de um pequenino ser, ali está uma família"[65].

Nesta perspectiva, a família notabiliza-se pelos valores que lhe conferem *status* de instituição, edificada sobre valores que lhe conferem dignidade e espiritualidade.

José Jairo Gomes destaca esse importante componente que define o verdadeiro sentido da família ao afirmar que:

> Talvez seja a família o lugar onde com mais expressividade se revelem os sentimentos de solidariedade e cooperação entre os indivíduos. É ela o abrigo seguro contra a angústia existencial do ser humano, contra os sentimentos de insegurança e desamparo que o fustigam[66].

Particularmente nestes dias de expectativas, angústias e pandemias, em que o isolamento tornou-se uma prática obrigatória determinada pelo Estado, para resguardar a integridade física das pessoas, em razão da disseminação vertiginosa do vírus da COVID-19, a solidariedade familiar assumiu uma nova dimensão. As pessoas refugiaram-se no recinto dos seus lares e foram compelidas a estimular o sentimento de solidariedade, tolerância e comunhão espiritual. Na verdade, esta prática deveria ser contínua e não decorrente de situações eventuais. Segundo a precisa assertiva de José Jairo Gomes[67], "O ideal de uma civilização avançada do ponto de vista ético, é que, ao menos no recesso do lar, a solidariedade e a cooperação familiar venham a lume naturalmente, sem a necessidade da intervenção estatal".

Certamente que a melhor forma de propiciar um sistema de cooperação e solidarismo no âmbito familiar constitui a prática contínua e sistemática desses valores fundamentais. A relevância desta prática revela-se no interior da família, como uma espécie de *resgate axiológico* que foi *esquecido,* em virtude da realidade patrimonial dos tempos modernos. Os apelos sistemáticos ao consumismo e o desenvolvimento de movimentos psicológicos de envolvimento das pessoas na aquisição desenfreada

---

63. O autor ainda sinaliza que, "A família, ao converter-se em espaço de realização da efetividade humana, marca o deslocamento da função econômica-política-religiosa-procracional para essa nova função. Essas linhas de tendencia enquadram-se no fenômeno jurídico-social denominado repersonalização das relações civis, que valoriza o interesse da pessoa humana mais do que suas relações patrimoniais. É a recusa da coisificação ou reificação da pessoa, para ressaltar sua dignidade. A família é o espaço por excelência da repersonalização do direito". (LÔBO, Paulo. *Direito civil – famílias*. 2. ed. São Paulo: Editora Saraiva, 2009. p. 1.)

64. COLTRO, Antônio Carlos Mathias. A união estável: um conceito? *In*: WAMBIER, Teresa Arruda Alvim; LAZZARINI, Alexandre Alves (coord.). *Repertório de jurisprudência e doutrina sobre direito de família*: aspectos constitucionais, civis e processuais. São Paulo, Editora Revista dos Tribunais, 1996. p. 19.

65. COLTRO, Antônio Carlos Mathias. A união estável: um conceito? *In*: WAMBIER, Teresa Arruda Alvim; LAZZARINI, Alexandre Alves (coord.). *Repertório de jurisprudência e doutrina sobre direito de família*: aspectos constitucionais, civis e processuais. São Paulo, Editora Revista dos Tribunais, 1996. p. 19.

66. GOMES, José Jairo. *Responsabilidade e eticidade*. Belo Horizonte: Del Rey, 2005. p. 206.

67. GOMES, José Jairo. *Responsabilidade e eticidade*. Belo Horizonte: Del Rey, 2005. p. 206.

de bens e produtos de consumo, mediante propósitos meramente econômicos, gerou uma sociedade alienada dos bens de valores, em benefício dos bens temporários. É a *Civilização do Espetáculo*, de Mario Vargas Llosa, onde *o primeiro lugar na tabela de valores vigente é ocupado pelo entretenimento, onde divertir-se, escapar do tédio, é a paixão universal*. O afeto-amor deve ser o comando desta nova família que se desenha e se projeta no futuro e que, certamente, contribuirá para os novos e promissores caminhos de uma sociedade familiar focalizada em seu próprio destino e de toda sociedade[68]. O mundo anseia e precisa urgentemente desta nova família.

9. CONSIDERAÇÕES FINAIS

A família é a base central da cooperação. É o ninho onde se exercitam os sentimentos do afeto e da solidariedade. Raramente é o nó das controvérsias que naturalmente há entre os seres humanos na sua convivência dentro da diversidade.

Quando a Constituição da República prescreve a importante função social da propriedade, sinaliza com maior destaque a mesma função na sociedade familiar, fundada nos princípios da dignidade da pessoa humana e na paternidade responsável. Impõe igualmente a este núcleo social um dever de assegurar o desenvolvimento integral da criança com absoluta prioridade, de forma a colocá-la a salvo de qualquer tipo de negligência, discriminação, exploração, violência, crueldade e opressão. Uma ordem de conduta que aponta para caminhos na direção da preservação dos valores fundamentais, orientados para a construção do ser humano em sua completude e integração para a convivência comunitária.

É inimaginável que esta célula fundamental da sociedade deixe de receber tratamento da Norma Maior distinta das demais, em razão da importância deste núcleo social na estruturação da sociedade nos anos vindouros. Os princípios que norteiam a sociedade familiar são taxativos e perenes e foram ajustados no transcurso da história, sempre direcionados para a ideia da afetividade e do solidarismo – elementos axiológicos que cimentam a unidade dentro da diversidade.

A estabilidade social, política e econômica de qualquer Estado está consolidada nas heranças familiares, quando as condutas dos seus dirigentes estão alinhadas com os valores aprendidos e herdados da família nobre. Conclui-se que, ao falhar a família na sua responsabilidade de construção do futuro cidadão, o Estado será obrigado a construir penitenciárias. O homem responsável e consciente dos seus direitos e obrigações em geral foram formatados em ambiente onde se destacaram os valores

---

68. O autor, proclama que "O projeto familiar passou a ser desenvolvido no afeto, obrigando-se os membros através de cuidados físicos, afetivos e morais, transformando o solidarismo em valor característico dos tempos atuais, expressando-se através da paternidade responsável, a existência da *affectio maritalis*, o reconhecimento da paternidade socioafetiva, a proteção integral da criança e do adolescente e a isonomia dos filhos. A realização moral e material dos membros da nova família brasileira reflete em prol de toda a sociedade, cumprindo assim uma função social". (CARVALHO, Dimas Messias de. *Direito de família*. 2. ed. Belo Horizonte: Del Rey, 2009. p. 9.)

que norteiam as pessoas em suas ações sociais. Os apontamentos de John Passmore convergem para a realidade da vida e a confirmação de Sócrates que descreve o fato de que uma sociedade somente será forte quando guiada pelos mais sábios dentre os homens. Será natural concluir que a sabedoria das pessoas, embora seja um estado latente da alma, será despertada por meio de uma educação orientada na busca e despertamento dos valores imanentes na intimidade do ser humano.

Assim, a família destaca-se, em âmbito Constitucional, como um segmento da sociedade preparado para repassar as suas heranças valorativas, com o propósito de manter perene os fatores de agregação que constituíram a causa do início e da formação do Estado como entidade política. Na perspectiva destes princípios, o que se observa na orientação proclamada pela Constituição de 1988 é a despatrimonialização e a perda da hierarquia na estruturação da família moderna. A contemporaneidade constrói um novo modelo de família em que predomina o afeto e a liberdade. Um momento histórico marcante na construção de uma sociedade liberta dos preconceitos que predominaram na sociedade familiar do passado, fundada no patrimônio e na cega obediência à autoridade paterna. Naquele ambiente predominava a ausência do direito de pensar livremente, isento das inibições sem limites predominantes na família do século anterior. A construção das novas ideias e da maneira de pensar são livres. Os filhos adquirem maturidade da realidade social de forma direta e mais impactante.

Os pais convertem-se em meros espectadores deste grande espetáculo da vida; atuam apenas como consultores e ou orientadores, de forma a despertar em seus descendentes a consciência no processo das melhores escolhas das alternativas da existência. Compete aos pais apenas dirigir a educação consciente e responsável dos seus filhos, sempre voltada para os padrões da ética, da moralidade e dos bons costumes. Os filhos devem ser educados e treinados para a liberdade de decidir livremente, levando-se em consideração as melhores condutas compatíveis com os padrões predominantes na sociedade moderna. Os filhos perderam a característica de patrimônio dos pais, a exemplo do que ocorria na distante família romana, segundo a Lei das Doze Tábuas, o *pater famílias* tinha *vitae necisque potesta* – o poder da vida e da morte sobre os seus filhos; todavia, os filhos são e sempre foram seres humanos, com destinos diferentes dos seus progenitores, porque são independentes no seu direito de decidir e julgar.

Ademais, o momento histórico atual da civilização impõe um repensar sobre os direitos da personalidade, partindo da premissa de que cada pessoa é um universo próprio, detentor do princípio da dignidade que impõe aos demais respeito e consideração. Nesta perspectiva, pode-se afirmar e concluir que o ser humano, na realidade, nasce duas vezes. A primeira por ocasião do parto e a segunda, quando desperta para a realidade da vida. Certamente que o segundo nascimento é o mais importante na vida de qualquer ser humano, porque é o momento da sua integração com a realidade existencial que enfrenta e quando descobre a sua relação com o outro.

A família, nesta perspectiva, compreende a incomensurável responsabilidade de propiciar os elementos necessários para que este despertar seja o mais consciente e responsável possível. Neste momento, ela conscientiza-se da sua condição de organismo social que propicia o despertar dos sentimentos, da inteligência e do menino que se converte em homem, preparado para as realizações superiores da vida a que se encontra destinado. Sabidamente que a pedra angular da família são os deveres morais; a construção da prole familiar ocorre nas linhas do enobrecimento dos seres humanos que são acolhidos em seu interior, através do nascimento ou da adoção dos filhos, que integrarão as mais importantes de todas as sociedades erigidas pelo homem.

A família do presente milênio assume, desta forma, a mais nobre missão no mundo moderno, que consiste em educar o ser humano na sua missão de erradicar de forma global a miséria social, a ignorância cultural e espiritual e preparar o ambiente para receber o homem e a civilização do século XXII profundamente humana e solidária.

PLANEJAMENTO PATRIMONIAL, CUIDADO E SOLIDARIEDADE: GASTOS DE ASCENDENTES COM DESCENDENTES SUJEITOS À COLAÇÃO

Felipe Quintella Machado de Carvalho

Doutor, Mestre e Bacharel em Direito pela UFMG. Professor dos cursos de Graduação e de Mestrado Faculdade de Direito Milton Campos. Professor do Ibmec BH. Professor convidado de cursos de pós-graduação. Presidente do Instituto Brasileiro de Direito Contratual (IBDCont) em Minas Gerais. Membro do Instituto Brasileiro de Direito de Família (IBDFAM), do Instituto Brasileiro de Estudos em Responsabilidade Civil (IBERC) e do Instituto Brasileiro de Direito Civil (IBDCivil). Sócio fundador do Quintella & Righetti Advocacia e Consultoria.

Tereza Cristina Monteiro Mafra

Doutora, Mestra e Bacharela em Direito pela UFMG. Professora dos cursos de Graduação e de Mestrado da Faculdade de Direito Milton Campos. Diretora da Faculdade de Direito Milton Campos. Sócia fundadora do Tereza Mafra Advocacia.

Sumário: 1. Cuidado e solidariedade nos direitos de família e das sucessões – 2. Adiantamento de herança e seus desdobramentos – 3. Gastos sujeitos à colação à luz do cuidado e da solidariedade familiar, da igualdade entre os filhos e da autonomia privada – 4. Considerações finais.

1. CUIDADO E SOLIDARIEDADE NOS DIREITOS DE FAMÍLIA E DAS SUCESSÕES

Ao longo do século XX, além de duas guerras mundiais, importantes descobertas científicas e significativas transformações sociais e econômicas, também houve impactos que repercutiram no âmbito familiar. A família *tradicional*, cuja principal missão era assegurar a transmissão de poder e de patrimônio[1], deu lugar à família *contemporânea*, "receptáculo de uma lógica afetiva"[2].

No Brasil, a Constituição de 1988 causou uma significativa mudança de concepções, na esteira do encadeamento de ideias desenvolvidas no pós-guerra, situando a pessoa no ponto central de um sistema de princípios e valores, que também devem ser aplicados no âmbito do Direito Privado.

Como consequência, o Direito de Família, no Código Beviláqua (1916), a partir do fenômeno da constitucionalização, sofreu drásticas modificações e passou a

---

1. ROUDINESCO, Elisabeth. *A família em desordem*. Tradução de André Telles. Rio de Janeiro: Zahar, 2002. p. 19.
2. ROUDINESCO, Elisabeth. *A família em desordem*. Tradução de André Telles. Rio de Janeiro: Zahar, 2002. p. 19.

ser interpretado à luz dos princípios constitucionais, buscando dar efetividade aos direitos fundamentais.

No campo do Direito Privado, verificou-se um fenômeno que Jean Carbonnier chamou de *socialização do Direito Civil*, traduzido pela primazia dos interesses sociais sobre os individuais.[3]

Partindo do pressuposto de que uma boa relação "é uma relação entre iguais, em que cada parte tem os mesmos direitos e obrigações"[4], Anthony Giddens defende a *democracia das emoções*, sustentando-a "tão importante como a democracia política para melhorar a qualidade das nossas vidas"[5].

Ocorreu uma modificação axiológica nos vínculos jurídico-familiares, com a *personalização* das relações e uma nova concepção de família, democrática, plural e finalisticamente orientada à promoção do livre desenvolvimento da personalidade de seus membros, voltada para a realização pessoal e afetiva[6], pois, na estrutura hierárquica da ordem jurídica, o direito ordinário, submete-se, segundo Canaris[7], ao imperativo da lógica normativa, pelo qual a legislação no campo do direito privado esteja vinculada aos direitos fundamentais, segundo o princípio da primazia da *lex superior*.

Para Giddens, "a família está se tornando democratizada, conforme modos que acompanham processos de democracia pública; e tal democratização sugere que a vida familiar poderia combinar escolha individual e solidariedade social"[8]. Em seguida, complementa que critérios de democracia na esfera pública podem ser encontrados na democratização da família: igualdade, respeito mútuo, autonomia e tomada de decisão sem violência e por meio de diálogo[9].

A família tradicional caminhou para uma concepção plural e personalista, instaurando-se uma nova visão, igualitária e solidária, como ambiente voltado para o livre desenvolvimento da personalidade e para a busca da felicidade de seus membros.

Na esteira de tais transformações, aprovou-se o Código Civil de 2002, com o objetivo de reunificar o sistema, remodelado para torná-lo aberto, marcado pela técnica legislativa das cláusulas gerais e sob forte influência de princípios e valores

---

3. CARBONNIER, Jean. *Flexible droit:* pour une sociologie du droit sans rigueur. Paris: L.G.D.J., 2001. p. 11.
4. GIDDENS, Anthony. *O mundo na era da globalização*. Tradução de Saul Barata. 5. ed. Lisboa: Editorial Presença, 2005. p. 65.
5. GIDDENS, Anthony. *O mundo na era da globalização*. Tradução de Saul Barata. 5. ed. Lisboa: Editorial Presença, 2005. p. 66.
6. FACHIN, Luiz Edson. *Teoria crítica do direito civil*. Rio de Janeiro: Renovar, 2000. p. 291-292; LÔBO, Paulo. *Direito civil:* famílias. 2. ed. São Paulo: Saraiva, 2009. p. 11-15; TEPEDINO, Gustavo. *Temas de direito civil*. Rio de Janeiro: Renovar, 1999. p. 348-350.
7. CANARIS, Claus-Wilhelm. *Direitos fundamentais e direito privado*. Tradução de Ingo Wolfgang Sarlet e Paulo Mota Pinto. Coimbra: Almedina, 2006. p. 27-28.
8. GIDDENS, Anthony. *A terceira via*: reflexões sobre o impasse político atual e o futuro da social democracia. Tradução de Maria Luiza X. de A. Borges. Rio de Janeiro: Record, 2000. p. 98.
9. GIDDENS, Anthony. *A terceira via*: reflexões sobre o impasse político atual e o futuro da social democracia. Tradução de Maria Luiza X. de A. Borges. Rio de Janeiro: Record, 2000. p. 98.

constitucionais. Sob a diretriz do culturalismo de Miguel Reale, o responsável pelo *Livro IV – Do Direito de Família*, Clóvis do Couto e Silva atentou para a concepção do "Direito como experiência" e do Direito de Família como totalidade e complexo de valorações e comportamentos aos quais são atribuídos significados suscetíveis de valoração jurídica, segundo certos valores morais e finalidades práticas[10].

De acordo com Judith Martins-Costa e Gerson Luiz Carlos Branco, o cenário atual do Direito Civil é de reação ao individualismo oitocentista, "mediante o recurso à função social e também à boa-fé – que tem uma face marcadamente ética e outra solidarista – instrumentaliza o Código agora aprovado a diretriz constitucional da *solidariedade social*, posta como um dos 'objetivos da República'"[11].

A respeito, Maria Celina Bodin de Moraes sustenta ter havido "o abandono da perspectiva individualista, nos termos em que era garantida pelo Código Civil e sua substituição pelo princípio da solidariedade social, previsto constitucionalmente, acarretou profunda transformação no âmago da própria lógica do direito civil"[12]

Sob outro prisma, Erhard Denninger, diante do desenvolvimento do constitucionalismo, do surgimento de novos parâmetros e da função valorativa dos direitos fundamentais, em lugar do paradigma tradicional revolucionário *liberdade, igualdade e fraternidade*, propõe *segurança, diversidade e solidariedade*[13].

Como sintetiza Ricardo Lodi Ribeiro[14]:

A *Liberdade*, de feição individual, passa a ser fundada na atividade estatal destinada a proteger os cidadãos contra os riscos sociais. A *Igualdade* dá lugar à *Diversidade*, com o reconhecimento e a consideração das necessidades especiais de cada respectivo grupo, responsável por definir as suas próprias necessidades. Com cada um dos grupos acentuando alguns aspectos de uma compreensão do que seria o bem comum, obtém-se uma síntese que produz uma concepção pluralista do bem-comum. A *Fraternidade*, que pressupõe a identificação com um grupo particular, é superada pela *Solidariedade*, que significa um vínculo de sentimento que independe de limites substantivos ou pessoais, se dirigindo ao ser humano, independentemente de quem seja.

No âmbito do Direito de Família, consoante a explicação de Paulo Lôbo, o princípio geral da solidariedade extrai-se do art. 3º, I, da Constituição, mas, também, revela-se "no dever imposto à sociedade, ao Estado e à família (como entidade e na pessoa de cada membro) de proteção ao grupo familiar (art. 226), à criança e ao adolescente (art. 227) e às pessoas idosas (art. 230)."[15]

---

10. REALE, Miguel. *O direito como experiência*. São Paulo: Saraiva, 1968. p. 31.
11. MARTINS-COSTA, Judith; BRANCO, Gerson Luiz Carlos. *Diretrizes teóricas do novo código civil brasileiro*. São Paulo: Saraiva, 2002. p. 144.
12. MORAES, Maria Celina Bodin de. O princípio da solidariedade. *In*: MESSIAS, Manoel *et al.* (org.). *Os princípios da constituição de 1988*. Rio de Janeiro: Lumen Júris, 2001. p. 185.
13. DENNIGER, Erhard. Segurança, diversidade e solidariedade ao invés de liberdade, igualdade e fraternidade. *Revista Brasileira de Estudos Políticos*, v. 88, dez. 2003. p. 21-45.
14. RIBEIRO, Ricardo Lodi. A dignidade da pessoa humana na sociedade de risco. *Revista Interdisciplinar do Direito – Faculdade de Direito de Valença*, v. 6, n. 1, p. 131-146, ago. 2017, p. 144-145. Disponível em: https://revistas.faa.edu.br/index.php/FDV/article/view/31. Acesso em: 13 jul. 2021.
15. LÔBO, Paulo. *Direito civil*: famílias. v. 5, 10. ed. São Paulo: Saraiva, 2020. p. 60.

Quanto ao cuidado, o Superior Tribunal de Justiça (STJ) o reconheceu como valor jurídico, para fins de reconhecer a possibilidade de compensação por danos morais, em decorrência de abandono psicológico: O cuidado como valor jurídico objetivo está incorporado no ordenamento jurídico brasileiro não com essa expressão, mas com locuções e termos que manifestam suas diversas desinências, como se observa do art. 227 da CF/88[16].

Vale destacar que o STJ, desde 2017, tem reiterado o posicionamento de que o cuidado compreende o dever de sustento, guarda e educação dos filhos[17]:

> Não há dever jurídico de cuidar afetuosamente, de modo que o abandono afetivo, se cumpridos os deveres de sustento, guarda e educação da prole, ou de prover as necessidades de filhos maiores e pais, em situação de vulnerabilidade, não configura dano moral indenizável. Precedentes da 4ª Turma.

Assim, no contexto contemporâneo, de grande transformação das relações familiares, e considerando o cuidado e a solidariedade familiar, escolheu-se como tema para o presente trabalho a natureza e as consequências das despesas efetuadas pelos pais com seus filhos, após atingida a maioridade, e extinta a autoridade parental, com ênfase nos gastos com curso superior.

Isso porque o Código Civil de 2002 manteve, em seu art. 2.010, as regras do art. 1.793 do Código Civil de 1916, com pequenas mudanças de redação, e com a exclusão da ressalva final do texto do Código anterior.

Referidos dispositivos legais são justamente aqueles dos quais se depreendem as regras sobre quais despesas efetuadas pelos pais com seus filhos são consideradas adiantamento do que lhes cabe por herança.

Nos termos do art. 2.010 do Código de 2002, não virão à colação – na expressão técnica, e por conseguinte, não implicam adiantamento de herança –, além das doações feitas com a respectiva dispensa, apenas "os gastos ordinários do ascendente com o descendente, enquanto menor, na sua educação, estudos, sustento, vestuário, tratamento nas enfermidades, enxoval, assim como as despesas de casamento, ou as feitas no interesse de sua defesa em processo-crime".

Do preceito se conclui, primeiramente, que apenas gastos efetuados pelos ascendentes com os descendentes *enquanto menores* é que não virão à colação. Ou seja, em princípio, *qualquer gasto efetuado com descendente depois de atingida a maioridade implica adiantamento de herança*.

Ademais, verifica-se que nem todo gasto feito com descendentes está dispensado por lei da colação, mas apenas os gastos *ordinários*, que a lei exemplifica em seguida como os efetuados "na sua educação, estudos, sustento, vestuário, tratamento nas

---

16. STJ. REsp 1159242/SP. Terceira Turma. Relatora: Min. Nancy Andrighi, j. 24/04/2012, DJe 10/05/2012.
17. STJ. REsp 1579021/RS. Quarta Turma. Relatora: Min. Maria Isabel Gallotti, j. 19/10/2017, DJe 29/11/2017.

enfermidades, enxoval, assim como as despesas de casamento, ou as feitas no interesse de sua defesa em processo-crime".

Vale lembrar, ainda, que, na vigência do Código de 1916, a maioridade era alcançada aos vinte e um anos completos (art. 9º), enquanto, sob a égide do Código de 2002, passou a se alcançar aos dezoito (art. 5º).

E, como se sabe, os arranjos familiares foram significativamente alterados nas últimas décadas. Hoje, é difícil um filho ou uma filha que, ao completar dezoito anos, já alcançou a independência econômica; os filhos têm vivido cada vez por mais tempo na casa e na dependência financeira dos pais. Por vezes, até os trinta e poucos anos; às vezes, até mais avançada idade.

Em 2016, o estudo Síntese de Indicadores Sociais do Instituto Brasileiro de Geografia e Estatística (IBGE) constatou que os brasileiros de classe média estão adiando a saída da casa dos pais. Ao considerar parentes, residentes em domicílios particulares, por indicação da presença de filho coabitando na família, notou-se que, em 2005, 21,2% destes arranjos não tinham filho corresidindo na família, enquanto, em 2015, este indicador se elevou a 28,5%. Cerca de um quarto dos jovens entre 25 a 34 anos permanece na residência dos genitores – o que representa um aumento de 7,3% na última década. As razões a justificar a permanência no ninho são variadas: mais tempo dedicado aos estudos, alto custo de vida nas grandes cidades, fatores emocionais, entre outros[18]. O fenômeno recorrente e em ascensão fez surgir a alcunha de *geração canguru*[19].

A *geração canguru* é composta predominantemente por homens (60,2%) que vivem na região sudeste, onde o custo de vida é mais elevado. O levantamento do IBGE revela que tais jovens tendem a ser mais escolarizados do que os da mesma faixa etária que não moram com os pais. Em 2015, apurou-se que 31,5% daqueles que moravam com os pais declararam curso superior incompleto, completo ou pós--graduação e 13,2% ainda estudavam. Já os que não viviam em companhia dos pais eram 20,7% com curso superior incompleto, completo ou pós-graduação e somente 7,2% ainda estudavam[20].

Outra situação que envolve jovens entre 15 e 29 anos morando com os pais, mas não trabalham e tampouco estudam, refere-se aos chamados *nem-nem*. Segundo pesquisa realizada pelo Centro de Políticas Sociais da Fundação Getúlio

---

18. IBGE. Síntese de indicadores sociais: uma análise das condições de vida da população brasileira. *IBGE*. Rio de Janeiro: Coordenação de população e indicadores sociais, 2016. p. 28. Disponível em: https://biblioteca. ibge.gov.br/visualizacao/livros/liv98965.pdf. Acesso em: 13 jul. 2021.

19. HENRIQUES, Célia Regina. *Geração canguru*: o prolongamento da convivência familiar. 2004. Tese. Pontifícia Universidade Católica do Rio de Janeiro, Rio de Janeiro, 2004. Disponível em: https://www.maxwell. vrac.puc-rio.br/colecao.php?strSecao=resultado&nrSeq=5229@1. Acesso em: 13 jul. 2021.

20. IBGE. Síntese de indicadores sociais: uma análise das condições de vida da população brasileira. *IBGE*. Rio de Janeiro: Coordenação de população e indicadores sociais, 2016. p. 28. Disponível em: https://biblioteca. ibge.gov.br/visualizacao/livros/liv98965.pdf. Acesso em: 13 jul. 2021.

Vargas (FGV Social), analisando desde 2012, os extremos da série são 20,76% nos idos de 2014 e o recorde de 29,33% no segundo semestre de 2020 por força da pandemia[21].

Percentuais de nem-nem % faixa 15 a 29 anos

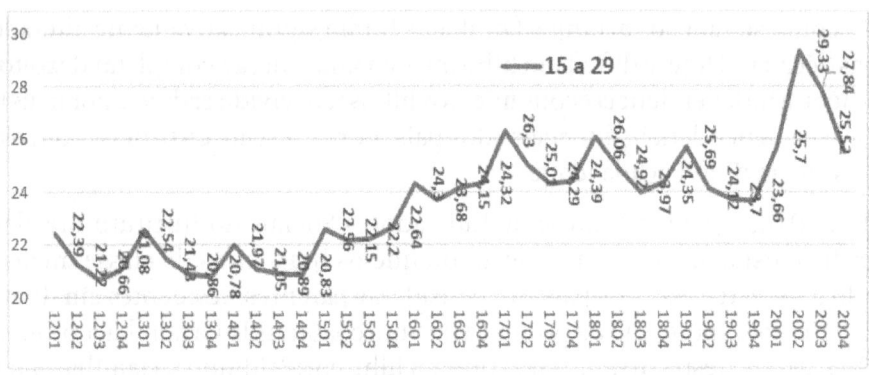

Menor índice foi registrado em 2014 e recorde foi batido na pandemia

REPRODUÇÃO/ FGV SOCIAL

Além disso, com a pandemia, certamente se deu significativo crescimento da denominada *geração sanduíche*, que corresponde a adultos comprimidos por demandas de filhos e de pais. Trata-se de metáfora utilizada para descrever a compressão entre gerações, podendo ser definida como o conjunto de adultos em meia idade comprimidos por demandas simultâneas de um ou ambos os pais e de filhos e/ou netos dependentes[22].

Nesse contexto, torna-se problemática a disciplina legal dos gastos não sujeitos à colação, sobretudo considerando os desafios decorrentes da derrogação tácita das regras do Código Civil acerca do modo de se proceder à colação pelo Código de Processo Civil.

Sendo assim, este trabalho pretende investigar o assunto dos gastos não sujeitos à colação – com ênfase nos gastos com curso superior –, submetendo as regras estabelecidas pelo art. 2.010 do Código Civil de 2002 ao filtro dos princípios constitucionais da solidariedade familiar e do cuidado, com vistas a evitar conflitos familiares, sobretudo sucessórios.

21. NERY, Marcelo C. *Juventudes, educação e trabalho: impactos da pandemia nos nem-nem*. Rio de Janeiro: FGV Social, 2021. Disponível em: https://www.cps.fgv.br/cps/NemNem/. Acesso em: 13 jul. 2021.
22. MILER, Dorothy A. The "sandwich" generation: adult children of the aging. *Social Work*, Oxford University Press, v. 26, n. 5, set. 1981. p. 419-423.

2. ADIANTAMENTO DE HERANÇA E SEUS DESDOBRAMENTOS

Nos termos do art. 544 do Código Civil de 2002, as doações feitas de ascendente a descendente importam adiantamento do que lhes cabe por herança. Trata-se, especificamente, de hipótese de *adiantamento de legítima*.

Luiz Paulo Vieira de Carvalho lembra que se enquadram no suporte fático da referida norma não apenas as *doações diretas*, mas também as *indiretas* e as *dissimuladas*[23]:

> Ocorrência de *doação direta* (art. 538 do CC) ou *liberalidade passível de conferência* (doação *indireta ou dissimulada*) feita pelo ascendente doador comum ao descendente (art. 2.002 do CC) ou de um cônjuge ao outro, importando, ambas, em adiantamento da quota legítima do herdeiro donatário, nos termos do art. 544 do Código Civil atual.

> As doações *indiretas* podem ser definidas como vantagens ofertadas pelo ascendente donante, em vida, a favor de herdeiros necessários, não representativas, porém, de transmissão patrimonial propriamente dita a favor destes últimos, tais como perdão de dívida, pagamento de dívida contraída pelo herdeiro, renúncia de direitos patrimoniais, contrato em favor de terceiro, adimplemento de obrigação alheia e assunção de dívida.

> Já as doações *dissimuladas* são aquelas que se fazem como se fossem outros negócios jurídicos, tais como, por exemplo, empréstimos a juros excessivamente baixos, constituição de empresa com um descendente, sem que este último efetivamente tenha integralizado o que lhe competia, construções e benfeitorias de bens relacionados a determinado herdeiro, com o dinheiro fornecido pelo hereditando etc.

> Também se enquadram na definição de doações indiretas, pensamos, constituição de PGBL ou VGBL a favor de um ou alguns dos herdeiros necessários, em prejuízo dos demais, bem como conta-corrente conjunta a favor de um deles, com numerário exclusivo do futuro hereditando.

Conforme o art. 2.002 do mesmo Código, os descendentes que concorrerem à sucessão do ascendente comum, e que dele houverem recebido adiantamentos de legítima, devem conferir as doações recebidas, no inventário do doador.

Na verdade, o texto do art. 2.002 manda, literalmente, conferir *o valor das doações recebidas* – o que a doutrina denomina, tecnicamente, *colação por estimação*. Tal norma é complementada pelo art. 2.004, cujo *caput* manda fazer a conferência pelo valor do bem doado *à época da liberalidade*.

Na mesma linha de Luiz Paulo Vieira de Carvalho, afirmam Edgard Audomar Marx Neto e Laura Souza Lima e Brito que "devem ser colacionadas doações, o pagamento e o perdão de dívidas, bem como verbas concedidas sem natureza alimentar ou depois de cessado o poder familiar"[24]. Ou seja, não apenas *doações diretas*.

Pois bem.

Ocorre, no entanto, que o art. 639 do Código de Processo Civil de 2015 manda conferir *os bens doados* – o que a doutrina denomina, tecnicamente, *colação em subs-*

---

23. CARVALHO, Luiz Paulo Vieira. *Direito das sucessões*. 4. ed. São Paulo: Atlas, 2019. p. 1065.
24. MARX NETO, Edgard Audomar; BRITO, Laura Souza Lima e. Colação e o novo código de processo civil. *Revista de Direito Civil Contemporâneo*. v. 10, 2017, p. 207-228.

tância –, conferindo-se o valor somente na hipótese em que o donatário não mais tiver o bem doado. Em tal caso, conforme o parágrafo único do referido dispositivo legal, deve ser considerado o valor do bem *à época da abertura da sucessão*.

Há, naturalmente, um conflito aparente entre as regras do Código Civil e as regras do Código de Processo Civil. E, não sendo aplicáveis os critérios da hierarquia e da especialidade, resta, para resolver a antinomia, aplicar o critério cronológico, donde se conclui terem as normas do Código de Processo – lei posterior – derrogado tacitamente as normas do Código Civil – lei anterior. É a tal conclusão que conduz o § 1º do art. 2º da Lei de Introdução às Normas do Direito Brasileiro – LINDB – Decreto-lei n. 4.657/1942.

Foi o que defendeu um dos autores deste artigo em trabalho apresentado no XXV Congresso Nacional do CONPEDI, em Curitiba, em 2016[25]:

Ante o exposto, quanto às indagações investigadas neste trabalho, conclui-se que, por aplicação das normas sobre a vigência e revogação das leis, especificamente quanto à revogação tácita por incompatibilidade, o NCPC derrogou o CC/02 no que toca ao modo de se proceder à colação e ao valor a ser levado em conta nos casos de colação por estimação.

Mais tarde, no mesmo sentido, posicionaram-se Giselda Hironaka e João Aguirre[26]:

A lei processual que se encontra em vigor – Código de Processo Civil de 2015 – disciplinou outra vez o assunto, de modo completamente oposto ao que constava do Código Civil de 2002, mais uma vez invertendo a forma pela qual devesse ocorrer a atribuição de valor ao bem doado de ascendente a descendente, e agora trazido à colação. O art. 639 e parágrafo único dessa lei, à semelhança do que prescrevia o art. 1.014 da lei anterior, determinou que a regra quanto ao modo de se atribuir valor ao bem trazido à colação deva ser por substância. Excepcionalmente, aplica-se (como outrora) a colação por estimativa, devendo esta ser feita ao tempo da abertura da sucessão. E, assim, a disciplina e as prescrições do Código Civil de 2002 foram derrogadas, neste tema, porque se tornaram incompatíveis com a disciplina e as prescrições do novo Código de Processo Civil.

Por aplicação das regras do *caput* do art. 639 do Código de Processo Civil de 2015, ou seja, procedendo-se à colação em substância, a rigor, o bem doado, quando ainda o tem o donatário, volta à herança. Ou seja, resolve-se a propriedade do bem doado. Posteriormente, sem dúvida, ao se desenhar a partilha, *sempre que possível*, deve o bem doado preencher o quinhão hereditário do herdeiro donatário. Ocorre, todavia, que isso nem sempre é possível.

Ademais, na hipótese de o donatário não mais ter o bem doado ao tempo da morte do doador, por aplicação das regras do parágrafo único do art. 639 do Código

25. CARVALHO, Felipe Quintella Machado de. O NCPC e o direito das sucessões: a nova disciplina dos modos de se proceder à colação. *In:* HIRONAKA, Giselda Maria Fernandes Novaes *et al.* (coord.). *Direito de família e sucessões II.* Florianópolis: CONPEDI, 2016. p. 38.
26. HIRONAKA, Giselda Maria Fernandes Novaes; AGUIRRE, João Ricardo Brandão. Quais os parâmetros vigentes para a realização das colações das doações realizadas em adiantamento da legítima? *Revista de Direito Civil Contemporâneo.* v. 17, 2018. p. 219-238.

de Processo, aquele terá que levar, ao monte partível, o valor do bem – que ele *não tem mais* – calculado à época da abertura da sucessão.

Embora o foco deste trabalho não seja o exame crítico das regras acerca dos modos de se proceder à colação, cabe destacar que os autores defendem a inaplicabilidade do Enunciado 119 da I Jornada de Direito Civil promovida pelo Conselho da Justiça Federal (CJF) e pelo STJ:

> Para evitar o enriquecimento sem causa, a colação será efetuada com base no valor da época da doação, nos termos do *caput* do art. 2.004, exclusivamente na hipótese em que o bem doado não mais pertença ao patrimônio do donatário. Se, ao contrário, o bem ainda integrar seu patrimônio, a colação se fará com base no valor do bem na época da abertura da sucessão, nos termos do art. 1.014 do CPC, de modo a preservar a quantia que efetivamente integrará a legítima quando esta se constituiu, ou seja, na data do óbito (resultado da interpretação sistemática do art. 2.004 e seus parágrafos, juntamente com os arts. 1.832 e 884 do Código Civil).

Naturalmente que a primeira parte do enunciado já não seria aplicável por se referir à regra do art. 2.004 do Código Civil, revogada pelo art. 639 do Código de Processo Civil de 2015.

Ocorre que a segunda parte, referente ao art. 1.014 do Código de Processo de 1973, repristinada pelo art. 639 do Código de Processo de 2015, também não deve ser aplicada, vez que, supostamente para interpretar sistematicamente a regra legal, descuida da técnica do Direito das Sucessões, vez que a norma trata, na hipótese de o donatário ainda ter o bem doado, de colação em substância, e não de colação por estimação, conforme explicado anteriormente. Sendo assim, é o próprio bem que vem ao monte, e não seu valor – seja o da época da liberalidade, seja o da época da abertura da sucessão.

Os autores deste trabalho defendem que, ainda que a doutrina possa – e deva, sempre que necessário – tecer críticas a dispositivos legais, tais preceitos, salvo quando inconstitucionais, devem ser aplicados, até que, por meio de processo legislativo, sejam alterados ou revogados, sob pena de grande e indesejável insegurança jurídica.

3. GASTOS SUJEITOS À COLAÇÃO À LUZ DO CUIDADO E DA SOLIDARIEDADE FAMILIAR, DA IGUALDADE ENTRE OS FILHOS E DA AUTONOMIA PRIVADA

O art. 2.010 do Código Civil, dentro da disciplina da conferência dos adiantamentos de legítima, determina, por sua vez, quais gastos efetuados pelos pais, com seus filhos, não virão à colação, ou seja, quais despesas não são pela lei consideradas adiantamento de herança.

Sabe-se, por um lado, que, enquanto exercem a autoridade parental, os pais são os responsáveis pela criação e educação dos filhos (art. 1.634, I, do Código Civil de 2002), o que, por óbvio, abrange o dever de sustentá-los – conclusão que se confirma pelo art. 22 do Estatuto da Criança e do Adolescente (ECA), e pelo art. 1.566, IV do

Código Civil. A autoridade parental, conforme os incs. II e III do art. 1.635 do referido Código, extingue-se pela emancipação ou pela maioridade dos filhos.

Consequentemente, a rigor, a extinção da autoridade parental põe fim, também, ao dever de sustento. Nesse sentido, inclusive, o art. 22 do ECA impõe aos pais o dever de sustento apenas dos filhos menores.

Não se olvida, é claro, que o direito a alimentos é recíproco entre os pais e os filhos, nos termos do art. 1.696 do Código Civil, independentemente da idade. Ocorre que, conforme o art. 1.695, o direito a alimentos surge "quando quem os pretende *não tem bens suficientes, nem pode prover, pelo seu trabalho, à própria mantença*, e aquele, de quem se reclamam, pode fornecê-los, sem desfalque do necessário ao seu sustento".

Conclui-se, pois, que, nos termos da lei, os filhos somente podem exigir dos pais auxílio financeiro, após alcançada a maioridade, nos casos que não tiverem bens suficientes ou não puderem prover, com o seu trabalho, a sua subsistência.

Nos termos da jurisprudência consolidada pelo STJ, em se tratando de filho maior, os alimentos são devidos pelo genitor em caso de comprovada necessidade ou quando houver frequência em curso universitário ou técnico, pelo entendimento de que a obrigação parental de cuidar dos filhos inclui a outorga de adequada formação profissional[27].

Tal posicionamento está previsto na Súmula 358 do STJ, que dispõe que "[o] cancelamento de pensão alimentícia de filho que atingiu a maioridade está sujeito à decisão judicial, mediante contraditório, ainda que nos próprios autos"[28].

Entretanto, é ônus do alimentando a comprovação de que permanece tendo necessidade de receber alimentos.

Se é certo que o advento da maioridade não extingue, de forma automática, o direito à percepção de alimentos, deve-se ressaltar que esses deixam de ser devidos em face da autoridade parental e passam a ter fundamento nas relações de parentesco, em que se exige a prova da necessidade do alimentando. A presunção que incidia em favor do filho desaparece. E, ainda, conquanto o STJ estimule a qualificação profissional, mediante a realização de curso superior ou técnico, há limites.

A Terceira Turma do STJ, em acórdão paradigmático – de 2011, mas cujo entendimento perdura –, decidiu sobre a descontinuidade da obrigação alimentar quando o alimentado faz pós-graduação[29]:

---

27. STJ. AgRg nos EDcl no AREsp 791322/SP. Terceira Turma. Relator: Min. Marco Aurélio Bellizze, j. 19/05/2016, DJe 01/06/2016.
28. STJ. REPDJe 24/09/2008. Segunda Seção. J. 13/08/2008, DJe 08/09/2008.
29. STJ. REsp 1218510/SP. Terceira Turma. Relatora: Min. Nancy Andrighi, j. 27/09/2011, DJe 03/10/2011.

PROCESSUAL CIVIL. CIVIL. RECURSO ESPECIAL. AÇÃO DE ALIMENTOS. CURSO SUPERIOR CONCLUÍDO. NECESSIDADE. REALIZAÇÃO DE PÓS-GRADUAÇÃO. POSSIBILIDADE.

1 O advento da maioridade não extingue, de forma automática, o direito à percepção de alimentos, mas esses deixam de ser devidos em face do Poder Familiar e passam a ter fundamento nas relações de parentesco, em que se exige a prova da necessidade do alimentado.

2. É presumível, no entanto, – presunção *iuris tantum* –, a necessidade dos filhos de continuarem a receber alimentos após a maioridade, quando frequentam curso universitário ou técnico, por força do entendimento de que a obrigação parental de cuidar dos filhos inclui a outorga de adequada formação profissional.

3. Porém, o estímulo à qualificação profissional dos filhos não pode ser imposto aos pais de forma perene, sob pena de subverter o instituto da obrigação alimentar oriunda das relações de parentesco, que tem por objetivo, tão só, preservar as condições mínimas de sobrevida do alimentado.

4. Em rigor, a formação profissional se completa com a graduação, que, de regra, permite ao bacharel o exercício da profissão para a qual se graduou, independentemente de posterior especialização, podendo assim, em tese, prover o próprio sustento, circunstância que afasta, por si só, a presunção iuris tantum de necessidade do filho estudante.

5. Persistem, a partir de então, as relações de parentesco, que ainda possibilitam a percepção de alimentos, tanto de descendentes quanto de ascendentes, porém desde que haja prova de efetiva necessidade do alimentado.

6. Recurso especial provido.

Resta, pois, examinar a regra do art. 2.010 à luz do cuidado e da solidariedade familiar, para determinar, nesse caso, qual é a interpretação teleológica e sistemática mais adequada à ordem constitucional vigente.

Para ilustrar a discussão, propomos o seguinte exemplo: Augusto é pai de Caio e de Maria, gêmeos. Ao completarem dezoito anos, Caio quis fazer curso superior, em faculdade particular, e Maria quis empreender. Augusto, então, verificou que o curso de Caio lhe custaria R$ 200.000,00, e separou tal quantia, dando a Maria, de imediato, o mesmo valor. Não houve dispensa de colação. Falecendo Augusto, estariam Caio e Maria obrigados à colação?

Nas palavras de Luiz Paulo Vieira de Carvalho[30],

[i]nsta acentuar que, além dos adiantamentos da quota disponível, antes mencionados, também são dispensados da colação os gastos ordinários do ascendente com o descendente, enquanto incapaz, tais como valores concernentes à alimentação, ao vestuário, ao sustento, às mesadas, às despesas com os aprestos matrimoniais, livramento em processo-crime do qual foi absolvido, que não necessitam ser conferidos, nos termos do art. 2.010 do Código Civil atual.

[...]

Os gastos supra significam, na realidade, dever legal de mantença, sustento e educação, por parte dos pais (art. 22 do ECA e art. 1.566, inciso IV, do CC) ou, no mínimo, um dever moral calcado na afeição, não representando mera liberalidade.

---

30. CARVALHO, Luiz Paulo Vieira. *Direito das sucessões*. 4. ed. São Paulo: Atlas, 2019. p. 1069.

Na mesma linha, na obra *Código Civil Comentado*, José Fernando Simão, em comentário ao art. 2.010, pondera que[31]:

São colacionadas liberalidades, favores e não deveres. O dever de sustento, educação e guarda dos filhos menores não é liberalidade, e sim é inerente ao poder familiar. Tudo o que se gastou com saúde, educação e formação de filho menor não se colaciona. E se o gasto for com seguro-saúde ou educação de filho maior? A lei nada diz, mas, se o filho tiver menos de 25 anos e estiver estudando, a obrigação de sustento permanece e, portanto, as despesas não podem ser colacionadas. Após essa idade, ou cessando o dever de sustento por decisão judicial, tais valores passam a ser colacionados.

Simão ainda defende que "[d]a mesma forma, não se colacionam os gastos com filho maior incapaz. Nessa hipótese, entende-se que a despesa tem natureza alimentar"[32].

É também o que sustenta Mauro Antonini, ao comentar o mesmo preceito legal:

Embora o artigo faça referência somente ao descendente menor, a doutrina sustenta que, para assegurar ao filho o término dos estudos, especialmente universitários, a obrigação alimentar pode se prorrogar até os 24 anos. Não se justifica realmente, nessa hipótese, exigir colação desses gastos feitos além dos 18 anos. Outra possibilidade é a dos gastos com filho maior inválido e incapaz, cuja colação não pode ser exigida, por questão de equidade, uma vez que a incapacidade desiguala os filhos, autorizando gastos maiores com o incapaz[33].

Aplicando-se tais posicionamentos ao exemplo de Augusto, Caio e Maria, a conclusão parece ser no sentido de que apenas Maria estaria obrigada à colação, e não Caio, vez que o montante que Augusto despendeu com ele destinou-se ao término de seus estudos.

É importante lembrar, todavia, que, ao se discutir se o gasto está ou não sujeito à colação, o debate não se dá sobre a imposição, ou não, da realização da despesa, mas sobre a imposição, ou não, da *conferência das benesses recebidas pelo descendente*, para, conforme o art. 2.003 do Código Civil, *igualar*, na proporção legal, a legítima dos descendentes.

Nesse sentido, se, por um lado, o cuidado e a solidariedade familiar são importantes pilares da conclusão de que pode ser imposto aos pais o dever de auxiliar filhos mesmo após atingida a maioridade – caso em que o foco está na relação paterno-filial – não parece ser possível afirmar que interferem no dever de colacionar – caso em que o foco está na relação entre os irmãos.

Sobre a finalidade da colação, ensina Luiz Paulo Vieira de Carvalho[34]:

---

31. SIMÃO, José Fernando. Direito das sucessões. *In*: SCHREIBER, Anderson *et al* (org.). *Código civil comentado*. Rio de Janeiro: Forense, 2019. p. 1549.
32. SIMÃO, José Fernando. Direito das sucessões. *In*: SCHREIBER, Anderson *et al* (org.). *Código civil comentado*. Rio de Janeiro: Forense, 2019. 1549.
33. ANTONINI, Mauro. Direito das sucessões. *In*: PELUSO, Cézar (coord.). *Código civil comentado*. 8. ed. Barueri: Manole, 2014. p. 2171.
34. CARVALHO, Luiz Paulo Vieira. *Direito das sucessões*. 4. ed. São Paulo: Atlas, 2019. p. 1043.

Entre nós, modernamente, o instituto da colação tem como finalidade igualar as *quotas partes legítimas* (ou *quotas partes legitimárias*) de determinados *herdeiros necessários*, isto é, dos *descendentes* e, nos tempos atuais, do *cônjuge sobrevivente*, quando concorrerem entre si, levando-se em conta as liberalidades que o falecido, em vida, deferiu a um ou alguns deles (art. 544 do CC: "A doação de ascendentes a descendentes, ou de um cônjuge a outro, importa adiantamento do que lhes cabe por herança").

Tal determinação obedece ao *princípio da igualdade* de tratamento que deve ocorrer entre tais sucessores, mais próximos afetivamente do *de cuius*, com a consequente inclusão, na partilha, dos valores ou bens adiantados em vida, com o fito de que esta se realize de modo igualitário (princípio da igualdade, art. 2.017 do CC) entre eles, sob pena de sonegação, nos moldes do arts. 2.002, parágrafo único; 2.003, parágrafo único; e 2017 do Código Civil em vigor, bem como o arts. 648, 639 a 641 do Código de Processo Civil.

Sendo certo que, conforme bem explicado por Vieira de Carvalho, a colação se fundamenta na igualdade de tratamento dos descendentes quanto à sucessão da legítima, e sendo igualmente certo que as liberalidades realizadas pelos ascendentes para com os descendentes são consideradas por lei adiantamento de legítima – salvo dispensa –, somente não devem se sujeitar à colação os gastos que *não decorrerem de liberalidade* – como os que são feitos em cumprimento de decisão judicial – ou *os que a própria lei assim determinar* – os gastos ordinários feito com os filhos enquanto menores, conforme o art. 2.010 do Código Civil.

Nesse sentido, no exemplo de Augusto, Caio e Maria, *ambos* estariam obrigados a colacionar aquilo que receberam do pai.

Tal conclusão, que se sabe minoritária, é a única que parece cumprir a finalidade da colação, e tratar com igualdade os descendentes.

Não se pode perder de vista que a função dos princípios é a de dar coerência ao ordenamento jurídico e filtrar as normas que o compõem à luz da Constituição. Todavia, não se vislumbra inconstitucionalidade nas regras estabelecidas pelo art. 2.010 do Código Civil de 2002 – o que não quer dizer, por outro lado, que estas não poderiam, por meio de lei, sofrer alteração. No entanto, mantidas as regras, devem ser aplicadas, justamente para que não sejam violados os princípios da igualdade entre os filhos e da autonomia privada.

Afinal, se Caio decidiu estudar, e Maria decidiu empreender, não há fundamento para dar a eles tratamento desigual, liberando Caio da conferência do montante com o qual foi beneficiado, mas obrigando Maria a computar o valor que recebeu como herança havida antecipadamente.

O cuidado e a solidariedade familiar clamam tratamento igualitário no que concerne à legítima, enquanto a autonomia privada reserva ao titular do patrimônio o poder de decisão quanto à parte disponível, vez que, querendo o doador, e respeitando a regra do art. 549 do Código Civil – para que não se configure doação inoficiosa – pode a liberalidade feita aos filhos ser considerada adiantamento de parte disponível, com o que fica dispensada a colação, por vontade de quem praticou a liberalidade.

4. CONSIDERAÇÕES FINAIS

Há uma distorção no entendimento segundo o qual o custeio dos estudos superiores de filhos maiores estaria dispensado da colação a despeito das regras expressas do art. 2.010 do Código Civil de 2002.

Neste trabalho, verificou-se qual seria a interpretação adequada de tais regras, à luz dos princípios da solidariedade familiar e do cuidado.

Chegou-se à conclusão no sentido de que tais princípios incidem sobre a interpretação das regras acerca dos alimentos, as quais se referem à relação paterno-filial.

Não obstante, tais princípios não alteram a interpretação literal das regras acerca da colação, as quais se referem à relação entre irmãos. A interpretação literal coincide, neste caso, com as interpretações sistemática e teleológica.

Ou seja, podem os pais, mesmo após atingida a maioridade e extinta a autoridade parental, dependendo das circunstâncias do caso concreto, ser obrigados a custear estudos superiores dos filhos, interpretando-se as normas que tratam dos alimentos à luz dos princípios da solidariedade familiar e do cuidado.

Isso não quer dizer, no entanto, que tais gastos, quando efetuados por liberalidade, estejam dispensados da conferência das liberalidades feitas aos filhos sem dispensa de colação.

A conclusão em sentido contrário, ainda que sabidamente – no momento – majoritária, fere não apenas a lei – os arts. 2.002, 2.003, 2.006 e 2.010 do Código Civil – mas também os princípios da igualdade entre os filhos e da autonomia privada, ao mesmo tempo impondo uma desigualdade sem fundamento entre os filhos e retirando dos pais a autonomia para decidir se aqueles gastos saem da legítima ou da parte disponível.

É preciso, pois, separar o joio do trigo.

É imperioso, também, distinguir o exame *de lege lata* da discussão *de lege ferenda*.

Propor, se for o caso, alteração das regras legais, mas não interpretações que as firam diretamente, sob pena de aumentar a crescente insegurança jurídica que se vê no campo dos Direitos de Família e das Sucessões.

ENTRE A GENEALOGIA DO CUIDADO E A ESCUTA HUMANIZADA: A SOLIDARIEDADE PARA QUEM CUIDA NA PANDEMIA DO CORONAVÍRUS

Fernando de Almeida Silveira

Advogado, Psicólogo, Doutor em Psicologia(USP), Pós-doutor em Filosofia (UFSCar), Professor Associado de Psicologia e Humanismo; e Trabalho em Saúde da Universidade Federal de São Paulo – UNIFESP – Campus Baixada Santista.

Acary Souza Bulle Oliveira

Médico, Residência em Neurologia (Unifesp), Mestre e Doutor em Neurociências/Neurologia (Unifesp), Pós-Doutor em Neurologia,Professor Afiliado do Departamento de Neurologia e Neurocirurgia da Escola Paulista de Medicina (EPM) daUniversidade Federal de São Paulo (Unifesp).

Sissy Veloso Fontes

Psicóloga, Fisioterapeuta, Professora de Educação Física,Especialização em Teorias e Técnicas para Cuidados Integrativos (Unifesp) e, em Intervenção Fisioterapêutica em Doenças Neuromusculares (Unifesp), Mestre em Neurociências (Unifesp), Doutora em Ciências/Neurologia (Unifesp), Professora Afiliada do Departamento de Neurologia e Neurocirurgia da Escola Paulista de Medicina da Universidade Federal de São Paulo (Unifesp),Diretora de Planejamento da Associação Brasileira de Cuidados Integrativos (ABRACI).

1. INTRODUÇÃO

A crise existencial, social, econômica e política, evidenciada no contexto atual da pandemia do coronavírus – vem evocar dois campos de reflexão para a compreensão de nossa história do presente: os campos do cuidado e da solidariedade em seu processo histórico e civilizatório de pressuposição recíproca; seja enquanto práticas sociais, seja enquanto discursos de constituição de nossas subjetividades, na emergência sempre mutável de nossas provisórias condições de cuidadores ou beneficiários de cuidado.

O primeiro destes dois campos de reflexões diz respeito a uma genealogia do cuidado, compreendida enquanto gênese histórica das concepções de cuidado em vários momentos civilizatórios, com o intuito de desnaturalizar o cuidado enquanto realidade objetivada, vasculhando seus relevos e singularidades em vários macro-momentos da história do Ocidente.

Compreendendo-se genealogia enquanto proveniência – ou seja, a investiga-ção da produção das identidades em sua emergência no transcurso da história, no caso, afeitas aos sujeitos de cuidado – este ensaio visa ilustrar figuras do sujeito de cuidado no contexto da História do Ocidente, com suas peculiaridades próprias, promovendo uma primeira aproximação panorâmica de suas condições de possibi-lidades e mutações.

Em articulação à sua concepção siamesa de solidariedade, na medida em que se compreende que cuidar é cuidar-se no mundo, é relacionar-se em cooperação social e que, conforme será apresentado, o cuidado, mais do que um voltar-se para si no sentido de um asseio sobre si mesmo, é remeter-se a valores historicamente constituídos na construção de uma ética sobre si mesmo, como também na relação com os outros e com o mundo.

Isto nos remeterá a uma compreensão ontológica do cuidado baseada em Hei-degger, conforme veremos, seguidas de ilustrações e aproximações do cuidado em vários momentos históricos: desde a Antiguidade helenística e romana; passando porperíodos do cristianismo e relevando a concepção cartesiana e científica do cui-dado moderno, em muitos momentos, embasada sobre a obra de Michel Foucault.

Este contexto no qual, conforme dito, cuidado e solidariedade se inter-reportam, servirá como esteio – epistemológico e histórico – para apresentação de um projeto contemporâneo de cuidado, referente à construção coletiva da Escuta Humanizada para acolhimento dos Profissionais de Frente da Pandemia de Hospital público da Grande São Paulo.

De maneira que para compreendermos o cuidado contemporâneo, delinearemos figuras históricas do cuidado para nos sensibilizarmos sobre a abertura urgente – iné-dita e ímpar – que a pandemia do coronavírus vem nos lançar, de maneira abrupta, intensa e mobilizadora de afetos sobre nossos corpos e almas.

2. UMA GENEALOGIA DO CUIDADO

Do ponto de vista de uma ontologia – ou seja, do estudo do ser-no-mundo – segundo Heidegger[1], compreende-se cuidado enquanto modo de ser estrutural da presença do homem no mundo, na medida em que a angústia de constituirmos sentido em ser-com-os-outros no mundo faz emergir o cuidado como condição de possibilidade da própria existência.

Ademais, enquanto presença intramundana, o sujeito de cuidado não se remete, para Heidegger, a um "homo in clausus" solipsista e isolado; mas em uma relação

---

1. HEIDEGGER, M. *Ser e tempo* – parte I. 10. ed. Petrópolis: Vozes, 2001. p. 255-256.

na qual o cuidado emerge de uma relação pública com os demais entes e sujeitos no mundo. Portanto, experiência em um *socius* no qual a cura advém dos encontros dos seres no mundo historicamente situado, em uma relação na qual a solidariedade dos contatos propicia a manifestação articulada entre cuidado e cura. Esta realidade existencial está, por outro lado, afeita à peculiaridadedos contextos históricos. Assim, por um lado, temos a irredutibilidade do sujeito aos preceitos sociais; eem decorrência, a demanda de uma reflexão singularizada do sujeito no sentido de se interrogar qual seu modo de vida coerente com sua autenticidade, resistente aos regramentos – impessoais e gerais – da sociedade que o cerca e o faz emergir enquanto cidadão.

Compreende-se, portanto, se por um lado, o *socius* é contexto no qual a solidariedade permite condições vigentes para a existência de seus partícipes, por outro, há que se resistir aos seus apelos formatadores para que não sejamos mera peça reativa na engrenagem social produtivista.

Este tipo de problematização do embate tenso e radiante entre o modo de vida da pessoa e seu entorno social que o atravessa e o condiciona nos leva a refletir sobre as várias formas de cuidado que tanto a sociedade nos incita, como em cada um de nós nos mobiliza como sujeitos no exercício de sua liberdade existencial, na responsabilização de nossa própria vida enquanto expressão do nosso "poder-ser" enquanto viventes vocacionados à liberdade e à responsabilidade social.

Em sequência, iremos apresentar algumas conformações de cuidado em vários momentos históricos para melhor refletirmos sobre nós mesmos na contemporaneidade pandêmica deste século XXI, em seu horizonte presente e perspectivo.

3. O CUIDADO NA GRÉCIA E ROMA ANTIGAS

Um dos sustentáculos da civilização grega antiga era a *constituição* de uma vida virtuosa, a qual se irradiaria enquanto modelo de cidadão na constituição de um *ethos* no qual o sujeito político encarnaria a figura pública exemplar para toda a pólis em seu escopo democrático, por meio de seus atos, materializado.

Foucault define as práticas de si como a racionalidade ou a disciplina que organiza o que os seres humanos fazem, girando em torno da ética, do poder e do saber. Constituem, portanto, uma experiência.

Trata-se de um jogo estratégico no qual a liberdade do sujeito é evidenciada.

As "práticas de si" e as "técnicas de si" implicam, portanto, uma reflexão sobre o modo de vida, sobre a maneira de regular a conduta, de fixar para si mesmo os fins e os meios.

O "cuidado de si" constituiu, na Antiguidade, o modo pelo qual a liberdade individual foi pensada como ética. A ética se referia à maneira de ser e de se conduzir.

Conforme o autor:

Para se conduzir bem, para praticar adequadamente a liberdade, era preciso ocupar-se de si mesmo, cuidar de si, ao mesmo tempo para se conhecer. Eis o aspecto familiar do gnôthi seauton e para se formar, superar-se a si mesmo, para dominar em si os apetites que poderiam arrebatá-lo[2].

Na ilustração deste processo ascético, Foucault descreve que, para os gregos antigos, os exercícios, os alimentos, as bebidas, os sonos e as relações sexuais são todas práticas que devem ser observadas com cautela, bem como deveriam obedecer a um regime estipulado para que seus exercícios não se configurem como uma mácula àhonra ou à moral do cidadão, conforme explicitado no trecho abaixo:

Dentre os exercícios distingue-se aqueles que são naturais (andar, passear), e aqueles que são violentos (a corrida, a luta); fixa-se quais são os que convém praticar e com que intensidade, em função da hora do dia, do momento do ano, da idade do sujeito e da sua alimentação. Aos exercícios também estão associados os banhos que também dependem dos mesmos fatores supracitados[3].

Assim, o regime alimentar – comida e bebida – deve considerar a origem e a quantidade do que se ingere, a resistência do corpo, o clima, as atividades que se exerce. Por sua vez, de acordo com Foucault, as evacuações – defecação e vômitos – têm como função eliminar os excessos da alimentação.

É também importante destacar a questão do sono enquanto elemento central do cuidado de si, visto que ele também "comporta aspectos que o regime pode fazer variar: o tempo que lhe é consagrado, as horas escolhidas, a qualidade do leito, sua dureza, seu calor"[4].

Com efeito, se o autor explica que o regime leva em conta numerosos elementos da vida física de um homem, do levantar ao deitar em uma ascese diária, o cuidado com o corpo são escolhas, possibilidades e variações na problematização da relação com o corpo realizada pelo regime.

Contudo, não é apenas o cuidado com o corpo que está em questão, visto que esta ascese aparentemente individual se configura enquanto preceito pedagógico irradiado a todo o contexto democrático da pólis grega antiga enquanto prescrição social de conduta coletiva.

Neste contexto, a questão do cuidado de si, do cuidado do outro e do cuidado da realidade pública se intercorrelacionavam na emergência de um modo de vida construtivamente virtuoso, em sua miríade plural e multifacetada.

Do ponto de vista prático, o cuidado é atravessado por uma concepção políticade cidadania a partir de um amplo espectro de temas, com destaque, os quatro temas de austeridade a seguir: o primeiro deles, o cuidado de si na edificação de uma vida temperante e com controle de seus instintos morais, relacionais e sexuais. Assim, a alma deve ser cuidada por meio dos mais diversos exercícios de temperança, dentre

---

2. Foucault, M. *História da sexualidade II: o uso dos prazeres*. 7. ed. Rio de Janeiro: Graal, 1994. p. 172.
3. Foucault, M. *História da sexualidade II: o uso dos prazeres*. 7. ed. Rio de Janeiro: Graal, 1994. p. 93.
4. Foucault, M. *História da sexualidade II: o uso dos prazeres*. 7. ed. Rio de Janeiro: Graal, 1994. p. 93.

eles: boa alimentação, escrita de cartas, relato de sonhos e cuidado com os excessos dos prazeres, para que o sujeito não seja dominado por eles.

Um outro campo de cuidado é o cuidado da família. É relevante ressaltar que, em linhas gerais, homens gregos em torno de trinta anos se casavam com mulheres jovens em torno de quinze anos, em uma correlação menos afetada por paixões pessoais (embora não excluídas) e mais projetada ao contexto pedagógico de uma educação de dois seres na constituição de um lar exemplar, com asseio e cuidado relacional e pelos filhos.

Um terceiro tema de problematização da Grécia antiga era o cuidado com os rapazes.

Foucault também aponta uma relação problematizada na prática dos prazeres nas relações com os rapazes: não sendo as práticas sexuais com o mesmo sexo, vistas enquanto uma espécie diferente daquelas praticadas com as mulheres; e sim, uma escolha que o cidadão grego se dava entre os dois sexos, demandando, portanto, especial atenção no que se refere ao ritual pederasta de iniciação sexual de um efebo por um homem mais velho, em geral, amigo da família.

Configurando prática ritualizada de inserção do adolescente nas atividades sexuais, intermediada por uma concepção de cuidado iniciático no sentido de preservar a honra do jovem por meio de relação autorizada – familiar e socialmente.

Por outro lado, se salvaguardado pelo zelo iniciático, os rapazes acabavam por serem objetos do prazer de homens mais velhos, sendo o ativo mais valorizado e exercendo superioridade no passivo (rapazes e mulheres). Nesse caso, a inferioridade daqueles que tinham um papel passivo era vista como algo que a natureza quis e o status acabava por impor.

E no entrelaçamento dos três contextos de cuidado acima expostos, emergiria o cuidado com a pólis por meio do longo processo existencial incessante de atualização de uma vida virtuosa, a qual culminaria por meio de uma boa gestão política da cidade, em reflexo às asceses dos cuidados de si.

De forma que na Grécia Antiga se relevava o cuidado de si, abrindo-se um espaço prescritivo de conduta o qual, se por um lado, refletia os valores histórico-culturais da civilização grega, simultaneamente incitavam um movimento reflexivo do sujeito e do indivíduo perante sua condição enquanto ser-no-mundo. De tal forma que o filósofo grego em geral passa a pensar um espaço de liberdade em que o sujeito pode escapar de uma determinação imposta.

As determinações sociais sobre as suas condutas individuais, no entanto, não deixam de existir. Talvez o mais correto seria dizer que o sujeito pode afetar, ainda que em pequeno grau, a maneira como é submetido, assujeitado.

Levando em conta que, para Foucault, a ética é um modo de relacionamento do indivíduo consigo mesmo, a questão que se coloca é substancialmente prática: questionar

– em relação à constituição do indivíduo enquanto sujeito de suas ações morais – a sua suposta aceitação da variabilidade e da diversidade de suas condutas sexuais, morais e éticas, pensando-se a ética enquanto criação de si; e a partir da liberdade, pensar-se o sujeito enquanto obra: obra de si mesmo e, derradeiramente, enquanto obra de arte.

E portanto, obra de arte a ser erigida com zelo e cuidado por seu próprio artífice: um si mesmo, situado no emaranhado social da História.

*

Por sua vez, no contexto da civilização romana, nos primeiros séculos da era cristã, ocorreu uma centralização da questão do cuidado ao redor do casamento e da família monogâmica, abrindo margem para um espaço de interioridade romântica e relacional, cujo caráter pessoal e afetuoso não se via, com a mesma intensidade, no contexto do cidadão grego virtuoso.

De tal forma que, ao redor da concepção de cuidado conjugal, vê-se emergir uma conduta mais regrada e a desqualificação das relações extraconjugais e exteriores ao âmbito do casamento, o qual passa a ser o maior objeto de debates entre os filósofos que buscam uma estilização moral da existência e da sociedade.

Assim, as relações com rapazes acabam por não serem mais vistas enquanto fonte do amor em sua forma mais pura e elevada nos termos gregos, sendo desqualificada com a intensificação da valorização das relações homem-mulher no seio do casamento, em seus múltiplos desdobramentos: sob os temas da virgindade, da importância tomada pela conduta matrimonial ou do valor atribuído às relações de simetria e de reciprocidade entre os dois cônjuges.

O que vem contrastar com o advento das práticas de cuidado monásticas dos primeiros cristãos – em sua expressividade de distanciamento da vida comum familiar, conforme será apresentado seguir.

4. O CUIDADO PARA OS PRIMEIROS CRISTÃOS, INTENSIFICADO PELOS ATOS CONFESSIONAIS NA IDADE MÉDIA

Nos primeiros quatro séculos do cristianismo, como recrudescimento dos valores morais por meio de regimes de verdade no qual a purificação dos pecados ocupava o centro da ascese dos corpos e almas, vimos emergir dois grandes campos do cuidado: o primeiro deles, na dinâmica interna do matrimónio fiel e casto, com práticas sexuais voltadas à procriação, no cotidiano da vida comum.

E num segundo contexto – dos monastérios cristãos – nos quais a renúncia da vida social direcionava o cuidado na dimensão de uma vida inteiramente voltada a Deus. Assim, se a questão da ascese monástica se desenha a partir do isolamento social e da direção de todos as forças e afetos existenciais dedicados a uma vida santificada, com a consolidação da confissão dos pecados em sua decorrente expiação – seja por meio de processos penitenciais, seja através do ato ritual do batismo enquanto entrada purificadora do homem no mundo cristão – o que se tem é o relevo do cuidado consolidado ao redor da relação do guia espiritual com seu discípulo, constituída por meio do poder pastoral, sinalizado por uma ética religiosa na qual o mestre experiente orienta seus seguidores – nas igrejas ou nos conventos monásticos – pelo caminho da salvação das almas, na purificações dos seus corpos e hábitos pecaminosos.

Numa correlação na qual cuidado, salvação e cura se inter-remetem por meio dos paradigmas da fé religiosa e cristã.

No que se refere à intensificação dos cuidados via confissão, ressalta-se que a partir do concílio de Trento, no século XVII, houve uma alteração no conteúdo descritivo das confissões. Se antes os fiéis, ao confessarem, eram incitados a descrever a cópula em seus mínimos detalhes: a "posição respectiva dos parceiros, as atitudes tomadas, gestos, toques, momento exato do prazer"[5], a partir desse Concílio este enfoque foi desestimulado, revestindo o ato sexual sob um manto de obscuridade e de discrição, deslocando "o momento mais importante do ato em si para a inquietação do desejo, tão difícil de perceber e formular; pois que é um mal que atinge todo o homem e sob as mais secretas formas"[6].

Neste sentido, "passou de uma problemática da relação para uma problemática da 'carne', isto é, do corpo, da sensação, da natureza do prazer, dos movimentos mais secretos, da concupiscência, das formas sutis da deleitação e do consentimento"[7] por meio de "regras meticulosas de exame de si mesmo"[8].

Desta forma, a confissão passa a ativar e a recriar "todas as insinuações da carne: pensamentos, desejos, imaginações voluptuosas, deleites, movimentos simultâneos da alma e do corpo, tudo isso deve entrar, agora, e em detalhe, no jogo da confissão e da direção espiritual"[9], na intensificação dos cuidados ao redor de uma alma cristã pecadora, faltosa e merecedora de castigo.

5.   O CUIDADO DA ALMA MODERNA ILUMINISTA

Em contraponto à alma cristã em seu processo de purificação ascética – seja no contexto dos monastérios, seja no contexto confessional de suas faltas na vida privada cotidiana–como advento do pensamento científico – com especial destaque, a partir dos preceitos das meditações do filósofo e pensador RenéDescartes[10] (1596-1650) – por meio da dúvida metódica, o filósofo pregava que não se poderia conceber a verdade de nada que não fosse evidentemente verificado, estabelecendo, portanto, os fundamentos do positivismo moderno. Acrescido ao pressuposto de

---

5.   Foucault, M. *História da sexualidade I:* a vontade de saber. 11. ed. Rio de Janeiro: Graal, 1988. p. 22.

6.   Foucault, M. *História da sexualidade I:* a vontade de saber. 11. ed. Rio de Janeiro: Graal, 1988. p. 23.

7.   Foucault, M. *História da sexualidade I:* a vontade de saber. 11. ed. Rio de Janeiro: Graal, 1988. p. 102.

8.   Foucault, M. *História da sexualidade I:* a vontade de saber. 11. ed. Rio de Janeiro: Graal, 1988. p. 23.

9.   Foucault, M. *História da sexualidade I:* a vontade de saber. 11. ed. Rio de Janeiro: Graal, 1988. p. 23.

10. SILVA, F. L. *Descartes:* a metafísica da modernidade. São Paulo: Moderna, 1992. p. 106-116.

que tudo deveria ser dividido em unidades, quantas necessárias e possíveis fossem para que se alcance a verdade das coisas. Partindo-se para a ordenação dos objetos por meio das suas unidades mais simples às mais complexas, enumerando-as para sua recomposição em seu efeito de conjunto, a partir da qual, seguidos tais movimentos metodológicos, poderia se compreender objeto, realidade em sua verdade, então evidenciada.

Tendo-se, assim, a emergência inaugural de um cuidado deslocado do sujeito asceta para o rigor do método científico, o qual o dispensaria de uma ética centrada no indivíduo – visto que o conhecimento não mais se passa por experiência reflexiva e corporal, promovida pelo acompanhamento de um mestre, guia ou líder religioso – e se remete ao desenvolvimento de uma dúvida metódica aplicada no processo de produção deconhecimento.

Neste contexto, qualquer pessoa – mesmo hipoteticamente impura, pecadora, herege ou refratária aos preceitos da religião dominante – poderá se tornar um cientista, desde que siga os preceitos das rigorosas observâncias do pensamento cartesiano, presentes em suas obras de cunho preponderantemente epistêmico e científico, com especial destaque, "O Discurso do Método" (1637) e "Meditações sobre Filosofia Primeira" (1641).

Assim sendo, o cuidado que antes se remetia a uma prática de si, na interface entre indivíduo, sociedade e macrocosmo celeste e divino, passa a se referenciar a uma relação entre o sujeito cognoscente e seus objetos de pesquisa – associadas à relação sujeito e objeto – abrindo espaço para o estudo do homem em sua finitude, considerando o homem como medida de todas as coisas, rompendo com a valorização cosmológica das redes de semelhança entre o macro e o microcosmo, inerentes aos discurso e práticas religiosas de cuidado no cristianismo.

De forma a reconfigurar o cuidado a um conceito de um eu naturalizado enquanto objeto científico, por meio do qual os avanços tecnológicos vão permitir um rearranjode seus corpos e almas, agora afeito a ditames de matematização, objetivação, na produção de um objeto cognoscível decomposto em unidades investigáveis, seja ele um si mesmo, como a um outro, às interações humanas, à sociedade ou à natureza emgeral.

Este tipo de pressuposição epistêmica de nós mesmos tem sérias consequências. Se por um lado, rompe a raiz cosmológica do sujeito; simultaneamente, permite a construção de ciências compartimentalizadas sobre a realidade do homem, tendo nas ciências humanas, a forma mais sublimada e bem-acabada desta nova episteme de cuidado. É assim que vemos surgir a sociologia, a antropologia e a psicologia – enquanto objetivação, respectivamente, da sociedade, das culturas e da alma – na produção das pretensas ciências do homem.

No que tange à Psicologia Moderna, este tipo de arranjo do saber enquanto sujeito psicológico vai permitir, por meio da apropriação de instrumentais estatísticos, matemáticos e de protocolos laboratoriais e empíricos, a desconstrução da ontologia de nossa existência – agora reduzida a um elemento objetivado enquanto natureza física, fisiológica, química e biológica – na produção de um espaço de interioridade remetido à concepção de organismo, na identificação de realidades microscópicas e neuronais – dentre elas e no que nos interessa – na edificação da psique objetivada, coetaneamente confrontada com a realidade trágica da pandemia do coronavírus.

Produzindo, ao redor de seus enunciados cartesianos atualizados, um sujeito de conduta afeito à cura bioquímica, aos processos medicamentosos da farmacologia moderna; inserida em condições epidemiológicas, higiênicas e sanitárias, completamente alheias ao contexto macrocósmico das religiões salvadoras do homem – pecador e confessional – temente a Deus; ou descoladas das prescrições pedagógicas da construção de um eu virtuoso da Grécia Antiga; ou desatenta às declarações de fidelidade de amor conjugal das cartas entre parceiros da Roma Antiga, neste texto sinalizadas.

É neste contexto que a Psicologia Humanista emerge como contraponto resistente aos preceitos pretensamente objetivadores da Psicologia Moderna Clássica em sua intencionalidade discursiva de comprovar cientificamente, a existência da alma.

Sob esta ótica, a fenomenologia existencial-humanista em sua dimensão clínica e psicológica, resgata o eu em sua manifestação fenomênica de presença de ser-no-mundo, dando voz à experiência perceptiva do sujeito na escuta de seus sentidos e afetos.

Vale ressaltar que a Psicologia Humanista surge como terceira força da Psicologia enquanto resistência – prática, teórica e epistêmica – aos preceitos objetivadores da Psicobiologia cartesiana; bem como às dobras hermenêuticas da Psicanálise, fundadas sobre preceitos teóricos do inconsciente, do recalque e de complexos familiares, dentre outros, em seu distanciamento da dimensão ontológica do vivido.

Na contemporaneidade da nossa prática extensionista, esta abordagem tem sido aplicada no acolhimento humanizado dos profissionais das linhas de frente do coronavírus de projeto extensionista entre os cursos de Psicologia e da Medicina da Universidade Federal de São Paulo (UNIFESP) em articulação com a Associação Brasileira de Cuidados Integrativos (ABRACI), cujas atividades descreveremos a seguir.

6. SOLIDARIEDADE PARA QUEM CUIDA: DESCRIÇÃO DE UM ATENDIMENTO DE CUIDADO NA PANDEMIA DO CORONAVÍRUS

Em decorrência da pandemia do coronavírus, desde março de 2020 a dezembro de 2020, nove psicólogas – egressas do Curso de Especialização em Teorias e Técnicas para Cuidados Integrativos da Unifesp, que faz parte do grupo de voluntariado da Associação Brasileira de Cuidados Integrativos (ABRACI) (órgão do Terceiro Setor), se mobilizou para o atendimento dos profissionais de saúde e da área administrativa de um hospital público universitário da Grande São Paulo, que trabalham na linha de frente nos cuidados de pacientes pela Covid-19, por meio de um dos 13 (treze) projetos que compõe o Programa Solidário em Cuidados Integrativos – COVID-19 da ABRACI, elaborado por Fontes, S.V., em março de 2020.

Este projeto-piloto foi promovido pela Diretoria de Planejamento da Associação Brasileira de Cuidados Integrativos (ABRACI) – ano letivo 2020-2021, e inserido como atividade acadêmica em parceria com o Núcleo de Cuidados Integrativos da Disciplina de Neurologia Clínica da Escola Paulista de Medicina da Universidade Federal em conjunto ao Laboratório de Pesquisa Social da Psicologia do Campus Baixada Santista da Unifesp, incluindo três professores universitários, dois da Escola Paulista de Medicina Campus São Paulo, um professor (coordenador da ação) mais dez estudantes extensionistas do Curso de Gradução em Psicologia do Campus Baixada Santista.

Após escrita e estruturação do projeto – seguida de seleção dos extensionistas (atualmente, com equipe de dez estudantes) – os atendimentos online de acolhimento foram realizados de agosto a dezembro de 2020.

Tais atendimentos online – prioritariamente em grupo – foram denominados de "Escuta Humanizada", voltados para acolhimento e escuta dos referidos profissionais, os quais enfrentam inúmeras vicissitudes e angústias em seu processo de confrontação com as demandas desta inédita pandemia.

Considera-se que a psicoterapia online sob a forma de Escuta Humanizada, na medida em que oferece ambiente afetivo e terapêutico para expressão e elaboração das referidas angústias advindas do trabalho de tais profissionais de ponta, vem possibilitar um redimensionamento dessas situações cotidianamente vividas, potencializando os sentidos e percepções de seus participantes de maneira renovada, canalizando seus conteúdos estressantes visando à resolução das tensões, inerentes a tais experiências profissionais limítrofes.

Do ponto de vista teórico-metodológico, duas abordagens foram elencadas.

A primeira delas, a Abordagem Centrada na Pessoa – ACP, mais do que uma teoria, é uma processualidade de acolhimento e de contato.

Elaborada pelo psicólogo americano, Carl Rogers (1902-1987), sua abordagem psicoterapêutica humanista se remete primordialmente aos aspectos processuais da relação terapeuta-cliente do que aos métodos hermenêuticos psicológicos.

Seu elemento-chave é o processo e a relação entre o cliente e o terapeuta, tendo como enunciado norteador, a empatia. Neste contexto, é papel do psicoterapeuta, criar as condições propícias para que o cliente se sinta acolhido nesta interação.

Rogers elucida os fundamentos desta perspectiva de terapia a seguir:

> Os indivíduos têm dentro de si mesmos amplos recursos para autocompreensão, para alterarem seu autoconceito, sua atitude básica e seu comportamento autodirigido; esses recursos podem ser mobilizados se lhes for proporcionado um clima definido de atitudes psicológicas facilitadoras[11].

---

11. WOOD, John K (1994). *Abordagem centrada na pessoa*. Vitória: Ceciliano Abel de Almeida, 1994. p. III.

Para Rogers, o terapeuta é o responsável por produzir as condições – afetivas e ambientais – por meio das quais o cliente possa se sentir à vontade para expressar seus afetos, contradições e singularidades, em seus vários matizes e intensidades.

Sob esta ótica, Rogers releva seu trabalho a partir de três questões norteadoras.

Seriam elas: a empatia, a congruência e a aceitação positiva incondicional.

Por empatia, compreende-se: "sentir a pessoa *como* se fosse ela mesma". Na intensidade desta pequena frase, reside a ambiguidade, seja dessa modalidade de setting terapêutica, seja da dimensão dos contatos humanos do ponto de vista ontológico. Visto que sentir o outro é um movimento de colocar-se em seu lugar e estabelecer conexão afetiva com sua realidade subjetiva, encarnando suas angústias, esperanças, limitações e possibilidades.

Impactando, inclusive o terapeuta, no reflexo destas afetividades compartilhadas, sejam elas, positivas ou negativas.

Porém, imediatamente, o psicólogo é levado a se conscientizar de que esta pessoa *não o é*, de maneira a viver a contradição do contato unificador de seres, simultaneamente com a percepção de que não são a mesma pessoa.

Seria nesta dinâmica interativa que possibilitaria a emergência de um vínculo de percepção mútua, fortalecedor da relação humana enquanto experiência terapêutica, mobilizando ambos para a elaboração dos sentimentos partilhados na promoção da cura psicológica.

A congruência, por sua vez, é a disposição do terapeuta de se colocar em uma relação de horizontalidade, ou seja, de paridade perante o cliente. De tal maneira a dissolver qualquer hipotética pretensão egóica de desavisada superioridade do psicólogo enquanto detentor do conhecimento. A partir desta paridade postural, ocorreria a facilitação das trocas afetivas, fundamentais no processo de autoconhecimento e transformação do cliente, visto que demanda um compromisso ético de expressar todos os sentidos – positivos ou negativos – imanentes desta relação "olho-no-olho" entre tais participantes.

Além disto, Rogers reporta à consideração positiva incondicional, caracterizada como o acolhimento do sujeito na totalidade da sua subjetividade e presença no mundo. Pressupõe-se que este nível incondicional de aceitação do outro potencializaria suas qualidades; como também, alavancaria a transformação de seus defeitos cristalizados. Este posicionamento determina o desenvolvimento de habilidades pelo terapeuta, dentre elas: o não julgamento a priori dos atos do cliente; cultivo de sentimentos calorosos e afirmativos da existência dele; compreensão das suas condutas sombrias e acolhimento de expressividades suscetíveis de preconceitos e estigmatizações. Possibilitando, assim, que o cliente tenha clareza e visibilidade sobre todas as nuances das expressões do seu ser para potencializá-las por meio de uma relação ativa de intercâmbios e trocas psicoafetivas.

Por sua vez, se as questões ambientais e afetivas são de responsabilidade evidente do terapeuta, Rogers considera que, de fato, o cliente e o terapeuta são o ambiente, na medida que é o encontro intersubjetivo que possibilita o disparador das condições de reequilíbrio da vida do sujeito. Além disto, é o próprio cliente que irá se responsabilizar pela assunção dos seus atos e suas respectivas consequências, renovados a partir do encontro terapêutico.

Destaca-se que este processo psicoterapêutico tem a função facilitadora de reequilíbrio dos seus partícipes, demandando do cliente motivação para que atinja os objetivos almejados por este processo centrado na pessoa.

Segundo Wood, é importante considerar os aspectos a seguir:

> Assim, o cliente não pode ser separado do fenômeno. Sua incongruência ansiosa, seu desejo de mudança, sua capacidade para entrar em uma relação imediata e pessoal, podem até ser pré-requisitos para o sucesso.

> Seus valores e crenças, motivações e intenções, suas expectativas, sua contribuição para uma sensível compreensão empática e para a aceitação do terapeuta ou da relação terapêutica, sem dúvida também faz em parte da terapia eficaz[12].

Considera-se, portanto, que toda uma miríade de elementos constitutivos da sua alma – afetos, percepções, qualidades, impulsos, desejos, discernimentos e atitudes –são evocados na reorganização da sua consciência existencial, no direcionamento de suas forças para os reajustes necessários na potencialização da sua vida e expressividade, seja no que se refere à percepção de si mesmo, das suas relações interpessoais e de seu lugar social.

De forma a tornar evidente que o que mais é considerado para Rogers, é o fortalecimento atitudinal que emerge na relação entre cliente e terapeuta. Menos do que uma teoria, hermenêutica ou técnica, esta abordagem prima pela valorização do contato compartilhado – empático, congruente e incondicional – na produção de um conjunto de experiências (afetivas e perceptivas), propiciador de novos modos de vida e de compreensão de si, dos outros, no mundo.

É interessante ressaltar que esta abordagem também é indicada para grupos, empresas, conflitos étnicos, culturais e de nações, o que levou a Rogers a ser indicadoao prêmio Nobel da Paz em 18 de janeiro de1987.

No que nos interessa diretamente, é instrumento psicoterapêutico efetivo para emergências e desastres naturais e sociais, como é o caso da pandemia do coronavírus.

Aliada ao segundo enfoque de nossa atuação de extensão, que é o método terapêutico da Psicoterapia Breve, a qual pode ser definida como uma intervenção terapêutica com tempo e objetivos limitados, visando a diminuição de custos relacionados à intervenção em sua concentração temática e interventiva.

A psicoterapia breve se sustenta sobre a tríade: foco, estratégias e objetivos.

---

12. WOOD, John K (1994). *Abordagem centrada na pessoa*. Vitória: Ceciliano Abel de Almeida, 1994. p. 224.

Trata- se de terapia temática, baseada na focalização de problema específico, em virtude do seu prazo de acompanhamento mais concentrado, o qual se situa em torno de 10 a 20 sessões.

Em se tratando de uma perspectiva de trabalho de Escuta Humanizada – a qual partia de um atendimento em torno de 10 a 12 sessões, conforme o caso – nosso trabalho demandou, no transcurso das sessões de elencar, desde as primeiras sessões, quais sintomas e conflitos seriam priorizados como intuito da superação das crises provocadas nos participantes pelo advento do trabalho na frente da pandemia.

Neste sentido, havia um cuidado ético de ajustar as angústias dos participantes dentro da possibilidade da proposta de atendimento breve,oquedemandaumaper-cepção concentrada, tanto do terapeuta como do beneficiário, na definição dos horizontes da psicoterapia.

Estas duas perspectivas terapêuticas acima discriminadas se apresentaram ade-quadas, visto que são muito bem apropriadas para momentos emergenciais e críticos, possibilitando alvejar situações disruptivas advindas de conflitos emergenciais, mani-festados por sintomas de ansiedade, fobia, depressões e condutas preponderantemente defensivas e reativas, seja em suas consequência psicológicas ou inclusive, perante eventuais dinâmicas de somatização, as quais afetam toda a condição psicológica, seja do profissional de ponta, seja do seu ambiente de trabalho ou familiar.

Assim, a aplicação de tais teorias perante o público-alvo dos profissionais da saúde e administrativa do referido hospital público universitáro visa o acolhimento psicoafetivo das angústias inerentes a este processo emergencial dos atendimentos da pandemia do Covid-19, com o objetivo de possibilitar a renovação de seu estado psicológico, seja no contexto profissional, relacional ou familiar.

Do ponto de vista prático, a divulgação do projeto foi feita, inicialmente, a partir de parceiros das atividades da ABRACI e que eram coordenadores de áreas de ativi-dade do referido Hospital; como também, por meio de palestras abertas ao público interessado; e mediante divulgação de mala direta para as principais coordenadorias da referida instituição hospitalar.

Enquanto projeto-piloto, tivemos o trabalho de, no desenvolvimento da sua redação, estipular os critérios para a composição de formulários de entrevistas online para identificação dos sujeitos e decorrentes diagnoses psicoafetivas. Estes formu-lários contêm, não só dados sociodemográficos dos sujeitos, como também contêm dados psicoafetivos, identificados por meio de roteiro de entrevista semiestruturada.

Lembrando que a proposta do trabalho é para acompanhamentos online em grupo e, apenas excepcionalmente, atendimentos online individuais, de acordo com a especificidade do perfil e demanda, diagnosticados na referida entrevistainicial.

Todos os dados da entrevista – bem como relatorias desenvolvidas coletivamente pela dupla de psicólogos responsáveis pelo caso, em conjunto com extensionista paraele designado – comporão arquivos virtuais com os registros da entrevista, como de cada sessão, os quais serão utilizados para divulgações científicas em congressos, artigos e revistas, mediante autorização do participante e seguindo os preceitos éticos de nossa Universidade Federal.

É importante frisar que, durante o desenvolvimento do referido projeto-piloto, houve acompanhamento dos casos pela equipe sob a forma de duas horas de supervisão semanal, em reunião na qual se tematizaram, tanto questões técnico-administrativas como o conteúdo psicológico, imanente dos referidos atendimentos de Escuta Humanizada.

No momento atual, estamos no processo de levantamento e análise dos dados auferidos no conjunto aproximado de dez participantes inicialmente atendidos nesta Escuta-piloto.

Embora ainda estejamos analisando os referidos resultados, já é possível sinalizar que esta atividade de acolhimento foi importante na elaboração do seguinte quadro multifacetado de afetos, emergentes das práticas de cuidado de saúde da pandemia do coronavírus: situações de "stress", esgotamento físico e psicológico e ansiedade; afetos de luto provocados por morte de colega funcionários ou de usuários do serviço pela contaminação da COVID-19; receio de contágio de si próprio, pessoas do círculo social e de familiares; elaboração de afetos reativos de membros da sociedades, os quais discriminam os profissionais em virtude da periculosidade de transmissão do vírus, em virtude de sua louvável dedicação e sacrifício social.

É interessante ressaltar que, aliada às questões diretas da atuação profissional perante a pandemia, a crise econômica e social dela emergida, também foi identificada nos atendimentos, sob a forma de medo da perda do emprego; receio do declínio das condições de trabalho em perante o recrudescimento e aumento dos casos da pandemia; questionamentos sobre a capacidade dos governos municipal, estadual e federal na condução política da pandemia, principalmente sobre a disponibilidade das vacinas para a equipe profissional e seus familiares.

Neste contexto, considera-se que o estudo dos dados já disponibilizados neste projeto-piloto, sinalizam resultados significativos para a compreensão da díade cuidado- solidariedade em situações coletivas de emergência.

Por sua vez, é importante ressaltar que que este projeto-piloto de Escuta Humanizada – desenvolvido de março a dezembro de 2020 – ofereceu subsídios para projeto extensionista oficial e atual: "Escuta Humanizada-Cuidados Integrativos para Profissionais da Saúde, da Educação e do Administrativo em tempos de pandemia", o qual se encontra no começo da sua divulgação e execução, agora já mais amadurecido pela frutífera experiência do projeto-piloto, aqui apresentado.

7. CONSIDERAÇÕES FINAIS: SOLIDARIEDADE PARA QUEM CUIDA

Foi apresentado neste ensaio que, do ponto de vista do ser-no-mundo, a resolução de nossas angústias nos mobiliza ontologicamente à questão do cuidado, o qual tanto pode se remeter às questões do cotidiano – alimentar, dormir, vestir, assear – quanto referente às indagações existenciais que nos mobilizam sobre a nossa condição de indivíduo em confirmação das possibilidades da transitoriedade da nossa própria existência.

Na produção de uma cura enquanto demanda existencial de se conhecer e de se cuidar, em uma relação – ao mesmo tempo concreta, ao mesmo tempo nominalista – na qual cuidado e cura se remetem mutuamente enquanto experiência perceptual no transcurso da vida; e enquanto enunciados-chave dos discursos culturais de nossa relação social.

Também foi apontado que tal movimento de se cuidar e se curar não se delineia no solipsismo de uma existência isolada. Ao contrário, considera-se que a dimensão do ser individualmente identificável se configura, desde o nascimento, pelas fortes relações de forças – sociais, políticas, históricas, culturais – advindas do ambiente social.

Neste sentido, o que se pode denominar de *solidariedade*, mais do que uma postura ativa de um sujeito se lançar aos seus contatos com o mundo exterior, emerge enquanto intencionalidade condizente à própria presença do sujeito no mundo. Visto que a solidariedade é travessia constitutiva da dimensão ontológica de nós mesmos, desde sempre, em nossa jornada existencial.

Por sua vez, quando crises internacionais de saúde pública vêm se sobrepor às camadas – sedimentadas e em constante atualização – de nossas vivências socialmente situadas, é que vemos a solidariedade emergir enquanto fator alavancador de novas possibilidades de ser e de viver.

É o que estamos vivenciando perante a pandemia do coronavírus e tendo como exemplo, nossa iniciativa da Escuta Humanizada perante os profissionais de saúde da linha de frente do hospital público universitário da Grande São Paulo.

Reconhece-se que enquanto lançamento renovado de uma experiência ímpar e inédita, somos cotidianamente debruçados por encontros renovados e demandas que nos surpreendem, seja do ponto de vista das nossas relações internas enquanto grupo de acolhimento; seja nas nossas relações institucionais com equipamentos de saúde e Universidade; e principalmente, diante dos afetos emergentes e provocados pelas esperanças, contingências e fatalidades da pandemia, ao reinventar nosso próprio humanismo em sua potencialidade interventiva diante das adversidades.

Em linhas gerais, ao mesmo tempo que arrebatados pela tragédia – econômica, política e social da pandemia – também nos sentimos reconfortados por estarmos no "olho do furacão" de uma experiência de vanguarda e em constante atualização de acolhimento, na qual a solidariedade exercida na dinâmica de nosso grupo, se irradia nas nossas atividades de atendimento psicoterápico.

Cientes de que todo processo terapêutico de cura tem uma parcela de pedagogia, também estamos conscientes que enquanto equipe de psicologia e extensionistas, somos os primeiros a aprenderem com a experiência; e com a intenção de, na proporção de nosso amadurecimento junto dessa concreta demanda, ampliarmos nossos campos de atuação, visto que, lamentavelmente, indica-se que os efeitos psicológicos da pandemia reverberarão por um médio prazo, ainda difícil de precisar.

Resta-nos, para o momento, escutarmos a entonação acolhedora das nossas próprias vozes online – de psicólogo, cliente e extensionista – na concretude de nossos atendimentos da Escuta Humanizada enquanto prática de resistência em uma batalha existencial, social e política; cujo horizonte se atualiza em uma ressonância longevidente, na qual dor, luto, cura e esperança são expressões siamesas de uma inescapável reconstrução da Humanidade em nossos corpos e almas, em constante e dramática atualização, enquanto apelo urgente da vida em busca da saúde e da sobrevivência.

"MÃOS QUE FALAM"
O ENSINO DA LÍNGUA BRASILEIRA DE SINAIS COMO PRÁTICA SOLIDÁRIA DE INCLUSÃO SOCIAL

Guilherme Calmon Nogueira da Gama

Doutor e Mestre em Direito Civil pela Universidade do Estado do Rio de Janeiro (UERJ). Professor Titular de Direito Civil da Faculdade de Direito da UERJ e do IBMEC/RJ. Professor Permanente do Programa de Pós-graduação *Stricto Sensu* em Direito da Universidade Estácio de Sá. Vice-presidente e Desembargador Federal do Tribunal Regional Federal da 2ª Região. Coordenador da Rede de Juízes de Enlace para a Convenção da Haia de 1980. Ex-Conselheiro do Conselho Nacional de Justiça (CNJ).

Diovânia Maria Sabino da Fonseca Melhorance

Pesquisadora e Graduada em Direito pela Universidade do Estado do Rio de Janeiro (UERJ).

1. NOTA INTRODUTÓRIA: SURDO OU DEFICIENTE AUDITIVO?

O século XXI vem se destacando como um período de transformações ocorridas no âmbito da civilização humana, com o desenvolvimento das características da pós-modernidade, entre as quais se situa o movimento internacional de proteção das minorias e das pessoas mais vulneráveis. Por certo que as modificações ocorridas no curso da história, como regra, se revelaram processos sociais cujo tempo não é possível identificar em um único episódio ou acontecimento facilmente identificado. Ao revés: as alterações do tratamento de certos temas no âmbito social normalmente decorrem de um conjunto de eventos que se sucedem em períodos distintos de tempo.

Nesse contexto se insere o enfoque contemporâneo a respeito das pessoas com deficiência que, no curso do processo histórico, tradicionalmente passaram por fases distintas até o atingimento do estágio atual do quadro civilizatório. Também é relevante contextualizar que o enfoque atual a respeito do tema leva em consideração outras áreas de conhecimento além da Ciência Jurídica, revelando o necessário enfoque multidisciplinar que os temas devem receber na contemporaneidade sob pena de se adotar um viés equivocado acerca das questões que se apresentam a seu respeito.

Durante grande parte do século XX, as deficiências em geral eram vistas a partir de uma concepção estritamente biomédica, na qual estas eram consideradas como sendo meros desvios de um padrão de normalidade, as quais limitavam, dificultavam ou impossibilitavam a execução das atividades diárias e/ou a integração social pelas pessoas com deficiência[1]. Na experiência brasileira, essa visão foi evidenciada através do Decreto nº 3.298/89 que, em seu art. 3º, ao regulamentar a Lei nº 7.853/89, definiu a deficiência como "toda perda ou anormalidade de uma estrutura ou função psicológica, fisiológica ou anatômica que gere incapacidade para o desempenho de atividade, dentro do padrão considerado normal para o ser humano".

Especialmente no que tange à deficiência auditiva, o art. 4º do supracitado Decreto tentou definir o que esta seria, seguindo os mesmos parâmetros biomédicos daquela época:

Art. 4º. É considerada pessoa portadora de deficiência a que se enquadra nas seguintes categorias: [...] II – deficiência auditiva – perda bilateral, parcial ou total, de quarenta e um decibéis (dB) ou mais, aferida por audiograma nas frequências de 500HZ, 1.000HZ, 2.000Hz e 3.000Hz; [...][2].

Tal definição trazida pelo art. 4º do Decreto nº 3.298/89, além de não distinguir a pessoa surda do deficiente auditivo, centralizou a questão da deficiência apenas no indivíduo, desconsiderando que suas limitações ocorrem muitas das vezes, não por algo intrínseco, mas pela discriminação negativa imposta pela sociedade, devido às barreiras e obstáculos criados no meio social.

Acerca dessa visão, os autores do artigo "Deficiência, Direitos Humanos e Justiça da SUR – Revista Internacional de Direitos Humanos" bem assinalam:

A normalidade, entendida ora como uma expectativa biomédica de padrão de funcionamento da espécie, ora como um preceito moral de produtividade e adequação às normas sociais, foi desafiada pela compreensão de que deficiência não é apenas um conceito biomédico, mas a opressão pelo corpo com variações de funcionamento. A deficiência traduz, portanto, a opressão ao corpo com impedimentos: o conceito de corpo deficiente ou pessoa com deficiência devem ser entendidos em termos políticos e não mais estritamente biomédicos.

Essa passagem do corpo com impedimentos como um problema médico para a deficiência como o resultado da opressão é ainda inquietante para a formulação de políticas públicas e sociais. Deficiência não se resume ao catálogo de doenças e lesões de uma perícia biomédica do corpo, é um conceito que denuncia a relação de desigualdade imposta por ambientes com barreiras a um corpo com impedimentos[3].

---

1. PALACIOS, 2008 *apud* BARBOZA, Heloisa Helena; ALMEIDA, Vitor (coord.). *Comentários ao estatuto da pessoa com deficiência à luz da constituição da república.* Belo Horizonte: Fórum, 2018. p. 35.
2. BRASIL. Decreto nº 3.298, de 20 de dezembro de 1999. Altera dispositivo da Lei nº 7.853, de 24 de outubro de 1989. Brasília, DF: Presidência da República, 1999. Disponível em: http://www.planalto.gov.br/ccivil_03/decreto/d3298.htm . Acesso em: 31 out. 2020.
3. DINIZ, Debora; BARBOSA, Lívia; SANTOS, Wederson Rufino dos. Deficiência, direitos humanos e justiça. SUR – *Revista Internacional de Direitos Humanos.* v. 6, n. 11, dez. 2009, p. 65-77.

A surdez, pela tradição clínico-terapêutica, em nada se diferenciaria da deficiência auditiva. Ambas as nomenclaturas deveriam ser usadas como sinônimos. De acordo com essa concepção, a surdez/deficiência auditiva deveria ser encarada pelo grau de desvio. Esse grau de desvio pode ser leve, moderado, severo ou profundo. Outra classificação utilizada seria baseada na idade da pessoa. Nela deveria se considerar o momento em que o indivíduo foi acometido pela surdez/deficiência auditiva. Se a surdez foi adquirida antes do desenvolvimento da fala, receberia a classificação de pré-lingual congênita; se posterior ao desenvolvimento da fala, a surdez receberia a classificação de pós-lingual. Chama-se também de surdez condutiva, neurossensorial ou mista a depender do local em que ocorre a alteração causadora da deficiência. Por fim, classifica-se a surdez em hereditária ou adquirida.

Sendo considerada uma patologia, segundo essa tradição, a surdez deveria ser tratada, colocando-se aparelho de amplificação sonora individual e procedendo-se a um treinamento intenso de audição, de fala e de leitura labial. Há, nesse sentido, todo um esforço de "normalização" do sujeito surdo, conforme leciona Sérgio Andrés Lulkin[4], a fim de diminuir o *déficit* auditivo e levar a pessoa surda a se comunicar com a sociedade através da língua oral.

> Nesta concepção de surdez a linguagem oral é vista como imprescindível para o desenvolvimento cognitivo, social, afetivo-emocional e linguístico do surdo. A educação se converte em terapêutica (reparadora e corretiva) e o objetivo do currículo escolar passa a ser dar ao sujeito o que lhe falta, a audição, e sua consequência mais visível, a fala. Além disso, observa-se, como aponta Skliar (1997), um círculo vicioso: o educador parte da ideia de que seus alunos possuem um limite natural em seu processo de conhecimento, o que o leva a planejar aquém da capacidade do aluno; obtém resultados que estão de acordo com esta percepção e atribui o fracasso ao aluno. O aluno, por sua vez, elabora uma identidade deficitária em relação aos ouvintes, o que vai contribuir para os baixos resultados no seu desenvolvimento global. Concebidos como deficientes, não há um investimento por parte dos profissionais e nem mesmo da família e, como resultado, a maior parte dos alunos surdos sai da escola sem quase nada ter aprendido[5].

Nesse sentido, grande avanço trouxe a definição veiculada pelo Decreto n°. 5.626, de 22 de dezembro de 2005, que regulamentou a Lei n° 10.436, de 24 de abril de 2002, que dispõe sobre a Língua Brasileira de Sinais – Libras, e o art. 18 da Lei n° 10.098, de 19 de dezembro de 2000. O Decreto assim qualifica a pessoa surda e o deficiente auditivo:

> Art. 2°. Para os fins deste Decreto, considera-se pessoa surda aquela que, por ter perda auditiva, compreende e interage com o mundo por meio de experiências visuais, manifestando sua cultura principalmente pelo uso da Língua Brasileira de Sinais – Libras.

---

4. LULKIN, S. A. O discurso moderno na educação dos surdos: práticas de controle do corpo e a expressão cultural amordaçada. *In*: SKILIAR, C.B. (org.). *A surdez*: um olhar sobre as diferenças. Porto Alegre: Mediação, 1998. p. 34.
5. PEREIRA, Maria Cristina da Cunha. Aquisição do português por aprendizes surdos. *Anais do Seminário Desafios para o próximo milênio*. Rio de Janeiro: Instituto Nacional de Educação de Surdos – INES, 2000. p. 95-100.

Parágrafo único. Considera-se deficiência auditiva a perda bilateral, parcial ou total, de quarenta e um decibéis (dB) ou mais, aferida por audiograma nas frequências de 500Hz, 1.000Hz, 2.000Hz e 3.000Hz[6].

Tal dispositivo representou o início de uma mudança na concepção de quem é a pessoa surda. De uma visão estritamente clínico-terapêutica, caminhou-se para a adoção do modelo socioantropológico. Nele, a surdez não é concebida como uma mera deficiência a impor inúmeras restrições ao indivíduo, mas como uma diferença, no sentido de que a falta de audição impõe uma diferença na forma como o indivíduo vai ter acesso às informações do mundo comparativamente às demais pessoas com audição. Segundo a visão da autora Sylvia Lia Grespan Neves, a diferença entre o surdo e o deficiente auditivo estaria, primordialmente, atrelada ao autorreconhecimento. Assim "deficiência auditiva" deveria ser entendida como um termo clínico, enquanto que "surdo" um termo sociocultural usado por aqueles que entendem a surdez como uma diferença.[7]

Tratando-se dos surdos, a língua de sinais constitui seu maior elemento identitário, sendo indiferente para os mesmos a quantificação do grau de perda auditiva. Essas pessoas se reconhecem como parte de uma comunidade. Dentro da comunidade surda, entende-se que quem não se reconhece como parte dessa comunidade, mas possui algum grau de perda auditiva, deve ser chamado de deficiente auditivo ou surdo com "s" minúsculo, em oposição a Surdo, nomenclatura que seria utilizada para se referir exclusivamente aos pertencentes a este grupo que se expressa por meio das línguas de sinais.

Em um artigo para a edição 74 do Guia do Implante Coclear, o professor de Português/Libras do Instituto Federal de São Paulo, Luis Mateus da Silva Souza, explica essa visão que existe dentro da comunidade surda e que é pouco conhecida:

'Surdo' com letra maiúscula é usado para marcar que esse sujeito é diferente, e não deficiente, que faz parte de uma comunidade com uma língua e cultura própria, ou seja, é minoria linguística. Já a palavra 'surdo' com letra minúscula normalmente apresenta a condição patológica, a ausência de algo, o déficit auditivo, assim como o termo deficiência. Existe um embate entre a visão clínica-patológica e a visão socioantropológica da Surdez. A visão clínica pensa em 'consertar' o surdo, resolver o problema auditivo. Já a visão socioantropológica compreende que não é a Surdez que prejudica o Surdo, mas sim a sociedade excludente, que não oferece as condições necessárias para que o indivíduo se desenvolva. O Surdo precisa ser respeitado em suas diferenças e necessidades, pois tem o direito de ser Surdo[8].

---

6. BRASIL. Decreto nº 5.626, de 22 de dezembro de 2005. Altera dispositivo da Lei nº 10.436, de 24 de abril de 2002. Brasília, DF: Presidência da República, 2005. Disponível em: http://www.planalto.gov.br/ccivil_03/_ato2004-2006/2005/decreto/d5626.htm. Acesso em: 31 out. 2020.

7. NEVES, Sylvia Lia Grespan. *Mãos ao vento*. São Paulo: [s.n.], 2010. p. 40.

8. MANGILI, Ana Raquel Périco. 74 – terminologias da deficiência auditiva e da surdez. *ADAP*, Guia do Implante Coclear. Disponível em: http://adap.org.br/site/conteudo/300-74-terminologias-da-deficiencia-auditiva--e-da-.html#:~:text=%E2%80%9C'Surdo'%20com%20letra%20mai%C3%BAscula,ou%20seja%2C%20%C3%A9%20minoria%20lingu%C3%ADstica.. Acesso em: 16 mai. 2021.

Ainda, a experiência linguística comum possibilita com que cada sujeito construa sua própria identidade não como alguém deficiente, mas como indivíduo dotado de diversidade funcional.

Como leciona Skliar:

> A comunidade surda se origina em uma atitude diferente frente ao déficit, já que não leva em consideração o grau de perda auditiva de seus membros. A participação na comunidade surda se define pelo uso comum da língua de sinais, pelos sentimentos de identidade grupal, o autor-reconhecimento e identificação como surdo, o reconhecer-se como diferentes, os casamentos endogâmicos, fatores estes que levam a redefinir a surdez como uma diferença e não como uma deficiência. Pode-se dizer, portanto, que existe um projeto surdo da surdez. A língua de sinais anula a deficiência e permite que os surdos consigam, então, uma comunidade linguística minoritária diferente e não um desvio da normalidade[9].

Autores como Quadros (2008), Skliar (2005) e Dorziat (2009), fundamentam a existência de uma cultura surda e de direito dos indivíduos surdos. No entanto, outros autores, em menor número, como Santana e Bergamo (2005) e Bueno (1998), argumentam que os indivíduos surdos, assim o são por uma patologia e o fato de não possuírem a audição, não os deve isolar dos valores sociais da sociedade majoritária, seguindo, ainda, a concepção clínico-terapêutica acerca da surdez.

Para o autor José Geraldo Silveira Bueno, as vacinas contra rubéola e outras formas de prevenção da surdez devem ser implementadas porque previnem os fatores que podem ocasionar a surdez. Em outras palavras, essas vacinas previnem um mal. O autor destaca que considerar o surdo como integrante de grupo minoritário pode ser importante do ponto de vista das diferenças culturais, "mas confundi-los com outros grupos minoritários é esconder uma distinção entre o patológico e a mera diferença"[10]. Dessa maneira, Silveira Bueno entende que se a surdez passar a ser entendida como uma simples diferença, qualquer ação contra a sua incidência deverá ser combatida. Se de alguma maneira, existe um acordo na intenção de prevenir ou erradicar adversidades e patologias que possam ocasionar a surdez, então ela deverá ser considerada como um mal a ser evitado.

As autoras Rosana Prado e Valdelúcia Alves da Costa[11] levantam importante questionamento:

> Então, se a surdez fosse, apenas, uma patologia, uma ausência de um sentido que o ser humano, normalmente, possui e se deve ser combatida a incidência de adversidades que ocasionam a surdez, o que poderia explicar a total identificação de alguns indivíduos com o fato de ser surdo?

---

9. SKLIAR, C. *A surdez*: um olhar sobre as diferenças. (org.) Porto Alegre, Mediação, 2005. p. 102.
10. BUENO, José Geraldo Silveira. Surdez, linguagem e cultura. *Cad. CEDES*, Campinas, v. 19, n° 46, p. 41-56, 1998. Disponível em: https://www.scielo.br/scielo.php?script=sci_arttext&pid=S0101-32621998000300005. Acesso em: 31 out. 2020.
11. PRADO, Rosana; e COSTA, Valdelúcia Alves da. Por que cultura surda? Sentidos e significados na educação de alunos surdos. Cad. Pes., São Luiz, v. 23, n. Especial, p. 161-175, set./dez.2016. p. 169. Disponível em: http://www.periodicoseletronicos.ufma.br/index.php/cadernosdepesquisa/article/view/6208/3830. Acesso em: 05 out. 2020.

As autoras refletem sobre uma possível resposta a essa questão.

Para responder essa pergunta, pode-se considerar que nem todos os surdos assim o são por motivo de doença ou adversidade. Existem, embora em menor número, indivíduos surdos que nascem em famílias de surdos. Ou seja, percebem-se casos em que a surdez se manifesta de forma hereditária. Principalmente, nesses casos, os indivíduos surdos nascem e crescem em uma comunidade de pares em que a maioria utiliza a língua de sinais. No entanto, esta não é a realidade da maioria dos indivíduos surdos. Grande parte destes nasce em família de ouvintes, onde a maioria é usuária de uma língua oral e de onde se origina toda a dificuldade que têm em estabelecer trocas simbólicas com o grupo do qual são constituintes. Embora, a maioria dos surdos seja de família ouvinte, estes tendem a se identificar com outros indivíduos surdos pelo uso de uma língua em comum, pela apropriação visual que têm da realidade, por valores, interesses, hábitos e costumes que se constroem a partir dessa apropriação visual diferenciada da realidade. De acordo com Goldfeld (2002), mesmo que a surdez se origine de uma patologia, uma vez surdo, o indivíduo tem plenas condições de desenvolvimento, caso tenha acesso a uma língua que lhe sirva de suporte de pensamento e de comunicação. Sendo assim, a surdez passa a ser vista não como uma adversidade e sim como uma característica que difere, mas não incapacita para vida autônoma em sociedade[12].

Há ainda que se destacar sobre a influência que essas diferentes perspectivas têm sobre os modelos educacionais. Se por um lado, no modelo patológico o insucesso na aquisição e desenvolvimento da língua padrão oral é atribuído como responsabilidade da própria deficiência, no modelo socioantropológico ou sociocultural se considera que as dificuldades fazem parte de todo o processo de aprendizagem. Assim, no caso de dificuldade do sujeito, o que se questiona a partir da perspectiva socioantropológica é o método de ensino que, neste caso, deverá ser aperfeiçoado a fim de favorecer o desenvolvimento do sujeito surdo. Reconhece-se nesse modelo a importância da língua de sinais para o desenvolvimento da criança surda.

O modelo social da deficiência baseada nos direitos humanos impõe que as "barreiras arquitetônicas, de comunicação e atitudinais existentes devem ser removidas para possibilitar a inclusão das pessoas com deficiência e novas devem ser evitadas ou impedidas, com o intuito de deixar de gerar exclusão"[13].

Recentemente o Estatuto da Pessoa com Deficiência promulgado em 2015 através da Lei 13.146 encampou a visão socioantropológica da deficiência, seguindo tendência internacional preconizada pela Convenção sobre os Direitos das Pessoas com Deficiência e seu Protocolo Facultativo[14]. Este artigo objetiva proceder à análise da condição das pessoas com deficiência sensorial – mais especificamente relacio-

---

12. PRADO, Rosana; e COSTA, Valdelúcia Alves da. Por que cultura surda? Sentidos e significados na educação de alunos surdos. Cad. Pes., São Luiz, v. 23, n. Especial, p. 161-175, set./dez.2016. p. 169. Disponível em: http://www.periodicoseletronicos.ufma.br/index.php/cadernosdepesquisa/article/view/6208/3830. Acesso em: 05 out. 2020.

13. LOPES, Laís de Figueirêdo. Comentários aos arts. 1º, 2º e 3º. In: LEITE, Flávia Piva Almeida; RIBEIRO, Lauro Luiz Gomes; COSTA FILHO, Lauro Luiz da (coord.). Comentários ao estatuto da pessoa com deficiência. São Paulo: Saraiva, 2016. p. 45.

14. Art. 2º da Lei 13.146/15. Considera-se pessoa com deficiência aquela que tem impedimento de longo prazo de natureza física, mental, intelectual ou sensorial, o qual, em interação com uma ou mais barreiras, pode obstruir sua participação plena e efetiva na sociedade em igualdade de condições com as demais pessoas.

nada à surdez – e do ensino acerca da língua brasileira de sinais, de modo a permitir dar concretude e efetividade ao movimento de inclusão social e comunitária das pessoas surdas.

Para tanto, haverá abordagem das metodologias de ensino que vêm sendo empregadas na educação das pessoas surdas, bem como a análise da viabilidade de utilização da linguagem de libras para todas as pessoas – inclusive aqueles que não sejam pessoas com deficiência sensorial –, de modo a permitir identificar de que modo a solidariedade social pode fundamentar a transformação no tratamento do tema de inclusão da pessoa com deficiência.

"Educar na perspectiva da inclusão é respeitar os limites e particularidades de cada aluno com deficiência, instrumentalizando o exercício pleno de todos os seus direitos da personalidade em afirmação da dignidade da pessoa humana"[15], ou seja, educar à luz da diversidade, independentemente das diferenças físicas, sensoriais, mentais, intelectuais, sociais e culturais, de modo a favorecer a construção e o desenvolvimento de uma ambiente de sadio e harmônico aprendizado, com respeito e consideração ao outro.

2. METODOLOGIAS DE ENSINO USADAS NA EDUCAÇÃO DE SURDOS

Quando se aborda o tema da educação para crianças surdas, nos últimos anos, no Brasil muitas instituições de ensino passaram a aderir ao método de educação bilíngue. Isso aconteceu devido ao reconhecimento de que a língua de sinais possibilita o desenvolvimento das pessoas surdas em todos os seus aspectos, somado à reivindicação das comunidades das pessoas surdas quanto à adoção da língua de sinais na educação. Nesse modelo, a primeira língua é a de sinais – que, por ser visual, é mais acessível aos alunos surdos –, que dá o arcabouço para o aprendizado da segunda língua (preferencialmente na modalidade escrita, também por ser visual).

Esse método de ensino consiste em promover um ambiente bicultural para o indivíduo surdo. No que concerne ao indivíduo que nasceu em família ouvinte com língua e cultura predominantemente orais, o ambiente escolar e educacional é ainda mais importante. Considerando que o indivíduo surdo não tem acesso natural a uma língua oral, fica claro que o seu acesso à cultura é parcial e insuficiente por motivos óbvios. Se a comunidade majoritária na qual esse indivíduo se insere desde o nasci-

---

§ 1º A avaliação da deficiência, quando necessária, será biopsicossocial, realizada por equipe multiprofissional e interdisciplinar e considerará:

I – os impedimentos nas funções e nas estruturas do corpo;

II – os fatores socioambientais, psicológicos e pessoais;

III – a limitação no desempenho de atividades; e

IV – a restrição de participação.

§ 2º O Poder Executivo criará instrumentos para avaliação da deficiência.

15. LAGE, Juliana de Sousa Gomes. Comentários ao art. 27. In: MARTINS, Guilherme Magalhães; HOUAISS, Lívia Pitelli Zamariam (coord.). *Estatuto da pessoa com deficiência*: comentários à lei 13.146/2015. Indaiatuba: Foco, 2019. p. 87.

mento é ouvinte, como ter acesso à língua e à cultura visual, próprias da comunidade surda? Efetivamente, o ambiente escolar se torna o primeiro e principal ambiente favorecedor de convivência de indivíduos surdos com seus pares.

Contudo, nem sempre foi assim no curso dos tempos. Houve um período obscuro na história dos surdos em que se proibiu o uso das línguas de sinais, sob a crença de que estas prejudicavam o desenvolvimento cognitivo[16]. Tal visão foi paulatinamente sendo alterada e, foi através da luta da comunidade surda e da conquista de importantes marcos legais que a língua de sinais passou a ser reconhecida como língua.

A Declaração de Salamanca sobre Princípios, Políticas e Práticas na Área das Necessidades Educativas Especiais, na parte que trata sobre Estrutura de Ação em Educação Especial, trouxe, no ponto 19, o reconhecimento do direito de acesso à língua de sinais, além de afirmar a importância de que sejam criadas e desenvolvidas escolas inclusivas, sobretudo que as escolas especiais sejam uma exceção e não uma regra para as crianças com algum tipo de diversidade funcional. Ou seja, o modelo a ser implantado não pode seguir a lógica da exclusão; ao revés, as pessoas surdas necessitam ser incluídas no ambiente social e comunitário.

> 19. Políticas educacionais deveriam levar em total consideração as diferenças e situações individuais. A importância da linguagem de signos como meio de comunicação entre os surdos, por exemplo, deveria ser reconhecida e provisão deveria ser feita no sentido de garantir que todas as pessoas surdas tenham acesso à educação em sua língua nacional de signos. Devido às necessidades particulares de comunicação dos surdos e das pessoas surdas/cegas, a educação deles pode ser mais adequadamente provida em escolas especiais ou classes especiais e unidades em escolas regulares.
>
> [...]
>
> • 7. Princípio fundamental da escola inclusiva é o de que todas as crianças devem aprender juntas, sempre que possível, independentemente de quaisquer dificuldades ou diferenças que elas possam ter. Escolas inclusivas devem reconhecer e responder às necessidades diversas de seus alunos, acomodando ambos os estilos e ritmos de aprendizagem e assegurando uma educação de qualidade a todos através de um currículo apropriado, arranjos organizacionais, estratégias de ensino, uso de recurso e parceria com as comunidades. Na verdade, deveria existir uma continuidade de serviços e apoio proporcional ao contínuo de necessidades especiais encontradas dentro da escola.
>
> • 8. Dentro das escolas inclusivas, crianças com necessidades educacionais especiais deveriam receber qualquer suporte extra requerido para assegurar uma educação efetiva. Educação inclusiva é o modo mais eficaz para construção de **solidariedade** entre crianças com necessidades educacionais especiais e seus colegas. O encaminhamento de crianças a escolas especiais ou a classes especiais ou a sessões especiais dentro da escola em caráter permanente deveriam constituir exceções, a ser recomendado somente naqueles casos infrequentes onde fique claramente demonstrado que

---

16. Em setembro de 1880 houve o que ficou conhecido como Congresso de Milão a partir da iniciativa da organização Pereira Society – fundada na França por Jacob Rodrigues Pereira, forte apoiador do oralismo – onde reuniram-se mais de 170 educadores e especialistas. Nele, entre outras definições, estabeleceu-se que o uso da língua falada, no ensino e educação dos surdos, deveria preferir-se à língua gestual. No Brasil, devido à influência das decisões tomadas no Congresso de Milão, em 1911 o Instituto Nacional de Surdos (INES) passou a utilizar o oralismo puro em suas salas de aula.

a educação na classe regular seja incapaz de atender às necessidades educacionais ou sociais da criança ou quando sejam requisitados em nome do bem-estar da criança ou de outras crianças[17].

A Declaração de Salamanca, nesse sentido, preconizou o que viria depois a ser reafirmado com a Convenção sobre os Direitos das Pessoas com Deficiência e seu Protocolo Facultativo – CDPD, em 2007 –, a saber: a necessidade de se impor à sociedade a obrigação de criar mecanismos a fim de eliminar as barreiras que impedem a participação plena das pessoas com deficiência na vida social.

Anteriormente a este documento internacional, preponderava a ideia de necessidade de integração, segundo a qual as pessoas com deficiência seriam especiais e deveriam se "normalizar" o tanto quanto possível, isto é, se adaptar às condições normais da sociedade, superando as barreiras físicas, programáticas e atitudinais presentes na sociedade, que permanecia inerte. Colocava-se então o problema da deficiência centrado no indivíduo, impondo a este o dever de se reajustar para ter uma vida em sociedade. Tratava-se do período do modelo médico no qual a deficiência deveria ser "curada" para que a pessoa pudesse ser integrada na sociedade. Com a elaboração da Declaração de Salamanca, a perspectiva, do ponto de vista normativo no âmbito internacional, passou a ser a da inclusão e não mais da integração. Nesse sentido, "a inclusão, embora não seja incompatível com a integração dela se distingue por chamar a sociedade à ação, isto é, por exigir que a sociedade se adapte para acolher as pessoas com deficiência"[18].

Apesar disso – em razão do tratamento de inclusão –, ainda hoje há grande dificuldade de se colocar em prática um modelo de educação inclusiva realmente eficaz. Embora algumas diretrizes estabelecidas em Salamanca tenham sido aplicadas, o processo de um modo geral tem sido lento, dependendo em boa medida da boa vontade do Poder Executivo dos vários Estados Partes em redirecionar os recursos financeiros adequados, que já são em muitas vezes escassos.

A Convenção da Organização das Nações Unidas sobre Direitos das Pessoas com Deficiência encampa a noção de educação inclusiva em substituição ao termo "educação especial", garantindo que os apoios e instrumentos específicos garantam o acesso das pessoas com deficiência ao mesmo ambiente que os demais alunos têm contato: "para a Convenção da ONU [...] não há acesso à educação fora de um sistema educacional inclusivo em todos os níveis"[19].

No caso dos surdos o que a realidade tem mostrado, em alguns casos, no tocante ao cumprimento da educação inclusiva, são práticas educacionais em salas de aula em que o ambiente é dividido por alunos surdos e ouvintes. Nelas, o professor aplica

---

17. UNESCO. Declaração de Salamanca. p. 5-7. Disponível em: http://portal.mec.gov.br/seesp/arquivos/pdf/salamanca.pdf. Acesso em: 05 out. 2020.
18. BARBOZA, Heloisa Helena; ALMEIDA, Vitor (coord.). *Comentários ao estatuto da pessoa com deficiência à luz da constituição da república*. Belo Horizonte: Fórum, 2018. p. 32.
19. FÁVERO, Eugênia Augusta Gonzaga. O direito a uma educação inclusiva. *In*: GUGEL, Maria Aparecida; MACIEIRA, Waldir; RIBEIRO, Lauro (org.). *Deficiência no Brasil*. Florianópolis: Obra Jurídica, 2007. p. 90.

o método costumeiro de ensino, de modo que alunos surdos são tratados também como ouvintes, vezes porque os professores não têm conhecimento de Libras ou porque o conhecimento destes é precário. Estimula-se a leitura labial ou oralização sem que haja efetivo ensino do português, o que resulta muitas vezes no avanço de séries, sem que haja o aprendizado na prática. Em síntese: o aluno com deficiência é aprovado, mas sem que o aprendizado tenha de fato ocorrido.

A educação e o ensino inclusivos compreende a inserção das crianças e adolescentes com limitações funcionais nas escolares regulares, sendo essencial a observância de certos deveres das instituições de ensino como a adaptação do material didático, a reformulação das instalações físicas dos ambientes escolares, a disponibilização de acompanhante pedagógico e intérprete de Libras, adaptação das avaliações e práticas pedagógicas, capacitação dos professores e funcionários, de modo a permitir "que esses alunos com deficiência, que têm limitações funcionais e sofrem com os obstáculos existentes no meio social, possam ter acesso à educação nas mesmas condições asseguradas aos demais estudantes"[20].

Questionado sobre o que consideraria como sendo inclusão em um ambiente escolar, um professor de escola pública federal, referência na inclusão de pessoas surdas, assim respondeu:

> Inclusão do aluno surdo é ele estar dentro da escola e vivenciar junto com os demais todas as faces e atividades que existem dentro da escola, é ele se comunicar com todo mundo, todo mundo se comunicar com ele, é ele se sentir parte da escola também, não é?! Mas o que acontece aqui é que eles precisam do intérprete do lado deles por que funcionários não sabem Libras, professores não sabem Libras, os colegas não sabem Libras, o ideal que tivesse Libras dentro do currículo do aluno, né! Onde todo mundo aprendesse Libras, não é?! (Professor -P7)[21].

Esse cenário faz crer que a ideia de inclusão deve ser repensada para muito além de se ter a participação dos surdos no ambiente de ensino regular. Não é suficiente, sob a perspectiva da efetividade da inclusão social, que a pessoa surda seja incluída no modelo formal de ensino com outras pessoas não surdas sem que sejam adotadas algumas providências que permitiriam a efetiva participação do aluno surdo em igualdade de condições com os demais alunos.

No caso dos surdos, grupo que tem a língua de sinais como língua materna, é extremamente importante que o Poder Público tome iniciativas a fim capacitar profissionais que possam atuar no ensino da Libras. No entanto, mais do que isso, é necessário que toda a sociedade seja chamada a atuar, em conformidade com o modelo social de inclusão da pessoa com deficiência.

---

20. FERRAZ, Carolina Valença; LEITE, Glauber Salomão. Comentários aos arts. 4º a 8º. *In*: LEITE, Flávia Piva Almeida; RIBEIRO, Lauro Luiz Gomes; COSTA FILHO, Lauro Luiz da (coord.). *Comentários ao estatuto da pessoa com deficiência*. São Paulo: Saraiva, 2016. p. 71.
21. MENEZES, Márcia Sá Rodrigues; KLIMSA, Severina S. B. de F. *Inclusão do aluno surdo na escola regular*: na perspectiva do gestor e docentes. Disponível em: https://www.ufpe.br/documents/39399/2407696/MENE-ZES%3B+KLIMSA+-+2014.1.pdf/f8380a4e-669b-4c12-9ceb-813b927d76ef. Acesso em: 27 out. 2020.

Não há como se garantir o direito à comunicação à pessoa surda se esta não for capaz de se expressar e ser compreendida através de sua língua. O que a realidade tem mostrado é que ainda se está muito longe de ter uma sociedade verdadeiramente inclusiva. Apesar de existir norma determinando a obrigatoriedade da Libras como disciplina curricular obrigatória nos cursos de formação de professores (Decreto nº 5.626/2005) e da previsão de criação de sistemas educacionais inclusivos (Lei 13.146/2015 – Lei Brasileira de Inclusão), a realidade tem mostrado que no ambiente de ensino regular as crianças surdas tem uma participação muito limitada nas atividades e pouca oportunidade de desenvolver relacionamentos com outras crianças e adolescentes. Geralmente o que acontece é que as crianças surdas apenas interagem entre si, não tendo contato significativo com as crianças ouvintes, o que permite a identificação cultural com seus pares linguísticos, mas impede sua participação na comunidade majoritária.

Não é suficiente a existência de regra expressa na legislação brasileira que permita a matrícula formal do estudante surdo em instituições públicas e privadas de ensino sem o emprego de determinadas medidas que permitirão a efetiva inclusão.

3. LIBRAS PARA TODOS COMO PRÁTICA DE INCLUSÃO E DE SOLIDARIEDADE

No Brasil, há muito tempo já se tem debatido sobre a importância do ensino de outras línguas, além do português. Em muitas escolas particulares outros idiomas estrangeiros tais como inglês, francês e alemão fazem parte do programa pedagógico desde cedo. Desde o ano 1996, com a promulgação da Lei de Diretrizes e Bases da Educação Nacional – Lei nº. 9.394 -, há a obrigatoriedade de oferta da língua inglesa a partir do sexto ano nas escolas públicas[22].

Apesar disso, pouco se debate a respeito da importância de ensino da Libras para alunos ouvintes – que, portanto, não sejam surdos – nas escolas de ensino regular, o que revela a pouca importância que ainda é dada para as demandas das pessoas com deficiência. Cabe ressaltar que desde 2002, através da Lei nº 10.423, a Libras é reconhecida como a segunda língua oficial do país, após a língua portuguesa, o que torna a situação das línguas de sinais serem pouco difundidas ainda mais grave.

Mais do que estar em um ambiente de ensino regular, a possibilidade dos surdos se comunicarem com pessoas ouvintes é que possibilita efetiva inclusão.

---

22. Conforme o que dispõe o art. 26, § 5º da comentada Lei.

Art. 26. Os currículos da educação infantil, do ensino fundamental e do ensino médio devem ter base nacional comum, a ser complementada, em cada sistema de ensino e em cada estabelecimento escolar, por uma parte diversificada, exigida pelas características regionais e locais da sociedade, da cultura, da economia e dos educandos. (Redação dada pela Lei nº 12.796, de 2013)

§ 5º No currículo do ensino fundamental, a partir do sexto ano, será ofertada a língua inglesa.

Há que se considerar que a inclusão da pessoa com deficiência depende não só da sua participação no ambiente de ensino regular, mas de seu completo desenvolvimento neste, o que depende de se dar aos sujeitos surdos a possibilidade de interagir com outros alunos.

Deve-se ter em mente, também, que a comunicação dentro da escola serve não só para ampliar os conhecimentos, mas também para estreitar as relações com colegas, professores, intérpretes e outros funcionários. Somente assim, com a possibilidade de uma comunicação eficiente e real, é que a criança surda será capaz de pertencer – sentindo-se pertencente ao espaço e que este também o pertence –, podendo interferir nesse espaço, transformando-o. Desta forma, acontecerá a inclusão, que vai além de permitir que uma pessoa acesse, faça parte de determinado lugar, simplesmente por estar lá. Faz parte da inclusão promover condições para que uma pessoa interaja com outra, modifique o espaço e faça algo de diferente no mesmo, podendo deixar de ser "só mais um" ali.

Quanto às dificuldades para a aprendizagem da língua de sinais, elas existem e devem, sim, ser assumidas. Porém, não justificam qualquer acomodação, de todas as pessoas envolvidas no assunto – principalmente educadores –, à situação atual. São necessárias novas iniciativas de ordem pedagógica e social, baseadas na aceitação e adaptação às peculiaridades do ser humano. Para isso, demanda-se um processo de construção de novo entendimento político e ideológico de escola, suscitando maneiras de enfrentar o fracasso com maior eficácia.

Para que uma inclusão real aconteça, a escola, como espaço de construção de conhecimento e de laços afetivos, precisa observar a interação do surdo através da língua de sinais, valorizar conteúdos escolares e torná-los significativos, buscando relacionar esses conteúdos com a cultura surda. E, aos poucos, incentivar ouvintes para que também aprendam a língua de sinais desde cedo. Desse modo, os surdos serão capazes de retirar-se da situação de desvantagem, podendo se comunicar não somente na escola ou entre si, mas também de se comunicar, participar e pertencer à sociedade toda em que estão inseridos[23].

Quando são isolados alunos surdos em institutos especializados ou eles são inseridos em ambiente de ensino regular em que a Libras não é efetivamente difundida, não só se retira desses sujeitos a possibilidade de se preparar para lidar com a sociedade de modo geral, mas impede-se que os alunos ouvintes possam aprender a lidar com as diferenças, entender mais sobre a cultura surda, sobre a diversidade sociolinguística, permitindo que a escola seja o lugar de preparar verdadeiros cidadãos, aptos a conviver com o outro. Em outras palavras: a solidariedade social não é concretizada no modelo atual, mantendo os "guetos" que não interagem e não dialogam exatamente por ainda se reproduzir o modelo excludente no tratamento das pessoas com deficiência.

O ambiente escolar deve ser o reflexo da vida do lado de fora, pois os estudantes que não são condicionados a lidar com as diferenças, mais tarde tendem a ter dificuldade de vencer e superar os preconceitos, até por não terem a dimensão de todo o processo histórico de exclusão das pessoas com deficiência. A diversidade no meio social e, principalmente, no ambiente escolar e educacional "é fator enriquecedor

---

23. DALL'ASTRA, Patricia Velho. A importância da língua de sinais para o desenvolvimento da pessoa surda: a noção de inclusão associada ao sentimento de pertencimento no espaço escolar. *Revista Educação Especial*, Santa Maria, v. 28, n. 51, 2015. p. 127.

de trocas tanto intelectuais, sociais e culturais que possam ocorrer entre os sujeitos que neles interagem"[24].

Sem oferecer à sociedade a possibilidade de estabelecer uma comunicação com a pessoa surda, não há que se falar em inclusão. A realidade tem apresentado uma grande dificuldade dos setores públicos e privados de oferecerem a presença de intérpretes em todos os serviços disponibilizados à sociedade. Considerando que os ambientes de ensino ainda sofrem com a ausência desses profissionais, não há que se cogitar de que as barreiras sociais ditas pela CDPD foram eliminadas, ou ainda reduzidas.

Mesmo no caso de que fosse possível a presença de um intérprete para acompanhar cada pessoa surda em suas atividades, deve-se considerar que a presença constante de um terceiro servindo como "ponte" para os diálogos entre os estudantes torna os relacionamentos estabelecidos pelos surdos muito menos naturais e autênticos, em geral mais formais e "engessados", o que representa o oposto de se conferir autonomia às pessoas com deficiência, inerente à dignidade da pessoa humana. É o oposto do que determina o princípio geral da CDPD – internalizada no Brasil como norma de estatura constitucional (CF, art. 5°, § 3°) –, que estabelece o direito à autonomia individual, que envolve não somente a liberdade de fazer as próprias escolhas, mas a independência das pessoas com deficiência[25].

Não somente a autonomia, mas todos os demais direitos previstos constitucionalmente ou em normas infraconstitucionais declarados e reconhecidos em favor das pessoas com deficiência, precisam ter efetividade para então se poder concretizar a noção de eliminação das barreiras presentes na sociedade.

Como se cogitar em direito à saúde se uma pessoa surda, ao chegar a um hospital, não consegue ser atendida porque não há um profissional que saiba falar a língua de sinais, deixando de interagir com o paciente? Mais do que a existência de locais de atendimento médico, o direito à saúde envolve a possibilidade de ser bem atendido, de ter suas queixas ouvidas, de compreender o diagnóstico apresentado pelo profissional e poder optar pelo tipo de tratamento que considere mais adequado para sua situação. No caso da saúde mental, a situação parece ainda mais grave, já que um psicólogo, por exemplo, precisa ouvir aos anseios de seu paciente, suas inseguranças, seu passado. Seria impensável uma consulta para um surdo em que o profissional não dispusesse de conhecimento em Libras.

Muito se cogita sobre a importância do aprendizado de outras línguas (estrangeiras) como forma de se estar "antenado" às necessidades de um mundo globalizado. Com o desenvolvimento das redes de comunicação e o fortalecimento dos processos de globalização da economia, intensificando o fluxo e a circulação de bens, serviços e pessoas ao redor do mundo, a relação entre os povos está cada vez mais próxima e

---

24. MANTOAN, M. T. E. *A integração de pessoas com deficiência:* contribuições para uma reflexão sobre o tema. São Paulo: Memmon, 1997. p. 9.
25. Conforme o artigo 3°, "a", da CDPD.

vivida de forma bastante intensa. A ideia que tem sido difundida é que quanto mais línguas uma pessoa falar, mais qualificada ela estará para lidar com as diferenças, já que a língua constitui a principal ponte para se estabelecer relacionamentos, construir redes solidárias de interação e apoio.

Não se pretende ignorar a importância do aprendizado de outra língua nos dias atuais; ao revés: trata-se de medida mais do que recomendada para a sociedade mais globalizada e transfronteiriça. Justamente considerando a necessidade de estar preparado para lidar com uma cultura diferente é que se suscita o debate sobre a necessidade de levar o conhecimento da Libras à toda população brasileira.

Há que se destacar que os primeiros anos de vida da pessoa são os mais propícios para absorver uma segunda língua. Além da facilidade do aprendizado nos primeiros anos de vida, alguns estudos têm revelado os benefícios dessa prática para todo o restante da existência da pessoa. Mesmo praticando a língua oral, crianças que são expostas às línguas de sinais têm suas habilidades de atenção, de discriminação visual e de memória espacial melhor desenvolvidas, se comparadas àquelas que somente estão expostas às línguas orais. A esse respeito, a pesquisadora estadunidense Marilyn Daniels tem se dedicado há pelo menos duas décadas a realizar importantes estudos, demonstrando nestes os benefícios dessa aprendizagem.

Além desse benefício, em um estudo-piloto feito em 1994, a referida pesquisadora constatou que crianças ouvintes, filhas de pais ouvintes, aprendendo a Língua de Sinais Americana (ASL) tinham um entendimento muito maior no vocabulário em comparação àquelas que não tiveram contato com a língua, o que sugeria que o conhecimento da ASL (*American Sign Language*) teria efeito positivo na aquisição do inglês em crianças ouvintes.

Ainda nos primeiros meses de vida a utilização das línguas de sinais tem efeitos muito benéficos. É o que indicou a conclusão dos estudos realizados em 1999 no Laboratório Infantil da Escola Sophie Rogers, no Estado de Ohio, nos Estados Unidos. Na ocasião, a pesquisadora Kimberlee Whaley iniciou um estudo longitudinal e fez a seguinte afirmação:

> É muito mais fácil para os nossos professores lidarem com crianças de 12 meses de idade que conseguem sinalizar que querem a sua mamadeira do que ficar chorando e nós tentarmos adivinhar o que elas querem. É um modo gratificante para as crianças expressarem suas necessidades antes que possam falar[26].

Tendo em isso vista, é importante cogitar em apresentar uma proposta educacional que ofereça ensino das línguas de sinais para crianças ouvintes logo na primeira infância, já que o modelo pelo qual o sistema educacional para surdos está estruturado tem criado verdadeiros espaços de exclusão.

---

26. WHALEY, Kimberlee *apud*. ROA, Maria Cristina Iglesias. *Libras como segunda língua para crianças ouvintes:* avaliação de uma proposta educacional. Tese de Mestrado (Centro de Desenvolvimento do Ensino Superior em Saúde) – Universidade Federal de São Paulo. São Paulo, 2012. p. 116.

A proposta de ampliação do ensino da Libras para a educação básica para todas as crianças impõe à sociedade o dever de eliminar a barreira da comunicação, a fim de promover maior participação das pessoas surdas tanto no contexto familiar como social e comunitário, favorecendo experiências que facilitem a comunicação e a aceitação do outro com suas diferenças.

Retirando a barreira da comunicação através da extensão do ensino de Libras aos ouvintes, a surdez deverá ser entendida como apenas mais uma característica, a qual distingue os seres humanos entre si e que impõe o dever de buscar a coexistência pacífica, o único caminho possível para se alcançar uma sociedade livre, justa e solidária.

4. NOTA CONCLUSIVA: A SOLIDARIEDADE COMO FUNDAMENTO PARA A TRANSFORMAÇÃO INCLUSIVA EM FAVOR DA PESSOA SURDA

No estágio atual da civilização humana, reconhece-se a dimensão comunitária – ou social – da dignidade de cada pessoa humana e de todas as pessoas devido à igualdade em dignidade e direitos e diante da condição de todos viverem em sociedade, ou seja, consistirem em seres gregários. A dignidade da pessoa humana, na perspectiva das relações interpessoais entre os indivíduos, cria o dever geral de respeito da pessoa representado no conjunto de deveres e direitos recíprocos, de natureza material, relacionados à proteção e promoção dos bens indispensáveis ao desenvolvimento da pessoa humana. A dignidade da pessoa humana fundamenta a noção de igual respeito e igual consideração de toda pessoa humana, tanto pelo Estado, quanto pela sociedade como um todo[27].

A Constituição Federal, no art. 3°, I, encampou os *princípios da liberdade, da justiça e da solidariedade* (ou do solidarismo) nas relações jurídicas em geral. A partir da consideração da função promocional do direito, é vital anotar que a Constituição Federal estabelece objetivos fundamentais a serem atingidos, inclusive em razão da atuação do Direito como Ciência. No contexto de tal perspectiva, busca-se implementar a construção de uma sociedade mais livre, justa e solidária, o que também se reflete no tratamento inclusivo das pessoas com deficiência.

O princípio da solidariedade se vincula necessariamente aos valores éticos do ordenamento jurídico. A solidariedade surgiu como categoria ética e moral, mas que se projetou para o universo jurídico na representação de um vínculo que compele à oferta de ajuda ao outro e a todos. Como leciona Paulo Lôbo, "a solidariedade significa um vínculo de sentimento racionalmente guiado, limitado e autodeterminado que compele à oferta de ajuda, apoiando-se em uma mínima similitude de certos interesses e objetivos, de forma a manter a diferença entre os parceiros na solidariedade"[28].

---

27. GAMA, Guilherme Calmon Nogueira da. *A nova filiação*. Rio de Janeiro: Renovar, 2003. p. 146.
28. LÔBO, Paulo. *Direito civil* – famílias. São Paulo: Saraiva, 2007. p. 39.

No campo da solidariedade, reconhece-se que também à sociedade civil e a cada pessoa que a integra incumbe reconhecer a responsabilidade pela existência social das demais pessoas componentes da sociedade. Nega-se, através da solidariedade, a filosofia do individualismo jurídico que tanto marcou o Estado Liberal e a sociedade civil nele inserida, período claramente identificado como de negação do modelo atual de inclusão da pessoa com deficiência. Atualmente, objetiva-se alcançar um ponto de equilíbrio entre os interesses individuais e os interesses sociais e coletivos: busca-se o equilíbrio entre os espaços privados e públicos com a necessária interação entre as pessoas, com a nota de maior priorização dos interesses das pessoas mais vulneráveis. A solidariedade se especializa na tutela constitucional das crianças, dos adolescentes, das pessoas com deficiência e dos idosos.

Relativamente aos familiares vulneráveis, reconhece-se a solidariedade no valor jurídico do cuidado a ser destinado às crianças, adolescentes, idosos, pessoas com deficiência, curatelados, entre outros. O cuidado aparece com bastante intensidade nos textos dos Estatutos das pessoas vulneráveis[29]. Registre-se, a esse respeito, que a Convenção Internacional sobre os Direitos das Pessoas com Deficiência expressamente incluiu a solidariedade entre os princípios a serem observados. As pessoas com deficiência devem ser reconhecidas como sujeitos de direitos baseados nos valores que fundamentam o sistema de direitos humanos, tais como a dignidade da pessoa humana, a autodeterminação, a equiparação de oportunidades e a solidariedade[30].

O princípio da solidariedade propugna o abandono de tal visão individualista para, no seu lugar, ser empregado o modelo que resulte da cooperação solidária das pessoas com vistas à efetividade da cláusula geral de tutela da pessoa humana no desenvolvimento das suas melhores potencialidades e da sua personalidade.

De modo a contextualizar a solidariedade na proteção e promoção dos direitos das pessoas surdas, este artigo propõe, *de lege ferenda*, a ampliação do ensino de Libras para a educação básica no sistema brasileiro de ensino – tanto na rede pública, quanto na rede privada –, permitindo a todas as crianças o acesso à língua para o fim de eliminar os obstáculos e barreiras de comunicação com as pessoas surdas. Somente assim será possível promover a maior participação da comunidade das pessoas surdas na realidade social brasileira, com sua verdadeira inclusão.

A ampliação do ensino de Libras para a educação básica requer, tão somente, a adição dessa previsão na Lei de Diretrizes e Bases da Educação, tal como analisado no desenvolvimento deste artigo, tal como já ocorreu com o exemplo da obrigatoriedade de língua estrangeira em determinadas fases do sistema de ensino. Contudo, enquanto não houver a inclusão de tal obrigatoriedade por parte da atividade do legislador, incumbe aos agentes privados – e também públicos – a sensibilidade de

---

29. LÔBO, Paulo. *Direito civil* – famílias. São Paulo: Saraiva, 2007. p. 42.
30. LOPES, Laís de Figueirêdo. Comentários aos arts. 1º, 2º e 3º. *In*: LEITE, Flávia Piva Almeida; RIBEIRO, Lauro Luiz Gomes; COSTA FILHO, Lauro Luiz da (coord.). *Comentários ao estatuto da pessoa com deficiência*. São Paulo: Saraiva, 2016. p. 45.

poderem agir solidariamente e, assim, espontaneamente incluírem nos currículos de ensino também o ensino de Libras a todos os estudantes, dando efetividade ao objetivo constitucional relativo à solidariedade social.

Como já foi antecipado, ao se abolir a barreira da comunicação via implementação do ensino de Libras aos estudantes, a surdez de fato será encarada como uma característica de certas pessoas, a qual se distingue de outras, mas em convívio harmônico, saudável e solidário, cumprindo o objetivo constitucional de uma sociedade mais livre, justa e solidária.

"FIQUE EM CASA" NOTAS PARA UMA TAXONOMIA DOS "FAMILIARES"[1]

Guilherme de Oliveira

Professor catedrático jubilado da Faculdade de Direito de Coimbra, Fundador e Diretor do Centro de Direito da Família, Fundador e Presidente-Honorário do Centro de Direito Biomédico.

> *"I ain't got nobody. Nobody cares for me..."*
> Roger Graham and Spencer Williams, 1915.

1. UMA DEFINIÇÃO FORMAL DE "FAMILIARES"

É natural que um livro sobre protozoários comece por definir o que eles são, para que se possa entender o objeto do estudo. Pela mesma razão, pode esperar-se que um texto sobre Direito da Família defina o que se entende por "familiares".

Mas os textos sobre Direito da Família têm grandes dificuldades para encontrar uma definição[2]. Não admira, por duas razões:

a) em primeiro lugar, porque talvez a definição não seja muito necessária. De facto, quase sempre que as regras legais atribuem direitos ou impõem obrigações a algumas pessoas que têm maior proximidade com outra, as leis discriminam as relações familiares a que querem dar relevância (p.ex., arts. 1844.º, 1846.º, 1862.º, CCiv); ou então referem-se genericamente a "familiares", mas dizem logo quem consideram como tal ("os serviçais que vivam habitualmente em comunhão de mesa

---

1. Inspirado pela obra de HERRING, Jonathan, sobretudo, pelo texto *Making family law less sexy... and more careful, In:* LECHEY, R. *After legal equality: family, sex, kinship.* Routledge, 2014. p. 25-41. Publicado previamente na revista Julgar *online,* com diferenças ligeiras.
2. Conferir., por exemplo, PINHEIRO, Jorge Duarte. *O direito da família contemporâneo.* 7. ed. Lisboa: Gestlegal, 2020. p. 17-18. HERRING, Jonathan. *Family law.* 9. ed. Oxford: Pearson, 2019. p. 2-12. DETHLOF Nina. *Familienrecht,* 31. ed. Munchen: C.H.Beck, 2015. p. 19-. TERRÉ, François; FENOUILLET, Dominique. *Droit civil, la famille.* 8. ed. Paris: Dalloz, 2011. p. 20-. SESTA, Michele. *Manuale di diritto di famiglia.* 7. ed. Padova: CEDAM, 2016. p. 31-32. DÍEZ-PICAZO, Luis; GULLÓN, Antonio. *Sistema de derecho civil. Derecho de família.* v. IV, 12. ed. Madrid: Tecnos, 2018. p. 5-7.

e habitação com o locatário ou o locador" – arts. 1040.º, n.º 3, 1050.º, 1072.º, CCiv; para a definição das necessidades da família do usuário ou do morador usuário, cfr. os arts. 1484.º e 1487.º, CCiv).

Só excecionalmente a lei atribui efeitos que dependem da condição genérica de "familiares" ou equiparados a familiares, o que pode tornar equívoca a aplicação do preceito: assim, não se sabe exatamente o que se entende por "assuntos familiares importantes" que justificam ouvir a opinião dos menores, no art. 1878.º, n.º 2, CCiv; certas penas são agravadas se "do facto resultar [...] destruição das relações familiares [...] de outra pessoa" [art. 361.º, n.º1].

b) CPen; pode duvidar-se se a noção de "familiares" do art. 67.º-A do CProcPen abrange pessoas economicamente dependentes, apenas de facto, da vítima; não se concretizam os vínculos que são contidos pela expressão "seus familiares", no quadro da "Proibição e imposição de condutas", no art. 200.º, n.º 1, CProcPen; não se definem as "relações [...] familiares" no âmbito da Inquirição de testemunhas (art. 348.º, n.º 3, CProcPen); também pode discutir-se o que se entende por "familiares" no domínio relativo a Informação genética pessoal e informação de saúde (Lei n.º 12/2005, de 26 de janeiro, atualizada pela Lei n.º 26/2016, de 22 de agosto, e DL n.º 131/ 2014, de 29 de agosto);

Em segundo lugar, não parece possível encontrar uma noção única e satisfatória.

A definição mais tentadora para os juristas e para as codificações assentará no enunciado taxativo de certas relações jurídicas consideradas "familiares" e que, portanto, ficam sob a alçada do corpo de leis que se designa por "direito da família"; esta foi a solução do código civil português de 1966[3], que se mantém até hoje.

Mas esta definição já foi acusada de várias deficiências[4]: de misturar *fontes* das relações jurídicas familiares (o casamento e a adoção) com o *conteúdo* de outras relações jurídicas familiares (o parentesco e a afinidade).

Sobretudo, o que se pode censurar nesta definição é o seu caráter *puramente formal*[5], tanto nas relações familiares horizontais quanto nas relações familiares verticais. Isto é, pressupõe-se que só cabem na noção de Família as relações jurídicas familiares que tenham passado por uma certificação prévia oficial, de acordo com os critérios dominantes do sistema jurídico, independentemente do conteúdo real da relação que seja demonstrável de algum modo. Por exemplo, esta definição dá um valor absoluto à celebração de um casamento, ainda que o vínculo tenha durado, na realidade, três semanas, enquanto nega a natureza de relação familiar a uma união de facto que tenha durado, porventura, trinta anos. Haverá também quem possa estranhar que um irmão radicalmente desavindo com outros, durante toda a vida,

---

3. Art. 1576.º CCiv: "São fontes das relações jurídicas familiares o casamento, o parentesco, a afinidade e a adopção".

4. COELHO, F. M. Pereira. *Curso de direito da família*. Coimbra: Coimbra Editora, 1981. p. 7.

5. PINHEIRO, Jorge Duarte. *O direito da família contemporâneo*. 7. ed. Lisboa: Gestlegal, 2020. p. 13-14.

seja considerado como membro da família dos outros, para todos os efeitos, e para sempre, apenas porque todos têm um ascendente biológico comum em primeiro grau, enquanto um "amigo fraterno", colaborante e até cuidador, será considerado pelas leis como um estranho. Pode acrescentar-se, também, que a demonstração da prática continuada da prestação de cuidados parentais ao longo de toda a infância tem menos valor, em face da lei, do que um progenitor formalmente reconhecido, mas que é negligente e até perigoso[6].

Em qualquer destes casos, a crítica acentuará um excessivo formalismo da definição de "familiares" que reconhece facilmente vínculos socialmente desinteressantes, mas exclui outros que contêm e mostram um valor comunitário muito mais robusto.

O segundo problema que uma definição formal de "familiares" não consegue evitar é que está *condenada a envelhecer*. De facto, os critérios formais que certificam as relações de Família em certa época acabam por ser pressionados no sentido do seu alargamento pelos movimentos sociais emergentes dos setores excluídos. Em hipóteses conhecidas, as definições formais resistem apenas porque deixam entrar para o seu seio relações jurídicas que começaram por ser ignoradas – assim aconteceu com os *casamentos de pessoas do mesmo sexo*. Na aparência, o critério formal e antigo do casamento pareceu manter-se incólume mas, na realidade, o que aconteceu foi que ele não resistiu ao alargamento feito pela pressão social que fez aprovar a lei avulsa que reconheceu os novos casamentos homossexuais. Assim aconteceu, muito tempo antes, com o *reconhecimento dos "filhos ilegítimos"*. Na aparência, o critério formal do parentesco manteve-se incólume mas, na realidade, o critério formal do parentesco alargou-se muito quando várias normas admitiram e promoveram a constituição livre do estado de filho nascido fora do casamento. Este alargamento pode ter começado ainda antes, de um modo fraudulento, através da prática tolerada das *"perfilhações de complacência"*, que ficcionava uma progenitura onde havia apenas uma prática de facto no sentido do desempenho da função parental; o critério formal da progenitura era substituído pelo critério substancial da realidade prática, embora, na aparência, nenhuma alteração formal transparecesse.

Talvez qualquer noção formal de Família – quer comece mais acanhada ou mais generosa – tenha sempre de vir a sofrer os embates de *novas realidades que aspiram a um reconhecimento formal*. Refiro-me, por exemplo, à relação de *apadrinhamento civil* que, não tendo a intensidade de outros vínculos familiares – e sob a aparência de ter vindo apenas substituir a adoção restrita – tem a natureza pessoal e a vocação de perpetuidade que lhe acrescentam valor em face daquela forma modesta e rara de adoção, ou em face da tutela. Se, como se espera, o apadrinhamento civil vier a despertar na Sociedade para servir o seu propósito de gerar um "acolhimento familiar duradouro" (que tantos profissionais têm reclamado, embora ainda sem consequências) talvez se venha a reconhecer uma nova relação formal de família que a velha

---

6. Antes de se passar por uma eventual inibição de responsabilidades parentais e por uma adoção *intuitu personae*, por aquele cuidador concreto e não por alguém escolhido dentro da lista nacional de candidatos.

definição ainda não podia avaliar, na época em que nasceu. Também é o caso evidente da *união de facto*. Depois de ter conquistado a área do direito social, onde se impôs pelo seu valor de proteção dos mais vulneráveis (ainda que a palavra não estivesse então na moda), a união de facto entrou pelas mesmas razões no código civil, em 1977 (art. 2020.º). Entrou, mas, como não cabe nas formas que integram a definição de Família implícita no velho art. 1576.º, ainda não conseguiu unanimidade como fonte de uma relação familiar, embora dificilmente alguém possa afirmar que – substancialmente – os seus membros não formam uma família.

Em suma: ou a definição se vai atualizando espontaneamente ou a pressão dos *lobbies* e da doutrina vai "forçando" o seu alargamento.

2. AS *FUNÇÕES* DA FAMÍLIA

2.1 As funções de sempre

Ao longo da história, a Família já foi, predominantemente, uma *unidade de poder cívico e religioso*, fortemente hierarquizada sob o comando do *paterfamilias*, englobando vários casais dependentes e incluindo serviçais, para garantir o exercício dos poderes na cidade e o culto dos mortos; já foi uma *unidade de produção* na economia agrária, e na era pré-industrial, quando as carroças recolhiam o produto artesanal da fiação, ou os tecidos caseiros; já foi o modo de *conservar e de transmitir as fortunas* dos comerciantes percursores do capitalismo; e, desde os tempos das Luzes, cuja influência se estendeu até há pouco tempo, desempenhou a função de *preservar a moralidade* dominante e garantir a *geração de filhos educados* de uma forma útil às nações.

Entretanto, foi-se alterando o interesse social relativo das funções antigas e, por outro lado, é difícil identificar a "moralidade dominante", em face do pluralismo que se tem instalado nos países que nos são próximos.

Desde há bastante tempo[7], atribui-se à Família a função de *propiciar o desenvolvimento emocional e afetivo dos seus membros*; os indivíduos procuram no seio da Família otimizar as suas aspirações livres e autónomas, deixando implícito que a Família pode durar enquanto for capaz de satisfazer aquela função[8].

Porém, sem prejuízo de concordar genericamente com esta ideia geralmente tão bem aceite, creio que a formulação é *demasiado vaga* para nos orientar para uma definição justa. E quando digo "justa" quero dizer com potencialidades para descri-

7. COELHO, Francisco Pereira; OLIVEIRA, Guilherme de. *Curso de direito da família*. Direito matrimonial. v. I, 5. ed. Coimbra: Imprensa da Universidade, 2016. p. 118-. Disponível em: https://www.studocu.com/pt/document/universidade-lusofona-de-humanidades-e-technologias/direito-da-familia/outro/e-book-curso-de-direitopdf-pereirab-coelho-familia-suprimento-conjuge-consentimento-etc/6540041/view. Acesso em: 27 jul. 2021.
8. HERRING, Jonathan. *Family law*. 9. ed. Oxford: Pearson, 2019. p. 8-9.; DOUGLAS, Gillian. *Obligation and commitment in family law*. Oxford: Hart Publishing, 2018. p. 60-; AAVV, *apud* OLIVEIRA, Guilherme de. Precisamos assim tanto do direito da família? *Lex Familiae*, a. 10, n. 19, p. 05-21, 2013. p. 8-9.

minar certas funções específicas e para acolher relações familiares novas, quando for oportuno.

A formulação é demasiado vaga (mesmo para quem se renda à inevitabilidade de o legislador estar impotente para ditar verdadeiras normas cogentes, à maneira tradicional, e aceite que as leis apenas podem transmitir mensagens pedagógicas[9]) porque contém em si uma mensagem que se reduz à consagração do primado de um liberalismo individualista que parece esquecer a vida de relação em que cada pessoa se encontra inevitavelmente, e parece ignorar qualquer valor dos compromissos que cada pessoa livremente assume. Ora, ainda que a Família não possa ser mais a instituição autoritária e opressiva que já foi, também não pode ser idealizada e consagrada como uma relação entre indivíduos que simplesmente não existem, isto é, indivíduos radicalmente livres e absolutamente irresponsáveis. Na verdade, depois de se ter proclamado *ad nauseam* que o indivíduo é um ser social, hoje parece reconhecido que todos somos condicionados também pelas nossas próprias vulnerabilidades[10] – o que implica condicionamentos permanentes e inescapáveis – a que se acrescenta uma vivência necessária em relação com o outro.

Dito isto – e sem prejuízo da ideia generalizada de promover a satisfação emocional e afetiva dos indivíduos que integram a Família – ao mesmo tempo que se pode reconhecer a persistência de alguns objetivos tradicionais, é necessário *sublinhar funções* que as exigências sociais contemporâneas sugerem.

Assim, parece razoável afirmar que, de entre as funções tradicionais que se cometiam à Família, a função de reprodução e de socialização das crianças mantém-se. Quer se parta do critério tradicional da biologia, da procriação, como fonte da substituição dos indivíduos humanos, quer se acrescentem as técnicas de PMA que assentam, em parte, na vontade de gerar novas crianças (procriação com dador, gestação de substituição), a multiplicação dos indivíduos e a sua educação continua a ser uma função vital que se comete à Família.

2.2 Alterações da importância relativa das funções. Companhia, cuidado, encargo de outrem e partilha de recursos

Porém, as *exigências contemporâneas apontam para outras direções.*

Não se pode falar, propriamente, de funções *novas*, pois elas são antigas e foi sempre preciso desempenhá-las, de qualquer modo – e era fácil desempenhá-las no quadro da família alargada, onde vários pequenos grupos conviviam no mesmo lugar, contribuíam com os seus recursos, revezavam-se. Mas são funções que parece terem-se tornado *mais difíceis de satisfazer*, por duas razões: em primeiro lugar, pela ascensão dos direitos fundamentais e pela procura da felicidade cá na Terra, identificada com o

---

9. HERRING, Jonathan. *Family law.* 9. ed. Oxford: Pearson, 2019. p. 27-28; DOUGLAS, Gillian. *Obligation and commitment in family law.* Oxford: Hart Publishing, 2018. p. 228.

10. HERRING, Jonathan. *Family law.* 9. ed. Oxford: Pearson, 2019. p. 26; e os autores citados previamente.

bem-estar material, que tornou os indivíduos mais exigentes; em segundo lugar, pela segmentação da frágil "família nuclear", que facilmente perde suportes e substitutos quando é preciso satisfazer necessidades prementes. Ou seja, em vez do quadro da robusta família alargada, as funções de sempre têm de ser desempenhadas no âmbito de unidades pequenas e frágeis – as famílias nucleares restantes, e os fragmentos delas que resultaram dos divórcios, das recomposições e da crescente mobilidade social.

2.2.1 Companhia

Tem sido cada vez mais estudado o fenómeno da *solidão*. Várias instituições, em vários países, mostram a extensão do problema e os efeitos sobre a saúde da pessoa sem companhia, ao ponto de já se afirmar que esta é uma questão de saúde pública[11]. Afinal, a solidão contemporânea é o contrário da aspiração no sentido da satisfação emocional e afetiva das pessoas que se espera, generalizadamente, da Família; portanto, a promoção de relações pessoais estáveis que evitem o sentimento de solidão deve ser um objetivo das políticas públicas. Por outras palavras, é preciso fomentar *modos de viver em companhia*. A Família, sob qualquer forma – ou sem uma forma oficialmente consagrada – precisa de desempenhar esta tarefa e de ter os apoios materiais e imateriais da Sociedade e do Estado. E é necessário averiguar qual é a parte que cabe, neste papel, ao Direito da Família.

2.2.2 Cuidado

De certo modo, quem assinala o problema da solidão – com as consequências danosas referidas – pode estar a mencionar, afinal, *o tema do cuidado*, pois pode dizer-se que a simples companhia pode já ser uma manifestação de cuidado recíproco. Mas, evidentemente, a prestação de cuidado pode ser bem *mais específica*, sempre que exija o desempenho efetivo de tarefas necessárias em favor de um dos membros, ou em favor de ambos, reciprocamente.

Já se tem discutido se a responsabilidade pelo cuidado, ou a prestação do cuidado, cabe ao Estado ou cabe à Família. Apesar dos argumentos em favor da primeira opinião, adiro à ideia de que a prestação necessária e efetiva de cuidados tende a ser urgente e, por esta razão, deve ser assegurada por alguém que esteja presente junto da pessoa necessitada. Isto não que dizer que o Estado não se mobilize, do ponto de vista técnico e financeiro, para assegurar a responsabilidade e até garantir a prestação efetiva[12], mas em lugar subsidiário.

11. RODRIGUES, Elsa Araújo. Portugal precisa de um Ministério da Solidão? Renascença, Lisboa, 27 jan. 2018. Disponível em: https://rr.sapo.pt/2018/01/27/pais/portugal-precisa-de-um-ministerio-da-solidao/noticia/103915/. Acesso em: 21 jul. 2021.

12. HERRING, Jonathan. Making Family Law less sexy... and more careful. *In*: LECHEY, R. *After legal equality: family, sex, kinship*. Routlegde, 2014. p. 29.

Dito isto, logo se vê que serão múltiplos os fatores de natureza pública que podem contribuir para a satisfação adequada destas necessidades dos cidadãos. Mas importa, também aqui, perguntar qual a parte que cabe ao Direito da Família.

2.2.3   Encargo de outrem

Acrescento, também, a função *encargo de outrem.* Tomo em consideração as dificuldades que o Estado Social vem sentindo, por força das debilidades financeiras, em contraste com as necessidades crescentes cuja satisfação os cidadãos pedem; e noto o que se pode chamar o regresso à solidariedade da Família[13], no que se refere à partilha de recursos e ao suporte financeiro das necessidades de outras pessoas, ainda que não sejam familiares no sentido formal tradicional.

Considero previsível que, num futuro próximo de maior escassez e de generalização recomendável de uma frugalidade que tem andado esquecida, o Estado fique mais distante quanto à prestação de benefícios e a Sociedade civil – sobretudo a Família – se encarregue do auxílio básico de pessoas próximas desfavorecidas. Assim, as "casas" (os lares) podem incluir – como já foi tradicional noutros tempos – crianças ou adultos que dependem economicamente dos recursos disponíveis e partilhados, apesar de não terem qualquer vínculo formal com os restantes conviventes.

Também aqui, há que perceber o que pode fazer o Direito da Família.

2.2.4   Partilha de recursos

As mesmas razões acabadas de apontar – e, em geral, a premência de um modo de vida sustentável – impõem o caminho da partilha de recursos, no quadro de uma vida em comum, para aumentar a utilidade dos bens escassos e para potenciar a satisfação de necessidades pessoais. A apropriação privada de bens de com uma utilização eventual e rara é hoje malvista, por implicar desperdício.

Para além de outros e variados instrumentos públicos, o Direito da Família tomará parte neste percurso.

3.   ALARGAR A NOÇÃO DE "FAMILIARES". AS *FUNÇÕES* E OS *TÍTULOS*

3.1   Nas relações horizontais

Seria justo considerar a *união de facto* como uma relação de família. Esta relação de convivência tem todas as características do matrimónio, com exceção de não assentar numa celebração formal. A união de facto preenche todas as funções essenciais

---

13. Michele Sesta sublinha esta revalorização da solidariedade familiar e o chamamento da família ao desempenho das funções de que parecia ter abdicado em favor da assistência pública – SESTA, Michele. *Manuale di diritto di famiglia*. 7. ed. Padova: CEDAM, 2016. p. 29-30.

que o Estado e a Sociedade esperam de uma Família – a procriação, a socialização das crianças, a companhia, o cuidado, o encargo e partilha de recursos.

A única decisão problemática parece ser a impor um regime legal semelhante ao do matrimónio a quem não pretendeu celebrar um casamento. Mas este não seria um problema para quem aceite um regime legal daquele tipo e apenas não celebre um casamento porque objeta a que o Estado intervenha num *ato* que considera pertencente à estrita vida privada. Para quem não aceitar o próprio *regime*, poderia discutir-se a coexistência de uma união de facto com efeitos do casamento (registada) ao lado de uma união de facto (não registada), com efeitos mais limitados, de caráter protetivo.

Numa versão demasiado limitada – sublinhando só a função do *cuidado* – poderia aceitar-se que vive numa relação familiar, beneficiando de um leque mais ou menos extenso de efeitos, o *"cuidador informal"* que viva em união de facto com a pessoa cuidada – cfr. a Lei 100/2019, de 6 de setembro, art. 2.º, n.º 2.

Parecem merecer, igualmente, a qualificação de Família as *unidades de convivência duradouras* que se organizam como *"Pessoas que vivam em economia comum"*, segundo a Lei n.º 6/2001, de 11 de maio[14]. Na verdade, este tipo de relação de convivência de mesa e habitação[15] supõe um mínimo de duração e estrutura-se com base em propósitos de ajuda mútua e/ou partilha de recursos financeiros. Por definição, pretende desempenhar algumas das funções essenciais que o Estado e a Sociedade esperam das *unidades de convivência duradouras* organizadas pelos cidadãos – pelo menos a companhia e o cuidado recíproco, a partilha de recursos, e porventura, ainda, a socialização de filhos de algum ou alguns dos seus membros.

Neste contexto, poderia mencionar-se a relação de *"cuidado informal"* (Lei n.º 100/2019, de 6 de setembro).

Porém, a prática do cuidado apenas faz eleger o cuidador para a obtenção dos benefícios previstos quando ele já é familiar da pessoa cuidada segundo os vínculos clássicos (com exceção do cuidador e pessoa cuidada em união de facto) – cfr. o art. 2.º, n.º 2. A menção pode valer, porém, como uma dúvida relativamente ao caráter estrito da lei, em favor de uma noção mais ampla de cuidador elegível, designadamente aquele que não tivesse qualquer relação jurídica familiar prévia com a pessoa cuidada.

3.2   Nas relações verticais

Os arts. 1901.º e seguintes mostram que, seja qual for a relação entre os progenitores – formal ou informal – ambos devem exercer as responsabilidades parentais; por outras palavras, este regime mostra a equiparação substancial da responsabilidade em face dos filhos, sejam os pais casados, divorciados, solteiros, unidos de facto ou separados de facto. Deste modo, foram superadas as diferenças que ainda

---

14. As relações teriam autonomia plena quando as pessoas não vivessem em união de facto, embora a lei atual não o exclua (art. n.º 1, n.º 3).

15. A eventualidade da comunhão de leito remeteria o caso para a qualificação da união de facto.

existiam, antes de 2008, no direito português. Fundamentalmente, o regime já era assim quando os pais eram casados, na constância do casamento; mas não era assim quando os pais não estavam casados.

A Lei n.º 103/2009, de 11 de setembro[16] instalou no direito português a figura do *Apadrinhamento civil*. Este regime pretendeu dar satisfação a uma carência sublinhada pelo *"Relatório das audições efectuadas no âmbito da "avaliação dos sistemas de acolhimento, protecção e tutelares de crianças e jovens"*, no quadro da Comissão de assuntos constitucionais, direitos, liberdades e garantias, da Assembleia da República, em 2006, dirigidas por Maria do Rosário Carneiro. Na verdade, uma das "Recomendações" quanto aos modelos de proteção foi a "ponderação de outros modelos de acolhimento (famílias profissionais, famílias de acolhimento prolongado)".

O Apadrinhamento civil propunha-se dar uma família duradoura às crianças em perigo, sem eliminar das suas vidas a família biológica. Os padrinhos/madrinhas, porém, seriam os detentores das responsabilidades parentais, embora pudesse ficar estabelecida uma certa partilha de responsabilidades que conviesse à criança. O Apadrinhamento civil, em resumo, havia de desempenhar a maior parte das funções que se esperam da Família – haviam de promover a socialização, o cuidado e o encargo. Não é costume[17], porém, considerar os padrinhos/madrinhas como "familiares".

Apesar da propensão "formal" no reconhecimento das relações verticais, assentes na verdade biológica da procriação, o sistema jurídico dá um relevo pacífico à *guarda de facto*. A Lei de Proteção das Crianças e Jovens em Perigo (Lei n.º 147/99, de 1 de setembro) define a guarda de facto como "a relação que se estabelece entre a criança ou o jovem e a pessoa que com ela vem assumindo, continuadamente, as funções essenciais próprias de quem tem responsabilidades parentais" [art. 5.º, b)]. Depois, toma em consideração a pessoa que exerce a guarda de facto em várias circunstâncias importantes[18].

A pessoa que tem a guarda de facto *é* um pai ou mãe? Não estamos habituados a dizer que sim, como não dizemos que um tutor ou um padrinho/madrinha civil são pai ou mãe – certamente por força do paradigma biologista que conforma o sistema português. Porém, é evidente que a Lei de Proteção trata estes representantes legais e aqueles guardas de facto como *equivalentes* a pai ou a mãe, pela razão simples de que desempenham as funções que se esperam do pai ou da mãe; ou seja, embora não tenham o *estatuto* de pai ou de mãe, desempenham as *funções* que lhe são próprias.

---

16. Regulamentada pelo DL n.º 121/2010, de 27 de outubro e atualizada pela Lei n.º 141/2015, de 8 de setembro.
17. Deve ter-se em conta que a figura ainda não se tornou conhecida e amplamente praticada.
18. Conferir os art. 9.º, n.ºs 1 e 5; art. 11.º, n.º 1, g); art. 14.º, n.º 3, a); art. 53.º; art. 68.º, e); art. 72.º, n.º 1; art. 85.º; art. 88.º, n.º 3; art. 91.º, n.º 1; art. 93.º, a); art. 95.º, n.º 1; art. 103.º, n.ºs 1 e 2; art. 104, n.º 1; art. 105.º, n.º 2; art. 107.º, n.º 1, b) e n.º 3; art. 110.º, n.º 3; art. 112.º; art. 114.º, n.ºs 1 e 4; art. 123.º, n.º 2. E também no Estatuto da Vítima se toma em consideração a pessoa que tem a guarda de facto (Lei n.º 130/2015, de 4 de setembro, art. 22.º, n.ºs 2 e 3).

O direito português nunca deu relevância jurídica às relações de parentalidade *de facto* (parentalidade *socioafetiva*)[19/20].

É verdade que o sistema reconheceu vínculos verticais da parentalidade que não assentavam sobre a descendência biológica – quando dificultava muito a impugnação da paternidade do marido ainda que este, manifestamente, não fosse o progenitor; quando, na prática, "fechava os olhos" às perfilhações de complacência; quando protege e promove a adoção; quando aceita a inseminação com dador, a transferência de ovócitos ou de embriões; quando permite a dupla maternidade no quadro da PMA; quando autoriza a gestação de substituição. Porém, em todos estes casos excecionais, a relação de parentalidade tinha ou tem uma génese *formal* – uma presunção de paternidade do marido, uma perfilhação, um ato de adoção, ou um procedimento equivalente no quadro da PMA.

O que se pode discutir – como tema novo – é o reconhecimento de vínculos verticais assentes na *mera prática parental continuada*; por outras palavras, pode perguntar-se se a *posse de estado* de pai ou de mãe, isto é, a vivência pública como pai ou mãe e filho, pode sustentar *a qualificação do estatuto de pai ou de mãe*. É claro que a tradicional posse de estado sempre constituiu um indício forte de progenitura no âmbito dos processos formais de estabelecimento da filiação; mas não é desse valor indiciário da progenitura que estou a falar – estou a discutir se a mera prática da posse de estado pode fazer reconhecer um vínculo de filiação antes e independentemente do seu reconhecimento formal no âmbito de um processo tradicional; estou a falar, afinal, daquilo que os juristas brasileiros designam por paternidade ou maternidade socioafetiva, que *confessadamente não assenta sobre a progenitura, mas apenas na prática do cuidado continuado que se espera de um pai ou mãe, no interesse do filho.* Segundo esta ideia, a prática da parentalidade pode fundamentar o estabelecimento da filiação, ainda que seja patente a ausência da progenitura. Dito de outro modo, a paternidade jurídica pode resultar da constituição de uma adoção tal como pode resultar da verificação de uma posse de estado de filho[21-22].

---

19. No primeiro artigo que publiquei, em 1976, fiz uma breve referência a esta realidade – cfr. *Sobre a verdade e a ficção do Direito da Família.* Coimbra, Faculdade de Direito, 1976, Sep. do «Bol. Direito da Universidade de Coimbra», 51; também publicado em Temas de Direito da Família, 2ª ed., Coimbra, Centro de Direito da Família/Coimbra Editora, 2001, p. 5-16, sobretudo p. 13-16.
    Voltei a mencionar a questão aqui e acolá, mas sem ter tido capacidade para imaginar um regime concreto.
20. Nos Estados Unidos da América, a exclusividade da parentalidade natural começou a ser posta em causa no início dos anos 80 do século passado, onde se começou a falar de "parentalidade psicológica" ou "parentalidade de facto" (conferir BARTLETT, Katharine. Rethinking parenhood as an exclusive status: the need for alternatives when the premise of the nuclear family has failed. *Virginia Law Review*, n. 70, p. 879-963 e p. 946).
21. A aceitação deste valor da posse de estado de filho poderia ter consequências no âmbito da relação de padrasto/madrasta e enteado: esta relação poderia deixar de se enquadrar apenas no vínculo de afinidade (dependente do *casamento* do padrasto/madrasta com o outro progenitor) para se tornar um vínculo de filiação socioafetiva.
22. Seria provável determinar que a parentalidade socioafetiva apenas teria efeitos quanto ao autor da prática da posse de estado, e não também para os membros da família tradicional deste.
    Coisa diferente seria admitir a constituição direta de um vínculo socioafetivo de avô/avó ou equiparado a outro laço de parentesco.

Uma segunda discussão, na sequência desta, diria respeito ao estatuto da progenitura – seria a de admitir o conhecimento das origens biológicas, que poderia coexistir com a parentalidade socioafetiva? Conhecida a origem biológica, o progenitor poderia assumir uma segunda parentalidade jurídica? Na hipótese de se ter conhecido sempre a progenitura, poderia prever-se o contacto entre os pais biológicos e os pais socioafetivos?

Posto o problema, é forçoso reconhecer que a relevância direta da parentalidade socioafetiva seria uma alteração importante no direito português.

Vejamos algumas dificuldades.

a) A prova da relação de facto é muito mais difícil do que a demonstração de um ato formal constitutivo; seria preciso atestar a duração, a intensidade e a publicidade dos cuidados parentais, em vez de fazer uma prova resultante do registo civil, de um ato de adoção ou de um certo procedimento de PMA.

Poderia responder-se, no entanto, que esta dificuldade real não seria maior do que a dificuldade conhecida e superada sempre que se pretendeu fazer a prova da posse de estado nos processos tradicionais.

b) Depois de constituída a parentalidade socioafetiva, o que aconteceria se terminassem clara definitivamente os cuidados parentais de facto? Seria preciso "impugnar" de algum modo a parentalidade estabelecida antes?

A resposta seria: não. Depois de constituída a parentalidade, ela não cessa, mas podem ser limitados ou inibidos os poderes do pai ou mãe, nos termos habituais, para efeitos de proteção.

c) Não temos já o instituto da adoção, que serve exatamente para construir uma parentalidade que não se funda na procriação? Se alguém quiser ser considerado pai ou mãe socioafetivos, não pode já seguir o caminho de se tornar pai ou mãe adotivo?

Esta última afirmação em parte é verdadeira, mas merece algumas observações.

Por um lado, a adoção não está desenhada para "consagrar" como pai ou mãe a pessoa que habitualmente cuida de uma criança; por outras palavras, e em princípio, a adoção não é *intuitu personae*, não está organizada para ligar uma certa criança a um certo homem ou mulher. Na verdade, e em princípio, os candidatos a adotantes estão inscritos numa lista nacional; e depois procura-se fazer o encontro ideal com a criança adotável. Mas também é verdade que, numa situação em que uma criança já vive com um adulto, julga-se, sem dúvida, que o melhor é manter essa relação de facto e "consagrá-la" como relação adotiva, afastando a regra geral; e estão criados os meios técnicos para isto[23].

Por outo lado, o processo de adoção ganhou fama de ser muito demorado e exigente – o que pode afastar os candidatos; na verdade, todos os esforços de alteração

---

23. Cfr. o art. 3º, nº 2, f, da Lei n.º 147/99 (Lei de Proteção das Crianças e Jovens em Perigo).

legislativa para aumentar a rapidez e o volume de adoções têm sido baldados. Assim, talvez uma altenativa equivalente pudesse ter sucesso.

Diga-se, ainda, que o universo dos utilizadores do processo adotivo não coincidiria com o universo dos potenciais pais e mães socioafetivos. Em princípio, os candidatos à adoção ainda não prestam cuidados parentais ao potencial filho adotivo; os candidatos ao reconhecimento da parentalidade socioafetiva já praticam essa parentalidade, de facto, por definição. Assim, os dois institutos serviriam para situações e interesses diferentes.

Acrescente-se que a constituição de uma parentalidade jurídica socioafetiva tem potencial para dar mais garantias de segurança do que o processo de adoção, porque a primeira pode mostrar uma ligação pessoal mais espontânea, prolongada e robusta do que a relação breve, construída e observada durante o processo de adoção.

d) Finalmente, talvez possa afirmar-se que a parentalidade socioafetiva – tão generalizada e acarinhada no Brasil – é mais própria para um país com um Estado regulador mais distante e com mais crianças sozinhas do que o pequeno Estado português; é mais própria de um país onde a sociedade civil é mais forçada a resolver espontaneamente os seus problemas.

Formulados estes problemas e acrescentadas algumas respostas possíveis, deve perguntar-se o que se ganharia com o reconhecimento da parentalidade jurídica baseada diretamente no facto de uma parentalidade praticada. A resposta singela diria que pode ganhar-se o modo de *trazer para o mundo do direito da família um vínculo real que desempenha a maior parte das funções que a Sociedade e o Estado esperam de uma Família*.

A segunda questão a que me referi é a questão de saber qual seria o *estatuto da parentalidade biológica*.

Poderia averiguar-se a progenitura da criança? A resposta seria negativa, se se aplicasse o mesmo regime que vale para a adoção (at. 1987.º CCiv); e seria positiva se preferíssemos o regime que vale para a PMA, quanto ao conhecimento da identidade do dador, no seguimento do acórdão do tribunal constitucional de 2018[24].

No caso de ser possível averiguar a progenitura, poderíamos chegar a atribuir ao progenitor o estatuto jurídico de pai ou mãe? A resposta positiva já não seria de estranhar num sistema que admite a dupla maternidade, em PMA, embora sem analogia (Lei n.º 32/2006, de 26 de julho, art. 20.º, n.º 1); mas a resposta seria negativa se se aplicasse o regime tradicional que vale para os dadores em PMA.

Em que termos poderia coexistir uma parentalidade biológica e uma parentalidade socioafetiva? A jurisprudência brasileira mostra que as duas formas de

---

24. N.º 225/2018 de 24 de abril, Processo n.o 95/17, acessível em https://dre.pt/home/-/dre/115226940/details/maximized

paternidade devem coexistir, no interesse do filho[25]. Mas haveria necessidade de esclarecer se resultam efeitos plenos da relação filial em face dos dois pais ou mães, designadamente, direitos sucessórios e alimentares; e como se articula uma eficácia plena em face de todos os intervenientes com o rompimento das relações com a família biológica que a lei impõe na hipótese da adoção[26].

Pode dizer-se, ainda, que falta tomar em consideração um vínculo que já teve relevo no direito português; a relação (autónoma) de *encargo de outrem*[27]. De facto, o direito social já equiparou aos familiares em sentido tradicional "formal" outras pessoas que se encontravam a cargo do titular de algum benefício[28]. Assim, no caso de *acidente de trabalho*, "outras pessoas a seu cargo" impediam uma redução da pensão temporária, durante o internamento (Lei n.º 2127, de 1965, Base XVI, n.º 2); o *seguro de desemprego* era majorado quando houvesse familiares a cargo, ainda que a dependência económica fosse meramente de facto (DL n.º 183/77, art. 8.º, n.º 5). Ou seja, neste âmbito do "direito social" – onde os objetivos das leis são de socorro económico, os critérios "formais" de Família presentes no direito civil não eram adequados, e o Estado reconhecia a equiparação dos meros dependentes económicos aos familiares "de sangue". Merece ainda referência a *relação de amparo*, reconhecida pela Lei do serviço militar (Lei n.º 174/99, de 21 de setembro), e pelo respetivo Regulamento (DL n.º 289/2000, de 14 de novembro). De acordo com este regime, eram "amparos de família" os indivíduos que tivessem a seu cargo certas categorias de familiares "formais" "ou ainda a pessoa que os tivesse criado e educado, e que comprovadamente não tivesse meios de prover à sua manutenção" (Lei n.º 174/99, art. 41.º, n.º 1). Isto é, de acordo com este regime, o "amparo de família" podia adiar sucessivamente a prestação efetiva de serviço enquanto estivesse a "retribuir" o suporte financeiro que recebera quando era criança, salvo caso o extremo de perigo de guerra ou agressão iminente ou efectiva [Lei n.º 174/99, art. 41.º, n.º 2 e 34.º, n.º 6, b)].

4. "FIQUE EM CASA". FAMÍLIAS E CASAS (LARES)

Os serviços públicos – assoberbados com a luta técnica contra a pandemia recente (COVID 19), com a organização de serviços públicos de apoio e com a administração geral do país – tiveram de contar com a organização da sociedade civil através das

---

25. São muito claros, neste sentido, vários acórdãos desde, pelo menos, 2014; sublinhe-se, naturalmente, a decisão do Supremo Tribunal Federal, de 22/9/2016.

26. Cfr. estas dúvidas em SCHREIBER, Anderson. STF repercussão geral 622: multiparentalidade e seus efeitos. *STF*. Disponível em: http://www.stf.jus.br/portal/cms/verNoticiaDetalhe.asp?idConteudo=325781.

27. Cfr. OLIVEIRA, Guilherme. *Encargo de outrem e "família alimentar"* no direito social português e francês. Trabalho de Pós-Graduação em Ciências Jurídicas. Coimbra, 1977. Disponível em: http://www.guilherme-deoliveira.pt/resources/Encargo-de-outrem-e-familia-alimentar.pdf.

28. Note-se que estou a sublinhar a *relação de encargo autónoma*, que vale por si só, relativamente a pessoas simplesmente acolhidas de facto; não me refiro à relação de encargo que se limita a dar efeitos a uma outra relação familiar clássica ou, pelo menos, a uma confiança determinada por uma entidade oficial – como é vulgar no direito social quando as leis mencionam "pessoa a cargo", ou ainda, no código civil, quando se impõe aos afins padrasto ou madrasta o dever de alimentos em favor do enteado menor que esteja ou tenha estado a cargo do cônjuge [art. 2009.º, n.º 1, f

unidades de convivência duradoura. A confinação sublinhou a necessidade social de reconhecimento e valorização da companhia, do cuidado, do encargo e da partilha de recursos; mostrou em abundância que a Sociedade e o Estado, ao promoverem o isolamento social como o procedimento mais eficaz (e mais antigo) contra a propagação da doença, confiaram àquelas *unidades* a satisfação das necessidades básicas das pessoas e a minoração dos sacrifícios resultantes do confinamento.

As "casas" (lares) que têm desempenhado as funções essenciais para garantir o isolamento social albergam vários tipos de *unidades de convivência duradouras*[29]. Para a Sociedade e para o Estado – que se empenharam como nunca vimos na promoção do confinamento – *não tem qualquer relevo o carácter formal ou informal do vínculo pessoal em que a convivência assenta*; não importou se os conviventes confinados são casados, unidos de facto, vivem em economia comum, são parentes, são adotantes e adotados, são cuidadores e beneficiários de cuidados duradouros, ou estão simplesmente a cargo de outrem. O que importou – exclusivamente – foi o respeito do isolamento recomendado, e a entreajuda perante um modo de vida desconfortável e prolongado; o que importou foi a manutenção da convivência sob uma forma capaz de proteger a saúde comunitária e capaz de salvar vidas. Por outras palavras, o que importou foi o desempenho efetivo das funções que sustentam a convivência e que promovem a satisfação das aspirações pessoais e comunitárias; *o que importou foi ser... Família.*

Algumas dessas *unidades de convivência duradouras* desempenharam todas as funções típicas das velhas *famílias alagadas – formais ou informais –* com vários casais e várias gerações reunidos sob o mesmo teto, gerando e educando filhos, fazendo companhia, cuidando, sustentando, partilhando recursos; outras *unidades de convivência duradouras*, assentes em vínculos mais singelos, estiveram focados apenas em algumas dessas funções.

Aparentemente, quanto mais pessoas estiveram presentes, organizadas segundo vários tipos de vínculos, desempenhando mais funções, as "casas" foram mais resilientes, como as velhas famílias alagadas – distribuíram papéis, garantiram substituições, permitiram períodos de descanso. Ou seja, a *dimensão* tornou a "casa" mais forte. Nas *unidades de convivência duradouras* menores, a *proximidade física* entre "casas" que mantêm uma relação de intimidade de qualquer tipo terá facilitado apoios, conselhos, trocas e abastecimentos. Ou seja, a proximidade entre "casas" que estiveram ocupadas por pessoas que integram uma família alargada – formal ou informal – terá tornado as *unidades de convivência duradouras* mais confiantes e resistentes.

E é de esperar que, atenuado o perigo da doença, as Sociedades e os Estados fiquem mais pobres, com a consequência óbvia de deixarem as *unidades de convivência duradouras* mais entregues às funções prementes de companhia, de cuidado, de encargo e partilha de recursos.

---

29. Excluo, naturalmente, as instituições com um carácter profissional, como os lares para crianças ou os lares para a terceira idade, que não revestem o carácter informal e espontâneo que agora me interessa. E também excluo as unidades de convivência com finalidades temporárias ou permanências curtas, como as típicas casas de estudantes.

Depois desta época, pode esperar-se que o Direito alargue a sua definição do que entende por Família até onde puder, formulando uma noção geral – reconhecendo as unidades de convivência formais (os casamentos e as relações de parentalidade constituídas com base na procriação, na adoção e na PMA com dador), as *unidades de convivência duradouras* informais (uniões de facto)[30], as relações de parentalidade de facto (parentalidade socioafetiva)[31]; e abrangendo, porventura, relações que desempenham funções mais limitadas, como as relações de economia comum, de encargo de outrem e de guardião de facto.

É agora que deve ponderar-se como as novas *unidades de convivência duradoura* – por vezes mais frágeis do que a chamada "família nuclear" – estão a fazer o seu caminho em direção ao reconhecimento jurídico como entidades "familiares". Por outras palavras, ainda são, com frequência, meras "entidades de facto" que esperam a qualificação formal de entidades familiares, porque já desempenham funções que outrora cabiam, indiscutivelmente, à "família alargada"; e também às "famílias nucleares" autónomas que emergiram daquela, durante o tempo em que conseguiram manter a coerência indispensável[32].

---

30. Pode haver sistemas que não queiram equiparar o casamento à união de facto pelo motivo razoável de não lançar os efeitos do casamento para cima dos conviventes que não quiseram celebrar o matrimónio – por ignorarem a opção (como os latoeiros irlandeses antigos – cfr. GLENDON, M. A. *The transformation of family law.* Chicago: The University of Chicago Press, 1996. p. 6-10) ou pela convicção de que o Estado não deve meter-se na vida privada dos cidadãos. Mas isto não obstará a que considerem as uniões de facto como Família, segundo um critério material, por desempenharem o essencial das funções que a Sociedade e o Estado atribuem à Família.
31. O critério formal de estabelecimento das relações familiares verticais assenta na descendência biológica, na prova do vínculo.
     O regime tradicional, em Portugal, antes da reforma de 1977 já consagrava este critério, embora se desviasse com frequência dele para satisfazer, designadamente, a promoção da "legitimidade" resultante do casamento, que determinava quase imperativamente que o pai era o marido da mãe; e, fora do casamento, para satisfazer a vontade do pai que era livre de perfilhar, ou não, apesar de esta ideia ter começado a ser nitidamente desmentida quando o código civil de 1966 admitiu a averiguação oficiosa dos vínculos.
     Mas no direito português atual são bem visíveis os sinais de que há relações familiares verticais na ausência de ligação biológica.
     O instituto da adoção fornece o exemplo definitivo desse tipo de casos; embora se possa obtemperar que o processo que constitui a adoção serve bem como substituto formal do vínculo biológico – na verdade, se a questão é a do caráter ostensivo e claro do vínculo, se é a questão da prova do vínculo, o processo de adoção é, na verdade, eficaz.
     Por outro lado, os regimes da PMA mostram que o pai jurídico pode não ser o progenitor (no caso da inseminação com dador) e que pode haver uma segunda mãe que não tem qualquer ligação biológica com o filho; é certo, também aqui, que há um formalismo associado à constituição destes dois tipos de vínculos jurídicos, que não resultam de meros factos.
     Em suma, a Família já contém relações verticais que assentam em vários tipos de forma externa e demonstrável – seja a ligação biológica, seja um procedimento a que a lei atribui o poder de constituir a relação familiar. A questão, agora, será a de reconhecer como Família as relações que emergem do puro facto da convivência. Dito de outro modo, a questão é a de saber se pode haver relações familiares verticais com uma origem semelhante à das relações horizontais de união de facto, isto é, assentes na prática de uma parentalidade não previamente formalizada.
32. Recordo, por fim, – com o devido destaque – algumas frases de A. Vaz Serra, *Reparação do dano não patrimonial*, in «BMJ», n.º 83, ano 1959, p. 69-111, nos trabalhos preparatórios do que viria a ser o art. 496.º do código civil, a propósito da legitimidade para pedir reparação pelo dano da morte causada por terceiro: "Pareceria, assim, que por família, para este efeito, deveriam entender-se as pessoas que, segundo as circunstâncias

5. CONCLUSÕES

A defesa contra a pandemia mostrou que as *unidades de convivência duradouras* foram instadas a desempenhar as funções essenciais próprias da Família, e que eram desempenhadas no quadro da antiga "família alargada".

Essas unidades estiveram maioritariamente organizadas em "casas" (lares), com uma dimensão reduzida; são as "famílias nucleares" que restam, e os fragmentos daquelas que a evolução social desagregou por divórcio e pela mobilidade laboral.

A época que estamos a viver sugere que conceito jurídico de Família diminua o seu pendor formal e traga para dentro do seu perímetro entidades informais, mais ou menos novas, que desempenham *funções substanciais* indispensáveis.

---

materiais do caso concreto, desempenham de facto as funções de família [...]. Essas pessoas seriam as que, pelas especiais relações com a vítima, é de presumir sofrerem mais, na sua afeição, com a morte dela [abrangendo a concubina?]. O critério não seria, pois, jurídico, mas de facto (Por exemplo, a vítima vivia com um estranho à família, o qual a tinha educado e alimentado de maneira a estar colocado de facto na situação de filho ou outra análoga. Não será razoável que essa pessoa tenha direito de satisfação, tal como o teria um verdadeiro pai?). [O A. dá notícia das divergências manifestadas em vários países quanto à concubina]. Dadas as razões que podem ser invocadas num sentido ou noutro, talvez seja preferível usar uma fórmula que permita à jurisprudência decidir como lhe parecer melhor, ou, reconhecendo, em princípio, o direito de satisfação aos parentes, permitir que se atribua tal direito a pessoas estranhas à família mas ligadas à vítima de modo a constituírem de facto família dela [...]."

ENVOLVÊNCIA SOLIDÁRIA E A (SOBRE)VIVÊNCIA AO TRAUMA

João Pedro M. Gaspar

Pela Universidade de Coimbra, é Licenciado em Geologia, Mestre em Geociências, Doutor em Psicologia da Educação, com Pós-doutoramento em Educação Social; Investigador Integrado do Centro de Estudos Interdisciplinares da Universidade de Coimbra (CEIS20), do Centro de Investigação em Educação de Adultos e Intervenção Comunitária (CEAD), do Instituto de Psicologia Cognitiva IPCDHS) e do Laboratório Interdisciplinar de Pesquisa e Intervenção Social da PUC, Rio de Janeiro (LIPIS); Docente convidado em diversas Instituições de Ensino superior; Mentor e coordenador da PAJE – Plataforma de Apoio a Jovens (Ex)acolhidos; Supervisor e Consultor em várias Instituições na área da Infância e Família; Coordenador de projetos nacionais e internacionais na área da educação e crianças em risco; Conferencista em cerca de duas centenas de Seminários/Encontros/Congressos (Portugal, Espanha, Suíça, Brasil, Luxemburgo e Guiné Bissau; Autor e coordenador de livros, artigos e capítulos em publicações nacionais e internacionais; Membro de diversas Comissões Científicas e Editoriais, é revisor em revistas científicas (Portugal, Brasil e México); Membro do Conselho Científico da Academia de Líderes UBUNTU; Membro do INTRAC – International Research Network on Transitions to Adulthood from Care (representante português); Membro fundador e Presidente do Conselho Consultivo da AjudAjudar – Associação para a Promoção dos Direitos das Crianças e Jovens; Prémio Best Project no ICCA – International Conference on Childhood and Adolescence 2017.

José António S. Coelho

Pela Universidade de Aveiro, é Licenciado em Ensino de Biologia e Geologia, Mestre em Toxicologia e Ecotoxicologia ; Professor do Quadro de Zona Pedagógica de Nomeação Definitiva ; Atualmente exerce funções docentes no Instituto de Apoio à Criança ; Participa no 3º Eixo de intervenção da Plataforma PAJE, no âmbito da investigação e publicação na temática das crianças e jovens em risco ; Autor de comunicações nacionais e internacionais.

Carlos Jesus Gil

Geógrafo, formado na Universidade de Coimbra, professor em diferentes regiões do país; Investigador/colaborador no Instituto de Psicologia Cognitiva e Desenvolvimento Humano e Social, da Faculdade de Psicologia e Ciências da Educação da Universidade de Coimbra, unidade I&D da Fundação para a Ciência e a Tecnologia. Autor de capítulos e artigos em Portugal e no Brasil; Estudos em Formação Musical (Conservatório de Música Calouste Gulbenkian), baixista em diversas bandas musicais; Voluntário e primeiro secretário da Mesa da Assembleia da Plataforma PAJE, apoio a jovens ex--acolhidos; Sócio fundador do Centro Cultural e Recreativo da Praia de Mira; Escrita, não como hobby ou como algo paralelo à atividade principal, mas porque tem de ser.

"Ser criança, não significa ter infância"

João Pedro Gaspar.

1. INTRODUÇÃO

O que se passa na infância não fica na infância.

São imensos os exemplos que justificam o pensamento implícito nesta frase. Poucos de nós não se terão já deparado com crianças, jovens e adultos que enfrentam problemas causados por eventos perniciosos ocorridos na sua infância. Referimo-nos a acontecimentos traumáticos, difíceis de apagar, causadores de estorvo, impedimento a uma vida individual e socialmente plena. Propomo-nos, com o texto que apresentamos, indicar caminhos de mitigação ou mesmo de resolução dos problemas pessoais oriundos de causas traumáticas. Defendemos que a Sociedade dispõe, inatamente, porque somos naturalmente gregários, de ferramentas essenciais à remoção das adversidades sofridas por tantos, mas tantos, as quais, no sofrimento individual causado, inevitavelmente a maculam.

O trauma representa uma dura realidade em muitos dos humanos, diríamos mesmo em todos os seres com memória. Sobreviver-lhe é árduo, mas fundamental para o futuro do indivíduo afetado, bem como para o dos próximos, mesmo da Sociedade no seu todo.

Ninguém sobrevive a um trauma sozinho, é necessária e fulcral a ajuda – muitas vezes não procurada, o que leva a situações de desespero e perda de capacidades fulcrais ao crescimento, desenvolvimento e desempenho do indivíduo. Daí ser o trauma, a nosso ver, um tema a nunca ser descurado na abrangência das atividades de Cuidado.

Ajudar uma criança que (sobre)vive ao trauma desencadeia nesta uma sensação de segurança crescente que lhe permitirá desfazer a encruzilhada relacional ou pelo menos reaprender a andar na vida relacional, que outrora alguém mutilou. Torna-se premente recorrer à ajuda e solidariedade de todos, para que possa fazer-se luz ao fundo do túnel que é a vida destas crianças.

Os maus-tratos contra a criança e o adolescente representam uma das principais formas de morbidade que atingem a faixa etária dos 5 a 19 anos[1], constituindo-se num dos mais graves problemas de saúde pública[2].

Trauma de Desenvolvimento é uma expressão usada para descrever o impacto de traumas precoces, "repetidos" e perda, que acontecem dentro das relações importantes da criança, e geralmente muito cedo. Relatos comuns incluem – um bebê ou criança abandonada pelos pais biológicos; bebé ou criança retirado/abandonado dos pais biológicos por estes terem cometido abuso físico/sexual/emocional; bebé ou criança que tenha sido negligenciado; criança que alterna uma vivência entre pais biológicos negligentes e amigos/família atenciosos, durante um longo período

---

1. JUNQUEIRA, Maria de Fátima P. S.; DESLANDES, Suely F. Resiliência e maus-tratos à criança. *Cadernos de Saúde Pública*, Rio de Janeiro, v. 19, n.1, p. 227-235, jan./fev. 2003.
2. CAVALCANTI, Alessandro L. *Maus-tratos infantis*: guia de orientação para profissionais de saúde. João Pessoa: Ideia, 2001b.

de tempo; uma criança que foi retirada aos pais biológicos à nascença e que viveu múltiplas experiências adversas, como a morte de um cuidador, *bullying* ou doença; criança que vive com uma família atenciosa e carinhosa, mas que sofre abuso sexual fora da família, numa tenra idade; bebé ou criança retirado à família de acolhimento e colocado numa família adotiva; uma criança que sofreu graves problemas de saúde e múltiplas intervenções médicas.

Perante este leque de experiências que caracterizam o passado/presente de muitas crianças, Bessel Van der Kolk evidenciou que o trauma infantil dificulta o desenvolvimento da criança, ao longo do tempo. As crianças traumatizadas, apesar de desenvolverem um conjunto de estratégias de sobrevivência, por vezes pouco saudáveis, que tal como elas são adaptadas à ameaça, não desenvolvem as competências essenciais quotidianas de que precisam, tais como serem capazes de controlar impulsos, resolver problemas ou aprender novos conhecimentos. Como resultado, a criança que não sente segurança na sua vida, vive uma luta constante, constrangida e diminuída na elaboração de respostas de sobrevivência aos perigos que enfrenta. *Poderá ser útil ver estas crianças como alguém que "procura afeto", em vez de alguém que "procura atenção"!*

As crianças são resilientes e adaptáveis, e as neurociências e a neurobiologia interpessoal mostram que o cérebro é flexível e "aberto" a ser reesculpido, se lhe for dada a oportunidade.

Segundo Allan Schore, uma vez que o Trauma de Desenvolvimento ocorre dentro de relações-chave da criança, também poderá ser corrigido dentro de relações, indo ao encontro da opinião de Karen Triesman, segundo a qual "Relações curam traumas de relacionamento".

Bruce Perry, outro investigador inovador na área dos abusos e negligência, refere que o Trauma de Desenvolvimento pode ser reparado se a intervenção certa for oferecida no momento certo, na ordem correta e durante um longo período de tempo.

Trabalhar com crianças que sofreram perdas e/ou traumas infantis tem demonstrado que estas foram, frequentemente, mal diagnosticadas e mal compreendidas pelos profissionais, amigos e família, que mais se importam com elas, mas que ainda não conhecem o impacto de um trauma sofrido precocemente. Os rótulos de "malandro", "autista", "transtorno de déficit de atenção e hiperatividade" ou "problemas comportamentais" conduzem, não raro, os adultos a respostas que, por vezes, podem dificultar/impedir a criança de progredir, desenvolver-se e de criar a sua própria identidade.

Porque urge a necessidade de preparar cidadãos com competências que lhes possibilitem ser o amparo, a mão amiga destas crianças e que as conduzam no desenvolvimento pleno das suas capacidades, é de extrema importância apelar à envolvência da Sociedade neste sentido, ou seja, à solidariedade da comunidade onde nos inserimos.

Cabe à escola e ao setor de saúde, indubitavelmente, ir além das práticas isoladas e garantir que haja um todo organizado que possibilite a resposta às necessidades de educação e saúde.

Apesar da promoção da saúde ser da responsabilidade do indivíduo, da família e da sociedade em geral, a escola é a única instituição que engloba grande parte da população – teoricamente toda a população, em determinada faixa etária. A escola e o educador exercem, inevitavelmente, uma influência constante e ativa nos cuidados com as crianças, entretanto essa tarefa dependerá amplamente do seu conhecimento do tema em pauta[3]. O papel do educador é valioso: identificando situações, encaminhando, ouvindo e acolhendo a família, começando assim uma atuação interdisciplinar[4-5]. Esse fato nem sempre é contemplado, devido ao medo do profissional em se envolver em "conflitos particulares", de represálias e ao não conhecimento do seu papel no problema[6].

Concomitantemente, apela-se às Instituições de Acolhimento, que agregam um conjunto de jovens que foram despojados de suas casas, das suas famílias, pelas mais variadas razões, que os apoiem no seu processo de autonomização, assegurando serviços continuados acessíveis e coordenados que forneçam segurança e promovam o bem-estar emocional.

Algumas crianças afetadas pela violência poderão beneficiar do apoio de especialistas em aconselhamento familiar ou de programas para o tratamento de traumas infantis, de forma a que possam lidar com o stress traumático e expressar as suas emoções. Poderão ainda beneficiar de apoios informais na comunidade.

As intervenções deverão servir para preservar contactos positivos das crianças com pessoas que lhes são importantes (os avós, ...), bem como uma participação continuada em atividades fora de casa (serviços de apoio à infância, atividades de natureza religiosa, ...).

A literatura tem evidenciado que a compaixão, enquanto processo libertador do sofrimento, tem sido alvo de um marcado e progressivo interesse na comunidade científica ocidental, quer na investigação, quer na prática clínica[7/8]. Sendo entendida

---

3. MELLO JORGE, M. H. O papel da escola na prevenção de acidentes e violência na infância e na adolescência. *Revista Brasileira Saúde do Escolar*, Campinas, v. 3, n. 1/4, p. 159-167, 1994.

4. Cruz Neto, O.; Souza, E. R.; Assis, S. G. Entre o determinismo e a superação: algumas considerações. *In:* MINAYO, M. C. (org.). *O limite da exclusão social:* meninos e meninas de rua no brasil. São Paulo: Hucitec, 1993. p. 117-124.

5. SANTOS, L. E. S.; FERRIANI, M. G. C. A violência familiar no mundo da criança de creche e pré-escola. *Revista Brasileira de Enfermagem*, São Paulo, v. 60, n. 5, p. 524-529, set./out. 2007.

6. ASSIS, S. G. *Quando crescer é um desafio social:* estudo sócio-epidemiológico sobre violência em escolares de Duque de Caxias, Rio de Janeiro. 1991. Dissertação – Escola de Nacional de Saúde Pública da Fundação Oswaldo Cruz, Rio de Janeiro, 1991.

7. CASTILHO, P.; PINTO-GOUVEIA, J. Autocompaixão: Estudo da validação da versão portuguesa da escala da autocompaixão e da sua relação com as experiências adversas na infância, a comparação social e a psicopatologia. *Psychologica*, n. 54, p. 203-230, 2011.

8. POMMIER, E. A. The compassion scale. *Dissertation abstracts international section:* a humanities and social sciences. n. 72 (4-A), p. 1174, 2010.

como a capacidade de estar aberto/disponível ao sofrimento do outro, mantendo uma atitude não crítica, bondade, tolerância, aceitação e desejo em diminuir o sofrimento deste, tem surgido como um dos importantes alicerces presentes em estudos de saúde mental[9/10].

Já a bondade é a capacidade de ser amável e compreensivo para com o sofrimento do outro, em vez de se ser indiferente e negligente. Segundo Gilbert[11/12], esta compreensão gera sentimentos de proximidade cruciais para o desenvolvimento da compaixão. Salienta, este autor, que crianças que vivem em ambientes calorosos e seguros terão os conhecimentos e aptidões necessárias para agir em conformidade com estes aspetos quando adultos.

A bondade gera proximidade, e ao desenvolverem crenças acerca do mundo social como um lugar seguro e benevolente, deixam de se focar unicamente no *eu* para dar resposta ao sofrimento do *outro*. Por outro lado, quando a ameaça está presente a atenção direciona-se para o *eu* de forma a proteger-se de possíveis perigos/ameaças, gerando uma barreira à resposta natural de bondade[13].

Contudo, ao contacto regular com jovens está subjacente uma proximidade entre as partes envolvidas, sendo necessário estar disponível para a relação, evitando julgamentos e a chegada a conclusões precipitadas. O rótulo de malandro, hiperativo e malcomportado, conduz a respostas que por vezes podem impedir o progresso e o desenvolvimento harmoniosos da criança/jovem.

Os adultos que trabalham com crianças devem (tentar)compreender o comportamento destas, bem como as suas necessidades – por vezes escondidas atrás de uma situação traumática.

O trauma pode afetar a criança/jovem de diferentes formas, causando-lhes sentimentos "desconfortáveis", em resultado de uma vivência em stress constante e, desta forma, dificultando relacionamentos saudáveis e impedindo perspetivas de um futuro de sucesso.

Os efeitos do Trauma Complexo[14] podem durar muito tempo, podendo ser confusos e perturbadores para adolescentes e mesmo jovens adultos que ainda se sentem sem esperança, infelizes, presos, perdidos ou inseguros, mesmo que agora

9. MACBETH, A.; GUMLEY, A. Exploring compassion: A meta-analysis of the association between self-compassion and psychopathology. Clinical Psychological Review.32, p. 545-552, 2012.
10. CASTILHO, P.; PINTO-GOUVEIA, J. Autocompaixão: Estudo da validação da versão portuguesa da escala da autocompaixão e da sua relação com as experiências adversas na infância, a comparação social e a psicopatologia. *Psychologica*, n. 54, p. 203-230, 2011.
11. GILBERT, P. Compassion and cruelty: a biopsychosocial approach. *In*: GILBERT, P. (coord.). *Compassion*: conceptualization, research and use in psychotherapy. p. 9-74. London: Brunner-Routledge, 2005.
12. GILBERT, P. *Compassion*: conceptualisations, research and use in psychotherapy. London: Brunner-Routledge, 2005.
13. POMMIER, E. A. The compassion scale. *Dissertation abstracts international section*: a humanities and social sciences. n. 72 (4-A), p. 1174, 2010.
14. LYONS, Shoshanah; WHYTE Kathryn; STEPHENS, Ruth; TOWNSEND, Helen. *Developmental trauma close up*. Beacon House Therapeutic Services & Trauma Team, 2020.

tudo fosse suposto ser melhor e diferente. Estas situações podem criar muita pressão e vergonha, especialmente quando os adultos começam a ficar impacientes, frustrados, ou culpam a juventude por não se esforçar o suficiente para mudar.

As pessoas que vivem com Trauma Complexo[15] desenvolvem, muitas vezes, alarmes muito sensíveis (temos um sistema de alarme no nosso corpo que nos ajuda a reconhecer perigos e ameaças de forma a mantermo-nos seguros). Por vezes, uma vulgar situação pode despoletar esse alarme, recordando situações angustiantes que ocorreram no passado (falso alarme), advindo daí um comportamento inesperado, desafiante e, algumas vezes, insubordinado.

Quando se cresce envolvido em situações de maus tratos ou negligência, desenvolvem-se formas de lidar com essas situações, promovendo a sobrevivência – "*sistema de sobrevivência*" ou "*cérebro de sobrevivência*". Quando passamos por tempos difíceis, tornamo-nos mais fortes, reconhecendo e explorando os nossos pontos fortes e a nossa resiliência.

É comumente aceite que o que acontece na infância não fica na infância, e é com base neste pressuposto que distúrbios comportamentais de crianças e jovens se analisam numa perspetiva de eco-bio-desenvolvimento. "A ecologia do início da infância torna-se biologicamente embutida no funcionamento do genoma e nos tipos de circuitos que o cérebro estabelece", e isso determina alterações que perduram durante toda a vida.

Há um consenso na comunidade científica de que a exposição precoce ao stress afeta aspetos neuroimunopsicobiológicos desenvolvimentais, desencadeando futuras psicopatologias[16].

Na forma de ser/estar perante este quadro traumático está patente uma gama de respostas[17] alicerçadas nesta dura realidade, permitindo agir, rapidamente, para proteção.

A reação começa na amígdala, a parte do cérebro responsável pela perceção do medo, que responde enviando sinais ao hipotálamo, o que estimula o sistema nervoso autónomo (SNA).

---

15. LYONS, Shoshanah; WHYTE Kathryn; STEPHENS, Ruth; TOWNSEND, Helen. *Developmental trauma close up*. Beacon House Therapeutic Services & Trauma Team, 2020.
16. SHONKOFF, Jack; BOYCE, W. T.; MCEWEN, Bruce S. Neuroscience, molecular biology, and the childhood roots of health disparities: building a new framework for health promotion and disease prevention. *JAMA*, v. 301(21), p. 2252-2259, 2009.
17. *Fight/flight* é uma resposta de defesa ativa onde se luta ou se foge. O ritmo cardíaco torna-se mais rápido, o que aumenta o fluxo de oxigénio para os seus principais músculos. A perceção de dor diminui e a audição melhora. Estas mudanças ajudam a agir de forma adequada e rápida.
    Freeze é uma situação de espera, onde o indivíduo se prepara, ainda mais, para se proteger. Também se chama imobilidade reativa ou imobilidade atenta. Envolve alterações fisiológicas semelhantes – ficar completamente imóvel e preparar-se para o próximo passo.
    Fight/flight/freeze não é uma decisão consciente, é uma reação automática, pelo que não se pode controlá-la.

O SNA é constituído pelo sistema nervoso simpático e parassimpático. O sistema nervoso simpático impulsiona a resposta de *figh/flight*, enquanto que o sistema nervoso parassimpático impulsiona o *freeze*. A forma como se reage depende do sistema que domina a resposta na altura.

Em geral, quando o SNA é estimulado o corpo liberta adrenalina e cortisol, a hormona do stress. Estas hormonas são libertadas muito rapidamente, provocando alterações fisiológicas[18].

As reações fisiológicas específicas dependem de como normalmente se reage ao stress, podendo haver alternância entre *fight/flight* e *freeze*, mas tal é muito difícil de controlar.

Normalmente, o corpo regressará ao seu estado natural após 20 a 30 minutos.

Pelo facto de as crianças traumatizadas estarem presas ao "modo – medo" à medida que crescem, a sua hipervigilância a sinais de perigo reduz a capacidade de diferenciar experiências irrelevantes –, podendo significar que o sistema sensorial da criança se torna sobrecarregado e oprimido, sentindo que existe perigo iminente, mesmo quando estão completamente seguras.

Estas crianças dão, frequentemente, respostas excessivas ou mais contidas à informação sensorial recebida, porque o seu cérebro não consegue encontrar o "meio-termo" da quantidade de informação necessária, e que informação significa "perigo". Podem também ter dificuldade em saber como reagir, sendo difícil encontrar um equilíbrio.

Resumindo, muitas crianças traumatizadas, com problemas sensoriais, não conseguem regular a sua reação ao medo e têm dificuldades em regular as suas funções corporais primitivas, como o batimento cardíaco e a temperatura corporal. Promovem a dissociação, que é a separação ou a desconexão entre pensamentos, sentimentos e comportamentos, sendo também uma separação entre mente e corpo. É a forma de a mente colocar memórias e experiências insuportáveis em diferentes compartimentos. Por exemplo, a criança pode lembrar-se de um acontecimento traumático, mas não tem sentimentos ligados a essa memória; ou pode mostrar um comportamento desafiador, mas não tem memória por trás desse comportamento.

Estas diferentes partes das experiências da criança estão naturalmente ligadas, mas ela aprende a sobreviver tornando inconscientes essas ligações.

Vivendo no Trauma de Desenvolvimento, a criança continua frequentemente a promover a dissociação, mesmo quando já não se encontra em perigo. Não conse-

---

18. Ritmo cardíaco – O coração bate mais rapidamente para trazer oxigénio aos seus principais músculos. Durante a *freeze*, o ritmo cardíaco pode aumentar ou diminuir. Pulmões – A respiração acelera para fornecer mais oxigénio ao sangue. A resposta *freeze*, pode suster a respiração ou restringir a respiração. Olhos – A visão periférica aumenta para que possa observar o ambiente. As pupilas dilatam e deixam entrar mais luz, o que ajuda a ver melhor. Sangue – O sangue torna-se mais espesso em resultado do aumento os fatores de coagulação. Isto prepara o corpo para lesões. Perceção da dor – a resposta *fight/flight* reduz temporariamente a perceção de dor.

gue "desligar" o seu cérebro porque as memórias estão fragmentadas em conjuntos de pequenos pedaços, por dissociação; as crianças podem frequentemente ter um *flashback* para uma memória, um sentimento, um comportamento ou uma dor física sem compreender porquê ou o que o/a desencadeou.

Apesar de parecer desorientador e confuso, a criança sabe que está em perigo imediato.

Quanto mais assustadores forem os traumas, mais provável é que a criança promova a dissociação; *a criança em perigo contínuo desenvolverá formas cada vez mais sofisticadas de dissociar*[19].

De facto, a dissociação é o cérebro da criança a mantê-la em segurança, ao removê-la, momentaneamente, das ameaças do dia a dia.

As crianças que começam a vida num ambiente assustador ou negligente, ou que são retiradas dos pais biológicos à nascença, adaptam-se ao seu ambiente! Aprendem, com poucos meses de idade, que certos comportamentos (como chorar ou dormir) mantêm o perigo à distância e outros comportamentos aumentam as hipóteses de se colocarem em perigo. Por conseguinte, desenvolvem um leque de "estratégias relacionais" para prevenir abusos e ameaças, mas também para manter um pai/cuidador tão próximo quanto possível, mesmo que esse elemento seja também a ameaça, não lhe permitindo que se aproxime muito. Tendem a desenvolver uma estratégia principal de estabelecimento de laços afetivos, que pode ser do tipo "insegura-evitadora" ou "insegura preocupada".

As "*Avoidant children*", que desenvolvem uma estratégia do tipo "insegura evitadora", aprendem, desde cedo, que mostrar os seus sentimentos e necessidades coloca-as em perigo ou afasta os seus pais/cuidadores. Elas aprendem a ideia "*Para me manter seguro e para manter os outros por perto, devo esconder as minhas emoções e agir como se tudo estivesse bem*". Por dentro sentem-se assustadas, vulneráveis, inúteis, vazias e sem esperança, mas aparentam, muitas vezes, estar bem, serem competentes e, na escola, várias vezes são o 'palhaço da turma'.

Não são, frequentemente, uma preocupação para os pais/cuidadores e professores no decurso da infância, porque não apresentam 'problemas comportamentais', até que um acontecimento estressante/recordação desencadeia um processo que leva ao seu desmoronamento emocional.

2. NÃO SOMOS AMADOS POR SERMOS BONS. SOMOS BONS PORQUE SOMOS AMADOS (DESMOND TUTU)

As "*Pre-occupied children*", que desenvolvem uma estratégia do tipo "insegura preocupada", aprendem, desde cedo, que mostrar os sentimentos e comportamentos

---

19. THAL, Sascha; DANIELS, Judith K.; JUNGABERLE, Henrik. The link between childhood trauma and dissociation in frequent users of classic psychedelics and dissociatives. *Journal of Substance Use*, v. 24:5, p. 524-531, 2019.

arrojados é a única forma de se fazerem notar, mantendo os pais/cuidadores por perto. Elas aprendem a ideia *"Para me manter seguro e com os outros perto de mim, tenho de exagerar o meu comportamento e as minhas emoções, e tenho de me mostrar chateado o máximo de tempo possível, como se fosse perder o meu pai/mãe/cuidador e não saber quando o terei de volta."*

Sentem-se petrificadas, ansiosas, inúteis e não amadas; exteriormente mostram--se enraivecidas, agressivas, hostis, perturbadoras e mal-educadas.

As crianças que usam esta estratégia são frequentemente bem sucedidas em desarmar a resposta agressiva de um adulto, mostrando-se vulneráveis ou carentes.

A vivência quotidiana com os efeitos de uma situação traumática que, apesar de temporalmente distante, ainda provoca sentimentos de raiva, medo, angústia e insegurança, bloqueia o desenvolvimento emocional da criança e faz com que a mesma continue agarrada ao passado.

Na escola poderá apresentar dois comportamentos distintos[20]: a hiperatividade, indutora da perceção de que está bem, quando na verdade é a sua fragilidade interna que a afasta para outra "dimensão" para que não tenha de contactar consigo mesma!; e o estado de letargia, onde revelará uma atitude de anuência e aparente audição do professor e colegas, quando, na realidade, apenas se encontra focada no tom de voz ou em alguma expressão destes, não estando fisicamente nem psicologicamente disponível para assimilar qualquer informação que lhe esteja a ser transmitida.

O facto de a Escola estar estruturada para receber crianças que vivem com as suas famílias que melhor as protegem e encaminham, concede-lhe um papel mais restrito que quase se circunscreve à função de instruir. Porém, a sua frequência por crianças que vivem em instituições de acolhimento implica novos desafios e algumas mudanças. Todos reconhecemos a importância dos professores não só na transmissão de conhecimentos, mas, essencialmente, na transmissão de valores e na posição de destaque que ocupam no nosso crescimento enquanto pessoas de referência[21]. Se nos remetermos à realidade de crianças e jovens em risco, a posição de destaque dos professores será reforçada, porquanto, em diversos casos, são os únicos adultos que poderão compensar as instabilidades emocionais presentes no seu crescimento. A atenção, o afeto e o carinho que os docentes depositarem nas relações que estabelecem com as crianças/jovens institucionalizados serão a base para a construção de uma relação de confiança que, com grande probabilidade, lhes transmitirá a motivação de que necessitam para progredirem na escola e melhorarem os seus resultados escolares.

20. PERRY, Bruce D.; SZALAVITZ, Maia. *The boy who was raised as a dog*: and other stories from a child psychiatrist's notebook – what traumatized children can teach us about loss, love, and healing. New York: Basic Books, 2017. p. 49–58.
21. GASPAR, J. P.; ALCOFORADO, J. L.; PEREIRA, D.; SANTOS, E. O papel dos cuidadores de crianças e jovens em risco, em contexto escolar. *Revista Conhecimento Online*, Novo Hamburgo, v. 1, p. 112–126, jan./abr. 2021.

O cérebro destas crianças lembra-lhes, constantemente, acontecimentos trágicos passados, e elas voltam a encenar situações vividas, uma e outra vez, numa tentativa de desenvolver tolerância a essas terríveis memórias e aprender a controlar os seus níveis de angústia.

A regulação emocional é uma capacidade que as crianças aprendem na sua primeira infância. A capacidade de regular as emoções é imprescindível para um bom funcionamento social[22].

Nas crianças com Trauma de Desenvolvimento – sejam elas de 7, 9 ou 15 anos de idade -, às vezes a capacidade do seu cérebro para regular as suas emoções é literalmente a mesma que a de uma criança de 3 anos. A criança chora, grita, amua, bate com os pés, bate com as portas, morde, bate, foge, explode sem aviso – tem reações exageradas a pequenas coisas.

As necessidades emocionais estão escondidas. Se os professores e os pais/cuidadores puderem responder às necessidades da idade emocional da criança (não a sua idade real), então esta pode ser co-regulada e aprender, ao longo do tempo, a capacidade que perdeu/não desenvolveu.

As crianças que têm uma má regulação emocional recorrem frequentemente a estratégias pouco saudáveis (automutilação, uso de drogas,…) para lidar com essa regulação nociva, estratégias essas que se vão atenuando à medida que crescem, na adolescência. Estes "comportamentos desafiantes" tanto poderão "acordá-las", por se sentirem mortas por dentro, como poderão levá-las a afundarem-se em níveis elevados de ansiedade. Estas tentativas de regular os seus sentimentos podem também levá-las a situações de risco, tais como torná-las vulneráveis a terceiros.

Cada indivíduo tem o que é conhecido como uma "janela de tolerância". Isto significa que existe um estado de estimulação física e emocional tolerável e suportável, e quando uma criança está dentro da sua janela de tolerância, pode pensar, aprender, amar e relaxar.

É de esperar que as crianças traumatizadas estejam mais ou menos agitadas durante a maior parte do tempo, pois o seu comportamento está fora do seu controle. Simplesmente não o podem controlar, por muito que tentem.

As crianças que lidam com o trauma lutam frequentemente com capacidades cognitivas subdesenvolvidas, significando que a sua capacidade de fazer coisas, como planear com antecedência, resolver problemas, organizar-se e aprender com os erros está comprometida. Frequentemente encontram-se "presos" ao seu tronco cerebral ou ao cérebro límbico e utilizam todos os seus recursos na tentativa de se manterem em segurança e a trabalharem para saber se os adultos são ou não de confiança, restando poucos recursos para as competências cerebrais "superiores", que são necessárias para o bom funcionamento cognitivo.

---

22. THOMPSON, R. A. Emotional regulation and emotional development. *Educational Psychology Review*, v. 3 (4), p. 269-307, 1991.

As crianças que sofreram trauma precoce vivem, frequentemente, com uma sensação muito profunda de serem maus, indesejados e não amados. Veem-se desta forma, pois sentem que é assim que os outros os veem.

Cohen, Mannarino, e Deblinger[23] sugerem que a avaliação destas crianças e adolescentes deve incluir os seguintes domínios: processamento cognitivo, relacionamentos interpessoais, regulação emocional, funcionamento familiar, sintomas relacionados com o trauma e sintomas somáticos. Para isso, o avaliador deve recolher dados de diversas fontes de informação, tais como, responsáveis, professores e outros profissionais da saúde[24].

O tratamento psicoterápico destas crianças e jovens deve abarcar a ampla gama de sintomas associados, tal como é evidenciado por uma revisão sistemática realizada pela Cochrane Collaboration, organização que visa fornecer dados de evidência para diversos tratamentos na área da saúde e que investigou a eficácia das psicoterapias para crianças e adolescentes com este tipo de trauma[25].

Quando passamos por situações difíceis, tornamo-nos mais fortes, mas devemos ter a consciência de que não temos que nos isolar. Todos precisam de ajuda de outros, pelo menos uma vez na vida. Podemos aprender com outros jovens que passaram por experiências semelhantes e com profissionais que podem ajudar a reconhecer e a explorar os seus pontos fortes e a sua resiliência.

Uma infância traumática induz o desenvolvimento da concentração na sobrevivência do indivíduo, que em primeira mão reage e só depois pensa nas consequências dos seus atos, não perspetivando o seu futuro, não desenvolvendo objetivos de vida.

Emerge a necessidade de compreender o passado, descobrir quem somos, neste preciso momento, e assumir a liderança na formação do nosso futuro!

Nunca desistir de imaginar um futuro brilhante para si mesmo, até quando tudo parece impossível, e lutar, mesmo que com pouca esperança na vitória. Não se pode mudar tudo, mas podemos encontrar coisas boas que fazem valer a pena viver a vida.

Sabemos que com pais/cuidadores seguros e carinhosos, e por vezes com a ajuda de um programa terapêutico sequencial e de uma rede terapêutica de apoio – combinados com um ambiente escolar sensível e amplo para cometer "erros e fazer escolhas erradas" –, as crianças traumatizadas podem e conseguem florescer.

Ajudar uma criança que tenha sofrido trauma precoce, inicia nesta o desenvolvimento de uma sensação de segurança e do gosto de viver. Escute para ouvir,

23. COHEN, J. A.; MANNARINO, A. P.; DEBLINGER, E. *Treating trauma and traumatic grief in children and adolescents*. New York: Guilford Press, 2006.
24. HAWKINS, S.S.; RADCLIFFE, J. Current measures of PTSD for children and adolescents. *J. Pediatr. Psychol.*, v. 31(4), p. 420-430, 2006.
25. GILLIES, Donna; TAYLOR, Fiona; GRAY, Carl; O'BRIEN, Louise; D'ABREW, Natalie. Psychological therapies for the treatment of posttraumatic stress disorder in children and adolescents. *Cochrane Database of Systematic Reviews*, The Cochrane Library, n. 12, 2013.

estabeleça uma conexão com a humanidade do outro e seja empático. O simples facto de escutarmos uma criança, pacifica-a.

O combate a este trauma obedece a um escalonamento de atividades, tais como passar mais tempo juntos, criando empatia. O entretenimento e a pura diversão são essenciais.

Estes momentos de alegria podem ser vistos como uma recompensa suficiente para quem tenta compreender a criança e criam âncoras que permitem uma ligação à realidade repleta de recônditos a explorar.

Para que qualquer estratégia terapêutica parental funcione, deve haver sintonia dentro do relacionamento. Contudo, a ligação pode ser um desafio, pois existe a possibilidade de ser rejeitada frequentemente por crianças que tenham experienciado, precocemente, relações inconsistentes ou inseguras.

Assertividade, cooperação, fixação de limites, reciprocidade e capacidade de intimidade emocional são outras áreas a desenvolver durante o tratamento[26].

Podemos, portanto, começar com uma conexão, numa forma que transmita uma sensação de tolerância para ambos (criança e adulto). Desenvolver ou reparar uma conexão pode fazer-se ao longo do tempo, adquirindo-se confiança nessa sintonia.

Pode ser desencorajador sentir que houve uma mudança significativa na relação com a criança, e então tudo parece desmoronar-se novamente. Na realidade isso é normal e nem sequer é um passo atrás. Haverá significativas lacunas de desenvolvimento da personalidade da criança que necessitam de ser preenchidas ao seu lado, fazendo progressos nas competências que são típicas para a sua idade real.

Pense na idade emocional e não na sua idade real. Pense no que as crianças dessa idade precisam (previsibilidade, carinho, brincadeiras, co-regulação, estimulação apropriada, ajuda nas relações sociais) e lhes ofereça isso.

Quando as crianças se sentem bem, podem comportar-se corretamente; no entanto, isto leva algum tempo!

Numa relação, como adulto, pode ajudá-las a dar sentido ao seu comportamento, respondendo-lhes de uma forma calma e segura. Com o tempo, estará a reparar os seus traumas.

Faça a diferença, e quando o fizer, vai melhorar as coisas para si e para as pessoas importantes da sua vida.

---

26. LEVIN, E. The challenges of treating developmental trauma disorder in a residential agency for youth. *Journal of the American Academy of Psychoanalysis and Dynamic Psychiatry*, v. 37(3), p.519-538, 2009.

3. O QUE SE PASSA NA INFÂNCIA, NÃO FICA NA INFÂNCIA (JOÃO PEDRO GASPAR)

As histórias de vida de cada indivíduo refletem um leque infinito de possibilidades e diferenças, não existindo duas iguais. No entanto, existem semelhanças: histórias marcadas pelos mesmos temas ou experiências, pela convivência na mesma cultura ou escola, família ou grupo desportivo... Não é raro que famílias desestruturadas, maus-tratos e institucionalização façam parte dessas histórias, muitas vezes categorizando as crianças que se desenvolvem nestes meios como vítimas precoces (Gaspar, J.P *et al.*, 2019[27]).

É durante a infância que o desenvolvimento humano é mais suscetível às mudanças. Os sistemas estão em pleno crescimento e formação, vulneráveis às adaptações ao meio ambiente. Quando este meio se mostra uma ameaça, a plasticidade cerebral molda-se à necessidade de sobrevivência, alterando o funcionamento e as estruturas normais de vários constituintes neurobiológicos humanos. Tais mudanças possuem consequências a longo prazo, nomeadamente a nível cognitivo, emocional e comportamental. Não sendo impossível, quanto mais tardia for a intervenção para alterar estas disfunções, mais complicado se torna o desafio.

Perante a (sobre)vivência ao trauma, importa que uma sociedade desenvolvida esteja atenta aos que se encontram na sua "periferia", formando e capacitando os seus cidadãos, com especial atenção aos mais vulneráveis. Se ainda estamos longe de controlar as circunstâncias de vida – por vezes geracionais – que levam as crianças a um desenvolvimento precário, fruto de experiências adversas na infância e, no limite à retirada da família biológica, temos o dever de melhorar as suas vidas, com os contextos disponíveis. Desde logo com profissionais capazes de contribuir para um ambiente reparador, pois se as crianças são retiradas às suas famílias por estas constituírem um ambiente prejudicial, compete às instituições criar condições contentoras, securizantes e capazes de preparar para uma vida em autonomia.

4. EU SOU PORQUE TU ÉS. EU SÓ POSSO SER UMA PESSOA COM AS OUTRAS PESSOAS (SIGNIFICADO DE UBUNTU – TRADUÇÃO LITERAL)

A Sociedade vive da infinidade de fenómenos que nela se verificam a toda a hora e a alimentam. Vive, dizemos, pois, e à semelhança do que pensava Émile Durkheim[28], que olhava para a Sociedade como um biólogo olha para um ser vivo, vemos a sociedade como um organismo vivo.

Nesta linha de pensamento, teremos forçosamente de admitir que cada grupo de homens, ou o todo dos grupos de homens reunidos em Sociedade, pode encontrar-se saudável ou doente, pois todos os organismos são suscetíveis de um e de outro esta-

27. GASPAR, J. P.; GASPAR, M. F.; MELO, J. D.; SANTOS, S. Jovens adultos que viveram acolhidos: autonomização desafiante. *RevistaMultidisciplinar*, v. 1, n. 1, p. 89–101, 2019.
28. DURKHEIM, E. As regras do método sociológico. Lisboa, Editorial Presença, 1989. p.160.

do. Tudo correrá da melhor forma possível se todas as suas partes, os seus órgãos, se encontrarem de plena saúde. O oposto é íntimo do contrário.

A pluralidade de doenças que assolam a Sociedade aumentou e tornou-se mais evidente com o desenvolvimento verificado, principalmente o que teve como causa a industrialização. Nas Sociedades primitivas – na linguagem de Durkheim, Sociedades mecânicas –, os problemas surgiam, mas sendo o grau de interdependência dos indivíduos de um nível relativamente baixo, pois que cada um era uma peça da engrenagem da *máquina*, mas uma peça igual a tantas outras, traduzindo-se tal numa não existente ou muito incipiente especialização no trabalho, os problemas eram resolvidos de forma simples – embora rude – e bastante pragmática. Resolvia-os um Direito essencialmente punitivo, dissuasor, e não integrador. Quem se importava em punir um prevaricador, um dissidente da ordem estabelecida, dos bons costumes e dos valores adotados e seguidos pelo grupo, quem, a não ser alguém do seu grupo restrito – família e amigos –, iria importar-se em puni-lo mesmo com a morte, se a sua falta não ia ser sentida, pois muitos outros fariam o que ele fazia?

Já numa Sociedade industrial ou pós-industrial, com forte especialização, o que leva inevitavelmente a grande interdependência no todo social, a prevaricação e a dor são mais sentidas. É enorme, aqui, o grau de interdependência social, bem como de complementaridade. O prevaricador é punido nestas sociedades por um Direito que visa não apenas o exemplo dissuasor, mas também, e essencialmente, a reinserção social, pois todos somos necessários. É a Sociedade Colaborativa. O facto de a realidade nos mostrar que o trabalhador especialista se afasta a passos largos do generalista – num caminho que já vem de longe –, tornando-se, digamos, um especialista refinado, faz com que cada um saiba cada vez mais de uma especialidade, mas menos de outras coisas, por mais afins que elas sejam. Tal, reforça a necessidade de vivermos em comunidade e colaboração, e esta condição conduz-nos à inevitabilidade de termos de confiar saudavelmente uns nos outros.

Um exemplo-modelo: nos Estados Unidos da América do Norte (e com certeza noutros países que fazem por...) há cirurgiões ortopedistas especializados apenas num joelho. Uns no direito, outros no esquerdo. Numa intervenção cirúrgica terão sempre de estar rodeados por equipas maiores que o normal protocolar. A companhia de um cirurgião mais abrangente na anatomia – não vá algo correr mal, colateralmente, e não esteja no bloco quem possa socorrer *cirurgiando* –, é aconselhável, mesmo fundamental, pois incute em todos segurança. Apenas sabem do joelho, do seu joelho, têm de trabalhar em colaboração com outros especialistas e neles confiar. A vantagem é que sabem muito, e cada vez mais, do "seu" joelho.

Nesta união e colaboração forçadas vemos o resultado de uma orientação evolutiva que visa o bem e os reparos possíveis a quem necessite; surge-nos, igualmente e de forma clara, a afirmação de uma verdade insofismável, a da insubstituibilidade da cooperação e da humana Alteridade. Assoma-nos a lucidez de que só somos porque os outros são, que temos de viver uns com os outros, uns para os outros em interação e complementaridade. Não existe Sociedade sem solidariedade, e esta não pode acontecer sem Alteridade.

> Ninguém pode enfrentar a vida isoladamente [...] Precisamos de uma comunidade que nos apoie, que nos auxilie, e dentro da qual nos ajudemos mutuamente a olhar em frente. Como é importante sonhar juntos! [...] Sozinho, corres o risco de ter miragens, vendo aquilo que não existe; é juntos que se constroem os sonhos[29]

É forte a especialização, e a circunstância induz-nos uma certeza: necessitamos uns dos outros. Somos todos necessários.

Não é fácil a cura para as chagas sociais – e um indivíduo ferido, física ou psicologicamente afetado, é alguém estorvado, diminuído nas possibilidades, constituindo desse modo uma chaga social. Sê-lo-ia, ou pelo menos não tão difícil, se todos tivessem acesso a uma educação cabal e condigna, se todos fossem ensinados a pensar e a estruturar o pensamento, se todos compreendessem os significados de ética e escrúpulo, se todos usufruíssem de crescimento e desenvolvimento saudáveis desde a mais tenra idade. Ainda que arredados de uma moral religiosa. Mas não, por enquanto não. Existe, porém, um remédio capaz de cura, eficaz na cicatrização de feridas sociais, algo tão poderoso que podemos concebê-lo igualmente como cola social. Cola social, aquilo que une as partes sociais, os grupos e os indivíduos, referimo-nos à Solidariedade.

Solidariedade, no pensamento do filósofo Mário Sérgio Cortella, é algo que impede que a nossa casa comum venha abaixo. Remete-nos à agregação, este fenómeno tão essencial se plenamente vivido, à não exclusão. Mas, reiteramos, se plenamente vivido. Aliás, tal como, por exemplo, o amor, é daqueles vocábulos vazios, sem significado, que não são nada, se nos ficarmos apenas pela ideia. Só existem mesmo se praticados, se vividos. A solidariedade tem de ser praticada, para que o próprio conceito possa existir. É uma ação de interferência positiva na vida em Sociedade. É uma atitude política – porque todos as temos – com emancipação partidária. Honra a nossa existência enquanto humanos, enquanto seres natural e eminentemente gregários. "Ser-se humano, é ser-se junto.", palavras do Professor Mário Sérgio Cortella[30]. Quanto mais solidários, mais juntos. Como supra referimos, a solidariedade é a cola que une a Sociedade, que nos junta de facto, mesmo quando não existem traumas, doenças, feridas.

As novas solidariedades, chamemos-lhes assim, visam o alcance, talvez utópico, de uma Sociedade igualitária e justa de fato: igualdade de oportunidades; inexistente, ou reduzida ao mínimo humanamente possível, exploração do homem pelo homem; apoio, a qualquer nível, a todos quantos necessitem. Nos Estados de Direito Democráticos e Sociais, os respetivos ordenamentos jurídicos ajudam a alimentar este

---

29. PAPA FRANCISCO. *Carta Encíclica Fratelli Tutti*. Vatican, 2020. p. 13.
30. Cortella, Mário S. *Por que fazemos o que fazemos? Aflições vitais sobre trabalho, carreira e realização*. Barcelona: Editorial Planeta, 2016. p.192.

sonho, quer através da Lei Fundamental de cada um, quer de legislação dedicada, quer de leis corporativas, estatutos, conformes, como tem de ser, ao que prescrevem as Constituições. A Revolução Francesa, mãe-leite das revoluções liberais, abre portas formais à solidariedade social quando dispõe a fraternidade junto da liberdade e da igualdade, na majestática trilogia de desígnios.

A solidariedade permite aos humanos lutar contra aquilo que os esmaga. A presença do estorvo, do qual o trauma é um exemplo paradigmático, encontra na solidariedade um potencial dispositivo ao seu combate. Alguém que se encontre instável, confuso, confrontando-se diariamente com um mundo sinuoso, não confiando no próximo ou no todo social, porque foi vítima de relações tóxicas, ou porque sofreu qualquer outro evento traumático, repetido ou não, pode encontrar na solidariedade a fuga real ao desespero. Não tenhamos prurido em convocar a solidariedade, ela encontra-se disponível; vive, por natureza, dentro de nós, apenas temos de a evocar. Não existirá melhor meio, pois, como defendemos, ela é a cola que une a Sociedade. A solidariedade carrega consigo alento, induz força e motivação que ajudam à travessia de momentos difíceis, individuais ou coletivos.

A vida ter-nos-á já mostrado, a cada um de nós, mesmo a um imberbe, que em situações de trauma – enquanto consequência de um passado que não devia ter acontecido, ou enquanto causa de problemas presentes e futuros –, o ombro amigo, a mão solidária, o cérebro pronto a escutar fazem toda a diferença. Ao contrário do abandono e da indiferença, a solidariedade para com quem dela necessite leva ao não desespero, à luta necessária e, tantas vezes, à ultrapassagem, dura mas perfeita, do obstáculo construído. Uma vez removidos ou diminuídos os estorvos, reaparece, ou aparece pela primeira vez, o sentido da vida. O afetado aprende, ou reaprende, a confiar no outro e no grupo e, melhor ainda, a confiar em si mesmo – medicamento portentoso. A mão visível e amiga, a força que ao invés de excluir une – a solidariedade –, é a terapia que tem de encontrar-se sempre ao alcance do necessitado. A propósito da pandemia que nos assola, clama alto o Papa Francisco: "Não pensemos só nos nossos interesses. Aproveitemos esta prova como uma oportunidade para preparar o amanhã de todos. Sem uma visão de conjunto, não haverá futuro para ninguém."[31]

Como temos vindo a defender, a sobrevivência ao trauma exige encarar o problema de forma cabal, zelosa, cuidada, um trabalho com pinças, se quisermos uma imagem. É necessária, imprescindível, a atuação de técnicos preparados e sensibilizados para o combate a esta pandemia social. Que o é, o que se passa com um indivíduo (criança, jovem ou adulto) não fica só nele, ou com a família, vem cá para fora, vai integrar a Sociedade; e depois, sabemos, não envolve apenas os mais impreparados dos países, um só continente, abarca toda a ecúmena. São milhões de traumas individuais que, de modo sinérgico, levam ao trauma social. As sociedades vivem, sem disso se darem conta, problemas coletivos de natureza traumática indi-

---

31. PAPA FRANCISCO. Homilia do santo padre. Eucaristina no II domingo de páscoa. Domingo da divina misericórdia. Vatican News, 19 abr. 2020.

vidual. As instituições, mesmo nas mais elevadas esferas, refletem esta realidade. O modo como tantas vezes atuam, mostram-no-lo.

É tempo de enfrentar o grave problema individual-coletivo com os recursos mais efetivos já ao dispor – técnicos especializados, políticas dedicadas, Escola capaz, solidariedade. Nenhum destes, porém, de *per si* logrará alcançar plenamente o objetivo – a proximidade à erradicação das causas do trauma numa criança, num jovem, num adulto – sem a envolvência das sociedades no seu todo, dos grupos. "O mundo é como um organismo, e cada um tem qualquer coisa a receber dos outros e qualquer coisa para lhes dar"[32], proclamava João Paulo II, que via o mundo, no sentido de Sociedade, tal como Durkheim o entendia. A Sociedade depende de cada um dos indivíduos, assim como cada um depende da Sociedade. Existe, é inata, uma natural mutualidade. Se desejamos saúde individual e coletiva, não podemos ficar parados, arredados dos caminhos necessários. A omissão é culposa. Educação, educação, sempre educação... para a cidadania, para a consciência da importância social de uma mão amiga, para a alteridade, pode ser a solução. É que, só somos mesmo, se formos juntos.

---

32. DUVIGNAUD, J. *A solidariedade* – laços de sangue; laços de razão. Instituto Piaget, 1995.

CUIDADO E SOLIDARIEDADE NA CIÊNCIA DO DIREITO

José Américo Abreu Costa

Juiz do Tribunal de Justiça do Estado do Maranhão. Titular da 1ª. Vara da Infância e da Juventude de São Luís, Maranhão – Brasil. Pós-graduado em Direito Civil e Processual Civil pela Universidade Estácio de Sá. Pós-graduado em Direito Processual Civil pela Universidade Federal de Pernambuco. Pós-graduado em Direito Penal Econômico e Europeu pela Faculdade de Direito da Universidade de Coimbra, Portugal. Doutor *honoris causa* em Ciências Jurídicas pela Universidade Presbiteriana Emil Brunner.

> *"Omnia ergo quaecumque vultis ut faciant vobis homines et vos facite eis haec est enim lex et prophetae".*
> Evangelium Secundum Mattheum, 7,12[1].

> *"Aliás, a simples história da humanidade leva à convicção de que a recíproca dependência é, desde remotas eras, uma condição indefectível da vida humana".*
> Gofredo Telles Júnior[2].

Caríssimo leitor desconhecido, proponho hoje estas meditações teleológicas e práticas no vasto e fascinante campo da Ciência do Direito. O tema em apreço ultrapassa a questão da legalidade, a esfera literal da Hermenêutica Jurídica e atinge as elevadas dimensões dos princípios. Necessita chegar nos altos cumes do sistema da Ciência à qual professamos servir e ali respirar o ar puro da sensibilidade na busca de Justiça. Sim, em face da natureza sublime do objeto meditado, qualquer abordagem puramente racional mostra-se incompleta e frustrante. Seria uma luz sem calor, envolvimento sem paixão, um *Golem*[3] a percorrer sem alma as estradas da interpretação prática do Direito.

O ponto de partida escolhido é inevitavelmente a questão do sentido na Ciência do Direito, sua natureza e alcance finalísticos, seu espaço espiritual e científico no universo das coisas criadas e não criadas, entendendo-se esta última categoria como realidades sem existência material, mas perceptíveis energética e afetivamente, detentoras de reflexos e consequências no mundo jurídico. A Física micro vibratória e as emoções humanas estudadas pela Psicologia, pelos Direitos Criminal e de Família são exemplos magníficos dessa dimensão fluídica do ser.

---

1. *Tudo aquilo, portanto, que quereis que os homens vos façam, fazei vós a eles, porque esta é a lei e os profetas.* Evangelho Segundo Mateus.
2. JÚNIOR, Gofredo Telles. *A Criação do Direito.* 3. ed. São Paulo: Saraiva, 2014. p. 443. (grifo nosso)
3. Criatura mítica, segundo o Judaísmo, criado pela vontade humana e dotada de vida própria.

Sabemos, entretanto, que a questão literal sempre será um portal iniciático obrigatório, o *ALEF*[4] da jornada, sem a qual tentará o hermeneuta um voo de Ícaro, cujas asas da investigação derreterão com a proximidade do Sol da Ontologia. Certeza obriga!

No campo conceitual, a Ciência do Direito sempre se deparou com o desafio de uma síntese entre o ser e o dever ser, entre a realidade encontrada (ato) e a dimensão expectante (potência), entre os campos descritivos e normativos. Neste aspecto, coube ao filósofo do Direito da Universidade de Oxford, H. L. A. Hart[5] o avanço no campo do estudo jusfilosófico da jurisprudência analítica, descrevendo nossa Ciência em sua Ontologia, no seu ser essencial, sendo mesmo autêntico desbravador quanto à Filosofia da linguagem contemporânea.

Caro leitor desconhecido, a preocupação das cabeças pensantes dos hermeneutas do Direito é tão antiga quanto a criação do mundo. Desde que atingiu a forma *pre-sapiens*, o homem adquiriu um poder investigativo superior, questionando o mundo à sua volta. Com a evolução humana e das Ciências Sociais, o perguntar-se, o magicar escrupulosamente a sós com sua consciência passou a ser uma característica da elevação humana. A partir dessa capacidade superior o homem começou a transformar a realidade ao seu redor utilizando meios e métodos cada vez mais aprimorados, até chegar à fissura nuclear, à energia atômica, com a hecatombe de Hiroshima e Nagasaki.

A índole bélica primordial que levou os antigos a projetarem seus conteúdos psíquicos em deuses pagãos atravessa os séculos e ainda hoje vislumbramos atônitos as guerras militares, ideológicas e religiosas que conspurcam a paz universal. Com a segunda Guerra Mundial e a utilização da energia atômica para fins militares, apossou--se ainda mais da humanidade a destruição da matéria, denominada por Freud como instinto tanático, uma perturbação ou violação da vontade de poder descortinada por Alfred Adler. O princípio da destruição passou a nortear a conduta humana, em contraposição letal a outro princípio, notadamente redentor do homem e antagônico a toda força tanática interna ou externa, expresso nas Palavras do Messias: *"Não quero que o pecador morra, mas que viva e se converta!"*. Eis aí, caro amigo desconhecido, a chave hermenêutica, alquímica e mágica do *princípio da conservação da matéria*, oposto a toda e qualquer destruição arbitrária e dolosa das coisas criadas.

Retomando um pouco a Filosofia medieval, relembramos a clássica questão dos universais, cujas polêmicas entre Pedro Abelardo, Porfírio e Roscelino, culminaram na batalha mental do primeiro contra Bernardo de Claraval, embates dialéticos que foram as sementes do esplendor da síntese tomista. Percebemos que a semântica, a nominação, sempre teve um desafio primordial frente à *res*, quanto à precedência

---

4. Primeira letra do alfabeto hebraico, segundo a tradição judaica, que inicia vários nomes de Deus, como Eloha, Adonai, Elohim.
5. STRUCHINER, Noel. *Direito e linguagem* – uma análise da textura aberta da linguagem e sua aplicação no direito. Rio de Janeiro: Renovar, 2002. p. 3.

do objeto ou do nome deste quanto à existência temporal. Neste exato ponto das nossas meditações é que vamos encontrar os desafios sobre uma tarefa imanente da Ciência do Direito: sua inserção como força vetorial no princípio da conservação da matéria, da preservação da vida e todos seus valores, da pessoa como centro, ápice e meta finalística de toda Hermenêutica Jurídica. Teria o Direito a elevada e sacrossanta missão de cuidar, de proteger e criar laços axiológicos de cuidado e solidariedade?

Caro amigo desconhecido, não vos proponho nestas meditações verdades absolutas ou construções mentais inexpugnáveis. Isto deixo a cargo dos *"pontífices da ciência e dos pregadores das virtudes"*, como descreveu poeticamente Teilhard de Chardin em seu *"Hino do Universo"*. Proponho aqui apenas meditar numa característica e missão do Direito cuja enzima compõe a construção de todo o organismo sistêmico jurídico que se funde em valores democráticos. Neste exato momento, por exemplo, os cristãos celebram em todo orbe a Paixão, Morte e Ressurreição de Cristo. Pergunto-me: teria a Ciência do Direito também por conduta finalística redimir a matéria decaída, acompanhar a humanidade em sua *via crucis* e, por fim, vivenciar o calvário de tantas vidas para depois esperar a ressurreição, a Páscoa da libertação para a subida?

Não podemos, por dever de consciência e da experiência de mais de três décadas nos domínios práticos da Justiça, aceitar a teoria dos objetos jurídicos centrada unicamente sobre as coisas corpóreas, como assentiu Hans Nawiasky[6]. Na esteira do mesmo autor, comungamos com sua complementação e esclarecimento quando alude ao materialismo hermenêutico desta concepção, bem como sua indagação sobre a possibilidade de aplicação da tutela dos bens corpóreos aos bens incorpóreos. Entretanto, a questão aqui é mais profunda. Não se trata de mera incidência ou não de normas em objetos corpóreos ou incorpóreos, mas de princípios específicos que regem a tutela dos valores e da dignidade humana e a modalidade diferenciada da valoração econômica da aplicação da lei.

Caro leitor desconhecido, convido-vos a meditar num aspecto óbvio e pouco compreendido da missão de julgar: a adstrição, a iniciativa privada ou a necessidade de provocação para que seja posta em marcha a poderosa máquina constitucional do Estado-Juiz. É da essência do ato de julgar o não ser provocado, salvo nas hipóteses de Juízo de instrução ou inquisitorial, felizmente em desuso nos Estados contemporâneos. Isto porque a Justiça não *age,* mas *reage* a uma provocação. E este elemento fecundante é exatamente uma ação ou reação frente à destruição da matéria (física, mental ou espiritual), consumada ou potencial, que reclama uma pronta e rápida intervenção do Poder Judiciário. Esse o DNA axiológico do artigo 5º, inciso XXXV, da Constituição Federal Brasileira, que estabelece com vigor a inafastabilidade da jurisdição.

---

6. NAWIASKY, Hans. *Teoria General Del Derecho.* Madrid: Ediciones Rialp, 1962. p. 278.

Ora, a própria semiótica da Justiça nos revela, expressa e veladamente, os valores ínsitos para uma decisão justa, o caminho para a consumação da Justiça social ou comutativa. O que vemos em sua milenar simbologia? Uma mulher assentada numa cátedra, segurando uma balança numa das mãos e na outra a espada do julgamento. Alguns hermetistas medievais a representam ainda entre duas colunas, vestida com túnica escarlate e coberta com manto lázuli. Em sua cabeça tem uma coroa de três dimensões. Em suma, é o feminino que traz em si o poder de julgar e aí percebemos de antemão uma caraterística singular e única na mulher: o cuidado, expressão física de sua força espiritual única: a maternidade. Sim, a Justiça é mãe de todo cuidado, e contrária a toda violação ou dano infligidos aos seus filhos que habitam a Terra e foram paridos de suas entranhas axiológicas.

A semiologia do arcano do julgamento evoca não apenas a ideia de norma, da lei, mas igualmente a noção prática de Justiça. Porque todo conhecimento teológico, filosófico, sociológico, matemático ou jurídico só atinge sua significação plena com uma aplicabilidade prática. Mesmo a poesia, o mais sublime conhecimento, teria algum valor se seus versos não fossem entregues no coração da mulher amada pelo poeta? Toda ciência e perícia de guerra teriam sentido se um guerreiro viking não resgatasse sua princesa amada das mãos de seus opressores? Com certeira ponderação, Leonardo da Vinci afirmou que *"Toda prática pressupõe uma razoável teoria"*. E neste mister a noção de cuidado exsurge como o corpo etéreo da lei, sua *"aura"* luminosa, e assim como Karl Binding vislumbrou uma norma cultural imperativa na lei, a experiência de mais de trinta anos nos domínios práticos da Justiça e do Direito nos conduz à percepção de uma *"norma espiritual"* imponderável em face da totalidade da existência humana e seu fluxo complexidades posto sob apreciação de um juiz.

Caríssimo amigo de meditação, desde sua queda original no Éden, o ser humano precisa ter às portas de seu livre arbítrio um querubim guardião, cuja espada giratória flamejante lhe aponta pela consciência o caminho certo a tomar e o errado a evitar, por exclusão clássica. Sim, todo o tormento humano tem suas raízes na liberdade mal utilizada, na sua vontade de potência a serviço do ego e não dos elevados valores altruístas que conduzem à sobrevivência da sociedade. O homem e a mulher tiveram que andar com cuidado fora do Paraíso, cuidado este que até hoje exercitamos ao atravessar uma rua repleta de carros que a cruzam velozmente.

Toda a saga espiritual do homem após a intervenção maligna da serpente, aqui entendida como o reino da mecanicidade axiológica, a razão sem fé ou a Ciência sem Deus, consiste em reparar uma estrutura quebrada, em recuperar o Paraíso perdido, o equilíbrio primordial e a luminosidade da sua própria alma, ainda neste mundo. A ideia de cuidado envolve a noção prática de evitar um dano, uma perda, uma violação ou restabelecer um estado natural inviolado pela força da espada e pelo discernimento da balança.

É debate vetusto na Sociologia Jurídica se o Direito molda a sociedade ou se a sociedade molda o Direito. Fazendo uma parada no conceitualismo medieval, descortinado pelo *"maior de todos os dialéticos, príncipe dos estudos, famoso no mundo"*, Pedro Abelardo[7], o *tao*[8] desse debate talvez resida numa síntese vital: o Direito molda a sociedade (veja-se o arcabouço normativo dos sistemas jurídicos de exceção) e a sociedade molda o Direito (observe-se a Revolução Industrial, o avanço tecnológico, toda discussão em torna dos meios virtuais como prova judiciária). A questão ambiental em todo mundo e sobretudo no Brasil, que é o pulmão da Terra nos dias de hoje, trouxe de forma injuntiva a noção de cuidado, de preservação, inserindo a Hermenêutica Jurídica numa dimensão manifestamente quântica ao estabelecer uma conexão entre uma planta arrancada, um rio desviado, um animal exterminado e as consequências globais desse tipo de conduta.

Não, seguramente não estamos sozinhos. Chesterton tinha total razão ao escrever que *"Homem Algum é uma Ilha"*. Todas as nossas ações ecoam pela eternidade. Física, espiritual, psicológica, quântica e jurídica. No universo tudo está conectado. Neste avanço perceptivo, é o momento de incluir uma irmã caçula, quase sempre desprezada pela primogenitura dos tribunais e da própria lei, mas em cujas veias corre o sangue da sensibilidade para o cuidado e proteção: *a equidade*.

Sabe-se que o direito posto, escrito e às vezes estrito somente põe ante os olhos do hermeneuta a *realidade cristalizada* do Direito. Explico. É princípio basilar na Hermenêutica Jurídica que *a lei não prevê todas as hipóteses naturalísticas*. Nenhuma norma pode trazer em si a digital da onisciência de quem a elaborou ou promulgou, porque essa onisciência absolutamente não existe! O direito estrito é a ponte entre os fatos e a descrição normativa. Esse movimento de ligação até mesmo um programa de inteligência artificial pode realizar. Agora, quando um drama judicial envolve sensibilidade, emoções e afetos, a Hermenêutica clássica, com inteligência artificial ou humana, encontra uma limitação imponderável.

Caro amigo desconhecido, estas meditações sobre cuidado e solidariedade no vasto e apaixonante campo da Ciência do Direito nos conduzem à constatação inevitável que a equidade (*aequitas, equity ou Billigkeit*) como lembra um autor russo, é o movimento da mente e do espírito no sentido de imprimir uma evolução na lei, para humanizá-la a fim de que sua incidência no drama judiciário humano ocorra dentro daquilo que o hermeneuta percebeu intuitivamente da realidade sistêmica do ser humano em Juízo e confronta com as provas produzidas no processo.

Não foi essa percepção em nível de sensibilidade humana que imprimiu nobilíssima evolução à teoria da culpabilidade criminal e sua valoração prática, no célebre caso da enfermeira que era obrigada pelo superior a fraudar documentos hospitalares, sob pena de perder o emprego e não poder sustentar o marido acometido de doença

---

7. Pedro Abelardo foi seguramente o maior dialético do Século XII. Em seu túmulo, Beda, o Venerável, monge benedicto, mandou gravar as seguintes palavras: *"Sócrates da França. Sumo Platão do Ocidente. Moderno Aristóteles. Êmulo ou maior de todos os dialéticos. Príncipe dos Estudos, famoso no mundo. Gênio multiforme, penetrante e agudo. A tudo superava com o poder da razão e a arte da palavra. Este era Abelardo".*
8. Tao, segundo o Budismo, é o caminho do meio ou do equilíbrio.

mortal? Poderia o Direito Alemão negar tamanha contribuição à Ciência do Direito? Dentro de uma perspectiva humanística, haveria outra saída senão absolver aquela pobre mulher em face de uma inexibilidade de conduta diversa?

Essa compreensão da singularidade do drama humano aos poucos migra da jurisprudência para as leis, inclusive as Constituições do Países. A História do Direito, neste ponto em manifesta interseção com a História Eclesiástica, evidencia esta realidade. Sabeis, caro amigo desconhecido, que na Itália medieval os pobres eram presos por suas dívidas, quase sempre adquiridas junto a cruéis agiotas. Gerava-se um ciclo vicioso, onde os presos tinham que pagar mas não podiam fazê-lo porque estavam encarcerados. Esposas tinham que se prostituir para dar alimentos aos filhos pequenos, pois os credores traziam os corações num cofre e não no peito. Foi preciso que um dos maiores pregadores e taumaturgos de todos os tempos se levantasse contra essas injustiças e aberrações. Liderando um amplo movimento social e religioso, Fernando Antônio de Bulhões e Taveira (Antônio de Pádua ou de Lisboa), um dos mais populares santos da Igreja Católica Apostólica Romana, após perigosa e incessante luta, conseguiu aprovação de uma lei que proibia a prisão por dívidas na Itália. Em seus sermões, chegou a afirmar que *"[...] o espírito de ambição não permite ao miserável ter descanso na alma"*[9]. Percebes, amigo leitor, de qual luta ancestral e sagrada resultou a impossibilidade de prisão por dívidas prevista no artigo 5º. inciso LXVII da Constituição Federal do Brasil?

Não vamos aqui adentrar no hermético e desafiador campo das *"texturas abertas"*, assim como referiu-se de forma pioneira o filósofo da linguagem Friedrich Waismann. Deste contexto solene da argumentação, extrai-se o que é injuntivo para nossa percepção da existência do cuidado e da solidariedade enquanto princípios ou categorias constitucionais, sem comprometer a integridade do sistema da teoria em apreço.

Sabe-se que desde Garcia Morente a experiência é ínsita ao conceito em Filosofia. Inclusive no campo da Hermenêutica Jurídica, sobretudo após Del Vecchio conferir cidadania à questão dos universais em sua clássica *"Filosofia do Direito"*. Pois bem. A ampla gama de conflitos trazidos à apreciação dos Tribunais em sua maioria expõe a existência humana em toda sua tragédia, em todo seu drama. Tanto isso é verdade que a Lei de Introdução às Normas do Direito Brasileiro estabelece que o juiz não pode se eximir de julgar mesmo quando inexista a lei ou houver lacunas no Direito. Os costumes, os princípios gerais do Direito, a analogia e a equidade são anticorpos que garantem ao sistema imunológico do Direito a sobrevivência contra qualquer enfermidade interpretativa que dele se aproximar.

Em trabalho científico manifestamente exitoso, Noel Struchiner[10], em sua tese de mestrado sobre Direito e Linguagem, citando David Holdcroft, traz excertos do pensamento de Schlick citados pelo segundo autor acerca dos métodos de verificação:

---

9. LISBOA, Santo Antônio de. *Sermões Dominicais*. v. 1. Braga: Editorial Franciscana. p. 282. (Grifo nosso)
10. HOLDCROFT, 1983 *apud* Struchiner, Noel. *Direito e linguagem – uma análise da textura aberta da linguagem e sua aplicação ao direito*. Rio de Janeiro: Renovar, 2002. p. 12. (Grifo nosso)

Para entender uma proposição nós precisamos ser capazes de indicar, com exatidão, aquelas circunstâncias particulares que tornariam a proposição verdadeira e aquelas que a tornariam falsa. 'Circunstâncias' significam fatos de experiência; e então é a experiência que decide sobre a verdade ou falsidade das proposições, a experiência 'verifica' proposições e portanto o critério de solução de um problema consiste na capacidade dele ser reduzido a uma experiência possível.

Ora, as ideias de cuidado e solidariedade nascem exatamente de uma experiência. Mais além, são fecundadas na experiência mais vital que o ser humano poder fazer, que é a vivência de uma necessidade! Os impactos ambientais, entendidos como alterações das propriedades químicas e biológicas do meio ambiente causados pela ação humana, afetam de uma forma ou de outra a vida, a saúde, a sobrevivência do homem e prioritariamente o equilíbrio da própria sobrevivência planetária. E não é só. As questões de fundo físico-natural somam-se a diversos problemas sociais, como a violência, desemprego, criminalidade e a pobreza, todos potencializados pela atual pandemia que assola o mundo.

Tive a oportunidade de participar, como conferencista, de debates realizados em minha cidade natal sobre o então projeto de lei dos crimes ambientais, nos anos noventa. Era perceptível a preocupação com os cuidados, a preservação da natureza num contexto relativamente novo e desafiador para legisladores, executores e aplicadores da lei. A questão do cuidado no vasto campo sistemático do Direito não pode ser vista ou percebida como temática afeta ao universo dos conceitos equívocos, que comportam inúmeras interpretações, mas como um valor jurídico a ser protegido em sua aplicabilidade prática mais extensiva possível.

Na dimensão elevada dos princípios, deve-se ter em mente que num primeiro momento não estamos no universo cogente das normas jurídicas *stricto sensu*. Não se trata aqui da incidência de norma proibitiva ou princípio hermético que não admite questionamentos. O cuidado e a solidariedade enquanto valores e categorias jurídicas devem ser *percebidos*, e não gerados num movimento arbitrário da vontade intelectiva.

Lembremos uma analogia poética popular: o bater de asas de uma borboleta pode provocar um furacão em outra parte do mundo. Hipérboles quânticas à parte, a tecnologia dos cristais que possibilita a comunicação via celulares, as emissões por satélites e o cabeamento por fibra ótica nos evidenciam que tudo no universo está conectado, de alguma forma visível ou invisível.

No campo da tutela jurídica ambiental percebemos com mais intensidade essa argamassa sistêmica do direito, a profunda conexão entre a ação naturalística humana e a o equilíbrio da natureza e seus ecossistemas. É máxima entre os hermetistas que a natureza está ferida, mas não está morta. *Natura vulnerata, non delecta.* Mesmo ferido, o mundo natural revida, tendo um instinto de sobrevivência e de autodefesa invejável à espécie humana.

Tanto na violação da natureza como na sua proteção e cuidado, percebemos que existe no sistema interno do Direito, tanto normativo quanto principiológico, uma relação de *qualidade* e não de *quantidade, medida ou intensidade*. Meditemos. Entre as plantas, os seres vegetais, sabemos que existe a fotossíntese, vital para o equilíbrio da vida. No organismo humano existe a troca do sangue arterial pelo sangue venoso, proporcionando o equilíbrio à existência biológica e saúde corporal. A relação das leis e da Justiça, assim como da Ciência do Direito, deverá ser uma relação de troca positiva e equilíbrio, dentro do cuidado com os valores e bens corpóreos e incorpóreos e da solidariedade universal.

Sabemos por experiência própria de mais de trinta anos nos domínios práticos da Justiça que tais meditações soam absurdas ou mesmo etéreas aos ouvidos dos moralistas da Ciência, dos fundamentalistas da razão e dos adoradores do poder e do conhecimento desprovido de humanidade. Sim, há uma idolatria hermenêutica que se insinua sub-repticiamente ao longo dos Séculos em nossa Ciência, tentando adulterar sua essência e macular com extremos a busca da verdade e uma prática libertadora.

Se perguntarmos a um positivista nefastamente convicto sobre a noção de cuidado e solidariedade na Ciência do Direito, é previsível um arquear de sobrancelhas ou um torcer de lábios, que denotam os limites de uma razão erigida num altar profano. Sim, existem os cultores do poder pelo poder, assim como Kelsen curvou-se ante o altar da razão apolínea e fundou o sacerdócio hermenêutico da lei pela lei, com todos seus ritos desprovidos de razão, até à insanidade, pois como disse São Tomás de Aquino, quando chega à exaustão, *"É próprio da razão não ter razão"*.

Existem entre nós os adoradores do poder, aqueles que buscam no Direito apenas uma vivência ostensiva de autoafirmação doentia do próprio ego. São amantes dos julgamentos sem provas; das denúncias ineptas; das prisões arbitrárias; das provas ilícitas e das sentenças politicamente corretas. Costa Gravas retratou muito bem isso tudo em *"Sessão Especial de Justiça"*, sobre os Tribunais de exceção na França.

Mas nem só da idolatria do poder vivem os idólatras. Existem os cultores do altar do conhecimento centrado na mecanicidade, na razão sem sentimento, no corpo hermenêutico sem espírito de Justiça. São os novos gregos de uma sabedoria inútil, onde o oxigênio da razão circula no ambiente lacrado de uma vaidade afetada, figueiras estéreis que serão lançadas no fogo pela parusia do inconsciente coletivo no julgamento final.

O cuidado e a solidariedade partem de uma percepção, de um sentir, quase de uma intuição bergsoniana, centrados na vulnerabilidade do outro e na premente urgência de restaurar um equilíbrio perdido. Ora, o que fecundou a promulgação de uma nova Constituição no Brasil em 1988? Décadas de regime militar, violações de liberdades individuais, restrições de direitos fundamentais... não se configurou esse contexto social e político numa monumental necessidade a ser percebida pelo próprio instinto de sobrevivência moral de uma nação?

Neste ponto, e fazendo Justiça à nossa irmã primogênita, a legalidade, não foi sem razão axiológica e histórica que o Texto Magno Brasileiro estabeleceu, de início, a solidariedade como objetivo fundamental da República Federativa do Brasil, conforme dicção do artigo 3°, inciso I. Note-se que não estamos ainda da enriquece-dora seara dos direitos e garantias fundamentais, mas num projeto prático de uma nação, que dentro da lógica interna do próprio artigo citado, mantém aliança com os seguintes pilares axiológicos: sociedade livre e justa; garantia do desenvolvimento nacional; erradicação da pobreza e da marginalização; redução das desigualdades sociais e regionais; promoção do bem de todos, sem qualquer forma de preconceito ou discriminação (incisos II, III e IV).

São, destarte, princípios fundamentais alojados no artigo 1°. da Carta Maior Nacional. É como se descortina o Título I do Texto Magno. Neste ponto, e retoman-do os fundamentos filosóficos de toda argumentação, estaria o cuidado inserido na noção teórica e prática da solidariedade ou seria uma categoria autônoma? Não resta dúvida que todo cuidado é, de certa forma, uma expressão prática da solidariedade. Mas não devemos olvidar que o próprio Texto Maior Brasileiro está repleto do cui-dado enquanto valor ao longo de seu corpo sistêmico. A igualdade de todos perante a lei; inviolabilidade do direito à vida e à liberdade; proibição de tortura, tratamento desumano ou degradante... o artigo 5°. da Carta Maior não seria um manual de cui-dado com direitos e valores fundamentais de cada cidadão?

À luz da semântica pura, não esqueçamos que a palavra "solidariedade", em seus múltiplos significados, possui em sua estrutura conceitual um liame único, que confere ao termo uma estrutura interna que favorece os conceitos unívocos. Senti-mentos de amor, compaixão pelos necessitados; responsabilidade mútua entre os membros de uma sociedade; compartilhamento de ideias, doutrina e sentimentos. Tudo isso não estaria em síntese com a *alteridade*, com a capacidade de ver o outro e agir conjuntamente para preservação da vida, da liberdade, da saúde, da matéria, enfim?

Sarlet[11], com reconhecida profundidade no assunto, aduz que o princípio da solidariedade transcende a relação "homem-indivíduo", sendo um direito difuso e que ultrapassa os limites do direito nacional e lança raízes no Direito Internacional. Assim como o autor citado, Bonavides[12] coloca o princípio em referência como um direito de "terceira dimensão". A sua natureza universal, não limitada a um Esta-do ou sistema jurídico, justifica essa classificação. Entendendo-se a solidariedade como um ato de amor, e sendo o amor uma realidade ínsita imanente a todo ser vivo, inclusive irracionais, chega-se à conclusão que o ser solidário pertence aos verdadeiros adoradores, em espírito e verdade, aqueles que adoram o amor e lutam pela preservação da matéria criada em todas as suas multiformes estruturas físicas, mentais, psicológicas e espirituais.

Ora, do ponto de vista da vontade institucional e coletiva, o cuidado e solida-riedade integram de forma nuclear um programa de ação estatal, que transcende a

---

11. SARLET, Ingo Wolfgang. *A eficácia dos direitos fundamentais*. 11. ed. Porto Alegre: Livraria do Advogado, 2012.
12. BONAVIDES, Paulo. *Curso de direito constitucional*. 12. ed. São Paulo: Malheiros, 2002.

realidade fria das regras para formar no cidadão aquilo que Hans Welzel[13] considerava a missão do Direito Criminal: a formação de uma nova consciência. É com base neste impulso vital que o Estado Brasileiro erigiu o ideal de uma sociedade solidária como alicerce dos objetivos da Nação. Este ideal permanece porque é espiritual, ainda que as realidades contradigam mediante práticas humanas incoerentes. Como a marca central do alvo, deverá ali continuar, até que um atirador exímio acerte em cheio e vença o desafio de uma paz mundial.

Caríssimo leitor desconhecido, se quiserdes adentrar num jardim ainda mais frutífero sobre a realidade concreta e vital do cuidado e da solidariedade enquanto valores jurídicos, convido-vos a um breve passeio por uma dimensão à qual dedico quinze anos dos quase trinta de magistrado e quatro de advocacia, antes de obter a Graça Divina de vestir a toga de juiz: o multifacetado campo do cuidado, da solidariedade, da proteção integral e da prioridade absoluta dos direitos das crianças e dos adolescentes na República Federativa do Brasil.

A Constituição Federal Brasileira e o Estatuto da Criança e do Adolescente são o ecossistema normativo onde o cuidado e a solidariedade encontram seu primordial *habitat* e seu espaço próprio de legitimação e aplicabilidade. Sim, nenhum valor poderá ser alçado à categoria de princípio jurídico se não tiver a legitimação da síntese entre o dado natural axiológico e o arcabouço normativo de um sistema jurídico. E aqui temos mais uma vez que beijar a mão da *mater legis*, para atingirmos a maturidade do esplendor principiológico.

Nas entranhas férteis do Texto Magno encontramos a determinação fundamental, a síntese luminosa entre o cuidado e a solidariedade quando lemos, extasiados, o conteúdo literal e de valor universal do artigo 227 da Carta Maior Nacional:

> *É dever da família, da sociedade e do Estado assegurar à criança, ao adolescente e ao jovem, com absoluta prioridade, o direito à vida, à saúde, à alimentação, à educação, ao lazer, à profissionalização, à cultura, à dignidade, ao respeito, à liberdade e à convivência familiar e comunitária, além de colocá-los a salvo de toda forma de negligência, discriminação, exploração, violência, crueldade e opressão[14].*

"Dever da família, da sociedade e do Estado" ... colocação *"a salvo de toda forma de negligência, discriminação, exploração, violência, crueldade e opressão"* ... haveria hino mais esplendoroso que realize as núpcias entre o cuidado e a solidariedade enquanto valores jurídicos? Proteção integral, prioridade absoluta e o superior interesse preconizados no Estatuto da Criança e do Adolescente Brasileiro não seriam uma proclamação cósmica e hermenêutica do cuidado como valor jurídico universal e normativo?

---

13. WELZEL, Hans. *Derecho penal* – parte general. Buenos Aires: Roque Depalma Editores, 1956.
14. BRASIL. Constituição da República Federativa do Brasil de 1988. Brasília, DF: Presidência da República, 2015.

Caro amigo desconhecido, o cuidado não se restringe somente ao âmbito material, mas transcende a matéria e lança raízes nas dimensões antropológica e espiritual da vida humana, na própria sobrevivência da sociedade. Sabeis que antes da espécie *sapiens* houve uma espécie intermediária, chamada *pre-sapiens*, que não teve continuidade e se perdeu. As causas da descontinuidade evolutiva? Dois fatores fundamentais: a poligamia e o politeísmo. A falta de cuidado consigo mesmo, com o outro e com seu Deus.

A longa escala da evolução humana traz em si a necessidade do cuidado e da própria solidariedade como condição ínsita da vida. Porque a relação dos institutos em apreço com a Ciência do Direito, sacrossanta em sua ontologia, é de *substância e qualidade*, e não de *cogência e quantidade*. Nenhum legislador, aplicador da lei ou seu executor; nenhum doutrinador plantonista ou pelotiqueiro das ideias irá sacar da algibeira intelectual e apresentar um princípio como seu, de sua autoria ou descoberta fantasiosa. Isso pertence aos engodos e trapaças de Mercúrio. Cuidado e solidariedade exsurgem como categorias de valores universais, princípios que tocam a realidade espiritual, que transcendem os arquétipos e exigem no mundo jurídico um receptáculo, um útero normativo para suas gestação e existência redentora.

Verbum caro factum est[15]. O Verbo se fez carne e habitou entre nós! Este acontecimento decisivo e salvífico para a humanidade legitimou, consagrou e santificou toda encarnação posterior, de pessoas ou de ideias, que tenha o objetivo de libertação do ser humano. *"Libertação para a subida"*, como afirmava um jurista e hermetista russo. Após mais de três décadas nos domínios práticos do Direito e da Justiça é forçoso concluir que toda formulação teórica, seja qual for a Ciência matriz, deve resultar numa aplicabilidade prática libertadora. E precisamente neste ponto adentramos num amplo, fascinante e inesperado portal iniciático: a vulnerabilidade concreta, os desafios da prioridade absoluta, da proteção integral e do superior interesse de crianças e adolescentes no Brasil. Ouçamos as chagas destes pequenos Cristos crucificados por uma política pública ausente, ineficaz ou violadora, em si, dos seus direitos e garantias fundamentais.

Caro leitor desconhecido, sabeis que a vida é um contínuo aprendizado, sendo a evolução do conhecimento a própria essência do existir humano. Alguns anos atrás, a fim de dar aplicabilidade prática a todos os multicromados princípios informadores dos direitos da criança e do adolescente, instituí aqui na cidade de São Luís do Maranhão (Brasil) um projeto inovador que denominei "Jovem Comissário". A nominação expressou o meu objetivo de transformar cada criança, cada adolescente visitado pela minha laboriosa equipe em "pequenas autoridades", autênticos "jovens comissários" quanto aos direitos e deveres expressos no Estatuto da Criança e do Adolescente Brasileiro. Autossustentabilidade quanto à consciência da cidadania, eis a enzima finalística do nosso projeto.

---

15. O Verbo se fez carne.

Mais uma vez constatei o quão maravilhosa, iluminada e sublime é a mente de uma criança! O acolhimento, a descoberta de revelações impactantes e sobretudo o solo fértil para os elevados valores humanos fizeram-me iniciar o projeto como mestre e terminar como aprendiz.

O projeto possui a estrutura pedagógica de aulas e palestras em escolas públicas e privadas, onde a equipe da 1ª. Vara da infância ministra reflexões sobre os mais diversos temas adequados à faixa etária de cada aluno, desde questões familiares, sexuais, profissionais e direitos e deveres constantes no Estatuto da Criança e do Adolescente. Ao final, a 1ª. Vara da Infância e da Juventude expede um certificado, um diploma, numa solenidade ondes os pais, que participam também das capacitações, se fazem presentes e são homenageados.

Nessas missões junto aos pequeninos, constato mais uma vez que se os problemas, causas e concausas das violações dos direitos infanto-juvenis são múltiplos, múltiplas devem ser as soluções, inclusive dentro da uma ação interinstitucional. Em nosso caso, policiais militares e o Tribunal Regional Eleitoral são parceiros vitalícios, além de profissionais da área da saúde. Os resultados são extremante positivos. Assistentes sociais e psicólogas são procuradas para tratar de problemas intrafamiliares; questões de alcoolismo e drogas na família são tematizados reservadamente; maus-tratos são revelados em entrevistas pessoais; a consciência dos direitos e deveres é sobejamente aprimorada e fortalecida.

Caríssimo amigo desconhecido, se quiserdes buscar e encontrar o justo, o honesto e a forma íntegra de viver, não deveis olvidar um só minuto dos cuidados e da solidariedade para com o próximo sofredor. Sim, ser solidário e cuidadoso com o outro não importa num espaço de *força e poder*, mas de *silêncio ativo*, de *invisibilidade percebida* e uma vivência à margem das condecorações do ego, que paradoxalmente sustenta toda a sociedade e melhora o destino das pessoas.

Cuidado e solidariedade, na prática, importam mais numa visão sistêmica do Direito e da sua prática libertadora do que um malabarismo de neurônios egoicos frente teorias que abstraem o ser humano de seu epicentro. A Lei pela lei, assim como a poesia pela poesia, são atos de idolatria que requerem cada vez mais sacrifícios profanos e sangue emocional daqueles que esperam um julgamento justo.

Numa dessas etapas do nosso projeto, estava na zona rural, atendendo crianças e adolescentes em situação de vulnerabilidade econômica e pedagógica. O que vislumbrei foi uma situação de penúria extrema: pais e alunos sem ter sequer o dinheiro do transporte para ir à escola ou falar com o juiz da infância na sede da cidade. Colégios com vazamentos e goteiras, paredes sem reboco e carteiras de assistir aulas danificadas. Pergunto aos pontífices da legalidade e aos profetas do positivismo: é possível negar o controle judicial das políticas públicas frente a este sofrimento material e moral devastador? Que atirem a primeira pedra os cientistas do Direto Positivo e os cultores do formalismo sem alma!

Entre os visigodos[16] era parte da sua estrutura da vida jurídica o monarca não criar um direito novo, pois suas interpretações em caso de dúvidas eram tão certeiras que beiravam a perfeição. Mas isso em relação aos direitos obrigacionais. Em relação às questões familiares, afetivas, a vibração hermenêutica era outra, assim como no Direito Romano, e em toda a história do Direito. Com efeito, a cristalização interpretativa perde sua razão de ser na medida em que as complexidades da existência e o tormentoso mar das emoções invadem os recintos dos tribunais. E neste ponto, transcendendo a importância de qualquer conflito intersubjetivo, a superação ou eliminação de toda desigualdade, de situação desumana ou degradante, impõe uma vivência plena dos princípios constitucionais elencados no artigo 1º. da nossa Lei Maior.

A questão em torno do cuidado e da solidariedade traz em si um amálgama subjacente, uma realidade imperceptível aos olhos obstinados da razão. Ninguém cuida sozinho; nenhum ser humano é solidário isoladamente. Conexão entre os seres, vida em comunidade, cenobítica portanto, trabalho em equipe, são estruturas nucleares do cuidar e do ser solidário. Essa convivência solidária e cuidadosa impõe desafios, contragostos e perplexidades. A vida familiar e profissional que o diga. Por isso um pensamento judeu traz em si muita sabedoria: *"A pessoa que mais nos traz dificuldades pode estar salvando nossas vidas[17]"*.

Neste ponto, caríssimo amigo desconhecido, é dever de consciência chamar minha e vossa atenção para os perigos do entusiasmo com novos institutos, categorias principiológicas ou realidades que nos suscitam a solução ampla e definitiva para todos os problemas postos ante o preocupado semblante do hermeneuta.

Sim, há o risco de uma falsa superioridade, a mesma que vitimou tantos intérpretes que projetaram em Kelsen e no seu valioso pensamento os conteúdos inconscientes de sua arrogância pessoal. Assim como os extremos do positivismo podem gerar uma legalidade enlouquecida, da mesma forma entender o cuidado e a solidariedade como uma Caixa de Pandora, um toque de Midas hermenêutico pode resultar num cuidadorismo e num solidarismo que bloqueiam a iniciativa das pessoas, a autossustentabilidade e subtraem à norma jurídica sua primogenitura como fonte do Direito e sua parcela de legalidade necessária à vida social.

Caro amigo desconhecido, chegando ao final destas meditações, valho-me mais uma vez da realidade expressa e velada exposta na semiótica, no simbolismo da balança de Themis, no ideal de Justiça entre os homens. Sim, o conjunto de todos os sinais, signos e símbolos do Direito e da Justiça, as categorias e princípios são na verdade *exercícios práticos de uma vivência libertadora*. Não são uma realidade em si mesmos, mas no remetem para uma realidade de luz e libertação. Somos chamados a esta experiência de cuidado e solidariedade a cada instante, ao despachar uma petição

---

16. MERÊA, Paulo. *Estudos de direito visigótico*. Portugal: Universidade de Coimbra, 1948. p.75.
17. Pensamento de Rabino Cooper.

inicial, ao deferir a tutela protetiva para uma criança em situação de risco ou mesmo meditando no vasto, infinito e fascinante mundo espiritual da Justiça.

Neste ponto, devemos atentar para o equilíbrio móvel da balança. Nunca atingiremos a homeostase perfeita. Como avião que voa contra o vento, sempre teremos que fazer retificações de coordenadas para chegar ao destino programado. A Justiça, numa percepção semiótica, tem os olhos vendados não apenas para retratar sua imparcialidade, a ausência do desvio de visão para apenas um dos lados em litígio. A simbologia nos remete ao exercício prático da intuição, bússola que nos aponta onde direcionar o cuidado e com quem ou o que fazer as conexões necessárias para efetivar a solidariedade exigida numa situação concreta.

Por isso, todo cuidado e solidariedade não podem prescindir da espada de Themis, através da qual é restabelecido o equilíbrio móvel e dinâmico da balança pela força da lei e pelo poder dos juízes, sempre que esse equilíbrio for ameaçado pelo exercício arbitrário da vontade humana em detrimento dos direitos e garantias previstos num sistema jurídico. Não nos esqueçamos ainda que a Carta Maior Brasileia, em seu nunca assaz citado artigo 1º. traz em si uma *unidade substancial* entre norma e princípio. Essa consolidação normativa evita todo maniqueísmo hermeneuticamente herético e dissociativo, raiz de toda confusão, divisão e negação do Direito.

Medito aqui, amigo leitor, na possibilidade de uma *fusão substancial* entre cuidado e solidariedade. E a questão é simples: poderia haver cuidado sem solidariedade em face do mito da autossuficiência humana? Poderia haver, ao contrário, solidariedade sem cuidado, pelas mesmas razões ontológicas? Não seria o cuidado essa *força primordial*, o *elemento propulsor e motriz* de toda e qualquer solidariedade entre os seres humanos? Repiso aqui: se admitimos como válido que existe uma norma cultural imperativa que informa a lei, sua *"aura"* etérica, não existirá também uma *"norma axiológica imperativa"* ou mesmo uma *"norma, princípio ou valor espiritual imperativo"* que integra o corpo místico do Direito?

Despeço-me, amigo leitor, com a síntese de toda a simbologia, semiótica e espiritualidade da Balança de Themis: a consciência! Sim, todo o desafio hermenêutico consiste, como bem disse Welzel, na formação de uma nova e sólida consciência dos valores do Direito e da Justiça. O termo *"consciência"*, isto é, *"saber junto"*, traz em sua essência filológica a ideia da balança, do equilíbrio móvel e dinâmico da Justiça. Não está a serviço da hermenêutica nem dos hermeneutas, pois está acima deles. Emana da sensibilidade, da irrepetibilidade e caráter de algo único de cada drama humano. Situa-se no domínio da liberdade, pois o ato livre de julgar, tomar decisões, cuidar e ser solidário somente é legítimo e puro quando fecundado no equilíbrio da balança da Justiça e na consciência livre. Este o desafio espiritual do hermeneuta, buscador venerável e misterioso que caminha solitário com a lanterna do conhecimento na mão direita e tateia, silencioso, os novos caminhos da interpretação com o cajado epistemológico que apoia sua caminhada.

O PRÓXIMO COMO A SI MESMO: REDES DE CUIDADO E SOLIDARIEDADE ÀS FAMÍLIAS VULNERÁVEIS NO ÂMBITO RELIGIOSO

Kátia Regina Ferreira Lobo Andrade Maciel

Procuradora de Justiça do Ministério Público do Estado do Rio de Janeiro. Titular da 2ª Procuradoria de Justiça da Infância e da Juventude (não infracional). Mestre em Direitos Fundamentais e Novos Direitos pela UNESA. Professora das Pós-graduações da Fundação Escola do Ministério Público (FEMPERJ), do Instituto de Educação Roberto Bernardes Barroso do MPRJ (IERBB) e da Pós-graduação em Família e Sucessões da Pontifícia Universidade Católica (PUC-RJ).

Rebecca Ferreira Lobo Andrade Maciel

Professora de Psicologia no Centro Universitário de Valença. Psicóloga clínica. Doutoranda em Psicologia Social pela Universidade do Estado (UERJ). Mestre em Ciência da Religião pela Universidade Metodista de São Paulo (UMESP). Pós-graduada em Ciência da Religião pela Faculdade de São Bento/RJ. Graduada em Teologia pelo Unibennet e em Psicologia pela Universidade Federal do Rio de Janeiro (UFRJ).

1. INTRODUÇÃO

Mais de 92% da população brasileira é religiosa, segundo dados do IBGE de 2010. Algumas pessoas encontram no espaço religioso trabalho e oportunidade de acessar programas sociais. Percebemos, então, que algumas faltas encontradas nas políticas públicas são "supridas" de algum modo pelo ambiente de fé. A linguagem da religião pode ter ambiguidades, mas, também, propícia o amor de si e o encontro com o diferente. A partir de uma leitura laica, podemos pensar a religião como um espaço simbólico e emocional, sobre o qual pode se construir redes de apoio a famílias em situação de vulnerabilidade. Mesmo nas dificuldades e desigualdades, o espaço espiritual é referência e cuidado.

Com base no princípio da solidariedade humana, prisma para a construção de uma sociedade democrática e fraterna, busca-se, em linhas gerais, enfocar os cuidados oferecidos pelas instituições religiosas, como rede de apoio, às famílias que experimentam fragilidades sociais, culturais ou relacionais.

O lócus religioso que representa uma manifestação da participação da sociedade no apoio às famílias carentes, com frequência, é o único ponto de suporte de um núcleo familiar vulnerável. Muitas vezes, todavia, a instituição religiosa é esquecida como relevante equipamento assistencial pelos agentes aplicadores de medidas em prol das famílias excluídas. A forte noção de solidariedade pelo semelhante, arraigada na empatia pela dor do próximo, faz com que espaços religiosos tenham potência mais acolhedora, protetiva e eficaz para o arrimo do que alguns equipamentos públicos massificantes ou ausentes. Daí ser crucial o estudo mais aprofundado acerca deste local de apoio às famílias vulneráveis, sob o enfoque transdisciplinar, a fim de apontar propostas de ampliação dos olhares dos aplicadores de medidas, de forma a alcançar a totalidade das necessidades básicas da pessoa humana, assegurando a sua plena dignidade.

2. REDES DE APOIO EM TEMPOS DE VULNERABILIDADE DAS FAMÍLIAS

Prati, Couto e Koller[1] ensinam que o termo vulnerabilidade tem sua origem no campo da Terapia Familiar sob uma perspectiva individualista, ampliando-se, após, para abarcar as famílias ou mesmo uma comunidade que pode ser fragilizada ao ter que lidar com situações de risco. Definem as autoras as famílias vulneráveis como "aquelas nas quais os indivíduos que a compõem apresentam déficits em seus recursos pessoais".

A concepção de família em situação de vulnerabilidade social, todavia pode abranger outros aspectos tais como o relacional, emocional, cultural como contido no Plano Nacional de Promoção, Proteção e Defesa do Direito de Crianças e Adolescentes à Convivência Familiar e Comunitária[2], pelo qual é considerado vulnerável o "grupo familiar que enfrenta condições sociais, culturais ou relacionais adversas ao cumprimento de suas responsabilidades e/ou cujos direitos encontram-se ameaçados ou violados".

Na ótica de vulnerabilidade infantojuvenil, não se pode deixar de mencionar aqueles crianças e adolescentes que estão apartadas do ambiente familiar e vêm a experimentar a ausência de inúmeros direitos fundamentais nos logradouros públicos. Esta parcela da população infantojuvenil compõe um público que demanda serviços específicos de atendimento para os quais a rede de apoio deve adotar estratégias diferenciadas e níveis de cuidado peculiares. Por se cuidar de *situação* de vulnerabilidade deve se enfatizar a possível transitoriedade e efemeridade dos perfis desta parcela da população, podendo mudar por completo o perfil, repentinamente ou gradativamente, em razão de um fato novo[3].

---

1. PRATI, Laíssa Eschiletti; COUTO, Maria Clara P. P.; KOLLER, Sílvia Helena. Famílias em vulnerabilidade social: rastreamento de termos utilizados por terapeutas de família. *Psic.: Teor. e Pesq.*, Brasília, v. 25, n. 3, p. 403-408, jul./set. 2009. p. 405.
2. O Plano Nacional de Promoção, Proteção e Defesa do Direito de Crianças e Adolescentes à Convivência Familiar e Comunitária foi aprovado pelo Conselho Nacional dos Direitos da Criança e do Adolescente (Conanda) e pelo Conselho Nacional de Assistência Social (CNAS), em 13 de dezembro de 2006.
3. Art. 1º, §1º da Resolução. Conjunta Conanda/CNAS n. 1, de 15 de dezembro de 2016.

A vulnerabilidade social leva à *exclusão social*, expressão de conotação mais ampla para referir à família ou indivíduo que se vê desprovido de sua plena cidadania e da dignidade, impossibilitando o desenvolvimento integral de suas potencialidades.

A exclusão social implica na perda de um espaço social, e pode ser entendida como um processo que envolve a vulnerabilidade, fragilidade ou precariedade do ser humano em relação à sociedade, como carência de recursos para uma sobrevivência ou existência digna, ou como processo de afastamento do sistema social das pessoas menos qualificadas, tendo origem, entre outros, em fatores econômicos, políticos, culturais, étnicos e religiosos. A exclusão social, de um lado, afeta a dignidade da pessoa excluída, por impossibilitá-la de usufruir plena e concretamente dos direitos disponíveis e indisponíveis, em especial dos direitos sociais e, de outro lado, implica em retrocesso coletivo, uma vez que a coletividade, como ente coletivo, apenas terá qualidade de vida quando cada pessoa, individualmente considerada, possuir condições dignas de vida[4].

Devemos lembrar, todavia, que a família carente de recursos financeiros, mas munida de recursos afetivos e de suporte da sociedade e do poder público, por exemplo, atualiza os papéis que a estruturam e em seu próprio meio se fortalecem mutuamente. Em outras palavras, a confiança passa a ser o núcleo da relação. Não havendo status ou poder a ser perpetuado, o que define a extensão da família carente é a rede de obrigações estabelecida. Em outras palavras, "são da família aqueles com quem se pode contar", pois as redes de obrigações das famílias vulneráveis são morais, como alerta Sarti[5]. Isto se expressa nas palavras da autora na ajuda de quem "tem precisão", não em um dar e receber imediatos, mas sim obrigações morais na certeza de que, em algum lugar, virá a retribuição, pois Deus proverá o cuidado: "em última instância, essa moralidade está ancorada, então, numa ordem sobrenatural[6]".

Bem se nota que o termo vulnerabilidade social tem sido utilizado como sinônimo de famílias de baixa renda, o que constitui um equívoco conceitual, pois a carência financeira familiar poderá constituir um fator de risco somente quando medidas de proteção não sejam aplicadas eficazmente para aplacar as faltas.

Na verdade, a *vulnerabilidade* pode atingir diversas espécies de família, haja vista que todas experimentam situações de adversidades. No momento atual de fragilidade econômica, social e emocional da humanidade, decorrente da exposição de todos, sem exceção, a eventual contato com o vírus da Covid-19, ainda sem controle pelos órgãos de saúde mundiais, pode-se dizer que todas as famílias brasileiras, sem exceção, possuem algum tipo de vulnerabilidade que enfraquece as relações pessoais e individuais dos seus membros.

---

4. REMÉDIO, José. Os direitos de solidariedade, o princípio da solidariedade, a solidariedade social e a filantropia como instrumentos de inclusão social. *Argumenta Journal Law*, Jacarezinho, n. 24, p. 251-279, jan./jun. 2016. p. 262.
5. SARTI, Cynthia Andersen. *A família como espelho*: um estudo sobre a moral dos pobres. 7. ed. São Paulo: Cortez, 2011. p. 85.
6. SARTI, Cynthia Andersen. *A família como espelho*: um estudo sobre a moral dos pobres. 7. ed. São Paulo: Cortez, 2011. p. 86.

Neste momento histórico de pandemia pelo coronavírus, mais do que nunca, deve-se refletir sobre os suportes que proporcionem soluções a estas fragilidades relacionais, sociais, emocionais e afetivas experimentadas pelas famílias, levando em consideração a solidariedade que o apoio espiritual pode proporcionar.

Sherbourne e Stewart[7] caracterizam a rede social como um grupo de pessoas com o qual o indivíduo mantém contato ou vínculo social. Evangelista e Constantino[8] afirmam, por sua vez, que as redes de apoio social:

[...] viriam a constituir uma maneira de intervenção que proporcionariam mudanças concretas na vida do indivíduo e na sociedade ou organização na qual este esteja inserido estando, portanto, o apoio social intrinsecamente relacionado à capacidade de enfrentamento, aos processos de resiliência e ao desenvolvimento adaptativo sendo que as relações estabelecidas pelos indivíduos com outras pessoas, provenientes de diferentes microssistemas, como amigos, famílias, e escolas, dentre outros, podem vir a proporcionar o apoio social.

A noção de rede social de apoio possui uma sistematização teórica e metodológica contínua e representa, segundo Martins[9], recurso que ressalta o potencial mobilizador da sociedade e as respectivas ações horizontais entre grupos e indivíduos.

De acordo com Motti e Santos, rede de proteção social pode ser conceituada como uma "articulação de pessoas, organizações e instituições com o objetivo de compartilhar causas e projetos, de modo igualitário, democrático e solidário. É a forma de organização baseada na cooperação, na conectividade e na divisão de responsabilidades e competências[10]". E complementam os aludidos autores[11]:

Rede de Proteção Social é uma aliança estratégica entre atores sociais (pessoas) e forças (instituições), que deve potencializar e contribuir para que os conselhos de defesa de direitos elaborem políticas públicas intersetoriais de atendimento; sejam implementados serviços/ações, programas e projetos; estabeleçam-se formas de controle social efetivos; e se adotem estratégias que fomentem a participação das organizações da sociedade civil e da comunidade local.

No que toca à rede de apoio destinada a crianças e adolescentes vulneráveis, o Estatuto infantojuvenil – Lei n 8.069/90 – prevê um sistema de garantia de direitos composto por uma rede de apoio de atendimento próxima da situação de vulnerabilidade experimentada pela criança em perigo ou em risco.

Art. 1º O Sistema de Garantia dos Direitos da Criança e do Adolescente constitui-se na articulação e integração das instâncias públicas governamentais e da sociedade civil, na aplicação de instrumentos normativos e no funcionamento dos mecanismos de promoção, defesa e controle

---

7. SHERBOURNE, Cathy Donald; STEWART, Anita L. The MOS social support survey. *Social Science& medicine*, v. 32, n. 6, p. 705-714, 1991.
8. EVANGELISTA, Vítor de Morais Alves; CONSTANTINO, Elizabeth Piemonte. A relevância das redes de apoio social durante a infância. *Estudos*, v. 17, p. 217-232, 2013. p. 219.
9. FONTES, Martins. *Segurança, território, população*. São Paulo: Martins Fontes, 2008.
10. MOTTI, Antônio José Ângelo; SANTOS, Joseleno Vieira dos. Redes de proteção social à criança e ao adolescente: limites e possibilidades. *Parâmetros de Atuação do Sentinela* – UFMS/MDS, 2014. p. 4.
11. MOTTI, Antônio José Ângelo; SANTOS, Joseleno Vieira dos. Redes de proteção social à criança e ao adolescente: limites e possibilidades. *Parâmetros de Atuação do Sentinela* – UFMS/MDS, 2014. p. 7.

para a efetivação dos direitos humanos da criança e do adolescente, nos níveis Federal, Estadual, Distrital e Municipal[12].

Tal sistema observa a descentralização prevista na Constituição Federal (art. 203 e 204) e segue o denominado princípio da municipalização prescrito no art. 88 da Lei nº 8.069/90, que é diretriz da política de atendimento sistematizada no Estatuto.

> Seguindo os sistemas de gestão contemporâneos, fundados na descentralização administrativa, o legislador constituinte reservou a execução dos programas de política assistencial à esfera estadual e municipal, bem como a entidades beneficentes e de assistência social. [...] A municipalização, seja na formulação de políticas locais, por meio do CMDCA, seja solucionando seus conflitos mais simples e resguardando diretamente os direitos fundamentais infantojuvenis, por sua própria gente, escolhida para integrar o Conselho Tutelar, seja por fim, pela rede de atendimento formada pelo Poder Público, agências sociais e ONGS, busca alcançar eficiência e eficácia na prática da doutrina da proteção integral[13].

É o retorno ao localismo, pelo qual a rede de apoio busca instituições mais próximas da família, de modo que a intervenção atue no risco e no perigo que a família se encontre. De forma consentida, informada e participativa, a família possui plena competência para identificar e indicar qual é a sua rede de apoio de referência, de maneira que a entidade possa contribuir com soluções que proporcionem àquele núcleo familiar suporte de natureza social, psicológico, espiritual em seu meio natural de vida.

Tendo em vista esta noção de rede de apoio, vislumbra-se o espaço religioso apontado pela família em vulnerabilidade como um dos elos dos agentes de intervenção, um aporte com o qual outros atores (públicos e privados) se articula, em parceria, compartilhando informações, avaliações, objetivos e ações, assim como ocorre com outros suportes da família, tais como a escola e o posto de saúde.

A rede religiosa, assim, não constitui um elo informal, que deve ser observado quando tudo falha, especialmente quando ela é apontada como primeira referência para a família que se encontra inserida em acompanhamento de promoção e proteção de seus direitos. As instituições religiosas são entidades locais implicadas na solução do problema em atendimento na rede primária. Trata-se de uma manifestação da colaboração interinstitucional.

Vale destacar que a noção de que as entidades religiosas compõem a rede de apoio nas situações de risco ou perigo nas quais a família esteja envolvida, tem por enquadramento normativo a própria Constituição Federal, que dispõe no art. 226, que a família, base da sociedade, é merecedora de especial proteção do Estado, enquanto no art. 227 estabeleceu o princípio da cooperação ou corresponsabilidade da família, da sociedade e do Estado de assegurar à criança, ao adolescente e ao jovem,

---

12. SILVA, José Fernando da. Resolução CONANDA nº 113 de 19/04/2006. LegisWeb. Disponível em: https://www.legisweb.com.br/legislacao/?id=104402. Acesso em: 09 jul. 2021.
13. AMIN, Andréa Rodrigues. Princípios orientadores do direito da criança e do adolescente. *In*: MACIEL, Kátia Regina Ferreira Lobo Andrade (coord.). *Curso de direito da criança e do adolescente*. Aspectos teóricos e práticos. 13. ed. São Paulo: Saraiva, 2021. p. 89-90.

com absoluta prioridade, o direito à vida, à saúde, à alimentação, à educação, ao lazer, à profissionalização, à cultura, à dignidade, ao respeito, à liberdade e à convivência familiar e comunitária, além de coloca-los a salvo de toda forma de negligência, discriminação, exploração, violência, crueldade e opressão.

3. SOLIDARIEDADE: MANIFESTAÇÃO DO CUIDADO PELO PRÓXIMO

A sociedade brasileira, a partir da segunda metade do século XX, assiste a uma transformação sem igual na estrutura das famílias que afeta a sua concepção tradicional de forma inevitável, especialmente pela inclusão de novos sujeitos de direitos na arena do lar. Com o advento de diplomas legais revolucionários (Estatuto da Mulher Casada, Lei do Divórcio e o Estatuto da Criança e do Adolescente), a família, centrada no matrimônio indissolúvel, de natureza patriarcal e hierarquizada, democratizou--se, pluralizou-se e inseriu a *solidariedade* entre seus alicerces constitutivos, tudo com fundamento na igualdade e na dignidade de todos os seus membros, princípios consagrados na Constituição Federal de 1988 (art. 1º, III c/c art. 5º c/ 227, § 6º).

A *solidariedade* foi erigida a um princípio na Constituição Federal como fundamental para a República Brasileira. Está situada ao lado da dignidade da pessoa humana e da igualdade. A existência humana digna se vincula não apenas à integridade e sobrevivência física, à automanutenção financeira e ao exercício dos direitos sociais, econômicos e culturais, mas principalmente se relaciona com a rigidez psíquica e o direito de eleger e atingir objetivos pessoais que dão sentido à sua vida. Observa-se, desta maneira, que o conjunto de relações nas quais o ser humano se encontra inserido no mundo e com o outro transcende os aspectos materiais, pois há aspirações transcendentais que necessitam ser satisfeitas para que a pessoa se desenvolva de modo digno. Estas aspirações projetam para fora de si mesmo de modo que possa encontrar seu próprio significado.

Ao dispor que entre os objetivos da República Federativa do Brasil está a construção de uma sociedade livre, justa e solidária (art. 3º, I), a erradicação da pobreza e da marginalização e a redução das desigualdades sociais e regionais (art. 3º, III), se reconhece automaticamente que é dever do Estado assistir aos vulneráveis. Mas é também dever da sociedade e da comunidade os acolherem.

Os principais documentos internacionais de direitos humanos mencionam a solidariedade como um valor a ser cultivado. Exemplo disto é o direito da criança de crescer dentro de um espírito de solidariedade entre os povos, a fim de que seja protegida contra as práticas que possam fomentar a discriminação racial, religiosa, ou de qualquer outra índole. Deve ser educada dentro de um espírito de compreensão, tolerância, amizade entre os povos, paz e fraternidade universais e com plena consciência de que deve consagrar suas energias e aptidões ao serviço de seus semelhantes[14]. Bagatini reitera este aspecto da solidariedade social nestes termos:

---

14. Princípio X da Declaração dos Direitos da Criança, de 20 de novembro de 1959.

A solidariedade é um direito fundamental de terceira dimensão que deve ser aplicado em todas as relações jurídicas, sejam de direito público ou privado. Trata-se de uma nova maneira de se enxergar as relações humanas jurídicas, à luz da ética e da moral, visando à igualdade substancial, a dignidade da pessoa humana e, sobretudo, a cooperação nas relações jurídicas. Com a solidariedade busca-se uma responsabilidade social, visando o bem-estar social e, como consequência, o bem-estar de cada um[15].

Mais do que um dever de caridade, abstrato e superficial, a solidariedade é uma virtude social fundamental, no sentido de que a indiferença, a exploração e a opressão do próximo se transformam em serviço: "a *determinação firme e perseverante* de se empenhar pelo *bem comum*; ou seja, pelo bem de todos e de cada um, porque *todos nós somos verdadeiramente responsáveis por todos*[16]".

> [...] foi por meio da doutrina cristã que o sentido da solidariedade ampliou-se consideravelmente. Segundo o cristianismo, a solidariedade deveria ser entendida como amor ao próximo, incluídos os inimigos e estranhos. Tratava-se de um período em que o homem se associava pelo amor fraterno, derivado da ideia de serem todas as pessoas filhas do mesmo pai, o que demonstra claramente a forte presença da religião como grande pilar da sociedade da época. Desse modo, havia um dever de cooperação, decorrente da própria coexistência, que implicava em uma obrigação moral, visando atender aos interesses comuns, baseado na ideia de reciprocidade. Com isso, o cristianismo universalizou a ideia de solidariedade, aqui confundido com a caridade, o amor divino, indispensável a qualquer cristão[17].

A solidariedade social como direito-dever, nas palavras de Moraes[18], é "o conceito dialético de 'reconhecimento' do outro". A concepção de solidariedade não está relacionada com a unidade, mas com a relação de todas as partes de um todo. Para Meireles[19], a família consiste em verdadeira expressão da solidariedade social, uma vez que constitui "[...] o laço mais próximo de reconhecimento ou de cuidado com o outro." A função primordial da família é alcançada por meio do cuidado recíproco entre os membros da entidade familiar. Afinal, completa a autora "família foi dotada pelo legislador constitucional de especial proteção exatamente para a promoção e desenvolvimento de cada uma das pessoas que formam esse núcleo familiar" (2011, p. 225).

Farias e Rosenvald[20], por seu turno, relacionam com pertinência o afeto a estes princípios ao afirmarem que:

15. BAGATINI, Júlia, REIS, Jorge Renato dos. O direito fundamental à solidariedade à luz da constitucionalização do direito privado. *Revista Jurídica Cesumar*, v. 14, n. 2, p. 369-385, jul./dez. 2014. p. 382.

16. JOÃO PAULO II. *Carta encíclica sollicitudo rei socialis*. 1988. Disponível em: https://www.vatican.va/content/john-paul-ii/pt/encyclicals/documents/hf_jp-ii_enc_30121987_sollicitudo-rei-socialis.html. Acesso em: 11 jul. 2021.

17. PAZZIANI, Roberta Mucare; SIMOKOMAKI, Giulia Yumi Zaneti. O princípio da solidariedade e o direito constitucional à saúde em tempos de covid-19. *Revista Pensamento Jurídico*, São Paulo, v. 14, n. 2, ed. Especial "Covid-19", 2020. p. 4.

18. MORAES, Maria Celina Bodin de. *Dano à pessoa humana*. Rio de Janeiro: Renovar, 2003. p. 112.

19. MEIRELES, Rose Melo Vencelau. Em busca da nova família: uma família sem modelo. *In*: TEPEDINO, Gustavo; FACHIN; Luiz Edson (org.). *Pensamento crítico do direito civil brasileiro*. Curitiba: Juruá, 2011. p. 225.

20. FARIAS, Cristiano Chaves de; ROSENVALD, Nelson. *Direito das famílias*. Rio de Janeiro: Lumen Juris, 2008. p. 72.

[...] o afeto caracteriza a entidade familiar como uma verdadeira rede de solidariedade, construída para o desenvolvimento da pessoa, não se permitindo que uma delas possa violar a natural confiança depositada por outra, consistente em ver efetivada a dignidade humana, constitucionalmente assegurada.

Pelos preceitos judaico-cristãos, portanto, o cuidado, o afeto e a solidariedade pelos excluídos estão expressos no dever de acolhimento dos necessitados. O cerne dos princípios da solidariedade e da afetividade, bem como do cuidado com o outro se encontra firmado no ensinamento neotestamentário[21] de Jesus: "[...] Amarás o teu próximo como a ti mesmo". Como ensina Boff[22], o "cuidado implica um modo de ser mediante o qual a pessoa sai de si e se centra no outro com desvelo e solicitude".

Solidariedade possui, assim, o significado de totalidade e inteireza, revelando assim uma comunidade de interesses ou corresponsabilidade[23]. Todavia, observa-se no mundo contemporâneo a ausência de empatia à dor e às dificuldades do outro, aliada ao descaso do Poder Público com os problemas sociais de grupos familiares vulneráveis. O individualismo afasta o cumprimento da norma constitucional que impõe a comunhão fraterna e solidária entre os membros da sociedade.

A indiferença do homem em relação ao homem faz do ambiente social um "não lugar" [...] que revela a falta de identidade entre os seres humanos e a total incapacidade da sociedade em se tornar um meio de consideração e respeito recíprocos. [...] Para o homem "moderno", seu semelhante é absolutamente indiferente, representando a sociedade nada mais que uma mera necessidade de vida, ou seja, de pura sobrevivência, onde os valores do ser humano se perdem ante à instrumentalização da pessoa, que não conhece outra premissa válida, senão a sua própria sobrevivência[24].

O solidarismo, por sua vez, é a doutrina consolidada nas primeiras décadas do século XX baseada na solidariedade social e que busca a justiça social. Relatos de religiosos dentro do campo político na luta por reforma agrária, combate ao trabalho escravo, acesso à educação de mulheres, defesa da população indígena tem aparecido cada vez mais[25]. Um exemplo interessante é o "clube de mães"[26]. Mães católicas na década de 1960 e 1970 se articularam em campanhas a favor de creches, que não existiam nos colégios católicos e lograram êxito.

Em razão da ineficiência do Poder Público no que tange à assistência aos vulneráveis sociais, o solidarismo se mostra mais presente, desenvolvendo, inclusive, o denominado *terceiro setor*, que são entidades privadas que se mobilizam para aplacar

---

21. MATHEUS. *In*: Bíblia de estudo de Genebra. São Paulo, 1999.

22. BOFF, Leonardo. O cuidado essencial: princípio de um novo ethos. *Inclusão Social*, Brasília, v. 1, n. 1, p. 28-35, out./mar. 2005. p. 29.

23. PLÁCIDO E SILVA. *Vocabulário jurídico*. 28. ed. atual. Rio de Janeiro: Forense, 2010.

24. CARDOSO, Alenilton da Silva. *Princípio da solidariedade*: o paradigma ético do direito contemporâneo. São Paulo: Editora Juarez de Oliveira, 2010. p. 107.

25. FRESTON, Paul. As duas transições futuras: católicos, protestantes e sociedade na América Latina. *Ciências Sociales y Religión/Ciências Sociais e Religião*, v. 12, n. 12, p. 13-30, 2010.

26. ROSADO-NUNES, Maria José. *Gênero, feminismo e religião*: sobre um campo em constituição. Rio de Janeiro: Garamond, 2019.

os problemas sociais da sociedade diante da omissão da prestação de serviços públicos[27]. Relacionando a solidariedade aos direitos humanos, Barreto complementa que:

> O significado do termo solidariedade de filantropia, caridade, passa a designar um valor maior, denotando o valor do Estado de assistência aos necessitados, o direito e o dever cívico entre os integrantes da sociedade, bem como o dever de efetivação dos direitos humanos sociais. A solidariedade se pauta na justiça social, na igualdade e dignidade da pessoa. Portanto, sua efetivação implica indiretamente na realização dessas. (2009, p. 777)

Destarte, a noção de solidariedade se faz indispensável para o entendimento do papel das instituições religiosas como elo importante para a inclusão e fortalecimento de famílias vulneráveis, uma vez que tais entidades são parte integrante da sociedade e estão arraigadas no dia a dia das famílias como sua rede de apoio.

4. REDES NA EXPERIÊNCIA RELIGIOSA

O apoio social fornecido pela rede relacional é mantido por laços afetivos e depende do que se percebe da sua própria vivência, de competências e recursos disponíveis para proteção[28]. O conceito de rede de apoio segundo Bronfenbrenner[29] deve abordar mudanças que acontecem, não apenas na pessoa, mas também em seu ambiente em que ela vive, em suas interações e na sua crescente capacidade de descobrir, sustentar ou alterar as propriedades do meio e de suas relações. As relações entre pessoas e ambientes possibilita o apoio nos momentos de crise ou mudança e podem criar oportunidades de desenvolvimento humano através dos meios de subsistência, possibilidades de emprego, estudo, amizades, lazer, suporte e afeto[30]. Para Ojeda, La Jara e Marques, comunidade é "um conjunto de seres humanos unidos por um laço social que implica uma orientação cultural compartilhada que é fundamental em sua identidade grupal"[31]. Estes autores esclarecem que os vínculos sociais podem ser a etnia, a territorialidade, a religião e elementos culturais diversos.

Somos atravessados por formações discursivas que nos constituem como sujeitos coletivos. Busin[32] propõe a aproximação do tema a partir dos códigos do mundo receptor. Por este motivo, a referida autora cita o exemplo do linguajar católico que está entranhado em nossa cultura, mesmo entre pessoas não religiosas e que se apresenta

---

27. BARRETO, Vicente de Paulo (coord.). *Dicionário de filosofia do direito*. São Leopoldo: UNISINOS, 2009.
28. BRITO, R. C.; KOLLER, S. H. Desenvolvimento humano e redes de apoio social e afetivo. *In:* CARVALHO, Alysson Massote (org.). *O mundo social da criança*: natureza e cultura em ação. São Paulo: Casa do Psicólogo, 1999.
29. BRONFENBRENNER, U. *A ecologia do desenvolvimento humano*: experimentos naturais e planejados. Porto Alegre: Artes Médicas, 1996.
30. JULIANO, Maria Cristina Carvalho e YUNES, Maria Angela Mattar. Reflexões sobre rede de apoio social como mecanismo de proteção e promoção de resiliência. *Ambiente & Sociedade*, v. 17, n. 3, 2014.
31. OJEDA, Elbio Nèstor Suares; LA JARA, Ana; MARQUES, Cláudia. Resiliência comunitária. *In:* HOCH, Carlos; ROCCA, Susana. *Sofrimento, resiliência e fé* - implicações para as relações de cuidado. São Leopoldo: Editora Sinodal, 2007. p. 33.
32. BUSIN, Valéria Melki. Religião, sexualidades e gênero. *REVER-Revista de Estudos da Religião*, v. 11, n. 1, p. 105-124, 2011.

como uma porta de acesso a muitos fiéis. Na pesquisa de Antoniazzi[33], observamos que 98% da população brasileira crê em Deus. Assim, cabe ao pesquisador perceber como Vieiralves-Castro e Araújo[34] pontuam: "o pensamento e as práticas religiosas possuem seus devires e lógica própria".

Eliade *et al*[35] destacam que o único meio de compreender o universo mental alheio é situar-se dentro dele. Segundo o mesmo autor, o ser humano religioso tem uma percepção de mundo diferente da realidade, pois para ele este não é inerte, mas é proposital, quer dizer algo, não é opaco, mas vivo e fala. Percebemos, então, que existe uma conexão entre questões culturais e religiosas, tanto pela memória como pelo desenvolvimento das sociedades[36]. Por produzir práticas, relações institucionais e comportamentos, podemos perceber o quanto esses aspectos estão relacionados com o sentido existencial do sujeito religioso[37]. Durkheim[38] nos auxilia na compreensão da potência de ação que a Religião oferece a partir desse contexto existencial: "[...] uma filosofia pode elaborar-se no silêncio da meditação interior, mas não uma fé. Pois uma fé é, antes e tudo, calor, vida, entusiasmo, exaltação de toda atividade mental, transporte do indivíduo acima de si mesmo". Este processo de olhar sobre experiências traz à tona a presença da religião na sociedade como diria Dalgalarrondo[39]:

> Estudar, refletir, escrever sobre religião é trabalhar sobre o mesmo material de que ela é feita, da experiência humana, nos seus limites, assim como de símbolos culturais, que constituem e alimentam, constrangem e enriquecem viabilizaram nosso espírito e nossa existência neste mundo. Todos, crédulos e incrédulos, de uma forma ou de outra, somos tocados pelo espírito da religião e dele dificilmente escapamos.

Birman[40] observa que a conversão dá oportunidade de transcender expectativas e traz muitas vezes uma nova interpelação identitária da possibilidade de viver, de ser inserido na sociedade. A linguagem da religião pode vir com violência, com poder, se encontrando com a intolerância, mas também com o amor de si e do encontro com o diferente.

Podemos também relacionar a religião como um sistema de análise e de interpretação de mundo para o acolhimento, com cuidado e crítica. Demarinis[41] entende

33. ANTONIAZZI, Alberto. Por que o panorama religioso no Brasil mudou tanto? *HORIZONTE-Revista de Estudos de Teologia e Ciências da Religião*, v. 3, n. 5, p. 13-39, 2004.
34. VIEIRALVES-CASTRO, Ricardo; ARAÚJO, Maria Clara Rebel. Reflexões sobre fatos e fe(i)tiches no estudo das religiões. *Fractal: Revista de Psicologia*, v. 20, n. 1, p. 27-39, 2008. p. 29.
35. ELIADE, Mircea *et al*. *Metodología de la historia de las religiones*. Barcelona: Paidós, 1996.
36. DA SILVA, Eliane Moura. Religião, diversidade e valores culturais: conceitos teóricos e a educação para a cidadania. *Revista de Estudos da Religião*, n. 2, p. 1-14, 2004.
37. GUARESCHI, Nueza Maria de Fátima; BRUSCHI, Michel Euclides. *Psicologia social nos estudos culturais*: perspectivas e desafios para uma nova psicologia social. Petrópolis: Vozes, 2003.
38. DURKHEIM, Émile. *As regras do método sociológico*, v. 6, 1978. p. 228.
39. DALGALARRONDO, Paulo. *Religião, psicopatologia e saúde mental*. Artmed Editora, 2009. p. 19.
40. BIRMAN, Patricia. Feitiçarias, territórios e resistências marginais. *Mana*, Rio de Janeiro, v. 15, n. 2, p. 321-348, out. 2009.
41. DEMARINIS, Valerie M. *Critical caring*: a feminist model for pastoral psychology. Westminster John Knox Press, 1993.

que a religião pode criar espaço seguro, entrar nos espaços simbólicos, identificar estratégias e rituais simbólicos da realidade. A religião aparece muito cedo na vida dos brasileiros, através de atividades lúdicas, familiares, parentes próximos e, principalmente, das mulheres da família. Isso faz com que a religião tenha um legado emocional, de alegria, mas também de culpa[42].

No caso do âmbito familiar, a importância da religião pode ser variável, dependendo da implicação de cada membro em relação. Se um marido possui uma religião diferente da mulher, seria diverso de um espaço religioso onde todos professam a mesma fé. Além disso, dependendo das crenças e dos valores que aquela expressão de espiritualidade traz, diferentes relações vão ser constituídas sobre ela. A religião pode ser um cuidado e destruição do espaço familiar, como, por exemplo, quando a religião de um é imposta ao outro e utilizada como justificativa para violência intrafamiliar. Neste artigo, no entanto, abordaremos o lugar da solidariedade do campo religioso às famílias, contudo sem negar que as duas possibilidades são existentes.

Observando esta influência da religiosidade no seio familiar, cabe um olhar mais específico aos possíveis membros desse núcleo. Por exemplo, quando trazemos o olhar para uma família que possui crianças, cabe considerar se a religiosidade é algo da escolha delas.

O direito fundamental à liberdade, apontado alhures, cunhado na Lei Maior do País no art. 227, abrange o direito à crença e ao culto religioso. Este também é disciplinado no Estatuto da Criança e do Adolescente (Lei nº 8.06/90) no art. 16, III, regra esta que, por sua vez, observa aos parâmetros do art. 14 da Convenção dos Direitos da Criança[43] que efetua conexão ao papel exercido pelos pais de orientarem os filhos na seara espiritual, como faculdade de sua função parental. Eis o texto deste Documento Internacional:

> 1. Os Estados Partes respeitarão o direito da criança à liberdade de pensamento, de consciência e de crença.
>
> 2. Os Estados Partes respeitarão os direitos e deveres dos pais e, se for o caso, dos representantes legais, de orientar a criança com relação ao exercício de seus direitos de maneira acorde com a evolução de sua capacidade.
>
> 3. A liberdade de professar a própria religião ou as próprias crenças estará sujeira, unicamente, às limitações prescritas pela lei e necessárias para proteger a segurança, a ordem, a moral, a saúde pública ou os direitos e liberdades fundamentais dos demais.

Segundo Menezes[44], o espaço da liberdade religiosa de crianças e adolescentes deve ser tratado dentro do princípio da dignidade da pessoa humana, pois elas têm

---

42. TOSTES, Angélica; RIBEIRO, Claudio de Oliveira. *Religião, corporeidade e direitos reprodutivos*. São Paulo: Annablume, 2019.

43. O Brasil a incorporou por meio do Decreto Legislativo n. 28, de 14 de setembro de 1990, e a promulgou pelo Decreto n. 99.710, de 21 de novembro de 1990.

44. MENEZES, Joyceane Bezerra de; PONTES, Luís Paulo dos Santos. A liberdade religiosa da criança e do adolescente e a tensão com a função educativa do poder familiar. *Revista Brasileira de Direito*, n. 11(1), p. 113-123, jan./jun. 2015.

capacidade de discernir e ter escolhas respeitadas. Comumente crianças e adolescentes podem tomar decisões de ir a um espaço religioso quando tem colônia de férias, eventos ou amigos, contudo, dependendo do arranjo familiar, a expressão desse desejo pode ser reprimida ou não.

Batson *et al*[45] aponta que o maior preditor da crença de uma pessoa revela-se no envolvimento religioso de seus pais. Isso se deve, principalmente, porque os pais são um grupo de referência primário, onde se recebe critérios de comparação, valores, expectativas, em suma, uma visão de mundo. Assim, se a criança tiver um relacionamento próximo com seus pais, terá ainda mais pressão social para se acercar da religião familiar.

Além disso, a imitação de pais religiosos é que origina comportamentos devotos, não só por exterioridade, mas também como assimilação dos gestos, posturas, palavras. A partir disso, aos poucos, a criança vai se aproximando do sentimento que sustenta tais hábitos[46]. Desse modo, a qualidade da religiosidade dos pais influencia no repertório religioso do filho. Então, isso torna muito necessário que os pais tenham uma relação sadia com a religião, de modo que o filho não venha a ter patologias religiosas ou uma expressão religiosa patológica.

Esta referência, todavia, não implica que os filhos tenham a mesma religião que os pais, mas que existem influências. Analisando os dados do IBGE[47] de 1980 a 2010 acerca da correspondência da religião dos pais e seus filhos, o catolicismo, por exemplo, é a religião que existe menos correspondência entre os parentes. Em seguida aparecem os protestantes pentecostais, devido ao seu foco na conversão e não no caráter hereditário. Porém, nas religiões de protestantismo tradicional, espiritismo kardecista, nas religiões afro-brasileira e nas outras religiões apontadas, a correspondência ainda é alta. Curiosamente, o que tem maior decréscimo em equivalência está nas pessoas sem religião. Isso aponta que, cada vez mais, pelo menos uma das gerações dentro do núcleo familiar possui uma religião.

Apesar de o catolicismo ser uma religião de baixa equivalência entre pais e filhos, é a crença que possui mais crianças e adolescentes. A idade média que as pessoas deixam de ser católicas é entre quinze anos, voltando a crescer depois dos setenta anos. As outras religiões têm relações exatamente opostas ao catolicismo. No geral, a pesquisa aponta que, por exemplo, a religião evangélica pentecostal possui pouquíssimas crianças até os dez anos, quanto há um pequeno acréscimo. Todavia, a idade em que há um aumento exponencial é os trinta anos. Isso ocorre de igual modo nos novos movimentos religiosos, que têm em seus setenta anos uma queda drástica. Em caso de evangélicos tradicionais há um pouco mais de crianças até os dez anos, sendo

45. BATSON, Charles Daniel; SCHOENRADE, Patricia; VENTIS, W. Larry. *Religion and the individual*: A social--psychological perspective.Oxford: Oxford University Press, 1993.
46. PAIVA, Geraldo José de. Família e religião: um olhar da psicologia. *Saberes em Ação: Revista de Estudos da Faculdade Messiânica*, São Paulo, v. 1, n. 1, p.36-44, fev. 2013.
47. IBGE. *Estatísticas do CENSO 2000*. Disponível em: http://www.ibge.gov.br/home/estatistica/populacao/censo2000/populacao/religiao_Censo2000.pdf. Acesso em: 10 jul. 2021.

a segunda maior religião com crianças pequenas. Este credo possui seu incremento de fiéis na idade de trinta anos, mas não perde tantos membros na terceira idade. As religiões de matriz espíritas, tanto as afro-brasileiras, têm um aumento exponencial de seus membros entre os dez/quinze anos, por serem os momentos de iniciação, perdendo sua força, também, somente nos setenta anos. Se supõe essa queda na idade idosa devido a um retorno à religião católica que se supõe ser a de origem, como os dados do IBGE apontam.

Desse modo, os indicadores assinalam que, para crianças de até cinco anos, no Brasil, a grande maioria nasce católica devido à religiosidade familiar e, em ampla quantidade, deixará essa religião só na adolescência. Coincide-se em ser a etapa de mudanças familiares, onde, anteriormente, é a fase de aquisição e imitação da espiritualidade dos pais. Na fase adulta as pessoas dirigem seus comportamentos de apego às instituições, grupos religiosos, políticos e de trabalho[48].

Conforme apontam Assis *et al*[49], a aderência das práticas religiosas pode ser considerada como um fator protetivo, uma vez que permite o fortalecimento de vínculos no relacionamento familiar, na provisão de apoio, suporte e respeito mútuo. Pode possibilitar o desenvolvimento de uma autoestima positiva, autocontrole, bem como características de temperamento. A religião parece assumir um importante papel como rede de apoio social e afetivo, principalmente no que tange à formação de vínculos[50].

Rabinovich, Costa, Lins e Franco[51] salientam que há diversos aspectos que interferem diretamente na vida do sujeito e que o mobilizam para aderir aos movimentos religiosos, como igrejas e grupos de oração. Olhando para o âmbito familiar, verifica-se que, a partir da adesão a esses movimentos, é comum que os participantes relatem mudanças significativas na qualidade da relação com seus filhos e cônjuges, uma vez que há o encontro com algo maior que permite perceber um significado existencial e um sentido de vida nas atividades cotidianas.

Ao utilizar símbolos e significados próprios, o cuidado religioso constantemente é procurado pelos indivíduos e seus familiares. O papel do apoio social dessas realidades é um dado, seja como local de referência e aceitação ou pelo apoio social que seus membros oferecem[52].

---

48. VERGARA, Sylvia Constant. A resiliência de profissionais angolanos. *Revista de Administração Pública*, Rio de Janeiro, n. 42 (4), v. 701-18, jul./ago. 2008.

49. Assis, S. G.; Pesce, R. P.; Avanci, J. Q. *Resiliência: enfatizando a proteção dos adolescentes*. Porto Alegre: Artmed, 2006

50. BECKER, Ana Paula Sesti; MAESTRI, Tânia Paza; BOBATO, Sueli Terezinha. Impacto da religiosidade na relação entre pais e filhos adolescentes. *Arq. bras. psicol.*, Rio de Janeiro, v. 67, n. 1, p. 84-98, 2015.

51. RABINOVICH, E. P.; COSTA, L. A. F.; LINS, A.; FRANCO, S. Famílias evangélicas baianas e o processo de nomeação. *Psicologia e Sociedade*, v. 20(3), p. 417-424, 2008

52. LEÃO. F. C.; LOTUFO Neto F. Uso de práticas espirituais em instituição para portadores de deficiência mental. Rev. Psiquiatr. Clín., 2007; v. 3(4), p. 10-15.

5. ESTUDOS ACERCA DO CUIDADO E DA SOLIDARIEDADE RELIGIOSA ÀS FAMÍLIAS VULNERÁVEIS

Observando do ponto de vista histórico[53], a palavra cuidado advém de cura que, por muitas vezes, esteve na história da religião e da psicologia. A partir das leituras de Annemarie Mol[54], há muito material e diferentes histórias sobre a materialidade das relações de cuidado que nos ajudam a olhar como a religião pode ser rede de solidariedade para famílias. Vande Port e Mol[55] apresentam dois tipos de lógicas: a da escolha e do cuidado. Focando na lógica do cuidado encontramos atenção às especificidades, avaliação de possibilidades, ação cidadã, engajamento, diálogo, narrativas, negociações, perseverança, companheirismo e qualidade. Assim, dentro dos limites éticos necessários, devemos dialogar e pensar nas particularidades da vivência religiosa da família. Quando uma mulher ingressa no atendimento de um CAPS-AD junto com o filho que passou anos numa comunidade terapêutica por desconhecimento dos tratamentos públicos, antes do julgamento, da condenação moral, deve vir a importância de ouvir esta narrativa. São diversas as práticas e diferentes entre si de acordo com a realidade do corpo e até mesmo os termos que são utilizados por uma população. A percepção de doença, cuidado, fala, política, saúde, varia de acordo com o coletivo e importa nas categorias usadas no contato com as pessoas. Para um público religioso, a categoria doença, por exemplo, pode vir junto com a de pecado, como o "pesar de Deus" ou uma "batalha espiritual". As suas capacidades podem ser lidas como "dons espirituais", a saúde pode ser vista como "graça recebida" e todos os termos dizem respeito a como estas pessoas entendem o cuidado.

As relações de cuidado tendem a ampliar nossa rede do cuidar[56], trazendo à tona seus atores e seus afetos. Pensar uma lógica do cuidado reconstrói a forma e o processo pelo qual realizamos a prática com os sujeitos. Assim, podemos ver o cuidado como uma atitude ética em que há reconhecimento dos direitos dos outros, podendo assim promover crescimento e bem-estar[57].

Algumas pesquisas têm apontado a relação entre vínculos religiosos e rede de apoio, principalmente quanto a populações vulneráveis. Nos dados levantados por Martins[58] percebemos como isso se expressa na periferia da região metropolitana de São Paulo. Os grupos que mais apareceram como rede de apoio são a vizinhança, a creche e a igreja. Estas dariam suporte em situações de privação socioeconômica, ajudando nas condições adversas da vida, fornecendo proteção às crianças destas

---

53. JUNGES, José Roque. *Bioética*: hermenêutica e casuística. Edições Loyola, 2006.
54. MOL, A. *The logic of care*: health and the problem of patient choice. London: Routledge, 2008
55. VAN DE PORT, M. MOL, A. Chupar frutas in Salvador da Bahia: a case of practice-specific alterities. *Journal of the Royal Anthropological Institute*, n. 21, p. 165-180, 2015
56. NUNES, João Arriscado; ROQUE, Ricardo. *Objectos impuros*. Experiências em estudos sociais da ciência. Porto: Edições Afrontamento, 2007
57. PEREIRA, Tânia da Silva; OLIVEIRA, Guilherme de. *Cuidado e vulnerabilidade*. São Paulo: Atlas, 2009.
58. MARTINS, Edna. Família em situação de risco e rede social de apoio: um estudo em comunidade de periferia metropolitana. *Revista @mbienteeducação*, v. 4, n. 1, p. 60-71, jan./jun. 2011.

famílias. Além de cuidado voltado à infância, esses grupos também servem de espaço de socialização para os familiares e as crianças. Percebemos um lugar não só prático de resolução de faltas, mas também de referência de afeto. Para Constantino e Evangelista[59] a rede de apoio seria fundamental para o desenvolvimento humano e social, que só pode ser analisada a partir de um olhar interdisciplinar, já que afeta as diversas áreas do sujeito.

Nos estudos de Becker, Maestri e Bobato[60] se analisou a aderência de familiares a um movimento religioso cristão e percebeu como isso afetava o cuidado no espaço intrafamiliar. Foram coletados dados de quatro casais e oito adolescentes para pensar quais eram as implicações da pertença religiosa para o apoio social da família. Nos relatos se percebia como a religião servia como suporte educativo para os pais dialogarem sobre valores e morais para seus filhos e dos filhos se desenvolvendo sócio cognitivamente.

Em um compilado de estudos, Valla, Guimarães e Lacerda[61] percebem a existência de aproximações claras entre as noções de saúde e doença com a religião nos espaços das classes populares. Estes realizaram um estudo na Leopoldina, Zona Norte da cidade do Rio de Janeiro, pelo fato de ser um local em que predominam favelas e conjuntos habitacionais de baixa renda. A metodologia consistiu em um acervo de depoimentos sobre a história de vida de aproximadamente dez pastores de igrejas evangélicas e pentecostais. Os cultos evangélicos podem ser compreendidos como espaços de convívio e de práticas de apoio social, via de estabelecimento de relações sociais sistemáticas.

Uma interpretação comum ao se falar de redes de apoio e as ações das classes populares, a religiosidade aparece apenas como necessária para resolver exclusivamente um problema material, mas pode ser o resultado da vontade de viver a vida mais plenamente possível[62]. A busca religiosa advém, muitas vezes, da procura por uma explicação, um sentido que torne a vida mais coerente, o que, por sua vez, é uma das propostas do apoio social[63].

A questão religiosa como uma forma de apoio social vem sendo enfatizada atualmente devido à busca crescente das famílias em situação de alto grau de vulnerabilidade por respostas na esfera espiritual[64]. A procura pela religiosidade pode

59. EVANGELISTA, Vítor de Morais Alves; CONSTANTINO, Elizabeth Piemonte. A relevância das redes de apoio social durante a infância. *Estudos*, v. 17, p. 217-232, 2013. p. 219.
60. BECKER, Ana Paula Sesti; MAESTRI, Tânia Paza; BOBATO, Sueli Terezinha. Impacto da religiosidade na relação entre pais e filhos adolescentes. *Arq. bras. psicol.*, Rio de Janeiro, v. 67, n. 1, p. 84-98, 2015.
61. VALLA, Victor Vincent; GUIMARÃES, Maria Beatriz; LACERDA, Alda. Religiosidade, apoio social e cuidado integral à saúde: uma proposta de investigação voltada para as classes populares. *Cuidado*, 2004. p. 105.
62. VALLA, V. V. Pobreza, emoção e saúde: uma discussão sobre pentecostalismo e saúde no Brasil. *Revista Brasileira de Educação*, n. 19, p. 66-75, 2002.
63. CASSEL, J. The contribution of the social environment to host resistance. *American Journal of medicine*, v. 104, p. 107-123, 1976.
64. VALLA, V. V. O que a saúde tem a ver com a religião. *In*: VALLA, V. V.(org.). *Religião e cultura popular*. Rio de Janeiro: DP&A, p. 113-139, 2001.

sinalizar a constituição e formação de redes de apoio social como forma de se defenderem de um sistema econômico e político injusto. A falta de apoio institucional em época de mudanças sociais intensas faz com que essas igrejas ofereçam um sentido para a vida[65]. Algumas igrejas vêm desenvolvendo, há muitos anos, trabalhos de assistência, os quais têm estreita relação com os problemas de saúde da população. É importante valorizar o modo como grupos vêm se organizando, tecendo estratégias e táticas para enfrentar os problemas do cotidiano por meio das atividades e práticas de apoio social, como a organização de alguns espaços religiosos[66].

Diversos autores[67], ainda, vêm discutindo a questão das emoções e sua relação com a saúde, a partir do apoio social e/ou práticas terapêuticas, como por exemplo, a religião, que procuram fortalecer a autoestima, ressignificar as situações de vida e desenvolver a paz de espírito.

Importante motivo que leva as pessoas a procurar esses espaços é o fato de lideranças atribuírem sentido ao sofrimento dos adeptos. A fé em Deus muda a vida do fiel, dando-lhe sentido maior do que a vida difícil que leva no dia a dia ao oferecer um "senso de coerência", não deixando se perder esperança[68]. Além disso, pode-se explicar, por exemplo, comportamentos desviantes, tais como traição, agressão física, alcoolismo e outros vícios como sintomas de uma crise espiritual decorrente da ação de espíritos malignos ou forças demoníacas que atuam na vida do indivíduo, destruindo sua personalidade, agredindo seus familiares. Nessa visão, somente a religião poderá curá-lo[69]. Outra característica desta rede de apoio é que ela constrói autoestima quando, em caso de famílias mais empobrecidas, o ideário de dignidade humana é muito abalado[70].

Dado interessante, também, aparece em pesquisa realizada com famílias com crianças em acolhimento institucional[71]. Estas são frequentes em cultos religiosos e buscam nesses espaços apoio para reestruturação de suas vidas e famílias.

65. MACHADO, M. D. C. *Carismáticos e pentecostais*: adesão religiosa na esfera familiar. Campinas: Autores Associados, 1996.
66. LACERDA, A. *Apoio social e a concepção do sujeito na sua integração entre corpo mente*: uma articulação de conceitos no campo da saúde pública. Dissertação. 2002 (Mestrado em Saúde Pública) – Escola Nacional de Saúde Pública, Fundação Oswaldo Cruz, Rio de Janeiro, 2002.
67. GOLEMAN D. *Emotional intelligence*. Bantam Books: New York, 1995; SPIEGEL, D. Apoio social; como os amigos, a família e os grupos podem ajudar. *In*: GOLEMAN, D.; GURIN, J. (org.). *Equilíbrio mente e corpo*: como usar sua mente para uma saúde melhor. Rio de Janeiro: Campus, 1997, p. 283-298; GOLEMAN, D. (org.). *Emoções que curam*. Conversas com o Dalai Lama sobre mente alerta, emoções e saúde. Rio de Janeiro: Rocco, 1999; e CSORDAS, T. J. *Body / meaning / healing*. New York: Palgrave, 2002.
68. FIGUEIRA, S. M. A. *Jesus, o médico dos médicos*. A cura no pentecostalismo segundo usuários de um serviço local de saúde. Dissertação (Mestrado em Saúde Pública) – Faculdade de Saúde Pública da Universidade de São Paulo, São Paulo, 1996.
69. MACHADO, M. D. C. *Carismáticos e pentecostais*: adesão religiosa na esfera familiar. Campinas: Autores Associados, 1996.
70. MARIZ, C. Alcoolismo, gênero e pentecostalismo. *Religião e Sociedade*, Rio de Janeiro, v. 16/3, 1994.
71. LIMA, Fernanda Tamie Isobe; PEDROSO, Janari da Silva; MAGALHAES, Celina Maria Colino. Redes de apoio de famílias de crianças em acolhimento institucional. *Rev. Subj.*, Fortaleza, v. 14, n. 1, p. 84-92, abr. 2014.

Em um outro estudo realizado com famílias brasileiras no Japão no período de 2008[72], se analisou como a frequência à missa e outras atividades católicas ajudaram estes grupos a lidarem com as discriminações sofridas por serem imigrantes. Foram realizadas quinze entrevistas, nas quais pode se perceber que pessoas construíam espaços de significação e de identidade, mesmo estando em outro país. A certeza de poder contar com o apoio do coletivo religioso gera conforto para os migrantes que vivem em um ambiente incerto na sociedade.

Por fim, outra pesquisa nesse tema averiguou quarenta e dois membros de religiões - protestantes, católicos e espíritas[73]. Neste estudo foi observado que pessoas que se dedicam à religião relatam menos sofrimento mental; além de que a participação institucional religiosa e a oração são consideradas fatores protetores para o adoecimento mental.

6. CONCLUSÃO

O Brasil é um país laico[74], mas possui uma população extremamente religiosa. A religião, de tal modo, não pode ser descartada como meio de apoio diante das carências sociais, culturais e relacionais e outras diversas vulnerabilidades experimentadas pelas famílias brasileiras. Entender o papel do ambiente religioso, dos líderes e da comunidade de fé sob o aspecto de suporte solidário não significa dizer que há substituição dos deveres primários do Poder Público.

As instituições religiosas possuem um papel de corresponsável social, em uma solidariedade horizontal, exercendo uma função importante de voluntariado sob o aspecto filantrópico, mas, principalmente, de fortalecimento da própria identidade dos membros da família. A solidariedade, como visto, é um valor indispensável para assegurar a justiça social àqueles que se encontram em situação de vulnerabilidade, mas é expressa, também, na religiosidade abraçada por estas famílias.

Olhar para religião neste contexto de cuidado e solidariedade é constatar o que existe nas práticas das famílias vulneráveis e respeitar estas possibilidades trazidas por elas. A religião, como enfocado neste estudo, pode dar sentido de vida, inserção comunitária, fortalecimento de vínculos e de valores pessoais e familiares. Quando ela é acionada pela família nesta direção, se expressa em manifestação do cuidado.

O cuidado implica em mostrar interesse, ter atenção, preocupação e bom trato, o que se opõe literalmente ao descaso, aos maus tratos, à irresponsabilidade do

---

72. MATSUE, Regina Yoshie. Religiosidade e rede de apoio social na vida das mulheres brasileiras e suas famílias no Japão. *Saúde e Sociedade*, v. 22, n. 2, 2013.
73. LEÃO. F. C.; LOTUFO Neto F. Uso de práticas espirituais em instituição para portadores de deficiência mental. Rev. Psiquiatr. Clín., 2007; v. 3(4), p. 10-15.
74. "Art. 5º Todos são iguais perante a lei, sem distinção de qualquer natureza, garantindo-se aos brasileiros e aos estrangeiros residentes no País a inviolabilidade do direito à vida, à liberdade, à igualdade, à segurança e à propriedade, nos termos seguintes: [...]VI – é inviolável a liberdade de consciência e de crença, sendo assegurado o livre exercício dos cultos religiosos e garantida, na forma da lei, a proteção aos locais de culto e a suas liturgias; [...]".

atendimento e da resistência ao envolvimento pessoal com o outro. Temas relacionados ao cuidado são recorrentes nas religiões e, por isso, as famílias, notadamente as mais vulneráveis, se aproximam em busca deste espaço solidário. Portanto, falar de cuidado e solidariedade em relação a famílias em situação de vulnerabilidade é adentrar, consequentemente, nos mais diversos âmbitos de rede de apoio destes núcleos, o que inclui a religião.

SOLIDARIEDADE, RACISMO ESTRUTURAL E O ÍNDICE ESG: NOVAS PRÁTICAS EMPRESARIAIS OU *"ESG WASHING"*?

Lucia Maria Teixeira Ferreira

Advogada e Consultora Jurídica. Mestre em Direito Civil pela UERJ – Universidade do Estado do Rio de Janeiro, onde concluiu a Graduação em Direito. Pós-Graduada em Sociologia Urbana pelo Departamento de Ciências Sociais da UERJ. Procuradora de Justiça aposentada do Ministério Público do Estado do Rio de Janeiro. Possui a Certificação CIPP/E, da IAPP – *International Association of Privacy Professionals*, instituição à qual também é associada. É Coordenadora de Estudos, Pareceres e Ações Educativas da Comissão de Proteção de Dados e Privacidade da OAB/RJ (biênio 2019-2021) e é Cocoordenadora do Grupo de Trabalho Supremo Tribunal Federal (2021) do Observatório Legislativo e Jurisprudencial da Comissão de Direito Privado e Novas Tecnologias do Conselho Federal da OAB. Associada ao IBGC – Instituto Brasileiro de Governança Corporativa.

1. A SOLIDARIEDADE COMO OBJETIVO FUNDAMENTAL DA REPÚBLICA E O COMBATE AO RACISMO NO ORDENAMENTO JURÍDICO BRASILEIRO

A República Federativa do Brasil constitui-se em Estado Democrático de Direito e possui, como objetivos fundamentais (art. 3º da Constituição Federal): a construção de uma *sociedade livre, justa e solidária*; a garantia do desenvolvimento nacional; a erradicação da pobreza e da marginalização e a redução das desigualdades sociais; a promoção do bem de todos, sem preconceitos de origem, raça, sexo, cor, idade e quaisquer outras formas de discriminação. No art. 5º, inciso XLI, a Constituição estabelece que "a lei punirá qualquer discriminação atentatória dos direitos e liberdades fundamentais".

Em que pesem os objetivos e princípios estabelecidos há mais de 32 anos pela "Constituição Cidadã" e as normas insculpidas em diversos diplomas legais – como a Lei 7.716/1989, o Estatuto da Igualdade Racial (Lei nº 12.288/2010) e o Decreto nº 9.571, de 21/11/2018, que estabelece as Diretrizes Nacionais sobre Empresas e Direitos Humanos – ainda convivemos com a triste realidade de processos históricos de racismo, discriminação perversa e desigualdade estrutural no país, apesar do reconhecimento de grandes esforços e lutas pela implementação de direitos fundamentais.

De acordo com Silvio Almeida, o "racismo é uma forma sistemática de discriminação que tem a raça como fundamento e que se manifesta por meio de práticas conscientes ou inconscientes que culminam em desvantagens ou privilégios para indivíduos, a depender do grupo racial ao qual pertencem"[1].

Os crimes de racismo foram previstos na chamada Lei do Racismo – Lei 7.716/1989, que prevê sanções para tipos penais resultantes de preconceito de raça ou de cor. A Lei 9.459/2013 acrescentou à Lei 7.716/89 os termos etnia, religião e procedência nacional:

> Art. 1º Serão punidos, na forma desta lei, os crimes resultantes de discriminação ou preconceito de raça, cor, etnia, religião ou procedência nacional.
>
> Art. 20. Praticar, induzir ou incitar a discriminação ou preconceito de raça, cor, etnia, religião ou procedência nacional.
>
> Pena: reclusão de um a três anos e multa.

O crime de injúria racial está inserido no Capítulo dos Crimes contra a Honra, previsto no § 3º do art. 140 do Código Penal, que prevê uma forma qualificada para o crime de injúria, na qual a pena é maior e não se confunde com o crime de racismo previsto na Lei 7.716/1989. Para a caracterização da injúria racial, é necessário que haja ofensa à dignidade de alguém com base em elementos referentes à sua raça, cor, etnia, religião etc.

Em junho de 2019, o STF ampliou a proteção legal da Lei do Racismo, no julgamento da Ação Direta de Inconstitucionalidade por Omissão (ADO) nº 26, de relatoria do ministro Celso de Mello. Nesta decisão, o Plenário do Supremo equiparou a homofobia e a transfobia aos dispositivos da lei 7.716, considerando tais condutas como discriminação e preconceito, na forma do 1º da Lei 7.716/1989.

Ainda no campo da jurisdição constitucional, um marco histórico nas políticas de direitos humanos foi a decisão do Supremo Tribunal Federal, em 2012, na Ação de Descumprimento de Preceito Fundamental nº 186, *que confirmou a constitucionalidade das cotas universitárias étnico-raciais e, implicitamente, reconheceu a existência de um racismo estrutural que permeia as relações na sociedade brasileira:*

> Atos que instituíram sistema de reserva de vagas com base em critério étnico-racial (cotas) no processo de seleção para ingresso em instituição pública de ensino superior. [...] Não contraria – ao contrário, prestigia – o princípio da igualdade material, previsto no caput do art. 5º da Carta da República, a possibilidade de o Estado lançar mão seja de políticas de cunho universalista, que abrangem um número indeterminado de indivíduos, mediante ações de natureza estrutural, seja de ações afirmativas, que atingem grupos sociais determinados, de maneira pontual, atribuindo a estes certas vantagens, por um tempo limitado, de modo a permitir-lhes a superação de desigualdades decorrentes de situações históricas particulares. [...] Justiça social hoje, mais do que simplesmente retribuir riquezas criadas pelo esforço coletivo, significa distinguir, reconhecer e incorporar à sociedade mais ampla valores culturais diversificados, muitas vezes considerados inferiores àqueles reputados dominantes. (ADPF 186, Rel. Min. Ricardo Lewandowski, j. 26-4-2012, P, DJE de 20-10-2014)

---

1. ALMEIDA, Silvio Luiz de. *Racismo Estrutural*. São Paulo: Jandaíra, 2020. p. 32.

Reconhece-se como muito relevante a adoção de políticas de ações afirmativas e outras políticas públicas que visam à redução da desigualdade estrutural e ao combate ao racismo e às discriminações históricas – como programas de transferência de renda e de acesso à moradia e à terra, políticas de cotas para acesso ao sistema universitário e outros modelos de programas que visam à redução das desigualdades socioeconômicas e educacionais.

Entretanto, como destacou o último relatório da Comissão Interamericana de Direitos Humanos sobre a situação de direitos humanos no Brasil, temos que superar "aspectos relacionados à discriminação historicamente negligenciada, que impacta de forma exacerbada grupos específicos" (pessoas afrodescendentes, mulheres, comunidades quilombolas, povos indígenas, camponeses e trabalhadores rurais, moradores de rua e moradores de favelas ou periferias)[2].

2. O RACISMO ESTRUTURAL

O Escritório do Alto Comissariado da ONU para os Direitos Humanos (ACNUDH) publicou um relatório que lança luz sobre as violações dos direitos econômicos, sociais, culturais, civis e políticos sofridas pelas pessoas afrodescendentes — diariamente e em diferentes Estados e jurisdições[3].

Michelle Bachellet, alta-comissária da ONU para os Direitos Humanos, emitiu, em junho de 2020, um apelo urgente aos Estados para que adotem uma "agenda transformadora" a fim de erradicar o racismo sistêmico. Bachellet afirmou que

> O racismo sistêmico precisa de uma resposta sistêmica. É preciso haver uma abordagem abrangente, em vez de fragmentada, para desmantelar sistemas arraigados em séculos de discriminação e violência. Precisamos de uma abordagem transformadora que aborde as áreas interconectadas que impulsionam o racismo e levam a tragédias repetidas, totalmente evitáveis, como a morte de George Floyd[4].

Numa sociedade como a nossa, com um histórico de séculos de conflitos de classe, de raça e de gênero, como seria pensada a resposta sistêmica para um racismo estrutural? De acordo com Silvio Almeida, "além das medidas que coíbam o racismo individual e institucionalmente, torna-se imperativo refletir sobre mudanças profundas nas relações sociais, políticas e econômicas".[5]

---

2. A Comissão Interamericana de Direitos Humanos é o principal órgão da Organização dos Estados Americanos (OEA) e tem o objetivo de promover a observância dos direitos humanos na região e de atuar como órgão consultivo da OEA nesta matéria. OEA, 2021. Disponível em: http://www.oas.org/pt/cidh/jsForm/?File=/pt/cidh/prensa/notas/2021/050.asp Acesso em: 10 mai. 2021.
3. Implementation of HRC Resolution 43/1 and seminal report. ACNUDH. Disponível em: https://www.ohchr.org/EN/Issues/Racism/Pages/Implementation-HRC-Resolution-43-1.aspx. Acesso em: 05 jul. 2021.
4. ONU Direitos Humanos lança relatório sobre racismo sistêmico e pede fim de violência policial. ONU, 2021. Disponível em: https://brasil.un.org/pt-br/133502-onu-direitos-humanos-lanca-relatorio-sobre-racismo-sistemico-e-pede-fim-de-violencia Acesso em: 05 jul. 2021.
5. ALMEIDA, Silvio Luiz de. Racismo Estrutural. São Paulo: Jandaíra, 2020. p. 51.

E por que o racismo é estrutural e pode ser desdobrado em processo histórico e em processo político? Porque ele decorre da própria estrutura social e do modo em que se constituem as relações sociais, econômicas, políticas e jurídicas.

Analisar o racismo como parte da estrutura social *"não retira a responsabilidade individual sobre a prática de condutas racistas e não é um álibi para racistas*. Pelo contrário: entender que o racismo é estrutural, e não um ato isolado de um indivíduo ou de um grupo, nos torna ainda mais responsáveis pelo combate ao racismo e aos racistas"[6].

E como combater e superar o racismo estrutural numa sociedade como a nossa, com um histórico de séculos de conflitos de classe, de raça e de gênero? Como seria pensada a resposta sistêmica para um racismo estrutural?

Para Silvio Almeida, "além das medidas que coíbam o racismo individual e institucionalmente, torna-se imperativo refletir sobre mudanças profundas nas relações sociais, políticas e econômicas"[7]. O escritor e jurista afirma que a "superação do racismo passa pela reflexão sobre formas de sociabilidade que não se alimentem de uma lógica de conflitos, contradições e antagonismos sociais que no máximo podem ser mantidos sob controle, mas nunca resolvidos"[8].

E como construir formas de sociabilidade que não se alimentem dessa lógica conflituosa e que possibilitem a criação de pontes e de estratégias de paz? A pedagoga Nicia Ferreira pergunta: como acreditar na transformação, na possibilidade de se construir uma sociedade de novos cidadãos?

> Sujeitos autores de um tempo novo de transformações, em meio a um redemoinho de forças, produto de um avanço de ciência, técnica e tecnologia fantásticas, aliadas às formas de violência já descritas e combinadas a ódios raciais, de classes, de gêneros, de exercícios maniqueístas de poder, distribuição desigual do saber, desqualificação de trabalhos e trabalhadores e do saber popular, ao mesmo tempo em que se valorizam de forma exacerbada as "virtudes", os conhecimentos e até o ideal de beleza que interesse à classe dominante, repetimos: como acreditar na transformação[9]?

3. O RACISMO COMO TECNOLOGIA DO PODER E AS NOVAS TECNOLOGIAS COMO PROPULSORAS DO RACISMO

Nos estudos de Michel Foucault, a biopolítica é o termo utilizado para designar a forma na qual o poder tende a se modificar no final do século XIX e início do século XX. A biopolítica é a prática de biopoderes locais. No biopoder, a população é tanto alvo como instrumento em uma relação de poder. Neste aspecto, o racismo exerce um poder central como mecanismo fundamental do poder do Estado, de forma que

---

6. ALMEIDA, Silvio Luiz de. *Racismo Estrutural*. São Paulo: Jandaíra, 2020. p. 51-52. Grifo nosso.
7. ALMEIDA, Silvio Luiz de. *Racismo Estrutural*. São Paulo: Jandaíra, 2020. p. 50.
8. ALMEIDA, Silvio Luiz de. *Racismo Estrutural*. São Paulo: Jandaíra, 2020. p. 207-208.
9. FERREIRA, Nicia. Em busca de uma pedagogia do cuidado: educação, inclusão, justiça e paz. *In*: PEREIRA, Tania da Silva; OLIVEIRA, Guilherme de (coord.). *Cuidado e vulnerabilidade*. São Paulo: Ed. Atlas, 2009. p. 248.

"quase não haja funcionamento moderno do Estado que, em certo momento, em certo limite e em certas condições, não passe pelo racismo"[10].

Foucault debruçou-se sobre o aparecimento e funcionamento de instituições estatais de controle e, dentre as suas conclusões, percebeu que todas funcionavam através do modelo panóptico – figura arquitetural idealizada por Jeremy Bentham.[11]

Em tais espaços, pode-se reconhecer tanto a forma do panóptico como a dinâmica da biopolítica. As discussões elaboradas por Michel Foucault em relação à sociedade disciplinar que se efetiva nos espaços panópticos de vigilância lançam luz sobre os jogos de força permeados na trama social e sobre o uso da tecnologia para exacerbar os mecanismos de controle e os vieses discriminatórios e racistas.

Na última década, intensificaram-se os debates sobre racismo e discriminação algorítmica relacionados, principalmente, a situações em que o uso inadequado da Inteligência Artificial resulte na tomada de decisões equivocadas e discriminatórias.[12]

Cathy O´Neil, matemática e cientista de dados, denuncia situações em que o uso de algoritmos tem sido um instrumento para aumentar a discriminação derivada da raça e da classe social, para ampliar as desigualdades socioeconômicas inerentes aos sistemas capitalistas, bem como, para ameaçar a democracia.[13]

No documentário *Coded Bias*, da Netflix, discutem-se os algoritmos de reconhecimento facial através da história de Joy Buolamwini, pesquisadora do Media Lab do Instituto de Tecnologia de Massachusetts (M.I.T.), e de outras pesquisadoras. Em 2016, Joy criou o *Algorithmic Justice League*, uma organização crítica ao uso da inteligência artificial, que trabalha para aumentar a conscientização pública sobre as implicações sociais do reconhecimento facial.

Existem outros movimentos críticos ao uso do reconhecimento facial na segurança pública, como o *Big Brother Watch* e a *Liberty Human Rights* na Inglaterra. Nos EUA, a campanha *Ban Facial Recognition* é encampada por mais de quarenta instituições.

Pablo Nunes, coordenador do projeto Panóptico, do Centro de Estudos de Segurança e Cidadania (CESeC) – que mapeia os usos de reconhecimento facial pelas polícias no Brasil e as ocorrências de racismo algorítmico –, destaca que, apesar de o movimento mundial ser de crítica, banimento ou moratória ao uso de reconhecimento facial pelas polícias, no Brasil temos visto o fenômeno contrário:

> Desde 2019, o interesse de parlamentares, governadores, prefeitos e policiais por essa tecnologia tem aumentado, levando à disseminação de projetos em vários estados. A direita vitoriosa nas eleições de 2018 queria o reconhecimento facial no Brasil para dar mais velocidade ao

10. FOUCAULT, Michel. *Em defesa da sociedade*. São Paulo: Martins Fontes, 2010. p. 214.
11. FOUCAULT, Michel. A Sociedade Punitiva. São Paulo: Martins Fontes. 2016.
12. FERREIRA, Lucia Maria Teixeira. Novas tecnologias, cidadania e o cuidado: premissas para a regulação jurídica da inteligência artificial. *In*: PEREIRA, Tania da Silva; OLIVEIRA, Guilherme de; COLTRO, Antônio Carlos Mathias (coord.). *Cuidado e cidadania*: desafios e possibilidades. Rio de Janeiro: GZ, 2019. p. 341-365.
13. O'NEIL, Cathy. *Weapons of mass destruction*: how big data increases inequality and threatens democracy. Denver: Crown, 2016.

trabalho da polícia de prender procurados pela justiça. E para algumas pessoas progressistas, o reconhecimento facial poderia ser uma solução, tirando das polícias o papel de escolher quem será abordado ou não[14].

Não podemos aceitar que a tecnologia exerça sobre nós um poder absoluto. Não devemos acreditar que a tecnologia é "isenta" e independente. Não podemos renunciar à afirmação da centralidade dos direitos humanos:

> Na medida em que aceitamos que a economia ou a tecnologia ou a ciência, pouco importa, exerce sobre nós um poder irrecorrível não temos outro caminho senão renunciar à nossa capacidade de pensar, de conjecturar, de comparar, de escolher, de decidir, de projetar, de sonhar. Reduzida à ação de viabilizar o já determinado, a política perde o sentido de luta pela concretização de sonhos diferentes.[15]

4. O ÍNDICE ESG (*ENVIRONMENTAL, SOCIAL AND GOVERNANCE*) E O CAPITALISMO EM BUSCA DE UMA NOVA IDENTIDADE

Ao longo dos últimos séculos, foram propagados diversos discursos acerca de como são "catastróficos" os novos direitos sociais, inclusive para justificar a permanência da escravidão e das desigualdades socioeconômicas em diversos lugares do mundo.

No século XIX, os fazendeiros do Sul dos EUA alegavam que o fim da escravidão levaria ao fim do cultivo do algodão e encareceria o preço das roupas. No Brasil, durante a Constituinte, representantes de federações de setores empresariais alegaram que as mulheres não seriam mais contratadas por causa da concessão da licença-gestante. Contudo, a conquista de tais direitos nunca levou à derrocada do capitalismo; ao contrário, esses direitos sociais trouxeram um verdadeiro progresso para as sociedades. Caso contrário, como assevera Cássio Casagrande, "vamos defender que nossas roupas sejam feitas por crianças em regime de servidão. Creio que não queremos voltar ao padrão do Sul dos EUA antes da Guerra Civil"[16].

A história do capitalismo mostra que a maximização extremada do lucro conduz à exploração abusiva dos recursos humanos e da natureza, levando a lutas pela implementação de direitos fundamentais e pela diminuição dos desequilíbrios na concentração de renda. Nos últimos anos, o modo pelo qual a sociedade se organiza e se estrutura economicamente está sendo posto em xeque diante de questões como os impactos das mudanças climáticas, a concentração de renda, o aumento da violência contra grupos étnicos e raciais, o aumento exponencial e concentrado do poder de comunicação e o incremento da desigualdade socioeconômica.

---

14. NUNES, Paulo. O algoritmo e racismo nosso de cada dia. *Piauí Folha*, 02 jan. 2021. Disponível em: https://piaui.folha.uol.com.br/o-algoritmo-e-racismo-nosso-de-cada-dia/. Acesso em: 05 jul. 2021.
15. FREIRE, Paulo. *Do direito e do dever de mudar o mundo*. Segunda carta. Pedagogia da indignação. Cão e mudança. São Paulo: Paz e Terra, 2014.
16. CASAGRANDE, Cássio. *Com motoristas empregados a Uber vai acabar? As corridas vão encarecer?* Disponível em: https://www.linkedin.com/pulse/com-motoristas-empregados-uber-vai-acabar-corridas-v%C3%A3o-casagrande. Acesso em: 19 fev. 2021.

O capitalismo está em crise e seus defensores buscam uma nova identidade que repense o crescimento econômico. Muitos alegam que a "obsessão por maximizar os lucros" e a "devoção pelos mercados livres" – supostamente propulsores do crescimento econômico e da prosperidade – acabaram por conduzir a uma *nova crise no capitalismo*, visto que esses fatores têm contribuído para o agravamento das desigualdades de renda e para um sistema econômico disfuncional.

Neste novo contexto, torna-se imperativa a discussão acerca da necessidade da criação de meios capazes de compatibilizar a liberdade econômica responsável com os demais interesses sociais e ambientais, buscando-se um desenvolvimento inclusivo e sustentável[17].

E o denominado índice ESG (em inglês, ESG – *Environmental, Social and Governance*) ou ASG (em português – Ambiental, Social e Governança) – que engloba as questões ambientais, *sociais* e de governança – é o que tende a incorporar essa nova identidade do capitalismo, de forma que as corporações que absorvam tais valores – no seu negócio e na sua atuação – serão colocadas em primeiro plano.

Trata-se de um conceito amplamente aceito nos mercados mais desenvolvidos e que agora está ganhando proeminência no Brasil[18]. O noticiário brasileiro vem trazendo uma discussão ampla sobre CEOs e empresários defendendo a criação de diretorias voltadas a inciativas ESG[19]. Líderes e formadores de opinião do mercado financeiro têm enfatizado que a continuidade das corporações depende da adoção dos pressupostos ESG.[20]

No mercado financeiro, uma grande novidade foi o lançamento, em setembro de 2020, do Índice *S&P/B3 Brasil ESG* pela B3 (Brasil, Bolsa, Balcão – a maior bolsa de valores da América Latina) em parceria com a S&P Dow Jones[21], que traz uma lista de recomendações de empresas focadas nas boas práticas ambientais, sociais e de governança corporativa[22].

---

17. FRAZÃO, Ana. A liberdade econômica e os propósitos da atividade empresarial. *JOTA*, 28 set. 2019. Disponível em: https://www.jota.info/paywall?redirect_to=//www.jota.info/opiniao-e-analise/colunas/constituicao-empresa-e-mercado/a-liberdade-economica-e-os-propositos-da-atividade-empresarial-28082019. Acesso em: 09 fev. 2021.

18. FERREIRA, Lucia Maria Teixeira. Conformidade à LGPD e o índice ESG: vantagem competitiva para as empresas. *ESTADÃO*, 19 nov. 2020. Disponível em: https://politica.estadao.com.br/blogs/fausto-macedo/conformidade-a-lgpd-e-o-indice-esg-vantagem-competitiva-para-as-empresas/. Acesso em: 05 fev. 2021.

19. COELHO, Daniela. ESG: a sigla que está mudando as empresas. ISTO É, 22 jul. 2020. Disponível em: https://www.istoedinheiro.com.br/esg-a-sigla-que-esta-mudando-as-empresas/. Acesso em: 09 fev. 2021.

20. "Empresa que não for ESG vai acabar", segundo Guilherme Benchimol, fundador da XP Investimentos. Disponível em: https://www.capitalreset.com/guilherme-benchimol-da-xp-empresa-que-nao-for-esg-vai--acabar/. Acesso em: 09 fev. 2021.

21. ÍNDICE S&P/B3 Brasil ESG (BRL). *S&P Dow Jones Indices*. Disponível em: https://portugues.spindices.com/indices/equity/sp-b3-brazil-esg-index-brl. Acesso em: 09 fev. 2021.

22. O Índice *S&P/B3 Brasil ESG* é um índice amplo que procura medir a performance de títulos que cumprem critérios de sustentabilidade e é ponderado pelas pontuações ESG da S&P DJI. O índice exclui ações com base na sua participação em certas atividades comerciais, no seu desempenho em comparação com o Pacto Global da ONU (UNGC em inglês), além de excluir empresas sem pontuação ESG da S&P DJI. Disponível em: https://www.spglobal.com/esg/csa/benchmarking. Acesso em: 09 fev. 2021.

O desafio é como avançar nas metas ESG e na proteção dos chamados *stake-holders*[23] e, ao mesmo tempo, conciliar as metas de lucros e resultados financeiros empresariais – que são os interesses primários dos *stockholders* ou *shareholders* (acionistas) – com a proteção de interesses que são tutelados constitucionalmente.

De acordo com Ana Frazão, é possível avançar consistentemente na pauta ESG por meio do cumprimento do direito já existente de forma mais abrangente: pela aplicação das cláusulas gerais de responsabilidade civil e das cláusulas gerais que regulam o exercício da livre iniciativa empresarial, dos direitos societários e dos poderes de gestão, aí incluídos o controle e a administração[24].

Como frisa Ana Frazão,

[...] especialmente no caso brasileiro, em razão da normatização constitucional e legal já existente, não se pode admitir que os agentes econômicos possam apenas se dedicar à busca do lucro, quando tal propósito é conformado e limitado por princípios constitucionais, por diversas regras regulatórias e por obrigações gerais de cuidado e proteção dos *stakeholders*[25].

E acrescenta ainda: "Trata-se tão somente de reforçar e cobrar dos agentes econômicos e dos seus gestores o cumprimento de suas obrigações jurídicas, incluindo o dever legal de não causar danos a terceiros".[26]

5. O RISCO DO "ESG WASHING" E O CASO CARREFOUR

No dia 19 de novembro de 2020, véspera do feriado da Consciência Negra no Brasil, um crime brutal chocou o país: o assassinato de João Alberto de Freitas – homem negro que fazia compras com a esposa em uma unidade do hipermercado Carrefour em Porto Alegre, capital do Rio Grande do Sul. Após uma breve discussão com uma funcionária do hipermercado, João Alberto foi abordado agressivamente por dois seguranças do estabelecimento e levado para uma área de estacionamento, onde foi espancado violentamente com chutes e socos por mais de 5 minutos, além de ter sido sufocado, indo a óbito. Os minutos de horror com as cenas do espancamento

---

23. *Stakeholder* significa "grupo de interesse". Fazem parte deste grupo pessoas que possuem algum tipo de interesse nos processos e resultados da empresa. Um dos criadores do termo foi o filósofo Robert Edward Freeman. Ele definia a palavra *stakeholder* como os grupos que poderiam afetar ou serem afetados pelos objetivos da organização. Por outro lado, os *shareholders*, também conhecidos como *stockholders*, são constituídos apenas pelos proprietários e acionistas. Ou seja, aqueles que detêm o capital e o controle da empresa, diferentemente dos *stakeholders* (que envolvem todos os interesses).

24. FRAZÃO, Ana. Capitalismo de stakeholders e investimentos ESG. *JOTA*, 19 mai. 2021. Disponível em: https://www.jota.info/opiniao-e-analise/colunas/constituicao-empresa-e-mercado/capitalismo-de-stake-holders-e-investimentos-esg-4-19052021. Acesso em: 05 jul. 2021.

25. FRAZÃO, Ana. Capitalismo de stakeholders e investimentos ESG. *JOTA*, 19 mai. 2021. Disponível em: https://www.jota.info/opiniao-e-analise/colunas/constituicao-empresa-e-mercado/capitalismo-de-stake-holders-e-investimentos-esg-4-19052021. Acesso em: 05 jul. 2021.

26. FRAZÃO, Ana. Capitalismo de stakeholders e investimentos ESG. *JOTA*, 19 mai. 2021. Disponível em: https://www.jota.info/opiniao-e-analise/colunas/constituicao-empresa-e-mercado/capitalismo-de-stake-holders-e-investimentos-esg-4-19052021. Acesso em: 05 jul. 2021.

foram registrados em vídeo por uma câmera de celular, ocorrendo, em seguida, a "viralização" do vídeo nas redes sociais.

Segundo reportagem jornalística, a rede Carrefour já registrava, anteriormente ao crime, diversos episódios de discriminação, descaso e violência sob diferentes aspectos no Brasil – alguns casos com grande repercussão. Entretanto, a rede seguia como destaque em alguns indicadores que são utilizados como atestado de boas práticas corporativas em questões sociais e ambientais. E, por ser uma empresa de capital aberto na bolsa brasileira, também se submetia aos critérios de ESG[27].

No dia seguinte à data do terrível homicídio de João Alberto de Freitas, as ações da rede Carrefour chegaram a subir no pregão da B3 (a Bolsa de Valores brasileira), o que denota uma absurda insensibilidade dos investidores com questões sociais relacionadas ao racismo estrutural. Só depois de ampla repercussão negativa da morte de João Alberto, no final de semana, é que o valor dos papéis da empresa caiu na 2ª feira seguinte.

Um grande gestor do mercado financeiro – Fabio Alperowitch, Diretor da Fama Investimentos (gestora especializada em fundos ESG) – explicou que a reação do mercado à chocante morte no Carrefour mostra que as pessoas não ficaram mais conscientes sobre as responsabilidades sociais de uma empresa, apesar da penetração do discurso ESG entre executivos e gestores, demonstrando que projetos empresariais de fachada correm o risco de virar o chamado "*ESG washing*" – ou seja, só da porta para fora ou "para inglês ver", na linguagem popular.

De acordo com Alperowitch, mais do que avaliar o discurso de uma empresa e se a companhia faz parte dessa ou daquela iniciativa, é preciso que o investidor note a coerência: "Uma companhia tomar atitudes de uma maneira isolada não dá resultado. É preciso mudar a cultura da empresa"[28].

Seria absolutamente ilusório acreditar que a mera inclusão de empresas em listas do índice ESG faria uma mudança profunda na realidade concreta dessas organizações, que vivenciam internamente processos de opressão, de exploração e de racismo institucional que fazem parte da própria sociedade brasileira e o caso do Carrefour é mais do que elucidativo.

6. O MAIOR TERMO DE AJUSTAMENTO DE CONDUTA (TAC) EM VALORES DESTINADOS A POLÍTICAS DE REPARAÇÃO E PROMOÇÃO DE IGUALDADE RACIAL NO BRASIL

pós a ocorrência do homicídio de João Alberto, foi instaurado o competente inquérito policial. Além das providências na área criminal, diversos órgãos públicos

27. NARCIZO, Bruna; MOURA, Julia. Caso Carrefour é teste para índice de sustentabilidade no Brasil. *Folha de S. Paulo*, São Paulo, 20 nov. 2020. Disponível em: https://www1.folha.uol.com.br/mercado/2020/11/caso-carrefour-coloca-em-xeque-indice-de-sustentabilidade-no-brasil.shtml?origin=folha. Acesso em: 09 fev. 2021.

28. ABREU, Kaype. Mercado é completamente insensível a casos como o do Carrefour, diz gestor pioneiro em ESG. *Seu dinheiro*, 24 nov. 2020. Disponível em: https://www.seudinheiro.com/2020/empresas/carrefour-reacao-mercado-entrevista-fama/. Acesso em: 09 fev. 2021.

– além do Ministério Público do Estado do Rio Grande do Sul – instauraram procedimentos com o fim de apurar a responsabilidade civil por danos morais coletivos, bem como o funcionamento de mecanismos de segurança privada. Foram seis meses de negociações semanais diretas com os movimentos sociais representativos da população negra e demais entidades, "de forma a construir um plano de atuação que dialogasse com as demandas sociais dos movimentos negros e para que o acordo, de fato, impactasse a sociedade e trouxesse pessoas negras, pardas e indígenas para posições de liderança e de igualdade"[29].

Em junho de 2021, o Ministério Público do Estado do Rio Grande do Sul (MPRS), juntamente com o Ministério Público Federal (MPF), Ministério Público do Trabalho (MPT), Defensoria Pública do Estado do Rio Grande do Sul (DPE-RS), Defensoria Pública da União (DPU) e as entidades Educafro – Educação e Cidadania de Afrodescendentes e Carentes e Centro Santo Dias de Direitos Humanos *firmaram um Termo de Ajustamento de Conduta (TAC) com o Carrefour no valor de R$ 115 milhões para estabelecimento de políticas de enfrentamento ao racismo.*

Trata-se do maior Termo de Ajustamento de Conduta assinado no que se refere *aos valores destinados a políticas de reparação e promoção de igualdade racial no Brasil.* As autoridades envolvidas destacaram que esse acordo tem uma importância simbólica na *luta contra o racismo estrutural*, principalmente pela repercussão do que foi acordado que diz respeito à capacitação e orientação em relação ao tema.

O Termo de Ajustamento de Conduta celebrado prevê a execução, pelo Carrefour, de *um Plano Antirracista, a partir do estabelecimento de diversas medidas internas e de impacto social,* incluindo protocolos de segurança, relações de trabalho, canal de denúncias, treinamentos para dirigentes e trabalhadores em relação a atos de discriminação e racismo estrutural.

O TAC também inclui compromissos em relação à cadeia ou rede de fornecedores e reparação de danos morais coletivos. Nesse sentido, o valor acordado terá como destino iniciativas como a oferta de bolsas de educação formal (R$ 74 milhões), contribuição para projeto museológico, campanhas educativas e projetos sociais de combate ao racismo (R$16 milhões), além de projetos de inclusão social (R$ 10 milhões), entre outras.

As medidas acordadas serão fiscalizadas pelos órgãos compromitentes, verificadas por auditoria externa independente e aquelas destinadas à seleção de projetos e concessão de bolsas implementadas por meio de editais públicos.

É importante frisar que esse Termo de Ajustamento de Conduta envolve diretamente medidas relacionadas ao dano social apurado no âmbito da tutela coletiva, *não cuidando de indenização devida aos familiares de João Alberto, que ocorrerão in-*

---

29. Morte em supermercado: firmado TAC que destina R$ 115 milhões para políticas de enfrentamento ao racismo. *MPRS*, 11 jun. 2021. Disponível em: https://www.mprs.mp.br/noticias/52964/. Acesso em: 09 jul. 2021.

dependentemente do que foi ajustado no TAC, que também não diz respeito à atribuição de responsabilidade penal por seu assassinato – seis pessoas foram denunciadas pelo homicídio[30].

7. CELEBRAÇÃO DO TAC: FATORES POSITIVOS E ALGUMAS PONDERAÇÕES

Entendemos que a celebração do Termo de Ajustamento de Conduta com o Carrefour é uma grande conquista em relação à rotineira ausência/insuficiência de responsabilização e de falta de transparência e prestação de contas (accountability) por parte de empresas e entidades envolvidas em atividades danosas socialmente.

O trabalho das instituições envolvidas na formalização do TAC levou em consideração importantes normas e diretrizes atinentes ao combate à discriminação, ao racismo e à promoção da diversidade: a Convenção sobre a Eliminação de todas as formas de Discriminação Racial da ONU, de 1965, incorporada ao ordenamento brasileiro pelo Decreto 65.810/1965; a Convenção Interamericana contra o Racismo, a Discriminação Racial e Formas Correlatas de Intolerância; a Declaração e Programa de Ação adotados na Terceira Conferência Mundial de Combate ao Racismo, Discriminação Racial, Discriminação Racial, Xenofobia e Intolerância Correlata, realizada em 2001 em Durban, África do Sul; a Convenção nº 111 da Organização Internacional do Trabalho; os Princípios Orientadores das Nações Unidas sobre Empresas e Direitos Humanos (Regras de Ruggie), em especial os princípios 11, 13 e 15; e as Diretrizes da OCDE (Organização para a Cooperação e Desenvolvimento Econômico) para as Empresas Multinacionais.

O TAC assevera, em seus "considerandos", que

> [...] o racismo estrutural é um conjunto sistêmico de práticas sociais, culturais, políticas, religiosas e históricas desenvolvidas e mantidas em uma sociedade de modo a manter e perpetuar hierarquização de um grupo social, mediante a manutenção de dominações, privilégios, legalizações, relações de poder e de submissão, que se perpetua independentemente das formas de expressão, sentimentos ou manifestações individuais de racismo[31].

Considera, ainda, que o racismo "está arraigado na estrutura da vida política, econômica, social e jurídica, o que pode ser verificado por dados estatísticos que evidenciam a desigualdade social e econômica de determinado grupo em virtude de sua cor, raça ou etnia"[32].

O TAC provou que a agilidade e a rapidez da atuação interinstitucional são mais proveitosas do que o endereçamento de situações como essas no âmbito judicial,

---

30. MP denuncia seis pessoas pela morte de João Alberto em supermercado de Porto Alegre. *G1*, 17 dez. 2020. Disponível em: https://g1.globo.com/rs/rio-grande-do-sul/noticia/2020/12/17/mp-denuncia-seis-pessoas--pela-morte-de-joao-alberto-em-supermercado-de-porto-alegre.ghtml. Acesso em: 05 jul. 2021.
31. TAC. Disponível em: https://www.mprs.mp.br/media/areas/imprensa/arquivos/tac_carrefour_assinado.pdf Acesso em: 07 jul. 2021.
32. TAC. Disponível em: https://www.mprs.mp.br/media/areas/imprensa/arquivos/tac_carrefour_assinado.pdf Acesso em: 07 jul. 2021.

em processos que poderiam levar décadas até chegar a uma decisão final e a uma execução dos valores obtidos na condenação.

São extremamente importantes os compromissos contemplados no Termo de Ajustamento de Conduta e os seus impactos nas áreas de educação, empregabilidade, empreendedorismo. A efetiva implementação de um Plano Antirracista, a partir do estabelecimento de diversas medidas internas e de impacto social, tem por objetivo a mudança de cultura e a erradicação de atos de discriminação e racismo estrutural.

Contudo, sob o aspecto de análise dos dados financeiros da empresa, o valor de R$ 115 milhões destinado ao estabelecimento de políticas de enfrentamento ao racismo, comparado com às receitas da empresa Carrefour Brasil, causa uma certa frustração – mesmo este valor sendo considerado o maior em TACs direcionados a políticas de reparação e promoção de igualdade racial no Brasil.

Não temos a pretensão, no escopo deste artigo, de fazer uma exaustiva e acurada análise financeira, razão pela qual passaremos a examinar apenas alguns números significativos dos últimos balanços trimestrais da empresa.

O Carrefour é uma rede de hipermercados de um grupo global com sede na França, que atua em 30 países. O Brasil é o seu segundo mercado, atrás apenas do francês. No ano de 2019, faturou o equivalente a R$ 62 bilhões no Brasil e em 2020 a empresa tornou-se ainda mais lucrativa, mesmo em face dos efeitos da pandemia na economia.

Segundo dados publicados pelo Jornal Valor Econômico[33], o Carrefour Brasil registrou, apenas no 4º trimestre de 2020, um *lucro líquido atribuível aos controladores de R$ 935 milhões*, o que representa um avanço de 47% em relação aos R$ R$ 636 milhões registrados no mesmo período de 2019. *No ano de 2020, os ganhos avançaram 43%, para 2,76 bilhões enquanto as vendas cresceram 20%, chegando a R$ 74,7 bilhões.*

No 1º trimestre de 2021, o Conselho de Administração do Carrefour Brasil recomendou o pagamento de R$ 759 milhões em dividendos complementares aos acionistas. Os proventos seriam deliberados em assembleia geral ordinária em 13 de abril. De acordo com o comunicado, com a aprovação dos dividendos complementares propostos, a companhia poderá chegar ao patamar de R$ 1,24 bilhão pago aos acionistas, ou R$ 0,62 por ação.

Outro anúncio relevante para os acionistas do Grupo Carrefour Brasil foi o pagamento de R$ 175 milhões de juros sobre capital próprio (JCP) em junho de 2021[34].

---

33. MATTOS, Adriana; BRANDÃO, Raquel. Lucro do Carrefour dobra em 2020. Valor Econômico, 19 fev. 2021. Disponível em: https://valor.globo.com/empresas/noticia/2021/02/19/lucro-do-carrefour-dobra-em-2020.ghtml. Acesso em: 15 jul. 2021.
34. CARREFOUR Brasil (CRFB3) pagará R$ 175 milhões de JCP em junho. Como Investir, 21 jun. 2021. Disponível em: https://comoinvestir.thecap.com.br/carrefour-brasil-crfb3-pagara-r-175-milhoes-de-jcp--em-junho/. Acesso em: 15 jul. 2021.

Diante de tais resultados, constata-se que o Carrefour é uma empresa muito lucra-tiva. O valor de R$ 115 milhões previsto no TAC corresponde a apenas cerca de 15% do valor recomendado pelo Conselho de Administração do Carrefour como pagamento em dividendos complementares aos acionistas no 1º trimestre de 2021, além de ser inferior ao pagamento de JCP aos acionistas em junho de 2021.

Por conseguinte, trata-se de um valor reduzido comparativamente à quantia total paga como dividendos complementares e JCP aos acionistas. Realmente, ainda estamos longe do sonhado Capitalismo dos Stakeholders...

No embate entre o Capitalismo dos *Stakeholders* e o Capitalismo do lucro dos *Stockholders* ou dos *Shareholders* (capitalismo dos acionistas), é necessário que os Conselhos de Administração das empresas reflitam mais profundamente sobre os aspectos relativos à responsabilidade social das corporações. Ademais, quando os Conselhos tomarem as suas decisões, a fundamentação não pode ser restrita a critérios financeiros. Os próprios princípios de governança corporativa[35] – Transparência, Equidade, a Prestação de Contas (accountability) e Responsabilidade Corporativa – auxiliam na tomada dessas decisões e na assunção de relevantes responsabilidades sociais empresariais.

8. CONSIDERAÇÕES FINAIS

Temos enfrentado desafios incessantes para combater o racismo, a concentração de renda, o crescimento da desigualdade socioeconômica e a exploração abusiva dos recursos humanos e da natureza. Lamentavelmente, ainda convivemos com grande parcela da população e de setores políticos e econômicos contrários às políticas de direitos fundamentais e aos programas sociais.

Todavia, uma mudança política, cultural e econômica tem sido notada: cada vez mais as organizações, os investidores e os consumidores estão percebendo que o investimento e o consumo responsáveis envolvem pontos relacionadas ao meio ambiente, às questões sociais e aos aspectos de governança contemplados pelo índice ESG. As melhores práticas sociais, de governança e ambientais das empresas serão consideradas pelos índices ESG (como o recém-lançado índice da B3) e constarão nos relatórios de sustentabilidade corporativa e nas relações com investidores (RI), com reflexos muito relevantes nas decisões de investimento.

Como afirmamos anteriormente, seria totalmente ilusório acreditar que a inclu-são no índice ESG fará uma imediata e profunda mudança nas empresas, inseridas nos processos de discriminação e opressão que operam dentro da própria sociedade. De acordo com Paulo Freire, "é uma ingenuidade pensar num papel abstrato, num

---

35. Recomenda-se a leitura de um dos documentos mais utilizados pelas empresas no Brasil no tocante à governança corporativa: Código de Melhores Práticas de Governança Corporativa do Instituto Brasileiro de Governança Corporativa (IBGC). Disponível em: https://edisciplinas.usp.br/pluginfile.php/4382648/mod_resource/content/1/Livro_Codigo_Melhores_Praticas_GC.pdf. Acesso em: 09 fev. 2021.

conjunto de métodos e técnicas neutras para uma ação que se dá entre homens, numa realidade que não é neutra". Ademais, o grande educador e filósofo assinalou que "a mudança da percepção da realidade, que antes era vista como algo imutável, significa para os indivíduos vê-la como realmente é: uma realidade histórico-cultural, humana, criada pelos homens e que pode ser transformada por eles"[36].

Silvio Almeida assevera que "a busca por uma nova economia e por formas de organização é tarefa impossível sem que o racismo e outras formas de discriminação sejam compreendidas como parte essencial dos processos de exploração e de opressão de uma sociedade que se quer transformar"[37].

A verdadeira incorporação dos aspectos sociais nas melhores práticas empresariais deve levar em conta que esses processos de exploração e opressão devem ser enfrentados considerando-se a dignidade da pessoa humana e a solidariedade como vetores interpretativos, visto que a *solidariedade* se tornou direito positivo por via da Constituição Federal e se irradia em toda a Carta Magna brasileira, (não somente nos direitos sociais dos arts. 6° e 7°), introduzindo novos critérios interpretativos não só nas esferas públicas, como nas *instituições privadas*.

O *cuidado* – reconhecido pela Doutrina e pela Jurisprudência como uma das dimensões do princípio da dignidade humana – apresenta-se como valor implícito nas normas de proteção de pessoas em estado de vulnerabilidade e *com a função de "informador da dignidade da pessoa humana e da boa-fé objetiva nas situações existenciais", com importante papel na interpretação e aplicação das normas jurídicas*[38].

Precisamos combater a prática de "ESG Washing". Sob a capa de uma suposta "neutralidade", muitos grupos que defendem a pauta do ESG estão comprometidos, na realidade, com os seus próprios interesses econômicos e com os lucros e dividendos, com medo de revelar um compromisso com valores essencialmente democráticos e republicanos. Assumem a chamada "neutralidade impossível", parafraseando Paulo Freire, vista que "este medo quase sempre resulta de um 'compromisso' contra os homens, contra sua humanização, por parte dos que se dizem neutros"[39].

Na perspectiva freiriana, "sonhar coletivamente é assumir a luta pela construção das condições de possibilidade"[40]. O compromisso só existe no engajamento com a realidade, de cujas "águas" aqueles verdadeiramente comprometidos ficam "molhados", "ensopados"[41].

36. FREIRE, Paulo. *O papel do trabalhador social no processo de mudança*. Educação e mudança. São Paulo: Paz e Terra, 2014. p. 26-27.
37. ALMEIDA, Silvio Luiz de. *Racismo estrutural*. São Paulo: Jandaíra, 2020. p. 208.
38. GAMA, Guilherme Calmon Nogueira da. Paternidade responsável e o cuidado: algumas reflexões. *In*: FERREIRA, Fernando G. de Andréa; GALVÃO, Paulo Braga (org.). *Direito contemporâneo*: estudos em homenagem a Sergio de Andréa Ferreira. Rio de Janeiro: De Andréa & Morgado, 2009. p. 322-324.
39. FREIRE, Paulo. *O compromisso dos profissionais com a sociedade*. Educação e mudança. São Paulo: Paz e Terra, 2014.
40. FREIRE, PAULO. *Pedagogia dos sonhos possíveis*. São Paulo: Paz e Terra, 2001. p. 29.
41. FREIRE, Paulo. *O compromisso dos profissionais com a sociedade*. Educação e mudança. São Paulo: Paz e Terra, 2014.

Nicia Ferreira nos conclama à luta coletiva, destacando que "infelizmente, ainda não nos parece claro se estamos conscientes do tamanho da luta que nos espera e da nossa própria vulnerabilidade, e também do nosso poder, das nossas capacidades, criatividade e do direito e do dever de agir". Nicia finaliza afirmando a dimensão do Cuidado como um bem transformador, como valor, como dever, como saber, como direito e como estratégia construtora da paz[42].

---

42. FERREIRA, Nicia. Em busca de uma pedagogia do cuidado: educação, inclusão, justiça e paz. *In*: PEREIRA, Tânia da Silva; OLIVEIRA, Guilherme de (coord.). *Cuidado e vulnerabilidade*. São Paulo: Atlas, 2009. p. 248.

CUIDADO COMO PARADIGMA NA SAÚDE MENTAL: A CURATELA COMO CUIDADO OU OBRIGAÇÃO?

Maria Aglaé Tedesco Vilardo

Juíza de Direito; Doutora em Bioética, Ética Aplicada e Saúde Coletiva pelo PPGBIOS em associação da UERJ, UFRJ, UFF e FIOCRUZ; Doutorado sanduíche com bolsa da CAPES no *Kennedy Institute of Ethics- Georgetown University- Washington-DC*; Presidente do Fórum Permanente de Biodireito, Bioética e Gerontologia da Escola da Magistratura do Estado do Rio de Janeiro-EMERJ; Presidente do NUPEBIOS/EMERJ – Núcleo de Pesquisa em Bioética e Saúde Social da Escola da Magistratura do Estado do Rio de Janeiro.

> *A vossa face é a face dos elementos,*
> *Solitária como o mar e como os montes*
> *Vinda do fundo de tudo como as fontes*
> *Dura e pura como os ventos*[1]
> *(Painéis do Infante- Sophia Breyner)*

1. INTRODUÇÃO

O paradigma da capacidade civil mudou radicalmente na legislação brasileira com a entrada em vigor do Estatuto da Pessoa com Deficiência[2], no início do ano de 2016. O Estatuto também conhecido como Lei Brasileira de Inclusão da Pessoa com Deficiência foi publicado seis anos depois de promulgada a Convenção Internacional sobre os Direitos das Pessoas com Deficiência e seu Protocolo Facultativo, ratificada pelo Congresso Nacional[3]. Esta convenção trata de importante questão de direitos humanos, portanto possui força de emenda constitucional, nos termos do art. 5º § 3º da Constituição, e deve ser seguida da mesma forma como fazemos com a Constituição Federal.

---

1. ANDRESEN, Sophia de Mello Breyner. *Obras Poéticas*. Rio de Janeiro: Tinta-da-China Brasil, 2018.
2. BRASIL. Lei nº 13.146, de 6 de julho de 2015. Disponível em: http://www.planalto.gov.br/ccivil_03/_ato2015-2018/2015/lei/l13146.htm. Acesso em: 20 jun. 2021.
3. BRASIL. Decreto nº 6.949, de 25 de agosto de 2009. Altera o art. 84, inciso IV, da Constituição. Disponível em: http://www.planalto.gov.br/ccivil_03/_ato2007-2010/2009/decreto/d6949.htm. Acesso em: 20 jun. 2021.

Estudantes que cursaram a faculdade de direito anteriormente a esta legislação aprenderam que uma pessoa com deficiência mental, intelectual ou sensorial era considerada absolutamente incapaz para todos os atos da vida civil. A mudança legislativa transformou a situação, pois o Estatuto afirma que nenhuma deficiência, seja física ou mental, afeta a plena capacidade civil da pessoa para todos os seus direitos existenciais. O art. 6º do Estatuto da Pessoa com Deficiência apresenta alguns destes direitos como se casar; constituir união estável; exercer direitos sexuais e reprodutivos; exercer o direito de decidir sobre quantos filhos terá; conservar sua fertilidade; ter direito à convivência familiar e comunitária; exercer guarda, tutela, curatela; adotar ou ser adotado.

O que se vê é que a pessoa com deficiência tem assegurado o direito ao exercício de sua capacidade legal em igualdade de condições com as demais pessoas. Somente os atos relacionados aos direitos de natureza patrimonial e negocial podem sofrer intervenção de terceiros, através do instituto da curatela. Isso significa, como ressaltado na lei, agora no art. 85, que o direito ao próprio corpo, à sexualidade, ao matrimônio, à privacidade, à educação, à saúde, ao trabalho e ao voto não podem estar afetados por qualquer limitação.

Estamos falando de uma mudança emblemática da lei brasileira e de como isto é importante para as pessoas na sociedade e o quanto irá impactar o futuro de muitos jovens brasileiros que estão no mundo para transformar a nossa sociedade independente de terem alguma deficiência ou não. Devemos superar a histórica dificuldade da dogmática jurídica, como nos diz Streck[4], no tocante aos fenômenos sociais. As leis, a vida real, a bioética e a arte contribuirão para realizarmos esta reflexão.

2. LEIS AVANÇADAS E O QUADRO "NOITE ESTRELADA", DE VAN GOGH

A legislação brasileira alcançou um patamar muito avançado contra a discriminação de qualquer espécie. Os fundamentos da liberdade e igualdade de direitos são reconhecidos a todos os membros da família humana. A Convenção internacional menciona que o conceito de deficiência está em evolução reconhecendo que "a deficiência resulta da interação entre pessoas com deficiência e as barreiras devidas às atitudes e ao ambiente que impedem a plena e efetiva participação dessas pessoas na sociedade em igualdade de oportunidades com as demais pessoas".

A discriminação é forma de violação do valor inerente a cada ser humano e todos os esforços devem ser envidados para a promoção das liberdades fundamentais das pessoas com deficiência.

Para demonstrar o quanto somos discriminatórios e nem mesmo percebemos vou me reportar à imagem de um quadro pintado por Van Gogh, em 1889, o quadro Noite Estrelada ou *Starry Night*, que foi a vista da janela do quarto ocupado pelo artista, em

---

4. STRECK, Lenio Luiz. *Hermenêutica jurídica e(m) crise*: uma exploração hermenêutica da construção do direito. 8 ed. Porto Alegre: Livraria do Advogado, 2009.

Saint-Rémy-de-Provence, pouco antes do nascer do sol, tendo ao fundo uma vista imaginada por ele de um vilarejo. Na ocasião ele morava em um abrigo para pessoas com doenças mentais. Van Gogh possuía algum tipo de transtorno mental que o deixava muito perturbado e durante sua passagem pelo abrigo Saint Paul de Mausole ele pintou centenas de quadros sobre o que via naquele local, como enfermarias, seu médico, os corredores e seu quarto. Este quadro está abrigado no MoMA, o lindo Museu de Arte Moderna de Nova Iorque, desde 1941. Pare um instante esta leitura e abra a imagem do quadro na internet. Certamente o leitor ou leitora ficará deslumbrado.

Esta obra deu início ao modernismo, uma imagem disforme de um céu estrelado que não era costume ser retratada daquela forma. Eu indago, então, se esta imagem seria uma imagem dispensável ou se seria uma imagem substituível. Indago se você entende que esta linda imagem seria substituível por outra, na forma como costumamos ver um céu estrelado ou mesmo por uma fotografia, por exemplo.

Temos uma imagem que poderia ser considerada borrada feita por uma pessoa com deficiência mental que estava internada em um hospital psiquiátrico, que em determinado momento de sua vida cortou a própria orelha. Uma situação inusitada e grave até hoje. Mas era um homem com sensibilidade e que via o mundo com seus olhos de forma diferente e podemos afirmar que sob seu olhar diferente passamos nós, seus admiradores, a ver um mundo nas suas telas muito bonito, aliás belíssimo. O mundo sem suas pinturas teria menos valor.

Através da arte de Van Gogh podemos perceber a contribuição única que cada ser humano pode dar ao mundo, através de seu olhar, de sua maneira de ver a vida. Por isso devemos respeitar e usar para nossas vidas a frase do movimento das pessoas com deficiência: "nada sobre nós sem nós". Então, jamais podemos fazer leis, criar políticas públicas para e sobre as pessoas com deficiências, ou mesmo debater estes temas sem ouvi-las, sem lhes dar voz. Elas irão nos ensinar o que consideram bom ou ruim para suas vidas poderem ser desenvolvidas da melhor forma possível, dentro de suas limitações pessoais e em consonância com suas experiências pessoais.

Neste sentido, não só os artistas possuem uma percepção diferenciada do mundo. Cada um de nós formará sua percepção de mundo com base em suas vivências, convívios e história pessoal. Nesta construção, lugares e espaços contribuirão para nossa formação e sentimentos de segurança pessoal. A arte nos demonstra que o julgador precisa buscar a sabedoria para distribuir justiça em uma sociedade plural, como o bioeticista Potter[5] assume que a sabedoria pode efetivamente ser encontrada.

3.   LUGARES E ESPAÇOS

As memórias que cada ser humano traz dentro de si fazem parte de sua história, sua biografia. Lugares que frequentamos, espaços de convívio pelos quais passamos

---

5.   POTTER, Van Rensselaer. *Bioethics*: bridge to the future. New Jersey: Prentice-Hall, 1971. p. 42-53.

e pessoas com as quais convivemos irão compor nosso quadro de vida. Isso funciona tanto para uma pessoa sem deficiência quanto para uma pessoa com deficiência desde seu começo de vida ou para uma pessoa que adquiriu a deficiência com o passar do tempo, como o que pode ocorrer com algumas pessoas idosas.

Possivelmente, você leitor/leitora tem um lugar especial na sua memória e na sua vida. Onde viveu na sua infância ou mesmo vive atualmente e lhe traz inspirações positivas e um sentimento de aconchego e segurança tornando melhor a sua vida. Um espaço do passado pode trazer a memória da sua história de vida, da sua biografia. Um espaço do presente poderá representar o seu local de segurança, sua referência atual. Cada um de nós tem esta memória de vida ligada a um lugar, um espaço e isso precisa ser respeitado por todos. Pare a leitura e feche os olhos. Imagine qual o seu lugar e espaço de segurança e afeto e pense como é bom estar ali.

Vemos que algumas pessoas idosas com comprometimento cognitivo terminam suas vidas longe do bairro ou da residência onde viveram décadas. É comum que filhos façam com que seus pais idosos com a cognição alterada saiam de suas casas e bairros e passem a morar em condomínios seguros, perto dos filhos ou na própria casa dos filhos sob o argumento do maior cuidado. Alguns filhos chegam a ir morar na casa dos pais a fim de facilitar o cuidado. Estas mudanças podem ou não ser positivas, embora muitas vezes a necessidade financeira seja fator preponderante. O que não pode se perder de vista é o respeito ao espaço de viver destas pessoas.

Esse respeito inclui a necessidade de não dispormos dos espaços construídos durante a vida de uma pessoa com deficiência mental com base em nossos interesses pessoais exclusivamente. Isso significa que uma pessoa não deve ser deslocada de um espaço que notoriamente escolheu para viver sob o argumento de que a mudança é para sua maior proteção. Tudo deve ser analisado e ponderado a fim de evitar deslocamentos que possam trazer angustia, isolamento, distanciamento das pessoas e lugares de interesse pessoal da pessoa com deficiência cognitiva.

Afirma Canguilhem[6] que o estado de saúde normal deve ser considerado de acordo com o que a pessoa considera normal e não de acordo com o que a medicina determina. O autor afirma que a vida é polaridade dinâmica e quando ocorre um desvio das normas regulares de saúde de uma pessoa, este desvio passa a ser considerado um fenômeno anormal não podendo ser considerado patológico. Isso porque qualquer doença representa uma variação da própria vida e esta admite inovações para instituir uma nova normalidade.

Neste sentido, quanto maior a capacidade de uma pessoa com deficiência mental, intelectual ou sensorial em criar uma nova normatividade para sua vida, maior será a possibilidade de estabelecer uma nova normalidade.

As pessoas maravilhosas que cuidam de outras pessoas com deficiência para manter sua saúde e bem-estar precisam ter consciência de que o ambiente em que

---

6. CANGUILHEM, Georges. *O normal e o patológico*. Rio de janeiro: Forense, 2009. p. 48-73.

vivemos exerce forte influência para que possamos nos sentir bem, contribuindo para essa nova normalidade. Nossa bagagem de vida, nossos desejos que vão se modificando ao longo da vida e que podem parecer menos razoáveis quando existe uma deficiência cognitiva de qualquer ordem, não devem ser rejeitados tão somente na ordem da razoabilidade, mas devem ser considerados de forma respeitosa no contexto dos fatores socioambientais, psicológicos e pessoais de cada indivíduo como ser único e individualizado.

4. PARA ALÉM DO BIOLÓGICO: SERES COMPLETOS E A VISITA DO JUIZ

Recentemente foi noticiado[7] que um desembargador da Oitava Câmara Cível do Tribunal de Justiça do Estado do Rio Grande do Sul, José Antonio Daltoé Cezar, visitou um idoso em um abrigo para verificar sua real situação e revogou sua curatela provisória determinada com base em laudo tão somente do ponto de vista biológico. Historicamente este desembargador foi por muitos anos juiz da Vara de Infância e Juventude na Capital daquele estado e sua atuação demonstra a preocupação além da questão legal, alcançando todo o entorno da vida e o que diz o Estatuto da Pessoa com Deficiência sobre uma avaliação biopsicossocial. Não se trata de desconsiderar uma perícia médica, mas de aliar ao conhecimento do profissional de medicina, o saber profissional da psicologia e do serviço social, em conhecimento complementar ao estritamente biológico.

O art. 2º do Estatuto da Pessoa com Deficiência determina, quando necessária, a avaliação biopsicossocial a ser realizada por equipe multiprofissional e interdisciplinar. Ocorre que a necessidade sempre existirá porque uma pessoa não terá uma avaliação completa sob o aspecto biológico tão somente, pois somos seres de abrangência muito superior à biológica. A avaliação deve considerar quais são os impedimentos nas funções e nas estruturas do corpo de cada um e, o mais importante, o que ocorre no meio social em que a pessoa com deficiência vive, os fatores socioambientais, psicológicos e pessoais. Deverá ser demonstrada quais são suas limitações no desempenho de suas atividades rotineiras e o que pode restringir sua participação em sociedade. Lembremos da vida real, trazendo a lei para o mundo, de que há pessoas com restrições cognitivas que levam suas vidas como podem, com segurança e independência, cuidando em fazer o seu dia a dia, cuidando de sua higiene e alimentação, por vezes até cuidando de outras pessoas, o que nos indica que a lei veio do mundo real para o papel e não o contrário como afirmo no início da frase.

Destaquei a história profissional do desembargador que tomou esta atitude incomum para demonstrar como um juiz ou juíza que passa por Vara de Infância e Juventude ou por Vara de Família vive uma experiência transformadora ao estar em

---

7. CAMPOS, Marcello. Após visita de desembargador a residencial geriátrico, Justiça gaúcha cancela decisão que havia interditado um idoso. *Redação O Sul*, 1 jun. 2021. Disponível em: https://www.osul.com.br/apos-visita-de-desembargador-a-residencial-geriatrico-justica-gaucha-cancela-decisao-que-havia-interditado-um-idoso/. Acesso em: 20 jun. 2021.

contato com pessoas, com famílias. Pai, mãe, avós e avôs, crianças, vizinhos, madrinhas e padrinhos. São pessoas que mudam o colorido da lei ao mostrarem para nós que o mundo é possível sem ser tão certinho quanto pensamos que podia ser e que as pessoas são capazes de agir com habilidades muito além do que supomos. Uma pessoa com alguma doença mental que não é reconhecida pela sociedade como uma pessoa normal, como o Van Gogh que chegou a decepar a própria orelha, pode ter outras funcionalidades, pode produzir outras coisas, pois somos seres humanos e podemos construir com nossa cultura um mundo diferente, um mundo com sentimentos que as máquinas não conseguem ter por mais eficazes que sejam.

Martha Nussbaum[8] sustenta que todos os cidadãos em suas diferentes capacidades devem participar ativamente na sociedade e receber o reconhecimento de seus direitos fundamentais. Para ela, os impedimentos resultam da sociedade e não é natural a dependência na forma que se apresenta. Considera que é fundamental a adequação do espaço público e alternativas devem ser oferecidas para a pessoa com deficiência, pois o potencial humano é muito maior do que a "fantasia da incapacidade". O fato de uma pessoa com deficiência mental, seja leve ou grave, estar inserida na rede de relações humanas e participando destas relações de algum modo, demonstra sua habilidade humana de amar e se relacionar com outros seres. Nussbaum sustenta que a sociedade tem por hábito reafirmar a incompetência das pessoas com grave deficiência mental para se evitar o alto custo em transformar sua vida para alcançar um excelente nível funcional, o que pode ser possível em muitos casos. Então, tais pessoas são caracterizadas como de impedimento permanente e dependentes ao invés de serem inseridas e acolhidas na sociedade, estigmatizadas sobremaneira quando a deficiência é mental.

Em recente biografia da italiana Maria Montessori[9], a jornalista Cristina De Stefano, após pesquisar a vida da médica e criadora de método de ensino pedagógico revolucionário, narra a *"la rivelazione dela naturale capacità dei bambini di autoeducarsi, quando posti nell'ambiente adatto"*, indicando o caminho para revelar a capacidade natural das crianças quando no ambiente adequado. Montesssori falava de todo ser humano, especialmente das crianças com deficiência mental com as quais deu início a sua pesquisa, colocadas normalmente em um ambiente completamente inadequado, como ainda acontece no mundo atual.

Um dos capítulos mais interessantes do livro é *"La Casa dei Bambini"*, "A Casa das Crianças", quando a autora afirma:

> Nella casa dei Bambiniil corpo non è solo rispettato, mavalorizzato. I piccolipossonospostare sedie e tavoli da soli e muoversinella classe secondoil loro ritmo. Èqualcosadirivoluzionario per un'epocadove a scuolail corpo non há nessunospazio e perfino i banchi sono pensati per ingabbiarlo e isolarlo.

---

8. NUSSBAUM, Martha. *Fronteiras da justiça*: deficiência, nacionalidade, pertencimento à espécie. São Paulo: Martins Fontes, 2013.
9. STEFANO, Cristina de. *Il bambino èil maestro*: vita di maria montessori. Itália: Rizzoli, 2020.

Este trecho destacado me deixou inquieta ao refletir sobre a necessidade de valorizar o corpo, indo além do respeito. Permitir que o corpo se movimente entre mesas e cadeiras por conta própria e no seu ritmo, quando na escola mesas e carteiras foram projetadas para o isolamento. Sem dúvida, o mundo precisa valorizar os diferentes corpos e mentes e seus ritmos diversificados na compreensão de que o movimento é parte do processo de aprendizado.

Certo que a adaptação ou o auxílio de terceiros será imprescindível para que algumas destas pessoas com deficiência mental possam ser capazes de atuar em igualdade de condições no mundo para com as demais pessoas. Mas volto a pontuar que essa necessidade não é somente das pessoas com problemas cognitivos. Basta lembrar dos óculos que sem eles as pessoas com deficiência visual perderiam muito do mundo e ao usarem as lentes passam a atuar no mundo em igualdade de condições com as demais. O favorecimento é tanto que sequer as vemos como pessoas com deficiência que recebem adaptações e recursos em auxílio. Tornou-se corriqueiro o uso de óculos e lentes de contato e é assim que será no futuro para as pessoas com deficiência cognitiva, bastando que possamos lhes oferecer as "lentes" necessárias a colocá-las em igualdades de condição com os demais membros da sociedade.

A lei brasileira atual vai além do tratamento conferido pela sociedade a pessoas com deficiência ao afirmar que as pessoas com deficiência mental são capazes para todos os atos existenciais determinando formas de proteção por terceiros somente quando se trata de atos negociais e patrimoniais, através do instituto da curatela.

5. CUIDAR E PROTEGER

A curatela é uma medida extraordinária, ou seja, ela não é ordinária, e, por óbvio, não pode ser reproduzida como uma medida simples, pois não pode ser simples limitar um ser humano de decidir sobre seu patrimônio. Isso somente deve ocorrer quando a sobrevivência da pessoa estiver em risco ou ameaçada. Alguém dispor de seu patrimônio mantendo valores para sua própria sobrevivência não pode ser considerado loucura ou prodigalidade. Muita vez uma pessoa mais velha que dá presentes caros para outras pessoas, especialmente quando não são parentes, é recriminada e termina por ser submetida a um processo de curatela com o propósito de preservar o patrimônio dela, mas gera impressão de se estar preservando a herança futura de pessoa viva, o que não existe no Direito. O limite deve ser a possibilidade de uma pessoa manter sua sobrevivência às suas expensas mesmo presenteando outras pessoas segundo sua própria vontade e sem que esteja em submissão à pessoa presenteada, mas em nítido usufruir de sua liberdade.

Uso a expressão curatela porque o termo interdição não mais tem cabimento. Como a Convenção internacional afastou este termo e tem força de emenda constitucional, a expressão interdição, que consta da nova lei processual civil, não foi recepcionada pela ordem vigente. É o que Mazzuoli[10] ressalta como "interpretação conforme" aos direitos humanos. Neste caso, o novo Código de Processo Civil será interpretado conforme as normas contemporâneas de direitos humanos e as normas referidas afastaram a expressão gravosa que significa ato de proibição sem qualquer indicação de cuidado. A interpretação conforme se dá, na mesma forma, nos termos lembrado pelo autor atualizando a expressão que era utilizada "pessoas portadoras de deficiência" que, ouvidas, disseram preferir "pessoas com deficiência" o que passou a constar da Convenção internacional, para a qual o Brasil contribuiu enormemente. Dessa forma, será sempre aplicada a norma que tratar mais favoravelmente à pessoa humana. Acrescento que é ofensivo se referir a pessoa deficiente, pois o indivíduo não é deficiente, mas tem uma deficiência.

O que se diz, portanto, é curatela, que não afeta tão somente os atos da vida sobre os direitos negociais e patrimoniais. Jamais se pode impor a curatela a alguém para o exercício dos direitos existenciais. Para a proteção da saúde e dignidade de uma pessoa com deficiência mental vamos ter que protegê-la de forma ordinária, regular, como fazemos com qualquer outro ser humano. Se eu estou preocupada com alguma pessoa, algum ente querido que eu queira proteger porque está com problema cognitivo e eu exerço todos os cuidados para com esta pessoa que eu quero bem, podendo ser um parente ou não, eu não devo ter a obrigação legal de ingressar em juízo com uma ação de curatela porque eu já cuido e protejo esta pessoa.

O importante para as pessoas com problemas cognitivos é que elas sejam cuidadas e protegidas. Se eu administro o dinheiro que esta pessoa recebe, se eu pago todos os tratamentos e pago as pessoas que trabalham para me ajudar a exercer o cuidado com esta pessoa, é desnecessário ingressar junto ao Poder Judiciário, pois a este somente cabe atuar se há uma lesão ou ameaça ao direito. Não há qualquer lesão ou ameaça ao direito de uma pessoa com problemas cognitivos quando ela está sendo devidamente cuidada por uma pessoa da sua família, por um filho ou filha zelosos, por uma mãe e pai que se dedicam ao bem-estar do seu filho/filha. Então por que devemos fazer a curatela judicial de um jovem com determinado problema cognitivo somente porque alcançou 18 anos? Não vejo sentido nesta ação. Se o propósito for proteger sua renda e seus bens imóveis havendo, de fato, a participação de pai ou mãe na vida deste jovem, auxiliando o jovem a administrar sua vida, seus gastos, seus bens, não haverá espaço para curatela.

O medo consiste em alguma fraude ou má-fé contra um jovem com deficiência mental, mas se esta pessoa tem alguém a lhe proteger na vida real indago se realmente há motivo para nomear esta pessoa protetora/cuidadora/auxiliadora como curador judicial. Na vida real está fazendo este papel reservado ao curador. Somente se houvesse algo a ameaçar os direitos da pessoa com deficiência e não pudesse ser contornado pelo protetor/ cuidador/auxiliador caberia buscar a proteção judicial. Não esqueçamos que muitas pessoas sem problemas mentais passam por situações

---

10. MAZZUOLI, Valerio de Oliveira. *Curso de Direitos Humanos*. 4. ed. São Paulo: Método, 2017.

que se aproximam de fraude relativas ao seu patrimônio, imóveis, empréstimos, uso abusivo de suas rendas. Não é a doença mental que provoca perdas patrimoniais, vejo que a falta de pessoas em apoio umas às outras tem maior preponderância em situações como a mencionada.

Percebo que grande preocupação se dá com os cuidados existenciais deste mesmo jovem com deficiência mental, intelectual ou sensorial, o que não é solucionado pelo instituto da curatela. A questão muda de foco, temos que pensar como proteger, por exemplo, um jovem com problema cognitivo que sabemos que terá que ter auxílio para viver com qualidade e protegido por toda sua vida. Esta preocupação é real e certamente, seu pai e mãe, aqueles que cuidaram do filho/filha durante a infância e a juventude estão preocupados com a vida adulta do filho/filha e com quem os substituíra quando vierem a faltar. Posso dizer que não será o curador judicial, será a pessoa escolhida e que aceite cumprir este relevante e importante mister. Essa pessoa não está na norma legal, está na vida da família.

Certo que mesmo sem ser o curador a preocupação será sobre o respeito a esta escolha de confiança feita previamente pelo pai ou mãe ou quem tenha exercido os cuidados ao longo da vida junto com a pessoa com deficiência. Isso pode sim ficar por escrito, designado por documento, com a participação do jovem com problema cognitivo porque é o maior interessado e deverá participar sempre das escolhas para sua vida, dentro dos limites das suas possibilidades. O que estou defendendo é que esta escolha sobre quem decidirá, por exemplo sobre a saúde do jovem com deficiência cognitiva quando seu pai e sua mãe não puderem mais ajudar a decidir, será alguém escolhido pelo próprio jovem, o seu apoiador. É uma tomada de decisão apoiada, nos moldes que o Estatuto da Pessoa com Deficiência criou como norma legal para a vida real.

6. TOMADA DE DECISÃO APOIADA E A MÚSICA *"LEAN ON ME"*

Na verdade, todos nós contamos com o apoio de alguém, uns mais outros menos, para as decisões importantes das nossas vidas. Nem que seja para ouvir a opinião de quem amamos ou respeitamos. Existe uma música chamada *Lean on me*, de Bill Withers e cantada lindamente por Seal. Pare um pouquinho a leitura e escute a letra desta música. É linda e fala exatamente de você contar com alguém.

O título significa "Apoie-se em mim" e nos seus versos o Eu-Lírico diz que, às vezes em nossas vidas temos dor e tristezas e devemos ser sábios, sabendo que sempre haverá um amanhã e quando você não estiver tão forte pode se apoiar em mim. E a parte mais interessante é que, além de prometer que vou ajudar você, eu sei que não vai demorar até que eu mesma precise de alguém para me apoiar. Isso é o mais importante. Nós temos que, como diz a letra, engolir o nosso orgulho porque as nossas necessidades aparecerão.

Em resumo da música e da vida real, todos nós precisamos de alguém. Eu posso ter um problema amanhã e precisar de apoio, ou mesmo no presente, mesmo quando não temos problemas, é muito bom saber que temos alguém para nos apoiar em nossas vidas, que não estamos sós. Confiança é a palavra-chave.

A tomada de decisão apoiada é o novo instituto trazido pelo Estatuto da Pessoa com Deficiência e inserido no Código Civil. Através deste instituto a pessoa com deficiência escolhe duas ou mais pessoas que sejam de sua confiança. Estas apoiarão a pessoa com deficiência nas suas decisões através de elementos e informações necessários. Veja que a decisão é da pessoa apoiada, mas sempre amparada pelas boas informações de seus apoiadores.

Em processo judicial de curatela poderá ser sugerida a substituição deste pedido por uma ação de nomeação de apoiadores, mas jamais o julgador poderá escolher os apoiadores, nem tampouco o pretenso curador o fará. A escolha é da pessoa a ser apoiada que as indicará expressamente e de forma livre. Todos deverão ser ouvidos pelo juiz ou juíza e haverá assistência de equipe multidisciplinar para melhor esclarecer os fatos.

A tomada de decisão apoiada será uma ação judicial para efeitos de publicidade e somente em caso de divergências nas manifestações de vontade de um negócio jurídico caberá intervenção judicial.

Nada obsta que a tomada de decisão apoiada seja uma determinação privada da parte interessada, como um filho com problemas cognitivos que somente toma suas decisões com o apoio de seu pai e sua mãe. O problema jurídico desta decisão particular é a ausência de publicidade perante terceiros, porém poderá se tornar um hábito a atuação conjunta o que, certamente, será uma demonstração à pessoa jovem com problemas cognitivos do respeito a sua autonomia e tomadas de decisão em sua vida, por parte de seus pais, como uma forma de acolhimento. Pessoas jovens sem problemas mentais fazem isso quando abrem conta bancária conjunta com seus pais ou antes de adquirir um bem se aconselham com alguém de sua confiança recebendo informações para a melhor decisão.

7. PRINCÍPIO DA VEDAÇÃO DO RETROCESSO E O FILME "UMA LIÇÃO DE AMOR"

Todos os direitos previamente conquistados por uma pessoa com deficiência serão mantidos. Nada muda quanto às conquistas legais anteriores e às disposições que propiciem a realização dos direitos das pessoas com deficiência. Mesmo não sendo considerada absolutamente incapaz a pessoa com deficiência não perderá direitos como benefícios previdenciários, ausência do curso de prazo de prescrição dentre outros. A convenção internacional dispõe sobre este aspecto no artigo 4.4:

4. Nenhum dispositivo da presente Convenção afetará quaisquer disposições mais propícias à realização dos direitos das pessoas com deficiência, as quais possam estar contidas na legislação do Estado Parte ou no direito internacional em vigor para esse Estado. Não haverá nenhuma restrição ou derrogação de qualquer dos direitos humanos e liberdades fundamentais reconhecidos ou vigentes em qualquer Estado Parte da presente Convenção, em conformidade com leis, con-

venções, regulamentos ou costumes, sob a alegação de que a presente Convenção não reconhece tais direitos e liberdades ou que os reconhece em menor grau.

Além da vedação de retroceder nos direitos historicamente conquistados, nenhum dos direitos existenciais pode ser limitado. Por exemplo, pessoas com deficiência podem se casar e permanecer com benefício previdenciário recebido em razão de sua dependência financeira. O casamento não pode fazer perder o benefício. Na vida real algumas pessoas com deficiência não se casam porque temem perder o benefício previdenciário e deixam de exercer seu direito existencial plenamente porque desconhecem que não pode haver retrocesso nas suas conquistas.

Quantos filhos a pessoa com deficiência vai ter e todas as decisões sobre sua fertilidade são decisões próprias da pessoa. Ou seja, hoje é proibida a esterilização compulsória. É errado um juiz determinar esterilização compulsória sob a justificativa de estar protegendo a pessoa com deficiência e poderá caracterizar crime.

A pessoa com deficiência mental poderá ter a guarda de uma criança ou tutela, cabendo apenas ser verificado se os cuidados da criança estão acontecendo. Eu como juíza de Vara de Família vi crianças sendo muito bem cuidadas por mães notoriamente com deficiência cognitiva e vivendo felizes, amadas e protegidas. Lembro do filme "*I Am Sam*", no Brasil chamado "Uma lição de Amor", de 2002, com Sean Penn interpretando um pai com deficiência mental que tomava conta da filha Lucy, uma menina interpretada pela atriz Dakota Fanning. A criança havia sido abandonada pela mãe e quando a menina começa a ser alfabetizada, a escola passa a questionar o fato dela viver com um pai que não pode ensinar os deveres de casa. Ele consegue uma advogada *pro bono*, interpretada pela atriz Michelle Pfeiffer, para sua defesa como réu na ação judicial proposta pelo Ministério Público para retirar a filha de sua guarda. Não vou contar o final, mas o filme mostra muito bem todo o preconceito em torno de pessoas com problemas mentais em contraponto às suas possibilidades de viver suas vidas de forma intensa como todos nós. No mundo real estas histórias acontecem.

Toda a participação da pessoa com deficiência deve ser buscada. Cada qual nas suas possibilidades. Nas decisões de saúde, inclusive, há exigência legal, pois o art. 12 do Estatuto da Pessoa com Deficiência, afirma a necessidade de participação no maior grau possível. Cada profissional irá descobrir como alcançar este objetivo.

Se não for feito assim, há violência caracterizada por dano ou sofrimento psicológico provocado na pessoa com deficiência, conforme art. 26 e parágrafo único do Estatuto da Pessoa com Deficiência e art. 19 § 1º do Estatuto da Pessoa Idosa.

Em artigo sobre normas de proteção no fim da vida[11] defendo a utilização da nova legislação vigente, especialmente o instituto da tomada de decisão apoiada, como forma prévia de manifestação de vontade nos cuidados de saúde de finitude de vida.

---

11. TEDESCO VILARDO, M. A. Normatividade na proteção do final de vida. *In*: SILVA, Josimario (org.). *Bioética*: um olhar bioético de quem cuida do final da vida. Olinda: Nova Presença, 2017.

8. CONCLUSÃO

A mudança de paradigma na capacidade civil para as pessoas com deficiência mental, intelectual ou sensorial implica em interpretação jurídica que confira efetividade às normas protetivas de sua autonomia e independência. A análise destas questões próprias do denominado biodireito, com auxílio da bioética, contribui para a conscientização da aplicação de proteção legal em respeito à não discriminação de pessoas com deficiência mental.

O que devemos considerar como normal não pode encontrar obstáculos diante das interações das pessoas com deficiência em relação às demais pessoas e ao mundo que as cerca, dentro de sua própria realidade cotidiana. Ao estabelecer relações de afeto com outros seres humanos, a essência do ser humano aflora para demonstrar as possíveis funcionalidades e habilidades a serem desenvolvidas, além do nosso conhecimento, por quem vivencia o problema de fato.

O cuidado amoroso que temos com as pessoas com deficiência mental, intelectual ou sensorial, antes de ser um cuidado legal protetivo precisa ser um cuidado respeitoso para com a normalidade criada pela própria pessoa interessada. Ouvindo, prestando esclarecimentos e informações adequadas às suas possibilidades perceptivas, oferecendo apoio e novas "lentes" para construir sua normalidade, criando oportunidades dentro de um mundo diverso e como membro pertencente à família humana.

Um agir em atitude fraterna e solidária, através da qual desejamos que a pessoa com deficiência mental, intelectual ou sensorial que amamos tenha, realmente, afastada qualquer forma de discriminação e seja protegida e cuidada das possibilidades de interferência em seu desenvolvimento valoroso.

CUIDADO E SOLIDARIEDADE NO COTIDIANO DO ARVOREDO: UM DEPOIMENTO

Maria Beatriz Guimarães Pinheiro

Especialista em desenvolvimento de pessoas e grupos desde 1977, *Coach* desde 1992, é Filósofa (UFMG), com Maîtrise em Comunicação e D.E.A. em Ciências da Linguagem (Université de Provence-France).

1. INTRODUÇÃO

O Arvoredo nasceu em São Paulo, em maio de 1977, como um espaço de liberdade, criatividade, expressividade e inovação, para promover o desenvolvimento de crianças.

Em 1978, já acolhia pais e educadores da cidade e em 80, as empresas, interessadas em Criatividade, se encantaram com a metodologia, participando de propostas na sede do trabalho ou demandando Consultoria.

A atuação da Equipe Arvoredo era bem diferente do esperado naquele momento, pleno período autoritário da nossa história. E o Arvoredo aparece como o lugar da crença no Ser Humano e em todas as suas possibilidades. Nasceu com fundamentação filosófica e metodologia própria, apresentando e trabalhando novos conceitos para a época, alguns que continuam ainda novos em muitas áreas: Ser Humano como integração corpo, emoção, reflexão; Aprendizagem como seleção interna da pessoa, provocando transformação; Respeito às pessoas independente de idade, sexo ou cor; Crença de que ninguém transforma ninguém – cada pessoa é responsável e dona do seu próprio processo de desenvolvimento; Relação de iguais, como pessoas, no binômio quem ensina/quem aprende; O Erro como parte do acerto. Todos, conceitos sobre os quais falar é fácil, mas que exigem um cuidado extremo na ação diária e continuada.

Nesses mais de 40 anos, trabalhando com a mesma metodologia em áreas diversas, centrada na ampliação da percepção e sua natural consequência, a elevação do nível de consciência da pessoa, foi possível acompanharmos o desenvolvimento de um sem número de pessoas de idades variadas e em diferentes momentos de vida. A própria metodologia facilita o processo de crescimento e de transformação das pessoas.

O objetivo final do trabalho do Arvoredo em todo esse tempo é o mesmo: *que as pessoas, ao se desenvolverem e se expressarem de forma integrada, se descubram unas, únicas, criativas, diferentes de todos os outros mas responsáveis por eles.* Podemos dizer que Cuidado e Solidariedade são duas fortes características da ação Arvoredeana durante todos esses anos.

> *"Foi de acreditar na fantasia e no nosso poder mágico de*
> *transformá-la em realidade, que o Arvoredo nasceu.*
> *E de crer para criar, o passo foi de dança, de movimento, de voo*
> *de um grupo de pessoas que se abandonou ao sonho,*
> *até pousar com firmeza na Terra, na Água, no Ar e no Fogo (BP)".*

2. PRELIMINARES

Em primeiro lugar, eu tinha um desejo de trabalhar o desenvolvimento de crianças através das artes e, ao terminar uma formação em Psicodrama Pedagógico, no GETEP, Maria Alice Vassimon, coordenadora, me propôs realizar esse sonho como se fosse o meu trabalho de conclusão de curso. Aceitei o desafio e convidei três profissionais para construírem esse projeto junto comigo.

Em maio de 1977, iniciamos o planejamento do que seria nossa proposta de trabalho. Passamos sete meses, Célia Marisa Conceição Campana, Luzia Aoki Yaiko, Márcia Guimarães Pinheiro e eu planejando o que estávamos nas vésperas de criar, juntando os sonhos e desejos de cada uma, todas tendo trabalhado em Educação em lugares e áreas diferentes.

Célia, natural de Ribeirão Preto, SP, morando em São Paulo, Capital, desde os dois anos de idade, especialista em Língua Portuguesa, trazia sua experiência do Ensino Fundamental em escolas particulares. Éramos vizinhas e assim nos conhecemos.

Luzia, natural de Lins, SP, formada em Pedagogia, especialista na área de Matemática, tendo trabalhado no Ginásio de Ilha Solteira, SP, estabelecendo-se depois na Capital. Conheci Luzia em Ilha Solteira, onde também fui professora. Já em São Paulo ela trabalhou com Márcia num programa especial de Educação de Base e também na área administrativa de uma empresa privada.

Márcia e eu somos irmãs, ambas nascidas em Belo Horizonte, MG. Ela, formada em Letras e Teologia, especialista em Psicomotricidade no método Simonne Ramain; trabalhou em várias áreas da Educação Pública e Privada em Belo Horizonte, Petrópolis, São Paulo e Curitiba. Voltando depois a se estabelecer em São Paulo, foi chamada a coordenar o Programa de Educação de Base para o interior de São Paulo, pelo Fundo de Assistência Social do Palácio do Governo, no período de Paulo Egydio Martins como governador.

Eu, Beatriz Pinheiro, me formei em Filosofia em 1967 pela UFMG, com especialização em Teorias Antropológicas (Prof. Hubert Lepargneur); antes de terminar a Faculdade, trabalhei um ano na Escolinha Mineira de Artes e também como professora de História do Brasil no Fundamental II, em escola privada de Belo Horizonte. Mudei-me para São Paulo em 1971, depois de morar dois anos em Ilha Solteira, no limite de São Paulo e Mato Grosso, onde, além de professora, fiz parte de um grupo de assessores da Coordenação da Cidade. Outras áreas da Educação em que trabalhei, no Fundamental II e no Ensino Médio, foram Artes, Filosofia e Filosofia da Educação em Belo Horizonte, Ilha Solteira e em São Paulo, na Faculdade de Filosofia Ciências e Letras 9 de Julho. Também continuei me especializando: em Lógica Matemática (Prof. Porchat – Filosofia – USP), Teorias Psicológicas e Técnicas de Coordenação de Pequenos Grupos (Rodolfo Bohoslavsky – G.E.P.S.A. SP), Psicodrama Pedagógico (G.E.T.E.P – SP), Técnicas Corporais em Psicoterapia (J.A. Gaiarsa SP).

Quis trazer aqui um pouco da bagagem que cada uma de nós já carregava até aquele momento, para que se entenda como essa mistura de formação e trabalho das quatro nos fez construir algo inteiramente novo em 1977 em Educação, em São Paulo. Era novo na proposta, na fundamentação do trabalho diário, na relação adulto/criança, na metodologia e na didática, próprias da proposta.

Uma das primeiras decisões que tomamos foi a de trabalhar o desenvolvimento das crianças em pequenos grupos – no sentido Rogeriano –, privilegiando a expressividade e as relações entre as pessoas, em tudo que fazíamos.

Enquanto nos preparávamos, buscamos um lugar para ser nossa sede e encontramos uma casa em Pinheiros, na Rua Alves Guimarães, que logo alugamos. E iniciamos as obrigações para registrar o trabalho na Secretaria de Educação. Imaginamos que nossa clientela faria parte de escolas públicas e seriam crianças carentes de algum trabalho especial de desenvolvimento. Foi quando começamos a ser pressionadas por exigências da Secretaria, como se fôssemos uma escola, que teria de ter espaços formais de uma escola e que não tinham nada a ver com o que estávamos construindo.

Um dia, em reunião, preocupadas, refletindo sobre o que devíamos fazer, saímos para o almoço no mesmo momento em que passava, na frente da casa, uma criança, que ia brincando leve, livre e solta, com uma roda pequena de bicicleta e um arame. Conversamos um pouco com ela e ficamos sabendo que morava longe dali, na periferia. Foi quando tivemos um *insight*: aquela criança andava livre por toda a cidade, da periferia ao centro, dona de si, decidindo sozinha por onde ia e o que queria. Enquanto isso, muitas crianças de classe média, daquele momento, passavam o tempo em que estavam fora da escola diante de uma tv, imobilizadas pelas imagens de filmes e outros programas e eram, em geral, cuidadas por uma empregada doméstica.

Então, decidimos mudar tudo: deixamos a Secretaria de Educação e montamos nossa proposta como um trabalho particular, num espaço de liberdade, expressividade, crescimento e desenvolvimento. Afinal, como muitas escolas naquele momento se preocupavam especialmente com disciplina, sob a influência dos tempos autoritários que estávamos vivendo, nós nos perguntávamos o que seria daquelas crianças anos depois. Gostaríamos de oferecer a elas, em contraposição, algo bem especial para seu crescimento. Adquirimos o material básico com o qual trabalharíamos e, aos poucos, formamos uma equipe de oito profissionais, todas mulheres naquele início, todas se preparando para dar início ao nosso primeiro grupo nas férias grandes de 1977/1978.

Antes de iniciarmos nossa preparação como equipe, tivemos por um pouco de tempo a dúvida se nos trabalharíamos primeiro teoricamente para depois passarmos à prática ou se, ao contrário, colocaríamos a mão na massa primeiro, buscando depois a fundamentação teórica para o nosso fazer. Mas logo vimos que a junção das duas instâncias seria muito mais rica para o trabalho do que dar esses passos separadamente. Assim, fomos nos preparando teoricamente e, ao mesmo tempo, iniciamos a prática de grupo com dramatizações, trabalhos corporais e nossa expressão através de papéis variados, tintas, todo tipo de lápis, canetas, pincéis, argila e tudo que poderia facilitar nossa expressividade, o estabelecimento de nossas relações no grupo, o resgate do lúdico, da criatividade e o exercício de nossa integração pessoal, como corpo-emoção-reflexão ao mesmo tempo. Tudo isso para depois sabermos coordenar os grupos de crianças que viessem para o Arvoredo – nome que foi escolhido em um de nossos encontros, por todo o grupo.

Na parte teórica, estudávamos e discutíamos entre nós, Filosofia, Fenomenologia Existencial, Psicologia do Desenvolvimento e Psicologia de Grupo, Educação, as Artes como desencadeadoras do desenvolvimento infantil, Comunicação e estudos sobre o cérebro e seu funcionamento. Alguns autores que nos acompanharam nos primeiros anos foram Cassirer ("Antropologia Filosófica"), Martin Buber ("eu e tu"), Jean Piaget, Lev Vigotski e Henry Paul Wallon (textos variados), Carl Rogers ("Grupos de Encontro" e "Tornar-se Pessoa"), Donald W. Winnicot ("O Brincar e a Realidade"), Paulo Freire ("Educação como prática da Liberdade"), Lucien Brunelle ("a não diretividade"), Viktor Lowenfeld ("Desenvolvimento da Capacidade Criadora"), Colin Cherry ("A comunicação Humana"), Francisco Gutierrez ("Linguagem Total") e outros.

Além disso, buscávamos inspiração para os temas que abordávamos na nossa rica literatura brasileira.

Íamos estudando e nos preparando de várias maneiras até que chegou o momento de entendermos o que deveríamos propor concretamente para trabalharmos os grupos de crianças em seu desenvolvimento, levando em conta os elementos que havíamos elencado como importantes. Compreendemos, então, que os espaços é que seriam o arcabouço do trabalho em si. Eles seriam 3 principais:

1) uma sala com mesinhas e banquinhos de diferentes alturas, armários para os materiais que seriam usados para desenho, pintura, colagem, montagem e argila e um quadro negro para trabalhos com giz branco e colorido;

2) uma sala com carpete e almofadas para trabalhos de corpo, dramatizações e várias brincadeiras (logo que fomos recebendo crianças para o trabalho, um dos primeiros grupos batizou esse espaço de Sala do Rola) e;

3) o próprio quintal, para brincadeiras, pular corda, brincar com pneus, subir em árvore, dramatizar com grandes caixas de papelão, passar por dentro de um túnel de malha e brincar na terra, e, às vezes, também com água.

As crianças tinham seu horário de escola e iriam ao Arvoredo no horário oposto, durante duas horas, uma vez por semana. Os grupos seriam divididos por faixa etária.

Nosso cuidado com cada detalhe, já antes de iniciarmos o trabalho, acredito que tenha ficado fortemente gravado para cada uma de nós.

3. O EXERCÍCIO QUOTIDIANO

Gostaria de chamar atenção para a divulgação inicial do trabalho: fizemos um folheto explicando nossa proposta, tendo como título "Dê a seu filho o melhor presente do mundo, isto é, ele mesmo". E saímos pelo bairro, distribuindo de casa em casa. Já começava ali uma sinalização da importância que uma criança teria para nós e, mais ainda, para ela mesma. Ela seria respeitada como pessoa, com suas características próprias, seu jeito de ser e de se expressar através da arte, dos jogos e das brincadeiras. No Arvoredo, ela cresceria se apropriando dela mesma, descobrindo suas capacidades desde pequena, compreendendo o que seria ser respeitada e como respeitar o outro.

Sabíamos que o nosso jeito de tratar as crianças não era, em geral, habitual para elas com os adultos com os quais se relacionavam. Naquele momento (e parece que isso ainda persiste em muitos lugares) uma criança ainda era vista como "alguém que viria a ser, mais tarde". Sempre nos ensinaram que o símbolo do desenvolvimento é uma escada: a gente vai aos poucos subindo os degraus até atingir o topo. Com isso, os adultos já estavam lá em cima ou quase e as crianças nos primeiros degraus.

Como consequência, os adultos às vezes chamavam a atenção das crianças, dizendo "você já está fazendo isso de novo? Quando é que vai crescer?", como se adultos nunca recaíssem em erros já cometidos ou voltassem para velhas atitudes que pareciam já superadas. Preferimos, como símbolo, as ondas do mar que estão sempre subindo e descendo e subindo, como costuma ser a vida de todos nós.

Assim, ao falar com uma criança, tínhamos o cuidado de ficar na mesma altura dela, nos ajoelhando ou nos sentando perto dela. E teríamos de cuidar de cada uma e de cada grupo para que entendessem, aos poucos, esse novo jeito de serem tratados e de tratar os outros.

Nos grupos dos pequenos (4, 5 e 6 anos – mais tarde a idade dos menores passou a ser a partir de 3) tudo seria tratado de forma amena. Já para os maiores (7 a 11 – só mais tarde tivemos adolescentes até 16), seria necessário um trabalho de no mínimo 3 meses iniciais para que fossem quebradas regras e preconceitos já existentes. Isso era feito através do próprio trabalho, quando as crianças podiam riscar papel, bater bastante na argila, fazer guerra de almofadas, correr, pular, gritar, rolar, conhecer os outros, aprender a respeitar e entender como ser respeitada. várias outras possibilidades. A partir daí, cada criança ia conhecendo e descobrindo seu próprio caminho no desenho, na pintura, na argila etc. E também faziam os painéis em grupo, nos quais se expressavam e aprendiam a respeitar a expressão dos outros e a colaborar num trabalho comum.

Na sala do rola havia uma combinação de que, quando colocávamos as almofadas formando um círculo, o que se passava dentro dele era mágico. Era a hora de muita imaginação e criatividade. Dentro do círculo, ninguém era mais ele mesmo e, sim, outra pessoa, um bicho, alguma planta, uma pedra ou o que quisesse. Ali, eram construídas histórias incríveis e quando voltavam todos para seus lugares nas almofadas, era a hora de se contarem o que tinha acontecido, o que tinham sentido, o que tinham pensado enquanto estavam no imaginário.

Naquele espaço havia também a possibilidade de andarem de perna de pau durante alguma brincadeira ou mesmo numa dramatização. Ali também aconteciam construções usando o corpo, como no circo, uma pirâmide humana e outras coisas que inventavam. Tudo era possível contanto que ninguém fosse desrespeitado, ridicularizado ou coisa parecida. Se acontecesse, parávamos tudo e era hora de entender o que tinha acontecido ou para alguém se retratar, se fosse o caso.

O mesmo poderia acontecer também na sala das mesinhas, se acontecesse de alguém rabiscar o papel do outro, desconsiderar a importância do que o outro estava fazendo ou algo assim. Também no quintal ou a qualquer momento em que alguém desrespeitasse alguém. Eles iam aprendendo as melhores formas de se relacionar através das próprias atividades.

No quintal, às vezes, usavam grandes caixas de papelão e criavam suas casas, formando uma cidade e logo começavam a se relacionar como cidadãos de algum lugar. Ali também apareciam as famílias e os relacionamentos de pais e filhos, os de pai e mãe, os de irmãos entre si, como também os de amigos.

Quando era feito algum jogo de performance, por exemplo, correr num determinado espaço, num tempo predefinido, a competição se dava de cada criança com ela mesma (como tinha sido da vez anterior, se tinha melhorado ou piorado).

Havia brinquedos que exigiam o equilíbrio, como uma grande roda de madeira sobre a qual alguém podia subir e com ela andar por ali. Os mais aventureiros logo queriam se testar e os com mais receio precisavam ser ajudados para não deixarem que o medo tomasse conta. O mesmo acontecia para pular corda, sozinhos ou em grupo. O grupo incentivava os que tinham alguma dificuldade e, em pouco tempo, estas eram superadas. Tudo servia para entenderem melhor sua estrutura corporal e sua forma de entrar nos desafios fosse individualmente, fosse em conjunto com os outros.

A solidariedade, aprendida assim no grupo, era fortemente exercida por todos, desde pequenos. Como diz Roberto Patrus, "quem é solidário coopera com o outro para consolidar algo maior do qual se sente parte".

A chegada das crianças em seu dia de grupo no Arvoredo era muito importante: as que chegavam primeiro entravam na sala das mesinhas e se sentavam ali conversando ou brincando (por exemplo, jogando "Escravos de Jó", uma brincadeira onde se experimenta atenção, ritmo e o prazer de se estar em grupo), enquanto aguardavam os que ainda não estavam. Depois que todos chegavam, eles conversavam para decidir por onde começariam aquele dia. Era uma decisão deles e logo aprendiam a tomar decisões respeitando o que era a vontade da maioria. Mas também experimentavam, de vez em quando, o desafio de seguir a minoria, experienciando sensações e decisões diferentes.

Podiam ficar algum dia só na sala do rola ou só na das mesinhas, ou ainda passar o tempo em dois dos espaços. Mas, considerávamos um dia bem completo, quando uma atividade se iniciava na sala do rola, continuando depois a ser expressa de outra forma na sala das mesinhas e ia terminar no quintal ou que, de alguma outra forma, passasse pelos três espaços.

Nosso objetivo aqui não é o de detalhar tudo que acontecia, mas, o de deixar claro, através da descrição da estrutura e de alguns exemplos, que nada acontecia por acaso nos espaços do Arvoredo. Era, sim, através do fazer de cada um e do grupo, que novas janelas se abriam para o conhecimento de si mesmos e dos outros e para o crescimento de uma forma consciente de viver, na maior parte das vezes sem que uma palavra fosse dita a respeito. Insisto que as próprias atividades levavam a isso. Logo crianças pequenas sabiam o que queriam e como queriam, sabiam que ali podiam falar o que queriam que seriam escutadas.

Nós éramos sempre duas monitoras dentro de cada grupo e ali estávamos vivendo junto com as crianças cada momento e facilitando o desenvolvimento delas. Sabíamos que eram necessários quatro olhos e quatro ouvidos, mais a percepção total de cada uma, para depois trocarmos o que tínhamos percebido e em que precisávamos investir sempre mais para darmos conta de trabalho tão delicado e especial.

Ao final de cada encontro de grupo, as monitoras registravam, num relatório, tudo o que tinha se passado e o que era importante sublinhar.

Tínhamos uma série de cuidados que carregávamos conosco o tempo todo: exercitar nossa sensibilidade pelo outro e nossa percepção de grupo; saber olhar, ver, ouvir, escutar, tocar, sentir, ajudar quando necessário, entrar nas propostas das crianças e saber sair nos devidos momentos; ler o que está debaixo das aparências do grupo para poder interferir e propor algo adequadamente; não ser uma presença opressiva como adultas – prestar atenção no nosso posicionamento nas salas e no quintal, na nossa altura, na posição corporal, na voz, em proposições que fazíamos de acordo com a vontade e a necessidade do grupo; fazer prevalecer o respeito, a soltura, a liberdade, a democracia, o encontro com a natureza, a desmistificação das regras e de obrigações rígidas.

Quando uma criança ou um grupo estava iniciando o trabalho conosco, tínhamos o cuidado de explicar o que era Arvoredo, o que se fazia ali, como era a casa, para que servia cada espaço, quem eram as pessoas que trabalhavam lá, com que material trabalhávamos (o material era muito especial e, além do que era adquirido para cada tipo de atividade, trabalhávamos também com sucatas que alguns pais das crianças nos ajudavam a juntar; e, como o fazer das crianças era o principal, se um grupo queria jogar bola, primeiro elas construíam a bola com o material que escolhessem, assim como, se resolvessem fazer um grupo de música, construíam primeiro os instrumentos musicais).

Aqui, ressalvo a importância de ter conosco a Margarida Ribeiro de Souza (conhecida por todos como Margô). Nenhuma pessoa que não pertencesse a um grupo podia entrar quando o grupo estivesse no seu período de trabalho. A única pessoa que podia passar pela sala das mesinhas ou até ajudar a resolver alguma necessidade de uma criança pequena ou mesmo das monitoras era a Margô. Ela sabia passar como se não estivesse ali, sem atrapalhar nada, nem ninguém. Era uma pessoa maravilhosa que acompanhou durante muitos anos o nosso trabalho.

O fechamento de cada encontro dos grupos acontecia, sempre, com um chazinho e bolachas. Essa era a hora em que todas as crianças de um grupo voltavam a se sentar às mesinhas que juntávamos para que ficassem todas próximas e acontecia a "tomada de consciência" do que tinha sido vivido pelo grupo naquele dia. Margozinha já tinha passado e limpado pelo menos duas mesas para isso e tinha feito o chá das crianças.

Nossas reuniões de equipe e todo o nosso trabalho de desenvolvimento era contínuo. Quando algo acontecia dentro de um grupo que não conseguíamos entender bem, dramatizávamos a situação entre nós, para compreendermos melhor sensações e sentimentos dos envolvidos (por exemplo, se alguma criança não estava conseguindo participar de determinada atividade, dramatizávamos essa situação para termos uma luz de como ajudá-la). Estávamos sempre criando jogos e formas de nos expressarmos para fazer crescer nossa forma de trabalhar. Trago aqui um dos muitos exemplos disso: um certo dia nos demos conta de que não estávamos "entrando junto" com a criança na imaginação dela, coisa bem comum de acontecer com adultos (a criança conta algo e o adulto diz "é?", "sei", "que legal", mas sem tentar penetrar de fato no que a criança está falando). Então, fomos nos exercitar nisso. Uma das monitoras contou como havia acontecido uma história dentro de um dos grupos dela, em que aparecia um belo navio, que ela descreveu com todos os detalhes e cores para nós. E fizemos o esforço de visualizar aquele navio dentro da nossa sala, enquanto e como ela ia contando. Aos poucos a gente de fato "via" o navio ali. Estávamos encantadas por ele. Dava para ver o brilho nos olhos de cada uma da equipe. Que experiência magnífica! Isso nos fez dar mais um salto na nossa forma de compreender o imaginário infantil.

Além disso, estávamos o tempo todo nos atualizando nas áreas mais importantes do trabalho e sempre convidávamos profissionais especialistas para apresentarem, ao nosso grupo, suas formas de verem o mundo e nele atuarem.

Outro lado importante do trabalho com as crianças eram as entrevistas que fazíamos com os pais. Na inicial, ao chegarem ao Arvoredo pela primeira vez, os pais nos traziam a visão que tinham de sua criança e o porquê de procurarem nosso trabalho. E ficavam sabendo tudo sobre nossas crenças e valores e como estava tudo estruturado. Outras entrevistas eram marcadas segundo a necessidade dos pais ou nossa. Estávamos sempre disponíveis para recebê-los quando precisavam de orientação ou de uma escuta especializada. Trocávamos informações importantes: eles, em geral, traziam alguma dificuldade do filho ou da filha e nós, estávamos atentas para ajudá-los a encontrar as melhores formas de cuidar dos filhos, no sentido de compreenderem as situações difíceis e facilitarem o crescimento deles. Era muito importante nos solidarizarmos com eles naqueles momentos. Mas, à medida que a criança ia frequentando o Arvoredo, os pais também nos traziam transformações muito interessantes que aconteciam com elas.

Fazíamos reuniões de pais trimestralmente, reuniões para as quais escolhíamos um tema relevante daquele momento e usávamos algum meio de expressão específico para discuti-lo (por exemplo, se o tema fosse a dificuldade de diálogo pais/filhos, fazíamos uma dramatização sobre a situação, na qual os próprios pais atuavam; poderia ser também através de um painel desenhado por todos os pais ali presentes, ou ainda por trabalhos individuais; sempre, em seguida, vinham as trocas e discussões sobre o tema daquele dia). Era também uma forma dos pais se identificarem com seus filhos, ao experimentarem, no Arvoredo, os mesmos instrumentos de expressão aos quais as crianças estavam habituadas.

Aos poucos, vimos a necessidade de oferecer, aos pais, *workshops* sobre temas que fossem importantes para eles, que também estivessem relacionados com nosso trabalho: Expressão criativa, Pedagogia Arvoredo, Relacionamento Pais/Filhos e muitos outros.

Outra coisa que fizemos foram pesquisas com pais e filhos, a partir de conversas das crianças nos grupos. Uma muito importante que aconteceu foi sobre a forma como os pais olhavam para seus filhos: foi feito um questionário sobre vários momentos no cotidiano das crianças e como os pais as olhavam em vários comportamentos delas; depois passamos para os pais responderem como eles achavam que viam seus filhos nas mesmas situações respondidas pelas crianças, podendo cada um dos pais responder separadamente, quando pensavam de formas diferentes; fizemos o levantamento dos resultados e, para finalizar, convidamos os pais para uma reunião, na qual, não só lhes passamos os resultados da pesquisa, como também complementamos o tema com um exercício das duplas se olharem, exercício esse que trouxe muitos elementos que, além de ter promovido descobertas dos pais sobre si mesmos, enriqueceram, em muito, o debate sobre a pesquisa.

É importante lembrarmos aqui da novidade que nosso trabalho era naquele momento: o Conselho Regional de Psicologia enviou uma profissional ao Arvoredo para entenderem do que se tratava e se certificarem de que não estaríamos invadindo a área dos profissionais de Psicologia. Vários psicólogos nos visitavam, cada vez mais, para conhecer o trabalho, à medida que avançávamos, pois aos poucos foram sendo conhecidas as transformações que experimentavam as pessoas que participavam dos nossos trabalhos, fossem adultos ou crianças.

Até julho de 1978, fizemos visitas a um sem-número de escolas, consultórios de psicoterapeutas, fonoaudiólogos, psicomotricistas e outros, para apresentação do Arvoredo.

Entre 1981 e 1998, foram feitas mais de 100 palestras "Arvoredo: uma proposta de Educação" – com projeção de audiovisual explicativo do trabalho, seguido de debate em escolas de 1º e 2º graus, empresas e universidades brasileiras, bem como na Faculdade de Letras e Ciências Humanas da *Université de Provence – Aix-en-Provence* – França.

Nesse mesmo período visitamos várias vezes, para troca de experiências, a Escolinha de Arte do Brasil (Rio de Janeiro – RJ), além de escolas fora do Brasil (*Nursery de Woolwich*) *Arsenal* (*London – England*), *Essex Elementary School* (*Massachussets – USA*), *Collège Louis Armand* (*Marseille – France*).

Também foram feitas apresentações em vários Congressos Brasil afora, a começar daquele anual da SBPC.

Conforme íamos formando os grupos e trabalhando, várias vezes orientadoras de escolas entravam em contato conosco para saberem o que de fato acontecia no Arvoredo: foram percebendo que crianças que tinham algum problema de comportamento ou de rendimento escolar, nas escolas delas, começaram a se comportar de maneira diferente do que era o habitual antes de frequentarem o Arvoredo; às vezes eram crianças com as quais elas já tinham tentado diferentes ajudas e nada tinha dado certo.

É bom que fique claro que não estávamos propondo nos grupos nada direcionado ao que as escolas relatavam, mas, sim, cuidando da educação através da arte, facilitando o desenvolvimento integral de cada criança que ali chegava. E isso era mais do que suficiente para acontecer uma verdadeira revolução na vida de cada uma delas. Recebemos crianças com dificuldades as mais diferentes, algumas até graves, mas nunca encaminhamos nenhuma delas para uma terapia. Ao contrário, em alguns casos, encaminhamos, sim, os pais delas. Muitas vezes, fizemos algum trabalho de orientação com o casal ou com um dos pais, quando víamos que isso já seria suficiente para resolver alguma dificuldade.

Enquanto o tempo passava, iam surgindo algumas curiosidades com relação às crianças:

a) as que tinham o grupo de manhã muitas vezes tinham dificuldade de se levantar cedo, exceto no dia do Arvoredo, no qual pulavam da cama rapidamente; muitas vezes, durante a semana, elas acordavam assustadas pensando que fosse dia de Arvoredo e não queriam perder;

b) em casa, muitas crianças pediam às mães que fizessem o chazinho do Arvoredo; as mães estavam sempre nos perguntando que chá era aquele e contávamos que era simplesmente um chá Mate; elas faziam, então, para seus filhos que logo diziam que não era nada parecido com o nosso chá (é claro que não poderia ser parecido com aquele chá tomado em companhia dos outros do grupo, num momento em que cada criança passava a entender melhor quem era, o que tinha acontecido no grupo, o que tinha sido bom e o que tinha sido difícil, os trabalhos que produziam, suas formas e cores, a imaginação, a fantasia, o prazer do lúdico e da expressão individual e em grupo, "hora da tomada de consciência"; e tudo acontecia a partir de uma das monitoras apenas perguntar algo como: "e, então, como foi hoje o Arvoredo para vocês?").

Antes de passar a falar sobre o trabalho com adultos, eu não poderia deixar de mencionar que, a certa altura surgiu, num grupo de crianças, a descoberta sobre como os adultos se cumprimentavam, através de gestos superficiais e rápidos. Foi quando elas decidiram que fariam diferente e, não, fingindo que se cumprimentavam. Assim surgiu o Abraço Arvoredo, abraço de verdade, sem exagero, sem invadir o outro, nem "roubá-lo" para si, mas cumprindo perfeitamente seu objetivo. Nem preciso dizer que, em pouco tempo, os pais começaram a experimentar esse abraço e logo a fama dele se espalhou por São Paulo.

Desde julho de 1978, começamos a oferecer grupos para adultos, em geral, e a fazer trabalhos específicos para pais, educadores, profissionais de uma mesma instituição que podia ser pública ou privada.

A partir de 1980, grandes empresas de São Paulo, a começar por multinacionais, passaram a solicitar nosso trabalho, interessados em Criatividade e na Metodologia Arvoredo.

Tudo que propúnhamos no trabalho com os adultos, fosse para grupos no Arvoredo, fosse para grupos de empresas, realizados em lugares específicos para os chamados treinamentos empresariais, seguia a mesma lógica, os mesmos valores e a mesma práxis estabelecida nos trabalhos com as crianças e os jovens. A expressividade e os cuidados com o relacionamento das pessoas dentro dos grupos continuavam sendo a estrutura fundamental. Até que ficou claro para nós que à medida em que as pessoas passavam por uma ampliação dos seus sentidos, elas se apropriavam, a cada vez, de um nível mais alto de consciência, passando a atuar, de forma diferente, tanto na vida pessoal, quanto na profissional. Esse binômio passou a ser cada vez mais proposto e exercitado por nós, dentro da Metodologia Arvoredo, prevalecendo assim até hoje.

Como nos grupos das crianças, éramos sempre duas monitoras em cada grupo de adultos, pelas mesmas razões. O uso que os adultos faziam de todo o material expressivo que tínhamos no Arvoredo era muito especial, auxiliando muitos deles a resgatarem atividades que tinham feito na infância; então, era possível desenvolvê-las de um modo mais amadurecido. Os trabalhos corporais eram igualmente importantes, tanto os de respiração e relaxamento, quanto os de resgate da força expressiva de cada um. Fazíamos trabalhos individuais e de grupo e as dramatizações tinham sempre seu papel nos grupos.

O espaço de trabalho com os adultos era uma grande sala (tanto na primeira casa como nas duas seguintes, uma na Rua Morás – na Vila Madalena – e outra, na Amália de Noronha, no Jardim das Bandeiras), tendo um lado com uma grande bancada e banquinhos para a escrita, os desenhos e coisas semelhantes; o outro lado servia para exercícios corporais e dramatizações, mas também era onde todos se sentavam, em roda, em almofadas no chão, para trocar ideias, discutir temas e cada um apresentar seus trabalhos ao grupo (ele era acarpetado e as almofadas, bem grandes, duas para cada pessoa, uma para se sentar e outra para se encostar).

Na verdade, não só os grupos, mas praticamente todas as reuniões no Arvoredo aconteciam no chão, especialmente com os pais. Essa postura é muito melhor para o corpo do que aquela que as cadeiras nos proporcionam, sempre nos obrigando a permanecer com as pernas dobradas. Já os grandes painéis, desenhados ou pintados em grandes folhas de papel, eram feitos diretamente no chão da sala.

Deixo aqui listados alguns dos primeiros grupos que fizemos (depois vieram vários outros): "Estudos e Experimentação em Criatividade" (para adultos); "Educação e Criatividade"(idem), "Expressão Escrita"(idem), "Expressão Escrita" (para adolescentes), "Educação e Criatividade" (para organizadoras de uma escola para crianças de uma favela na Paróquia do Morumbi), "Grupo Intensivo de Educação e Criatividade" (para profissionais da área de Educação), "Autoridade dos pais X liberdade dos filhos", "Relacionamento mãe/filho". Íamos fazendo vários grupos de Educação e Criatividade e, ao longo do tempo, vieram muitos outros temas: "Formação Arvoredo", "Processo de Aquisição da Leitura e da Escrita" (metodologia Emília Ferreiro), "Formação de Educadores", "Ampliação da Percepção através dos Sentidos", "Comunicação Não Verbal", "Dinâmica de Grupo" e outros.

Sempre foi muito impressionante, para nós, as descobertas que as pessoas iam fazendo de seus talentos e capacidades, levando-as a boas transformações de vida, tanto individualmente quanto em grupo. Nos grupos das empresas ficava até mais fácil de se perceber isso pois o trabalho do Arvoredo continuava presente neles, numa época em que os treinamentos causavam muita satisfação enquanto aconteciam, mas eram rapidamente esquecidos no dia a dia. Aliás, a partir de um certo momento, fizemos questão de caracterizar nossos trabalhos como processos de desenvolvimento e deixamos a palavra "treinamento" para processos administrativos e repetitivos. No nosso caso, sabemos que até hoje, tanto adultos que foram crianças no Arvoredo, quanto os que fizeram grupos já adultos, dificilmente se esquecem dessa passagem em suas vidas.

Para ilustrar um pouco (porque não dá para detalhar tudo) como acontecia um trabalho de adultos, tomo, como exemplo, o que iniciamos em 1982 e chamamos de Formação Arvoredo. Esse trabalho foi algo muito especial e atraiu muitas pessoas, fossem da Educação ou das Empresas, pessoas de diversas áreas do conhecimento, bem como alguns pais de crianças "nossas" e outros interessados no que o Arvoredo propunha. Nossos grupos eram de no máximo 12 pessoas, seguindo Rogers e as teorias de grupo, como já dissemos. Os primeiros tinham duração de dois anos e meio, uma vez por semana; daí a pouco, a vida profissional foi dificultando a participação das pessoas em trabalho tão extenso e ele passou a ser de um ano e meio; e os dois últimos duraram apenas um ano. Fizemos 24 grupos até 1999.

Essa Formação era composta de três temas principais: o primeiro era Ser Humano, o segundo, Cultura e o terceiro, Desenvolvimento. No primeiro, a pergunta inicial era "Quem sou eu como Ser Humano?"; no segundo, "Qual é a minha Cultura, onde estou e de onde venho?" e o terceiro, "Como está acontecendo meu desenvolvimento e como é o desenvolvimento do nosso País?". Para cada um deles, muitos exercícios e pesquisas eram feitos para se chegar a um resultado. Por exemplo, no primeiro tema, as pessoas escreviam como se percebiam como Seres Humanos, depois liam para os outros no grupo e assim começavam a se expressar e a se conhecer; outro dia, o exercício era o de se perceberem fisicamente, como era seu rosto (eram várias etapas: uma pessoa desenhava o rosto da outra; cada uma comparava aquele desenho com o próprio rosto no espelho; aí, ela mesma se desenhava; depois, cada um e cada uma fazia o próprio rosto na argila e a deixava secando; com a argila seca, decidia-se se ficaria assim ou só com um verniz ou ainda se teria cor e outros acabamentos.). Eram vários encontros nessa pesquisa e nesse fazer até que cada pessoa fosse fotografada mostrando seu rosto em argila. Chegava, então, o momento de recuperar todo o processo desde o início até aquele momento (como foram o fazer, o sentir e o pensar durante aquela tarefa), para em seguida todos se sentarem nas almofadas no chão da sala, onde podiam trocar ideias, descobertas, sensações e sentimentos colhidos no percorrer desse caminho.

Em seguida, vinha o trabalho que foi considerado central na Formação Arvoredo e no autodesenvolvimento dos participantes: fazer o corpo inteiro num papel específico para isso. Começava em duplas, uma pessoa delineava a outra deitada sobre o papel no chão e, depois, cada uma trabalhava na construção daquele desenho, decidindo como seria preenchido. Muitos corrigiam a forma como tinham sido delineados, por não terem se identificado com ela, para depois partirem para a definição do corpo em si: por dentro, por fora, de roupa, sem roupa, abstrato ou concreto. Nessa hora nossos materiais para trabalhar a expressão eram vasculhados e escolhidos para dar forma a cada parte do corpo de cada pessoa. Era impressionante o processo todo. Trabalhos lindíssimos ficavam prontos, cada um feito de um jeito. Então, cada pessoa escrevia como tinha sido o processo todo até ali, desde o momento de ser delineada. Era uma riqueza de pensamentos, sensações e sentimentos que seriam depois trocados no grupo (só para lembrar, a equipe também tinha feito todos esses trabalhos, pois, continuamos fazendo sempre questão de experimentar primeiro o que seria proposto aos grupos com os quais trabalhamos).

Cada trabalho pronto recebia uma vareta de bambu e um barbante na parte de cima e eram todos pendurados na sala. Ficávamos ali sentados nas almofadas, no centro da sala, acolhidos por todos aqueles corpos assim construídos, para escutar cada pessoa contando como tinha sido sua experiência. As monitoras só faziam sua leitura de cada trabalho, depois que o(a) autor(a), tivesse falado. Tínhamos traçado uma linha para essa leitura, tratando das figuras como um todo, do seu equilíbrio, das diferenças do lado esquerdo e do direito, dos significados dos lados, dos gestos e da expressão facial, para não corrermos o risco de perder a objetividade na nossa descrição. No encontro seguinte, convidávamos um profissional dessa área para fazer outra leitura de cada trabalho do grupo (podiam ser o Dr. José Ângelo Gaiarsa, Wladimir Ganzalevitch, Sylvio Toledo, André Gaiarsa, Regina Favre e outros).

Enquanto vou relatando esses processos de construção e expressão das pessoas sobre si mesmas, me pego me sentindo pobre de recursos para conseguir passar não só todo o cuidado que tínhamos com as pessoas e os grupos, mas mais pobre ainda para transmitir a beleza dos processos e dos trabalhos em si.

Felizmente, outro cuidado que sempre tivemos, nos grupos de adultos, foi o de documentar as atividades, através de anotações feitas enquanto elas aconteciam, bem como o de fotografar os resultados.

Esses dois trabalhos que citei eram uma pequena parte do que acontecia durante o primeiro tema da Formação, que tinha muitos outros exercícios até ser finalizado com uma palestra sobre o Ser Humano, feita pela filósofa Terezinha Rios. Daí se seguia para Cultura e, finalmente, para Desenvolvimento.

Mas, vou ainda me permitir trazer aqui, uma parte extra da Formação que acontecia num fim de semana, que era um *workshop* sobre os sentidos.

Como já assinalei, nossa própria metodologia se estruturou sobre a ampliação dos sentidos e a consequente elevação do nível de consciência da pessoa. No caso da Formação Arvoredo, achamos que seria válido que os participantes do grupo conhecessem melhor seus sentidos para pesquisarem e se aprofundarem sobre eles. Vou dar uma linha geral de como ele acontecia para poder focar um momento no qual acontecia um cuidado diferente e também muito especial.

O primeiro exercício no *Workshop* era com a visão: os participantes passavam um tempo diante da parede de uma das salas, observando tudo que havia nela do teto ao chão (quadros, armário, livros, arquivo, objetos etc.); em seguida iam para a sala onde estavam as mesas e material de desenho e lá desenhavam exatamente tudo que tinham visto na parede observada. Depois que todos tinham acabado, voltavam com seus desenhos à sala para comparar o que tinham visto com o que ficou gravado na memória. Aí se sentavam para trocar entre eles o que tinha acontecido com a visão.

A partir daí, recebiam vendas para os olhos para explorarem melhor os outros sentidos, sendo que o primeiro deles foi o tato. Em silêncio, ficavam todos descalços na sala acarpetada (as almofadas foram empilhadas num canto) e começavam a explorar e conhecer de um jeito diferente aquele espaço. Essa sala tinha uma porta normal de madeira para dentro da casa e uma outra de vidro, maior, que dava para o jardim ao lado. Na hora deste exercício as portas estavam fechadas. Na continuidade, anunciávamos que passaríamos para o jardim na frente da casa, ainda com vendas nos olhos, passando por dentro, primeiro pela sala ao lado, depois pelo saguão da entrada, seguindo até a sala das mesinhas das crianças, a partir dela, passávamos por uma pequena cozinha e daí para o quintal que se comunicava com o jardim do outro lado da casa. Pedíamos que o grupo fizesse uma fila, cada pessoa dando uma das mãos para a pessoa da frente dela e a outra, para a de trás. A primeira pessoa dava a mão para uma das monitoras e cada uma deveria ter o cuidado de avisar, à imediatamente atrás, o que ia acontecendo, no sentido de cuidar para protegê-la (por exemplo, – estávamos na casa da rua Morás – agora vamos passar em frente à escada para depois entrarmos na sala das mesinhas, agora virando à direita, cuidado que tem um degrau para baixo para o quintal, agora virando à direita e pisando na grama). Depois de todo o grupo chegar ali, as pessoas soltavam as mãos e começavam a explorar tudo: o chão, a grama, o espaço entre as coisas, arbustos e árvores, frutos e folhas. Pegavam folhinhas para cheirar e descobrir a que árvore elas pertenciam. Andavam numa calçadinha rente à casa e também na terra e na grama, tentando chegar até o muro da frente da casa. Assim continuavam com a exploração do tato através das mãos e dos pés, mas tinham adicionado a audição e o olfato. Como a casa ficava numa esquina, diante de uma pequena praça, de vez em quando, alguém perguntava se estávamos literalmente na praça, pois o barulho de carros passando parecia muito próximo. Às vezes algum participante falava sobre o ar que respirava, os cheiros que vinham junto (fazíamos sempre num sábado e, aos sábados, havia uma feira livre a um quarteirão dali) e outros participantes acabavam dando suas opiniões também. Depois de tudo bem explorado, avisávamos, então, que deviam fazer uma fila, continuando sempre de olhos vendados, pois voltaríamos para dentro da casa, para a sala acarpetada do início, através da porta grande de vidro, do lado.

E aí chegamos ao cuidado diferente do qual falei acima: todos em fila e já diante da porta da sala, aguardavam um pouco pois seus pés, sujos de terra do jardim, seriam lavados e enxugados por nós (a essa altura, Margô já estava ali, pronta, trazendo água morna para o nosso lava-pés e toalhas para enxugarmos os pés de cada pessoa). Avisávamos baixinho a cada pessoa o que iria acontecer. Uma monitora lavava os pés da pessoa, ali de pé, enquanto a outra a apoiava e, depois, enxugava seus pés e a levava até uma almofada dentro da sala para que ela se sentasse, aguardando os outros participantes que viriam em seguida (as almofadas já tinham sido lá distribuídas pela Margô, enquanto o grupo estava no momento anterior explorando o jardim da casa).

Cuidando assim de cada participante do grupo, impossível não se fazer uma comparação com a Quinta-feira Santa, lembrando o lava-pés feito pelo próprio Cristo e repetido milhares de vezes, desde os primeiros tempos da Igreja Católica.

Pessoalmente, sempre fiquei na função de lavar, colocando-me, conscientemente, numa postura de quem acolhe e cuida, inteiramente a serviço de cada participante do grupo. Uns se assustavam inicialmente, pois não esperavam que alguém pudesse se abaixar para lhes lavar os pés. Outros ficavam surpresos, mas depois aproveitavam o fato de serem cuidados por alguém. Uns poucos não conseguiam ficar à vontade, tornando-se menos constrangidos assim que entravam na sala. E nós não dizíamos nada, apenas cuidávamos.

Carrego comigo, por todos esses anos, a alegria de ter podido experimentar esse gesto, tornando-me, assim, participante de uma longa cadeia de pessoas que, historicamente, têm repetido esse mesmo ato.

Depois de todos já estarem dentro da sala, iniciava-se a experiência do paladar, quando, a cada momento, era colocado um legume ou uma verdura num pratinho à frente de cada participante, todos continuando de olhos vendados. As pessoas ficavam tentando descobrir o que estavam experimentando e ficavam sabendo só depois que todos tinham testado. Ao final tiravam finalmente as vendas e ainda podiam ver nos pratinhos algum resto de legume ou verdura, de que não tinham gostado tanto.

Só então chegara o momento de resgatarem tudo que tinham vivido naquela manhã e, mais uma vez, se conscientizarem de como foi participar de toda a vivência. Em seguida, tinha um verdadeiro congraçamento, num almoço comunitário, numa grande mesa, já lindamente preparada por nossa sócia Luzia Aoki, que sabia cuidar disso com gosto e maestria.

Cada trabalho feito com adultos tinha características específicas, temas os mais variados, mas todos eram sempre orientados para o desenvolvimento dos participantes.

O Arvoredo foi crescendo e ficando cada vez mais conhecido, tornando-se um Centro de Desenvolvimento da Pessoa. Estávamos sempre promovendo palestras e discussões com outros profissionais.

Só para se ter uma ideia, aqui vão alguns exemplos nos primeiros anos:

"Dois dias de Estudos e Experimentação em Criatividade" coordenado pela filósofa e terapeuta Terezinha Veiga (Passaredo – Belo Horizonte-MG); "A situação energética do Brasil" – Frederico Birchal de Magalhães Gomes (engenheiro da Eletrobrás – RJ), "Psicodiagnóstico através da observação do quarto de adolescente" – psicóloga Rosa Toniolo; "Recreação, lazer e Criatividade", com diversos profissionais, entre eles Marga Egypto e Dr. José Ângelo Gaiarsa; "Pré-Escola, uma abordagem comparada" – Professora Constance Perrigo – Essex – (Massachusets – USA); "Uma experiência com pré-escola em Boulder" – professora e neurolinguista Rebeca Lamm-Frenk (Colorado – USA); 1º *Workshop* de Neurolinguística do Brasil – coordenado por Sammy Frenk e Rebeka Lamm-Frenk (idem); "Relacionamento professor-aluno e relacionamento professor-pais" por Rebeca Lamm-Frenk (idem); "Um Conceito de Ser Humano a partir da ótica do *Rolfing*", – terapeuta e Rolfista Pedro Otávio Prado (que trouxe a prática do *Rolfing* para o Brasil); "Repercussão da votação da Emenda Dante de Oliveira" e "A Constituinte" – deputada Irma Passoni; "A crise da Modernidade" – Luiz Gonzaga Souza Lima – Psicólogo e Sociólogo (chegando de volta ao Brasil da Universidade de Milão); "Inteligência Artificial – História do Computador e da Informática" – Luiz Maria Guimarães Esmanhoto (Promon

Engenharia); "Constituinte, Eleições e Dívida Externa" – deputada Irma Passoni; "O Uso do Computador na Escola", professores Fernando José de Almeida(PUC-SP) e Waldemar Setzer (USP);"Educação e Terapia" – psicoterapeuta Liane Zink; "A velha e a nova mulher" – psiquiatra Dr. José Ângelo Gaiarsa; "Ampliação da Consciência", encontro com jovens – filósofo holandês Robert Happe; "Eleições Presidenciais" – advogado Dr. Marco Antonio Rodrigues Barbosa.

Outra coisa que fazíamos eram eventos para nossos clientes e amigos, em muitos dos quais as crianças gostavam de enfeitar a casa com grandes painéis feitos em grupo. Fizemos também várias exposições de arte, nas quais as artistas eram pessoas que faziam ou tinham feito algum trabalho conosco, algumas delas, inclusive, tendo descoberto sua arte ao participar da Formação Arvoredo ou de um Grupo de Expressão Criativa. Havia artistas na nossa própria equipe, participando das exposições.

Também fizemos vários eventos no Arvoredo com o artista plástico Otávio Roth, conhecido mundialmente por ter sido o primeiro a ilustrar os Direitos do Homem para a ONU. Quando o Arvoredo fez 10 anos de existência, Otávio fez para a nossa comemoração um painel de fotografias de crianças e adultos que ainda usamos hoje em nossas Newsletterspara a clientela. Além disso, ele fez uma árvore, com folhinhas pintadas por crianças de vários países, inclusive as do Arvoredo, para abraçar o prédio da ONU na virada deste século, significando paz e projetando, para o futuro, trabalhos com a colaboração de todos.

Ao longo do tempo, algumas vezes fui convidada a escrever artigos em jornais e revistas.

Cito alguns deles:

"Dicas para os pais escolherem escola para os filhos" – artigo na Revista Psicologia Atual – (novembro/1982)

"Interferência do educador nas atividades infantis" – Jornal Fazendo Artes – FUNARTE – (Ministério da Cultura – Rio de Janeiro – fevereiro/1984)

"Abaixo o desrespeito ao mundo infantil" – artigo no Semanário Gazeta de Pinheiros - 10/84

"A leitura corporal como instrumento de trabalho em Educação" – Jornal Fazendo Artes n. 4. FUNARTE (Ministério da Cultura – RJ, 1985)

"A Educação começa por pequenos gestos" – artigo no Semanário Gazeta de Pinheiros – (outubro/1987 São Paulo – SP)

"Educador – Especialista ou Clínico Geral?" Anais da 1@ Semana Riobranquina de Educação (1991, São Paulo – SP)

Mais tarde, em 2010, lançamos o livro "arvoredo – um jeito brasileiro de fazer educação" – (Ed. Hedra), escrito por mim mesma, depois de tentarmos com escritores de fora, que tiveram dificuldade de compreender essa forma de trabalhar que acabei de relatar aqui.

Ao longo do tempo, a equipe ficou maior e inclusive recebeu também homens. Depois de 19 anos, decidimos parar o trabalho com as crianças, porque, estando já numa outra idade, não tínhamos a agilidade necessária para trabalhar com elas. Foi, então, que alguns dos mais jovens da equipe decidiram continuar nosso trabalho, passando a chamá-lo de Agapanto – Grupo especializado em Educação. Foram eles: Maria Cristina Duarte, Gilson Leonardi e Mário Augusto da Costa Valle que sempre contaram com a Consultoria de algumas de nós.

O Arvoredo passou a se chamar Arvoredo – assessoria em desenvolvimento e continuamos cuidando de adultos e empresas, com os mesmos cuidados de antes.

Fomos o primeiro grupo a cuidar de uma forma diferente de gestores de equipes, criando a "Formação Arvoredo de Liderança/*Coach*, Liderança de Excelência", inovando num suporte tecnológico para ela desde 2000.

Em 2004, nos tornamos a primeira parceria da FIA (Fundação Instituto de Administração – criada por professores da FEA-USP), levando para lá a Formação, hoje transformada em trabalho individual e virtual, por causa da pandemia.

Continuamos a fazer nossos trabalhos individuais, através do *coaching* original de Timothy Gallwey e novas propostas que estão em andamento.

Em 2007 criamos o "Arvoredo pra você ouvir no carro", conteúdos gravados em fita cassete, que podiam ser escutados no difícil trânsito de São Paulo. Agora, temos produzido algumas séries de podcasts, compartilhando conteúdos que fomos construindo ao longo desses mais de 40 anos. A primeira série se refere a características do Ser Humano ("Eu queria falar no seu ouvido"), a segunda, a temas como desenvolvimento e recursos de trabalho (Vamos falar "olho no olho?") e a mais atual("Arvoredeando"), que fala sobre elementos sempre cuidados nos trabalhos do Arvoredo.

Hoje, numa estrutura totalmente enxuta, somos dois sócios (Maurício Pinheiro Dias e eu) e contamos com a parceria de sete profissionais, todos tendo total familiaridade com o nosso trabalho, por terem passado pelo Arvoredo das mais diversas formas.

Como eu disse no início, cuidado e solidariedade, para nós, do Arvoredo, tornou-se quase um mantra, através de tantos trabalhos já realizados e outros que continuamos realizando.

Arvoredo – Assessoria em desenvolvimento.
O ser humano sempre em primeiro lugar.

SOY PORQUE SOMOS: CUIDADOS E INTERDEPENDENCIAS EN UN MUNDO VULNERABLE

María Teresa Martín Palomo

Doctora en Análisis y Evaluación de Políticas y Procesos Sociales y Políticos por la Universidad Carlos III de Madrid. Profesora Titular de Sociología en la Universidad de Almería / Miembro titular del Centro de Estudio de las Migraciones y las Relaciones Interculturales (CEMyRI), Universidad de Almería. Email: tmartinp@ual.es.

José María Muñoz Terrón

Doctor por la Universidad de Granada / Profesor Titular de Filosofía en la Universidad de Almería / Miembro titular del Centro de Investigación Comunicación y Sociedad, Universidad de Almería. Email: jmterron@ual.es.

1. INTRODUCCIÓN[1]

En las últimas décadas, el cuidado ha adquirido un enorme protagonismo en nuestras sociedades, generando un fecundo campo de investigación en las ciencias sociales. Su emergencia como problema social está relacionada con la confluencia de un conjunto de cambios que se han producido en la forma de organización y funcionamiento de las familias, el envejecimiento de la población, los procesos de globalización y migratorios, en las relaciones de género, así como en la interacción con el medio ambiente, con animales y plantas, y con la tecnología, en tanto que dichos cambios ponen en cuestión algunas dicotomías clásicas (vida familiar/ vida laboral, trabajo/ocio, privado/público, naturaleza/cultura, humano/no humano) y algunas no tan clásicas (autonomía/dependencia, trabajo/no trabajo, activo/pasivo) haciendo visible lo hasta hace muy poco tiempo invisible: la imperiosa necesidad de cuidado que tenemos los humanos por nuestra peculiar condición vulnerable.

Los análisis formulados con una perspectiva de feminista han contribuido a reconceptualizar varias de las categorías centrales de los discursos contemporáneos:

---

1. Este texto se ha escrito en el marco del Proyecto *Sostenibilidad de la atención a las personas en situación de dependencia: experiencias y dilemas en el diseño de tecno-cuidados*, financiado por la Junta de Andalucía/FSE; PT18-2624; PAIDI2020.

sociológicos (sujeto social como sujeto masculino), económicos (trabajo como trabajo productivo), filosóficos (la noción de individuo y de autonomía), económicos (creación de riqueza versus sostenibilidad) y politológicos (gobierno como intervención)[2]. De modo que las aportaciones conceptuales que proporciona el cuidado permiten dar un gran giro en las ciencias sociales y humanas. Nos permite pensarnos de otro modo, nos lleva hacia toda una nueva ontopolítica[3].

El cuidado invita a poner el foco en la condición vulnerable de todas las personas, en las múltiples interdependencias con que se tejen nuestras vidas. De hecho, el bienestar se alcanza a partir de un complejo ensamblaje de recursos, conseguidos a través del mercado, vinculados con las prestaciones de los sistemas de protección social, y a través de lo que aportan las propias familias, las redes de amistad y vecindad, o las comunidades de las que formamos parte, así como los que cada cual se proporciona a sí mismo/a (autocuidado)[4]. Por ello, a la hora de analizar el bienestar social, no se pueden disociar Estado, que puede llegar a adquirir un gran protagonismo en la garantía de dicho bienestar, el mercado y la red familiar y de amistad, como tampoco puede obviarse el papel que puede desempeñar la comunidad o la vecindad[5], el propio entorno, las tecnologías o las interdependencias que nos constituyen.

En este texto se analiza el cuidado en relación con las interdependencias y vulnerabilidades que nos conforman. Es la forma de poder repensar desde los cuidados las múltiples crisis que experimentamos, de las que la ocasionada por la pandemia de SARS-CoV-2 solo es una muestra extrema y desafiante.

2. MÚLTIPLES (SITUACIONES DE) CRISIS DEL CUIDADO

Ya era un tema de enorme actualidad antes de la emergencia de la pandemia, pero con esta nueva situación el cuidado muestra las tramoyas frágiles de nuestro entramado social y político, las múltiples fisuras de un mundo que se ha dedicado a velar por la salud de la economía en lugar de priorizar otras cuestiones[6]. Como problema social pretendidamente nuevo, ahora es considerado "esencial", al tiempo que quienes cuidan (que siguen siendo sobre todo mujeres dentro y fuera de las familias) también se convierten en "esenciales". La interrelación de varios fenómenos sociodemográficos ya hizo dispararse las primeras alarmas sobre la sostenibilidad de

---

2. MARTÍN PALOMO, María Teresa. Los cuidados y las mujeres en las familias. *Política y Sociedad*, v. 45, n. 2, p. 29-47, 2008.
3. GARCÍA SELGAS, Fernando; MARTÍN PALOMO, María Teresa. Repensar los cuidados: de las prácticas a la onto-política. *Revista Internacional de Sociología*, v. 79, n. 3, 2021.
4. MARTÍN PALOMO, María Teresa; MUÑOZ TERRÓN, José María. Interdependencias. Una aproximación al mundo familiar del cuidado. *Argumentos. Revista de Crítica Social*, v. 17, p. 212-237, 2015. Disponível em: https://publicaciones.sociales.uba.ar/index.php/argumentos/article/view/1382. Acesso em: 16 jul. 2021.
5. MARTÍN PALOMO, María Teresa; VENTURIELLO, María Pía. Repensar los cuidados desde lo comunitario y las poblaciones vulnerables: Buenos Aires y Madrid durante la pandemia de SARS-CoV-2. *Apuntes*, v. 89, p. 59-93, 2021.
6. CONFERENCIA impartida por Joan Tronto en el VIII Congreso de la Red Española de Política Social. *Bilbao*, 16 mar. 2021. Disponível em: https://www.reps-bilbao.com/. Acesso em: 16 jul. 2021.

la organización del cuidado en las sociedades más modernizadas y sus implicaciones globales: el incremento creciente de la participación de las mujeres en el trabajo remunerado, de la reducción de las atribuciones del Estado de bienestar, de la feminización de las migraciones y del envejecimiento de la población (envejecimiento del envejecimiento, feminización del envejecimiento), también por el impacto de las políticas neoliberales y la forma de considerar la vida en sus distintas dimensiones.

Hace varias décadas, Arlie R. Hochschild[7] diagnostica un déficit en el cuidado (*care deficit*) en las sociedades occidentales modernizadas[8]. Brevemente puede ser descrito como un proceso por el que mientras el número de personas necesitadas de cuidados aumenta progresivamente, y sus demandas y necesidades se diversifican, disminuye el número de mujeres que antes cuidaban de forma no monetarizada en las familias, pues se encargaban habitualmente de dar respuesta a dichas necesidades sin apenas reconocimiento social, dado que se les suponía obligadas a hacerlo en el marco de sistemas de relaciones de género jerárquicos y desiguales. Este déficit ha tenido la virtud de hacer visible un volumen considerable de trabajo que estaba invisibilizado. Faltaban esas nuevas lentes para poder ver todos los trabajos, esfuerzos, sufrimientos, desigualdades e injusticias que encierra un orden social que obliga a las mujeres, sobre todo las más pobres, a cuidar. Y con una perspectiva interseccional, se podría añadir que las cuestiones raciales, étnicas, de lugar de origen, también marcan qué grupos sociales están más directamente involucrados en cuidar de otras personas, mientras que se permite y justifica que muchas otras personas no se hagan cargo ni de su propio cuidado, ni del de otras personas, de cuyo bienestar debieran sentirse responsables.

Las deficiencias en la provisión de cuidado son seguramente tan antiguas como las relaciones humanas, si bien en la actualidad se asiste a múltiples crisis del cuidado[9]. Siguiendo a Baldasar y Merla[10] se puede poner el foco en algunas de ellas:

– El déficit de cuidado (*care deficit*), descrito como los cambios que han tenido lugar en la participación de las mujeres en el trabajo monetarizado, ha generado un nuevo escenario en el marco de las dinámicas de la globalización.

– La mercantilización del cuidado lleva a quienes prestan cuidado a cambio de un salario u otra forma de remuneración a trabajar bajo la supervisión de empleadoras que emiten constantes juicios de valor sobre sus formas de cuidado, con la presión del control y la vigilancia permanentes. Aun a distancia (a través de una simple

---

7. HOCHSCHILD, Arlie R. The culture of politics: Traditional, post-modern, cold-modern, and warm-modern ideals of care. *Social Politics*, v. 2, n. 3, p. 331-345, 1995.

8. TOBÍO, Constanza; AGULLÓ TOMÁS, María Silveria; GÓMEZ, María Victoria; MARTÍN PALOMO, María Teresa. *El cuidado de las personas*. Un reto para el siglo XXI. Colección Estudios Sociales núm. 28. Barcelona: Fundación La Caixa, 2010. Disponível em: https://fundacionlacaixa.org/documents/10280/240906/vol28_completo_es.pdf/7426cd8e-d537-439e-b51d-1fdfe41493a1. Acesso em: 16 jul. 2021.

9. ZIMMERMAN, Mary K.; Litt, JACQUELYN, S. Litt; BOSE, Christine E. *Global dimensions of gender and carework*. Palo Alto: Stanford University Press, 2006.

10. BALDASSAR, Loretta; MERLA, Laura (coord.). *Trasnational families, migration and the circulation of care*. London: Routledge, 2014.

llamada telefónica o un mensaje de WhatsApp), deben aceptar muchas veces formas de cuidar que pueden no coincidir con su propia manera de entender un cuidado determinado, o cuál es el mejor cuidado para una persona en un momento concreto. Además, no todos los acuerdos a los que se llega se pueden calificar como un buen cuidado, y algunos arreglos podrían no ser lo suficientemente buenos ni para fomentar la autonomía ni para garantizar una buena salud global de la persona cuidada. Esto obliga a las trabajadoras del cuidado a enfrentar crisis y pequeñas resistencias que minan su calidad en el trabajo cada día[11].

– El impacto negativo de organizaciones internacionales como el Fondo Monetario Internacional o el Banco Mundial en la formación del mercado trabajo de cuidado, precario y muy desigual.

– El impacto de la globalización sobre el trabajo de cuidado, que ha intensificado la estratificación global en términos de etnicidad, clase y género.

Los grupos sociales subalternizados aseguran cada día el cuidado de los grupos privilegiados, abriendo una brecha cada vez mayor, a la par que quienes proveen de cuidado y garantizan el mantenimiento y la reparación cotidiana de la vida no siempre pueden garantizar para sí los cuidados necesarios: sea el descanso, sea – ahora que hay que extremar las precauciones con los contagios por la pandemia – la adecuada profilaxis. Por tanto, añadiríamos a la lista una nueva crisis, la provocada por el impacto del SARS-CoV-2, que ha permitido dibujar una nueva cartografía del mundo, identificando claros territorios de descuido institucional en muchos lugares del planeta.

Estas múltiples crisis en el cuidado son un gran desafío que requiere pensar cómo se está cuidando, quién y cómo lo hace, y quién está recibiendo los cuidados que necesita y cómo. También invitan a pensar en lo descuidado como una forma de falta profunda de democracia. De hecho, el cuidado se presenta hoy como un analizador de la desigualdad y de las relaciones de poder en nuestra sociedad, un gran indicador de la democratización real y radical de nuestras sociedades.

3.   ESCLARECER EL CAMPO DE LOS CUIDADOS

Las ciencias sociales carecen de referentes históricos que analicen el cuidado en su dimensión no solo material sino también afectiva y moral, por ello es difícil ofrecer un marco conceptual acabado y perfectamente delimitado del cuidado. El carácter relacional e invisible, así como la transversalidad que lo caracterizan, hacen del cuidado un ámbito de estudio muy difuso[12]. Los cuidados tienen vocación

11. MARTÍN PALOMO, María Teresa; GÓMEZ BUENO, Carmuca; GONZÁLEZ CALO, Inés. Tecno-cuidados en el servicio de ayuda a domicilio. Retos y desafíos en el contexto de la pandemia por SARS-CoV-2. Comunicación on line presentada a *Encuentro Intercongresual del Comité de Investigación de Sociología del Género-CI 12*, Federación Española de Sociología (FES), 15-16 jul. 2021.

12. PAPERMAN, Patricia. Perspectives féministes sur la Justice. *L'année Sociologique*, v. 54, n. 2, p. 413-434, 2004.

transdisciplinar, es tal la radical transformación que conllevan que los estrechos marcos disciplinares se les resisten. El cuidado escapa a las estructuras conceptuales binarias y las supera[13]. Para comprender cómo operan hay que ensamblar aspectos materiales, afectivos y morales[14]. De ahí que los estudios sobre el care (sic) más definen más una perspectiva que una teoría propiamente dicha[15].

Los estudios en el campo del desarrollo moral de los años sesenta, como los de Nancy Chodorow[16] o Carol Gilligan[17], fueron pioneros. Destacaron el papel de las emociones, pero también otros trabajos, centrados en el ámbito familiar, avisaron de las trampas que encierra considerarlo como una labor de amor[18], se cuestiona el ambivalente papel del cuidado en la construcción de la identidad femenina, y se apuntan los riesgos de una mirada re-esencializadora de las prácticas de las mujeres[19]. Por eso se reciben con recelo propuestas como un salario maternal, que si bien permite el acceso a ciertos derechos sociales, tales como la jubilación, puede retroceder en los derechos conseguidos por las mujeres y reforzar la división sexual del trabajo. No obstante, en perspectiva constructivista estos enfoques del cuidado permitirían redefinir la política y repensar el diseño del estado de bienestar. Más allá de ciertas concepciones liberales de ciudadanía, son precisamente las políticas en torno al cuidado las que configuran las más novedosas propuestas en política social[20].

Por su carácter relacional constitutivo[21], el cuidado ha sufrido el peso de viejas herramientas conceptuales que dificultaban su teorización[22]. Diferentes análisis han insistido en las peculiaridades de una práctica "destinada a satisfacer las necesidades de los otros"[23], que involucra sentimientos de preocupación, responsabilidad y

---

13. NUROCK, Vanessa. Avant-propos. Et si les poules avaient des dents?. *In*: NUROCK, Vanesa (coord.). *Carol Gilligan et l'étichique du care*. Paris: PUF, 2010.
14. SALAZAR PARREÑAS, Rhacel. *Servants of globalization*: women, migration and domestic work. Standford: Stanford University Press, 2001.
15. PAPERMAN, Patricia. D'une voix discordante: désentimentaliser le care, démoraliser l'éthique. *In*: MOLINIER, Pascale; LAUGIER, Sandra; PAPERMAN, Patricia (org.). *Qu'es-ce que le care?* Paris: Payot, 2009.
16. CHODOROW, Nancy. *El ejercicio de la maternidad*. Psicoanálisis y sociología de la maternidad y paternidad en la crianza de los hijos. Barcelona: Gedisa 1984.
17. GILLIGAN, Carol. *La moral y la teoría: psicología del desarrollo femenino*. México: FCE, 1985.
18. FINCH, Jane; GROVES, Dulcie (coord.). *A labour of love: women, work and caring*. London: Routledge, 1983.
19. Véase por ejemplo: NODDINGS, Nel. *Caring*: a femenine approach to ethics and moral education. Berckeley: University of California Press, 1984; ELSHTAIN, Jean Bethke. Antigone's daughters: reflections on female identity and the state. *In*: DIAMOND, I. (org.). *Families, politics and public policy*. New York: Longman, 1983; RUDDICK, Sandra. *Maternal thinking: toward a politics of peace*. New York: Basic Books, 1989.
20. DALY, Mary; LEWIS, Jane. The concept of social care and the analysis of contemporary welfare states. *British Journal Of Sociology*, v. 1, p. 281-298, 2000.
21. MARTÍN PALOMO, María Teresa. *Cuidado, vulnerabilidad e interdependencias*. Nuevos retos políticos. Madrid: CEPC, 2016; IBOS, Caroline; DAMMAME, Aurélie; MOLINIER, Pascale; PAPERMAN, Patricia. *Vers une société du care. Une politique de l'attention*. Paris: Le Cavalier Bleu, 2019.
22. WAERNESS, Kari. Sobre la racionalidad del cuidado. *In*: SASSOON, S. (coord.). *Las mujeres y el estado*. Madrid: Vindicación Feminista, 1996; BADGETT, M. V.; FOLBRE, Nancy. ¿Quién cuida de los demás? Normas sociosexuales y consecuencias económicas. *Revista Internacional del Trabajo*, v. 118, n. 3, p. 347-365, 1999.
23. BUBECK, Diemunt. *Care, gender and justice*. Oxford: Clarendon Press, 1995. p. 9.

afecto[24]. Trabajos como los de Arlie R. Hoschschild han vinculado definitivamente el estudio del cuidado con el análisis de las emociones, pero lo fundamental ha sido enfocarse hacia las emociones morales, en la línea que propone Eva Illouz, de ensamblar lo afectivo con lo moral[25], pues todo el cuidado es moral[26]. Se ha criticado fuertemente la falta de concreción conceptual del cuidado y su discutible rango epistemológico, lo que impediría considerarlo como una categoría teórica en sí misma, sino tan solo como meras prácticas analizables con otras categorías. Esto requiere de una descomposición de las dimensiones del cuidado para atender a sus múltiples entrecruzamientos. No obstante, es fundamental atender a que por ser una actividad predominantemente realizada por mujeres, su estudio exige – como ha planteado Carol Thomas entre otras muchas – un análisis enraizado en el orden de género[27].

Se necesita además superar una visión unidireccional del cuidado, que lo desvincule de una noción de vulnerabilidad ligada a ciertos "colectivos", cuando lo cierto es que todos somos vulnerables, aunque unos y unas lo sean más que otros y otras: sea por las necesidades imperiosas de cuidado, sea por precariedades varias entrecruzadas… Sin embargo, todos los seres humanos necesitamos cuidado; y, por tanto, el cuido es una actividad irremplazable en todas las sociedades y culturas. El cuidado es fundamental para que la vida sea posible, para generar el lazo social.

4. *CUIDAR DEL MUNDO, CUIDAR DE LOS CUERPOS, CUIDAR DE LA VIDA*

La definición del cuidado presentada por Berenice Fisher y Joan Tronto en 1990 sigue apuntando en la dirección correcta:

> En el plano más general, sugerimos que el cuidado sea visto como *una actividad característica de la especie humana que incluye todo lo que hacemos para mantener,* continuar *o reparar nuestro 'mundo' de tal modo que podamos vivir en él lo mejor posible.* Este mundo incluye nuestros cuerpos, nuestras individualidades y nuestro entorno, que intentamos mantener en una red compleja que sostiene la vida[28].

Esta definición engloba un gran número de actitudes, la capacidad de adquirir responsabilidades, el trabajo de cuidado y la satisfacción de las necesidades, convirtiéndolo en una actividad central y esencial de la vida humana[29] y enfatiza el carácter procesual del cuidado en una serie de fases que será desarrollado por Joan

---

24. CANCIAN, Francesca M.; OLIKER, Stacey J. *Caring and gender.* Oxford: Rowman & Littlefield Publishers, 2000.
25. ILLOUZ, Eva. *Por qué duele el amor. Una explicación sociológica.* Madrid: Katz, 2012.
26. MOLINIER, Pascale. *Le care monde.* Lyon: ENS Editions, 2018.
27. THOMAS, Carol. De-constructing concepts of care. *Sociology*, v. 27, n. 4, p. 649-669, nov. 1993.
28. FISHER, Berenice; TRONTO, Joan. Toward a feminist theory of caring. *In:* ABEL, Emily; NELSON, Margaret K. (org.). *Circles of care:* work and identity in women's lives. Albany: State University of New York Press., 1990. p. 40.
29. TRONTO, Joan. Care démocratique et démocraties du care. *In:* MOLINIER, Pascale; LAUGIER, Sandra; PAPERMAN, Patricia (org.). *Qu'es-ce que le care?* Paris: Payot, 2009. p. 35-55.

Tronto en obras posteriores[30], juntas constituyen una gramática del cuidado y cada una implica una distinta disposición moral: *caring about*, atender y reconocer una necesidad, implica disposición moral/atención a los otros; *take care of*, supone que la necesidad puede ser efectivamente satisfecha y concebir los medios para hacerlo; implica responsabilidad en relación con la necesidad identificada; *care giving*, el trabajo efectivo y material de cuidado, la respuesta a la necesidad, supone contacto directo con el objeto del cuidado e implica unas competencias determinadas para realizarlo; y *care receiving*, la capacidad del beneficiario de dar respuesta al cuidado recibido, verificación del buen cuidado por parte de quien/es lo ha/n recibido.

Uno de los aportes fundamentales de Joan Tronto consiste en orientar la reflexión sobre la ética hacia una doble vinculación, por un lado, con la política y, por otro, con la práctica, la praxis social concreta del cuidar. De este modo, establece una relación entre lo particular y lo universal. Se preocupa fundamentalmente de las desigualdades sociales (de género, de clase, de etnia o de nacionalidad), constatando que existe una enorme diversidad en las prácticas de cuidados en el mundo. Propone, además, salir de la concepción instrumental y diádica del cuidado y lo redefine como un proceso social complejo, central para el desarrollo de las subjetividades, el mantenimiento de la cohesión social y la perpetuación del mundo común[31].

Desde esta variedad de facetas,

como ocupación y como disposición, como actividad y como pasividad, como actitud y como práctica", es posible plantear "la posibilidad y la necesidad de reconocerle [al cuidado] una dimensión pública, política, al considerarlo, en términos arendtianos, no sólo como *labor*, sino también como *trabajo* y como *acción*[32].

El cuido crea una relación de poder[33], y circula, así que además de las dimensiones, material, afectiva y moral[34], el análisis del mundo vulnerable, del ser humano vulnerable invita a pensar las responsabilidades políticas, las formas de hacer política, por lo que proponemos dar un paso más y pensar el cuidado como un proceso social complejo con su gramática en… cinco pasos. Joan Tronto también incorpora una quinta fase, que denomina cuidar "con", que incorpora la confianza y la solidaridad[35].

---

30. TRONTO, Joan. *Moral bounderies*. A political argument for an ethic of care. Londres: Routledge, 1993; TRONTO, Joan. Care démocratique et démocraties du care. *In*: MOLINIER, Pascale; LAUGIER, Sandra; PAPERMAN, Patricia (org.). *Qu'es-ce que le care*? Paris: Payot, 2009.

31. LE GOFF, Alice; GARRAU, Marie. *Politiser le care*? Perspectives sociologiques et philosophiques. Paris: Editions Le Bord de l'eau, 2012.

32. MUÑOZ TERRÓN, José María. Cuidar del mundo. Labor, trabajo y acción «en una compleja red de sostenimiento de la vida». *Isegoría*, v. 47, p. 461-480, 2012. p. 464.

33. GLENN, Eveling Nakano. Creating a care community. *Contemporary Sociology*, v. 29, p. 84-94, 2000.

34. MARTÍN PALOMO, María Teresa. «*Domesticar*» el trabajo: una reflexión a partir de los cuidados. *Cuadernos de Relaciones Laborales*, v. 26, n. 2, p. 13-44, 2008b; MARTÍN PALOMO, María Teresa. Dibujar los contornos del trabajo de cuidado. *In*: BATTHYÁNY, Karina (org.). *Miradas latinoamericanas al cuidado*. Buenos Aires: CLACSO; México DF: Siglo XXI, 2020. p. 243-287.

35. TRONTO, Joan. *Caring democracy*. Markets, equality, and justice. New York: New York University Press, 2013.

En esta gramática, se tiende a olvidar que en la relación de cuidado, en las prácticas cotidianas del cuidar, quien recibe, da, incluso en el mismo proceso de recibir cuidado. Así lo pone de manifiesto el trabajo con criaturas en los centros infantiles: los pequeños proporcionan otra visión del mundo, del propio acto de cuidar, que bien puede ser convertido en un juego más, transmiten y provocan emociones también en las personas que se ocupan de ellos. Afectos que pueden generar sentimientos positivos (ternura, alegría), pero también sentimientos negativos (ante un claro rechazo, expresiones agresivas por parte de las criaturas ante otros niños o ante aquellas personas adultas que les cuidan), o ambivalentes (al presuponer, por ejemplo, que todas las criaturas deben generar ternura en sus educadores, pero sentir que un pequeño en concreto no genera ninguna simpatía). Por tanto, se propone en este análisis

> seguir la línea propuesta por J. Tronto y prolongarla incorporando esta quinta fase: la de lo que da quien recibe el cuidado y los procesos emocionales y morales que pone en marcha: aceptación, reflexión sobre la distancia-cercanía afectiva y corporal, sobre los límites entre los cuerpos y en la propia expresión afectiva, sobre la forma de negociar las normas[36].

5. HACIA UNA DEMOCRACIA RADICAL

> Todos los seres humanos necesitamos atención y cuidado.
>
> La vulnerabilidad desmiente el mito de que somos siempre ciudadanos autónomos y potencialmente iguales. Asumir la igualdad entre los humanos implica dejar de lado e ignorar importantes dimensiones de la existencia humana. A lo largo de nuestras vidas, todos nosotros atravesamos grados variables de dependencia e independencia, de autonomía y vulnerabilidad. Un orden político que suponga únicamente la independencia y la autonomía como la naturaleza de la vida humana se pierde con ello una buena parte de la experiencia humana y debe de algún modo ocultar este punto en otro lugar. Por ejemplo, un orden tal debe separar rígidamente vida pública y vida privada[37].

No se trata de borrar la división entre vida pública y vida privada, sino de trascenderla centrando el análisis en el entramado de interdependencias y vínculos que nos sostienen y que hacen que se pueda vivir:

> Si pensamos en los dos ámbitos, social y privado, como ámbitos en los que encontramos cuidado, entonces las divisiones existentes entre público y privado, las jerarquizaciones de ocupaciones actualmente existentes, las organizaciones de las instituciones de política social existentes, tienen considerablemente menos sentido.[38]

---

36. MARTÍN PALOMO, María Teresa; KRABEL, Jens. Männer in kitas: desafíos para la igualdad de la profesionalización del cuidado infantil. *In:* GONZÁLEZ GARCÍA, E.; GARCÍA MUÑIZ, A.; GARCÍA SANSANO, J.; IGLESIAS VILLALOBOS, L. (coord.). *Mundos emergentes:* cambios, conflictos y expectativas. Toledo, España: Asociación Castellano Manchega de Sociología, 2015.
37. TRONTO, Joan. *Moral boundaries.* A political argument for an ethic of care. Londres: Routledge, 1993. p. 135.
38. TRONTO, Joan. *Moral boundaries.* A political argument for an ethic of care. Londres: Routledge, 1993. p. 168.

5.1   Intedependencias y co-construcción del mundo común

Todo lo que somos y hacemos cada día lo sustenta un complejo entramado de cuidados, que nos proporcionan otros seres (humanos y no humanos), o que nos prestamos a nosotros mismos. Desde esta perspectiva de la vulnerabilidad humana constitutiva[39], se pone de manifiesto que, no sólo los más pequeños o los más mayores, las personas con diversa funcionalidad, que han sufrido un accidente o que están enfermas, sino "todos los individuos, en tanto existencias carnales necesitadas de cuidados, participan, aunque no lo sepan, quieran o puedan ver, de esta condición vulnerable, cuyo reconocimiento tiene consecuencias morales, sociales y políticas"[40].

Esta toma de conciencia de nuestra vulnerabilidad invita a repensar nuestras responsabilidades sociales. Tal como describe Patricia Paperman, esta es una de las potencialidades políticas que presenta este enfoque:

> [I]mplica reconocer de forma más realista de lo que hacen las teorías sociales y morales 'mayoritarias' que la dependencia y la vulnerabilidad no son accidentes que suceden a 'otros' si no que son rasgos de la condición de toda persona. Ello se explicaría por la experiencia de quienes desarrollan la función de contribuir a la autonomización de las personas (niños, pero también adultos competentes cuya autonomía reposa sobre las respuestas no reconocidas a sus necesidades...) o de paliar sus deficiencias de autonomía (mayores o enfermos dependientes). [...] Esta percepción del *care* pone en primer lugar la cuestión de la responsabilidad y de la distribución de las actividades del *care*, de una forma justa y apropiada[41].

Buena parte de las personas realizamos actividades de cuidado en la vida cotidiana, en menor o mayor medida, incluso cuando somos receptoras de cuidado[42]. Pese a que el cuido es absolutamente necesario para el funcionamiento de nuestra sociedad, solo ha sido objeto de debate recientemente. De hecho, todo lo relacionado con el cuidado es tan evidente, habitual, cotidiano que tiende a quedar invisibilizado, en tanto que son cuestiones vulgares[43] que escapan frecuentemente a aquellos análisis realizados de forma estandarizada, sobre todo cuando se trata de dar medidas, ya que el cuidado tiende a desbordarse y, a la par, mantenerse discreto. Por ello es necesario encontrar las maneras de dar forma política a este silencio, a esa necesidad del cuidado de ser apenas visible para funcionar adecuadamente[44]. Para ello, siguiendo a Joan C. Tronto, es necesario tomar conciencia de que todas las personas somos beneficiarias

---

39. PAPERMAN, Patricia. Les gens vulnérables n'ont rien d'excepcionnel. *In*: Paperman, Patricia; Laugier, S. (org.). *Le souci des autres, éthique et politique du care*. Paris: EHESS, Raisons Practiques,2005.
40. MUÑOZ TERRÓN, José María. Cuidar del mundo. Labor, trabajo y acción «en una compleja red de sostenimiento de la vida». *Isegoría*, v. 47, p. 461-480, 2012. p. 467.
41. PAPERMAN, Patricia. Perspectives féministes sur la Justice. *L'année Sociologique*, v. 54, n. 2, p. 413-434, 2004.
42. Véase por ejemplo: VENTURIELLO, María Pía; GÓMEZ BUENO, Carmuca; MARTÍN PALOMO, María Teresa. Entramados de interdependencias, cuidados y autonomía en situaciones de diversidad funcional. *Papeles del CEIC: International Journal on Collective IdentityResearch*, p. 01-18, jul./dez. 2020.
43. MOLINIER, P.; LAUGIER, S.; PAPERMAN, P. Introduction. *In*: MOLINIER, Pascale; LAUGIER, Sandra; PAPERMAN, Patricia (org.). *Qu'es-ce que le care?* Paris: Payot, 2009. p. 7-31.
44. MOLINIER, Pascale. Le care à l'épreuve du travail. Vulnérabilités croisées et savoir-faire discrets. *In*: PAPERMAN, P.; LAUGIER, S. (org.). *Le souci des autres, éthique et politique du care*, Paris: EHESS, 2005.

de cuidados de una u otra forma, que somos interdependientes y que esa es la base para nuestra autonomía[45].

Tal como se remarcó anteriormente, esta perspectiva pone de manifiesto que la autonomía es siempre relativa: nadie puede ser considerado como autosuficiente. E, igualmente, invita a reconsiderar las bases de la ciudadanía. Pero, una política del cuidado debe incluir en la definición de la democracia, como en la de la ciudadanía tanto las cuestiones cruciales de nuestras (inter)dependencias, como las de quienes transitan por la ciudad y no tienen reconocidos los mínimos derechos, incluso siendo centrales en la forma de organizar y proporcionar una respuesta a los requerimientos de cuidado de quienes sí gozan de pleno reconocimiento de sus derechos de ciudadanía[46]. Otra cuestión que se ha de contemplar en una democracia radical y plena es que no es posible hablar de igualdad, sino de equidad, ya que numerosas relaciones de cuidado no son, ni pueden ser, relaciones igualitarias en tanto que los seres humanos no somos iguales en capacidades, sobre todo si tomamos en cuenta los más jóvenes o los más mayores, los más frágiles o enfermos de la sociedad. Por ello, reconociendo e incorporando todos estos aspectos, con todas las dificultades que pueda conllevar, el cuidado puede devenir en una premisa fundadora de la sociedad democrática. En este sentido, suscribimos la propuesta de Joan Tronto de que para que el cuidado sea verdaderamente democrático debería contemplar tres supuestos/requisitos: todas las personas tienen derecho a recibir cuidado cuando lo necesitan; todas las personas tienen derecho a estar involucradas en relaciones de cuido que den sentido a sus vidas; todas las personas tienen derecho a ser parte, implicarse, en el proceso común y público de decidir de qué modo la sociedad puede garantizar las dos premisas anteriores[47].

De este modo, al ser considerado como el cuidado de todas las personas, para todas las personas, la praxis del cuidado podría dar cuenta de las prácticas de una ciudadanía democrática[48]. A través de la doble experiencia de dar y recibir cuidados, todas las personas pueden llegar a ser, no sólo individualmente más morales y comprometidas con las otras, sino en general mejores conciudadanas de las sociedades democráticas, más reflexivas y atentas a las necesidades de las demás[49]. El cuidado como *concepto político* necesita del reconocimiento de que el cuido –en especial la cuestión ¿quién

45. TRONTO, Joan. *Moral bounderies. A political argument for an ethic of care*. Londres: Routledge, 1993; TRONTO, Joan. Care démocratique et démocraties du care. *In*: MOLINIER, Pascale; LAUGIER, Sandra; PAPERMAN, Patricia (org.). *Qu'es-ce que le care?* Paris: Payot, 2009.

46. NAKANO GLENN, Eveling. Le travail forcé: cityenneté, obligation statutaier et assignation des femmes au care. *In*: MOLINIER, Pascale; LAUGIER, Sandra; PAPERMAN, Patricia (org.). *Qu'es-ce que le care?* Paris: Payot, 2009.

47. TRONTO, Joan. Cuando la ciudadanía se cuida: una paradoja neoliberal del bienestar y la desigualdad. *Ponencia Congreso Internacional SARE. ¿Hacia qué modelo de ciudadanía?*, 2004. p. 20-21.

48. TRONTO, Joan. Cuando la ciudadanía se cuida: una paradoja neoliberal del bienestar y la desigualdad. *Ponencia Congreso Internacional SARE. ¿Hacia qué modelo de ciudadanía?*, 2004. p. 15-16.

49. TRONTO, Joan. *Moral bounderies. A political argument for an ethic of care*. Londres: Routledge, 1993. p. 167-169; MUÑOZ TERRÓN, José María. Cuidar del mundo. Labor, trabajo y acción «en una compleja red de sostenimiento de la vida». *Isegoría*, v. 47, p. 461-480, 2012. p. 476.

cuida de quién?– reproduce y genera relaciones de poder en las sociedades actuales, afectando a la intersección de género, clase, etnia, con la condición de las personas proveedoras de cuidado. El desempeño del cuidar está atravesado por desigualdades varias (de sexo/género, de clase, de etnia, de edad), encerrado en paradójicos círculos viciosos, que llevan a que quienes asumen el cuidado de sí mismas y de otras personas, estén reforzando precisamente patrones de subordinación y de exclusión. La solución que se apunta es "volver a conceptuar el cuidado como valor público"[50]. Fomentar prácticas de lo que Tronto denomina *cuidado democrático* será al mismo tiempo una buena manera de cuidar la democracia[51].

5.2   ¿Todes vulnerables?

Aun admitiendo que todos somos vulnerables, hay personas que son más vulnerables y dependientes que otras. Ciertas personas tienen necesidad de una atención especial pues les puede ir en ello la vida[52].

El considerar la vulnerabilidad como un rasgo constitutivo de lo humano, no implica que se deban obviar las vulnerabilidades sociales que tienen determinados grupos sociales, que les sitúa en un contexto de mayor fragilidad e indefensión. En especial cuando no es posible contar con un régimen de seguridad social universal que permita hacer frente a los riesgos del vivir, que pueda ser un soporte en especial para aquellos grupos sociales que sufren los efectos de los procesos de vulnerabilización más descarnados provocados por las grandes brechas sociales en las últimas décadas, que son en buena medida fruto de una política económica que ha cuidado más de la riqueza que del bienestar global. Esta noción de una vulnerabilidad constitutiva que defendemos aquí, frente a aquella que se limita a categorías diferenciadas (como discapacidad, envejecimiento, u otro tipo de dependencias diversas) presenta una idea de la condición vulnerable como un rasgo compartido.

No se pretende con ello obviar que existen vulnerabilidades concretas, situadas y encarnadas que se alejan de cualquier forma de generalización, que no todos los grupos sociales enfrentan las mismas vulnerabilidades, ni pueden contar con los mismos soportes, con lo que hay que estar alerta para no contribuir a ignorar las vulnerabilidades particulares, los descuidos… En suma, ¿cómo evitar que la vulnerabilidad se transforme en una mera abstracción?, ¿cómo impedir que se convierta en una vía de victimización de los dominados restándoles capacidad de agencia?[53] Frente a ello, aunque no logre resolver esta cuestión, se invita a pensar

---

50. TRONTO, Joan. Cuando la ciudadanía se cuida: una paradoja neoliberal del bienestar y la desigualdad. *Ponencia Congreso Internacional SARE*. ¿Hacia qué modelo de ciudadanía?, 2004. p. 15-22.

51. TRONTO, Joan. *Caring democracy*. Markets, equality, and justice. New York: New York University Press, 2013.

52. MOLINIER, Pascale. De la maltraitance en régime de gestion hostiliére. *In*: JOUAN, M.; LAUGIER, S. (coord.). *Comment penser l'autonomie?* Entre comtétences et dépendances. Paris, PUF, 2009. p. 433-458.

53. MOLINIER, P.; LAUGIER, S.; PAPERMAN, P. Introduction. *In*: MOLINIER, Pascale; LAUGIER, Sandra; PAPERMAN, Patricia (org.). *Qu'es-ce que le care?* Paris: Payot, 2009. p. 7-31.

en todas las personas como receptoras de cuidados. Se impone, pues, analizar el cuidado y las vulnerabilidades desde una perspectiva micro, para conocer cómo las formas diversas de vulnerabilidad se manifiestan en hombres y mujeres concretos que tienen sus problemas concretos[54].

Reflexionar sobre la vulnerabilidad implica cuanto menos *pensar* en quienes cuidan de otros habitualmente, en la propia vulnerabilidad y en la del entorno que habitamos.

5.3   La vida como tarea

Joan Tronto nos invita a pensar en la vulnerabilidad no como algo característico de ciertos grupos sociales sino como propio de la condición humana carnal, pues los seres humanos tenemos cuerpo, un cuerpo que es frágil y que es mortal, lo que a menudo se tiende a olvidar[55]. Un cuerpo que no se mantiene solo, vive en un entorno con el que interactúa constantemente, y ambos, cuerpos y entorno, requieren cuido, la vida no se mantiene sola, la vida es una tarea afirma A. Mol[56]. Por tanto, prolongando esta reflexión de Joan Tronto se propone pensar el cuidado a partir de la vulnerabilidad. Es decir, considerando que no podemos ser sin los otros, ni sin un entorno en el que podamos vivir, los seres humanos somos interdependientes. No obstante, como señalan Pascale Molinier, Patricia Paperman y Sandra Laugier (2009), nos cuesta aceptar esta idea, pues ello significa cuestionar la noción de sujeto, de individuo y de independencia que dibuja la modernidad. Aceptarlo significa aceptar también que dependemos de otras personas tanto para nuestras necesidades más elementales como en todos los ámbitos de nuestra existencia, incluso en aspectos tan singulares como nuestro genio personal. Es una ficción necesaria para el mantenimiento de una sociedad fundada en la noción de una autonomía autárquica el creer que somos autores de nosotros y nosotras mismas, que tenemos la propiedad sobre nuestras ideas y obras, "los artesanos de nuestra inmortalidad"[57].

El cuidado en cambio muestra cómo, de forma concreta y situada cada persona es "el centro de una red compleja de relaciones de cuidado en la que generalmente cada una es cuidada y cuidadora según qué aspecto, momento o circunstancias"[58]. El ser humano siempre ha vivido, desde pequeño en una red de interdependencias señala Norbert Elias[59], interdependencia que se va construyendo con las diferencias

54. MARTÍN PALOMO, María Teresa. *Cuidado, vulnerabilidad e interdependencias*. Nuevos retos políticos. Madrid: CEPC, 2016.

55. MUÑOZ TERRÓN, José María. Cuidar del mundo. Labor, trabajo y acción «en una compleja red de sostenimiento de la vida». *Isegoría*, v. 47, p. 461-480, 2012.

56. MOL, Annemarie. *The logic of care*. New York: Routledge, 2008.

57. MOLINIER, Pascale; LAUGIER, Sandra; PAPERMAN, Patricia (org.). *Qu'es-ce que le care*? Paris: Payot, 2009.

58. MARTÍN PALOMO, María Teresa. *Cuidado, vulnerabilidad e interdependencias*. Nuevos retos políticos. Madrid: CEPC, 2016. p. 164.

59. ELIAS, Norbert. *La sociedad de los individuos*. Barcelona: Península, 1990.

y con la convivencia. Efectivamente, nuestra subsistencia, nuestra vida, nuestros proyectos, los sustentan cada cuidados, que nos damos a nosotros mismos (descanso, nutrición, aseo) y/o nos los dispensan otras personas.

También nos lleva a pensar en quienes cuidan de otros habitualmente[60], y en las vulnerabilidades intrínsecas al trabajo de cuidado; un trabajo que tienden a desempeñar los grupos sociales subalternizados, quienes no son privilegiados ni pueden ser indiferentes a las demandas de cuidado, quienes que se sienten interpelados o interpeladas para dar respuesta a las necesidades de cuidados de otras personas[61].

Cada uno de nosotros podemos demandar cuidados u ofrecerlos en algún momento de nuestra vida. Cuidar y ser cuidado es algo inherente a la condición de ser humano[62]. El hecho de cuidar y de ser cuidado exige una revisión de la concepción asimétrica de la relación del cuidado[63], que en las políticas públicas tiende a prevalecer, es decir, un modelo lineal en el que hay una persona que cuida y otra que recibe cuidado. La idea de vulnerabilidad constitutiva tiende a cuestionar esta dicotomía, y con ello a repensar las responsabilidades sociales de todos y todas las personas en el mantenimiento, la reparación y el sostenimiento de nuestro mundo común, de nuestros cuerpos, de nuestras vidas.

6. A MODO DE CONCLUSIÓN

Hablar de cuidado es hablar de una variedad casi ilimitada de situaciones de dependencia entrelazadas, en las diferentes circunstancias de la vida, una red de interdependencias que sostiene las existencias humanas, y de su entorno, constitutivamente vulnerables.

La pandemia de SARS-CoV-2 ha permitido hacer visible que somos vulnerables: hemos podido experimentar que la vulnerabilidad es parte del vivir de todas las personas. Se ha hecho evidente que los cuidados son "esenciales", pero también que circulan entrecruzándose con los ejes de desigualdad que atraviesan el mundo. La crisis que ha desencadenado permite hacer visible cómo el cuidado circula cruzándose con ejes de desigualdad que atraviesan el mundo, que la ausencia de cuido puede poner en riesgo muchas vidas, y nuestro planeta, que sin cuidado no hay vida, que ha habido muchos descuidos, muertes descuidadas por ejemplo, que tanto nos conmueven en este tiempo complicado.

60. NAKANO GLENN, Evelyn. Creating a care Society. *Contemporary Sociology*, v. 29, n. 1, p. 84-94, 2000.

61. GILLIGAN, Carol; HOCHSCHILD, Arelie R.; TRONTO, Joan. *Contre l'indifférence des privilégiés*. A quoi sert le care. Paris: Payot, 2013.

62. MARTÍN PALOMO, María Teresa; MUÑOZ TERRÓN, José María. Interdependencias. Una aproximación al mundo familiar del cuidado. *Argumentos. Revista de Crítica Social*, v. 17, p. 212-237, 2015. Disponível em: https://publicaciones.sociales.uba.ar/index.php/argumentos/article/view/1382. Acesso em: 16 jul. 2021.

63. PAPERMAN, Patricia. Perspectives féministes sur la Justice. *L'année Sociologique*, v. 54, n. 2, p. 413-434, 2004.

No es sólo cuestión de tener unos gobernantes que hayan sabido manejar mejor o peor esta crisis, unos sistemas de salud y de seguridad social que den más o menos cobertura, o unas comunidades y organizaciones que hayan sabido movilizarse para responder a las situaciones más críticas que vivían sus vecindarios, sus barrios y poblaciones, que se han mostrado centrales para que la pandemia no arrasara de forma brutal tantas vidas como podría haberse cobrado, sino que *todo el mundo* se debería sentir interpelado por esa responsabilidad. Probablemente esto nos permita pensar que podemos empezar a soñar con un mundo con las cosas de otra manera. Un mundo en el que "soy porque somos", feliz expresión con la que nos encontramos hace un par de años en un gran mural en Ciudad de México[64]. Gracias a que somos, soy. Gracias a que somos vulnerables e interdependientes, para la salud y el bienestar, para nuestros logros, para sostenernos y fortalecernos si alguien flaquea. Todo se sustenta sobre una intricada red de interdependencias, en la que se integran moralidades, afectos y un gran número de cuidados día tras día.

Esta interdependencia generalizada, no solo para los cuidados más básicos sino para todos los planos de nuestra existencia es, como se ha dicho, pese a todo, difícil de aceptar. Demandar y prestar cuidado es algo que todas las personas podemos hacer, aunque sabemos que no se reparten por igual ni quieres prestan cuidado ni quienes lo reciben. Cuando se obvia la noción de la interdependencia, y se piensa un orden político que pone en el centro la independencia y una comprensión autárquica de la autonomía, lo que al final se pierde es una parte constitutiva fundamental de la existencia humana. Urge corregir el panorama actual en que prestan el cuidado los grupos sociales subalternizados, ajenos a la inhumana irresponsabilidad de los privilegiados, indiferentes ante el cuidado propio, del entorno y de otras personas. Quienes desde la propia vulnerabilidad se sienten interpeladas por la vulnerabilidad ajena, atentas, tanto para darse cuenta de que alguien o algo necesita cuidado, como para dar respuesta a las necesidades de cuidado de otras personas a través de prácticas concretas de cuidar apuntan en la dirección de una nueva corresponsabilidad, que, en vez de insistir en una separación rígida de la vida pública y la privada, apueste decididamente por todas aquellas iniciativas que tienen en perspectiva lo comunitario y lo común, que permitan romper esa dicotomía con la que la cierta modernidad nos ha hecho perder una parte esencial de lo que somos.

---

64. Su origen parece estar en Úbuntu, expresión africana que al parecer habría sido popularizada por líderes como Nelson Mandela o Desmond Tutu -8Striving for Ubuntu - Desmond Tutu Foundation USA. Fue adoptada como lema del Día Mundial del Trabajo Social 2021 por la Federación Internacional de Trabajo Social (IFSW): http://www.comtrabajosocial.com/noticia/2020/2984/ubuntu-yo-soy-porque-nosotros--somos-lema-del-dia-mundial-del-trabajo-social-2021. Un interesante análisis crítico de las diferentes lecturas de esta frase puede verse en este artículo de El Correo de la Unesco: https://es.unesco.org/courier/octobre-december-2011/tu-eres-luego-soy.

PRÁTICAS COLABORATIVAS: CUIDADO E SOLIDARIEDADE NA RESOLUÇÃO CONSENSUAL DE CONFLITOS

Marília Campos Oliveira e Telles

Advogada colaborativa e mediadora de conflitos certificada pelo ICFML – Instituto de Certificação e Formação de Mediadores Lusófonos. Especialista em Direito de Família e Sucessões pela Escola Paulista de Direito. Presidente do Conselho e docente do Instituto Brasileiro de Práticas Colaborativas (2021/2022); docente credenciada pela *International Academy of Collaborative Professionals.*

Miriam Bobrow

Psicóloga, mediadora e terapeuta de casais e famílias; Terapeuta Colaborativa (Profissional da Saúde Mental) nos processos de divórcio e sucessão. Cofundadora do Departamento de Mediação no Centro de Estudos e Assistência à Família (CEAF). Membro do Instituto Mediativa (Mediação Transformativa Reflexiva, com formação em Negociação e Mediação na Universidade de Columbia em Nova York. Diretora e docente do Instituto Brasileiro de Práticas Colaborativas (IBPC).

Waldirene Dal Molin

Advogada colaborativa e mediadora. Mestre em Direito Econômico e Social pela PUC/PR e em Filosofia pela UFPR. Diretora e docente do Instituto Brasileiro de Práticas Colaborativa (IBPC) e da Pós-graduação em Gestão de Conflitos da Universidade Tuiuti.

Tudo, tudo, tudo, tudo que nós tem é nós

Tudo, tudo, absolutamente tudo que nós tem é

Tudo que nós tem é isso, uns ao outro

Tudo o que nós tem é uns ao outro, tudo

"Principia", Emicida

1. INTRODUÇÃO

O propósito deste artigo é trazer à reflexão a relação intrínseca e fundamental entre os princípios jurídicos e diretrizes gerais de conduta impressos no cuidado e na solidariedade e os meios consensuais de solução de conflitos, notadamente as

Práticas Colaborativas, demonstrando que, ainda que não expressos, são pilares de sustentação destes métodos cuja prática se dá privada ou institucionalmente e cujos efeitos chegam à coletividade, na medida em que incentivam e abrem espaço para o diálogo, favorecendo a comunicação entre as pessoas.

Não por outro motivo Paulo Lôbo[1] em seu artigo *Princípio da Solidariedade Familiar* atribui a este princípio o status de oxigênio da Constituição Federal.

> A solidariedade, concebida como diretriz geral de conduta, no direito brasileiro, apenas com a Constituição de 1988 inscreveu-se como princípio jurídico. Para Paulo Bonavides, o princípio da solidariedade serve como oxigênio da Constituição não apenas dela, dizemos, pois a partir dela se espraia por todo ordenamento jurídico –, conferindo e auferindo a valoração da ordem normativa constitucional.

De Aristóteles trazemos a ideia de que deliberar sobre o que é bom para mim envolve refletir sobre o que é bom para as comunidades às quais minha identidade está ligada e, portanto, para alcançar uma sociedade justa, precisamos raciocinar juntos sobre o significado da vida boa e criar uma cultura pública que aceite as divergências que inevitavelmente ocorrerão. Na precisão de Michael Sandell, "A justiça é invariavelmente crítica"[2] e não é mera coincidência que Ury, Fischer e Patton, todos autores membros da chamada "Escola de Harvard", definam um acordo sensato "como aquele que atende aos interesses legítimos de cada uma das partes na medida do possível, resolve imparcialmente os interesses conflitantes, é duradouro e leva em conta os interesses da comunidade"[3].

Afinal, uma sociedade justa requer sentimento de comunidade e, para tanto, precisa cultivar a solidariedade e a responsabilidade mútua.

2. MÉTODOS CONSENSUAIS DE RESOLUÇÃO DE DISPUTAS: VISÃO PANORÂMICA

Os métodos consensuais de resolução de disputas são filhos de uma desejada mudança social: a saída da cultura do litígio para a cultura da paz, movimento que tem seu assento na ideia de solidariedade e na consciência de que apesar das divergências, com cuidado, respeito e diálogo, é possível construir soluções conjuntas com as quais se possa conviver.

A ligação evidente entre cultura da paz, resolução de conflitos e solidariedade recebe um arranjo ainda melhor por meio das seguintes palavras de Marlova Jovchelovitch Noleto[4]:

---

1. LÔBO, Paulo. Princípio da solidariedade familiar. *In*: Congresso Brasileiro de Direito de Família, VI, 2007. *Anais* [...]. p. 1. Disponível em: https://ibdfam.org.br/assets/upload/anais/78.pdf. Acesso em: 13 jul. 2021.
2. SANDEL, Michael. *Justiça*: o que é fazer a coisa certa. 28. ed. Rio de Janeiro: Civilização Brasileira, 2019. p. 322.
3. FISCHER, Roger; URY, William; PATTON, Bruce. *Como chegar ao sim* – negociação de acordos sem concessões. Rio de Janeiro: Imago, 1994. p. 22.
4. NOLETO, Marlova Jovchelovitch. A construção da cultura de paz: dez anos de história. *In*: *Cultura de paz*: da reflexão à ação; balanço da Década Internacional da Promoção da Cultura de Paz e Não Violência em

A cultura de paz está intrinsecamente relacionada à prevenção e à resolução não violentados conflitos. É uma cultura baseada em tolerância e solidariedade, uma cultura que respeita todos os direitos individuais, que assegura e sustenta a liberdade de opinião e que se empenha em prevenir conflitos, resolvendo-os em suas fontes, que englobam novas ameaças não militares para a paz e para a segurança, como a exclusão, a pobreza extrema e a degradação ambiental. A cultura de paz procura resolver os problemas por meio do diálogo, da negociação e da mediação, de forma a tornar a guerra e a violência inviáveis.

Já o crescimento saudável dos métodos adequados de solução de conflitos tem que ver com a fundamental identificação de se atribuir maior eficácia ao princípio de acesso à justiça, consagrando na Constituição da República, em sua versão atualizada pela doutrina de Kazuo Watanabe[5] e traduzida no conceito de acesso à ordem jurídica justa.

A problemática do acesso à justiça não pode ser estudada nos acanhados limites do acesso aos órgãos judiciais já existentes. Não se trata de possibilitar o acesso à justiça enquanto instituição estatal; e sim de viabilizar o acesso à ordem jurídica justa.

[...]

o conceito de acesso à justiça passou por uma importante atualização: deixou de significar mero acesso aos órgãos judiciários para a proteção contenciosa dos direitos para constituir acesso à ordem jurídica justa, no sentido de que os cidadãos têm o direito de serem ouvidos e atendidos não somente em situação de controvérsias com outrem, como também em situação de problemas jurídicos que impeçam o pleno exercício da cidadania, como nas dificuldades para a obtenção de documentos seus ou de seus familiares ou os relativo a seus bens. Portanto, o acesso à justiça, nessa dimensão é mais amplo e abrange não apenas a esfera judicial, como também a extrajudicial.

Uma vez consolidado o entendimento de que uma solução justa pode acontecer dentro ou fora do sistema judiciário, temos então um solo fértil para pensar que o processo judicial litigioso já não mais se sustenta como o caminho de primeira escolha pelos cidadãos e cidadãs brasileiras que se deparam com divergências familiares, societárias, contratuais, entre outras. Eis então o impulso necessário para o surgimento de outros caminhos, até mais adequados para o tratamento de um conflito.

A respeito das modalidades existentes, Awad e Telles[6], esclarecem que os meios adequados mais conhecidos e utilizados são a negociação, a conciliação, a mediação e as Práticas Colaborativas, especialmente por possibilitarem voz e centralidade aos envolvidos. Segundo as autoras, a experiência as fez perceber que cabe à pessoa concluir o que é melhor para si, assumindo sua posição como protagonista da sua história. As escolhas devem ser feitas diante de opções co-

---

Benefício das Crianças do Mundo. Brasília: UNESCO; São Paulo: Associação Palas Athena, 2010. p. 11. Disponível em: https://site.mppr.mp.br/arquivos/File/MPRestaurativo/Material_de_Apoio/Cultura_de_Paz_da_Acao_a_Reflexao.pdf. Acesso em: 13 jul. 2021.

5. WATANABE, Kazuo. *Acesso à ordem jurídica justa*: conceito atualizado de acesso à justiça, processos coletivos e outros estudos. Belo Horizonte: Del Rey, 2019. p. 109.

6. AWAD, Dora; TELLES, Marilia C.O. O cidadão como protagonista dos meios consensuais de resolução de conflitos. *In*: PEREIRA, Tânia; COLTRO, Antônio; OLIVEIRA, Guilherme. *Cuidado e cidadania*: desafios e possibilidades. Rio de Janeiro: GZ Editora, 2018.

nhecidas e validadas, dentro de um processo que lhe permita examinar, avaliar e decidir baseado em seus interesses, necessidades e valores, objetivos e subjetivos, pensando em benefícios mútuos.

2.1 Negociação

Trata-se de um método autocompositivo, uma vez que as pessoas buscam conjuntamente um resultado que atenda aos interesses de todas, mas sem, necessariamente, ajuda de um terceiro. Quando assistida, é feita por um facilitador de diálogo ou por um (ou vários) advogado(s) que representam seus clientes e transacionam diretamente.

Aqui a cooperação é a base da negociação bem-sucedida, assim como incluir os interesses da outra parte e escutar seu ponto de vista, tudo com vistas a alcançar o consenso e, consequentemente, um acordo, e dentro do horizonte dos ensinamentos de William Ury[7]: "qualquer método de negociação pode ser razoavelmente avaliado segundo três critérios: deve produzir um acordo sensato, caso um acordo seja possível; deve ser eficiente; e deve melhorar – ou, pelo menos, não piorar – o relacionamento entre as partes".

2.2 Conciliação

A conciliação é um procedimento mais célere e funciona muito bem para conflitos em que não há uma relação continuada entre as partes envolvidas e que preferem uma decisão rápida para pôr fim à controvérsia. Muito utilizada no âmbito do Poder Judiciário, foi tradicionalmente conduzida por juízes. Com o advento da Lei nº 9.099/95 que instituiu os Juizados Especiais Cíveis (JECs), passou também a ser realizada por conciliadores leigos.

2.3 Mediação

Já a mediação de conflitos é utilizada no âmbito do Poder Judiciário, assim como nos CEJUSCs (Centro Judiciário de Solução de Conflitos e Cidadania) e na área privada. Pode ser caracterizada como um método "em que um terceiro independente e imparcial coordena reuniões conjuntas ou separadas com as partes envolvidas em um conflito. Seu objetivo, entre outros, é o de estimular o diálogo cooperativo entre elas para que alcancem a solução dos conflitos em que estão envolvidas"[8].

"A principal vantagem da mediação diz respeito à postura protagonista dos envolvidos em relação ao desfecho da controvérsia, elemento apto a permitir a

---

7. FISHER, Roger. Ury, William e Patton, Bruce. Como chegar ao sim – A Negociação de acordos sem concessões. Rio de Janeiro: Imago, 2005.
8. SAMPAIO, Lia Castaldi. Verbete: mediação – conceito, princípios e escolas. *In:* LAGRASTA NETO, Caetano; SIMÃO, José Fernando (coord.).; BENETI, Sidnei Agostinho (org.). *Dicionário de direito de família*. São Paulo: Atlas, 2015. p. 52.

elaboração de ajustes condizentes com a realidade das partes e tendentes a serem cumpridos voluntariamente"[9].

Na mediação, o acordo é um dos resultados possíveis; porém em alguns casos não há acordo, mas outras conquistas são obtidas, como por exemplo a melhora (e até restabelecimento) da comunicação entre as partes envolvidas. O acordo não é o único objetivo, mas sempre há expectativa que se chegue a isso.

Também não se atribui culpa – não há jogo de culpa, mas assunção de responsabilidades pelos atos e decisões tomadas. É o exercício da autonomia e do protagonismo perante os problemas. "Embora estejamos sujeitos a acidentes, cada um de nós é o protagonista, o ator principal do próprio enredo: nem sempre temos condições de determinar as circunstâncias, mas sempre somos capazes de escolher como reagir a elas"[10].

Desenvolver as competências conversacionais é um dos desafios e objetivos para o mediador. Costuma-se dizer que não é preciso concordar com o outro, mas é necessário ouvir. E ouvir na modalidade "escuta ativa" em que todos os sentidos são ativados e os ruídos externos excluídos para que haja total atenção à fala do outro. Ouvir os relatos sem julgar, sem interromper e com ajuda de um profissional neutro torna o diálogo na mediação qualitativamente bem diferente dos que ocorrem em outros contextos. Outro importante desafio é desenvolver a empatia entre as pessoas. Colocar-se no lugar do outro, "calçar os sapatos" da outra parte é uma conquista da qual o mediador pode orgulhar-se. Há técnicas para que isso aconteça, e o mediador precisa ser muito bem-preparado para vencer as resistências e bloqueios naturais de todos os que estão envolvidos em conflitos.

Costuma-se atribuir à mediação os conflitos em que as partes envolvidas possuem relação continuada – seja de negócios ou pessoal. Isto porque a mediação costuma melhorar não só a comunicação, mas também as relações interpessoais. Ela restaura o passado e aprimora o futuro[11].

Como este artigo tem por objetivo fazer um recorte mais detalhado sobre as Práticas Colaborativas, analisando não só seus conceitos, mas também seu histórico, princípios e procedimentos, daremos tratamento a esta modalidade de resolução no tópico a seguir.

Feitas essas descrições e independentemente da abordagem ou metodologia apresentada, é muito importante acentuar que os meios consensuais de resolução de conflitos buscam conectar propósitos e gerar transformações e, deste modo, a atuação dos profissionais chamados a coordenar estes procedimentos meta-comu-

---

9. TARTUCE, Fernanda. Verbete: mediação civil. *In:* LAGRASTA NETO, Caetano; SIMÃO, José Fernando (coord.).; BENETI, Sidnei Agostinho (org.). *Dicionário de direito de família.* São Paulo: Atlas, 2015. p. 89.

10. URY, William. *Como chegar ao sim com você mesmo.* Rio de Janeiro: Sextante, 2015. p. 72.

11. AWAD, Dora; TELLES, Marilia C.O. O cidadão como protagonista dos meios consensuais de resolução de conflitos. *In:* PEREIRA, Tania; COLTRO, Antonio; OLIVEIRA, Guilherme. *Cuidado e cidadania:* desafios e possibilidades. Rio de Janeiro: GZ Editora, 2018.

nicam a importância do diálogo e da escuta, fortalecendo a cultura colaborativa e a necessidade de criação de consenso – no sentido de buscar uma solução que acomode o interesse dos envolvidos na medida do possível, com a qual todos possam conviver, ainda que não seja seu ideal.

3. HISTÓRICO E CONCEITO DAS PRÁTICAS COLABORATIVAS

Inserida no contexto dos meios adequados e autocompositivos, as Práticas Colaborativas são definidas[12] como um método negocial de solução de conflitos, extrajudicial, voluntário e interdisciplinar, adotado pelas partes e pelos profissionais por elas contratados por meio de um Termo de Participação. Seus princípios norteadores são a colaboração, boa-fé, transparência, confidencialidade, informação, consensualidade, autonomia da vontade e interdisciplinaridade.

A respeito de seu surgimento, sabemos que remonta ao início dos anos 1990, nos Estados Unidos, por meio das ações visionárias dos advogados familiaristas Stuart Webb, Pauline Tesler e da psicóloga Peggy Thompson. Considerando os propósitos deste artigo, quando nos aproximamos da história deste trio fundador identificamos muito rapidamente o valor de cuidado como motor de suas ações transformadoras, senão vejamos.

Em seu livro O Caminho para o Divórcio Colaborativo[13], Stuart Webb nos conta que estava cansado de litigar e de assistir a falência afetiva de famílias envolvidas em um processo de divórcio. Não mais via sentido no paradoxo: sentença favorável e cliente despedaçado e infeliz. Era preciso fazer diferente, era preciso cuidar das pessoas. E foi aí que decidiu mudar o seu modelo de advocacia. Ele se dedicaria profundamente aos seus clientes, mas não mais litigaria. Utilizaria as melhores ferramentas de negociação, a colaboração de psicólogos, quando necessário, ou mesmo outros profissionais, tudo para ajudar seus clientes a resolver o conflito, sem ir ao judiciário. E para a plena clareza desse propósito, passou a firmar contratualmente o seu compromisso de não litigância. Caso o acordo não saísse, a atuação de Stuart Webb se encerraria e seu cliente precisaria contratar outro advogado para o litígio.

Pouco tempo depois, com as contribuições de Pauline Tesler, advogada, e Peggy Thompson, psicóloga, que já tinham entendido a importância e a relevância de um

---

12. Encontramos uma definição ainda mais detalhada nos Padrões Éticos do IBPC de 2021, nos seguintes termos: "Consistem em um processo estruturado e voluntário, com enfoque não adversarial e interdisciplinar na gestão de conflitos, no qual as partes e as/os profissionais assinam um Termo de Participação se comprometendo a negociar de boa-fé, levando em consideração os interesses de todas/os, sem recorrer a um tribunal ou terceiro que imponha uma decisão, e, no caso de não chegarem a um acordo ou decidirem encerrar a negociação, as/os profissionais devem finalizar sua prestação de serviços. Todos devem ser transparentes quanto às informações relevantes, podendo contratar especialistas neutras/os, para obter assistência na resolução de problemas. O processo permite o uso de outros métodos consensuais, como a mediação, para facilitar as negociações." Disponível em: https://ibpc.praticascolaborativas.com.br/standarts-eticos-2/. Acesso em: 13 jul. 2021.

13. WEBB, Stuart; OUSKY, Ron. *O caminho colaborativo para o divórcio*. São Paulo: IBPC, 2017.

trabalho conjunto entre advogado e psicólogo em conflitos familiares, agregaram o trabalho de uma equipe multidisciplinar à Advocacia Colaborativa, tendo surgido, assim, uma nova forma de gestão de conflitos: as Práticas Colaborativas.

No Brasil, as Práticas Colaborativas têm início em 2011 soprada pelos bons ventos de movimentos calcados na pacificação social. No contexto atual, é possível afirmar que as Práticas Colaborativas no Brasil estão consolidadas enquanto um método sofisticado que privilegia o diálogo, a ética, a transparência e a preservação do vínculo entre as partes envolvidas bem como pelos braços e abraços de mais de 1.000 profissionais colaborativos capacitados, distribuídos entre advogados e advogadas, profissionais da saúde e de finanças, reunidos no Instituto Brasileiro de Práticas Colaborativas – IBPC.

4. O PROCEDIMENTO COLABORATIVO

As Práticas Colaborativas, também conhecidas como "advocacia colaborativa", representam uma mudança de paradigma na resolução de conflitos com uma abordagem centrada nas pessoas, baseada no diálogo, com encorajamento da expressão dos envolvidos na situação conflituosa, dando oportunidade a todos de serem escutados ao escutar o outro. Enquanto o advogado litigante (do processo contencioso) vê a outra parte e seu advogado como adversários que devem ser combatidos e derrotados, o advogado colaborativo, ao mesmo tempo que protege e assessora seu cliente, estabelece uma parceria com a outra parte no sentido de querer sua colaboração para que seja possível fazer um acordo frutífero para ambos. Esta mudança pode ser percebida inclusive na linguagem utilizada, uma vez que não se trata de convencer o julgador, mas de identificar os interesses de todos os envolvidos e as formas possíveis de acomodá-los, minimizando os danos emocionais e financeiros advindos de posturas adversariais.

Isto é, o profissional, especialmente o do Direito, passa a adotar o Princípio da Solidariedade em sua atuação, que passa a ser espontânea, buscando atender a todo o sistema envolvido, considerando inclusive os interesses da comunidade.

Um bom caminho para uma compreensão mais bem estruturada desta atuação solidária e colaborativa é o entendimento, ainda que modo sumário, dos termos em que se desenvolvem um procedimento colaborativo.

Pois bem, como já anunciamos anteriormente o marco inicial de um procedimento colaborativo se dá com a assinatura do Termo de Participação pelas partes e equipes de profissionais contratados para o caso, documento especialmente construído para conferir um campo de segurança aos clientes para que possam conversar com a necessária confiança, tendo ambos advogados como aliados na construção de um acordo.

Traduzido por "um contrato celebrado entre profissionais colaborativas/os e participantes", nos termos do regramento Padrão de Conduta e Ética do IBPC, o Termo de Participação deve conter expressamente três requisitos básicos:

1) as pessoas físicas ou jurídicas se comprometem a negociar com transparência, boa-fé e espírito de colaboração, revelando todas as informações relativas ao objeto da negociação, sob pena de encerramento do procedimento colaborativo em caso de descumprimento; 2) cláusula de não litigância, impedindo que qualquer uma/um das/os participantes recorra ao Judiciário, adversarialmente, enquanto durar a negociação, e 3) retirada da equipe, que é a previsão de renúncia das/os profissionais signatários ao seu mandato ou interrupção da prestação de serviços caso não seja alcançado um acordo, sendo vedado que estas/es profissionais participem em qualquer processo judicial e/ou arbitral que envolva as/os mesmas/os participantes[14].

Uma vez assinado o Termo de Participação por todos os envolvidos, momento que em geral referimos como a primeira fase do procedimento colaborativo, seguem-se então as fases seguintes da negociação colaborativa destinadas a levantar informações, construir opções criativas de solução e, sendo possível, redigir e formalizar o acordo final, trabalho este que é sempre realizado por meio de reuniões cuidadosamente preparadas para serem lideradas pelos clientes, com o apoio dos advogados e dos demais profissionais envolvidos no caso.

Algumas observações de Pauline Tesler[15] a respeito das fases do procedimento colaborativo, podem contribuir para fixar o entendimento do tema. Ao fazer uso da metáfora do teatro, ela nos diz que o procedimento colaborativo bem executado (em matéria de direito de família) acontece em três atos:

[...] durante o Ato Um, os clientes e os advogados formam uma equipe de trabalho e estabelecem uma relação de trabalho com regras, compromissos e entendimentos acordados. Esta equipe central pode se expandir ou se contrair desde o início, ou mais tarde durante o processo, mas uma tarefa fundamental do primeiro ato é que advogados e clientes troquem informações o suficiente e criem as fundações para uma relação de trabalho suficientemente construtiva, de forma a permitir que a documentação confirmando que este será um caso colaborativo possa ser assinada. A assinatura desses documentos é o ato definidor do Ato Um. Uma vez que isso tenha ocorrido, todos sabem que este é um caso colaborativo, e até que isso ocorra, a cortina não pode descer para encerrar o Ato Um. Ambos os clientes e ambos os advogados precisam saber com certeza se este é ou não um caso colaborativo antes que qualquer trabalho mais substantivo no divórcio em si comece."

A cortina abre para o Ato Dois quando ambos os advogados preparam seus clientes para a segunda reunião a quatro. Nesta fase do processo colaborativo, todos os participantes arregaçam as mangas e começam a compartilhar informações, esclarecer e comunicar objetivos e prioridades, debater as possíveis soluções, criar e avaliar propostas, e – finalmente – chegar a acordos. O trabalho é realizado de forma sistemática e naquela ordem, pois pular para um acordo rápido antes das partes terem oportunidade de avaliar todos os fatos, objetivos, prioridades, e possivelmente opções superiores para resolução não será o melhor caminho para o resultado ótimo que poderia ser possível para essas partes.

[...]

Como em uma peça bem escrita, todos os fios soltos são amarrados no Ato Três de um caso colaborativo, tanto no sentido literal (todas as questões são resolvidas, de forma que as partes sabem onde estão agora e no futuro próximo, tanto financeiramente quanto em relação aos filhos) quanto em um

---

14. IBPC. *Padrões éticos e requisitos mínimos para profissionais colaborativos*. IBPC. p. 7.
15. TESLER, Pauline H. Collaborative law – achieving effective resolution in divorce without litigation. Chicago: American Bar Association, 2008. No prelo.

sentido mais simbólico ou cerimonial (uma transição importante e emocionalmente desafiadora em suas vidas, o divórcio, está prestes a se completar). Os últimos termos do acordo terão sido alcançados ao final do Ato Dois, e durante o terceiro ato os advogados redigirão a minuta de um acordo aceitável, preparando a documentação necessária para obter a homologação do divórcio e completar as tarefas relacionadas à documentação referente à divisão de bens.

Vale ressaltar que à Equipe Colaborativa responsável pelo procedimento é recomendável que se some um profissional da saúde mental para que colabore na elaboração dos processos subjetivos durante a negociação, como também para auxiliar os advogados na identificação dos verdadeiros interesses dos clientes. Se necessário um especialista em finanças também poderá integrar a equipe que será composta, sempre que possível, de forma interdisciplinar.

5. INTERDISCIPLINARIDADE

Os advogados são atores de extrema importância, pois cabe a eles cuidar dos aspectos legais sempre que uma questão conflituosa for materializada. Embora sua atuação técnica baseia-se na aplicação da norma legal, atualmente, o profissional do Direito já é capaz de perceber que seu trabalho será muito mais exitoso se atuar com o aporte de outras áreas, notadamente a psicologia.

Atualmente trabalhamos com a noção de que os conflitos são multifatoriais, pois envolvem elementos sociais, financeiros, emocionais e legais, dentre outros. Sabemos que as questões conflituosas envolvem inúmeros aspectos psicofísicos, surgidos ao longo das interações humanas, que escapam à mera aplicação do ordenamento jurídico.

Tendo isso em mente, vemos que a contribuição do Profissional da Saúde Mental na Equipe Colaborativa se estabelece no sentido de criar um ambiente construtivo entre as pessoas envolvidas em situação conflituosa de forma que elas possam, juntas, trabalhar pro ativamente para lidar com as complexidades emocionais que possam interferir e dificultar o lado racional durante o processo de negociação.

Como bem apontam Tesler e Thompson, "Pelo fato de as dificuldades de comunicação normalmente contribuírem para a eclosão do próprio divórcio, é de se esperar que os casais tenham dificuldade de se escutarem com clareza durante o processo de busca de boas soluções em potencial"[16], é importante lembrar sempre que as pessoas são ao mesmo tempo parte do problema e, ao mesmo tempo, parte da solução.

E conforme oportunamente questiona Nancy Cameron, "Como podemos esperar que as famílias avancem com o divórcio jurídico em uma trajetória completamente fora de sincronia com o processo emocional do divórcio?"[17]. Sabemos que grandes emoções, tais como raiva, mágoa, dor, decepção, tristeza, medo dificultam sobremaneira a nossa capacidade de enxergar o problema de forma mais racional, afetando

---

16. TESLER, Pauline; THOMPSON, Peggy. *Divórcio colaborativo* – a maneira revolucionária de reestruturar sua família, resolver problemas legais e seguir adiante. São Paulo: IBPC, 2017. p. 122.
17. CAMERON, Nancy. *Práticas colaborativas*: aprofundando o diálogo. São Paulo: IBPC, 2019. p. 107.

não só as nossas decisões, como também prejudicando a nossa capacidade de pensar com clareza, foco e criatividade.

É imprescindível oferecer às pessoas o assessoramento necessário para que tenham a competência necessária para tomada de decisões que todo meio não adversarial requer. Neste diapasão, o psicólogo é um profissional treinado para escutar e acolher as emoções que florescem no conflito.

A combinação de especialidades e de abordagens entre o psicólogo e o advogado propicia uma leitura mais profunda da real situação do contexto emocional do cliente e contribui para entender qual seria a melhor abordagem para a construção de uma solução, trabalhando, assim, as questões com mais propriedade.

A duração de um processo legal (objetivo) é sempre diferente do tempo que as pessoas (subjetivo) precisam para a tomada de decisão, seja pela raiva, pela dor ou mesmo pelo sentimento de vingança. Indiscutivelmente são questões que atrapalham a compreensão e precisam ser trabalhadas pelos envolvidos.

Em um litígio, a transformação efetiva das pessoas envolvidas somente acontecerá se elas puderem identificar seus sentimentos, nomeá-los e acolhê-los, tudo visando uma reflexão sobre o que efetivamente atenderia as suas necessidades reais – que nenhuma decisão terceirizada teria poder para transformar.

A interdisciplinaridade ajuda a entender melhor os interesses e necessidades dos clientes e contribui para uma melhor solução dos problemas e questões colocadas. É neste aspecto, o que nos parece uma grande mudança de paradigma, que se vislumbra a necessidade de complementação de saberes para que a resolução seja considerada equilibrada, contemplando as necessidades de todos.

As demais ciências se entrelaçam para devolver ao cliente a continuidade de sua vida. Trata-se, sem dúvida, de um diferencial capaz de atender com mais qualidade e com isto gerar valor para o cliente, e para a equipe multidisciplinar.

É indiscutível que a sociedade precisa dos diferentes saberes do Engenheiro, do Psicólogo, do Assistente Social, do Administrador, do Economista, do Contador, do Técnico de Informática, do Químico, do Médico, e tantos outros que lhe dão vida e sustentabilidade à complexa convivência social, sendo certo que o Direito, por mais cuidadoso, não consegue atender em sua totalidade. São questões que exigem cuidados especializados, para que o cidadão tenha o tratamento adequado e correto, a fim de alcançar a almejada pacificação social.

Tais considerações nos levam ao entendimento de que o fato das Práticas Colaborativas se estruturarem na premissa da atuação interdisciplinar resulta na promoção da solidariedade, bem como na colaboração entre os profissionais, entre eles e os clientes, e ainda, no desenvolvimento da consciência de que: (i)estarão sempre envolvidos em um sistema e (ii) que as emoções precisam encontrar lugar e tratamento adequado durante um conflito. Uma cadeia de ações que, para além da mesa de negociações, reflete em toda comunidade, por extensão.

6. ACOLHIMENTO DAS EMOÇÕES

Os sentimentos fazem parte da nossa vida e do nosso cotidiano, desde que nascemos. Estão presentes nos melhores e nos piores momentos. A forma como os sentimos influencia o modo como agimos, nos comunicamos e nos relacionamos, com outros e conosco. Por isso dizemos que não existem sentimentos bons ou ruins. Eles apenas informam que algo está se passando, quer seja no que estamos experimentando e vivendo dentro do nosso contexto, ou no que pensamos, imaginamos e relembramos.

Não obstante, determinadas formas que construímos para aprender a lidar com nossos sentimentos, durante a vida, nem sempre são as melhores maneiras de reagir frente a uma determinada situação.

Sabe-se que grandes emoções, tais como raiva, mágoa, dor, decepção, tristeza ou medo, dificultam sobremaneira a capacidade de enxergar o problema mais racionalmente, afetando não só a tomada de decisões, como também prejudicando a capacidade de pensar com clareza, foco e criatividade. Isto é, há uma perda da competência das pessoas quando estão sob forte emoção.

No âmbito das Práticas Colaborativas, o Profissional de Saúde Mental é fundamental para fornecer suporte nos momentos de crise, conversando e refletindo abertamente com os envolvidos no conflito, sobre os sentimentos e emoções que os afligem nesses momentos de sofrimento, ouvindo as inquietações e dores íntimas, tais como medo, ansiedade, indiferença, raiva ou ironia. Esse deve ser o foco da atenção para com o outro. Quando acolhemos, deixamos as pessoas numa posição tranquila, confortável, causando um alívio em seus sentimentos, permitindo que se estabeleça um diálogo compreensivo.

Podemos dizer, assim, que acolher os sentimentos é um processo que envolve reconhecer as emoções e identificá-las, de forma a lidar melhor com as reações que temos, frente a cada uma delas e, a partir deste trabalho, preparar os clientes, como também os profissionais, para conversas futuras. Este processo seria a base do desenvolvimento socioemocional, porque aprendemos a lidar não só com as nossas emoções, mas também aprendemos a lidar melhor com as emoções dos outros – conseguimos identificar e sermos solidários à dor da outra parte. Desse modo, conseguimos tanto nos comunicar, quanto nos relacionar melhor e promover bem-estar para nós e para as pessoas que nos cercam.

A perda de algo ou alguém significativo necessita de tempo para que as emoções se ajustem e os sentimentos se harmonizem. Só assim as coisas do dia a dia serão retomadas. É uma ferida que precisa ser cicatrizada naturalmente e não curada de forma abrupta, de forma a poder gerar outras feridas. Uma conversa sobre esse sofrimento ajuda bastante nas horas de crise intensa e também nos momentos de silêncio e introspecção.

Hoje o que sabemos sobre acolhimento é que a escuta é o principal foco, no qual não se busca a análise, interpretação ou qualquer outro recurso de intervenção mais mobilizadora de ansiedade.

Sempre que formos utilizar a escuta, esta deve ser balizada pelo respeito e solidariedade e sobretudo isenta de juízo de valor. É neste contexto que oferecemos um espaço acolhedor para que o outro possa expressar seus sentimentos e experiências que lhes causam sofrimento. Vemos, deste modo, que tanto os conceitos de cuidado assim como os de acolhimento estão interligados, ainda que o acolhido durante um atendimento, não perceba imediatamente o efeito reorganizador e/ou terapêutico desta modalidade de atendimento psicológico.

Compreendida a conexão e a dimensão da interdisciplinaridade e do acolhimento das emoções no tema da solidariedade e do cuidado, passamos a análise dos efeitos didáticos e pedagógicos das Práticas Colaborativas como método de resolução consensual de disputas capaz de promover a responsabilidade mútua como forma de gerar ações concretas por parte dos indivíduos.

7. CARÁTER DIDÁTICO-PEDAGÓGICO DO PROCEDIMENTO COLABORATIVO: FAVORECENDO EXPERIÊNCIAS QUE FACILITAM A COMUNICAÇÃO E A ACEITAÇÃO DOS OUTROS COM SUAS DIFERENÇAS

Na advocacia colaborativa temos a oportunidade de auxiliar nossos clientes, mas, principalmente, todo o sistema envolvido no conflito, seja familiar ou negocial, na identificação de valores, reais interesses e prioridades, buscando soluções criativas, inclusivas e de benefício mútuo, mantendo o olhar voltado para o futuro, participando desta composição, da criação desta nova trama, deste novo tecido que os revestirá, respeitando suas peculiaridades.

As Práticas Colaborativas requerem uma mudança na postura profissional e na prática da advocacia, com mais respeito e cuidado aos próprios profissionais envolvidos. Nós, advogados, temos que redefinir nossa relação com o outro advogado para passarmos a atuar em parceria, como guias do processo e mentores das negociações, usando a lei como moldura e não como ferramenta, em uma negociação que é pautada pela transparência, pela boa fé, baseada em interesses e critérios objetivos, trabalhando efetivamente em equipe interdisciplinar, uma vez que nosso compromisso é com o sistema envolvido na disputa – e não exclusivamente com a defesa dos interesses de uma parte.

Fica claro, portanto, que é o profissional do Direito aquele que passa pela mais acentuada mudança de paradigma, deixando de ser aquele que (pretensamente) resolve todos os problemas e ganha causas, para se tornar o assessor que, junto com o cliente, busca suporte em outras áreas do saber a fim de melhor resolver o caso concreto. Precisa acrescentar à mentalidade litigiosa o conhecimento dos meios consensuais de resolução de conflitos.

Por isso dizemos que ele (o advogado colaborativo) aprende a trabalhar na perspectiva da solidariedade, no sentido da interdependência, da inter-relação, bem como da assistência recíproca.

Os profissionais colaborativos se utilizam de diversas ferramentas a fim de melhor desenvolver seu trabalho como a Comunicação Não Violenta, os Contratos Conscientes, construção de genogramas, práticas dialógicas generativas, enfim, técnicas que tragam abordagem relacional e meios para entender os diversos fatores envolvidos em cada conflito, buscando compreensão também da subjetividade envolvida. Vamos progredindo juntos, nos tornando mais imaginativos e permitindo a criação de novos cenários futuros.

Desta forma, a equipe profissional colaborativa mantém a atenção nas necessidades e interesses das partes, objetivando sempre a construção do consenso, em coautoria, mediante a harmonização de diferenças no sentido de criar soluções com as quais todos os envolvidos possam conviver. Trocas de informações, relatos das percepções e sentimentos são realizados durante todo o percurso que busca a criação de opções mediante a expansão de possibilidades e de oportunidades através de dinâmicas mediadas pelos profissionais.

Assim, os clientes encontram campo para conversarem com a necessária confiança, tornando-se protagonistas ao decidir tendo por base informações confiáveis, com responsabilidade direta sobre o resultado pretendido, tendo seus advogados como assessores jurídicos e parceiros na construção de um acordo que beneficie a todos.

As Práticas Colaborativas têm efeito emancipador nas pessoas, ao se sentirem capazes de analisar e resolver os próprios conflitos e de conduzir a própria vida de maneira responsável, cooperativa e solidária. Assim como a mediação, tem como margens a preservação da voluntariedade e a legitimação da autodeterminação das pessoas.

Para promover a transformação da qualidade da interação interpessoal que está em crise (conflito), a equipe profissional interdisciplinar estimula a conexão entre as pessoas, a fim de que elas extraiam dessa interação assistida o melhor resultado que elas possam produzir, dando oportunidade aos clientes de reconhecerem a perspectiva que os outros envolvidos no conflito têm.

8.   EXPERIÊNCIA INSTITUCIONAL: O INSTITUTO BRASILEIRO DE PRÁTICAS COLABORATIVAS

As Práticas Colaborativas constituem redes de solidariedade em diversos níveis e o nascimento do Instituto Brasileiro de Práticas Colaborativas ilustra esta formação, pois foi a partir da formação em Direito Colaborativo que algumas mediadoras fizeram nos Estados Unidos que surgiram os dois primeiros grupos de estudos sobre o tema no Brasil, no Rio de Janeiro, tendo por sede a Mediare, com coordenação de Tania Almeida, e em São Paulo, no IMAB, com Adolfo Braga. A partir desta primeira rede formada, dois projetos foram estruturados formando o eixo da institucionalização da metodologia: a inscrição das Práticas Colaborativas na categoria Advocacia do Prêmio Innovare, que é um instrumento para identificar e disseminar práticas bem sucedidas da Justiça brasileira que estejam contribuindo para sua modernização, rapidez e eficiência; e a 1ª Capacitação Internacional, com a vinda de três treinadoras norte-americanas, Pauline Tesler, advogada, Peggy Thompson, profissional da saúde mental e Lisa Schneider, profissional de finanças. Tais treinadoras formaram o primeiro grupo de profissionais brasileiros que começaria a trabalhar com esta metodologia. O IBPC foi fundado ao final desta Capacitação, em abril de 2014. No segundo semestre deste mesmo ano, um segundo treinamento internacional se implementou, com foco na área cível empresarial, ministrado por Sherrie Abney, quando então foi treinada a primeira turma de docentes para capacitar profissionais brasileiros. Desde então mais de mil profissionais da área do direito, da saúde mental e das finanças se capacitaram para atuar como profissionais colaborativos.

Faz parte dos compromissos éticos dos profissionais colaborativos a participação em Grupos de Estudos em sua comunidade, de modo a formarem uma rede, bem como aprimorarem seus estudos, em constante atualização. Há também a comunidade internacional, organizada em torno da *IACP – International Academy of Collaborative Professionals*, que com duas décadas de funcionamento, é importante referência para desenvolvimento do Direito Colaborativo brasileiro. Por meio de seus Parceiros Globais, grupo de organizações que se comprometeram a trabalhar coletivamente para alavancar recursos, disseminar a palavra e encontrar maneiras de tornar a Prática Colaborativa disponível em todo o mundo, a comunidade brasileira tem contato com colegas que usam a metodologia em nove diferentes países, trocando experiências e explorando possibilidades de adaptação do direito colaborativo ao ordenamento jurídico nacional.

O IBPC, instituição interdisciplinar, diversa e criativa, tem por missão difundir as Práticas Colaborativas e seus princípios éticos, cultivar redes de relacionamentos, capacitar e estimular a educação continuada de profissionais para atuação não adversarial e extrajudicial com perspectiva multifatorial do conflito, por meio do diálogo respeitoso, responsável e transparente[18]. O trabalho do instituto é desenvolvido por voluntários que se organizam em comissões a fim de divulgar a metodologia, buscando novas parcerias, nacionais e internacionais, com permanente contato com jovens profissionais para que aprofundem sua formação, bem como promovendo a reciclagem e a educação continuada da rede de profissionais colaborativos no Brasil, inclusive promovendo o intercâmbio internacional. O Instituto traduz e publica obras sobre o direito colaborativo interdisciplinar, como também incentiva seus membros a escreverem e divulgarem artigos, disponibilizando-os em seu site e redes sociais.

As Práticas Colaborativas estão presentes em Comissões organizadas em órgãos de classe, notadamente nas seções da Ordem dos Advogados do Brasil, bem como na OAB Nacional. Por meio de convênios entre o Instituto Brasileiro de Práticas Colaborativas, os profissionais colaborativos prestam atendimento pró-bono, como por exemplo no CEAF – Centro de Estudos e Atendimento às Famílias, em São Paulo,

---

18. IBPC. *Missão*. IBPC. Disponível em: https://ibpc.praticascolaborativas.com.br/. Acesso em: 13 jul. 2021.

e na Defensoria Pública do Rio de Janeiro – que tem Defensores, Psicólogos e Assistentes Sociais devidamente capacitados para atuar nesta metodologia desde 2018.

Pelo exposto, o IBPC, em sua prática e modo de funcionamento, promove iniciativas que priorizam a integração das pessoas na família e na comunidade, favorecendo experiências que facilitam a comunicação e o acolhimento de todos, em suas singularidades.

9. EPÍLOGO

O fato de a metodologia das Práticas Colaborativas se estruturar na premissa da atuação interdisciplinar promove a Solidariedade entre os profissionais, na relação dos profissionais com os clientes e entre os próprios clientes, aclarando a consciência de estarem envolvidos em um sistema, de que vivem em comunidade e que, portanto, o resultado das negociações atingirá pessoas que não estão na mesa, mas serão de algum modo impactadas pelo conflito.

É importante que haja reconhecimento da interdependência, com os outros e com a natureza, compreendendo que algo que atinge o próximo também nos atinge e o exercício exige disponibilidade para se conectar com pessoas e contextos desconhecidos, respeitando suas crenças e valores próprios, convivendo com os diferentes. É fundamental cuidar e se deixar ser cuidado pelo outro, considerando inclusive as gerações futuras ao avaliar questões como as ambientais e relativas aos direitos humanos, além das colocadas nos casos concretos.

O profissional colaborativo facilita as relações e age em direção à autonomia, encorajando a responsabilização dos participantes, considerando os contextos, a importância do diálogo e da colaboração, o reconhecimento das experiências de cada participante, o valor de seu envolvimento e engajamento. Este profissional reflete e examina constantemente suas crenças, em um processo no qual teoria e prática são reciprocamente influenciadas à medida em que extrai novos sentidos a cada encontro e a responsabilidade pelo processo e pelas relações é compartilhada. À vista disto, fica evidente a necessidade de adotarmos políticas que visem o bem comum, encorajando e estimulando os meios consensuais de resolução de conflitos.

Recentemente uma onda de solidariedade mundial mostrou que a confiança e a colaboração são caminhos para conectar propósitos e gerar transformações possíveis, fortalecendo a solidariedade que a cidadania democrática requer. A desunião não apenas prolonga as crises como gera novas catástrofes. Escolher a solidariedade é uma vitória não apenas para agora, mas para as próximas gerações.

SOLIDARIEDADE E CUIDADO NAS RELAÇÕES: O ARQUITETO, AS LEIS E A ÉTICA

Miriam Nardelli

Miriam Pereira Nardelli é arquiteta, mestre pela Universidade de Brasília (UnB) e pós-graduada em Iluminação e Design pelo IPOG-DF. Foi professora universitária por 14 anos na Unieuro-DF. Arquiteta aposentada do Banco do Brasil, foi por duas vezes conselheira do Crea-DF, chegando à coordenadora da Câmara de Arquitetura. Integrou a Comissão Organizadora do XX Congresso Pan-americano de Arquitetos, em 2006, e foi coautora de artigo apresentado no IV Encontro Nacional de Tecnologia do Ambiente Construído, em 1997. Docente convidada para participar de bancas de graduação, atua também como orientadora e coorientadora de formandos.

1. INTRODUÇÃO

A formação do arquiteto baseia-se nas áreas de Ciências Humanas e Tecnológicas. Caminham juntas no preparo do universitário para atuar em múltiplas áreas da profissão. Habilitam-no a criar espaços que visem atender às expectativas sociais, dando oportunidades iguais a todos os cidadãos,

Segundo Kohlsdorf e Kohlsdorf[1], "o universo espacial da arquitetura se vincula essencialmente aos seres humanos. Por eles se produz, para eles se destina e por meio deles se qualifica".

Um dos papéis fundamentais da universidade é inserir na graduação os valores básicos, como a solidariedade social e o propósito de trabalhar por um mundo melhor, incluindo o respeito ao planeta como um todo. Como responsável pela execução de uma obra, o arquiteto deve desenvolver sua habilidade de lidar com os trabalhadores mais humildes. É preciso orientá-los sem diminuí-los, posto que são possuidores de um saber prático que pode não ser suficiente, muitas vezes, para a execução de procedimentos técnicos corretos. Deve-se agir de forma respeitosa como merecem todos os seres humanos, sem perder a firmeza necessária ao gerenciamento do trabalho. O aluno precisa, assim, ser preparado para trabalhar em equipe, considerando que é o coordenador do projeto e poderá ser o responsável técnico por sua execução.

A relação do arquiteto com os demais profissionais envolvidos (tais como arquitetos especializados em outra área, engenheiros ou tecnólogos) precisa ser

---

1. KOHLSDORF, Gunter; KOHLSDORF Maria Elaine. Ensaio sobre o desempenho morfológico dos lugares. Brasília: FRBH, 2017. p. 32.

respeitosa e colaborativa, ao invés de ser exercida de modo competitivo, lembrando que sempre há o que aprender.

Com seus clientes, o arquiteto deve ter uma atuação transparente. Procurar ser receptivo, ouvi-lo e atender às suas expectativas. Haverá momentos em que poderá se relacionar com pessoas movidas exclusivamente pela ganância imobiliária, com pouca consideração às normas locais. Cabe-lhe, nessa eventualidade, conscientizar o cliente da inadequação de sua intervenção construtiva. Deve expressar o propósito de agir corretamente. É facultado ao arquiteto, frente a pressões escusas para que aja em desacordo com a ética e a honestidade, retirar-se do trabalho, não aceitando vantagens ou remuneração para que compactue com o que não é correto. Agindo sempre com seriedade, agregando técnica, humanidade e cuidado, poderá alcançar melhores resultados, firmar seu conceito, abrindo novos caminhos, sendo exemplo para os colegas, estabelecendo patamares que com certeza enriquecerão o processo.

Boff (1999) defende que

> [...] cuidar é mais do que um ato: é uma atitude. Portanto abrange mais que um momento de atenção, de zelo e desvelo. Representa uma atitude de ocupação, preocupação, de responsabilização e de envolvimento afetivo com o outro. [...] isso se estende ao cuidado todo especial que merece nosso planeta Terra, espaço único que temos para viver e morar. [...] políticas devem ser destinadas à melhoria do gerenciamento global dos sistemas da Terra[2].

Prossegue Boff (1999): [...] "precisamos todos passar por uma alfabetização ecológica e rever nossos hábitos de consumo"[3].

Ao atingir a maturidade profissional, chega o momento de refletir sobre a atuação do arquiteto com a sociedade, com seus clientes, com as cidades e no exercício como professor. Pretende-se no artigo considerar aspectos que chamaram atenção da autora, o que se pode aprender ou se pôde ensinar. Adveio também a curiosidade de conhecer a atuação de arquitetos em outros países, em outras realidades, buscando ver em que se assemelham. Neste texto, foi escolhido Portugal como objeto de pesquisa, pelas ligações históricas e pelos laços familiares.

Inicialmente, o artigo traz a descrição da Lei n. 10.257/2001 (Estatuto das Cidades) e a relação de seus postulados com a solidariedade e o cuidado na atuação do arquiteto. Em seguida, será abordada a relação do arquiteto com o cliente e com a cidade. Algumas experiências vivenciadas ou conhecidas serão descritas onde a solidariedade foi marca significativa de destaque. A atuação do professor arquiteto será também analisada, por constituir momentos em que podem ser semeados valores ético-profissionais capazes de florescer no futuro, em benefício da sociedade como um todo.

Buscam-se respostas sobre as seguintes perguntas: O que foi e é significativo no exercício profissional e acadêmico do arquiteto, em suas relações com o cliente e com

---

2. BOFF, Leonardo. *Saber cuidar*: ética do humano – compaixão pela terra. Rio de Janeiro: Vozes, 1999. p. 33.
3. BOFF, Leonardo. *Saber cuidar*: ética do humano – compaixão pela terra. Rio de Janeiro: Vozes, 1999. p. 33.

a cidade? De que modo a solidariedade esteve e está presente, de forma significativa, ao longo de seu caminho?

2. ASPECTOS INSTITUCIONAIS

2.1   CAU – O Conselho de Arquitetura e Urbanismo

Criado pela Lei n. 12.378, de 31 de dezembro de 2010, o Conselho de Arquitetura e Urbanismo (CAU) é formado exclusivamente pelos arquitetos e passou a organizar-se na ideia de autogestão, tendo como missão fundamental a fiscalização do exercício profissional. Atendeu-se, com isso, a uma antiga reivindicação da categoria de organizar-se em ordem própria, desligando-se do antigo Conselho de Engenharia e Arquitetura (Crea), ao qual era vinculado, órgão que abrangia um grande número de participantes de outras profissões. Ali se reuniam engenheiros em todas as áreas de atuação, geógrafos, geólogos, meteorologistas, tecnólogos e arquitetos.

Mesmo após a divisão entre os conselhos profissionais, CAU e Crea devem agir como parceiros, tendo a clara definição das respectivas atribuições, em função do conhecimento adquirido nas faculdades. Quando existe respeito a esses limites é possível trabalhar de forma interativa. Anteriormente engenheiros podiam assinar projetos de arquitetura e, por decisão judicial, isso não é mais permitido. Para evitar sombreamento nas atuações, uma comissão permanente entre ambos os conselhos trabalha permanentemente no sentido de harmonizar eventuais arestas nesses casos ou em outros que porventura surjam.

O Código de Ética e Disciplina e os artigos 17 a 23 da Lei n. 12.378 (criação do Conselho de Arquitetura e Urbanismo) estabelecem normas de caráter educativo e orientam quanto aos procedimentos a serem adotados em ações coercitivas nas eventuais transgressões:

> Art. 17. Parágrafo único. O Código de Ética e Disciplina deverá regular também os deveres para com a comunidade e sua relação com os demais profissionais, O dever geral da urbanidade e ainda os respectivos procedimentos disciplinares, observado o disposto nesta lei[4].

No capítulo "Obrigações para com o Interesse Público" do mencionado Código de Ética, em seu item 2.1.2 está claro o papel e a abrangência do vínculo do profissional com a cidade

> O arquiteto e urbanista deve defender o direito à Arquitetura e Urbanismo, às políticas urbanas e ao desenvolvimento urbano, à promoção da justiça e inclusão social nas cidades, à solução de conflitos fundiários, à moradia, à mobilidade, à paisagem, ao ambiente sadio, à memória arquitetônica e urbanística e à identidade cultural[5].

4. BRASIL. Lei nº 12.378, de 31 de dezembro de 2010. FAU, Rio de Janeiro. Disponível em: www.fau.ufrj.br. Acesso em: 02 jul. 2021.
5. CONSELHO de arquitetura e urbanismo do brasil – CAU/BR. *Código de ética e disciplina do conselho de arquitetura e urbanismo do brasil.* CAU/BR, 2015. p. 6. Disponível em: https://www.caubr.gov.br/wp-content/uploads/2015/08/Etica_CAUBR_06_2015_WEB.pdf. Acesso em: 02 jul. 2021.

Mais adiante, em seu item 2.3.2., está recomendada de modo sensível a abordagem no que se refere à consideração das aspirações da comunidade:

[...] o arquiteto e urbanista deve considerar e interpretar as necessidades das pessoas, da coletividade e dos grupos sociais, relativas ao ordenamento do espaço, à concepção e execução das construções, à preservação e valorização do patrimônio arquitetônico, urbanístico, paisagístico e natural[6].

No item 4.3.9 desse Código de Ética está descrito que:

O arquiteto e urbanista deve favorecer a integração social estimulando a participação dos cidadãos no debate arquitetônico e urbanístico e no processo decisório sobre a cidade, em tudo o que diz respeito ao ambiente, ao urbanismo e à edificação[7].

A solidariedade aos subordinados no trabalho deve ser expressa pela colaboração para o seu crescimento de habilidades profissionais, postura que o engrandece.

O profissional é orientado pelo Código de Ética a ter padrões elevados de conduta. Frente a comportamentos não adequados, as sanções podem variar desde censura reservada até suspensão de sua habilitação para o exercício da profissão.

2.2   Leis urbanísticas, o Estatuto da Cidade

Chamada de Estatuto da Cidade, a Lei n. 10.257, de 10 de julho de 2001, representou avanço importante, tendo definido novos instrumentos à luta que já se desenrolava há muito tempo por cidades mais justas e mais humanas. Essa legislação veio com a finalidade de uniformizar, em âmbito nacional, os princípios do uso racional do solo urbano, os processos e os procedimentos, dentre os quais se destaca a participação popular. Como narrado no Estatuto da Cidade (2002):

Naquele momento, com as limitações do poder legislativo e a desarticulação da sociedade civil, o planejamento urbano foi produzido "no gabinete", enquadrado e limitado pela visão centralizadora e tecnocrática que dominava o sistema de planejamento do país como um todo[8].

No Estatuto da Cidade está descrito que, a partir dessa lei, verificou-se a obrigatoriedade de serem formulados Planos Diretores para o ordenamento de expansão das cidades com mais de 20 mil habitantes. Abriu-se a participação aos moradores, "*não apenas durante o processo de elaboração e votação, mas sobretudo na implementação e gestão de suas decisões*"[9].

---

6. CONSELHO de arquitetura e urbanismo do brasil – CAU/BR. *Código de ética e disciplina do conselho de arquitetura e urbanismo do brasil*. CAU/BR, 2015. p. 6. Disponível em: https://www.caubr.gov.br/wp-content/uploads/2015/08/Etica_CAUBR_06_2015_WEB.pdf. Acesso em: 02 jul. 2021.
7. CONSELHO de arquitetura e urbanismo do brasil – CAU/BR. *Código de ética e disciplina do conselho de arquitetura e urbanismo do brasil*. CAU/BR, 2015. p. 10. Disponível em: https://www.caubr.gov.br/wp-content/uploads/2015/08/Etica_CAUBR_06_2015_WEB.pdf. Acesso em: 02 jul. 2021.
8. BRASIL. *Estatuto da cidade*: guia para implementação pelos municípios e cidadãos – Lei n. 10.257, de 10 de julho de 2001, que estabelece diretrizes gerais para a política urbana. 3. ed. Brasília: Câmara dos Deputados, 2005. p. 39
9. BRASIL. *Estatuto da cidade*: guia para implementação pelos municípios e cidadãos – Lei n. 10.257, de 10 de julho de 2001, que estabelece diretrizes gerais para a política urbana. 3. ed. Brasília: Câmara dos Deputados, 2005. p. 40

Os instrumentos jurídicos por ela estabelecidos passaram a permitir que efetivamente se apliquem os princípios definidos na lei, especialmente quanto à função social dos terrenos urbanos pela União, estados e, em particular, pelos municípios.

Também surgiram inovações no sentido de escalonar a tabela de cobrança do Imposto de Propriedade Territorial Urbana (IPTU) como forma de evitar a especulação imobiliária pela manutenção de lotes vagos, valorizados à medida que aumenta o investimento de recursos públicos na região. O escalonamento possibilita, de alguma forma, a participação dos proprietários nesses custos. Caso necessários locais para implantação de edificações, como escolas e centros de saúde, onde não haja área pública disponível, esses lotes podem ser desapropriados.

Foram regulamentados ainda o direito de preempção e a outorga onerosa do direito de construir, como instrumentos para implementar a função social da propriedade. O direito de preempção pode ser explicado como aquele que faculta a preferência do município na aquisição de uma propriedade urbana, pelo seu valor de mercado, antes de ser comercializada entre particulares (art. 25). No caso da outorga onerosa, gerenciada pela municipalidade, poderão ser estabelecidas áreas em que o direito de construir possa ser concedido acima do coeficiente de aproveitamento básico definido no Plano Diretor, mediante contrapartida a ser prestada pelo beneficiário (art. 28).

Outra novidade foi a de permitir as operações urbanas consorciadas (art. 32), definidas pela lei como:

> [...] o conjunto de intervenções e medidas coordenadas pelo Poder Público municipal, com a participação dos proprietários, moradores, usuários permanentes e investidores privados, com o objetivo de alcançar em uma área transformações urbanísticas estruturais, melhorias sociais e a valorização ambiental[10].

Nesse sentido, há uma forte preocupação ambiental no Estatuto das Cidades, tendo sido dado destaque à importância do meio ambiente urbano e seu impacto na qualidade de vida dos moradores.

Regulamentando os direitos estabelecidos pela Constituição Federal, o Estatuto das Cidades visa garantir "o direito à terra urbana, à moradia, ao saneamento ambiental, infraestrutura urbana [...] voltado para eliminar a pobreza e reduzir desigualdades sociais"[11]. "Assegurar o pleno exercício do direito à cidade é a diretriz chave da política urbana que deve ser implantada nas cidades brasileiras, tendo as pessoas humanas como a prioridade desta política"[12].

---

10. BRASIL. *Estatuto da cidade*: guia para implementação pelos municípios e cidadãos – Lei n. 10.257, de 10 de julho de 2001, que estabelece diretrizes gerais para a política urbana. 3. ed. Brasília: Câmara dos Deputados, 2005. p. 127.
11. BRASIL. *Estatuto da cidade*: guia para implementação pelos municípios e cidadãos – Lei n. 10.257, de 10 de julho de 2001, que estabelece diretrizes gerais para a política urbana. 3. ed. Brasília: Câmara dos Deputados, 2005. p. 45.
12. BRASIL. *Estatuto da cidade*: guia para implementação pelos municípios e cidadãos – Lei n. 10.257, de 10 de julho de 2001, que estabelece diretrizes gerais para a política urbana. 3. ed. Brasília: Câmara dos Deputados, 2005. p. 32.

Santos Junior e Montandon (2011) relatam que:

Tendo em vista as dificuldades enfrentadas pelos municípios brasileiros, o Ministério das Cidades, criado em 2003, passou a incentivar a construção de uma nova cultura de planejamento urbano no país e a fortalecer o apoio ao planejamento urbano dos municípios. Tal apoio é oportuno e necessário [...] os municípios não estão plenamente preparados para exercer essa tarefa[13].

Santos Junior e Montandon prosseguem descrevendo que parcerias foram feitas com "universidades, governos estaduais, movimentos sociais e entidades de classe na campanha Plano Diretor Participativo: cidade de todos, quando foram estruturados núcleos em todos os Estados"[14]. Em tal obra bibliográfica, os autores avaliam diversos planos diretores municipais elaborados após o Estatuto das Cidades, tecendo críticas às dificuldades encontradas, mas enaltecendo o fato de que, até mesmo em municípios dispensados pela lei de sua vinculação, observou-se a preocupação no atendimento às regras do diploma federal.

Colegas arquitetos que participaram diretamente desse grande movimento de implantação dos Planos Diretores relatam que foram experiências riquíssimas em várias cidades do país, em reuniões feitas com participação significativa das comunidades.

3. O ARQUITETO E O CLIENTE

Relacionar-se com os clientes é um processo de aprendizagem contínuo, em que o arquiteto vai desenvolvendo a capacidade de lidar com pessoas diferentes em situações novas. O profissional precisa desenvolver sua percepção sobre as personalidades das pessoas com as quais vai lidar, atento ao que desejam. Deve considerar as emoções de seus contratantes, o significado simbólico contido em seus relatos e procurar perceber aspectos sutis, até mesmo muitas vezes não expressos em palavras. Agir com sensibilidade, humanidade e solidariedade vai acrescentar valor ao relacionamento pessoal com o cliente.

O contrato de trabalho é, sem dúvida, um documento importante. Ali precisa estar escrito exatamente o que os clientes vão receber e, muito importante, o que não vão receber! Devem ser referidas as etapas e seus prazos, bem como descritos detalhadamente o produto que será entregue e as cláusulas sobre rescisão ou ressarcimento. Tudo isso ponderado de maneira justa, de modo a minimizar discussões *a posteriori*.

A partir daí, inicia-se uma "viagem" que, gerenciada com firmeza e delicadeza ao mesmo tempo, poderá chegar a bom termo, mesmo considerando problemas no

---

13. SANTOS JÚNIOR, Orlando Alves dos; MONTANDON, Daniel Todtmann (coord.). *Os planos diretores municipais pós-estatuto da cidade*: balanço crítico e perspectivas. Rio de Janeiro: Letra Capital; Observatório das Cidades; IPPUR/UFRJ, 2011. p. 15

14. SANTOS JÚNIOR, Orlando Alves dos; MONTANDON, Daniel Todtmann (coord.). *Os planos diretores municipais pós-estatuto da cidade*: balanço crítico e perspectivas. Rio de Janeiro: Letra Capital; Observatório das Cidades; IPPUR/UFRJ, 2011. p. 15.

cumprimento do contrato. Todas as fases devem estar documentadas em registros que ficarão de posse de contratante e contratadas.

É muito frequente que ocorram imprevistos no decorrer de uma obra, gerando – por vezes, ao final – uma verdadeira "caça às bruxas", quando os envolvidos no processo querem transferir a outros responsabilidade por atrasos, por erros na execução dos serviços ou pelo aumento dos gastos totais. Tais conflitos podem gerar repercussões negativas ao arquiteto que exerça a função de gestor do projeto ou que assuma a construção, inclusive possibilitando que receba sanções do Conselho de Classe.

Por esse motivo, a participação do arquiteto no Conselho de Arquitetura e Urbanismo (CAU) é interessante, seja em função representativa ou acompanhando seu funcionamento, tomando conhecimento de decisões e problemas ocorridos para que conheça ambos os lados: o do cliente e o do profissional.

Exercendo atividade honorária de conselheiro, eleito pelos colegas através das entidades de classe, o arquiteto recebe também queixas acerca da conduta de outros colegas, adquirindo experiência ímpar sobre os conflitos interpessoais no exercício da atividade profissional. Quando imbuído dessa função, deve apurar com imparcialidade e à luz da legislação vigente se houve descumprimento dos preceitos ético-profissionais, em especial se foi cometida imperícia técnica ou desrespeito ao contrato. Os relatórios são fundamentais para a avaliação de documentos, em inspeções diretas e/ou nas oitivas de testemunhas e dos envolvidos, sendo, ao final, julgados em plenário perante a composição completa do Conselho.

Há alguns anos, quando exercia o mandato de conselheira do ainda Crea, chegou à Câmara de Arquitetura uma denúncia por parte de clientes quanto à atuação dos responsáveis por uma firma que havia sido contratada para fazer projeto e obra de uma casa. O relato do episódio é importante para que se possa conhecer uma das muitas atribuições do Conselho, que vão além da cobrança da contribuição mensal.

Na época, tratava-se de uma acusação por imperícia técnica e gerencial por parte da empresa contratada, para a qual pediam a aplicação da sanção máxima aos profissionais. Relataram terem ajuizado demanda cível, postulando indenização por transtornos íntimos pessoais causados pela obra e, principalmente, pelo fato de terem gastado mais do que pretendiam.

Foi iniciada pelos conselheiros uma investigação detalhada da documentação feita durante a obra. Os envolvidos apresentaram sua versão, bem como foram convocados os trabalhadores da equipe imposta pelo contratante aos contratados, após o episódio citado a seguir. O que aconteceu em um determinado momento é que a própria empresa executora da obra verificou que, quando retirada a forma de um trecho de laje, esta apresentava uma flexão, imediatamente escorada. Os responsáveis técnicos pela obra prontamente convocaram o calculista e também buscaram opinião de outros calculistas para opinar sobre o problema pontual, logo corrigido e que se revelou não representar risco maior para a edificação.

Os proprietários exigiram que todos os operários fossem trocados por outros escolhidos por eles. Os responsáveis técnicos da empresa contratada conduziram a obra até o final com essa nova equipe, que lhes era desconhecida, em uma postura correta de atender ao que fora acordado. A nova equipe de operários foi também ouvida pelos conselheiros, tendo prestado depoimento a favor dos contratados quanto à sua conduta na obra.

Os clientes alegaram que os gastos foram muito maiores do que pretendiam. O que chamou atenção dos conselheiros, contudo, foi o fato de que materiais de alto custo havia sido escolhidos pelos contratantes já durante a obra, não tendo sido informada essa intenção aos contratados, logo no início – o que, consequentemente, extrapolou o valor estimado a princípio pela empresa.

Atentos a não agir de forma corporativa na Câmara de Arquitetura, foi feito um estudo profundo do ocorrido com absoluta consideração ao pleito do cliente. Entretanto, ao final do processo, concluiu-se que os contratados haviam agido com dignidade frente ao incidente ocorrido na obra, tendo aceitado, a partir dali, gerenciar trabalhadores que nem mesmo conheciam e, principalmente, terem feito tudo para corrigir o problema. A maneira com que enfrentaram aquela situação adversa pesou de forma expressiva. Os documentos com registros, diários de obras foram apresentados pelos contratados, atestando sua correta condução do processo.

Mesmo sentindo-se solidários aos colegas (sentimento surgido por constatar todo o desgaste ocorrido), em nenhum momento desconsiderou-se a queixa dos clientes, tendo sido dedicada respeitosa atenção a eles. Ao final, os conselheiros entenderam que não se justificavam sanções aos arquitetos especificamente quanto ao exercício profissional, o que foi homologado pela Plenária. Não cabia a eles aprofundarem-se em eventuais questões de relacionamento pessoal.

Cabe registrar que no exercício dos meus dois mandatos, ao longo de seis anos, houve uma cassação definitiva de habilitação de um arquiteto, a descoberta de um diploma falso – assunto encaminhado à polícia –, algumas advertências e multa a profissionais que agiram em desacordo com a ética ou eram devedores ao Sistema Crea. Foi mantido diálogo aberto com os clientes, sempre que o desejaram, o que consistiu para todos em um período de grande aprendizado.

4. O ARQUITETO E A CIDADE

Trabalhando com planejamento urbano, o arquiteto se depara com os problemas dos espaços da cidade. Fica ciente do estado de cada área, as carências existentes e deve estar ali para atender as pessoas de forma solidária e cuidadosa.

Todos têm direito de viver em um lugar onde suas expectativas sociais sejam atendidas, onde sejam considerados os mais vulneráveis, onde tenham acesso à moradia digna. Devem existir redes de infraestrutura de qualidade e condições favoráveis de mobilidade urbana. O acesso a equipamentos públicos, espaços verdes, cultura e lazer é direito garantido pela Constituição e deve ser previsto no planejamento urbano.

Cabe ao arquiteto aplicar o seu conhecimento e trabalhar com as variáveis que envolvem um projeto de cidade, ao mesmo tempo em que precisa ter sensibilidade para a proposição desses espaços. Entretanto, ser solidário a toda a população não é sua tarefa exclusiva. Envolve a todos nessa atuação, como profissionais engenheiros, geógrafos, geólogos, *designers*, psicólogos, sociólogos, educadores, governantes, prestadores de serviços essenciais e o mais importante: os próprios moradores.

Holanda afirma que "ninguém cria o mundo isoladamente. Estamos todos empenhados em dar prosseguimento à obra e à contribuição dos que nos precederam e esse é o caminho certo para a construção de um mundo digno, tolerante, plural"[15].

Em Kohlsdorf e Kohlsdorf, analisando a evolução das cidades desde os primeiros agrupamentos humanos, encontramos que

[...] a arquitetura de cada cidade tornou-se retrato fiel de sua correspondente sociedade, da qual expressa necessidades e expectativas em diferentes nichos culturais, e acompanhou os contornos da geração, crescimento e mudança de tais espaços em processo associado às condições produtivas e reprodutivas das relações de trabalho[16].

Gehl afirma que "não se encontrou razão alguma para mudar a mensagem original que segue sendo de primordial importância: cuidar bem das pessoas e da valiosa vida que tem lugar entre os edifícios"[17].

Gehl prossegue pontuando que:

Outro importante fator é a qualidade física do espaço da cidade. Planejar e projetar podem ser usados para influenciar a extensão e o caráter das atividades externas. Convites para fazer alguma coisa na área externa que apenas andar, deve incluir proteção, segurança, espaço razoáveis mobiliário urbano e qualidade visual[18].

Desperta atenção a observação feita por Hertzberger de que um ambiente em que a opinião e as expectativas sociais são desconsideradas faz com que não haja o sentimento de apropriação do espaço pelos moradores. "O homem comum sente que não tem nada a ver com ele"[19]. Reforçava assim o seu entendimento de que:

Os serviços prestados pelos departamentos de Obras Públicas Municipais são vistos por aqueles em cujo benefício esses departamentos foram criados, como uma abstração opressiva: é como se as obras públicas fossem uma imposição vinda de cima; a razão pela qual os habitantes da cidade

---

15. HOLANDA, Frederico. *10 mandamentos da arquitetura*. Brasília: Ed. FRBH, 2013. p. 18
16. KOHLSDORF, Gunter; KOHLSDORF Maria Elaine. *Ensaio sobre o desempenho morfológico dos lugares*. Brasília: FRBH, 2017. p. 17
17. GEHL, Jan. *La humanización del espacio urbano*. Barcelona: Reverté, 2006. p. 14
18. GEHL, Jan. *Cities for people*. Washington: Island Press, 2010. p. 21
19. HERTZBERGER, Herman. *Lições de Arquitetura*. São Paulo: Martins Fontes, 1999. p. 45

se tornam estranhos em seu próprio ambiente de vida é porque o potencial da iniciativa coletiva foi grosseiramente superestimado ou porque a participação e o envolvimento foram subestimados[20].

O horizonte que se abriu a partir da Constituição de 1988, do Estatuto da Cidade, dos Códigos de Obras Municipais, e das determinações dos próprios Planos Diretores reforça a importância da qualidade das áreas urbanas e a obrigatoriedade de que sejam atendidas as premissas urbanísticas solidárias. Exige-se que os profissionais ouçam a população.

O que se sabe e foi acompanhado pelo então Ministério das Cidades, através de depoimentos de arquitetos que participaram dos Planos Diretores em todo o Brasil, é que muitos deles se revelaram frutíferos com a intensa participação das comunidades nessas trocas.

Pela primeira vez, de forma obrigatória, os projetos urbanos foram discutidos com a comunidade envolvida, antes mesmo de iniciados os esboços arquitetônicos, sendo depois apresentados para consulta popular e garantido a todos o acompanhamento até a sua implantação. Esse direito foi estabelecido não só às Associações Profissionais ou Comunitárias, como também a todo indivíduo que se interessar ao acesso da documentação pertinente à obra, em qualquer de suas etapas.

Santos Jr. e Montandon mostram um balanço crítico do que ocorreu a partir do Estatuto da Cidade e a conclusão principal é que foram efetivamente elaborados os Planos Diretores na maioria das cidades com mais de 20 mil habitantes, apropriando-se dos conceitos e das ferramentas da legislação federal. A consciência de sua importância mobilizou os municípios e os seus habitantes para a possibilidade de participação de debates, podendo assim exigir soluções para seus problemas e, principalmente, ser ouvidos. Até mesmo governantes de algumas cidades pequenas com população abaixo do quantitativo legalmente estabelecido para sua obrigatoriedade interessaram-se em implantar um ordenamento para a expansão das cidades, conforme prosseguem Santos Jr. e Montandon relatando criticamente que:

> Em relação às audiências públicas o quadro é mais dividido, constatando-se que muitos Planos preveem os casos e as situações em que obrigatoriamente as audiências públicas devem ser realizadas e aqueles em que não. Neste ponto, cabe destacar que, por diversas vezes, os Planos Diretores só preveem um único caso no qual a audiência pública é instituída como obrigatória, indicando a fragilidade da percepção a respeito desse instrumento como mecanismo de consulta à população sobre a política urbana. [...] a análise indica a clara necessidade de se aprofundar a discussão nos municípios acerca da gestão democrática das cidades, de forma a dar efetividade aos canais de participação instituídos e incorporar a população, em especial os segmentos populares historicamente excluídos dos processos decisórios, na discussão dos projetos e programas urbanos e no processo de gestão das cidades[21].

---

20. HERTZBERGER, Herman. *Lições de Arquitetura*. São Paulo: Martins Fontes, 1999. p. 45
21. SANTOS JÚNIOR, Orlando Alves dos; MONTANDON, Daniel Todtmann (coord.). *Os planos diretores municipais pós-estatuto da cidade*: balanço crítico e perspectivas. Rio de Janeiro: Letra Capital; Observatório das Cidades; IPPUR/UFRJ, 2011. p. 47.

Kohlsdorf e Kohlsdorf aborda o exemplo do Plano Diretor de Desenvolvimento Sustentável para o Município de Parnaíba (PI), localizado em uma área que se situa "na parte norte do Piauí (latitude S 02° 54' 7" e longitude W 41° 46' 36") e integra a Microrregião do Litoral Piauiense, que abriga vários municípios desse estado e alguns do Maranhão e Ceará. [...] conhecida como capital do Delta"[22].

No referido estudo, o autor descreve que "trabalhou sobre insumos teóricos, históricos e metodológicos do campo urbanístico e com dados do contexto local e regional de Parnaíba, assim como sempre que necessários, com outros localizados em âmbitos mais distantes"[23]. O autor detalhou como foi a experiência comunitária que, segundo ele, "ofereceu um processo mais instigante e rico". Atendendo à determinação do Estatuto da Cidade em todos os seus aspectos, foram feitas audiências públicas que:

> [...] trouxeram preciosos subsídios ratificadores, complementares e transformadores da quantidade e da qualidade dos encontros entre técnicos e comunidade durante a confecção do plano[...] os grupos populares detêm conhecimento efetivamente histórico e muito mais íntimo da realidade do que os técnicos (especialmente nós, forasteiros) malgrado a profundidade de suas investigações iluminadas por teorias consagradas. Nossa equipe se alimentou nas leituras comunitárias com dados imprescindíveis ao conhecimento da cidade e de seu município, à sua avaliação e problematização[24].

Muitas outras intervenções de menor porte, do chamado Urbanismo Colaborativo, têm sido feitas em várias cidades do mundo, sendo designados como *Placemaking* e Urbanismo Tático, que são experiências executadas em menor escala e focadas no usuário.

Essa é a essência e o fundamento do *Design Thinking*, que, no caso dos trabalhos do arquiteto, define procedimentos no sentido de selecionar a melhor ideia ou as melhores ideias após um amplo debate onde não há lugar para críticas, destinado a intervenções no espaço público no sentido de ressignificá-lo. Prototipar, testar, fazer avaliações posteriores desse protótipo e novamente intervir, se necessário, considerando o que se pode melhorar com o retorno da experiência. É um processo que deve estar aberto a revisões.

O *Design Thinking*, que tem sido aplicado em várias áreas por se tratar de uma nova maneira de abordar e enfrentar um problema visando sua melhor solução, é descrito como:

> [...] uma disciplina que tem como essência a solução de problemas de forma estruturada e empática. É adaptável a cenários diferentes. Pode ser implementada por diversos tipos de profissionais

---

22. KOHLSDORF, Gunter; KOHLSDORF Maria Elaine. *Ensaio sobre o desempenho morfológico dos lugares.* Brasília: FRBH, 2017. p. 533.
23. KOHLSDORF, Gunter; KOHLSDORF Maria Elaine. *Ensaio sobre o desempenho morfológico dos lugares.* Brasília: FRBH, 2017. p. 533.
24. KOHLSDORF, Gunter; KOHLSDORF Maria Elaine. *Ensaio sobre o desempenho morfológico dos lugares.* Brasília: FRBH, 2017. p. 533.

em diversas áreas de conhecimento. [...] tem como premissa encontrar o diálogo entre o que é desejável pelas pessoas, rentável para as organizações e o que é tecnicamente possível de ser feito[25].

O conceito do *Placemaking* é descrito como "processo de planejamento, criação e gestão dos espaços públicos [...] baseado na interação das pessoas e propõe a transformação dos pontos de encontro de uma comunidade (praças, ruas e calçadas) em lugares mais agradáveis e atrativos"[26]. Uma interessante experiência neste sentido ocorreu na cidade de Aveiro, em Portugal, em sua 1ª edição, em 2020, consistindo em um processo participativo de intervenção urbana. Iniciativas similares têm ocorrido de forma mais intensa em todo o mundo[27].

Segundo essa mesma fonte, a Câmara Municipal de Aveiro, utilizando o Orçamento Participativo de Ação Direta do Município – OPAD, lançou o Programa de Ação de Apoio à Atividade Social e Econômica 2020, que ambicionava receber contribuições das instituições e dos cidadãos para a elaboração do orçamento público municipal.

Entre muitas ideias por parte dos moradores, chamaram atenção algumas sugestões simples para o espaço público, mas de efeito significativo para os próprios usuários. A motivação despertada fez com que surgissem alternativas de menor custo, exatamente dentro do que queriam os usuários desses espaços. Puderam votar moradores recenseados acima de 18 anos. Ao final, foram selecionadas ideias como a de instalar calhas metálicas para criar uma rampa lateral para bicicletas junto ao guarda-corpo das escadas existentes nos espaços públicos, a reativação de um parque da cidade, o estabelecimento de uma rota segura para a escola, tendo vencido a proposta de se instalar uma micropraça em cada rua, em novos espaços chamados de *Parklets* – com bancos e mesas, em recantos de estar criados para interação da comunidade, utilizando vagas para automóveis.

A partir dessa vivência, foi criado também em Aveiro, de forma permanente, um laboratório de aprendizagem coletiva chamado de *Cidadania.Lab,* para que os cidadãos continuassem a interagir "na vida da cidade e nas decisões públicas que afetam suas vidas". Já foi lançada a segunda edição, que será votada até junho de 2021 e divulgadas as ideias selecionadas e a vencedora entre todas elas[28].

O Urbanismo Tático é a denominação para uma modalidade de urbanismo participativo, que envolve os moradores do local em um estudo de transformação do espaço público. Tem a finalidade de aproximar pessoas e resolver problemas locais, dotando-os de melhor qualidade, sombreamento, cores, equipamentos urbanos, estimulando novos usos através de iniciativas de pequena escala rápidas e de fácil execução, onde todos os usuários são envolvidos. É chamado, às vezes, de acupun-

25. Design thinking. *Marte.* Disponível em: https://www.marte.design/knowledge/design-thinking. Acesso em: 02 jul. 2021
26. Você sabe o que é placemarking? Soluções para Cidades. Disponível em: https://www.solucoesparacidades. com.br/blog/voce-sabe-o-que-e-placemaking/. Acesso em: 02 jul. 2021.
27. AVEIRO Tech City. Disponível em: www.aveirotechcity.pt. Acesso em: 02 jul. 2021.
28. AVEIRO Tech City. Disponível em: www.aveirotechcity.pt. Acesso em: 02 jul. 2021.

tura urbana. Em experiência realizada pelo escritório Urbi em 17 de fevereiro de 2018, em uma pequena praça na cidade de Maragogi (AL), é descrito todo o processo colaborativo[29].

5.   O ARQUITETO PROFESSOR

Outra área em que o arquiteto se põe a serviço da sociedade e transmite seu conhecimento para as gerações futuras de profissionais é quando ele atua como professor. O encontro do mestre com o aluno na sala de aula constitui-se um momento de aprendizado para ambos. Cabe ao professor não se colocar na posição de "tudo sei e você não sabe", perdendo assim a oportunidade de uma abertura que consolidará o processo muito mais do que meramente o estudante receber pronto esse conteúdo. sem questioná-lo. Quando age assim, é perdido o momento de ouvir.

> Se na verdade o sonho que nos anima é democrático e solidário, não é falando aos outros, de cima para baixo, sobretudo como se fôssemos portadores da verdade a ser transmitida aos demais, que aprendemos a "escutar", mas é "escutando" que aprendemos a falar com eles. Somente quem escuta paciente e criticamente o outro, fala "com ele" mesmo que, em certas condições precise falar a ele[30].

Sempre atento a escutar o aluno, o professor deve escutar o grupo e dar voz a todos, em dinâmica realizada como parte do programa da disciplina antes de iniciar qualquer atividade. Estará assim mostrando na prática o rumo a que se pode chegar quando se interage com foco no problema, a partir da união. É o momento oportuno de mostrar pela própria vivência que essa é a forma respeitosa e democrática de agir. Todos são estimulados a dizer o que pensam e ouvidos com atenção, sem serem inibidos por comentários críticos.

Reunidos preliminarmente em volta da mesa irão entender o conceito que vai nortear o processo, seja ele referente ao edifício, cidade ou aquisição de conhecimento teórico, bem como o resultado a que se pretende chegar no trabalho. Quando é um projeto, o grupo vai analisar primeiramente o programa desejado, os atributos do sítio onde será feita a intervenção, as imagens do local e então debater as ideias surgidas. A partir daí, irão se dividir em grupos menores para desenvolver suas propostas, até que possam ser avaliadas pela própria turma, o que tem caráter didático, e pelo professor. Rotineiramente esse é um processo aplicado nas faculdades de arquitetura e pode habituar os estudantes a integrar-se a equipes, quaisquer que sejam as áreas em que forem atuar.

29.   FRANCO, Paulo Carmagnani. Intervenções urbanas em pequenas cidades: uma forma de abrir os olhos dos moradores. *Mobilize Brasil*, 17 jan. 2018. Disponível em: mobilize.org.br/noticias/10742/intervenções-urbanas-em-pequenas-cidades-uma-forma-de-abrir-os-olhos-dos-moradores. Acesso em: 02 jul. 2021.

30.   FREIRE, 2001 *apud* MARTINS, Ingrid Roussenq Fortunato; OLIVEIRA, Michele Mezari; VIDAL, Soraia dos Santos Mangili. A solidariedade sob a ótica freireana na proposta curricular do colégio marista de Criciúma. *In*: Seminário International de Representações Sociais, Subjetividade e Educação – SIRSSE, IV. p. 3200. Disponível em: educere.bruc.com.br/arquivo/pdf2017/26001_13465.pdf. Acesso em: 02 jul. 2021.

6. CONSIDERAÇÕES FINAIS

O que se pode concluir a partir da observação das experiências relacionadas é que, de fato, a solidariedade tem sua expressão máxima no envolvimento com a própria comunidade. Ouvindo o cliente, o arquiteto pode considerar suas demandas.

Naquele momento do contato, ouvir seus sentimentos. Não somente agir por critérios técnicos, mas antes de tudo com respeito e atenção àquela pessoa. Deve levar em consideração a sutileza das características pessoais, a história, a cultura do local. Compreender que o espaço pode, de fato, influenciar o comportamento dos usuários e, por isso, ter a delicadeza de considerá-los em sua proposição. Agirá assim plenamente a serviço da sociedade, exercendo seu trabalho para fazer um mundo melhor. A participação do cliente em todo o processo é, sem dúvida, a expressão máxima de solidariedade e cuidado.

SOLIDARIEDADE E COOPERAÇÃO NA RELAÇÃO JURÍDICA OBRIGACIONAL

Pablo Stolze Gagliano

Juiz de Direito. Mestre em Direito Civil pela PUC-SP. Pós-graduado em Direito Civil pela Fundação Faculdade de Direito da Bahia. Membro da Academia Brasileira de Direito Civil, do Instituto Brasileiro de Direito Contratual e da Academia de Letras Jurídicas da Bahia. Professor da Universidade Federal da Bahia. Coautor do Manual de Direito Civil e do Novo Curso de Direito Civil (Ed. Saraiva).

1. INTRODUÇÃO: SOLIDARIEDADE E COOPERAÇÃO

Cooperação e solidariedade são expressões que se aproximam intimamente, sem perderem a sua identidade.

A cooperação, em meu sentir, tem dimensão mais restrita, traduzindo-se, em poucas palavras, como um dever de auxílio mútuo.

A solidariedade, por sua vez, é mais ampla. Abrange a cooperação e vai além. Traduz-se, no plano interno da relação jurídica, como cooperação e lealdade, mas se projeta muito mais amplamente, podendo, inclusive, ser compreendida como um verdadeiro princípio.

A solidariedade contém a cooperação.

Dentre todos os ramos do Direito Privado, é no Direito de Família, sem dúvida, que a solidariedade tem se consolidado como um importante princípio, conforme SCHELEDER e TAGLIARI:

> O princípio da solidariedade familiar implica respeito e consideração mútuos em relação aos membros da família.
>
> Esse modelo atual de família é considerado como família sociológica, na qual se verifica a prevalência de laços afetivos entre seus integrantes; os pais assumem exclusivamente a educação e a proteção de seus filhos, independentemente da existência de algum vínculo jurídico ou biológico entre eles.
>
> O princípio da solidariedade, ao lado do princípio da dignidade humana, constitui núcleo essencial da organização sócio-político-cultural e jurídica brasileira. "A solidariedade familiar é fato e direito; realidade e norma. No plano fático, convive-se no ambiente familiar para o comparti-

lhamento de afetos e responsabilidades. No plano jurídico, os deveres de cada um para com os outros impuseram a definição de novos direitos e deveres jurídicos".[1]

Sobre o tema, escrevi em obra dedicada ao estudo das relações de família:

Outro princípio peculiar do Direito de Família, de fundamental importância, é o princípio da solidariedade familiar.

Esse princípio não apenas traduz a afetividade necessária que une os membros da família, mas, especialmente, concretiza uma especial forma de responsabilidade social aplicada à relação familiar.

[...]

A solidariedade, portanto, culmina por determinar o amparo, a assistência material e moral recíproca, entre todos os familiares, em respeito ao princípio maior da dignidade da pessoa humana[2].

Destaco, ainda, julgado emblemático do Superior Tribunal de Justiça que se ampara, precisamente, no princípio da solidariedade para firmar posição peculiar e inovadora:

RECURSO ESPECIAL. CONCUBINATO DE LONGA DURAÇÃO. CONDENAÇÃO A ALIMENTOS. NEGATIVA DE VIGÊNCIA DE LEI FEDERAL. CASO PECULIARÍSSIMO.

PRESERVAÇÃO DA FAMÍLIA X DIGNIDADE E SOLIDARIEDADE HUMANAS.

SUSTENTO DA ALIMENTANDA PELO ALIMENTANTE POR QUATRO DÉCADAS. DECISÃO.

MANUTENÇÃO DE SITUAÇÃO FÁTICA PREEXISTENTE. INEXISTÊNCIA DE RISCO PARA A FAMÍLIA EM RAZÃO DO DECURSO DO TEMPO. COMPROVADO RISCO DE DEIXAR DESASSISTIDA PESSOA IDOSA. INCIDÊNCIA DOS PRINCÍPIOS DA DIGNIDADE E SOLIDARIEDADE HUMANAS. DISSÍDIO JURISPRUDENCIAL.

INEXISTÊNCIA DE SIMILITUDE FÁTICO-JURÍDICA.

1. De regra, o reconhecimento da existência e dissolução de concubinato impuro, ainda que de longa duração, não gera o dever de prestar alimentos a concubina, pois a família é um bem a ser preservado a qualquer custo.

2. Nada obstante, dada a peculiaridade do caso e em face da incidência dos *princípios* da dignidade e *solidariedade humanas*, há de se manter a obrigação de prestação de alimentos a concubina idosa que os recebeu por mais de quatro décadas, sob pena de causar-lhe desamparo, mormente quando o longo decurso do tempo afasta qualquer risco de desestruturação familiar para o prestador de alimentos.

3. O acórdão recorrido, com base na existência de circunstâncias peculiaríssimas – ser a alimentanda septuagenária e ter, na sua juventude, desistido de sua atividade profissional para dedicar-se ao alimentante; haver prova inconteste da dependência econômica; ter o alimentante, ao longo dos quarenta anos em que perdurou o relacionamento amoroso, provido espontaneamente o sustento da alimentanda –, determinou que o recorrente voltasse a prover o sustento da recorrida.

---

1. SCHELEDER, Adriana Fasolo Pilati; TAGLIARI, Renata Holzbach. O princípio da solidariedade e os direitos humanos fundamentais como meios de valorização do afeto nos vínculos de filiação. *Âmbito Jurídico*, 01 abr. 2009. Disponível em: https://ambitojuridico.com.br/edicoes/revista-63/o-principio-da-solidariedade-e-os--direitos-humanos-fundamentais-como-meios-de-valoracao-do-afeto-nos-vinculos-de-filiacao/#_edn8. Acesso em: 26 jun. 2021.
2. GAGLIANO, Pablo Stolze; PAMPLONA FILHO, Rodolfo. *Direito de família*. 11. ed. São Paulo: Saraiva, 2021. p. 94.

Ao assim decidir, amparou-se em interpretação que evitou solução absurda e manifestamente injusta do caso submetido à deliberação jurisprudencial.

4. Não se conhece da divergência jurisprudencial quando os julgados dissidentes tratam de situações fáticas diversas.

5. Recurso especial conhecido em parte e desprovido.

(REsp 1185337/RS, Rel. Ministro JOÃO OTÁVIO DE NORONHA, TERCEIRA TURMA, julgado em 17/03/2015, DJe 31/03/2015)

Mas, também em outros campos do Direito, a solidariedade e a cooperação se projetam, como se dá no Processo Civil[3], havendo, inclusive, referência à cooperação como princípio, embora optemos por considerar mais apropriado se falar, no caso, em um "dever"[4].

2. SOLIDARIEDADE, COOPERAÇÃO DE DIREITO DAS OBRIGAÇÕES

No Direito das Obrigações, o princípio da solidariedade impõe uma atuação cooperativa entre os partícipes da relação, credor e devedor, como já havia sido observado por Betti.

No início da sua monumental obra Teoria Geral das Obrigações, Emílio Betti, notável Professor na Universidade de Roma, convida o leitor a compreender, em perspectiva crítica, a relação jurídica obrigacional, projetando, sobre ela, as luzes da cooperatividade.

Para tanto, o grande jurista recorre, inclusive, à epístola de São Paulo aos Coríntios:

> É breve a vida do homem: os limites, entre o berço e o túmulo, não são tão distantes como podem parecer ao indivíduo, em sua presunção. E, entre esses limites, quantos são os riscos que lhe tornam precária a existência, quantas as coisas de que necessita! Algumas ele obtém com o trabalho; outras, fornece-lhe a atividade solidária de outrem, que atinge o cume mais alto na 'caritas', como caracteriza São Paulo, na Epístola I (cap. 13) aos Coríntios. Mas sempre, no eterno círculo das

---

3. CPC-15: Art. 6º Todos os sujeitos do processo devem **cooperar** entre si para que se obtenha, em tempo razoável, decisão de mérito justa e efetiva. (Grifo nosso)

4. JULGADO DO TJDFT: "[...] 1.2 – Visando à concretização dos fins a que se propôs, o CPC/2015, em seus arts. 1º a 12, dispôs sobre as Normas Fundamentais do Processo Civil, relacionadas aos direitos e garantias constitucionalmente previstos, não deixando de contemplar, no seu corpo, outros, de viés puramente processual, que buscam a implementação dos primeiros. Cabe mencionar, ainda, que existem princípios processuais consagrados pela doutrina e jurisprudência que não foram expressamente insertos no CPC/2015, mas que, nem por isso, deixam de ser observados. 2 – Pelo princípio da cooperação depreende-se que o processo é produto de uma atividade cooperativa triangular, composta pelo juiz e pelas partes, que exige uma postura ativa, de boa fé e isonômica de todos os atores processuais, e, especificamente do juiz, a atuação como agente colaborador do processo, e não mero fiscal de regras, visando à tutela jurisdicional específica, célere e adequada. Traduz-se, portanto, em um diálogo entre partes e juiz, que encontra, porém, limites na natureza da atuação de cada um dos atores processuais".

(Acórdão 1011021, unânime, Relator: ALFEU MACHADO, 1ª Turma Cível, data de julgamento: 19/4/2017). (Grifo nosso). Disponível em: https://www.tjdft.jus.br/consultas/jurisprudencia/jurisprudencia-em-temas/novo-codigo-de-processo-civil/principio-da-cooperacao. Acesso em: 26 jun. 21.

relações sociais, para obter bens e serviços ou para se defender dos riscos inevitáveis, necessita o homem da colaboração alheia.

[...]

Na exigência de cooperação entre consociados está, portanto, a chave com que o jurista deve procurar entender o instituto da obrigação, considerando-o na sua função socioeconômica.[5]

De fato, na medida em que o Direito Civil contemporâneo experimentou, em seu processo evolutivo, especialmente na passagem do século XX para a centúria atual, os efeitos de um inegável processo de constitucionalização, essa dinâmica, por certo, imporia, uma compreensão mais solidária e cooperativa da relação jurídica obrigacional, em respeito, sobretudo, ao princípio da dignidade da pessoa humana.

E claro que todo esse panorama guardaria íntima conexão com a cláusula geral de boa-fé, pois não há como evitar uma interface entre a solidariedade e a boa-fé objetiva.

Refiro-me, em especial, à cláusula geral de boa-fé, sobre qual já me debrucei[6]:

A noção de boa-fé (*bona fides*), ao que consta, foi cunhada primeiramente no Direito Romano, embora a conotação que lhe foi dada pelos juristas alemães, receptores da cultura romanista, não fosse exatamente a mesma[7].

Em Roma, partindo-se de uma acentuada amplitude semântica, pode-se afirmar que: "A *fides* seria antes um conceito ético do que propriamente uma expressão jurídica da técnica. Sua 'juridicização' só iria ocorrer com o incremento do comércio e o desenvolvimento do *jus gentium*, *complexo jurídico aplicável a romanos e a estrangeiros*"[8].

Já no Direito Alemão, a noção de boa-fé traduzia-se na fórmula do *Treu und Glauben* (lealdade e confiança), regra objetiva, que deveria ser observada nas relações jurídicas em geral.

A esse respeito, pontifica Judith Martins-Costa:

A fórmula *Treu und Glauben* demarca o universo da boa-fé obrigacional proveniente da cultura germânica, traduzindo conotações totalmente diversas daquelas que a marcaram no direito romano: ao invés de denotar a ideia de fidelidade ao pactuado, como numa das acepções da fides romana, a cultura germânica inseriu, na fórmula, as ideias de lealdade (*Treu* ou *Treue*) e crença (*Glauben* ou *Glaube*), as quais se reportam a qualidades ou estados humanos objetivados[9].

Não nos surpreende, aliás, o desenvolvimento teórico e dogmático deste instituto ter-se dado entre os germânicos.

Por se tratar de conceito demasiadamente aberto, que exige do jurista acentuada carga de abstração, a língua alemã, sem dúvida, dado o seu alto grau de precisão

---

5. BETTI, Emilio. *Teoria geral das obrigações*. Campinas: Bookseller, 2006. p. 25.
6. GAGLIANO, Pablo Stolze; PAMPLONA FILHO, Rodolfo. *Novo curso de direito civil – contratos*. 4. ed. São Paulo: Saraiva, 2021. p. 95-96.
7. Nesse sentido, KASER, Max. *Direito privado romano (Römisches Privatrecht)*. Lisboa: Fundação Calouste Gulbenkian, 1999. p. 154.
8. LEWICKI, Bruno. Panorama da boa-fé objetiva. *In*: TEPEDINO, Gustavo (coord.). *Problemas de direito civil constitucional*. Rio de Janeiro: Renovar, 2000. p. 58.
9. MARTINS-COSTA, Judith. *A boa-fé no direito privado*. São Paulo: Revista dos Tribunais, 2000. p. 124.

semântica, facilita a concretização linguística dos mais profundos pensamentos jurídicos. Não por outra razão, aliás, os maiores filósofos da modernidade[10] e psicanalistas exprimiam as suas ideias também nessa língua.

Também o direito canônico enfrentaria o tema, em termos semelhantes aos do direito alemão, *embora introduzisse um poderoso polo de significados: a boa-fé é vista como ausência de pecado, ou seja, como estado contraposto à má-fé*[11].

Feito esse breve apanhado histórico, já podemos observar que a *boa-fé* é, antes de tudo, *uma diretriz principiológica de fundo ético e espectro eficacial jurídico*. Vale dizer, *a boa-fé se traduz em um princípio de substrato moral, que ganhou contornos e matiz de natureza jurídica cogente.*

Em síntese, temos que, sob o influxo do processo de constitucionalização do Direito Civil, a presença da cláusula geral de boa-fé fez-se sentir, com mais força, em nosso sistema, o que favoreceu, por via oblíqua, o reconhecimento da importância da solidariedade e da cooperação nas relações jurídicas, inclusive obrigacionais.

3. A SOLIDARIEDADE NO DIREITO DAS OBRIGAÇÕES

Destacarei aqui, a título exemplificativo, duas situações em que a solidariedade obrigacional se projeta como um princípio impositivo para as partes envolvidas, impondo-lhes o dever de cooperação.

3.1 Dever de Informar na Cessão de Crédito

A primeira situação que analiso diz respeito à cessão de crédito.

Visando a sua adequada compreensão, repasso algumas noções acerca dessa modalidade de transmissão obrigacional, transcrevendo trechos do volume dedicado ao Direito das Obrigações, que escrevi em coautoria com Rodolfo Pamplona Filho:

> A cessão de crédito consiste em um negócio jurídico por meio do qual o credor (cedente) transmite total ou parcialmente o seu crédito a um terceiro (cessionário), mantendo-se a relação obrigacional primitiva com o mesmo devedor (cedido).
>
> [...]
>
> Tendo em vista todos esses aspectos, o Código Civil de 2002, consagrando regra mais abrangente, disciplinou a cessão de crédito em seu art. 286:
>
> "Art. 286. O credor pode ceder o seu crédito, se a isso não se opuser a natureza da obrigação, a lei, ou a convenção com o devedor; a cláusula proibitiva da cessão não poderá ser oposta ao cessionário de boa-fé, se não constar do instrumento da obrigação".
>
> Da análise dessa regra conclui-se, com facilidade, que cessão de crédito não poderá ocorrer, em três hipóteses:

---

10. Frisamos a expressão "da modernidade", pois, em nosso sentir, o maior de todos os filósofos, sem a menor sombra de dúvida, foi grego e viveu na Antiguidade: Sócrates.
11. MARTINS-COSTA, Judith. *A boa-fé no direito privado*. São Paulo: Revista dos Tribunais, 2000. p. 129.

a) se a natureza da obrigação for incompatível com a cessão;

b) se houver vedação legal;

c) se houver cláusula contratual proibitiva.

Sobre a terceira hipótese já falamos, de modo que nos resta estudar as duas primeiras.

Ora, por inequívocas razões, nem toda relação obrigacional admite a transmissibilidade creditória. É o caso do direito aos alimentos. O menor/alimentando não pode "negociar" com um terceiro, e ceder o crédito que tenha em face do seu pai/alimentante. Da mesma forma, não se admite a cessão de direitos da personalidade[12], como a honra, o nome, a intimidade etc.

Também não poderá ocorrer a cessão, se houver proibição legal. É o caso da regra prevista no art. 520 do CC/2002, que proíbe a cessão do direito de preferência a um terceiro. Da mesma forma, o art. 1.749, III, do CC/2002 proíbe que o tutor seja cessionário de direito, contra o tutelado.

Por ter natureza negocial, a cessão pressupõe a observância dos pressupostos gerais de validade, sobretudo a capacidade e a legitimidade das partes. Quanto a esta última, lembre-se de que o art. 1.749, III, do CC/2002 nega legitimidade ao tutor para que se constitua cessionário de direito contra o menor tutelado. Vale dizer, embora capaz, pesa contra si um impedimento legal específico em virtude do encargo público que desempenha em prol do menor[13].

Pois bem. Um importante aspecto deve ser considerado, na cessão de crédito: o dever de informação derivado da boa-fé objetiva, previsto no art. 290: "A cessão do crédito não tem eficácia em relação ao devedor, senão quando a este notificada; mas por notificado se tem o devedor que, em escrito público ou particular, se declarou ciente da cessão feita".

Assim, deverá o devedor (cedido) ser notificado da cessão, sob pena de não repercutir em sua esfera jurídica, ou seja, caso não seja comunicado, o pagamento feito ao antigo credor (cedente) é valido e eficaz.

Aliás, uma vez notificado o devedor vincula-se ao cessionário, podendo opor a este as exceções (defesas) que lhe competirem, bem como as que, *no momento em que veio a ter conhecimento da cessão*[14], tinha contra o cedente.

Sobre o tema, escreve Cristoph Fabian:

Um exemplo de dever de informar como dever à prestação encontra-se na cessão de créditos: para ser válida a cessão em relação ao devedor, ela deve ser notificada a esse (art. 1.069 do CC de 1916). Se o cedente não notificar a cessão, ele pode ser responsável por danos ao cessionário. Nesta perspectiva, a notificação é um dever anexo que assegura a realização da cessão em relação ao devedor[15].

---

12. Lembre-se de que a proibição é da cessão do direito em si, não obstante seja possível, em algumas espécies de direitos, a cessão contratual de uso (a exemplo do direito à imagem).

13. GAGLIANO, Pablo Stolze; PAMPLONA FILHO, Rodolfo. *Novo curso de direito civil* – obrigações. 22. ed. São Paulo: Saraiva, 2021. p. 282; p. 284-285.

14. Essa expressão é utilizada pelo Código Civil, e, não havendo critério objetivo para defini-la, entendemos que o prazo para a apresentação das exceções (defesas) do devedor deverá ser apreciado, em cada caso concreto, pelo magistrado.

15. FABIAN, Cristoph. *O dever de informar no direito civil*. São Paulo: Revista dos Tribunais, 2002. p. 64.

Ora, esse dever de informação dialoga, claramente, com o imperativo da solidariedade, traduzindo-se, pois, também, como um dever de cooperação.

Isso porque solidariedade não desemboca apenas em uma atuação para evitar o prejuízo da outra parte, mas também se manifesta no sentido de imprimir transparência e clareza na relação jurídica.

Em outras palavras, *atua em solidariedade obrigacional* o cedente que comunica o devedor acerca da cessão, desincumbindo-se, assim, dos deveres de informação e de cooperatividade.

Apenas a título de complementação, faço um importante registro: segundo entendimento firmado pelo Superior Tribunal de Justiça, a ausência de notificação, na cessão de crédito, não implica a inexigibilidade da obrigação, ou seja, a ausência de comunicação ao devedor, em descumprimento à solidariedade obrigacional, não torna o crédito inexigível:

PROCESSUAL CIVIL. RECURSO ESPECIAL. EMBARGOS À EXECUÇÃO.

FUNDAMENTAÇÃO. AUSENTE. DEFICIENTE. SÚMULA 284/STF.

PREQUESTIONAMENTO. AUSÊNCIA. SÚMULA 211/STJ. HARMONIA ENTRE O ACÓRDÃO RECORRIDO E A JURISPRUDÊNCIA DO STJ. CONTRATO DE PRESTAÇÃO DE SERVIÇOS ADVOCATÍCIOS. PREVISÃO DE PENALIDADE CONSUBSTANCIADA NO PAGAMENTO INTEGRAL DOS VALORES PACTUADOS ANTE A REVOGAÇÃO UNILARETAL DO MANDATO. IMPOSSIBILIDADE. DIREITO POTESTATIVO DO CLIENTE DE REVOGAR O MANDANTO, ASSIM COMO É DO ADVOGADO DE RENUNCIAR.

1. Embargos à execução opostos em 15/05/2018. Autos conclusos para esta Relatora em 30/07/2020. Julgamento sob a égide do CPC/15.

2. A ausência de fundamentação ou a sua deficiência importa no não conhecimento do recurso quanto ao tema.

3. A ausência de decisão acerca dos dispositivos legais indicados como violados, não obstante a interposição de embargos de declaração, impede o conhecimento do recurso especial.

4. A falta de notificação do devedor sobre a cessão do crédito não torna a dívida inexigível (art. 290 do CC/02), circunstância que não proíbe o novo credor de praticar os atos imprescindíveis à preservação dos direitos cedidos. Súmula 568/STJ.

5. Em razão da relação de fidúcia entre advogado e cliente (considerando se tratar de contrato personalíssimo), o Código de Ética e Disciplina da OAB (CED-OAB) prevê no art. 16 – em relação ao advogado – a possibilidade de renúncia a patrocínio sem a necessidade de se fazer alusão ao motivo determinante, sendo o mesmo raciocínio a ser utilizado na hipótese de revogação unilateral do mandato por parte do cliente (art. 17 do CED-OAB).

6. Considerando que a advocacia não é atividade mercantil e não vislumbra exclusivamente o lucro, bem como que a relação entre advogado e cliente é pautada na confiança de cunho recíproco, não é razoável – caso ocorra a ruptura do negócio jurídico por meio renúncia ou revogação unilateral mandato – que as partes fiquem vinculadas ao que fora pactuado sob a ameaça de cominação de penalidade.

7. Não é possível a estipulação de multa no contrato de honorários para as hipóteses de renúncia ou revogação unilateral do mandato do advogado, independentemente de motivação, respeitado o direito de recebimento dos honorários proporcionais ao serviço prestado.

8. Recurso especial parcialmente conhecido e, nessa parte, parcialmente provido.

(REsp 1882117/MS, Rel. Ministra NANCY ANDRIGHI, TERCEIRA TURMA, julgado em 27/10/2020, DJe 12/11/2020). (Grifo nosso).

AGRAVO INTERNO NO AGRAVO EM RECURSO ESPECIAL. AÇÃO DE COBRANÇA. CONTRATO DE ABERTURA DE CRÉDITO FIXO COM REPASSE FINAME. LEGITIMIDADE DA PARTE AUTORA. CESSÃO DE CRÉDITO. AUSÊNCIA DE NOTIFICAÇÃO DA CESSÃO DE CRÉDITO. NÃO INTERFERÊNCIA NA EXIGÊNCIA OU EXISTÊNCIA DA DÍVIDA. CONSONÂNCIA DO ACÓRDÃO RECORRIDO COM A JURISPRUDÊNCIA DO STJ. SÚMULA N. 83/STJ. ALTERAÇÃO. IMPOSSIBILIDADE.

SÚMULA N. 7/STJ. NATUREZA DA GARANTIA. REEXAME DE FATOS E PROVAS. INTERPRETAÇÃO DE CLÁUSULA CONTRATUAL. IMPOSSIBILIDADE. SÚMULAS N. 5 E 7/STJ. AGRAVO INTERNO IMPROVIDO.

1. A jurisprudência desta Corte firmou-se no sentido de que a ausência de notificação do devedor acerca da cessão do crédito (art. 290 do CC/2002) não torna a dívida inexigível, tampouco impede o novo credor de praticar os atos necessários à preservação dos direitos cedidos, bem como não exime o devedor da obrigação de arcar com a dívida contraída.

2. A orientação do STJ é de que, caso a parte tenha se obrigado como devedora solidária, e não como fiadora, torna-se impertinente a exigência de outorga uxória para se alcançar a eficácia plena da garantia.

3. A análise acerca da natureza da garantia prestada pelos agravantes demanda o reexame de fatos e provas, bem como a interpretação de cláusulas contratuais, o que é vedado em recurso especial pelo óbice disposto nas Súmulas 5 e 7/STJ.

4. A revisão do julgado recorrido, a respeito do tipo de contrato acordado entre as partes para se apurar o percentual a ser fixado, exigiria o revolvimento das cláusulas pactuadas entre as partes e das circunstâncias de fato pertinentes ao caso, o que não se admite em recurso especial, diante da aplicação das Súmulas n. 5 e 7 desta Corte.

5. Agravo interno improvido.

(AgInt no AREsp 1637202/MS, Rel. Ministro MARCO AURÉLIO BELLIZZE, TERCEIRA TURMA, julgado em 24/08/2020, DJe 01/09/2020). (Grifo nosso).

3.2 *Duty to Mitigate the Loss*[16]

O *duty to mitigate* ilustra, com clareza, a projeção da solidariedade obrigacional.

Para evitar uma indesejável "crise cooperativa" entre os sujeitos ativo e passivo da obrigação (credor e devedor), impõe-se, por imperativo da boa-fé, da confiança e da solidariedade, o dever de o credor atuar para mitigar o seu próprio prejuízo.

Sem dúvida, a Professora Véra Maria Jacob de Fradera tem imensa relevância no estudo do tema, no Brasil[17].

---

16. Cf. GAGLIANO, Pablo Stolze; PAMPLONA FILHO, Rodolfo. *Novo curso de direito civil* – obrigações. 22. ed. São Paulo: Saraiva, 2021. Capítulo XXIII, item 3.

17. FRADERA, Véra Maria Jacob de. Pode o credor ser instado a diminuir o próprio prejuízo? *Revista Trimestral de Direito Civil*, Rio de Janeiro: Padma, v. 19, 2004.

O *duty to mitigate* consiste no dever de o titular de um direito (credor), sempre que possível, atuar para minimizar o âmbito de extensão do próprio dano[18]. E note-se que, minimizando o seu prejuízo, ele ameniza, *em solidariedade*, a situação do próprio devedor.

Em antigo editorial, apresentei um exemplo didático[19]:

Imagine que FREDIE BACANA conduz o seu carro no estacionamento da Faculdade. Em uma manobra brusca e negligente, colide com o carro de SALOMÉ VIENA. Esta última, vítima do dano e titular do direito à indenização, exige que FREDIE chame um guincho. Muito bem. Enquanto FREDIE se dirigia à secretaria da Faculdade para fazer a ligação, SALOMÉ – credora do direito à indenização – verificou que uma pequenina chama surgiu no motor do carro. Poderia, perfeitamente, de posse do seu extintor, apagá-la, minimizando a extensão do dano. Mas assim não agiu. Em afronta ao princípio da boa-fé e ao dever de mitigar, pensou: 'quero mais é que o carro exploda, para que eu receba um novo'.

Neste caso, se ficar demonstrado que o credor poderia ter atuado para minimizar o dano evitável ('avoid his avoidable damages'), não fará jus a um carro novo. Apenas receberá, por aplicação do *duty to mitigate*, o valor correspondente à colisão inicial.

E complementei:

Observe, amigo leitor, a multiplicidade de situações reais em que este instituto poderá ser aplicado, a exemplo da hipótese em que o credor, beneficiado por uma medida judicial de tutela específica, podendo fornecer ao Juízo elementos concretos para a sua efetivação, prefere 'rolar a multa diária', para, ao final do processo, perceber uma vultosa quantia. Se ficar demonstrado que poderia ter atuado para efetivar a medida de imediato, e não o fez, deve o juiz reduzir o valor devido, com fulcro no aludido dever de mitigar.

Destaco, ainda, nesse ponto, trecho do que escrevi, no volume II do Novo Curso[20], escrito em coautoria com Rodolfo P. Filho:

Não há, no Código Civil, dispositivo que regule o *duty*, embora o Professor DANIEL NOVAIS DIAS, grande estudioso do tema, sustente a aplicabilidade do próprio art. 403:

"Segundo o artigo 403, mesmo quando a inexecução resulte de dolo do devedor, ele somente responde pelos prejuízos efetivos e pelos lucros cessantes 'por efeito dela direto e imediato', donde se extrai que o devedor inadimplente não responde pelo dano que o credor poderia ter evitado. O dano evitável é, por outras palavras, efeito indireto e mediato da inexecução do devedor. Essa ausência de lacuna implica a desnecessidade e mesmo a incorreção dos referidos recursos ao abuso do direito ou à boa-fé para solucionar o problema de responsabilidade pelo dano evitável"[21].

---

18. GAGLIANO, Pablo Stolze. *Editorial 13*: duty to mitigate the loss. 16 fev. 2012. Facebook: Pablo Stolze. Disponível em: https://www.facebook.com/pablostolze/posts/258991024176880/. Acesso em: 11 jul. 2021.
19. GAGLIANO, Pablo Stolze. *Editorial 13*: duty to mitigate the loss. 16 fev. 2012. Facebook: Pablo Stolze. Disponível em: https://www.facebook.com/pablostolze/posts/258991024176880/. Acesso em: 11 jul. 2021.
20. GAGLIANO, Pablo Stolze; PAMPLONA FILHO, Rodolfo. *Novo curso de direito civil – obrigações*. 22. ed. São Paulo: Saraiva, 2021.
21. DIAS, Daniel Novais. A irreparabilidade do dano evitável no direito civil brasileiro. *ConJur*, 26 fev. 2018. Disponível em: https://www.conjur.com.br/2018-fev-26/direito-civil-atual-irreparabilidade-dano-evitavel-direito-civil-brasileiro. Acesso em: 11 jul. 2021.

No STJ, confira-se:

RECURSO ESPECIAL. AÇÃO DE COBRANÇA. CONTRATO DE CARTÃO DE CRÉDITO. APLICAÇÃO DO PRINCÍPIO *DUTY TO MITIGATE THE LOSS*. INVIABILIDADE NO CASO CON-CRETO. JUROS REMUNERATÓRIOS. AUSÊNCIA DE CONTRATO NOS AUTOS. DISTRIBUIÇÃO DINÂMICA DO ÔNUS DA PROVA. TAXA MÉDIA DE MERCADO. RECURSO PROVIDO.

1. O princípio *duty to mitigate the loss* conduz à ideia de dever, fundado na boa-fé objetiva, de mitigação pelo credor de seus próprios prejuízos, buscando, diante do inadimplemento do devedor, adotar medidas razoáveis, considerando as circunstâncias concretas, para diminuir suas perdas. Sob o aspecto do abuso de direito, o credor que se comporta de maneira excessiva e violando deveres anexos aos contratos (v.g., lealdade, confiança ou cooperação), agravando, com isso, a situação do devedor, é que deve ser instado a mitigar suas próprias perdas. É claro que não se pode exigir que o credor se prejudique na tentativa de mitigação da perda ou que atue contrariamente à sua atividade empresarial, porquanto aí não haverá razoabilidade.

2. O ajuizamento de ação de cobrança muito próximo ao implemento do prazo prescricional, mas ainda dentro do lapso legalmente previsto, não pode ser considerado, por si só, como fundamento para a aplicação do *duty to mitigate the loss*. Para tanto, é necessário que, além do exercício tardio do direito de ação, o credor tenha violado, comprovadamente, alguns dos deveres anexos ao contrato, promovendo condutas ou omitindo-se diante de determinadas circunstâncias, ou levando o devedor à legítima expectativa de que a dívida não mais seria cobrada ou cobrada a menor.

3. A razão utilizada pelas instâncias ordinárias para aplicar ao caso o postulado do *duty to mitigate the loss* está fundada tão somente na inércia da instituição financeira, a qual deixou para ajuizar a ação de cobrança quando já estava próximo de vencer o prazo prescricional e, com isso, acabou obtendo crédito mais vantajoso diante da acumulação dos encargos ao longo do tempo.

4. Não há nos autos nenhum outro elemento que demonstre haver a instituição financeira, no caso em exame, criado no devedor expectativa de que não cobraria a dívida ou que a cobraria a menor, ou mesmo de haver violado seu dever de informação. Não há, outrossim, elemento nos autos no qual se possa identificar qualquer conduta do devedor no sentido de negociar sua dívida e de ter sido impedido de fazê-lo pela ora recorrente, ou ainda qualquer outra circunstância que pudesse levar à conclusão de quebra da confiança ou dos deveres anexos aos negócios jurídicos por nenhuma das partes contratantes, tais como a lealdade, a cooperação, a probidade, entre outros.

5. Desse modo, entende-se não adequada a aplicação ao caso concreto do *duty to mitigate the loss*.

6. 'Não juntados aos autos os contratos, deve o agravante suportar o ônus da prova, afastando-se as tarifas contratadas e limitando os juros remuneratórios à taxa média de mercado' (AgRg no REsp 1.578.048/PR, Rel. Min. Marco Aurélio Bellizze, Terceira Turma, julgado em 18/08/2016, *DJe* de 26/08/2016).

7. Recurso especial provido" (REsp 1.201.672/MS, Rel. Min. Lázaro Guimarães (Desembargador convocado do TRF 5.ª Região), Quarta Turma, julgado em 21-11-2017, *DJe*, 27-11-2017).

Concluo, portanto, que o dever imposto ao credor de mitigar o seu próprio prejuízo, para além de emanar da boa-fé, *deriva do princípio da solidariedade*, o qual se projeta nas relações obrigacionais com o escopo de evitar – ou ao menos amenizar – a "crise cooperativa" profetizada por Betti.

INTEMPERISMO HUMANO, CUIDADO E SOLIDARIEDADE

Pedro Caetano de Carvalho

Filósofo e Juiz de Direito aposentado. Atividades já exercidas: Coordenador Estadual da Fundação Catarinense do Bem-Estar do Menor. Presidente do Conselho Estadual dos Direitos da Criança e do Adolescente, onde representava a Escola de Pais do Brasil, seccional de SC. Professor da ESMESC – Escola Superior da Magistratura Catarinense. Secretário Executivo da ABMP – Associação Brasileira dos Magistrados e Promotores da Infância e Juventude. Ex-membro da Ordem dos Clérigos Regulares Teatinos e do IBDFAM. Autor de diversas publicações sobre o cuidado, família, criança e adolescente.

Ismael Hardt de Carvalho

Advogado, formado pela Universidade do Vale do Itajaí em Santa Catarina – UNIVALI, especialista em Direito e Processo do Trabalho, atuou junto a AFLOV, Associação Florianopolitana de Voluntários, Trabalhou para o ILANUD, Instituto Latino Americano das Nações Unidas para Prevenção do Delito e Tratamento do Delinquente e para a Rede Social São Paulo, Advogado do Escritório Gonçalves de Souza, em Florianópolis, atua em ações coletivas de impacto social no Estado de Santa Catarina.

1. JUSTIFICATIVA

Considerando o empenho na busca pelo reconhecimento do cuidado como valor jurídico, amplamente abordado nas obras anteriores, visamos aqui refletir sobre a solidariedade e a responsabilidade pessoal e coletiva para com a humanidade.

Da mesma forma como nos valemos da lei da física para entender a resiliência, queremos aqui refletir sobre o que podemos aprender com o intemperismo que com sua persistência provoca alterações física, química e biológica da rocha e dos seus minerais resultando em tantas transformações importantes na natureza, interferindo de forma filosófica, também com nossa ação de contribuir ou não, para a conquista de um mundo melhor.

O apelo do Papa Francisco voltado para a cultura do cuidado para erradicar as culturas da indiferença, do descarte e do conflito, que muitas vezes parece prevalecer na humanidade[1] traz o alerta que busca refletir o fato de que em períodos sucessivos, a generosidade dos cristãos perdeu um pouco do seu ímpeto, surgindo

---

1. Cf. PAPA Francisco, mensagem para celebração do 54° Dia Mundial da Paz em 1 de janeiro de 2021.

daí a necessidade de termos o cuidado como promoção da dignidade e dos direitos das pessoas.

O ser humano diante das inúmeras provações que a vida apresenta, assim como uma rocha, se endurece, muitas vezes para afastar a si próprio da sociedade ou para selecionar uma melhor zona de conforto. Com isso, no transcorrer do tempo é possível verificar como a agregação e a desagregação de elementos básicos da vida em sociedade (respeito, honestidade) afastam ou fortalecem o cuidado e a solidariedade com aqueles que o circundam.

Em um mundo de afastamento gradual dos seres humanos, em razão da tecnologia, o cuidado e a solidariedade parecem empalidecer diante da frieza que as telas de celulares e computadores, refletem questões como por vezes simples, os cheiros, o toque, o sofrimento, o carinho.

A reconexão com a realidade se mostra cada vez mais primordial para não perdemos a essência do que é ser humano.

2. O QUE É O INTEMPERISMO

Estudando o comportamento humano, principalmente da persistência e do cuidado como ferramenta de promoção da dignidade das pessoas, muito podemos aprender com o intemperismo na natureza.

O intemperismo consiste no conjunto de processos físicos, químicos e biológicos que provoca o desgaste das rochas ao longo do tempo. São esses processos que fazem, por exemplo, que as rochas atingidas pelas ondas do mar transformem-se, gradualmente, nas areias das praias. Quando uma rocha se quebra naturalmente ou se dissolve, dizemos que ela passou por um processo de intemperismo.

Vários dos mais lindos e conhecidos pontos turísticos brasileiros são resultado da ação do intemperismo como por exemplo Vila Velha e as furnas do Buraco do Padre ou da Fenda da Freira na região de Ponta Grossa-PR, bem como os tantos cânions Brasil afora em exemplo o de Itaimbezinho (RS/SC), Chapadas dos Veadeiros, Guimarães, Diamantina, Monte Roraima, Das Mesas etc.

Este conjunto de processos naturais que colabora com a formação do relevo e do clima no mundo, interfere nas transformações das rochas além de contribuir na formação do solo, modificando permanentemente o ambiente e a forma com que a natureza se apresenta.

Colhemos do site "Toda Matéria" a classificação do intemperismo segundo o tipo de processo que ocorre.

O *"Intemperismo Físico"*: também chamado de "intemperismo mecânico", ocorre por meio de processos físicos, com a fragmentação das rochas, formando assim diversos tipos de sedimentos (por exemplo, a areia). É influenciado, sobretudo, pela variação de temperatura e de pressão. Com isso, o processo de dilatação das rochas, favorece sua fragmentação.

O *"Intemperismo Químico"*: decorre de reações químicas que ocorrem através da ação dos ventos, da água e da temperatura, resulta das alterações e transformações dos minerais, alterando assim, a composição química das rochas. Os principais processos químicos que ocorrem nesse tipo de intemperismo são: a hidrólise, a hidratação, a oxidação, a redução, a carbonatação e a dissolução.

O *"Intemperismo Biológico"*: se origina de processos biológicos, e é provocado principalmente pela decomposição dos seres vivos, favorecendo assim, a transformação das rochas e o enriquecimento do solo"[2].

O Mestre Rodolfo Alves Pena ensina que "existem vários fatores que controlam a ação do intemperismo. Os principais são o clima, o relevo, a composição da rocha-mãe, o seu tempo de exposição e a ação dos seres vivos"[3].

> O clima é o mais relevante fator de influência e controle sobre o intemperismo. Isso porque ele interfere na ação dos principais agentes de decomposição e desagregação das rochas, como a água (controlada pelo regime de chuvas) e as temperaturas. Se chove muito em uma região, aumentam os casos de intemperismos químicos; se a estiagem se prolonga, aumentam os casos de intemperismos físicos, uma vez que as rochas e os solos se desagregam em função do calor[4].

O mesmo Mestre prossegue "O relevo influencia o intemperismo através de suas fisionomias e disposições. Um exemplo é a declividade. Em zonas de declives acentuados, a água corre mais rápido, gerando um maior impacto sobre as rochas e proliferando ações intempéricas"[5].

A composição da rocha também é um fator muito importante nesse processo. Isso significa que rochas que possuem minerais mais resistentes tendem a ser igualmente mais resistentes às ações do intemperismo.

> O tempo de exposição dessa rocha à ação dos agentes intempéricos também é outro ponto de destaque. Formações que se afloraram na superfície em tempos geologicamente remotos apresentam maior transformação, enquanto relevos mais jovens costumam ser mais acidentados e menos sedimentados. [...] Os seres vivos, embora em menor intensidade, também contribuem para as transformações ocasionadas pelo intemperismo. A deposição de matéria orgânica nos solos, por exemplo, aumenta a acidez da água e favorece a decomposição química de alguns minerais que compõem as rochas, que vão sendo destruídas aos poucos[6].

2. INTEMPERISMO. *Toda Matéria*, 14 fev. 2020. Disponível em: https://www.todamateria.com.br/intemperismo/#:~:text=Os%20principais%20agentes%20do%20processo,e%20ainda%20da%20a%C3%A7%C3%A3o%20humana. Acessado em: 21 jun. 2021.
3. PENA, Rodolfo F. Alves. O que é intemperismo? *Brasil Escola*. Disponível em: https://brasilescola.uol.com.br/o-que-e/geografia/o-que-e-intemperismo.htm. Acesso em: 21 jun. 2021.
4. PENA, Rodolfo F. Alves. O que é intemperismo? *Brasil Escola*. Disponível em: https://brasilescola.uol.com.br/o-que-e/geografia/o-que-e-intemperismo.htm. Acesso em: 02 mai. 2021.
5. PENA, Rodolfo F. Alves. O que é intemperismo? *Brasil Escola*. Disponível em: https://brasilescola.uol.com.br/o-que-e/geografia/o-que-e-intemperismo.htm. Acesso em: 02 mai. 2021.
6. PENA, Rodolfo F. Alves. O que é intemperismo? *Brasil Escola*. Disponível em: https://brasilescola.uol.com.br/o-que-e/geografia/o-que-e-intemperismo.htm. Acesso em: 02 mai. 2021.

Embora de maneira resumida e sem adentrar na discussão técnica em torno do tema intemperismo buscaremos refletir sobre o aprendizado das diversas formas de interferência que podem ocorrer na vida humana, com destaque para uma das suas características que é a persistência.

3. O APRENDIZADO COM O INTEMPERISMO

Antes de abordarmos os aprendizados que podemos ter com o intemperismo, queremos lembrar que a epistemologia genética conhecida por estimular o pensamento lógico e crítico defende que o indivíduo passa por várias etapas de desenvolvimento ao longo da sua vida.

Conforme referido no interessante estudo publicado na UFRGS, no site de Psicologia da Educação sobre "Aprendizagem e Qualidade de Vida". reportando-se a Jean Piaget, aprendizagem é "como um processo que começa no nascimento e acaba na morte". Ela decorre "do equilíbrio entre a assimilação e a acomodação, resultando em adaptação". Segundo este mesmo esquema,

> [...] o ser humano assimila os dados que obtém do exterior, mas uma vez que já tem uma estrutura mental que não está `vazia`, precisa adaptar esses dados à estrutura mental já existente. Uma vez que os dados são adaptados a si, dá-se a acomodação. Para Piaget, o homem é o ser mais adaptável do mundo. Este esquema revela que nenhum conhecimento nos chega do exterior sem que sofra alguma alteração pela nossa parte. Ou seja, tudo o que aprendemos é influenciado por aquilo que já tínhamos aprendido[7].

O mesmo estudo postula também que

> [...] todo esquema de assimilação é obrigado a se acomodar aos elementos que assimila, isto é, a se modificar em função de suas particularidades, mas sem com isso perder sua continuidade (portanto, seu fechamento enquanto ciclo de processos interdependentes), nem seus poderes anteriores de assimilação[8].

Aproveitando estes ensinamentos com várias terminologias e comportamentos presentes no intemperismo ao agir na natureza, também observamos que é comum encontrarmos em publicações motivacionais que todo o processo de aprendizado leva tempo. A evolução leva tempo. A adaptação às mudanças leva tempo. A confiança leva tempo. As transformações internas levam tempo. Colher aquilo que se plantou, leva tempo. O sucesso almejado depende muito da persistência com a qual, então, se chega longe.

---

7. APRENDIZAGEM e qualidade de vida. Universidade Federal do Rio Grande do Sul, 19 nov. 2007. Disponível em: https://www.ufrgs.br/psicoeduc/wiki/index.php/Aprendizagem_e_Qualidade_de_Vida. Acesso em: 28 mai. 2021.

8. APRENDIZAGEM e qualidade de vida. Universidade Federal do Rio Grande do Sul, 19 nov. 2007. Disponível em: https://www.ufrgs.br/psicoeduc/wiki/index.php/Aprendizagem_e_Qualidade_de_Vida. Acesso em: 28 mai. 2021.

Persistir significa insistir mesmo que surjam obstáculos e dificuldades. Há um ditado popular que diz: "Insistência é repetir o que deu errado. A Persistência é repetir o que é certo." Normalmente ele vem seguido da advertência persista, mas não insista. Busque novos pontos de vista e siga na sua jornada.

4. A PERSISTÊNCIA

Todos nós conhecemos o ditado popular "água mole em pedra dura tanto bate até que fura". Ele é a representação do intemperismo e do que significa persistência.

Persistir não é sempre fazer a mesma coisa, mas sim continuar lutando para alcançar suas metas. Isso implica em se adaptar conforme as necessidades, aprender o que é necessário, fazer o que é necessário e pagar o preço para poder colher os benefícios ao final.

Existem muitas pessoas que param diante do primeiro obstáculo, acreditando que o oposto de sucesso é fracasso, mas não é. O contrário de sucesso é desistir e não fracassar. Quando as pessoas não fracassam, é porque elas estão desistindo antes que isso aconteça. É fundamental continuar caminhando na direção de nossos objetivos, mesmo diante de obstáculos, problemas e adversidades.

Sugere Paulo Vieira um conceituado *coach* brasileiro em seu site:

Se, em meio ao caminho para o sucesso, houver derrotas, é fundamental encarar tudo como apren- dizado, criando novos paradigmas, conceitos e ferramentas para subir ainda mais alto. Mas não se deixe enganar: quanto mais sucesso, mais adversidades. Grandes realizações têm resultados diferentes de pequenas realizações, uma vez que os obstáculos, o estímulo, a determinação e a persistência são sempre maiores[9].

Paulo Vieira usa as palavras do pesquisador e psicólogo, Daniel Goleman,

[...] a capacidade de persistir é fundamental para se trabalhar a Inteligência Emocional, bem como, a autoconsciência, o controle de impulsos, a empatia e a habilidade social. [...] não basta ser inteligente, esperto e preparado para competir: é preciso calma, empatia e persistência diante das frustrações para viver o amor, ser feliz e vencedor[10].

Existem centenas de obras publicadas em nosso país que abordam de formas diversas a persistência e a insistência, mas nem sempre com a profundidade necessária, pois em grande parte utilizam um discurso motivacional pautado mais na tentativa do convencimento da psicologia comportamental.

Sem a pretensão de aprofundar a diferença de terminologia trazemos o resumo constante no site "Significados" onde o vocábulo insistência por vezes "é utiliza- do como sinônimo de persistência, mas há uma diferença na origem das palavras

---

9. VIEIRA, Paulo. Quais os segredos da persistência para o seu sucesso? FEBRACIS. Disponível em: https://febracis.com/os-segredos-da-persistencia-para-o-seu-sucesso/. Acesso em: 02 mai. 2021.

10. VIEIRA, Paulo. Quais os segredos da persistência para o seu sucesso? FEBRACIS. Disponível em: https://febracis.com/os-segredos-da-persistencia-para-o-seu-sucesso/. Acesso em: 02 mai. 2021.

que as dão significados diferentes. Insistência vem do latim *insistere,* que é manter a atitude. Ou seja, a insistência é a repetição de uma ação, relacionada também à teimosia, enquanto a persistência é o ato de manter ou até mesmo resistir, mas com uma conotação mais positiva.

"Em sua aplicação prática, as duas palavras falam em foco nos objetivos. Mas enquanto com o uso de insistência a pessoa se remete a mesma estratégia, a persistência pode incluir rever as ações e se adequar a fim de alcançar o seu objetivo final"[11].

Em outras publicações do projeto cuidado inúmeras vezes nos referimos à resiliência, mas aqui ao abordarmos o aprendizado da persistência com o intemperismo queremos apenas registrar que perseverar é manter-se firme em um objetivo adaptando a estratégia. Já a resiliência é a capacidade de se superar, de se recuperar frente às adversidades. Assim, a resiliência é uma qualidade diferente, ligada a força e a capacidade humana de cair e se reerguer quantas vezes forem necessárias, sem sucumbir ao desânimo, a frustração e a tentadora vontade de desistir, a não ser em casos evidentes em que a persistência nos erros não é o melhor caminho, beirando a teimosia de quem tem dificuldade de mudar de ideia, normalmente, característica de quem não aceita opinião nem conselhos dos outros.

5. O INTEMPERISMO E A HISTÓRIA DOS DIREITOS HUMANOS DOS POVOS

No cotidiano da lida com o Direito nem sempre nos apercebemos que, tal qual o intemperismo na natureza, foi lenta a caminhada que o homem teve de perfazer na conquista da equidade de situações e tratamentos, desde as leis mosaicas à Declaração dos Direitos do Homem.

Todo bom aluno que se empenhou no estudo da origem do Direito sabe que, primitivamente, ele nasceu dos deveres do homem perante Deus e não era mais do que um código de obediência divina, misturando-se a legislação laica com a deísta e confundindo-se uma com a outra, evoluiu depois para o sistema de vingança privada onde estratificou durante séculos. Mais tarde, adquirida a percepção de que o uso faz a lei, passaram os próprios legislandos, em função desse aforismo, a ditar aos legisladores, por consentimento tácito, os seus direitos e deveres perante o Estado e a Sociedade.

Importante acentuar que habituado de longa data a ver no Direito uma concessão dos deuses, a certa altura o homem sentiu a existência do direito e começou a converter em leis as necessidades sociais. Agora o aspecto das coisas já era diferente, pois a sensação do justo se infiltrava pelas frinchas do seu espírito, tal qual vemos no intemperismo, uma vez que frincha também significa o mesmo que fendas, gretas, fissuras, frestas. Uma noção inusitada se distendia para dentro do seu ser. Assim, os

---

11. PERSISTÊNCIA. *Significados.* Disponível em: https://www.significados.com.br/persistencia/. Acesso em: 08 mai. 2021.

direitos dos povos equivalem precisamente ao seu tempo e se explicam no espaço de sua gestação.

Apenas como finalidade ilustrativa do espírito das leis registramos que em nossa legislação a Lei de Introdução às Normas do Direito Brasileiro – LINDB (Decreto-Lei nº 4.657, de 4 de setembro de 1942) e a legislação que a precedeu tiveram origem no direito francês, antes do Código Napoleônico de 1804. Os legisladores consideraram conveniente criar uma lei que trabalhasse regras sobre as demais leis. O surgimento desse dispositivo na França, logo se espalhou por muitos ordenamentos jurídicos.

O Art. 5º da mencionada lei diz que "na aplicação da lei, o juiz atenderá aos fins sociais a que ela se dirige e às exigências do bem comum".

Assim, ao invés de subordinar-se à letra fria do texto, o juiz valendo-se da hermenêutica, deve fixar-se claramente no objetivo da lei e da justiça, de modo a manter a paz social.

Hoje em dia, diante dos objetivos fundamentais da República Federativa do Brasil, entre os quais consta a erradicação da pobreza e da marginalização (Artigo 3º, III da Constituição Federal), pode-se dizer que os "fins sociais" a que alude o texto da LINDB, estão estreitamente vinculados à busca de maior igualdade material entre os cidadãos brasileiros e à modificação do caráter do direito de propriedade (Artigo 5º, XXIII, da Constituição Federal), que deixa de ser absoluto e incontrastável, para tornar-se, a um só tempo, um instrumento de descentralização econômica (função clássica) e de bem-estar e igualdade social (função moderna).

Infelizmente não é isto que temos visto nos julgamentos, inclusive das nossas Cortes Superiores, que a seu bel prazer e conveniência têm optado apenas pela interpretação literal da letra fria da lei, abandonado o comando dos artigos da "Lei de Introdução às Normas do Direito Brasileiro" e da própria Constituição Federal.

Queremos acreditar que quando não lhes é conveniente, abandonam os princípios da hermenêutica que, conforme preleciona René Dellagnezze, na Revista Âmbito Jurídico, é formada

> [...] etimologicamente, o vocábulo é oriundo de Hermes. Na Grécia antiga, Hermes era um personagem mítico que, por sua capacidade de compreender e revelar, intermediava a mensagem dos deuses aos homens. Para interpretar e aplicar com acerto o Direito, enquadrando adequadamente o fato à uma norma, é indispensável que o intérprete bem compreenda o preceito para determinar com precisão seu conteúdo e alcance[12].

Voltando à história dos direitos dos povos é de se registrar o que diz Jayme de Altavila, então professor emérito da Faculdade de Direito de Alagoas, historiador e jurista:

---

12. DELLAGNEZZE, René. A hermenêutica jurídica. Parte 2. Breve análise da lei de introdução às normas do direito brasileiro – LINDB. *Revista Âmbito Jurídico*. Disponível em: https://ambitojuridico.com.br/cadernos/direito-civil/a-hermeneutica-juridica-parte-2-breve-analise-da-lei-de-introducao-as-normas-do-direito--brasileir-lindb/. Acessado em: 20 jun. 2021.

[...] em todos os legisladores antigos prevaleceu um sentido de melhoria da condição humana, em fórmulas diferentes, porém num objetivo altruístico e apreciável. Não se encontra, todavia, em nenhum deles, quer teístas quer laicos, um justificativo ou preâmbulo de codificação, que não contenha uma auto benemerência ou ostentação de legalismo[13].

O mesmo autor mais adiante reitera que

[...] os direitos dos povos equivalem precisamente ao seu tempo e se explicam no espaço de sua gestação. Absurdos, dogmáticos, rígidos, lúcidos e liberais, foram, todavia, os anseios, as conquistas e os baluartes de milhões de seres que, para eles, levantaram as mãos, em gesto de súplica ou de enternecido reconhecimento[14].

Quando nos reportamos de maneira sintética à origem do direito, é para associar com a ação do intemperismo no tempo, pois o mesmo processo natural que colabora com a formação do relevo e do clima no mundo, interferindo nas transformações das rochas e na formação do solo, pode ser visto na forma de adaptação humana a normas e regras básicas, formando uma métrica essencial, como nas leis da química e da física, garantidoras de harmonia.

A adequação do direito, como vimos, foi se dando conforme a história e evolução da sociedade. Se em princípio toda codificação é uma resultante histórica dos fatos sociais de um povo, o direito se pode considerar de raiz pré-histórica, o fato é que o direito moderno tem a sua origem definida na legislação mosaica, nos códigos de Hamurabi e de Manu coroados solidamente no Direito Romano, este último com muitas intercorrências com nosso direito brasileiro, demonstrando a interconexão da regra do justo.

Portanto, as intempéries sociais a muito moldam as regras e formas de codificação legal, se adaptando as premissas mais básicas de convivência em multiplicidade que demanda a vida em sociedade, encontrando nas mais variadas formas de convivência humana, meios de refletir o que a séculos já se sabe, somos seres maleáveis, mas inseridos em um ambiente regrado pela natureza. O direito reflete as normas da natureza, ditando o que será, o que pode ou não pode e o que é esperado.

6. SOLIDARIEDADE E SUSTENTABILIDADE

A solidariedade está na forma de agir, de pensar. Separa-se do individualismo e repousa no coletivismo. Atos humanos refletem os direitos de grande número de pessoas.

Márcio Rosa da Silva nos lembra que

Solidariedade e sustentabilidade são dois temas indissociáveis. É evidente que para que o mundo seja sustentável é necessário que, além de todas as preocupações ambientais, também haja o senti-

---

13. ALTAVILA, Jayme. *Origem dos direitos dos povos*. 4. ed. São Paulo: Edições Melhoramentos, 1964. p. 12.
14. ALTAVILA, Jayme. *Origem dos direitos dos povos*. 4. ed. São Paulo: Edições Melhoramentos, 1964. p. 12.

mento de solidariedade entre as pessoas. A lógica do maior acúmulo possível por alguns, enquanto muitos não têm acesso aos bens mais elementares, compromete a proposta de sustentabilidade[15].

Só é solidário aquele que consegue ser primeiro compassivo, que tem compaixão pelo outro, ou seja, que sente a mesma paixão, a mesma dor, o mesmo sofrimento, que o outro. Ou que pelo menos tenta. Fazendo alguma ideia das privações do outro é possível que a pessoa seja também solidária, que reparta um pouco do que tem, abra mão de uma parte daquilo que possui[16].

A ação solidária que reparte um pouco do que tem, que renuncia a uma parte daquilo que possui, leva-nos a entender melhor o clamor do Papa Francisco em sua mensagem para celebração do 54° Dia Mundial da Paz em 1 de janeiro de 2021, voltado para a cultura do cuidado para erradicar as culturas da indiferença, do descarte e do conflito, que muitas vezes parece prevalecer na humanidade. Traz o alerta que busca refletir o fato de que em períodos sucessivos, a generosidade dos cristãos perdeu um pouco do seu ímpeto, surgindo daí a necessidade de termos o cuidado como promoção da dignidade e dos direitos das pessoas e, a nosso ver, também o direito de ser feliz.

Generosidade deriva do latim *generos tas* e refere-se à inclinação (tendência) para dar e partilhar acima de qualquer interesse ou utilidade. Para filósofos e psicólogos, a generosidade faz parte do conjunto das virtudes humanas básicas, junto com a benevolência e a paciência, entre outras.

No tocante ao direito das pessoas de serem felizes, nos textos constitucionais de 1988, com a normatização de diversos direitos fundamentais, o direito à felicidade ficou omisso. Entretanto, através do conjunto de Princípios constitucionais que asseguram a efetividade dos direitos fundamentais e sociais, é possível visualizar a formalização do direito à felicidade, podendo-se citar, o princípio da dignidade da pessoa humana com matriz a este direito, seguido pelas normativas estampadas nos Direitos sociais presentes no Art. 6° da Constituição Federal.

No registro do XXIV Congresso Nacional do CONPEDI (Conselho Nacional de Pesquisa e Pós-Graduação em Direito), o Princípio da Solidariedade foi enfrentado por Kamilla Pavan, que destaca a solidariedade como importante ferramenta para a sustentabilidade, relacionando-se o desenvolvimento social/ambiental com a participação popular. Interessante observar no seu detalhado levantamento, o enfoque que inclui a felicidade a ser contemplada pela nossa legislação como

> [...] uma forma de normatizar um direito que já transcende vários outros direitos ditos por fundamentais. A felicidade social é reflexiva aos anseios sociais, econômicos e políticos, enfim, cada região irá transferir a sua forma feliz de ser e de viver. O consumo, o acúmulo de riqueza, conforme já fora dito, na grande maioria dos países desenvolvidos, não formaliza a real felicidade para sua população, sendo que os recursos disponíveis se concentram nas mãos de poucos, acarretando, cada vez mais, a desigualdade social. A felicidade está na base do bem-estar social, no direito à saúde, à habitação, à educação, ao saneamento básico, às políticas públicas sem corrupção, aos

---

15. SILVA Márcio Rosa da. Solidariedade e sustentabilidade. *Educandário Santa Maria Goretti*. Disponível em: https://www.esmg.com.br/sustentabilidade-solidariedade/. Acessado em: 07 jul. 2021.

16. SILVA Márcio Rosa da. Solidariedade e sustentabilidade. *Educandário Santa Maria Goretti*. Disponível em: https://www.esmg.com.br/sustentabilidade-solidariedade/. Acessado em: 07 jul. 2021.

meios eficazes de transportes, ao desenvolvimento social sustentável. Com essa inserção normativa no contexto constitucional reafirma a significância do direito à dignidade da pessoa como com um direito fundamental, um fortalecimento à democracia e ao conceito de cidadania[17].

Importante observar que quando nos reportamos à solidariedade estamos falando de um valor humano universal, presente em todas as culturas, tanto o é que a Organização das Nações Unidas (ONU) instituiu, na Assembleia Geral de 2005, o Dia Internacional da Solidariedade Humana, comemorado em dezembro.

David Braga enfatiza que a

> [...] celebração tem como objetivo destacar a importância da ação coletiva para superar os problemas globais e alcançar as metas mundiais de desenvolvimento, de forma a construir um mundo melhor e mais seguro para todos. Boa parte das empresas já tem aprimorado essa percepção e incorporado o tema à cultura organizacional. Afinal, se discutimos tanto sobre legado, ser solidário é também pensar nesse viés, uma vez que é importante se sensibilizar com a dor do outro e estender a mão para ajudá-lo de alguma maneira[18].

O magistrado e professor Gabriel Wedy ao abordar "Princípios do desenvolvimento sustentável e da solidariedade intergeracional", enfatiza que o princípio da equidade ou solidariedade intergeracional "ganha notável importância em um momento em que os limites de resiliência do planeta, dentro dos quais a humanidade pode se desenvolver e prosperar para as gerações presentes e futuras estão, um a um, sendo ultrapassados. Os limites relacionados à integridade da biosfera, ao fluxo biogeoquímico, à alteração do funcionamento do solo e às mudanças climáticas já foram superados ou estão seriamente ameaçados[19].

> A percepção da progressiva escassez dos recursos naturais e das limitações do Planeta em absorver os impactos da atividade humana lança luz sobre o problema da capacidade da biosfera de suportar a vida presente e futura diante das agressões empreendidas pela humanidade. O princípio da equidade ou solidariedade intergeracional apresenta evidente correlação com o princípio do desenvolvimento sustentável (do qual o da sustentabilidade é uma das suas manifestações e decorrências) e evoluiu, [...], desde uma análise de necessidades materiais das gerações presentes e futuras, avançando para a consideração do padrão de vida e, com Sen, das liberdades e capacidades substantivas das pessoas[20].

---

17. PAVAN, Kamilla. O paradigma da sustentabilidade no contexto da transformação social e o princípio da solidariedade. RIBEIRO, José Cláudio Junqueira; COUTO, Mônica Bonetti; SARLET, Ingo Wolfgang (coord.). Direito e sustentabilidade II. [Recurso eletrônico on-live] organização COPENDI/UFMG/FUMEC/Dom Helder Câmara. Disponível em: http://conpedi.danilolr.info/publicacoes/66fsl345/t9513697/0464G4bUNY9DJ7A9.pdf. Acesso em: 21 jun. 2021.

18. BRAGA, David. Solidariedade e sustentabilidade como diferenciais competitivos. *Jornal de Beltrão*, 29 dez. 2020. Disponível em: https://www.jornaldebeltrao.com.br/colunista/redacao-jornal-de-beltrao/15440/solidariedade-e-sustentabilidade-como-diferenciais-competitivos/. Acesso em 25 mai. 2021.

19. WEDY, Gabriel. Princípios do desenvolvimento sustentável e da solidariedade intergeracional. *ConJur*, 17 ago. 2019. Disponível em: https://www.conjur.com.br/2019-ago-17/ambiente-juridico-desenvolvimento--sustentavel-solidariedade-intergeracional. Acesso em: 29 jun. 2021.

20. WEDY, Gabriel. Princípios do desenvolvimento sustentável e da solidariedade intergeracional. *ConJur*, 17 ago. 2019. Disponível em: https://www.conjur.com.br/2019-ago-17/ambiente-juridico-desenvolvimento--sustentavel-solidariedade-intergeracional. Acesso em: 29 jun. 2021.

Interessante registrar que a citação dos limites relacionados à integridade da biosfera, ao fluxo biogeoquímico, à alteração do funcionamento do solo referidos anteriormente são os mesmos fenômenos encontrados também no intemperismo.

Gabriel Wedy[21] mais adiante, no mesmo texto, reforça que

[...] é possível encontrar a seguinte classificação: a) justiça intrageracional, atinente à solidariedade entre pessoas da mesma geração; b) justiça intergeracional, que se relaciona com a solidariedade entre gerações diversas, presentes e futuras; e c) justiça interespécies, que inclui o respeito pelo ambiente não humano.

O autor conclui que

A justiça intergeracional, assim, reconhece que todas as gerações humanas – do passado, presente e futuro – possuem igual posição normativa em relação ao sistema natural, e as gerações presentes têm o dever de proteger o ambiente para os ainda não nascidos. Visão, aliás, de cunho holístico, mas totalmente compatível com o texto constitucional de 1988 Edith Brown Weiss permitiu a elevação do meio ambiente equilibrado a direito fundamental de novíssima geração ou de terceira dimensão[22].

Neste sentido da solidariedade intergeracional o Supremo Tribunal Federal, em decisão histórica, ao se posicionar, firmou que

O princípio do desenvolvimento sustentável, além de impregnado de caráter eminentemente constitucional, encontra suporte legitimador em compromissos internacionais assumidos pelo Estado brasileiro e representa fator de obtenção do justo equilíbrio entre as exigências da economia e as da ecologia, subordinada, no entanto, a invocação desse postulado, quando ocorrente situação de conflito entre valores constitucionais relevantes, a uma condição inafastável, cuja observância não comprometa nem esvazie o conteúdo essencial de um dos mais significativos direitos fundamentais: o direito à preservação do meio ambiente, que traduz bem de uso comum da generalidade das pessoas, a ser resguardado em favor das presentes e futuras gerações[23].

Leonardo Boff em interessante artigo sobre a "Responsabilidade coletiva face ao futuro da espécie humana" enfatiza que

[...] numa votação unânime de 22 de abril de 2009 a ONU acolheu a ideia, durante muito tempo proposta pelas nações indígenas e sempre relegada, de que a Terra é Mãe. Por isso a ela se deve o mesmo respeito, a mesma veneração e o mesmo cuidado que devotamos às nossas mães. A partir de agora, todo dia 22 de abril não será apenas o dia da Terra mas o dia da Mãe Terra[24].

21. WEDY, Gabriel. Princípios do desenvolvimento sustentável e da solidariedade intergeracional. *ConJur*, 17 ago. 2019. Disponível em: https://www.conjur.com.br/2019-ago-17/ambiente-juridico-desenvolvimento--sustentavel-solidariedade-intergeracional. Acesso em: 29 jun. 2021.
22. WEDY, Gabriel. Princípios do desenvolvimento sustentável e da solidariedade intergeracional. *ConJur*, 17 ago. 2019. Disponível em: https://www.conjur.com.br/2019-ago-17/ambiente-juridico-desenvolvimento--sustentavel-solidariedade-intergeracional. Acesso em: 29 jun. 2021.
23. STF, ADI-MC 3540, Rel. Min. Celso de Mello, DJ 05.05.2009
24. BOFF, Leonardo. Responsabilidade coletiva face ao futuro da espécie humana. *EcoDebate*, 14 mai. 2013. Disponível em: https://www.ecodebate.com.br/2013/05/14/responsabilidade-coletiva-face-ao-futuro-da--especie-humana-artigo-de-leonardo-boff/. Acesso em: 29 jun. 2021.

O autor continua firmando que

Esse reconhecimento comporta consequências importantes. A mais imediata delas é que a Terra viva é titular de direitos. Mas não só ela, também todos os seres orgânicos e inorgânicos que a compõem; são, cada um a seu modo, também portadores de direitos. Vale dizer, cada ser possui valor intrínseco, como enfatiza a Carta da Terra, independentemente do uso ou não que fizermos dele. Ele tem direito de existir e de continuar a existir nesse planeta e de não ser maltratado nem eliminado[25].

Marcelo Barros, monge beneditino e teólogo especializado em Bíblia, quando escreve sobre "A Mãe Terra e o cuidado" defende que "A sustentabilidade da vida e do planeta devem ocupar o primeiro lugar em nossas preocupações e compromissos sociais". Ele registra que

[...] em seu discurso à assembleia geral da ONU (2009), Leonardo Boff afirmou: 'Com razão nas línguas ocidentais homo/homem vem de húmus, terra fecunda. E em hebraico Adam se deriva de *adamah*, terra cultivável. Por isso, o ser humano é a própria Terra que anda, que sente, que pensa e que ama, como dizia o poeta indígena e cantador argentino Atahualpa Yupanqui'. Destaca ainda que "no ano 2000, a Carta da Terra nos fazia essa advertência: 'Estamos num momento crítico da história da Terra, na qual a humanidade deve escolher o seu futuro. A escolha nossa é: ou formamos uma aliança global para cuidar da Terra e cuidarmos uns dos outros ou arriscamos nossa própria destruição e a da diversidade da vida" [...]. Essa mesma proposta, o Papa Francisco retoma em sua carta sobre o cuidado com a Terra[26].

No mundo inteiro, os grupos comprometidos com o futuro da humanidade e os movimentos sociais estão de acordo: a sustentabilidade da vida e do planeta devem ocupar o primeiro lugar em nossas preocupações e compromissos sociais.

7. A MODULAÇÃO DO SER HUMANO PELAS INTEMPÉRIES

Não é novidade que o ser humano com sua capacidade para se adaptar e moldar ao ambiente que o rodeia, atingiu o patamar dominante entre as principais espécies do planeta Terra.

Assim como a rocha resiste ao vento, o vento precisa se moldar para passar pela rocha para simplesmente existir, nós também devemos e podemos nos moldar de acordo com os desafios e condições que nos são impostas pela vida.

O meio pelo qual a natureza molda a matéria para atingir, por vezes, a excelência, em diversos momentos, também cria desastres e perdas permanentes de importantes marcos históricos. Não podemos nos furtar de verificar que o a modulação do ser humano, em razão do ambiente em que está inserido, sempre trará o desafio de não provocar desastres intransponíveis.

---

25. BOFF, Leonardo. Responsabilidade coletiva face ao futuro da espécie humana. *EcoDebate*, 14 mai. 2013. Disponível em: https://www.ecodebate.com.br/2013/05/14/responsabilidade-coletiva-face-ao-futuro-da--especie-humana-artigo-de-leonardo-boff/. Acesso em: 29 jun. 2021.

26. BARROS, Marcelo. A mãe terra e o cuidado. *DomTotal*, 28 abr. 2018. Disponível em: https://domtotal.com/artigo/7400/2018/04/a-mae-terra-e-o-cuidado/. Acesso em: 15 jun. 2021.

A natureza se modifica de forma a não agradar os indivíduos que nela estão, ela se adapta, também de forma negativa, assim como ocorre com a essência do indivíduo, quando inserido em um ambiente hostil, que ameaça sua existência, sua vida.

Mas não podemos negar que há uma escolha a ser feita, pois o ser humano, ao contrário de uma estática parte da natureza, pode sair do ambiente danoso que o rodeia ou pode buscar alternativas menos danosas de sobrevivência.

Neste aspecto, as escolhas realizadas, diante das intempéries, é o fator principal da modificação da mentalidade humana e escolhas são tomadas tanto sob o calor do momento, quanto diante das experiencias que o tempo adicionou à mente de um indivíduo.

Se adaptar, sem dúvida é a maior expressão de que a teoria da evolução de Darwin, certa ou não, possui lógica. Afinal, se o indivíduo não se adapta ao ambiente em que está, fatalmente será excluído ou não conseguirá lá permanecer por muito tempo, pois persistir não é teimosia.

A inteligência nos permite, analisar, verificar, pensar, observar, tomar decisões e reagir, mesmo que a reação seja nenhuma, porém, a cegueira que esta própria inteligência pode causar quando se persiste, muitas vezes calcifica o indivíduo e o torna pouco sensitivo a realidade, que de outra forma, seria percebida diversamente.

Todo movimento social em que duas experiencias e condições individuais se encontram, a troca que ocorre, acrescenta e retira do ser humano pequenos grãos de conhecimento e, também, de satisfação. Ambos, ganham e perdem, assim como o vento é obrigado a mudar seu rumo ao encontrar com a rocha e a rocha é obrigada a dar um grão de sua existência ao vento a cada encontro.

Estas mudanças estratégicas na rotina das intempéries diárias, impostas pela vida, são o melhor exemplo de que a persistência está presente em grande parte da população, sem que a mesma consiga tomar ciência de que está, em pequenos gestos, sendo afetada pelo intemperismo.

Em algum momento, alguém já firmou "não estou no clima hoje". Estar no clima é estar alinhado com as vontades e demandas que o tempo, em seu sentido taxativo de contagem das horas, impõe a cada um de nós quando apresenta oportunidades para fazer diferente.

A solidariedade, quando tomada como um "acordo através do qual algumas pessoas se sentem obrigadas umas em relação as outras e/ou cada uma (individualmente) em relação as demais"[27], firma de forma simples que, se não houver comprometimento e perseverança de convicção individual, não haverá acordo que seja capaz de afetar a uma coletividade, sendo necessário impor, por meios jurídicos, regras para se atingir o mais básico meio de cuidado e divisão de responsabilidades.

---

27. SOLIDARIEDADE – significado de solidariedade. *Dicio*. Disponível em: https://www.dicio.com.br/solidariedade/. Acesso em: 07 jul. 2021.

Sem dúvida alguma, é mais fácil ser solidário em uma cidade pacata do interior, do que abrir sua janela para dar um simples sorriso ou uma ajuda, em uma cidade grande e violenta. Esta modulação do indivíduo na sua realidade de "relevo", impacta sua visão de cuidado e solidariedade, porém, não pode criar um desastre de simples desdém, pois o impacto irá reverberar em proporções talvez pouco impactantes no início, mas talvez marcadora de uma petrificação de sentimentos.

Não se pode negar que um simples Bom Dia ou dar a vez em uma fila, por mais que sejam simples gentilezas, também são meios de praticar solidariedade com pessoas que naquele dia, podem estar precisando destes simples gestos de percepção existencial coletiva, como reconhecimento de sua existência ou com o suporte para passar por algum momento simples da vida.

8. RESPEITO E PERSISTÊNCIA PARA ALCANÇAR SOLIDARIEDADE

Todos já tivemos a oportunidade de ver um pedaço de terra devastada, seja pela ação do homem, seja pela ação da natureza, seja pelo conjunto.

Aqueles que conseguiram vencer um pouco do tempo, também tiveram a oportunidade de ver a perseverança que um pequeno pedaço do mundo pode apresentar ao tentar retornar a seu *status quo ante*, após os impactos que lhe foram impostos. A capacidade de resiliência da natureza, já foi objeto de estudo, quando comparada a capacidade humana de se manter firme perante desafios.

A resistência inerente a composição que os materiais naturais apresentam, para sobrepujar os impactos que recebem, também faz parte do intemperismo, pois por mais que um material ou um elemento sobrevivam ou se mantenham incólumes diante da ação de outro, alguma micro modificação irá ocorrer, criando, com o tempo a moldura de uma nova forma.

De forma geral, a persistência da terra, demonstra que com cuidado, mesmo que o curso de um determinado rio, tenha sido mudado, o rio irá continuar a fluir, mais rápido ou mais devagar ou talvez menor, mas sempre desafiando o que quer que lhe seja apresentado.

Desde o momento do nascimento de uma vida, a incrível jornada de melhoramento, desenvolvimento, crescimento, é acompanhada da fatídica realidade de que a erosão um dia irá findar com o movimento daquele ser vivo, para que passe a fazer parte da vida imóvel, promovendo o que ficou registrado em Genesis[28], "Lembra-te de que és pó e ao pó retornarás".

Lembrar, por mais simples que possa ser, é um ato de solidariedade e cuidado, com aquele ou aquilo que precisa de memória, precisa de cuidado, para que não caia no esquecimento o que já passou e se repitam erros, promovendo em consequência o que há de melhor e merece ser lembrado.

---

28. GÊNESIS. *In*: A BÍBLIA: tradução ecumênica. São Paulo: Paulinas, 2002.

No momento em que a realidade afasta cada vez mais o ser humano do convívio social e traz para telas de celulares e computadores o local de recebimento de afeto, reconhecimento, felicidade, dor, convívio, corre-se o risco de perder, no correr do dia a dia, lembranças.

Assim como um álbum impresso, a muito empoeirado, esquecido em um armário, tem o que contar, registrar e colaborar com a lembrança de um momento passado, aqueles que se encontram esquecidos porque não se encaixaram na realidade atual, rápida e digital, merecem ser lembrados, enquanto ainda fazem parte da nossa realidade, seja ela boa ou ruim, pois com certeza, ajudaram em algum momento a moldar, enrijecendo ou amolecendo, o atual eu de cada indivíduo.

Já vimos que a religião acaba sendo por certo uma boa fonte de material para tratar do tema da resistência humana através da solidariedade e do cuidado e isto tem uma simples razão, pois mesmo separados por milhares de quilômetros, montanhas, culturas, climas ou até mesmo no isolamento total, a grande maioria das demonstrações religiosas, tem no respeito uma pedra fundamental para a proliferação de suas ideias, sendo lembrados através do tempo, consciente ou inconscientemente.

Não matar (respeitar a vida), respeitar os pais, respeitar os mais velhos, respeitar a natureza, os animais, parecem ser o ponto comum de bom senso que unem todos os ensinamentos religiosos, mesmo com a variação de forma ou mensageiro, em qualquer lugar do mundo e o intrigante é que, por mais que fossem as primeiras formas de leis ou controle de uma coletividade, estes ensinamentos sobreviveram ao tempo em sua forma mais positiva e não na forma do medo.

A adaptação que os pregadores tiveram que alcançar ao longo do tempo, demonstra que o ser humano que vive atacado, reage de forma negativa e encontra uma saída, não se submete aos auspícios dos que se dizem mensageiros da verdade divina, para sempre retornar àquilo que sentem em sua consciência ser o mais correto.

Para ser capaz de exercitar a persistência, cuidar e encontrar a solidariedade, é essencial que nos permitamos submeter as angústias, medos, preconceitos a uma profunda análise do porquê reagimos de uma determinada forma a todo e qualquer movimento, mesmo que diferente, para talvez encontrar no outro a redenção.

9. NINGUÉM SE SALVA SOZINHO

Vivemos em um tempo em que palavras como ego, narcisismo, satisfação, empoderamento, conhecimento, filantropia, solidariedade, se deparam com a necessidade de revisão, quanto ao que é adequado, exagerado, necessário ou impactante.

Nas épocas festivas as redes sociais se enchem de imagens de felicidade, perdão, fotos de porta-malas cheios de brinquedos, cestas básicas, sorrisos, agradecimentos, já no restante dos outros onze meses do ano, encontramos os registros de um eu, na grande parte do tempo, voltado a conquistas individuais e com poucos agradecimentos.

Quem está se ajudando, no final desta matemática psicológica complexa, aquele que busca cuidar incondicionalmente, o que está recebendo e tentando agradecer com todas as forças e condições ou o indivíduo que está tentando compensar e mostrar que também é capaz de pensar nos que o rodeiam.

O persistir pode ser facilmente confundido com hábito, que com o passar do tempo, por um conjunto de fatores positivos, podem mostrar a falsa impressão de que está tudo bem como está, está tudo dando certo.

Uma criança, está em uma corrida contra o tempo, para tentar chegar na vida adulta com qualidade e preparo suficientes para lhe permitir atravessar o restante de sua vida e esta corrida não se encerra com momentos festivos, que para alguns, parece ser o único momento possível de praticar solidariedade.

Ser solidário não significa grandes gestos, apesar de neles ser mais possível identificar, o verdadeiro solidário começa ao ver algo que não lhe agrada e que por senso de justiça está errado e faz algo para o resultado daquele instante ser diferente, seja por auxiliar um idoso a transpor um obstáculo, juntar algo que alguém derrubou, comprar uma bala de alguém que de outra forma poderia ter escolhido se curvar aos ventos fortes das tempestades e lhe tomar o mesmo vintém ou cumprimentar o porteiro.

Sim, são gestos que nos ensinaram como educação, mas também são momentos de interação humana simples que podem muito bem fazer a diferença em uma corrente de boas lembranças, afinal "gentileza gera gentileza".

"Na natureza, nada se cria, nada se perde, tudo se transforma", o ensinamento de Laurent de Lavoisier se molda perfeitamente na ideia de que o intemperismo, assim como a resiliência, são formas de modulação do psicológico humano e de correlação simples com o fato de que estamos e fazemos parte do mundo que nos rodeia, para o bem e para o mal.

A colaboração humana, tem se mostrado, desde o fim das grandes guerras, como ferramenta essencial para superar crises e da mesma forma deixar a vida mais leve, ou de outra forma, se vive em completo estado de tensão em que não se visualiza o que é possível e o que já foi impossível e mesmo assim foi feito.

Um pequeno gesto, muda e se for possível lembrar, transforma o dia do receptor e do doador.

Mas por que cuidar e ser solidário em cidades, ambientes de trabalho, meio ambientes hostis, que parecem tornar cada um desconfiado do outro, em uma forma de visão de mundo que coloca cada vez mais o indivíduo em isolamento estático com medo de ser vítima de mais um golpe ou uma armação para lhe retirar o que conquistou e a resposta é simples, "ninguém se salva sozinho"[29].

---

29. NOGARA, Jane. Budistas e cristãos: por uma cultura do cuidado e da solidariedade. *Vatican News*, 26 mai. 2021. Disponível em: https://www.vaticannews.va/pt/vaticano/news/2021-05/budistas-cristaos-vesakh--2021-mensagem-inter-religioso.html. Acesso em: 04 jul. 2021.

A mensagem conjunta firmada por Budistas e Cristãos, por meio do vaticano, em curtas linhas tenta mostrar que a humanidade somente superará suas crises, em conjunto, com lembrança, cuidado, solidariedade, pois somos seres interdependentes, mas vulneráveis.

10. CONCLUSÃO

De modo geral, a solidariedade envolve empatia, colaboração, coletividade, união, igualdade, trabalho em equipe, humildade, respeito, diálogo, doação, interação e democracia. A solidariedade é uma virtude necessária para a experiência humana, para que possamos conviver em sociedade e evoluir. Ela nos convida a ir além do nosso próprio interesse para contemplar o outro enquanto ser humano, semelhante a nós, com gestos de empatia, acolhimento e doação.

Todos somos convidados a desenvolver um senso de responsabilidade, sem perder o direcionamento ético.

Vivemos tempos difíceis em que predomina cada vez mais o coração empedernido das pessoas que, como o intemperismo na natureza, foi transformado em pedra. Que não se consegue comover nem persuadir; que demonstra insensibilidade; inflexível que não tem dó de nada, desumano, endurecido, insensível. Por analogia, refere-se a tudo aquilo que não convence, não comove, não consegue persuadir, pois demonstra insensibilidade, é inflexível e não se deixa comover ou convencer.

Quando uma rocha se quebra naturalmente ou se dissolve, dizemos que ela passou por um processo de intemperismo. Quiçá o intemperismo humano aja da mesma forma sobre os corações empedernidos e possamos recuperar nosso senso de humanidade. E nessa perspectiva, todos somos convidados a desenvolver um senso de responsabilidade, sem perder o direcionamento ético.

O senso comum é um tipo de pensamento que não foi testado, verificado ou metodicamente analisado. Geralmente, o conhecimento de senso comum está presente em nosso cotidiano e é passado de geração a geração.

Sempre que pedimos a alguém, inclusive para os profissionais da justiça "agir com humanidade", pedimos-lhes que ajam com bondade natural, com indulgência, com "humanismo", sem crueldade, com justiça etc.

Precisamos aprender com o cuidado realizado por São Francisco de Assis, alicerçado na essência do ser humano que confirma a ideia da solidariedade, como fundamento para o cuidado. Não podemos olvidar a fraternidade que é o laço de união entre os homens, fundado no respeito pela dignidade da pessoa humana e na igualdade de direitos entre todos os seres humanos. Do ponto de vista emocional, solidariedade significa sentimento de compaixão pelo outro.

Quanto a justiça intergeracional, esta reconhece que todas as gerações humanas do passado, presente e futuro possuem igual posição normativa em relação ao sistema natural e as gerações presentes têm o dever de proteger o ambiente para os ainda não nascidos.

No tocante ao direito das pessoas de serem felizes, Princípios simples de boa convivência, quando aplicados não somente como forma de boa educação, mas sim como meio de realizar solidariedade, por certo, concretizarão os direitos sociais mais fundamentais garantidos por lei, mas conhecidos pela humanidade a muito em sua história.

Na simplicidade deste texto procuramos refletir sobre a solidariedade e a responsabilidade pessoal e coletiva para com a humanidade.

De um modo geral as intempéries da vida irão moldar a ambiente positiva ou negativamente, fazendo com que vidas vislumbrem paisagens diferentes em um mesmo lugar, mas talvez esta mesma forma de mudança ou de resistência, quando lembrada, aliada a cuidado, proteção e solidariedade, poderão, estes mesmos fenômenos moduladores da condição humana, forjar indivíduos mais conectados, conscientes, temerosos e entendedores de que um precisa do outro para passar por sua existência de forma memorável.

Podemos aprender com o intemperismo que com sua persistência provoca alterações física, química e biológica da rocha e dos seus minerais que resulta em tantas transformações importantes na natureza, interferindo de forma filosófica, também com nossa ação de contribuir ou não, para a conquista de um mundo melhor.

Aprendendo com o sábio Charles Chaplin, "A persistência é o caminho do êxito."

HIGINO REPAGINADO: O CUIDADO PSÍQUICO EM FERENCZI, WINNICOTT E BION

Sergio Nick

Psiquiatra e Psicanalista; Vice-Presidente da International Psychoanalytical Association – IPA (2017-2021); Psicanalista de Crianças e Adolescentes – COCAP/IPA; Membro efetivo da Sociedade Brasileira de Psicanálise do Rio de Janeiro – SBPRJ; Membro da ABP – Associação Brasileira de Psiquiatria.

Ana Carolina Cubria

Doutoranda do Programa de Pós-Graduação em Teoria Psicanalítica da Universidade Federal do Rio de Janeiro (UFRJ), Mestre em Teoria Psicanalítica pela UFRJ, Membro do Núcleo de Estudos em Psicanálise e Clínica da Contemporaneidade (NEPECC/UFRJ), graduada em Psicologia pela UFRJ.

1. O CUIDADO

Partiremos da conhecida Fábula de Higino (poeta latino, 50-139d. C.), igualmente conhecida como Mito do Cuidado, que narra, de forma poética, o papel do cuidado na estruturação do homem. Segundo a Fábula:

> Cuidado, ao atravessar um rio, viu uma massa de argila, e, mergulhado em seus pensamentos, apanhou-a e começou a modelar uma figura. Enquanto deliberava sobre o que fizera, Júpiter apareceu. Cuidado pediu que ele desse uma alma à figura que modelara e facilmente conseguiu. Como Cuidado quisesse dar o seu próprio nome à figura que modelara, Júpiter o proibiu e ordenou que lhe fosse dado o seu. Enquanto Cuidado e Júpiter discutiam, apareceu Terra, a qual igualmente quis que o seu nome fosse dado a quem ela dera o corpo. Escolheram Saturno como juiz e este equitativamente assim julgou a questão: "Tu, Júpiter, porque lhe deste a alma, Tu a receberás depois de sua morte. Tu, Terra, porque lhe deste o corpo, Tu o receberás quando ela morrer. Todavia, porque foi Cuidado quem primeiramente a modelou, que ele a conserve enquanto ela viver. E, agora, uma vez que, entre vós, existe uma controvérsia sobre o seu nome, que ela se chame Homem, porque foi feita do humus [da terra][1].

Podemos depreender desta fábula-mito que a natureza do cuidado é compreendida como aquela que molda a existência humana, sobrepondo-se a outros elementos

---

1. ROCHA, Z. A ontologia Heideggeriana do cuidado e suas ressonâncias clínicas. Síntese – Revista de Filosofia, v. 38, n. 120. p. 75. (Tradução nossa). Disponível em: http://faje.edu.br/periodicos2/index.php/Sintese/article/view/1037/1461. Acesso em: 08 jul. 2021.

que participam da origem do homem, como a alma e o corpo. O personagem Cuidado se destaca a partir de sua criatividade em transformar a argila em uma figura humana, recebendo a tarefa de conservar o Homem no decorrer de sua vida, de forma que a beleza desta fábula-mito se encontra na simplicidade da apresentação dos aspectos que constituem e participam da nossa existência. E ainda que, em um primeiro momento, o julgamento de Saturno tenha parecido equânime, percebemos que é o Cuidado quem é atrelado à vida do homem de forma indissociável.

Encontramos, seguindo uma linha semelhante de pensamento, os escritos de Leonardo Boff, mais especificamente, sua obra *Saber cuidar: ética do humano compaixão pela terra*[2]. Segundo o último autor, cuidar das coisas significa ter intimidade, senti-las dentro, acolhê-las, respeitá-las, dar-lhes sossego e repouso. Cuidar, portanto, é estar sintonizado com auscultar-lhes o ritmo e ajustar-se a ele. Na obra citada, Boff define o cuidado como:

> [...] uma atitude de ocupação, preocupação, responsabilização e envolvimento com o outro; entra na natureza e na constituição do ser humano. Sem cuidado, ele deixa de ser humano. O modo de ser cuidado revela de maneira concreta como é o ser humano. Sem cuidado, ele deixa de ser humano. Se não receber cuidado desde o nascimento até a morte, o ser humano desestrutura-se, definha, perde sentido e morre. Se, ao largo da vida, não fizer com cuidado tudo o que empreender, acabará por prejudicar a si mesmo por destruir o que estiver à sua volta. Por isso o cuidado deve ser entendido na linha da essência humana[3].

Outro autor que contribuiu para o tema relacionado a uma ética do cuidado é Heidegger, a partir de seu ponto de vista existencial. Para o autor, o cuidado precede de qualquer comportamento humano, ou seja, ele é encontrado em toda atitude e situação de fato. Ele é, portanto, o modo de ser essencial da humanidade, estando presente em tudo. Em suma, para o filósofo alemão, o cuidado seria o fenômeno ontológico-existencial básico[4]. Com isso, o cuidado seria um modo de ser no mundo, o qual fundamenta as relações estabelecidas com todas as coisas. É justamente no jogo de relações, na coexistência e na convivência que o ser humano funda seu próprio ser, a consciência de si e sua própria identidade[5].

Além disso, o termo cuidado, na descrição dos dicionários clássicos de filologia, é derivado do latim cura (*coera*), tendo sido usado em contexto de relações de amor e amizade. Demonstrava a atitude de cuidado, de desvelo, de preocupação e de inquietação pela pessoa ou objeto valorizados[6]. Alguns filólogos acreditavam que a origem da palavra se situa em *cogitare-cogitatus* e suas derivações coeydar, coidar, cuidar.

---

2. BOFF, L. *Saber cuidar*: ética do humano compaixão pela terra. Petrópolis: Vozes, 2003.
3. BOFF, L. *Saber cuidar*: ética do humano compaixão pela terra. Petrópolis: Vozes, 2003. p. 34.
4. BARRETO, J.A.E.; MOREIRA, R.V.O. *A decisão de saturno*: filosofia, teorias de enfermagem e cuidado humano. Fortaleza: Casa José de Alencar, 2000.
5. BOUWMAN, M. W. A ética do cuidado na clínica psicanalítica. *Estudos de Psicanálise*, Belo Horizonte, n. 36, p. 109–116, 2011.
6. BOUWMAN, M. W. A ética do cuidado na clínica psicanalítica. *Estudos de Psicanálise*, Belo Horizonte, n. 36, p. 109–116, 2011.

Nesta última acepção, o sentido se assemelha ao de cura: ter atenção, interesse, zelo e preocupação. Intui-se, a partir disso, que o cuidado se manifesta quando algo ou alguém é importante para nós. Assim, a dedicação e a disponibilidade de participação, o sentimento de zelo e a responsabilidade realizam o cuidado[7].

Tais ideias apresentadas acima conversam de forma muito próxima com uma ética do cuidado na clínica psicanalítica, a partir de alguns princípios éticos e formulações teóricas e clínicas que serão apresentadas nos tópicos seguintes.

2. A ÉTICA DO CUIDADO EM PSICANÁLISE

A ética sempre se configurou como uma disciplina central da filosofia, de forma que as tradições de Aristóteles e Kant, considerados os dois principais teóricos da ética filosófica, ainda permanecem vivas[8]. Na contemporaneidade, podemos observar o surgimento de novas tentativas de apresentação dos fundamentos da ética, como: a ética do discurso, herdeira do apriorismo kantiano dos princípios práticos, a ética da responsabilidade, a qual, revendo Kant, relaciona a obediência aos princípios éticos à consideração das consequências de sua realização, entre outras. Outros exemplos se referem aos campos da psicologia (Gilligan) e da psicanálise pós-freudiana (Winnicott)[9], em que os estudos se deram sobre o sentido ético do cuidado de si e dos outros[10]. Segundo Loparic:

> Para entender a novidade dessa abordagem, convém observar que na tradição ocidental, e mesmo na do Oriente, a ética é comumente relacionada com a ideia do agir. A ética é a teoria que diz como se deve agir. O agir é concebido como um fazer, atividade que consiste seja em produzir efeitos no mundo físico por operações governadas por leis da natureza, chamadas, por isso, de lei teórico-práticas, seja em estabelecer relações com outros seres humanos por operações que obedeçam a leis moral-práticas[11].

No entanto, para Loparic[12], diferentemente da ética aristotélica, a ética do cuidado não visa a recomendar virtudes para a vida boa nem, distintamente de Kant, impor regras, mas nos convida a atender às necessidades que decorrem do ter-que-ser nosso e dos outros. Especificamente em relação à Psicanálise, campo de saber que será o referencial teórico do presente artigo, podemos considerar que ela sempre foi e é uma prática de cuidado do sofrimento psíquico[13]. No entanto, a Psicanálise, enquanto teoria e prática clínica, vem sofrendo transformações desde seu início, a

7. SILVA JÚNIOR, A.G.; ALVES, C.A.; MELLO ALVES, M.G.M. Entre tramas e redes: cuidado e integralidade. *In*: PINHEIRO, R.; MATTOS, R. A. (org.). *Construção social da demanda*. Rio de Janeiro: ABRASCO, 2005. p. 65-112.
8. LOPARIC, Z. (org.). *Winnicott e a ética do cuidado*. São Paulo: DWW Editorial, 2013.
9. E, aqui, acrescentemos Sándor Ferenczi, psicanalista húngaro, considerado o principal interlocutor de Freud.
10. LOPARIC, Z. (org.). *Winnicott e a ética do cuidado*. São Paulo: DWW Editorial, 2013.
11. LOPARIC, Z. (org.). *Winnicott e a ética do cuidado*. São Paulo: DWW Editorial, 2013. p. 20.
12. LOPARIC, Z. (org.). *Winnicott e a ética do cuidado*. São Paulo: DWW Editorial, 2013.
13. KUPERMANN, D. *Estilos do cuidado*: a psicanálise e o traumático. São Paulo: Zagodoni, 2017.

começar, naturalmente, pelo seu criador Sigmund Freud, passando por seus contemporâneos e os psicanalistas que o sucederam, os quais comumente chamamos de pós-freudianos.

Se a Psicanálise pode ser considerada uma prática de cuidado, cabe nos questionarmos quais princípios balizam a sua ética: nesse caso, quais princípios, então, orientam uma ética do cuidado? Um primeiro esforço nesse sentido foi feito no final dos anos 1920 por Sándor Ferenczi, principal interlocutor de Freud, considerado o *enfant terrible* da psicanálise, justamente por todas a modificações e questionamentos que fez a esta última, deparando-se constantemente com a necessidade de tornar explícitos os princípios éticos norteadores da prática psicanalítica. Diante dos casos ditos "difíceis", em que a dimensão traumática tomava a cena, Ferenczi não recuou; ao contrário, apontou para o fato de que a psicanálise teria se tornado muito "cerebral" e interpretativa, iatrogênica para uma grande parte daqueles que recorriam a ela na tentativa de cuidar de seu sofrimento[14].

Fortemente inspirado nas transformações do *setting* motivadas pela psicanálise com crianças, os escritos de Ferenczi denunciavam que uma clínica rígida, norteada por uma técnica superegoica[15], e praticada sem "empatia" poderia não só traumatizar, como retraumatizar os pacientes que possuíam uma constituição narcísica mais frágil[16]. Com isso, a psicanálise passa a se deparar com a ideia de que transmitir um saber sem cuidado anda de mãos dadas com o traumático. Nas palavras de Kupermann, "não se psicanalisa apenas com o martelo; é preciso ocupar-se da precisão do cinzel"[17].

Ainda que não encontremos muitas referências a Ferenczi ao longo de sua obra, é notória a influência do legado ferencziano em relação ao pensamento de Winnicott[18], pediatra e psicanalista britânico que exerceu sua prática clínica aproximadamente entre os anos 1930 e 1960, tendo construído suas bases teóricas e clínicas a partir de uma ética do cuidado. Em contrapartida, sua experiência na pediatria lhe permitiu desenvolver e formular, em outras bases, os modos de intervenção próprios ao seu estilo clínico: o trabalho sobre a dependência e o brincar compartilhado. Formulando sua teoria em termos do processo de amadurecimento emocional, Winnicott parte do princípio de que o ser humano, quando nasce, experimenta uma posição de dependência absoluta em relação ao ambiente à sua volta, e que, aos poucos, e principalmente através dos cuidados e de uma adaptação por parte deste ambiente, pode caminhar rumo à independência (sempre relativa).

No entanto, diante de pacientes gravemente comprometidos no decorrer de seu desenvolvimento emocional, Winnicott acreditava que a regressão aos estágios de dependência seria um movimento necessário nos tratamentos psicanalíticos, de

---

14. KUPERMANN, D. *Estilos do cuidado*: a psicanálise e o traumático. São Paulo: Zagodoni, 2017.
15. Compreendemos, aqui, o sentido crítico do termo, no qual a clínica se nortearia pela dimensão das regras e na ênfase sobre aquilo que o analista considera como correto.
16. KUPERMANN, D. *Estilos do cuidado*: a psicanálise e o traumático. São Paulo: Zagodoni, 2017.
17. KUPERMANN, D. *Estilos do cuidado*: a psicanálise e o traumático. São Paulo: Zagodoni, 2017. p. 10.
18. KUPERMANN, D. *Estilos do cuidado*: a psicanálise e o traumático. São Paulo: Zagodoni, 2017.

forma que a situação clínica deveria oferecer a oportunidade de um "novo início". Sua concepção, assim, marca a importância da capacidade de adaptação do analista no que diz respeito às necessidades do bebê ou da criança que cada paciente traz dentro de si[19].

Isto posto, pode-se observar atualmente uma extensão do campo de atuação dos psicanalistas, que parece se dever ao questionamento vigente em relação aos princípios que sustentam a nossa prática[20]. Por extensão do campo, falamos de psicanalistas exercendo funções de diagnóstico e escuta em várias instituições de cuidado que fazem parte de nossa vida social, como os hospitais, as escolas, os grupos vulneráveis (como prostitutas, travestis ou usuários de drogas), na área jurídica[21] etc. Temos como exemplo a IPA – *International Psychoanalytical Association* – que lançou recentemente uma nova área, a *IPA nas Comunidades*, em seu organograma justamente para estudar a atuação dos psicanalistas em setores como a Saúde, a Cultura, o Direito, a Educação etc. Não foi uma surpresa coletar dados muito consistentes acerca do trabalho desenvolvido pelos seus membros, espalhados pelas diversas regiões do planeta.

Diante dessa imersão heterogênea, alguns se preocupam, de forma legítima, que a psicanálise seja integrada às práticas assistencialistas, perdendo, assim, a sua especificidade. Porém, paralelamente, corre-se o risco de, ao estarem desterritorializados em enquadres muito turbulentos, os psicanalistas se defendam a partir de uma prática ortodoxa paralisadora e esterilizante[22]. Mas não é assim que temos testemunhado nas ações dos psicanalistas nas comunidades. Desde a ideia de enquadre interno do psicanalista, vemos que o cuidado psíquico provido por ele pode alcançar diferentes áreas, para além da psicanálise praticada nos consultórios psicanalíticos.

3.   A ÉTICA DO CUIDADO EM FERENCZI

Ao pensarmos em uma atitude psicanalítica que seja acolhedora, mas que ao mesmo tempo não infantilize o sujeito; que considere as consequências de seus gestos, atos, ações e palavras, sem, entretanto, ser invasiva; que facilite a regressão e o relaxamento para que se possa acessar as esferas traumáticas fundamentais do sujeito, mas mantendo o regime de frustração essencial à viabilização da travessia da análise[23], nos lembramos de Ferenczi.

---

19. FUCHS, S. M. S.; PEIXOTO JUNIOR, C. A. Sobre o trauma: contribuições de Ferenczi e Winnicott para a clínica psicanalítica. *Tempo psicanal.*, Rio de Janeiro, v. 46, n. 1, p. 161-183, jul. 2014. Disponível em: http://pepsic.bvsalud.org/scielo.php?script=sci_arttext&pid=S0101-48382014000100012&lng=pt&nrm=iso. Acesso em: 07 jul. 2021.

20. KUPERMANN, D. *Estilos do cuidado*: a psicanálise e o traumático. São Paulo: Zagodoni, 2017.

21. No que diz respeito à relação entre a área jurídica e o tema do cuidado, sugerimos a leitura do texto: PEREIRA, T. O cuidado como valor jurídico. *In*: PEREIRA, T. S.; PEREIRA, R. C. (org.). *A ética da convivência*: sua efetividade no cotidiano dos tribunais. Rio de Janeiro: Forense, 2006.

22. PEREIRA, T. O cuidado como valor jurídico. *In*: PEREIRA, T. S.; PEREIRA, R. C. (org.). *A ética da convivência*: sua efetividade no cotidiano dos tribunais. Rio de Janeiro: Forense, 2006.

23. BOUWMAN, M. W. A ética do cuidado na clínica psicanalítica. *Estudos de Psicanálise*, Belo Horizonte, n. 36, p. 109–116, 2011.

Diante de seus esforços em tornar claros os princípios éticos que balizam a ética psicanalítica, podemos destacar três principais ensaios do último autor, todos publicados em 1928, compondo uma trilogia que pode ser lida como o pivô de uma revolução no pensamento psicanalítico, no que diz respeito a um retorno aos princípios da ética do cuidado que representou a invenção da Psicanálise[24]. São estes: "A adaptação da família à criança", "Elasticidade da técnica psicanalítica" e "O problema do fim de análise", em que os princípios éticos apresentados, respectivamente, em cada um deles são: a hospitalidade, a empatia e a saúde do analista. De acordo com Pinheiro:

> Uma só intenção move Ferenczi; um único imperativo orienta sua teoria, **o imperativo ético**. O que fazer diante do desamparo; o que fazer com quem sofre e não pode saber do que sofre; o que fazer quando dependemos da linguagem para ser o que somos, embora venha dela o que nos traumatiza? Diante de perguntas como estas, Ferenczi não hesita: experimenta! Faz, desfaz e refaz. Pensa no impensado, retifica o que pensou, duvida das certezas, e a soma é uma magnífica peça de invenção teórica e sensibilidade clínica[25].

Dito isso, veremos a seguir uma breve descrição destes três princípios para uma ética do cuidado em Ferenczi.

3.1 Hospitalidade

No texto "A adaptação da família à criança"[26], Ferenczi irá enfatizar a importância da hospitalidade nos primeiros anos de vida. O ensaio se constitui como um marco na Psicanálise, na medida em que se apresenta como uma resposta às formulações acerca do estado de desamparo que definiria o ser humano desde o seu nascimento, desenvolvidas no texto freudiano "Inibições, sintomas e angústia"[27]. Ali, Freud argumenta que, devido à dependência biopsicossocial originária, a relação do *infans* com o Outro primordial é assinalada pela ameaça do abandono e da perda de seu amor, as quais são vividas psiquicamente como angústia.

No entanto, o nascimento seria apenas o primeiro episódio traumático de uma série interminável no decorrer da vida do sujeito, a exemplo do desmame e do aprendizado do asseio pessoal. Nesse sentido, tanto a culpa quanto o medo da perda de amor do Outro se manteriam como as figuras da angústia na vida adulta[28]. É justamente a partir desse viés que se fala de um estado irredutível de desamparo, ou, melhor dizendo, de uma gestão interminável e infinita do conflito pelo sujeito, de tal forma que este não poderia jamais se desprender de sua posição originária de

---

24. KUPERMANN, D. *Estilos do cuidado*: a psicanálise e o traumático. São Paulo: Zagodoni, 2017.
25. PINHEIRO, T. *Ferenczi*: do grito à palavra. Rio de Janeiro: Jorge Zahar; Ed. UFRJ, 1995. p. 9-10. (Grifo nosso.).
26. FERENCZI, S. *A adaptação da família à criança*. São Paulo: Martins Fontes, 2011. (Obras completas, Psicanálise IV).
27. FREUD, S. *Inibição, sintoma e angústia*. Tradução de Paulo César de Souza. v. 17. São Paulo: Companhia das Letras, 2014. (Obras Completas.). p. 13-123.
28. KUPERMANN, D. *Estilos do cuidado*: a psicanálise e o traumático. São Paulo: Zagodoni, 2017.

desamparo[29]. Assim, partindo de uma leitura freudiana, a prática psicanalítica estaria fundada, acima de tudo, no manejo da angústia, almejando a possibilidade de uma reconstrução de modos mais sincrônicos baseado no enfrentamento e na elaboração de tal desamparo[30].

Operando uma efetiva mudança de paradigma teórico, Ferenczi passa não mais a olhar na pressuposta existência individual do sujeito, e a adaptação por parte do bebê ao seu meio, mas, de modo inverso, na percepção de que *cabe ao ambiente se adaptar àquele que chega, acolhendo-o de forma ativa*. Dessa forma, o estado de desamparo primordial só será vivido como traumatizante se receber como destino as figuras do abandono ou da intrusão, destino tão presente na clínica dos "pacientes difíceis" que buscavam socorro no divã de Ferenczi[31]. Vejamos:

> É justamente a ênfase no ambiente e nas experiências transubjetivas o que lhe permite afirmar em alto e bom tom que "o nascimento é um verdadeiro triunfo"[32]. De fato, na experiência do nascimento, não apenas o bebê está pronto – aparelho psíquico respiratório e digestivo, instintos de sucção e também faculdades para interagir com a mãe – como a família busca se adaptar às particularidades do novo membro. Assim, as primeiras experiências vitais do bebê traiam a marca da alegria de existir e da exuberância onipotente, que favoreceriam o gesto espontâneo e a expansão psíquica em direção à constituição do campo dos objetos e, mesmo, ao sentido de realidade[33].

Portanto, a mudança de perspectiva teórica se deu a partir do emprego do termo *adaptação*. Se era claro que o bebê precisa se adaptar ao novo ambiente – ênfase da teoria psicanalítica até aquele momento – era preciso frisar que o ambiente também precisa se adaptar ao bebê. No que diz respeito ao tratamento com pacientes traumatizados, o psicanalista deveria, então, poder fornecer sua presença afetiva de modo a proporcionar àqueles que foram "hóspedes não bem-vindos na família"[34], a acolhida necessária à experiência vital de constituição de si e ao ludismo criador, provavelmente pela primeira vez em suas vidas.

Em relação aos "hóspedes não bem-vindos na família", Ferenczi se refere às crianças que "registraram bem os sinais conscientes e inconscientes de aversão ou de impaciência da mãe, e que sua vontade de viver viu-se desde então quebrada"[35]. Por conseguinte, os menores acontecimentos, ao longo da vida posterior, eram suficientes para produzir naqueles a vontade de morrer. Ao se deparar com tais casos,

---

29. BIRMAN, J. *Mal-estar na atualidade*: a psicanálise e as novas formas de subjetivação. Rio de Janeiro: Civilização Brasileira, 1998.
30. KUPERMANN, D. *Estilos do cuidado*: a psicanálise e o traumático. São Paulo: Zagodoni, 2017.
31. FERENCZI, S. *A adaptação da família à criança*. São Paulo: Martins Fontes, 2011. (Obras completas, Psicanálise IV).
32. FERENCZI, S. *A adaptação da família à criança*. São Paulo: Martins Fontes, 2011. (Obras completas, Psicanálise IV). p. 5.
33. KUPERMANN, D. *Estilos do cuidado*: a psicanálise e o traumático. São Paulo: Zagodoni, 2017. p. 20-1.
34. FERENCZI, S. *A criança mal acolhida e sua pulsão de morte*. São Paulo: Martins Fontes, 2011. (Obras completas, Psicanálise IV.). p. 57.
35. FERENCZI, S. *A criança mal acolhida e sua pulsão de morte*. São Paulo: Martins Fontes, 2011. (Obras completas, Psicanálise IV.). p. 57.

em que havia uma diminuição da vontade de viver, Ferenczi se empenhou em suas tentativas de elasticidade da técnica:

> [...] deve-se deixar, durante algum tempo, o paciente agir como uma criança [...] permite-se a tais pacientes desfrutar pela primeira vez a irresponsabilidade da infância, o que equivale a introduzir impulsos positivos de vida e razões para se continuar existindo. Somente mais tarde é que se pode abordar, com prudência, essas exigências de frustração, que, por outro lado, caracterizam as nossas análises[36].

Dessa forma, a atitude do psicanalista deveria variar entre a frustração e o acolhimento benevolente[37]. Temos a hospitalidade, logo, como o primeiro princípio da ética do cuidado na psicanálise. Como veremos mais adiante, é possível intuir que Ferenczi tenha se antecipado a Winnicott[38].

3.2 A Empatia

Como já anunciamos, o segundo princípio ético norteador da prática psicanalítica, segundo Ferenczi, diz respeito à empatia. Encontramos uma descrição do que seria a empatia na relação analista-analisando especialmente no texto *Elasticidade da técnica psicanalítica*[39]. Ali, Ferenczi nos apresenta o marco fundador de seu projeto clínico, definido pelo resgate da dimensão sensível do encontro terapêutico[40].

A interpretação, enquanto instrumento por excelência do psicanalista no exercício de seu ofício, torna-se subordinada à qualidade dos afetos que circulam entre analista e analisando. Isso quer dizer que "toda a trama de sutilezas estéticas implicadas na noção de tato – a forma e o momento adequado de comunicar algo ao analisando, a percepção de quando o silêncio lhe é torturante, as reações do analista às suas atitudes inusitadas etc."[41], é determinada mediante o recurso a uma categoria estética muito utilizada no início do século XX: *Einfühlung* (empatia), em que a tradução literal poderia ser descrita como: "sentir dentro"; "sentir o outro dentro de si". Bouwman[42], recorrendo à Kahtuni[43], descreve a empatia como:

> [...] a tendência do analista ser sensível às comunicações verbais e não verbais de seu paciente, podendo colocar-se em seu lugar, sem, entretanto, perder os referenciais próprios e, a partir de

36. FERENCZI, S. *A criança mal acolhida e sua pulsão de morte*. São Paulo: Martins Fontes, 2011. (Obras completas, Psicanálise IV.). p. 59.
37. BOUWMAN, M. W. A ética do cuidado na clínica psicanalítica. *Estudos de Psicanálise*, Belo Horizonte, n. 36, p. 109–116, 2011.
38. BOUWMAN, M. W. A ética do cuidado na clínica psicanalítica. *Estudos de Psicanálise*, Belo Horizonte, n. 36, p. 109–116, 2011.
39. FERENCZI, S. *Elasticidade da técnica psicanalítica*. São Paulo: Martins Fontes, 2011. (Obras completas, Psicanálise IV.).
40. KUPERMANN, D. *Estilos do cuidado*: a psicanálise e o traumático. São Paulo: Zagodoni, 2017.
41. KUPERMANN, D. *Estilos do cuidado*: a psicanálise e o traumático. São Paulo: Zagodoni, 2017. p. 22.
42. BOUWMAN, M. W. A ética do cuidado na clínica psicanalítica. *Estudos de Psicanálise*, Belo Horizonte, n. 36, p. 109–116, 2011.
43. KAHTUNI, H.C.; SANCHES, G. P. *Dicionário sobre o pensamento de Sándor Ferenczi*: uma contribuição à clínica psicanalítica contemporânea. Rio de Janeiro: Elsevier; São Paulo: FAPESP, 2009.

então, sentir e pensar como se fosse o paciente. A empatia, dessa forma, indica uma habilidade relacional de identificação[44].

Vimos, então, como a empatia praticada por parte do analista se refere à capacidade do analista tanto de se deixar afetar pelo sofrimento do analisando quanto afetá-lo. O analista deveria atuar como o "diapasão" que possibilita sintonizar as modulações afetivas do paciente[45]. Logo, pressupor que afetos e ideais do analista e analisando podem se enlaçar, e que aquele que está diante de mim não é "uma representação do meu ego", mas um ser real com quem consigo me identificar, evidencia um reconhecimento do outro em termos éticos, em uma extensão pouco valorizada nos escritos psicanalíticos até então[46].

Muitas das teorizações relativas à clínica Kohutiana também se embasaram na empatia como fundamental no suporte aos pacientes narcísicos, posteriormente estendida aos pacientes ditos Borderline.

3.3   A saúde mental de quem cuida

Para Ferenczi[47], a análise profunda do analista seria a segunda regra fundamental da psicanálise[48]. Na medida em que a regra fundamental da associação livre e da atenção flutuante[49] são recomendações técnicas que visam à instauração da situação analítica, a segunda regra é, particularmente, uma exigência ética, sublinhando a responsabilidade, por parte do analista, na condução do processo analítico de seus pacientes, e o único alicerce confiável para uma boa técnica analítica[50].

Assim, para Ferenczi, a hipocrisia, ou seja, a recusa dos próprios afetos do analista, seria a fonte criadora das resistências mais fundamentais dos analisandos ao trabalho de elaboração. Quanto a isso, vejamos uma passagem do *Diário Clínico*[51] de Ferenczi:

---

44. BOUWMAN, M. W. A ética do cuidado na clínica psicanalítica. *Estudos de Psicanálise*, Belo Horizonte, n. 36, p. 109–116, 2011. p. 112.
45. KUPERMANN, D. *Estilos do cuidado*: a psicanálise e o traumático. São Paulo: Zagodoni, 2017.
46. COELHO JUNIOR, N. E. Ferenczi e a experiência da Einfühlung. *Ágora*, v. 7, n.1, p.73-85, jan./jul. 2004.
47. FERENCZI, S. *O problema do fim de análise*. São Paulo: Martins Fontes, 2011. (Obras completas, Psicanálise IV.).
48. Sendo a regra fundamental da psicanálise a *associação livre*, que se configura como um método que consiste em "exprimir indiscriminadamente todos os pensamentos que ocorrem ao espírito, quer a partir de um elemento dado (palavra, número, imagem de um sonho, qualquer representação), quer de forma espontânea (LAPLANCHE, J.; PONTALIS, J. B. *Vocabulário da psicanálise*. São Paulo: Martins Fontes, 2001.), por parte do paciente.
49. A atenção flutuante diz respeito a uma recomendação técnica de Freud de que o analista não deveria, ao escutar seu paciente, privilegiar *a priori* qualquer elemento do discurso deste, significando deixar a sua atenção inconsciente funcionar o mais livremente possível, suspendendo as motivações que dirigem comumente a sua atenção (LAPLANCHE, J.; PONTALIS, J. B. *Vocabulário da psicanálise*. São Paulo: Martins Fontes, 2001.).
50. BOUWMAN, M. W. A ética do cuidado na clínica psicanalítica. *Estudos de Psicanálise*, Belo Horizonte, n. 36, p. 109–116, 2011. p. 112.
51. FERENCZI, S. *Diário clínico*. São Paulo: Martins Fontes, 1990.

É verdadeiramente impossível [ao analisando][52] levar a sério seus movimentos internos, quando me sabe tranquilamente sentado atrás dele, fumando meu cigarro e reagindo no máximo, indiferente e frio, com a pergunta estereotipada: o que é que lhe ocorre a esse respeito?[53]

Nesse sentido, ao analista também é imprescindível o cuidado de si, para que tenha condições psíquicas para o bom exercício de suas funções que, para além de sua análise pessoal, também diz respeito à reposição de suas reservas anímicas (também corporais e mentais), o que Ferenczi irá chamar de "higiene particular do psicanalista"[54]. Pode-se constatar, logo, que o estilo clínico caracterizado pela ética do cuidado não se configura como uma dissimetria radical de posições entre o que cuida e aquele que é alvo de cuidado[55].

Em Ferenczi, o ponto mais sensível a respeito do manejo clínico seria aquele em que recai o encontro de linguagens que acontece na comunicação entre analista e analisando. Se o analista se debruça sobre a criança dentro de cada analisando, a questão com a qual o último autor se confrontou foi justamente a de contemplar uma regine linguageiro compatível com esse encontro[56]. Percebemos, a partir da breve descrição acima, que na perspectiva da ética do cuidado em psicanálise, o objetivo não é a abolição do conflito e da agonística, mas de um cenário de compartilhamento do viver criativo.

4. A ÉTICA DO CUIDADO NA PSICANÁLISE WINNICOTTIANA

Donald Woods Winnicott foi pediatra e psicanalista, nasceu na Grã-Bretanha em 7 de abril de 1896, falecendo em Londres em 25 de janeiro de 1971. Winnicott estudou na Universidade de Cambridge, primeiramente cursando biologia e depois medicina. No entanto, no momento da irrupção da primeira guerra mundial (1914-18), serviu como estagiário de cirurgia e oficial médico em um destroier. A partir de 1923, trabalhou no The Queen's Hospital for Children e também no Paddington Green Hospital for Children, onde se manteve por 40 anos consecutivos, trabalhando como pediatra, psiquiatra infantil e psicanalista[57].

Não demorou muito para que Winnicott, em seu exercício paralelo entre a pediatria e a psicanálise, estabelecesse uma relação entre os transtornos emocionais que os bebês manifestavam e os distúrbios do tipo esquizofrênico. Seu interesse começa a se delinear em torno das condições ambientais que poderiam favorecer, ou falhar em favorecer, os processos pelos quais um bebê – imaturo e extremamente dependente de início – se torna uma pessoa capaz de constituir relações com a realidade externa,

---

52. Colchetes nosso.
53. FERENCZI, S. *Diário clínico*. São Paulo: Martins Fontes, 1990. p. 72.
54. FERENCZI, S. *O problema do fim de análise*. São Paulo: Martins Fontes, 2011. (Obras completas, Psicanálise IV.). p. 40.
55. KUPERMANN, D. *Estilos do cuidado*: a psicanálise e o traumático. São Paulo: Zagodoni, 2017.
56. KUPERMANN, D. *Estilos do cuidado*: a psicanálise e o traumático. São Paulo: Zagodoni, 2017.
57. STEINWURZ, D. A. Biografia de Donald Woods Winnicott. *FEBRAPSI*. Disponível em: https://febrapsi.org/publicacoes/biografias/donald-woods-winnicott/. Acesso em: 23 mai. 2021.

de achar algum sentido no fato de estar vivo, e de ter capacidade, de forma razoável, de tomar conta de si mesmo[58]. A partir disso, o psicanalista inglês formulou suas ideias em termos de uma contribuição própria e original.

Um conceito, no entanto, é capaz de sintetizar a originalidade de Winnicott: o conceito de tendência, o qual possui grandes implicações na maneira de se pensar natureza e história. Por tendência, Winnicott fala em certas tendências naturais que constituem um movimento de natureza cuja concretização não ocorre necessariamente, mas cuja frustração desencadeia consequências significativas[59]. Mas de que tendência especificamente Winnicott fala? Trata-se de uma tendência à integração[60], isto é, de uma força vital no sentido da vida, que requer, para sua efetivação, a adequada ação/provisão do ambiente.

Com Winnicott, encontramos as bases no cuidado ambiental em relação às necessidades que decorrem "do ser e dos processos de amadurecimento"[61]. Isto é, segundo o autor, a partir de seu nascimento, os seres humanos possuem uma tendência a amadurecer e enriquecer de forma criativa seus relacionamentos, tanto em seu aspecto somático quanto psíquico, junto de seus mundos ambientais e dos objetos que encontram nestes. No entanto, Winnicott defende que tal busca "não tem sentido a não ser para um ente que está aí para ser [*has no meaning except for a being who is there to be*]"[62]. Em outras palavras, o bebê vive pelo fato de "estar vivo" e de existir alguém que responde, de forma satisfatória, a esse fato[63]. Vejamos:

> O conceito de tendência cunhado por Winnicott exprime uma abordagem radicalmente diferente. Ela supõe conceber a natureza como um ser vivo, na medida em que se reconhece nela um movimento tendencial – uma tensão (uma intenção?) – em direção a determinados objetivos, por exemplo, o da integração, personalização ou realização ou de emergência do sentimento ético. [...] As tendências, contudo, são só isso, tensões, direcionamentos. Tensão de movimento sem formas definidas, à espera da criatividade humana que requer para operar do encontro do bebê com o outro. Um outro que inicialmente se apaga como outro para tornar possível a emergência do bebê como eu.[64]

58. DIAS, E. O. O cuidado como cura e como ética. *Winnicott e-prints*, São Paulo, v. 5, n. 2, p. 21-39, 2010. Disponível em: http://pepsic.bvsalud.org/scielo.php?script=sci_arttext&pid=S1679=432-2010000200002X&lng=pt&nrm-iso. Acesso em: 03 jul. 2021.

59. PLASTINO, C. A emergência do sentimento ético como tendência da natureza humana. *Winnicott e-prints*, São Paulo, v. 7, n. 1, p. 80-113, 2012. Disponível em: http://pepsic.bvsalud.org/scielo.php?script=sci_arttext&pid=S1679-432X2012000100004&lng=pt&nrm=iso. Acesso em: 03 jul. 2021.

60. Winnicott destaca em sua teoria sobre o processo do desenvolvimento emocional primitivo as tendências a: integração, personalização, realização, emergência do sentimento de culpa, emergência do desejo de reparação e do sentimento ético, convergência entre o erotismo e a motilidade (PLASTINO, C. A emergência do sentimento ético como tendência da natureza humana. *Winnicott e-prints*, São Paulo, v. 7, n. 1, p. 80-113, 2012. Disponível em: http://pepsic.bvsalud.org/scielo.php?script=sci_arttext&pid=S1679-432X2012000100004&lng=pt&nrm=iso. Acesso em: 03 jul. 2021. p. 81)

61. WINNICOTT, D. W. *O ambiente e os processos de maturação*. Porto Alegre: Artes Médicas, 1983. p. 183.

62. WINNICOTT, D. W. *Home is where we start from*. London: Penguin Books, 1986. p. 41-42.

63. DIAS, E. O. *A teoria do amadurecimento de D. W. Winnicott*. Rio de Janeiro: Imago Editora, 2003.

64. PLASTINO, C. A emergência do sentimento ético como tendência da natureza humana. *Winnicott e-prints*, São Paulo, v. 7, n. 1, p. 80-113, 2012. p. 103. Disponível em: http://pepsic.bvsalud.org/scielo.php?script=sci_arttext&pid=S1679-432X2012000100004&lng=pt&nrm=iso. Acesso em: 03 jul. 2021. Vale ressaltar

Vemos, a partir disso, que tanto Winnicott quanto Ferenczi valorizavam o papel adaptativo do ambiente no que diz respeito à constituição subjetiva de cada indivíduo. A diferença, talvez, residindo no fato de que Winnicott considerava que existia uma força vital muito intensa no início da vida, e que caberia ao ambiente mantê-la ou enfraquecê-la, enquanto que, em Ferenczi, a adaptação e hospitalidade do ambiente ao *infans* que viabilizariam a experiência vital de constituição de si e do ludismo criador.

Winnicott usou o termo "suficientemente-bom" para caracterizar o que seria um cuidado adequado e adaptado ao bebê, tanto em relação ao ambiente em geral, quanto em relação à figura materna, devendo ser entendida aqui como aquele que se ocupa dos cuidados ao bebê. Uma "mãe suficientemente-boa", segundo o último autor, teria ingressado em um estado de "preocupação materna primária", o que significa que ela esteja tomada por uma preocupação com o bebê em função de sua intensa identificação com sua condição. Tal estado a torna capaz de fornecer a proteção psicológica e física que o bebê precisa, e provocar neste a sensação (ou a ilusão, como Winnicott costuma chamar) de que é ele quem cria os objetos que lhe são oferecidos[65]. Esse ponto é extremamente importante em sua teoria, pois já aponta para a possibilidade de vivência da criatividade, aspecto que Winnicott considera fundamental para o desenvolvimento de dois aspectos fundamentais do brincar: a vontade de viver e a saúde.

Assim, em um primeiro momento, mãe e bebê comporiam uma unidade-dual, de forma que o bebê ainda não é capaz de diferenciar o que seria eu e não eu. Esse processo de diferenciação só se dará, de forma satisfatória, caso ele tenha experienciado, neste início, uma sensação de ilusão, de onipotência, em que ele deseja o seio materno e que, quase magicamente, o seio lhe é oferecido. É ele, portanto, quem "cria" o seio. E é justamente esse sentimento que é tributário de uma mãe que esteja em um estado de preocupação materna primária, incentivando a capacidade do bebê de criar o mundo, um mundo que seja seu.

Neste momento de dependência extrema do bebê, progressivamente, vão ocorrendo modificações na direção de uma separação daquela unidade mãe-bebê. Para que isso seja possível, Winnicott percebe que é preciso, antes, a criação de um outro espaço, que não seja nem o mundo interno do bebê e nem a realidade externa. A esse espaço, Winnicott dá o nome de "espaço potencial", lugar onde, por excelência, serão vividos os fenômenos transicionais, como o brincar. É comum vermos, em crianças pequenas, a adesão a determinado objeto, como uma chupeta, um pedaço de pano, ou algum brinquedo. Esse objeto será chamado, pelo psicanalista britânico, de objeto transicional, caracterizando uma primeira posse não eu. No entanto, o que caracte-

---

que a ideia de "um outro que inicialmente se apaga" tem a ver com a ideia de uma unidade que ainda não é indivíduo, mas de uma estrutura ambiente-indivíduo. Tal estado fusional aponta justamente para o fato de que o bebê ainda não é capaz de operar a distinção entre o eu e o não-eu.

65. ABRAM, J. *A linguagem de Winnicott*. Rio de Janeiro: Revinter, 2000.

riza tal objeto é justamente o fato de que, para o bebê, não é claro se aquele objeto foi criado por ele ou se já estava lá. Em outras palavras, não é claro se o objeto, ou o fenômeno (como uma música ou um som) faz parte do bebê ou da realidade externa. Nesse momento, podemos dizer que ainda não há uma separação nítida entre o eu e o outro, mas uma espécie de um outro potencial.

Passada essa primeira função do espaço potencial, ou seja, após a separação mãe--bebê, esse espaço continua existindo através de uma área que Winnicott chamou de "neutra". Como exemplos, Winnicott cita as experiências culturais em geral, como as artes, a religião, e especialmente, o brincar. Para o autor, "há uma evolução direta dos fenômenos transicionais para o brincar, do brincar para o brincar compartilhado, e deste para as experiências culturais"[66]. É nesse sentido que, para Winnicott, a experiência analítica implica que duas pessoas brinquem em conjunto, de forma a serem capazes de usar o espaço potencial. A análise, portanto, se daria pela sobreposição das duas áreas do brincar: a do paciente e a do analista. E Winnicott acrescenta: "Em consequência, onde o brincar não é possível, o trabalho efetuado pelo terapeuta é desenvolvido então no sentido de trazer o paciente de um estado em que ele não é capaz de brincar para um estado em que o é"[67].

No entanto, no centro da concepção winnicottiana, encontramos um total afastamento do dualismo constitutivo do pensamento moderno. Na concepção dualista, característica daquela época, encontramos uma separação entre natureza e cultura, corpo e consciência, paixão e razão, fundamentando uma dinâmica da vida centrada no conflito e na repressão[68]. De forma distinta, Winnicott pensará em um ser humano mais integrado em si mesmo, através da revalorização e reconhecimento das emoções; mais integrado com os outros, inseridos no centro dos processos de constituição da subjetividade, assim como mais integrado à natureza, na qual está radicalmente inserido. Para o psicanalista inglês, os sentidos mais primordiais da vida não emergem de significados, mas de sentimentos, cujos sentidos não seriam transmitidos pela significação social, mas surgem da própria vivência das emoções, da capacidade humana de sentir.

Com isso, a questão da felicidade, para Winnicott, seria inseparável da questão do sentido da vida. Para ele, os sentidos mais primordiais da vida, como o sentimento de continuidade na existência, o sentimento de que "a vida vale a pena ser vivida", só podem ser alcançados quando atualizamos criativamente nossas tendências naturais. No entanto, é importante destacar que tal ideia não comporta uma dimensão solipsista, em que tal atualização é feita individualmente, mas, ao contrário, exige a participação amorosa do ambiente que acolhe e sustenta, possibilitando o fluir da espontaneidade da vida.

---

66. WINNICOTT, D. W. *O brincar e a realidade*. Rio de Janeiro: Imago Editora, 1975. p. 76.
67. WINNICOTT, D. W. *O brincar e a realidade*. Rio de Janeiro: Imago Editora, 1975. p. 59.
68. WINNICOTT, D. W. *O brincar e a realidade*. Rio de Janeiro: Imago Editora, 1975.

Portanto, a ética do cuidado em Winnicott poderia ser descrita, sem grande rigor, na seguinte equação: o cuidado que a criança recebeu irá resultar no cuidado que ela passa a ter com o mundo à sua volta, fora de uma área de onipotência inicial e, cada vez mais, com a realidade compartilhada. Consequentemente, a ética do cuidado, além de caracterizar uma crítica radical das concepções antropológicas da modernidade[69], diz mais respeito às necessidades vitais fundamentais ao processo de amadurecimento emocional, do que à dimensão do desejo e do princípio de prazer, concepção freudiana que aponta, *grosso modo*, para a ideia de que nosso psiquismo seria regido pela evitação ou evacuação da tensão desagradável[70]. Se para Freud a psicanálise era essencialmente uma "*talking cure*" que dependia das trocas verbais, para Winnicott, a relação mãe-bebê, cuja comunicação se dá praticamente de forma não-verbal, passa a se tornar o paradigma do processo analítico[71]:

> É de interesse notar que, pelo fato de estar baseada no princípio do prazer, e não na ideia de tendência ao amadurecimento, a teoria tradicional induz à concepção de que o paciente, quando pode, agarra-se ao bom e não quer sair do lugar. Fica retido no bem-bom. Para Winnicott, contudo, a questão não é o infantilismo, mas a imaturidade, o que altera substancialmente a compreensão do problema e a tarefa do analista, caso se queira empreender a cura. Quando recebe o que necessita, o bebê winnicottiano, assim como o paciente, incorpora os cuidados ambientais, e vai em frente. [72]

No tocante à prática psicanalítica, a teoria do amadurecimento de Winnicott sugeria que tanto a psicanálise – enquanto teoria e clínica – como o psicanalista, na atividade de seu ofício, deveriam se adaptar às necessidades psíquicas, ao tempo e ao ritmo de cada paciente, especialmente em relação àqueles que teriam sofrido graves comprometimentos em seu desenvolvimento emocional[73]. Segundo Winnicott, "os distúrbios mais insanos ou psicóticos formam-se na base de falhas da provisão ambiental e podem ser tratados, muitas vezes com êxito, por uma nova provisão ambiental"[74]. Portanto, na situação analítica, a atenção do analista, junto do aspecto físico do ambiente (o divã, o calor, a cor da sala etc.), seriam o correlato da preocupação materna primária[75].

Em relação a uma nova provisão ambiental, Winnicott se refere à criação e manutenção, para o paciente e por parte do analista, de um lugar protegido, isto é, uma pequena amostra de um mundo encontrável e previsível, em que ele, no seu tempo,

---

69. PLASTINO, C. A emergência do sentimento ético como tendência da natureza humana. *Winnicott e-prints*, São Paulo, v. 7, n. 1, p. 80-113, 2012. Disponível em: http://pepsic.bvsalud.org/scielo.php?script=sci_arttext&pid=S1679-432X2012000100004&lng=pt&nrm=iso. Acesso em: 03 jul. 2021.

70. LAPLANCHE, J.; PONTALIS, J. B. *Vocabulário da psicanálise*. São Paulo: Martins Fontes, 2001.

71. PHILLIPS, A. *Winnicott*. Cambridge: Harvard University Press, 1988.

72. DIAS, E. O. O cuidado como cura e como ética. *Winnicott e-prints*, São Paulo, v.5, n.2, p. 21-39, 2010. p. 28. Disponível em: http://pepsic.bvsalud.org/scielo.php?script=sci_arttext&pid=S1679-432X2010000200002&lng=pt&nrm=iso. Acesso em: 03 jul. 2021.

73. KUPERMANN, D. *Estilos do cuidado*: a psicanálise e o traumático. São Paulo: Zagodoni, 2017. p. 10.

74. WINNICOTT, D. W., 1963 *apud.* WINNICOTT, D. W. *O ambiente e os processos de maturação*. Porto Alegre: Artes Médicas, 1983.

75. ABRAM, J. *A linguagem de Winnicott*. Rio de Janeiro: Revinter, 2000.

pode começar a *ser*[76]. Na prática, isso pode significar dar sustentação emocional por longos períodos de tempo, nos quais o paciente regride à dependência inicial, permitindo-se abandonar o esforço de existir e se entregar a estados muito primitivos. Parecemos encontrar, aqui, uma direção técnica similar àquela de Ferenczi, na qual ele fala da importância da hospitalidade e de deixar que o paciente desfrute, talvez pela primeira vez, da irresponsabilidade da infância.

O objetivo de tal sustentação/provisão ambiental seria o de restituir as condições para que o paciente possa voltar a ter autonomia no enfrentamento de suas questões, de viver a sua vida por si mesmo, e, ainda que com uma dose de sofrimento, sem falsas existências (falso *self*) e sem falsas soluções, já que estas precisam ser encontradas pelo próprio paciente[77]. O *setting* analítico, nesse sentido, funcionaria como um meio para o crescimento que estava ausente para o paciente no início[78], e é justamente por conta disso que, em Winnicott[79], tratar significa cuidar, podendo-se pensar no sentido de sustentar, representando, dessa forma, o que seria uma ética do cuidado[80].

5.   BION: O CUIDADO SUSTENTADO NA *RÊVERIE*

Adentrando a compreensão de estados mais primitivos da mente, psicanalistas se valeram desta maior aproximação com os pacientes de forma a que o contato pudesse ir além do que é dito através da linguagem verbal. Vários conceitos são introduzidos, sendo a chamada "identificação projetiva" um conceito-chave. Nesta última, o psicanalista tomaria contato com o "não dito" através de suas próprias percepções inconscientes. Gostamos de traduzi-la por um exemplo singelo, comum nos encontros sociais. Imaginem um grupo reunido, conversando animadamente, rindo e experimentando o gozo de uma boa conversa. Há a entrada e saída de pessoas, sem que o "animus" se altere, até que uma pessoa entra no grupo e o ambiente muda sem que ninguém se dê conta. A pessoa não disse nada que pudesse ser visto como perturbador ou que tivesse um tom mais deprimente, mas sabe-se depois que ela estaria sofrendo uma situação mais difícil na vida. Diríamos que o grupo, por identificação projetiva, teria captado esses sentimentos e, sem perceber, mudado para acolher aquilo que lhe foi transmitido sem que qualquer coisa tenha sido dita!

A identificação projetiva passa a ser uma forma de comunicação, dependente de um receptor empático, capaz de experimentar dentro de si as sensações (sem nome) que o outro não pode comunicar por palavras. Diferentemente de uma pessoa que

76.   DIAS, E. O. O cuidado como cura e como ética. *Winnicott e-prints*, São Paulo, v.5, n.2, p. 21-39, 2010. Disponível em: http://pepsic.bvsalud.org/scielo.php?script=sci_arttext&pid=S1679=432-2010000200002X&lng=pt&nrm-iso. Acesso em: 03 jul. 2021.x

77.   FULGÊNCIO, L. A ética do cuidado psicanalítico para D. W. Winnicott. *A peste*, São Paulo, v. 3, n. 2, p. 39-62, jul./dez. 2011.

78.   PHILLIPS, A. *Winnicott*. Cambridge: Harvard University Press, 1988.

79.   WINNICOTT, D. W. *Tudo começa em casa*. São Paulo: Martins Fontes, 1999.

80.   FULGÊNCIO, L. A ética do cuidado psicanalítico para D. W. Winnicott. *A peste*, São Paulo, v. 3, n. 2, p. 39-62, jul./dez. 2011.

reage a estas comunicações (como o grupo que muda de "animus" como forma de refletir aquilo que lhe foi comunicado), a função psíquica requerida de um psicanalista seria justamente a de não reagir de pronto ou inconscientemente, mas deixar que essas sensações possam penetrar a sua mente e encontrar acolhida. Seria uma forma de conter psiquicamente aquela comunicação, metabolizá-la internamente, transformá-la em algo dizível, e só então devolvê-la ao seu paciente. A isso chamamos de 'Cuidado Psíquico', no sentido de que o psicanalista usa a sua mente para cuidar da mente do outro. Quanto mais ele é capaz de conter em si o 'não dizível', maior seria a capacidade de continência deste analista.

A partir de Wilfred Bion, psiquiatra e psicanalista indo-inglês que produziu uma extensa obra, aproximadamente entre os anos 1940 e 1980, muito dessas capacidades psíquicas inconscientes passam a ser estudadas, a partir de diversas teorizações em torno da constituição da mente e suas múltiplas funções. Uma delas, o estado de *rêverie*, passa a servir para nomear muito daquilo que foi estudado, experimentado, e desenvolvido teoricamente desde esses achados. Para Parsons[81], a rêverie seria um estado particular de consciência receptiva e uma atividade psíquica para se manter nesse estado. Vejamos:

> Ao acrescentar a ideia de rêverie materna à ideia de identificação projetiva, Bion inclui como o ambiente, através das relações primárias, afeta os desenvolvimentos intrapsíquicos. Rêverie refere-se a um estado mental receptivo onde a mãe inconscientemente identifica e responde ao que é projetado pela criança. Através da rêverie materna, a mãe cria uma compreensão do que a criança tenta comunicar. A mãe transforma o que Bion chama de elementos beta em elementos alfa[82], que podem então ser comunicados de volta à criança. Esta é a primeira definição do modelo Continente-Contido, processo que especificamente envolve as seguintes etapas: Primeiramente, a mãe, em estado de rêverie, recebe e absorve aqueles aspectos insuportáveis do eu, objetos, afetos e experiências sensoriais não-processados (elementos betas) de seu bebê que foram projetados dentro dela em fantasia. Portanto, a mãe deve suportar todos os efeitos dessas projeções em sua mente e corpo, durante o tempo necessário para compreendê-los, num processo ao qual Bion chamou de transformação[83]. Após, tendo assim transformado as experiências de seu bebê dentro de sua própria mente, ela deve devolvê-las gradualmente à criança de uma forma desintoxicada e digerível (em momentos em que estas podem ser úteis para o mesmo), através de sua atitude e na maneira como ela lida com o mesmo.[84]

A rêverie, portanto, tem como matriz o estado mental da mãe diante do seu bebê recém-nascido. Muitos estudos foram depreendendo que, no puerpério, a mãe precisaria entrar num estado mental peculiar a essa fase da vida, para poder entrar em contato mais profundo com as demandas do bebê. Tal estado mental se refere à possibilidade de a mãe regredir a estágios mentais muito primitivos, que lhe permi-

81. PARSONS, M. Sobre a rêverie. *Rêverie: Revista de Psicanálise*, v. 1, n. 1, p. 73-76, 2007.
82. Os elementos Beta seriam aqueles conteúdos psíquicos mais primitivos, sendo os Alfa aqueles que mais se aproximam do pensamento, da linguagem verbal.
83. BION, W. R. *Transformations*. London: Maresfield Reprint, 1965.
84. CONTINENTE-contido (continência): evolução do conceito em Bion. INTERNATIONAL PSYCHOANALYTICAL ASSOCIATION (IPA). Disponível em: www.ipa.world/encyclopedic_dictionary. Acesso em: 13 jul. 2021. p. 70-71.

tam fazer uma comunicação mais fluida com o seu bebê. Assim, além da linguagem verbal e dos cuidados corporais providos ao bebê, a mãe contará com a participação de uma série de elementos primitivos que não são tão fáceis de serem nomeados, como o canto, a mirada, o sentimento pleno de amor e, principalmente, uma abertura mental para captar as diferentes demandas do bebê. É esse aspecto que fará com que uma mãe se sinta mais ou menos capacitada em relação aos cuidados de seu bebê. Sabemos que, se ela estiver com um nível de ansiedade muito alto, a sua capacidade de cuidar deste bebê ficará um pouco mais prejudicada do que se ela se sentir mais tranquila, confiante e sintonizada com ele.

Temos como exemplo a possibilidade de que uma mãe seja capaz de sentir junto com o bebê; de distinguir diferentes tipos de choro; de saber se o bebê está sentindo frio, cólica, ou simplesmente uma angústia de que sozinho ele 'não dá conta'[85], e que, então, precisa receber um colo/sentir que tem alguém olhando por ele, e assim por diante. Todos esses exemplos se referem a estados mentais que irão perdurar ao longo da vida, dependendo do grau de amadurecimento psíquico-emocional que cada sujeito irá desenvolver. Nesse sentido, vimos em Winnicott como esse amadurecimento será afetado de acordo com determinadas situações que cada sujeito irá enfrentar no decorrer de sua história de vida, tais como: catástrofes naturais; uma crise sanitária, como a pandemia do COVID-19; situações de crise vitais e/ou acidentais, como a passagem pela adolescência, doenças, a lida com a velhice etc. Todas as situações citadas demandam um esforço psíquico maior e, consequentemente, serão favorecidas por um maior aporte de cuidado, e é por essa razão que consideramos tão importante o convívio tão bem explicitado no Estatuto da Criança e do Adolescente (ECA)[86].

Mas onde e como a rêverie se insere na prática psicanalítica? Desde este ponto de vista, como vimos, entendemos que existem muitas pessoas que possuem um amadurecimento psíquico-emocional comprometido A esse respeito, estamos falando desde as pessoas que se encontram em um nível mais psicótico, onde haveria uma espécie de "estilhaçamento" da mente, com uma precariedade em seu funcionamento psíquico, passando por sujeitos que denominamos *borderlines* ou pacientes-limites, cujo quadro remete à presença de elementos traumáticos e uma ausência de coesão subjetiva[87], em que os limites entre o eu e o outro estariam menos delimitados, acarretando uma instabilidade emocional, até pessoas que estão passando por momentos de crise que demandem algum tipo de cuidado psíquico.

Diante de tais sujeitos, o analista, através da rêverie, coloca a sua mente à disposição do outro. A título de exemplo, podemos citar uma situação hipotética, mas infelizmente não menos comum, de uma pessoa que diz: "estou desempregado há seis meses, estou precisando receber e não consigo. Não tenho dinheiro para fazer

---

85. Referimo-nos aqui à ideia de um desamparo inicial já citado neste texto.
86. BRASIL. Lei n° 8.069, de 13 de julho de 1990. *Estatuto da criança e do adolescente*. Brasília: Diário Oficial da União, 1990.
87. CHABERT, C. Les fonctionnements limites: quelles limites? *In:* ANDRÉ, J. (org.). *Les états limite:* nouveau paradigme pour la psychanalyse? Paris: PUF, 1999.

compras básicas no supermercado", e que recebe o cuidado por meio de uma doação de uma cesta básica, de uma ajuda para conseguir um emprego, e assim por diante. Outra coisa é quando imaginamos que uma pessoa está se sentindo muito desamparada, sem conseguir pensar e, por conta disso, necessita de um acolhimento, que se dará dentro do espectro psíquico. O que falta a ela não se trata de algum bem material, mas algo da ordem do psíquico: seja segurança, seja confiança básica, seja a capacidade de ordenar os seus pensamentos, de conter as suas emoções e reações, de levar em conta as possibilidades que a realidade apresenta para que seja feita uma melhor escolha; de poder olhar para as suas demandas infantis e reconhecê-las como tais, podendo adiá-las e contê-las dentro da mente.

A ideia de um cuidado psíquico se exprime a partir da ideia de que quando nós, psicanalistas, ou pessoas com uma maior capacidade psíquica do que aquele que está sendo cuidado (o que não quer dizer que a pessoa ou o psicanalista precise ser altamente capacitado, mas que, naquela situação, ela tenha determinados recursos que o outro não possui), seremos capazes de realizar uma escuta sem o que chamamos de *acting out*[88]. A rêverie significa conter dentro de si as angústias que o outro está experimentando e, enquanto essa contenção é feita, cria-se um envelope psíquico para a pessoa, onde essas angústias não precisam mais ser atuadas, agidas. Logo, o paciente não irá mais explodir em uma reação de raiva, depressiva, e/ou psicótica, pois sente que, ao lado do analista (ou quem quer que esteja oferecendo esse lugar de escuta), aquilo que não tinha lugar ou uma representação na mente, passa a ter um lugar: um lugar na relação psíquica que se estabelece entre duas pessoas.

Isso é algo muito mais comum do que costumamos pensar, pois não prestamos muita atenção a isso. Mas vemos, frequentemente, muitas duplas (sejam amigos, casais, colegas de trabalho etc), que, quando se encontram, sentem uma mudança em seu estado psíquico pelo fato de estarem acompanhadas. O que nós, psicanalistas, tentamos pensar, é justamente quais seriam estes movimentos que fariam com que uma pessoa ficasse mais tranquila.

6. À GUISA DE CONCLUSÃO

Com este trabalho, tentamos demonstrar não só a importância, mas a relação intrínseca entre o cuidado psíquico e o ser humano, mais especificamente, a partir de uma leitura psicanalítica acerca da ética do cuidado. Para tanto, percorremos brevemente a obra de alguns autores como Ferenczi, Winnicott e Bion, psicanalistas que se destacaram por desenvolver uma prática teórico-clínica que privilegiou a importância da intersubjetividade, ou seja, da alteridade no processo da constituição psíquica. Dentro dessa perspectiva, alguns princípios e conceitos se destacam: a em-

---

88. "Termo usado em psicanálise para designar as ações que apresentam, quase sempre, um caráter impulsivo, relativamente em ruptura com os sistemas de motivação habituais do sujeito, relativamente isolável no decurso das suas atividades, e que toma muitas vezes uma forma auto ou hetero-agressiva." (LAPLANCHE, J.; PONTALIS, J. B. *Vocabulário da psicanálise*. São Paulo: Martins Fontes, 2001. p. 6)

patia, a hospitalidade, a saúde do psicanalista e sua análise pessoal, o acolhimento, a sustentação (holding) e a *rêverie*.

Por fim, esperamos ter contribuído, neste livro, para uma ampliação do conceito de cuidado.

PROGRAMA SOLIDÁRIO EM CUIDADOS INTEGRATIVOS EM TEMPOS DE PANDEMIA: SAÚDE TRANSDIMENSIONAL E EDUCAÇÃO TRANSDISCIPLINAR AUTOSSUSTENTÁVEIS

Sissy Veloso Fontes

Psicóloga, Fisioterapeuta, Professora de Educação Física, Especialização em Teorias e Técnicas para Cuidados Integrativos (Unifesp) e, em Intervenção Fisioterapêutica em Doenças Neuromusculares (Unifesp), Mestre em Neurociências (Unifesp), Doutora em Ciências/Neurologia (Unifesp), Professora Afiliada do Departamento de Neurologia e Neurocirurgia da Escola Paulista de Medicina (EPM) da Universidade Federal de São Paulo (Unifesp), Associada Fundadora e Diretora de Planejamento da Associação Brasileira de Cuidados Integrativos (ABRACI).

Sâmia Inaty Smaira

Administradora de Empresa, Pós-graduação em Marketing (Escola Superior de Propaganda e Marketing), Especialização em Teorias e Técnicas para Cuidados Integrativos (Unifesp), Associada Fundadora e Diretora Presidente da Associação Brasileira de Cuidados Integrativos (ABRACI).

Bruno Patto Pinho Vieira de Camargo

Licenciatura em Artes Visuais, Especialização em Teorias e Técnicas para Cuidados Integrativos (Unifesp) e em Arteterapia (Universidade Paulista), Associado Fundador da Associação Brasileira de Cuidados Integrativos (ABRACI).

Sylvio César Ariano Chiossi

Bacharel em Direito, Especialização em Teorias e Técnicas para Cuidados Integrativos (Unifesp), Associado Fundador e Diretor Financeiro da Associação Brasileira de Cuidados Integrativos (ABRACI).

Acary Souza Bulle Oliveira

Médico, Residência em Neurologia (Unifesp), Mestre e Doutor em Neurociências/ Neurologia (Unifesp), Pós-Doutor em Ciências da Saúde (Columbia University), Professor Afiliado do Departamento de Neurologia e Neurocirurgia da Escola Paulista de Medicina (EPM) da Unifesp; Associado Fundador Benemérito da Associação Brasileira de Cuidados Integrativos (ABRACI).

1. INTRODUÇÃO

Segundo a Organização Mundial da Saúde (OMS)[1], a pandemia causada pelo vírus SARS-CoV-2 ou Novo Coronavírus – causa da síndrome respiratória aguda grave, que iniciou no final de 2019, quando registrados vários casos de pneumonia na cidade de Wuhan, província de Hubei, na China – vem produzindo repercussões não apenas de ordem biomédica e epidemiológica em escala global, mas também repercussões e impactos sociais, econômicos, políticos, culturais e históricos sem precedentes na história recente das epidemias pelo mundo. Tal patógeno demonstrou alta transmissibilidade, espalhando-se rapidamente, o que resultou em uma epidemia em toda a China, seguida por um número crescente de casos em outros países do mundo. Em fevereiro de 2020, a OMS designou a doença como COVID-19, que significa doença de coronavírus 2019, apresentando um dos maiores desafios sanitários em escala global, deste século. Vale ressaltar que, sob perspectiva teórica, as enfermidades do tipo epidêmica são fenômenos a um só tempo biológicos e sociais, que merecem análise crítica e prudência construídos historicamente mediante processos complexos de negociação, disputas e produção de consensos.

A estimativa de infectados, total de 187.296.646 casos confirmados, incluindo 4.046.470 mortes no mundo – dados estatísticos de 14 de julho de 2021[2],concorre diretamente com o impacto sobre os sistemas de saúde, com a exposição de populações e grupos vulneráveis, a sustentação econômica do sistema financeiro e da população, a saúde mental das pessoas em tempos de confinamento e temor pelo risco de adoecimento e morte, acesso a bens essenciais como alimentação, medicamentos, transporte, entre outros. Em adição, a necessidade de ações para contenção da mobilidade social como isolamento e quarentena, bem como a velocidade e a

---

1. MCINTOSH Kenneth. Coronavirus disease 2019 (COVID-19). *Wolsters Kluwer*, 13 mar. 2020. Disponível em: https://www.cmim.org/PDF_covid/Coronavirus_disease2019_COVID-19_UpToDate2.pdf. Acesso em: 08 jul. 2021.
2. CORONAVIRUS disease (COVID-19) pandemic. World Health Organization. Disponível em: https://www.who.int/emergencies/diseases/novel-coronavirus-2019?gclid=CjwKCAjw55-HBhAHEiwARMCszoK3od5owLlfdxbVsIhHDLDIPOF4UdgJ0V3iBYdPsQS64P5EH_4SvxoCKckQAvD_BwE. Acesso em: 14 jul. 2021.

urgência de testagem de medicamentos e de vacinas, evidenciam implicações éticas e de direitos humanos.

Diante desse cenário, os diferentes efeitos que a crise pandêmica tem gerado nas distintas sociedades mundialmente atingidas, assim como, o modo como cada uma delas tem reagido com fins minimamente de sobrevivência, é temática para muitos estudos, tanto para conhecer a natureza das práticas para solução de problemas que possam surgir, quanto para avaliar seu efetivo alcance no enfrentamento da crise.

No caso da sociedade brasileira, essa crise veio somar-se à crise política de uma sociedade profundamente dividida no pós-eleição 2018 e à crise social e econômica que já vinha agudizando-se nos últimos anos, tendo em vista além das desigualdades, o aumento vertiginoso do desemprego, da precarização do trabalho e da erosão ambiental; no entanto, uma das reações da sociedade brasileira que tem sido destacada como expediente frequente de ação é o recurso à solidariedade, que sai da invisibilidade numa profusão de demonstrações ora mais visíveis e mediatizadas, outras menos conhecidas, mas nem por isso, menos impactantes. A essas diferenças de visibilidade vêm somar-se outras diferenças relativas ao conteúdo e ao modo de operar a solidariedade, conforme suas distintas origens e propósitos: ela pode ser fruto da iniciativa de empresas, de indivíduos espontaneamente, do próprio poder público ou da sociedade civil organizada, dos movimentos sociais e dos meios populares[3].

Dentre os modos de operação, destacar-se-á o da sociedade civil organizada, pois, o escopo desse ensaio visa apresentar o Programa Solidário em Cuidados Integrativos da Associação Brasileira de Cuidados Integrativos (ABRACI)[4], órgão de Terceiro Setor, que durante o período de pandemia, desde março de 2020 até o momento atual, com previsão de ação até o término da pandemia por COVID-19 vem elaborando projetos e efetuando ações de cunho solidário em diferentes contextos populacionais, tais como: de maior vulnerabilidade social; grupos de risco – devido a problemas de saúde, maus hábitos de vida, faixa etária alta; e de indivíduos com maior exposição ao patógeno.

A fim de contextualizarmos os referenciais teóricos – que nortearam a produção intelectual do *framework* do Programa Solidário em Cuidados Integrativos – COVID-19 (**figura 1**), idealizado por Fontes, S.V., em março de 2020, que é composto por inúmeros projetos que têm sido elaborados, de modo conjunto, por grupos transdisciplinares e de diferentes profissionais com especialização em Teorias e Técnicas para Cuidados Integrativos pela Universidade Federal de São Paulo (Unifesp), integrantes do voluntariado da ABRACI – coordenados pela diretora de planejamento dessa associação e idealizadora dos projetos pedagógicos do referido curso – algumas

---

3. DE FRANÇA FILHO, Genauto Carvalho; LEAL, Leonardo Prates. Solidariedade democrática em movimento: respostas à grande crise da pandemia de Covid-19. *Rev NAU Social*, v. 11, n. 21, p. 281-291, nov. 2020/abr. 2021.

4. CUIDADOS integrativos. ABRACI. Disponível em: http://www.cuidadosintegrativos.com.br/abraci-2/. Acesso em: 09 jul. 2021.

definições, conceitos e características são necessários, quais sejam: solidariedade, cuidados integrativos, e a ABRACI.

2. SOLIDARIEDADE

Iniciaremos a contextualização da palavra solidariedade pelo seu significado substantivo pautado em bases antropológicas, cujo conceito visa superar o individualismo moderno, pela visão cartesiana do 'penso, logo existo'; que, em tempos outros, como nas sociedades tribais ou na idade média – período do monolitismo político cultural, essas, se comportavam como um 'corpo sólido' e viviam uma espécie de 'solidariedade cultural' – princípios primários do conceito de sujeito coletivo? Ou, na época da Grécia Antiga, que esse 'corpo sólido' social compartilhava de uma cosmovisão própria, onde o sujeito era considerado a 'porção humanizada do planeta' – bases primeiras do conceito de ecologia?

Na atualidade, é possível inferir o quanto a práxis da solidariedade visa minimizar a crise contemporânea, chegando às instituições aparentemente sólidas como é o caso da família, ou mesmo do Estado, sem falar das religiões. Parece, portanto, que o conceito de solidariedade tem influência epocal. Segundo Almeida (2007)[5], em termos conceituais, solidariedade

> [...] é espaço de encontro entre a superação do mito moderno do indivíduo em estado puro, a insuficiência antropológica das 'teorias da dependência', que geram os movimentos emancipatórios de libertação, os anseios ainda um tanto quanto vagos de inclusão, os sistemas político-econômicos de matiz socialista e neoliberalista, somada a uma psicologia refém do indivíduo e a psicologia social.

Em relação a definição sociológica, solidariedade consiste na "condição grupal resultante da comunhão de atitudes e sentimentos, de modo a constituir o grupo, unidade sólida, capaz de resistir às forças exteriores e mesmo de tornar-se ainda mais firme em face da oposição vinda de fora"; é, portanto, senso comum que solidariedade está fortemente ligada ao campo das emoções, e vinculada ao conceito de caridade, cuja concepção está relacionada à reciprocidade, no campo do agir, da ética, dos resultados; pois, existe uma 'solidariedade essencial' em nossa identidade humana.

Sua expressão foi popularizada por forte influência da doutrina social da Igreja Católica do século XX, sendo propagada como determinação pessoal de responsabilidade mútua, pela definição: "determinação firme e perseverante de se empenhar pelo bem comum; ou seja, pelo bem de todos e de cada um, porque todos nós somos verdadeiramente responsáveis por todos", em uma das primeiras encíclicas do papa polonês, João Paulo II: "*Sollicitudo Rei Socialis*".

---

5. ALMEIDA, João Carlos. Antropologia da solidariedade. *Notandum 14*, Univ. do Porto, 2007. Disponível em: http://www.hottopos.com/notand14/joao.pdf. Acesso em: 09 jul. 2021.

Em adição, a fim de incluirmos os aspectos ontológicos, há necessidade de respondermos à seguinte pergunta: que vínculos recíprocos de responsabilidade mútua interferem ontologicamente na construção da identidade humana? Já que o agir segue o ser, essa indagação permite introduzir o termo 'solidariedade ontológica', que pode ser subdividida em vertical, pois o ser humano é essencialmente histórico – relacionada aos vínculos geracionais pelos laços de sangue, de determinada cultura ou outras formas de memória–; e horizontal, relacionada a quatro vínculos (a materialidade, a interioridade, a alteridade, a totalidade) de responsabilidade recíproca que constitui a identidade humana pessoal, que é essencialmente solidária.

3.   CUIDADOS INTEGRATIVOS

O termo "Cuidados Integrativos" consiste em um "novo paradigma" que associa conhecimentos orientais milenares, saberes tradicionais de povos nativos e os avanços técnico-científicos modernos promovendo a interface entre, além e através dos eixos: Saúde Transdimensional e Educação Transdisciplinar, alicerçados em "valores universais" com método, teorias e técnicas e, habilidades próprias, norteando a construção de uma epistemologia de educação em saúde e uma saúde que educa, elaborado por Fontes em 2008[6].

A Saúde Transdimensional e a Educação Transdisciplinar são, em essência, as bases conceituais epistemológicas dos "Cuidados Integrativos", considerando-se a prática dos Cuidados Integrativos em saúde *de per si*, um processo de educação em "BEM SER"; e, em educação *de per si* um processo de saúde em "BEM VIVER". Essa indissolubilidade entre a saúde com uma visão sistêmica, cujo preceito antropológico é minimamente pentadimensional e a educação alicerçada na visão transdisciplinar, cujo modelo de ensino admite, a partir do lugar do 3°. Incluído os diferentes níveis de realidade e a complexidade propicia nova tomada de consciência do saber, do sentir e do fazer, com base no ser que cuida de si, do outro e do planeta[7].

Alguns conceitos específicos, como os diversos significados de cuidado (modo de ser com os outros; na relação com outros seres vivos ou objetos inanimados),bem como os seus diferentes tipos (primário ou secundário – segundo o grau de envolvimento com o ser cuidado; remunerado ou voluntário– vinculado ou não ao ônus material pelo ato de cuidar; formal ou informal –relacionado ao nível de responsabilidade etc.);o paradigma da salutogênese (termo cunhado por Aaron Antonovsky para designar a busca das razões que levam o indivíduo a estar saudável),e a visão antropológica multidimensional (compreende a constituição humana integrada do soma – corpo, da *psique* – alma, do *nous* – espírito, do *pneuma* – sopro divino ou

---

6.   FONTES, Sissy Veloso. *Cuidados integrativos*: interface entre saúde transdimensional e educação transdisciplinar. 2011. Monografia (Especialização em Teorias e Técnicas para Cuidados Integrativos) – Universidade Federal de São Paulo, São Paulo, 2011.

7.   CUIDADOS integrativos. ABRACI. Disponível em: http://www.cuidadosintegrativos.com.br/abraci-2/. Acesso em: 09 jul. 2021.

energia da criação e, de uma parte, dita apofantisíaca – além da imaginação) são utilizados como referência para a práxis dos Cuidados Integrativos; além dos três pilares pedagógicos para capacitação nessa especialidade[8], quais sejam:

I) **Autoconhecimento**: (sujeito com ele mesmo)inclui-se processos facilitadores para: a *corporeidade coerente* (a maneira saudável na qual percebe, reconhece e utiliza o corpo na relação consigo mesmo e como instrumento relacional com o mundo), a *consciência ampliada* (o desvelar operacional de modo estruturado dos conteúdos inconscientes pessoal, coletivo e, das possíveis experiências do numinoso), e o *religare genuíno* (reconhecer como verdade absoluta a presença do sagrado na vida, o caminho pessoal de transcendência e ou imanência, a conexão supramental, que pode ou não utilizar como instrumento a filosofia, a religiosidade, ou a contemplação).

II) **Alteridade**: (a relação do sujeito com o outro) – estimula-se o exercício de práticas interrelacionais comportamentais includentes e coerentes que visem aceitação às diferenças interpessoais, interespécimes, interobjetais, interambientais e intertemporais, sejam nos âmbitos transsocioeconômico, transcultural e ou trans-religioso/filosófico.

III) **Transdisciplinaridade**: (sujeito com o todo) – implementa-se a utilização de 3 atitudes fundamentais para a prática, o ensino e a pesquisa: *o rigor* (semelhante ao rigor científico, mas que inclui – ao *"corpus* de conhecimento científico" o conhecimento vivo (a experiência vivenciada) – é considerado mais aprofundado por considerar não só as coisas, mas os seres, e a relação entre as coisas e os seres; *a abertura* – é o saber lidar com o desconhecido, inesperado, imprevisível; e, *a tolerância* – é a constatação, sem resistência da existência de ideias opostas aos princípios utilizados, que são úteis no reconhecimento do todo). Entende-se por 'atitude transdisciplinar' a capacidade individual que garante uma afetividade crescente que assegura a ligação entre nós e nós mesmos; ou social que garante uma efetividade crescente de ação no mundo e na coletividade para manter uma orientação constante e focada, em qualquer que seja a complexidade de uma situação e dos "acasos" da vida. Assim, a harmonização entre o espaço exterior da efetividade e o espaço interior da afetividade promove o acordo entre o sujeito e o objeto transdisciplinares.

Em adição, as Práticas Integrativas e Complementares (PICS) em saúde, associadas às demais práticas, ditas convencionais das áreas da saúde são utilizadas como recursos, na epistemologia dos Cuidados Integrativos, para promoção da saúde – incluindo o empoderamento do indivíduo, para prevenção de agravos e ou para tratamento de condições de adoecimento físico, emocional, mental, existencial/espiritual – incluindo o sistema de crenças e valores e, social (sujeito coletivo), sendo essa última relacionada, além da vida de relação intra e interpessoais, às questões políticas, econômicas, culturais e ambientais, na qual o sujeito está inserido.

---

8. FONTES, Sissy Veloso. *Cuidados integrativos*: interface entre saúde transdimensional e educação transdisciplinar. 2011. Monografia (Especialização em Teorias e Técnicas para Cuidados Integrativos) – Universidade Federal de São Paulo, São Paulo, 2011.

As Práticas Integrativas e Complementares (PICS)[9] em Saúde são sistemas e recursos terapêuticos que buscam estimular os mecanismos naturais de promoção e recuperação da saúde, prevenção de doenças ou comorbidades por meio de tecnologias eficazes e seguras, com ênfase na escuta acolhedora, no desenvolvimento do vínculo terapêutico e na integração do ser humano com o meio ambiente e a sociedade. As PICS têm uma visão ampliada do processo saúde/doença e da promoção global do cuidado humano, especialmente do autocuidado. Os diagnósticos são embasados no indivíduo como um todo, considerando-o em seus vários aspectos: físico, psíquico, emocional, social e espiritual na busca de uma mudança de paradigma, da lógica de intervenção focada na doença para ser voltada para a saúde do indivíduo, essas terapêuticas contribuem para a ampliação do modelo de atenção à saúde, pois atendem o paciente na sua integralidade, singularidade e complexidade, considerando sua inserção sociocultural e fortalecendo a relação terapeuta/paciente, o que contribui para a humanização na atenção.

De acordo com a Organização Mundial da Saúde (OMS), as PICS fazem parte da Medicina Tradicional e Complementar ou Medicina Alternativa e Complementar composto por um conjunto de saberes, práticas e tecnologias e procedimentos baseado nas teorias, crenças e, experiências de diferentes culturas, variadas origens históricas e geográficas, sejam ou não explicáveis pela ciência. São exemplos: a Medicina Tradicional Chinesa, a Ayurvédica Hindu, a Medicina Unani Árabe e as diversas formas de Medicina Indígena. Abrange terapias como medicação à base de ervas, partes de animais ou minerais, e terapias sem medicação, como a acupuntura, as terapias manuais e as terapias espirituais.

O uso das PICS tem crescido e tem sido aceito pela população em todo o mundo, mesmo em países desenvolvidos onde a medicina convencional ou alopática tem sido fortemente estabelecida nos sistemas de saúde, como os Estados Unidos e muitos países europeus. Os indivíduos escolhem as PICS por várias razões, desde uma maior conscientização das opções de cuidado disponíveis, o interesse no "cuidado integral da pessoa" e, devido às estratégias de empoderamento de cuidados com sua própria saúde. Além disso, as PICS priorizam a qualidade de vida e são utilizadas tanto para tratar doenças, especialmente doenças crônicas, como atuam na prevenção de doenças, promoção e manutenção da saúde, e se alinham com as diretrizes de saúde da OMS.

No Brasil, em 2006, foi estabelecida no Sistema Único de Saúde (SUS), a Política Nacional de Práticas Integrativas e Complementares (PNPIC), através da Portaria GM/MS nº 9712. Essa Portaria nasceu das demandas sociais para contemplar diretrizes e responsabilidades institucionais para oferta de serviços e produtos de 5 (cinco) PICS, a saber: Homeopatia, Plantas Medicinais e Fitoterápicas, Medicina

---

9. MANUAL de implantação de serviços de práticas integrativas e complementares no sus. *Ministério da Saúde*. Brasília, 2018. Disponível em: http://189.28.128.100/dab/docs/portaldab/publicacoes/manual_implantacao_servicos_pics.pdf. Acesso em:14 jul. 2021.

Tradicional Chinesa/Acupuntura, Medicina Antroposófica e Termalismo Social e Crenoterapia; além de oferecer vários recursos para construção de saberes sobre elas, a PNPIC trouxe orientações para estruturar e apoiar a implementação das PICS nos serviços da Atenção Básica, além de outras providências. Os serviços são oferecidos por iniciativa local, mas recebem financiamento do Ministério da Saúde (MS) por meio do Piso de Atenção Básica (PAB) de cada município.

Dados dos Sistemas de Informação em Saúde, do ano de 2019, sugerem que as PICS estiveram presentes em 17.335 serviços de saúde do SUS, sendo 15.603 (90%) da Atenção Primária à Saúde (APS), distribuídos em 4.296 municípios (77%) – APS e média e alta complexidade – e em todas das capitais (100%). Foram ofertados 693.650 atendimentos individuais, 104.531 atividades coletivas com 942.970 participantes e 628.239 procedimentos em PICS[10].

Em 2017, a PNPIC foi ampliada em 14 novas PICS (Arteterapia, Ayurveda, Biodança, Dança Circular, Meditação, Musicoterapia, Naturopatia, Osteopatia, Quiropraxia, Reflexoterapia, Reiki, Shantala, Terapia Comunitária Integrativa e Yoga) a partir da publicação das Portaria nº 849. Também em 2017, foram publicadas as Portarias Nº 633 e 145, que atualizam o serviço especializado das PICS na tabela de serviços do Sistema de Cadastro Nacional de Estabelecimentos de Saúde (SCNES). Já em 2018, com a Portaria nº 702, mais 10 recursos terapêuticos (Apiterapia, Aromaterapia, Bioenergética, Constelação Familiar, Cromoterapia, Geoterapia, Hipnoterapia, Imposição de Mãos, Ozonioterapia, Terapia de Florais) integraram o rol de PICS do Ministério da Saúde.

Entre as 29 modalidades de PICS, podemos encontrar uma pluralidade de saberes e práticas de saúde; dentre elas temos, as relacionadas objetivamente aos cuidados em saúde, como: a Homeopatia, a Terapia de Florais, a Medicina Tradicional Chinesa, o Reiki, a Ayurveda, a Yoga, assim como, outras racionalidades e práticas não convencionais de saúde que partilhariam de uma perspectiva vitalista– que compreende a energia como constituidora e organizadora da matéria; e ou sistêmica – visão holística ou integrativa que compreende a constituição humana em sua multidimensionalidade. Nesse sentido, surgem questionamentos importantes quanto ao reducionismo biológico, o mecanicismo, a ênfase na estatística, o primado do método sobre o fenômeno e da doença sobre o paciente. Além dessas, temos as que poderiam se relacionar ao lazer ou à cultura, como a musicoterapia, a arteterapia, as danças circulares, entre outras. Nesse sentido, as mais diversas atividades da vida social, como os hábitos esportivos, as práticas artísticas e as religiosas, também passam a ser consideradas práticas de saúde[11], podendo ampliar as perspectivas de cuidados

10. RELATÓRIO de monitoramento nacional das práticas integrativas e complementares em saúde nos sistemas de informação em saúde. *Ministério da Saúde*. Brasília, jul. 2020. Disponível em: http://189.28.128.100/dab/docs/portaldab/documentos/pics/Relatorio_Monitoramento_das_PICS_no_Brasil_julho_2020_v1_0.pdf. Acesso em: 14 jul. 2021.
11. SILVEIRA Roberta de Pinho; ROCHA Cristianne Maria Famer. Verdades em (des)construção: uma análise sobre as práticas integrativas e complementares em saúde. *Saúde Soc.*, São Paulo, v. 29, n. 1, 2020.

de saúde para cuidados sociais e ambientais, por exemplo, propiciando a ampliação dos recursos do Sistema Único de Saúde (SUS) para além dos cuidados de si e do outro, como sujeito particular, mas do sujeito social (sujeito coletivo) e também, principalmente do meio ambiente (sujeito planetário), possibilitando que o conceito de saúde contemporâneo, materialista e tecnicista dialogue com os conceitos de saúde das medicinas tradicionais e ou milenares, cuja cosmovisão compreende que a saúde do ser humano é codependente da saúde ambiental, incluindo a saúde de todas as demais espécies e dos recursos naturais: água, terra e ar.

Além da Política Nacional de Práticas Integrativas e Complementares (PNPIC), os referenciais teóricos da epistemologia dos Cuidados Integrativos são pautados nas seguintes políticas públicas: Política Nacional Humaniza SUS; Política Nacional de Promoção de Saúde (PNPS); e Política Nacional de Educação Popular em Saúde (PNEPS).A epistemologia dos Cuidados Integrativos, elaborada por Fontes S.V., em 2008[12] tem sido aplicada ao projeto pedagógico, recém denominado como 'Alfa' do Curso de Especialização em Teorias e Técnicas para Cuidados Integrativos da Universidade Federal de São Paulo (Unifesp)e servirá como base para a construção do projeto 'Ômega' do projeto pedagógico do próximo curso de especialização que tratará desse tema aplicado às diferentes populações, regionalidades brasileiras, culturas e ou países, a partir de2022; ao programa de assistência pelo Sistema Único de Saúde (SUS) do Ambulatório Transdisciplinar de Cuidados Integrativos da Disciplina de Neurologia Clínica da Unifesp e do Hospital São Paulo (HSP) da Associação Paulista para o Desenvolvimento da Medicina (SPDM) para promoção de saúde de pacientes neurológicos e seus familiares e ou cuidadores, desde 2011; do Programa de Extensão (social e de pesquisa) em Cuidados Integrativos da Pró-reitoria de Extensão e Cultura (ProEC) da Unifesp, desde 2011; e, mais recentemente ao Programa Solidário em Cuidados Integrativos da ABRACI, em março de 2020, em parceria com o Núcleo de Cuidados Integrativos (NUCI) do Departamento de Neurologia e Neurocirurgia da Unifesp e, com o Núcleo de Medicina e Práticas Integrativas (NUMEPI) da ProEC da Unifesp.

4. ASSOCIAÇÃO BRASILEIRA DE CUIDADOS INTEGRATIVOS (ABRACI)

A ABRACI[13] – organização de Terceiro Setor – é uma associação sem fins lucrativos com sede no município de São Paulo, no Brasil, que foi criada em 13 de julho de 2019 às 13h00, com o objetivo de congregar especialistas (que cursaram pós-graduação lato sensu nessa especialidade) em Teorias e Técnicas para Cuidados Integrativos da Universidade Federal de São Paulo, estudantes dessa especialidade, colaboradores

12. FONTES, Sissy Veloso. *Cuidados integrativos*: interface entre saúde transdimensional e educação transdisciplinar. 2011. Monografia (Especialização em Teorias e Técnicas para Cuidados Integrativos) – Universidade Federal de São Paulo, São Paulo, 2011.
13. CUIDADOS integrativos. ABRACI. Disponível em: http://www.cuidadosintegrativos.com.br/abraci-2/. Acesso em: 09 jul. 2021.

de áreas afins e pessoas jurídicas a ela filiada para promover o voluntariado, estudos, pesquisas e práticas pertinentes aos Cuidados Integrativos. Atuando de forma autônoma e democrática, sem distinção de classe social, gênero, cultura, orientação sexual, raça/etnia, crenças políticas e/ou religiosas.

Compreende-se por Terceiro Setor[14], o conjunto de pessoas jurídicas de interesse social sem fins lucrativos, dotadas de autonomia e administração própria, com objetivo principal a atuação voluntária junto à sociedade civil, buscando o seu aperfeiçoamento. Promove iniciativas que transitam entre dois outros setores de uma sociedade civil: o público (Primeiro Setor) e o privado (Segundo Setor); e, podem ser dos seguintes tipos: Organização Social (OS) – amparadas pela Lei 9.637/98 direcionadas para os setores de ensino, pesquisa, preservação do meio ambiente, manutenção da saúde, desenvolvimento tecnológico e promoção da cultura; Organização da Sociedade Civil (OSC) – voltadas para fins sociais de interesse público, também conhecidas como Organizações Não Governamentais, que são categorizadas como pessoa jurídica e dispõe de um estatuto próprio, cumprindo com as devidas formalidades obrigatórias; e Organização da Sociedade Civil de Interesse Público (OSCIP) que é qualificada por uma formalização jurídica orientada pela Lei 9.790/99 que impõe a necessidade da prestação de contas sobre qualquer valor recebido pelo Estado, tendo como benefícios mais acesso a convênios e parcerias com órgãos governamentais, facilitando a captação de recursos, desse respectivo setor.

Também chamado de Setor Solidário ou Social, ocupa posição estratégica no âmbito de qualquer sociedade preocupada com o desenvolvimento social e com a consolidação de valores democráticos, pluralistas, comprometidos com a solidariedade humana. Seu principal papel é a manutenção de um país mais democrático a fim de garantir os direitos individuais e coletivos, seja exigindo transparência de lideranças — a nível regional, estadual ou nacional —, impactando a política externa do país, mantendo a economia em movimento, lutando pelos direitos humanos ou pelo meio ambiente. As pessoas e instituições que compõem essa esfera são agentes de mudanças em diversos aspectos e a forma como elas se desenrolam são determinantes para o bem-estar de toda uma população. Seu produto, por exemplo, é um paciente curado, uma criança que aprende, um jovem que se transforma em um adulto com respeito próprio etc.; isto é, toda uma vida transformada. O fato é que essas iniciativas representam um fortalecimento, cada vez maior do papel do cidadão, que compreende seu poder de criar instrumentos eficazes para o aprimoramento da democracia e consequente diminuição das desigualdades.

Em adição, as entidades do terceiro setor apresentam como funções[15]: – *De integração* de agentes solidários, tornando as entidades que compõem o terceiro setor

---

14. ALVES, Mario Aquino. Terceiro setor: as origens do conceito. *In*: ENANPAD 2002, 2002, Salvador. Anais do ENANPAD 2002, 2002. Disponível em: http://www.mpgo.mp.br/portal/arquivos/2019/09/04/16_30_48_593_TEXTO_01_Terceiro_Setor_as_origens_do_conceito.pdf. Acesso em: 09 jul. 2021.

15. VOESE, Simone Bernardes; REPTCZUK, Roseli Maria. Características e peculiaridades das entidades do terceiro setor. *ConTexto*, Porto Alegre, v. 11, n. 19, p. 31-42, 2011.

em um espaço em que ocorre solidariedade social; – *Axiológica*, que, consiste na promoção de determinados princípios e valores, como o da participação, da solidariedade, da responsabilidade social e do pluralismo, contribuindo para participação dos sujeitos/ agentes no desenvolvimento e fortalecimento dessas entidades; – *De promoção da inovação e de mudança social*, por meio de atividades sociais não desenvolvidas pela administração pública ou pelas empresas lucrativas, sendo facilitada nas entidades do terceiro setor por sua lógica funcional ou pelo nível de implicação e comprometimento no sistema social que estão inseridas; e, – *A geração de serviços* com características singulares e de capital social.

Por isso, em tempos de pandemia por COVID-19, a ABRACI, a fim de auxiliar nas ações orientadas pelo Conselho Nacional de Saúde (CNS), através de uma carta aberta[16], – sobre o alerta quanto a necessidade de especial proteção aos grupos em situação de alta vulnerabilidade ou em risco elevado decorrente a atual situação mundial pandêmica – mobilizou esforços, desde março de 2020 até os dias atuais para esses fins; pois, tal realidade representa uma barreira às recomendações de higiene básica, distanciamento físico e permanência em casa. Populações como, pessoas em situação de rua, refugiados, indígenas, quilombolas, ribeirinhos, ciganos, moradores de favela e periferia, trabalhadores informais e outros grupos que estão à margem da sociedade, aqueles que vivem com HIV/Aids ou outras situações de comorbidades física ou mental tornam-se mais vulneráveis à pandemia por Covid-19, pois ainda, precisam lidar com as desigualdades no acesso aos seus direitos e ou com suas condições desfavoráveis de saúde.

4.1 Programa de Ação Solidária em Cuidados Integrativos – COVID-19 da ABRACI

4.1.1 Contextualização

Nesse cenário mundial, a Associação Brasileira de Cuidados Integrativos (ABRACI), por meio de sua diretoria e de todo o seu corpo de voluntários, composto por, aproximadamente 250 (duzentos e cinquenta) participações ativas de especialistas em Cuidados Integrativos de diferentes áreas de atuação profissional: saúde e bem-estar; ciências biológicas e da Terra; ciências socias e humanas; artes e design; administração, negócios e serviços; análise e desenvolvimento de sistemas; comunicação e informação; engenharia e produção etc. a fim de corroborar à necessidade das referidas populações, adicionado a problemática das agravantes condições ambientais mundiais contemporâneas, por meio de 13 (treze) projetos de extensão(ação processual e contínua de caráter educativo, social e cultural, científico ou tecnológico, com objetivo específico e prazo determinado) que compõe um programa específico,

---

16. CARTA aberta do CNS às autoridades brasileiras no enfrentamento ao novo coronavírus. *Conselho Nacional de Saúde*. Ministério da Saúde, 23 mar. 2020. Disponível em: https://conselho.saude.gov.br/ultimas-noticias-cns/1074-carta-aberta-do-cns-as-autoridades-brasileiras-no-enfrentamento-ao-novo-coronavirus. Acesso em:19 jun. 2020.

denominado Programa Solidário de Cuidados Integrativos – COVID-19,advindo da produção intelectual, material ou mista, que promoveu e ainda promove ações solidárias de cuidados material, terapêutico, educacional e social; e, que incluem diálogos de parcerias entre o terceiro, o primeiro (órgãos públicos) e o segundo (privado) setores, apoio sócio-político e nas companhas para captação de recursos materiais e financeiros, gestão e estratégias administrativas, contábeis e jurídicas e, de produção científica.

4.1.2   Objetivos do Programa

4.1.2.1   Geral

Oferecer, em caráter voluntário, coordenado e consentido, estratégias de Cuidados Integrativos sistematizadas, com base na epistemologia dos Cuidados Integrativos, desenvolvida por Fontes, S.V., em 2008, e, orientadas para necessidades ambientais, incluindo seres vivos de todos os reinos, comunidades, públicos, pessoas ou grupos de pessoas, em atividades e ou ações individuais ou em grupo(s) por especialistas, especializandos e/ou extensionistas em Teorias e Técnicas para Cuidados Integrativos, no período de pandemia por COVID-19.

4.1.2.2   Específicos

I) Criar espaços dialógicos de acolhimento para os próprios integrantes do voluntariado – Cuidadores Integrativos, durante o período de confinamento devido a pandemia por COVID-19, visando manter uma 'psicosfera' altruísta, de otimismo, de solidariedade e de fraternidade a fim de superar os desafios impostos à saúde espiritual, mental, emocional, e física, quando do engajamento na construção e entrega de ações solidárias às populações de maior vulnerabilidade social ou populações com outros condições menos favorecidas para o enfrentamento dos fatores de estresse e outros que causem angústia e ou sofrimento físico, psicológico e existencial decorrente da alarmante situação biopsicossocial, econômica e ambiental mundial;

II) Investigar por meio de pesquisa científica os efeitos qualitativos e quantitativos das ações multidimensionais integradas do Programa Solidário em Cuidados Integrativos às necessidades ambientais, de públicos ou comunidades específicas, por meio de relatos espontâneos de especialistas, especializandos e ou extensionistas em Cuidados Integrativos, em ações voluntárias de diferentes áreas do saber; e, sobre à ótica dos beneficiários do programa, que aceitarem receber as respectivas ações de um ou mais dos 5 (cinco) diferentes níveis dimensionais de ação, do referido programa;

III) Promover uma estratégia educativa para os especialistas em Cuidados Integrativos, visando aprendizado, por meio de experiência prática, em trabalhar em equipes transdisciplinares, cujo engajamento em atividades sociais voluntárias, de caráter solidário se tornem imprescindíveis para todo e qualquer cidadão que pleiteie uma nova sociedade brasileira, cujos valores universais, como amor, cooperação, justiça, liberdade, paz, respeito, e responsabilidade devem nortear suas ações.

4.1.3   Método

4.1.3.1   Constituição do voluntariado e formalização de ingresso no Programa

I) Chamada em rede social aos especialistas, especializandos e ou extensionistas em Teorias e Técnicas para Cuidados Integrativos da Unifesp para participação voluntária no Programa Solidário em Cuidados Integrativos – COVID-19 da ABRACI, em março de 2020 – aproximadamente 500 pessoas, utilizando-se do *networking* do Curso de Especialização em Teorias e Técnicas para Cuidados Integrativos de seus ex-alunos (via grupos da mídia – WhatsApp), na primeira quinzena de março de 2020; e abertura de salas virtuais (via plataforma online) com dias e horários, previamente agendados, para convite e explanação verbal dos objetivos do referido Programa, encontros de acolhimento e espaços diálogos entre os voluntários interessados, na segunda quinzena de março de 2020, e na primeira quinzena de abril de 2020;

II) Na segunda quinzena de abril de 2020, foi oficializado convite ao preenchimento espontâneo do "Banco de Talentos" (banco de dados com as capacidades de habilidades dos voluntários) (via formulário eletrônico pelo site): http://www.cuidadosintegrativos.com.br/banco-de-talentos/ – contendo perfil sociodemográfico, acadêmico, profissional, capacitação técnica em atividades ocupacionais/laborais relacionadas as áreas da saúde, educação e outras, e experiências em produções científicas, de projetos pedagógicos, artísticos e de ações espiritualistas/religiosas, por voluntários especialistas, especializandos ou extensionistas em Teorias e Técnicas para Cuidados Integrativos; Solicitação de Consentimento do Termo de Adesão para Prestação de Serviço Voluntário, via assinatura e envio eletrônico, emitido pela Associação Brasileira de Cuidados Integrativos (ABRACI), aos interessados voluntários; e Apresentação por escrito da Proposta do Programa Solidário em Cuidados Integrativos – COVID-19, subdividido em 13 (treze) projetos que incluíam necessidades ambientais, públicos ou comunidades e temáticas específicas (via site); e Solicitação de preenchimento do "Banco de Ações Solidárias" (ações e ou projetos que havia interesse em colaborar), aos interessados em participar do programa.

4.1.3.2   Logística dos encontros virtuais dos grupos de voluntários dos respectivos projetos

A partir de maio de 2020, foram organizadas, pela diretoria da ABRACI reuniões semanais ordinárias, consecutivas e ininterruptas, por meio de plataforma virtual (*zoom*), com duração de uma hora para cada um dos 13 (treze) projetos e, mais uma hora de reunião com as lideranças dos voluntários de cada um dos projetos, durante todas as noites das 19h00 às 22h00, de segunda-feira a domingo, exceto às quintas-feiras e aos sábados, e nas segundas e quartas-feiras no período vespertino, das 12h30 às 13h30 e das 13h30 às 14h30, respectivamente; totalizando, aproximadamente 672 horas de reuniões virtuais, até o momento atual (junho de 2021),tendo a participação impreterível de um ou mais integrantes do corpo diretivo da ABRACI (diretora presidente, diretor vice-presidente, diretora secretária, diretor financeiro e ou diretora de planejamento), integrantes do grupo de voluntariado da ABRACI, e professores externos (expertises no tema de determinado projeto, convidado como consultor), aproximadamente 20 pessoas e, outros colaboradores (parceiros de outras instituições do primeiro, segundo ou terceiro setores), aproximadamente 5 pessoas; totalizando, até o momento, mais de 300 participações para diálogos sobre as temáticas dos projetos, elaboração intelectual e logística dos projetos, bem como, a operacionalização de algumas ações solidárias, incluindo a criação e gestão das campanhas de alimentos e produtos têxtil para populações de grande vulnerabilidade socioeconômica de locais específicos do Brasil, como a grande São Paulo e o Pantanal Mato-grossense.

4.1.3.3 Estratégias de Intervenção

Os 13 (treze) projetos do Programa de Ação Solidária da ABRACI são apresentados segundo as características nominal – com licença poética e, representativas – numérica –turma/ano de realização, referência na ética/geográfica relacionadas à uma das treze turmas do Curso de Especialização em Teorias e Técnicas para Cuidados Integrativos da Unifesp; temáticas e público-alvo, e breve descrição – incluindo os subprojetos ou programas de ação que o compõe o respectivo Programa, no **Quadro 1**.

Para tanto, as ações solidárias de Cuidados Integrativos da ABRACI, a título didático podem, também ser agrupadas, de acordo com as seguintes características:

I) De Emergência ou Urgência: campanhas para arrecadação de dinheiro, alimentos, produtos alimentícios, de higiene pessoal, material têxtil (cobertores) e outros produtos para aquecer as pessoas e animais em condições climáticas desfavoráveis à vida, prescrição e doação de medicações homeopáticas e ou terapia de Florais para populações de alta vulnerabilidade social e ou de saúde, e rede de apoio para essas populações e para pessoas do próprio grupo de voluntariado da ABRACI que residem sozinhos ou não, e vivem alguma emergência ou urgência médica, incluindo acolhimento psicodinâmico individual ou em grupo para pessoas em vulnerabilidade da saúde mental, incluindo situações relacionadas a tentativa de suicídio, violência doméstica, manejo de luto etc.;

II) De Recuperação e ou Prevenção: elaboração de programas de ações para cuidados com a saúde contendo informações sobre a saúde física (estratégias para o autocuidado com o corpo – higiene pessoal, alimentação e vestimentas adequadas, automassagem, práticas de atividades e ou exercícios físicos dirigidos, orientações ergonômicas etc.) e, com a saúde mental e socioambiental (espaços dialógicos sobre estratégias para enfrentamento e soluções contra preconceitos, como racismo, xenofobia, homofobia, intolerância religiosa, abuso sexual, situações de violência doméstica e ou social, melhor convívio familiar ou social em tempos de pandemia, preservação e respeitabilidade a natureza em geral, incluindo os recursos naturais, a flora e a fauna), orientação quanto aos cuidados necessários durante as atividades de vida diária, de vida prática, de lazer e laboral em ambiente domiciliar ou não, cuidados com animais domésticos, e estratégias para convívio social seguro em ambientes externos (supermercados, farmácias, repartições públicas, ambientes para cuidados de saúde e ou públicos, de modo geral) de pessoas com necessidades especiais, incluindo: crianças, grávidas, idosos, enfermos, e pessoas com algum tipo de deficiência (física, mental ou mista);

III) **De Promoção e Empoderamento** (*empowerment*): elaboração intelectual de novos programas de educação em saúde (conjunto de práticas de educação para indivíduos e comunidade a fim de aumentar a autonomia e a emancipação das pessoas e da comunidade para que possam fazer escolhas de cuidados com sua saúde e adotar hábitos de vida saudáveis) com uma visão transdisciplinar, sejam para os sistemas de ensino público ou privado, para os níveis infantil, fundamental, médio, superior, e ou de capacitação/extensão que incluem informação e instrumentalização para promoção de saúde e empoderamento dos cuidados de si e ou daqueles que estão sob sua responsabilidade, com uma visão antropológica transdimensional, incluindo o autocuidado, o cuidado com o outro e com a ambiência, levando em consideração aspectos físicos, psicoemocionais, espirituais/existenciais, socioeconômicos do sujeito e, ambientais. Em adição, a valorização e a elaboração de estratégias para divulgação de saberes populares, nativos e ou tradicionais como patrimônios da humanidade – de cuidados com a saúde, por meio, por exemplo, da transmissão oral de geração a geração; além das expressões pelas artes e outras manifestações das diversas culturas, incluindo os sistemas de crenças, valores e ou rituais sagrados de povos indígenas, quilombolas de comunidades rurais– caipiras, seringueiros etc., ou de comunidades humanas marítimas – caiçaras, ribeirinhos, e outros, para os quais a conservação da fauna e flora é a garantia de sua perenidade e, que podem impactar, significativamente não somente na qualidade de vida e na longevidade de determinado povo, mas de toda a saúde planetária – para diferentes públicos alvo, nacionais e internacionais, utilizando de recursos das diversas mídias existentes (televisiva, por radiofrequência, jornais e revistas impressos, internet – redes sociais e, outras mídias),que visam veicular campanhas sobre a inserção e utilização da sabedoria popular para o 'Bem Ser e o Bem Viver', como por exemplo, os ensinamentos e práxis das parteiras, raizeiras, benzedeiras, rezadeiras, curandeiros, pajés, pais ou mães de santos, médiuns de cura, monges etc.;

IV) **De Gestão, de Estudos e de Pesquisas:** gestão administrativa, incluindo a logística (planejamento estratégico; tático; operacional), econômico-financeira, de contabilidade gerencial, jurídica, de divulgação, comunicação e de relacionamentos de um órgão do Terceiro Setor com a sociedade; confecção de documentos (cartas de apresentação e agradecimentos, planilha financeira, recibos, notas de esclarecimen-

tos para a mídia, termos de ciência, consentimento e ou adesão, de cunho jurídico),
regimentos, contratos etc.; estratégias utilizadas para produção, armazenamento e
tabulação de dados escritos e transcritos das gravações (atas das reuniões virtuais,
conteúdos postados na mídia 'Telegram Messenger' – programa de mensagens ins-
tantâneas de rede social – dos grupos formados pelos respectivos projetos etc.) para
realização do acervo histórico da ABRACI e, como possível material para a produção
de pesquisas científicas quanti e qualitativas (artigos científicos, capítulos de livros
texto, monografias de conclusão de curso, dissertações e teses), trabalhos para apresentação em jornadas, simpósios ou congresso, para ministrar aulas em cursos ou
proferir palestras em diferentes cenários que possam promover ou estimular mais
as ações solidárias em Cuidados Integrativos) referente aos efeitos dos encontros
online nos próprios participantes (integrantes voluntários da ABRACI) das reuniões
e, no público-alvo das diversas ações solidárias da ABRACI, no período de pandemia
por COVID-19; e, criação de grupos de estudos transdisciplinares, tendo com base
a epistemologia dos Cuidados Integrativos, sobre importantes temáticas da contemporaneidade, relacionadas a: saúde, educação, sexualidade, espiritualidade etc.;

4.1.4 Resultados Parciais

O conjunto de ações solidárias, veiculados a um ou mais dos 13 (treze) projetos
do Programa Solidário em Cuidados Integrativos- COVID-19 da ABRACI é fruto
de intensa e expressiva dedicação, empenho e cuidado de todos os integrantes da
ABRACI, incluindo todo o corpo diretivo, lideranças e integrantes do voluntariado,
professores externos colaboradores e ou consultores dos projetos, parcerias com
órgãos dos Primeiro ao Terceiro Setores, adicionada a colaboração independente
de outros indivíduos, externos a ABRACI; assim como, da disponibilidade, aceite e
confiança de todos os públicos, incluindo os próprios integrantes da ABRACI que
estiveram abertos a receber as ações solidárias, sem a qual essas ações não teriam
sentido.

4.1.4.1 Levantamento das necessidades, gestão e estratégias das doações em espécies

Vale ressaltar que, previamente – nas ações solidárias em Cuidados Integrativos
que envolvem campanhas de arrecadação de recursos financeiros, doação em produtos e ou outros tipos de doações específicas, como realizar determinadas logísticas,
eventual armazenamento temporário e o transporte das doações até o seu destino
–,sempre é feito um levantamento sobre o cenário, ou 'estudo de campo' em que se
encontram os receptores da ação, sendo de suma importância, a observação e consideração de alguns aspectos para que a realização das doações tenham êxito, como: 1.
Pergunta-se, previamente aos beneficiários se gostariam e aceitam receber doações
de nosso grupo; e, se sim,2. Quais seriam suas necessidades atuais; e, quais seus costumes para utilização ou consumo em relação aos recursos ou produtos solicitados?

Uma vez feita essa análise, averígua-se se, essas especificidades das doações seriam exequíveis pela entidade doadora, sejam para ser totais ou parcialmente atendidas. A seguir, pergunta-se sobre as questões operacionais referentes a respectiva entrega, ou seja,3. Como seria possível ou gostaria que lhes fosse entregue, as doações? Poderíamos registrá-las por meio de documentos ou imagens?

Essas inúmeras indagações, por mais óbvio que pareçam são importantes, por exemplo, aqueles que recebem as doações nem sempre estão dispostos ou disponíveis a recebê-las, devido há diferentes razões, vejamos alguns exemplos, oferecer uma refeição para uma pessoa em situação de rua que acabou de comer ou não está disposto a se alimentar naquele momento, não será uma ação adequada; doar alimentos que fogem totalmente aos hábitos e costumes alimentares de determinada população, também podem não trazer benefícios, minimamente para a saúde física dessas pessoas, principalmente com doação de alimentos industrializados, que não são muito saudáveis; outro aspecto importante é que os agentes da ação doadora, nem sempre conhecem devidamente o cenário em que os beneficiários se encontram; e, acabam por mobilizar esforços inadequados para a entrega das doações, devido às condições que se encontram o indivíduo, seja em relação ao momento de entrega, o modo e ou o tipo de doação, seja devido aos possíveis efeitos secundários, como por exemplo, exposição em mídias etc. da pessoa, grupo ou entidade que está recebendo.

Em nosso programa de ação, no caso das doações para comunidades indígenas (Projeto 4: Raízes/Gratitute), foi realizado uma pesquisa prévia sobre as condições e necessidades do momento, se poderiam receber em suas aldeias entregas de fora do seu meio, devido estarmos em situação de isolamento social por pandemia, e, caso fosse possível, qual seria a melhor forma de fazê-las; sem falar da pergunta de maior relevância, sobreo tipo de doações que necessitavam naquele momento. Uma vez acordado a operacionalização da entrega e informado que necessitavam de alimentos, *in natura* e de produtos alimentícios, ração para animais, material de higiene pessoal, roupas, calçados, material escolar, livros e brinquedos para crianças, foi-lhes perguntado quais são os tipos de alimentos comuns aos hábitos e costumes das suas respectivas aldeias indígenas, a fim de valorizarmos, por meio da doação, as características daquela tribo, de modo a respeitar não somente suas necessidades básicas alimentares, mas também, valorizar a tradição de um povo, de modo a poder propiciar uma 'nutrição de corpo e alma', ou seja, também uma 'alimentação sociocultural'.

Em adição, outras dificuldades da ação estão pautadas nas logísticas de entrega, propriamente dita, como é no caso das pessoas em situação de rua, necessitando de uma equipe devidamente preparada para esse fim ou realizar parcerias com cidadãos ou outras instituições que realizam frequentemente essas ações nas ruas, como foi em nosso caso, pois, essa logística possui características específicas e habilidades próprias dos entregadores.

Combinar, previamente se haverá algum documento a ser assinado, ou a permissão para o registro de imagem, que possam comprovar a entrega da doação torna-se relevante, a fim de que, no momento da entrega, essas eventuais questões burocráticas não prejudiquem o bom andamento da ação; essas questões são importantes, pois, alguns parceiros doadores solicitam, a comprovação da entrega, por meio de recibos ou por meio do registro de imagens no ato da ação para fins de divulgação como marketing ou, para eventuais informações contábeis de suas empresas.

Ainda dentro das questões operacionais, consultar a disponibilidade e organizar a logística necessária para entrega das doações, bem como, a administração documental das ações, desde o início até o término, já que estamos tratando de ações solidárias que envolvem a doação por um órgão do Terceiro Setor, pela equipe do voluntariado, de modo organizado e de acesso disponível a todos os envolvidos na respectiva ação, é de grande importância. Vale ressaltar que, em nosso programa, são igualmente consideradas ações solidárias, as atividades de gestão e estratégias operacionais relacionadas às questões de ordem administrativa, que envolvem desde arquivar os recibos de todas as doações e, quando possível, os recibos de entrega aos beneficiários, como a captação dos possíveis parceiros doadores, incluindo a elaboração, envio e acompanhamento das cartas de pedido de doações, de agradecimento aos colaboradores, e, principalmente arquivar adequadamente todos os relatórios com as respectivas descrições das doações com data, local, beneficiário, doadores, produtos ou espécie (quantidade e características); adicionados aos eventuais registros de imagem realizados etc.

Faz parte do *Projeto I: Manifestação/Materialidade* a elaboração e descrição utilizadas na assistência para gestão *administrativa*, incluindo a logística (planejamento estratégico; tático; operacional), *econômico-financeira, de contabilidade gerencial, jurídica, de divulgação, comunicação e marketing, de captação de recursos, de pesquisa de mercado e, de relacionamentos* de um órgão do Terceiro Setor com a sociedade, que desenvolve um Programa de Ação Solidária em Cuidados Integrativos, contendo 12 (doze) outros projetos de ações para públicos-alvo específicos.

O detalhamento das doações materiais feitas, desde a campanha até a entrega, no período de março de 2020 até julho de 2021 são apresentados no *Quadro 2*.

4.1.4.2 Características das doações, parceiros doadores e outras ações solidárias

Foram idealizadas, organizadas e realizadas campanhas de arrecadação para doação em dinheiro para suprir necessidades básicas de alimentação de pessoas e animais de estimação, de proteção ao frio, de higiene pessoal; além de outros produtos para crianças, como: material escolar, livros infantis e brinquedos; em adição a doação de medicamentos homeopáticos (*China officinalis* e outros) e, de essências de Terapia de Floral (*Rescue* e outros) para efeitos de prevenção e tratamento para o conjunto de sinais e sintomas por COVID-19, também foi realizada.

As doações da espécie de alimentos e produtos alimentícios, além de serem adquiridas por meio de compra pela própria ABRACI – que arrecadou em campanhas, recursos financeiros para essa finalidade após realizada pesquisa de mercado para levantamento dos melhores preços e produtos de determinadas categorias alimentícias – ,ocorreram também, em decorrência de parcerias com algumas empresas – dentre elas uma com mais de 70 anos de mercado na área de indústria alimentícia, onde foram doados mais de 600 kg de farinha de trigo para comunidade indígena; e, por meio, de cadastro para doações aos órgãos de Terceiro Setor, ação realizada também pelo *Projeto I: Manifestação/Materialidade*, pela Companhia de Entrepostos e Armazéns Gerais de São Paulo (CEAGESP) – empresa pública federal, sob a forma de sociedade anônima, vinculada ao Ministério da Economia, cuja doação foi mais de 400 kg de alimentos *in natura* (produtos hortícolas) para comunidade indígena.

No caso de doações de cobertores às pessoas em situação de rua (*Projeto IV: Raízes/Gratitute*), por exemplo, para considerarmos uma ação solidária em Cuidados Interativos, não basta somente entregar os cobertores em tempos de frio, mas também ofertar, conjuntamente a possibilidade de diálogos fraternos e, se necessário, acolhimento afetivo, no ato das entregas; podendo assim, promover, concomitantemente o 'aquecimento d'alma'. A ABRACI, nas campanhas de arrecadação de cobertores contou com profícuas parcerias de órgãos do Segundo (renomada instituição de ensino privada, com mais de 140 anos no mercado educacional, da cidade de São Paulo) e Terceiro Setores (Anjos da Cidade, Com Vida e Barriga Cheia e, Ladies e Amigos, da cidade de São Paulo), além do empenho e doações independentes de vários integrantes voluntários da ABRACI, seus familiares e rede de amigos, onde foi possível arrecadar mais de 3.800 cobertores para pessoas em situação de rua, durante as frias estações de outono-inverno da cidade de São Paulo dos anos de 2020 e 2021, no desafiador período de pandemia.

A elaboração e prescrição do protocolo de medicação homeopática para ação imunomoduladora profilática e para sintomas por COVID-19, e o acompanhamento médico homeopático, ação do *Projeto II: Amor Incondicional/Fraternidade*, para profissionais da saúde e da área administrativa, pacientes neurológicos e seus familiares e ou cuidadores (do Hospital São Paulo – HSP-SPDM, do Ambulatório de Cuidados Integrativos da Disciplina de Neurologia Clínica da Unifesp da cidade de São Paulo; além dos profissionais da Unidade Básica de Saúde Vera Poty, Tekoa Kalipety da Aldeia Guarani – Terra Indígena Tenondé Porã; e do Lar Espírita Mensageiros da Luz – instituição da cidade de Santos, de longa permanência de pessoas com paralisia cerebral, incluindo crianças – ação do *Projeto V: Feminino Sagrado/Maternagem* –, e outras deficiências)e, alguns integrantes voluntários da ABRACI; bem como, a captação de doação dessas medicações homeopáticas realizadas por algumas farmácias de manipulação e homeopatia da cidade de São Paulo foi realizada em parceria com a Associação Brasileira de Reciclagem e Assistência em Homeopatia (ABRAH), que conseguiu a doação de, aproximadamente 250 frascos de homeopatia e, tem realizado consultas e acompanhamentos gratuitos para todos os beneficiários dessa ação, durante todo o período pandêmico.

Além da oferta das medicações homeopáticas aos profissionais de saúde, também fazem parte das ações do *"Subprojeto Servas de Maria' do Projeto II: Amor Incondicional*/Fraternidade, emissão semanal de Reiki (prática integrativa de imposição de mãos) à distância quando consentido pelo beneficiário; e, da realização semanal de oração/prece estruturada de característica intercessória (ação de orar por outra pessoa) a todos esses profissionais. Em adição, também fazem parte do Projeto II, ações do *'Subprojeto Escuta Humanizada'*, que, durante o segundo semestre de 2020, em reuniões periódicas semanais, estruturou a atuação de um grupo de psicólogos e estudantes de psicologia, visando oferecer, em 2021 sessões de acolhimento psicodinâmico em grupo ou individual, utilizando da Abordagem Centrada na Pessoa (ACP) de Carl R. Rogers para enfrentamento das situações adversas, advindas da pandemia por COVID-19.

Já a doação de essências da Terapia de Florais de Bach foi para idosos participantes da Universidade Aberta para as Pessoas Idosas (UAPI) – do Campus São Paulo da Unifesp e, para pacientes neurológicos e seus familiares e ou cuidadores – do Ambulatório de Cuidados Integrativos da Disciplina de Neurologia Clínica da Unifesp, e decorreu da parceria com o Instituto Dr. Edward Bach do Brasil (empresa *Mona's Flower*, importadora dos Florais de Bach Originais e *Rescue*).

Inspirados pelos arrazoados teóricos sobre as energias das flores do Dr. Edward Bach, foi ação do *Projeto VIII: Sabedoria Anciã/Senescência*, durante todo o ano de 2020, a construção conjunta do Programa de ações em Cuidados Integrativos: Senescência em Flor, para oferta há, aproximadamente 180 idosos, matriculados na UAPI. Um piloto desse programa aconteceu em 4 encontros de 3horas cada, durante duas semanas consecutivas, na primeira quinzena do mês de dezembro de 2020; sendo que, o programa completo, de seis meses de duração, vem sendo ministrado, por meio de encontros virtuais, duas vezes por semana, com duração de 3horas cada, por uma equipe transdisciplinar de professoras de educação física, fisioterapeuta, enfermeira, psicólogas, facilitadoras de meditação, oficineiras de artesanato e arranjos floral, musicoterapeuta etc., que atuam conjuntamente, desde a última semana de fevereiro de 2021, com estimativa de término do programa, em agosto de 2021. Em termos de estratégias de intervenção em Cuidados Integrativos, esse programa de educação em saúde visa, prioritariamente promoção de saúde e o empoderamento dos idosos, mas suas ações também podem trazer efeitos na recuperação de algum aspecto físico, psicoafetivo, social e ou espiritual e, também atuar na prevenção ou agravos de enfermidades.

Para o *Subprojeto Tucun, do Projeto IV: Raízes/Gratitute*, foi realizada campanha para arrecadação de recursos financeiros, bem como o levantamento técnica de informações relativas a solicitação de doação de equipamentos e manutenção para facilitação de acesso à internet, incluindo infraestrutura de tecnologia de informações para determinada aldeia indígena do litoral paulistano, e treinamento ou curso básico de capacitação para produção de vídeos, cujo objetivo é a divulgação da cultura e sabedoria indígenas, assim como, de sua produção de artesanatos que possam gerar renda a tribo, também nos foi solicitado por um grupo de jovens indígenas, e os recursos foram levantados. Dentre as estratégias de intervenção em Cuidados Integrativos, as 'De promoção e Empoderamento' visam estimular, valorizar e auxiliar na criação de estratégias para a divulgação de saberes populares, nativos e ou tradicionais como patrimônios da humanidade, podendo gerar meios de renda para essas populações, através de seus produtos nativos.

O detalhamento das doações materiais realizadas, desde a campanha até a entrega, no período de março de 2020 até julho de 2021, veiculadas aos projetos 4 e 11são apresentados no *Quadro 2*.

Vale ressaltar que, após mais de 600 horas de diálogos em grupo que propiciaram a produção intelectual dos 13 (treze) projetos do referido programa, conforme apresentados, em detalhes, no *Quadro 1*, alguns desses, como os de número III, V, VII, IX e X estão prontos, após a fase de testagem entre os próprios integrantes do grupo, para oferta, dos respectivos programas de ação ao público externo da ABRACI. Os projetos de número XII e XIII darão continuidade em seu campo de estudos, introduzindo oficinas prático-vivenciais a fim de aprimorar a práxis do grupo, para ações nas respectivas temáticas; e, por fim, o projeto de número VI dará continuidade a um número maior de beneficiários do próprio grupo de voluntários da ABRACI, promovendo cuidados para além dos três sistemas familiares que já foram contemplados.

4.1.4.3 Efeitos Benéficos do Programa para o próprio grupo de voluntários da ABRACI

4.1.4.3.1 De cuidados com a saúde

É importante acrescentar que, o conjunto de encontros virtuais periódicos, coordenados e sistematizados para fins de elaboração e execução de projetos das ações solidárias em Cuidados Integrativos, em tempos de pandemia, para oferta à diferentes públicos, predominantemente em condições de maior vulnerabilidade, também produziu, em diversas ocasiões, efeitos benefícios e expressivos, sendo considerado pelos próprios voluntários da ABRACI, ora como ações de efeitos secundários, ora como ações de efeitos primários para eles próprios, devido ao acolhimento psicoafetivo pelo próprio grupo de trabalho, e em certas ocasiões acolhimentos individualizados por algum colega do grupo ou membro da diretoria da ABRACI, da própria interação social constante, por meios virtuais, durante todo o ano de 2020 e no primeiro semestre de 2021, em que estávamos em condições de distanciamento e isolamento sociais – que poderiam ocasionar, segundo inúmeras pesquisas científicas[17], formas de mal-estar comuns, como a sensação de impotência, tédio, solidão, irritabilidade, tristeza e medos diversos (de adoecer, morrer, perder os meios de subsistência, transmitir o vírus), podendo levar a alterações de apetite e sono, a conflitos familiares e

---

17. LIMA, Rossano Cabral. Distanciamento e isolamento sociais pela covid-19 no Brasil: impactos na saúde mental. *Physis: Revista de Saúde Coletiva*, Rio de Janeiro, v. 30, n. 2, 2020.

a excessos no consumo de álcool ou drogas ilícitas; em estados agudos mais graves relacionados a saúde mental e ou social, quadros intensos de ansiedade e depressão, ideações e tentativas suicidas, sintomas psicóticos ou abuso recorrente de substâncias, aumento de casos de violência familiar, geralmente dirigida às mulheres, aos filhos e idosos, associada ao aumento do tempo de convivência em casa, à sobrecarga pelas múltiplas tarefas domésticas e à existência prévia de relações abusivas; reações de estresse agudo transitórias, transtorno de estresse pós-traumático, transtornos de adaptação e quadros psicossomáticos, adicionados a preocupação dos efeitos deletérios do excesso de medicalização ou automedicação devido ao mal-estar, os sintomas físicos e psiquiátricos existentes.

A formação espontânea da rede de apoio entre os próprios integrantes, parece ter auxiliado na superação dos diversos desafios impostos pela pandemia, mantendo e ou promovendo otimismo, esperança, incentivando o surgimento de novas ideias sobre as possíveis soluções para melhorias da sociedade, do convívio em ambientes familiares e ou profissionais, estimulando a evolução pessoal, por meio dos relacionamentos inter e intrapessoais, propiciando autoconhecimento e em exercício constante de alteridade.

Em adição, vale ressaltar que, qualquer informação, verbalizada ou não, e/ou auxílio material, oferecido por grupos e/ou pessoas, com o qual temos contatos periódicos, que resultam em efeitos emocionais e/ou comportamentos positivos promove um processo recíproco, que pode gerar efeitos altruístas tanto para o sujeito que recebe, como também para quem oferece o apoio, permitindo que ambos tenham mais sentido de controle sobre suas vidas. Desse processo se apreende que as pessoas necessitam uma das outras e, é possível se sentir pertencer.

4.1.4.3.2 De capacitação para trabalhar em equipes transdisciplinares

As estratégias pedagógicas e de planejamento, a liderança e o gerenciamento dos 13 (treze) grupos de voluntários, somado ao grupo de lideranças e ao grupo diretivo da ABRACI empregados, durante um ano e meio, para idealização, elaboração e execução dos projetos, também viabilizou o aprendizado da práxis de trabalhar em grupo (em meio virtual) com características transdisciplinares, os referenciais teóricos para o desenvolvimento das atividades foram utilizados, dentre os campos de trabalho dos grupos operativos, o "Grupo de Ensino-aprendizagem", seguido do "Grupo de Reflexão"; e a "Pedagogia Crítica" de Paulo Freire, que tem como escopo a conscientização dos integrantes do grupo ou dos sujeitos aprendentes. Para Bleger (1993)[18]: "O processo de aprendizagem funciona no grupo [...], não no sentido de que tudo consiste em tirar de cada um o que já tem de dentro de si, mas no sentido de que é o grupo que cria seus objetivos e faz suas descobertas através da ativação

---

18. FONTES, Sissy Veloso; COSTA, Erika Franca; AJZEN, Cláudia; CARDOSO, José Tiago. Cuidados integrativos na universidade aberta da pessoa idosa: efeitos na qualidade de vida. *Neurocienc*, v. 24, p. 01-27, 2016.

daquilo que existe em cada ser humano de riqueza e experiência, ainda que pelo simples fato de viver".

5. CONSIDERAÇÕES FINAIS

Por fim enfatizamos, que através de mais de 600 horas de significativos diálogos em nosso grupo do voluntariado da ABRACI, sobre temáticas de grande relevância para a sociedade contemporânea, para além das ações solidárias para outrem, promovendo o cuidado do outro, pudemos nos beneficiar dos muitos aprendizados, das novas e profícuas ideias para resolução dos desafios, sejam relativos a saúde, a educação, aos fatores políticos, sociais, ou econômicos, sejam os de relacionamento familiar, laborais ou existências, impostos pela pandemia e ou decorrentes das nossas próprias capacidades de manejar, compreender ou dar significado aos agentes estressores intrínsecos ou extrínsecos do momento presente da humanidade, o que propiciou ao programa, também o cuidar de si, corroborando as preceitos epistêmicos dos Cuidados Integrativos; em adição, podemos inferir que ações solidárias, antes de ser uma atitude desejável em uma sociedade civilizada, é o que define a indidualidade humana como resultado criativo na vida de relação com outrem, portanto, sua prática permite ao ser humano se realizar como pessoa.

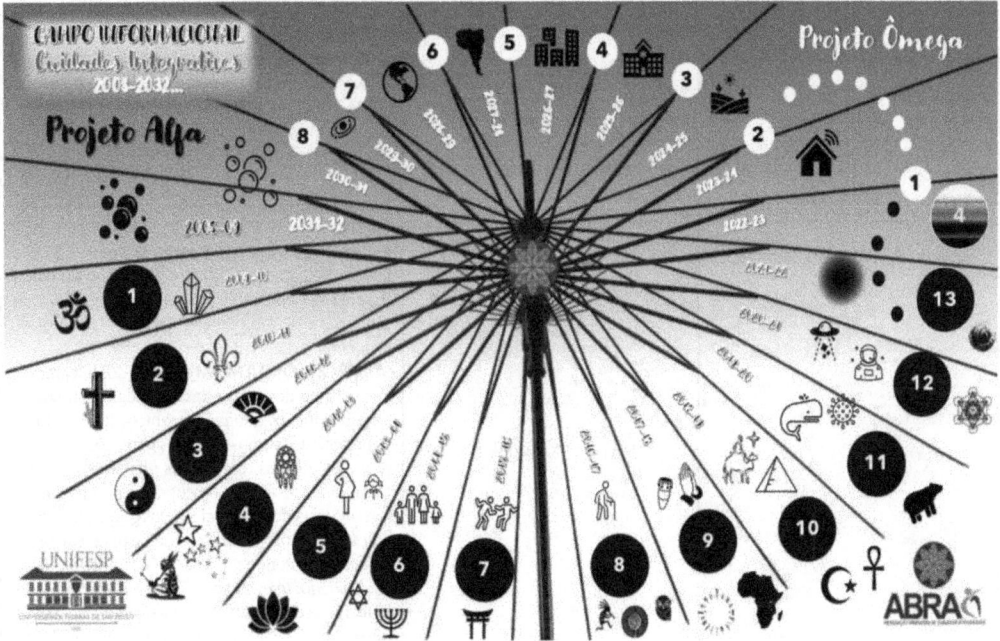

Figura 1: Frawework simbólico das 13 (treze) Turmas do Projeto Alfa e das 8 (oito) turmas do Projeto Ômega do Curso de Especialização em Teorias e Técnicas para Cuidados Integrativos da Universidade Federal de São Paulo (Unifesp) (2008-2032) que originaram a idealização das temáticas dos 13 (treze) projetos do Programa de Ação SolidáriaCOVID-19 da Associação Brasileira de Cuidados Integrativos (ABRACI), em março de 2020, pela Profa. Dra. Sissy Veloso Fontes.

Quadro 1. Tabulação dos13 (treze) projetos segundo as características nominal e representativas, temática e público-alvo, e breve descrição – incluindo os subprojetos ou programas de ações que o compõe o Programa Solidário em Cuidados Integrativos – COVID-19 da Associação Brasileira de Cuidados Integrativos (ABRACI).

PROJETOS da ABRACI (características nominais com licença poética e, representativas: numérica--turma/ano de realização, referência na ética/geográfica relacionadas à uma das treze turmas do Curso de Especialização em Teorias e Técnicas para Cuidados Integrativos da Unifesp)	TEMÁTICA E PÚBLICO-ALVO	AÇÕES SOLIDÁRIAS (SUBPROJETOS/PROGRAMAS DE AÇÕES): material, intelectual ou mista
PROJETO I **Manifestação/Materialidade** **Turma 1 (2009-2010)** Sabedoria Védica ORIENTE	*GESTÃO &ESTRATÉGIAS* Corpo diretivo e voluntariado da *ABRACI; parcerias* – outros órgãos do primeiro ao terceiro setores; outros grupos ou pessoas da sociedade, e ou *público-alvo das ações solidárias*	Esse projeto atua na área de gestão e estratégias de órgãos de Terceiro Setor, incluindo ações para elaboração e descrição utilizadas *na assistência* à *gestão: administrativa*, do referido órgão e sua ações, incluindo a logística (planejamento estratégico; tático; operacional), *econômico-financeira, de contabilidade gerencial, jurídica, de divulgação, comunicação e marketing, de captação de recursos e de relacionamentos* de um órgão do Terceiro Setor com a sociedade, que desenvolve um Programa de Ação Solidária em Cuidados Integrativos, contendo 12 (doze) outros projetos – que contém subprojetos e programas de ações integradas de Cuidados Integrativos; cujas ações incluem mediação entre a ABRACI e outros indivíduos ou grupos da sociedade, incluindo o público alvo das ações, confecção de documentos (cartas de apresentação e agradecimentos, planilhas financeiras, recibos, notas de esclarecimentos para a mídia, termos de ciência, consentimento e ou adesão, e jurídico, regimentos, contratos etc.). Os integrantes desse projeto têm função de grande relevância no auxílio ao corpo diretivo da ABRACI nas interfaces entre as diversas diretorias e o grupo de integrantes voluntários do programa; **SUBPROJETO MNEMOM** de Cuidados Integrativos consiste na descrição das estratégias utilizadas para produção, armazenamento e tabulação de dados escritos e transcritos das gravações (atas das reuniões virtuais, conteúdos postados na mídia *'Telegram Messenger'* – programa de mensagens instantâneas de rede social – dos grupos formados pelos demais projetos do programa para realização do *acervo histórico do Programa de Ação Solidária em Cuidados Integrativos – COVID-19 da ABRACI* e, com o *banco de dados para possíveis produções de pesquisas científicas* quanti e qualitativas, referente aos efeitos dos encontros online nos próprios participantes das reuniões (integrantes voluntários da ABRACI) e ou públicos-alvo (externos da ABRACI) das diversas ações solidárias empregadas, no período de pandemia por COVID-19

PROJETO II Amor Incondicional/ Fraternidade Turma 2 (2010-2011) Ensinamentos Cristãos OCIDENTE	*SAÚDE & PROFISSIONAIS* *Profissionais da saúde e estudantes e, da área administrativa que prestam assistência aos pacientes com COVID-19 ou com necessidades especiais em ambientes hospitalares, de assistência em saúde, ou em instituições de longa permanência de pessoas com necessidades especiais*	**SUBPROJETO SERVAS DE MARIA** de Cuidados Integrativos para profissionais ou estudantes da área da saúde e da área administrativa, ações por meio da prescrição e fornecimento de medicações homeopáticas de ação imunomoduladora e de tratamento para os sintomas devido à contaminação por COVID-19 – protocolo da Associação Brasileira de Reciclagem e Assistência em Homeopatia (ABRAH); emissão semanal de Reiki (prática integrativa de imposição de mãos) à distância; da realização semanal de oração/prece estruturada de característica intercessória (ação de orar por outra(s) pessoa(s)); e por outras estratégias de orientação para o autocuidado e promoção de saúde); **SUBPROJETO ESCUTA HUMANIZADA** – acolhimento psicodinâmico em grupo ou individual que utiliza de abordagem psicológica humanista, denominada: Abordagem Centrada na Pessoa (ACP) de Carl Ransom Rogers para enfrentamento das situações adversas advindas da pandemia por COVID-19
PROJETO III Compaixão/ Solidariedade Turma 3 (2011-2012) Sabedorias Taoísta e Budista ORIENTE	*EDUCAÇÃO & PROFESSORES* *Profissionais da educação (professores, orientadores educacionais, gestores e diretores de instituições de ensino)*	**SUBPROJETO KUAN YIN** de Cuidados Integrativos para profissionais da educação, ações por meio do acolhimento psico-dialógico em grupo ou individual; e implantação de um programa específico de Cuidados Integrativos para aumentar a resiliência, o empoderamento e promover saúde dos educadores dos diferentes níveis de ensino: infantil, fundamental, médio, superior e de extensão; além de promover espaços dialógicos sobre novos modelos de educação para gerações futuras, mas que possam promover melhorias nas condições de trabalho, maximizando a qualidade de vida, saúde e bem estar para todos os educadores formais ou informais, das redes de ensino público ou privado
PROJETO IV Raízes/ Gratidão Turma 4 (2012-2013) Sabedoria Indígena Brasileira OCIDENTE	*COMUNIDADES & CULTURA* *Comunidades Indígenas, pessoas em situação de rua*	**SUBPROJETO TUCUN** de Cuidados Integrativos para comunidades indígenas brasileiras –campanhas sociais para arrecadação e organização de logísticas para entrega de alimentos às comunidades indígenas da Grande São Paulo; e, ações que promovem estratégias de incentivo, valorização e divulgação das tradições e cultura indígenas, incluindo parcerias com outros grupos ou instituições que possam auxiliar nas atividades de cuidado, proteção e preservação dessas comunidades; **SUBPROJETO SELVA URBANA** de Cuidados Integrativos para pessoas em situação de rua e seus animais de estimação– campanhas sociais para arrecadação e organização logística de entrega de alimentos e produtos têxtil (cobertores, mantas etc.) e outros produtos para aquecer pessoas e animais em situação de rua, em especial nas estações de outono e inverno na cidade de São Paulo; e, ações que promovam espaços dialógicos de cunho socioeducativo, econômico-financeiro e político sobre suporte às necessidades básicas de vida, abrigos e condições habitacionais; incluindo parcerias com outros grupos, instituições ou projetos relacionados aos cuidados de pessoas em situação de rua e seus animais de estimação.

PROJETO V Feminino Sagrado/ Maternagem Turma 5 (2013-2014) Sabedoria Hinduísta ÍNDIA	FEMININO & CRIANÇAS EXTRA-ORDINÁRIAS Mulheres, gestantes, bebês, crianças em condições especiais (com deficiências, síndromes ou em processo de adoecimento, como no caso do câncer)	SUBPROJETO PARVATI de Cuidados Integrativos para mulheres – espaço dialógico e de cuidados sobre assuntos relacionados ao feminino; SUBPROJETO SHÁKTI de Cuidados Integrativos para mães e bebês, através de orientações para gestantes, incluindo orientações de cuidados por profissionais de saúde, doulas, parteiras etc., e de cuidados com o bebê, por exemplo, utilizando da prática integrativa Shantala (massagem para bebês); SUBPROJETO GANESHA de Cuidados Integrativos para crianças em condições especiais, incluindo ações de orientação em saúde à distância por radiofrequência; prescrição e fornecimento de medicações homeopáticas de ação imunomoduladora e de tratamento para os sintomas devido à contaminação por COVID-19 – protocolo da Associação Brasileira de Reciclagem e Assistência em Homeopatia (ABRAH); cursos de capacitação para profissionais da saúde e ou para pais e ou cuidadores sobre manejos e técnicas específicas de cuidados e tratamento de crianças em condições especiais institucionalizadas ou não, por exemplo, o curso de formação do método Estimulação Espacial Dinâmica da Fáscia (EEDiF), o curso de iniciação em Reiki etc.
PROJETO VI Sagrada Família/ Ordem do Amor Turma 6 (2014-2015) Sabedoria Judaica ISRAEL	FAMÍLIA & RELACIONAMENTOS Famílias dos integrantes do grupo de voluntariado da ABRACI e de famílias por eles indicados	PROGRAMA COPTA de Cuidados Integrativos para família, de ações terapêuticas integradas: Terapia Comunitária Integrativa (TCI), Genealogia Consciencial, Constelação Familiar Sistêmica, Terapia Familiar em sessões de psicoterapia breve, consulta médica de Saúde de Família, Educação-Saúde Familiar (ensinamentos em síntese dos Cuidados Integrativos do sistema familiar do beneficiário, painel de palavras salutogênicas; orientações transdisciplinares quanto à continuidade dos cuidados, dossiê do processo vivenciado, e acompanhamento qualitativo do beneficiário)
Projeto VII Jovem Aprendiz/ EducAfetiva Turma 7 (2015-2016) Sabedoria Xintoísta JAPÃO	JUVENTUDE & CRIATIVIDADE Jovens relacionados ao grupo de voluntariado da ABRACI ou por eles indicados	SUBPROJETO KAGURA de Cuidados Integrativos para jovens, de espaço dialógico e de múltiplas expressões (verbal, artística, musical para elaboração de projetos socioeducativos sobre assuntos relacionados à juventude); convite a participação da atividade 'Autobiografia Integrativa', como estratégia de cuidado psicoafetivo; e, convite à participação em outros subprojetos da ABRACI, como no Subprojeto Aurora Austral e Boreal) relacionado aos Cuidados Integrativos com o meio ambiente, como oportunidade de participação na construção das sociedades futuras; incluindo parcerias com outras instituições vinculadas aos cuidados e educação de juventudes
PROJETO VIII Sabedoria Anciã/ Senescência Turma 8 (2016-2017) Sabedoria Indígena Hopi-Katinas AMÉRICA DO NORTE	IDOSOS & SABEDORIA Idosos que fazem parte dos programas de ensino da Universidade Aberta para Pessoa Idosa (UAPI); idosos institucionalizados; e ou em condições que necessitam de atenção e cuidado da sociedade	PROGRAMA SENESCÊNCIA EM FLOR de Cuidados Integrativos para idosos, que inclui: aspectos físico–atividade e ou exercício físico e automassagem; psicoafetivo-social – escuta afetiva, Terapia Floral, Musicoterapia; contemplativos–por meio de práticas meditativas; espiritual/existencial – por meio de oficinas de Ikebana e Arranjo Floral); 'apofantisíaco' (aspectos da ordem do incognoscível): percepção não declarativa da influência energética de florais selecionadas que possuem ação terapêutica em diferentes níveis de realidade; orientações gerais de cuidados em saúde: manual de orientações diárias de ações para autocuidados e cuidados da saúde do idoso

PROJETO IX **Raça Humana/ Dignidade Ética** **Turma 9 (2017-2018)** Sabedoria Africana ÁFRICA	*RAÇA-ETNIAS* **& DIREITOS HUMANOS** *Sociedades em geral*, em especial para pessoas, grupos ou instituições engajadas na temática dos *direitos humanos*, de acolhimento de defesa aos refugiados e exilados, e inseridos em ações contra o racismo e ou xenofobia	**SUBPROJETO HUMAUNIDADE** de Cuidados Integrativos para seres humanos de todas as raças e ou etnias, refugiados, exilados, imigrantes (estrangeiros) e migrantes, por meio de ações de valorização de pessoas, em especial, das raças, etnias e ou culturas negra, indígena, oriental, judaica, árabe, latino-americana, nortista e nordestina brasileira etc., por meio de espaços dialógicos que possam ser compartilhas histórias reais de pessoas que sofreram ou ainda sofrem com o racismo ou a xenofobia e têm seus direitos humanos violados, incluindo estratégias socioeducativas que possam minimizar ou erradicar tais preconceitos, bem como, para compartilhar suas tradições e culturas com seus costumes, artes, culinárias, vestimentas e adornos, religiosidade, sabedorias relacionadas aos cuidados com a saúde e estratégias próprias de educação e de convívio em suas comunidades, a fim de valorizá-las; para isso, ações para captação de recursos financeiros, estratégias organizacionais e de suporte técnico para construção de vídeos, documentários, filmes de curta ou longa metragens para mídias televisiva ou de internet, ou cinema, que valorizem as diferentes culturas, etnias e raças; acolhimento e diálogos em grupo sobre estratégias e políticas públicas para pessoas refugiadas ou exiladas, imigrantes e migrantes devido a raça, nacionalidade, opinião política, religião, filiação em certo grupo, devido a grave e generalizada violação de direitos humanos, situações de violência externa, ou problemas em uma região do Estado; efetivação de parcerias com outras instituições ou projetos relacionados a essa temática; e com grupos relacionados às artes cênicas e cinematográfica
PROJETO X **Gêneros/ Respeito a Diversidade** **Turma 10 (2018-2019)** Sabedorias do Deserto: Egípcia, Árabe e Islâmica NORTE AFRICANO/ ORIENTE MÉDIO	*GÊNEROS* **& SEXUALIDADE** *Sociedades em geral*, em especial para pessoas, grupos ou instituições engajadas na temática dos direitos humanos, pelo respeito à *diversidade de gênero* e, que atuam contra a homofobia	**SUBPROJETO HABIB** de Cuidados Integrativos para temáticas relacionadas aos gêneros – espaços dialógicos sobre conceitos e questões relacionados ao feminino e masculino primordiais, diversidade de gênero, comunidade LGBTQIA$^+$, utilizando como estratégias mediadoras dos diálogos sobre gêneros, sexualidade, afetividade, convívio conjugal, sociedade etc.: contação de histórias (contos de fada, lendas e fábulas; épicos indianos; mitos gregos etc.), expressões pelas artes plásticas, pela dança e pelo teatro, tendo como *holding* (contorno) psicodialógico, as bases teóricas da psicologia analítica de Carl Gustav Jung, utilizando, por exemplo, conceitos sobre (anima/animus)

PROJETO XI **Natureza/ Valorização dos Reinos** **Turma 11 (2019-2020)** Sabedoria dos Polos: povos nômades do Norte e mundo animal POLOS NORTE E SUL	*MEIO AMBIENTE & SUSTENTABI-* **LIDADE** *Sociedades em geral*, em especial para pessoas engajadas em campanhas ou medidas protetivas e restaurativas do, e o meio ambiente físico ou natural (fauna, flora e recursos naturais: água, solo e ar)	**SUBPROJETO AURORAS (AUSTRAL E BOREAL)** de Cuidados Integrativos para o meio ambiente e seus reinos: mineral, vegetal e animal, que inclui a integração de várias ações ambientais, socioeducativas e artísticas que priorizam a promoção da educação para saúde ambiental, incluindo a valorização, preservação e regeneração da natureza em geral, bem como, a prevenção de agravos dos problemas ecológicos já criados pela humanidade, além de estratégias que possam auxiliar no enfrentamento de suas consequências, promovendo a criação de ideias inovadoras e ecologicamente sustentáveis, pautadas na declaração internacional de princípios éticos fundamentais para a construção, de uma sociedade global justa, sustentável e pacífica, de iniciativa da Organização das Nações Unidas (ONU), denominada: Carta da Terra. Esse projeto inclui diversas ações, dentre elas destacam-se as relacionadas a agricultura familiar; aproveitamento integral dos alimentos; programas educativos e de incentivo à reciclagem; de proteção e regeneração ambiental e prevenção aos desastres pelos fogos criminosos que são agravados pelas secas e pelo aquecimento global; de proteção, acolhimento, e cuidados de animais domésticos, enfermos, abandonados ou em condições de maus tratos, por meio da emanação de Reiki, orações/preces periódicas e direcionadas a esse fim, além de estratégias de cuidados convencionais da Medicina Veterinária com campanhas para vacinação, castração e arrecadação de alimentos para animais de comunidades menos favorecidas ou de pessoas em situação de rua; dentre outras ações.
PROJETO XII **Comunicação Entre Mundos/ Espiritualidade** **Turma 12 (2020-2021)** Informações Sencientes e Siderais COSMOS	*ESPIRITUALIDADE & UFOLOGIA* *Sociedades em geral*, em especial *pessoas de diferentes tradições espiritualistas, religiões, filosofias e ou adeptos aos estudos e práticas contemplativas, meditativas ou de estados ampliados de consciência,* interessados em participar de um grupo de estudos científicos e de hipóteses heurísticas sobre o surgimento e sentido da vida, sobre a morte e o morrer, existência devida em outros planetas, fenômenos paranormais, bases filosóficas, ritualísticas das diferentes religiões do mundo e de trabalhos prático-vivenciais espiritualistas para tratamento e cura de doenças, além do intercâmbio de informações multidimensionais	**SUBPROJETO METATRON** de Cuidados Integrativos, relacionados aos estudos teórico-práticos e vivenciais para instrumentalização de meios de comunicação 'entre mundos' para aprendizado de tecnologias da nova era para avanços planetários; diálogos inter-religiosos, para capacitação de Grupos de Estudos e Trabalhos Espirituais Universalistas (GETEU's), em relação aos *approaches* espiritualistas de diferentes filosofias ou tradições religiosas visando a integração de saberes para assistência à saúde espiritual/existencial dos integrantes do voluntariado da ABRACI ou de pessoas indicados pelo grupo, por meio de ações espiritualistas/paranormais/mediúnicas/etc., pautadas em valores universais (essenciais para que se viva em harmonia com as pessoas e outros seres vivos de todo o mundo) – como por exemplo: amor, cooperação, justiça, liberdade, paz, respeito, e responsabilidade –, valores esses encontrados na Declaração Universal dos Direitos Humanos de 1948, que podem interferir nos corpos físico, mental, emocional, energético e ou espiritual de um indivíduo; no seu grupo familiar, social, ou planetário; nos espaços domésticos, de trabalho, em ambientes públicos de convívio ou no meio ambiente, incluindo animais, plantas e minerais, dessa ou de outras dimensões.

PROJETO XIII Turma 13 (2021-2022) **Integração Universal/Transição Planetária** Ensinamentos Multidimensionais BURACOS NEGROS/ MULTIVERSOS	*INTEGRAÇÃO DE SABERES &* **TRANSIÇÃO PLANETÁRIA** *Sociedades em geral* – pessoas, grupos, organizações ou instituições (escolas, universidades) etc. interessados e dedicados a inovação e expansão de *novos paradigmas de ensino sobre educação-saúde* para diferentes populações do Brasil e do mundo	**SUBPROJETO ÔMEGA EM CUIDADOS INTEGRA-TIVOS** relacionado à elaboração e descrição de um novo programa de educação-saúde transdisciplinar de Cuidados Integrativos com base na integração de saberes, com novas metodologias de ensino, pesquisa e tecnologias em saúde para diversos públicos, de diferentes sociedades e comunidades do mundo, integrando a práxis dos Cuidados Integrativos, baseada no projeto pedagógico (Projeto Alfa em Cuidados Integrativos) e a experiência teórico-prática vivencial das 13 (treze) turmas do Curso de Especialização em Teorias e Técnicas para Cuidados Integrativos da Universidade Federal de São Paulo (Unifesp) – de 2009 à 2021, com os hábitos, costumes e sabedorias da população local, para todos os níveis de ensino: infantil, fundamental, médio, superior e de extensão, para os sistemas público, privado ou misto.

Quadro 2. Descrição das doações veiculados aos projetos 4 e 11 que compõe o Programa Solidário em Cuidados Integrativos – COVID-19 da Associação Brasileira de Cuidados Integrativos (ABRACI) realizadas de março de 2020 a julho de 2021.

DESCRIÇÃO DOS BENEFICIÁRIOS, DATA DE ENTREGA e PRODUTOS DOADOS
– COMUNIDADE INDÍGENA DE TENONDÉ-PORÃ – Distrito de Parelheiros no município de São Paulo- SP **Alimentos** *in natura,* **produtos alimentícios, de higiene pessoal e ração animal:** **5 de agosto de 2020:** total de 755kg de alimentos (600kg de farinha de trigo, 60kg de feijão, 40kg de farinha de mandioca grossa, 20kg de farinha de milho amarela, 30kg de canjica branca, 5kg de chá erva mate); – total de 1.240 unidades de produtos para higiene pessoal (640 rolos de papel higiênico, 300 unidades de cada item sabonete e sabão em pedra); e,60kg de ração para animais da espécie canina. **13 de outubro de 2020:** total de 755kg de alimentos (melancia, mandioca, batata doce, chá erva mate e farinha de trigo). **01 de dezembro de 2020:** total de 443 kg de alimentos (legume: 3kg mandioca; frutas: 160kg de tomate, 80kg de mamão, 56kg de manga; verduras: 70kg de alface, 25kg de mostarda, 42kg de salsão e 3kg de salsa) **– ALDEIA INDÍGENA TAPIREMA – PIAÇAGUERA – município de Peruíbe – SP** **Alimentos** *in natura,* **produtos alimentícios, de higiene pessoal, roupas, calçados, brinquedos, livros, travesseiros infantis, produtos de enxoval para bebê:** **12 de dezembro de 2020** – 10 sacolas de presentes de Natal para crianças, contendo: 10 calçados, 10 chinelos, roupas, incluindo as íntimas e meias, produtos de higiene pessoal: toalhas de mão, sabonete, escova e creme dental, material escolar: canetas, lápis preto, lápis de cor, giz de cera, cadernos, papel sulfite e envelopes; brinquedos: bichos de pelúcia, bolas, pipas, bambolês, cubos de montar, massa de modelar; e 17 panetones; enxoval completo para bebê; **10 de julho de 2021** – 10 kg de frutas frescas: melancia, mexerica, uva, morando, manga, maçã; 10kg de brinquedos e livros diversos (bichos de pelúcia, bonecas, carrinhos, jogos de montar, livros infantis etc. **– ALDEIA BOA VISTA DE PRUMIRIN NA CIDADE DE UBATUBA – SP** **16 de dezembro de 2020:** doação em dinheiro – valor de R$10.000,00 reais para equipamentos, incluindo manutenção para facilitação de acesso à internet, e infraestrutura de tecnologia de informações na aldeia, incluindo treinamentos para produção de vídeos para divulgação da cultura e sabedoria indígenas **ᵛ PESSOAS EM SITUAÇÃO DE RUA E SEUS ANIMAIS CANINOS DE ESTIMAÇÃO DA CIDADE DE SÃO PAULO** **Produto têxtil (cobertores); alimentos em forma de refeição, produtos de higiene pessoal, ração animal:** **28 de julho de 2020:** produto têxtil (200 cobertores) **10 de agosto de 2020:** produto têxtil (528 cobertores) **16 de dezembro de 2020:** alimentos preparados em forma de refeição na praça – Ceia de Natal na Praça – Centro da cidade de São Paulo – doação em parceria com outros órgãos de Terceiro Setor– total de 500 kits refeições (500 garrafinhas de 500ml de água, 500 caixas de 200ml de suco de fruta, 50kg de arroz, 20kg de farofa, 50 latas de abacaxi e 50 de pêssego em calda; 15 caixas de uva roxa, 5kg de uva passa, 500 unidades de bombom, descartáveis – 500 unidades de marmita de 500ml, 1000 unidades de colheres); total de 500 kits de higiene pessoal (500 unidades de shampoos, sabonetes e pastas de dente, e sacolinhas de TNT); 30kg de ração para animais da espécie canina. **02 de julho de 2021:** 3.257 cobertores

– **COMUNIDADE RIBEIRINHA DA BARRA DE SÃO LOURENÇO – MATO GROSSO DO SUL – PANTANAL** (vítimas de incêndio florestal)
Produtos alimentícios em foram de cestas básicas: 30 cestas básicas de alimentos com 10kg cada, mais subsídio financeiro para o transporte de barco até a Região Ribeirinha do MS.
– **GRUPO DE RESGATE DE ANIMAIS EM DESASTRE (GRAD)**
03 de novembro de 2020: doação em dinheiro – valor de R$3.314,84 reais para auxílio do resgate e cuidados de animais vítimas do incêndio florestal no Pantanal Mato-grossense

AGRADECIMENTO ESPECIAL:

Ao voluntário. Aquele que por vontade, própria, doa proteção e calor, que se sacrifica para manter a espécie, ensinando armar para amar com a arma mais poderosa, a solidariedade.

No coração da prática solidária está o princípio fundamental e inegociável da consideração para com o outro, permitindo reconstruir o esgarçado tecido da cidadania, mesmo em épocas de grandes crises, como a relacionada à Covid-19. (Bernardo Waitman, abril de 2020).

O AGIR SOLIDÁRIO NO COMBATE AO RACISMO ESTRUTURAL

Solange Luz

Administradora pela FAPPES, participou do "Program *Business and Professional Communication pela McGill University*. Cofundadora do Movimento Conexão Favela. Responsável pela curadoria e criação de conteúdo da Voicers.

Ruth Barbosa

Livre pensadora, consteladora familiar pelo Instituto Bert Hellinger Brasil Central de São Paulo (IBHC/SP), especialista em constelação familiar e organizacional certificada internacionalmente pelo Institut für Systemische Psychotherapie, Aufstellung und Beratung – München (ISPAB). Master no modelo de validação humana pelo Institute Virginia Satir of Germany (IVSG). Cofundadora da Associação Práxis Sistêmica.

Juliana Lopes Ferreira

Advogada, doutoranda em Linguística Aplicada pela UFRJ. Mestra em Direito pela UNIRIO. Consteladora familiar e Mediadora de Conflitos no TJRJ. Cofundadora da Associação Práxis Sistêmica. Colaboradora do Núcleo de Mediação da Universidade Federal do Rio de Janeiro (NUMEC/UFRJ).

1. INTRODUÇÃO

O racismo estrutural é apresentado por Almeida[1] ao deslocar nosso olhar para as relações políticas, econômicas, jurídicas, sociais, familiares e individuais como elementos constituintes de uma estrutura racista integrada. Como podemos ser solidários quando nossas relações sociais e institucionais são permeadas pelo racismo? Imersos nessa estrutura, a solidariedade encontra-se utilizada como forma de manutenção da situação e como base da meritocracia.

Todavia, tanto o cuidado quanto a solidariedade, vistos como valores jurídicos, trazem para o universo diverso das relações humanas o ato de cuidar como atitude[2], sendo agir solidário a promoção de todas as formas de vida de todos os seres

---

1. ALMEIDA, Silvio. *Racismo estrutural*. São Paulo: Sueli Carneiro; Pólen, 2019.
2. BOFF, Leonardo. *Saber cuidar*: ética do humano – compaixão pela terra. Petrópolis: Vozes, 2017.

viventes – dignos de respeito pelo próprio existir – em uma determinada situação e tempo histórico[3].

O desenvolvimento de conscientização crítica para superarmos a negação da raça se orienta pela justiça social[4] e advém da educação de base para a formação da cidadania. São esses valores que garantirão o fortalecimento de políticas públicas no combate ao racismo estrutural para a construção de novas políticas de uma sociedade livre, justa e igualitária.

Dessa forma, apresentaremos nas primeiras seções as noções conceituais de cuidado e solidariedade como valores e o panorama das questões raciais no Brasil, incluindo as camadas território, educação e trabalho e renda. Nas seções finais, a aproximação dos valores em nossa práxis e em políticas públicas institucionais.

2. OS VALORES CUIDADO E SOLIDARIEDADE

O mundo que somos e o mundo que vemos estão em processo dialético, posto que se integram e acontecem no tempo, momento a momento[5]. Quando nós nos lançamos no mundo e nos permitimos desvelar o ser que se expressa através de nós, somos com o outro.

Mas, na maior parte do tempo, será que nos permitimos estar no mundo ou será que vivemos afastados de nós mesmos? Somado a isso, será que todos nós temos os acessos necessários para desenvolvermos nosso potencial, de forma livre e autêntica?

Em um cenário de afastamento e de dificuldade de acesso para desenvolvimento humano, cuidado e solidariedade tornam-se palavras de sentido esvaziado. Elas passam a ser utilizadas para a manutenção de um sistema sócio-histórico-cultural atravessado por desigualdades e invisibilizações do outro. Nessa lógica, a ideia de cuidar dos nossos ou de dar o que nos sobra até chegarmos à máxima da sabença popular: "farinha pouca, meu pirão primeiro".

Por outro lado, em um cenário no qual nos lançamos no mundo com o outro, nesse processo de existir no tempo e nas relações, cuidado e solidariedade tornam-se valores, preceitos éticos orientadores de toda ação humana. E essas relações humanas transformam-se em conquistas por direitos na ordem normativa, por exemplo, "todos são iguais perante a lei, sem distinção de qualquer natureza"[6] e "todos os seres humanos nascem livres e iguais em dignidade e em direitos"[7]. Nesse sentido, direitos

---

3. PEGORARO, Olinto. *Ética da solidariedade antropocósmica*. Rio de Janeiro: Mauad X, 2014.

4. HOOKS, Bell. *O feminismo é para todo mundo*: políticas arrebatadoras. Rio de Janeiro: Rosa dos tempos, 2020.

5. HEIDEGGER, Martin. *Ser e tempo*. Rio de Janeiro: Vozes, 2015.

6. BRASIL. Constituição da República Federativa do Brasil de 1988. Disponível em: http://www.planalto.gov.br/ccivil_03/constituicao/constituicao.htm. Acesso em: 10 jul. 2021.

7. ONU. *Declaração universal dos direitos humanos*, 1948. Disponível em: https://www.ohchr.org/EN/UDHR/Pages/Language.aspx?LangID=por. Acesso em: 10 jul. 2021.

humanos é falar do direito entre nós, sendo, portanto, ética uma relação eu-tu. Essa relação estritamente ética é humana.

Ao ampliarmos um pouco mais, compreendemos o estar no mundo com o outro por meio do cuidado, um modo de ser. Para Boff, cuidado é uma atitude e pode ser explicada como "desvelo, solicitude, diligência, zelo, atenção, bom trato"[8], o que nos gera um "sentido de responsabilidade"[9] – o compromisso com o outro.

Para Waldow e Borges, "o cuidar é um processo interativo, só ocorre em relação ao outro. O modo de ser do cuidado envolve relação não de sujeito-objeto, mas sim de sujeito-sujeito."[10] Assim, o cuidado como prática relacional transcende a esfera individual e familiar, apresentando-se em práticas complexas e diversas no sistema social, dentre outras esferas.

Considerar o cuidado como um agir ético em relação ao outro possibilita nos reconhecermos como pessoas conscientes não só de nós em nossas relações particulares, no qual o cuidado pode aparecer por costume ou afeto, mas em nossas relações institucionais: o cuidado em sua relação com mercado de trabalho, com estruturas sociais e instituições políticas, por exemplo[11].

É nesse contexto ético que também se compreende a solidariedade como valor. Quando Pegoraro refere-se à solidariedade antropocósmica, isto é, solidariedade em relação ao ser humano (*anthropos*) e em relação à natureza (*cosmos*), o autor assim se orienta: "a ética se torna um assunto atual, que está sempre nascendo dos acontecimentos da vida humana e das novas situações a que está submetida a natureza através da tecnociência"[12].

A ética da solidariedade preserva a natureza e todas as formas de vida, uma vez que "todos os seres, só pelo fato de existirem, são dignos de respeito ético; e não por condescendência humana, mas por eles mesmos, pelo seu modo de existir."[13]

Nessa linha, nosso cuidado como atitude em relação ao outro se dá no sentido de reconhecer essa dignidade ética de todos os seres viventes, promover e preservar todas as formas de vida, perfazendo-nos zeladores da vida e da natureza[14].

Embora nosso ideal de agir solidário esteja invisibilizado em meio a tantos conflitos e interesses diversos, certo é que ele se encontra presente nos princípios constitucionais brasileiros da dignidade da pessoa humana e da igualdade, sendo a

---

8. BOFF, Leonardo. *Saber cuidar*: ética do humano – compaixão pela terra. Petrópolis: Vozes, 2017. p. 69.
9. BOFF, Leonardo. *Saber cuidar*: ética do humano – compaixão pela terra. Petrópolis: Vozes, 2017. p. 69.
10. WALDOW, Vera; BORGES, Rosália. O processo de cuidar sob a perspectiva da vulnerabilidade. *Revista Latino-americana de Enfermagem*, jul./ago. 2008. Disponível em: http://rlae.eerp.usp.br/. Acesso em: 10 jul. 2021.
11. MARTÍN-PALOMO, Maria Tereza. *Cuidado, vulnerabilidad e interdependências*: Nuevos retos políticos. Madrid: Centro de Estudios Políticos e Institucionales, 2016.
12. PEGORARO, Olinto. *Ética da solidariedade antropocósmica*. Rio de Janeiro: Mauad X, 2014. p. 16.
13. PEGORARO, Olinto. *Ética da solidariedade antropocósmica*. Rio de Janeiro: Mauad X, 2014. p. 18.
14. PEGORARO, Olinto. *Ética da solidariedade antropocósmica*. Rio de Janeiro: Mauad X, 2014.

"sociedade fraterna, pluralista e sem preconceitos"[15] também preconizada no artigo primeiro da Declaração Universal dos Direitos humanos: somos todos sujeitos iguais em direito e dignidade.

Portanto, cuidado e solidariedade como valores devem guiar nosso agir na práxis cotidiana. Todavia, são suficientes diante de processos sociais complexos como o que veremos na próxima seção?

3. O RACISMO EM CAMADAS

Em 1995 foi realizada uma pesquisa sobre questões raciais no Brasil, considerada uma das maiores sobre o tema à época. Concluiu-se que 89% da população brasileira admitia existir preconceito de cor no Brasil, porém 90% da população se identificava como não racista[16]. Hoje, vinte e seis anos depois, ainda vivemos o mesmo paradoxo[17].

No livro "Pequeno Manual Antirracista", Djamila Ribeiro explica que esse paradoxo é oriundo da inércia causada pelo mito da democracia racial[18], e essa inércia surge do que define Munanga[19] de um eco produzido dentro de muitos brasileiros que gritam: "Não somos racistas! Racistas são os outros!"

O ano de 2020 além de marcado pela pandemia do coronavírus, foi um ano de muitos protestos, principalmente após a morte de um homem negro nos Estados Unidos. George Floyd foi assassinado covardemente por um policial branco após ser algemado, imobilizado e repetir inúmeras vezes a frase "eu não consigo respirar", enquanto o joelho do policial pressionava a garganta de Floyd contra o chão.

Evidentemente, toda mobilização gerada ao redor do mundo foi e continua a ser legítima, porém, quando analisamos a pouca repercussão de outras mortes tão trágicas como a de Floyd, ainda mais no Brasil, algo soa como não valorizado.

Na comemoração dos cinquenta anos do discurso de Martin Luther King, a colunista do jornal O Globo, Miriam Leitão escreveu uma coluna cujo título "Pátria Distraída", alertando a imprensa que os problemas denunciados pelo Dr. King nos Estados Unidos eram latentes também no Brasil.

Analisando o histórico de posicionamento político social em desaprovação às práticas antirracistas no país, pode-se concluir que a distração, comentada, é na verdade uma das facetas da negação do racismo no Brasil.

Djamila Ribeiro alerta que defender ou nutrir a ideia de uma escravidão mais branda no Brasil, impede de entendermos como o sistema escravocrata ainda impacta a forma que nos organizamos como sociedade.

---

15. Preâmbulo da Constituição Brasileira de 1988.
16. TURRA, Cleusa; VENTURI, Gustavo. *Racismo cordial*. São Paulo: Ática, 1995.
17. LOCOMOTIVA – Instituto de pesquisa e estratégia. *Racismo no Brasil*. São Paulo, 2021.
18. RIBEIRO, Djamila. *Pequeno manual antirracista*. São Paulo: Companhia das letras, 2019.
19. MUNANGA, Kabenguele. *Estratégias e políticas de combate à discriminação racial*. São Paulo: EDUSP, 1996.

Para Grada Kilomba, autora do livro "Memórias da Plantação", há cinco importantes mecanismos do ego branco e superá-los se faz fundamental para conscientização sobre o racismo: negação, culpa, vergonha, reconhecimento e reparação[20].

A negação mencionada acima é o mecanismo utilizado para manutenção e legitimação de estruturas violentas de exclusão racial. A culpa é o reconhecimento do ato já cometido, porém a culpa pode levar o indivíduo a intelectualização ou racionalização do ato, ou seja, a construção de uma justificativa lógica para o racismo, como na frase: "para mim não há negros ou brancos, somos todos humanos".

A vergonha surge do conflito entre a percepção de como o sujeito branco se vê, e de como os outros o percebem, por exemplo, na medida em que a branquitude é identificada como privilegiada, podendo representar um poder ou um alerta. Essa percepção pode ser alterada ou não, levando ao sentimento de vergonha.

O reconhecimento ocorre quando a realidade do racismo é vista. Nesse processo, a pergunta "eu sou racista" deixa de existir para dar lugar ao questionamento "como eu posso desmantelar meu próprio racismo". Por fim, para Grada, a reparação é o ato de reparar o mal causado pelo racismo através de mudanças de comportamento, relações, estruturas, agendas, espaços, posições, dinâmicas e vocabulário[21].

Como podemos perceber, o racismo estrutural defendido por Silvio Almeida está arraigado em nosso país de forma tão sólida, a ponto de não conseguirmos enxergar suas marcas através das muitas camadas que compõem nossa sociedade. A seguir, destacamos algumas dessas camadas.

3.1   Camada territorial

Segundo dados da pesquisa "Economia das Favelas – Renda e Consumo nas Favelas Brasileiras"[22], a população periférica do Brasil é de 165 milhões de pessoas, constituintes das convencionadas classes sociais "C", "D" e "E". Dentro desse universo, os negros representam 68,4% da população.

O estudo também mostra que 89% dos moradores de favelas estão em capitais e regiões metropolitanas. O Rio de Janeiro é o único estado da região sudeste com mais de 10% da população vivendo em favelas. As regiões brasileiras norte e nordeste registraram maior percentual de pessoas vivendo em favelas – de 5% a 10%. Os Estados do Amazonas, Pará, Maranhão e Pernambuco têm mais de 10% da população em favelas.

Beatriz Carmo, gestora territorial da organização TETO Brasil, lembra que as favelas são fragmentos do período pós-escravidão, uma construção sócio-histórica

---

20. KILOMBA, Grada. *Memórias da plantação*: episódios de racismo cotidiano. Rio de Janeiro: Cobogó, 2019.
21. KILOMBA, Grada. *Memórias da plantação*: episódios de racismo cotidiano. Rio de Janeiro: Cobogó, 2019.
22. Economia das favelas – renda e consumo nas favelas brasileiras. *LOCOMOTIVA – Instituto de pesquisa e estratégia; DATAFAVELA*. São Paulo, 2020.

ao longo do último século. Por falta de políticas públicas efetivas, os negros libertos foram expulsos do convívio social.

No texto "Raízes da Desigualdade Social na Cultura Política Brasileira", Tereza Sales cita Gilberto Freyre, autor que, apesar das críticas, definiu bem esse período pós-escravidão: "São milhões que se acham nessa situação intermediária, que não é o escravo, mas também não é o cidadão [...] Párias inúteis vivendo em choça de palhas, dormindo em redes e estrado, a vasilha de água e a panela são seus únicos utensílios"[23].

Nesse contexto, vão surgindo as favelas no Brasil e com esse fenômeno, os estereótipos de que favelas são ambientes perigosos, extremamente violentos, com escassez e que deveriam ser evitados.

Assim, as favelas surgem a margem do Estado e da Sociedade Civil em circuns-tâncias nas quais a pessoa negra não é mais escrava, tampouco cidadã. Com o passar do tempo, esse ideário coletivo estereotipado fortifica e aumenta ainda mais essa distância entre esses atores sociais.

A criação e manutenção desse estereótipo é muito parecido com o conceito que Chimamanda Adichie expõe em seu livro, "O perigo de uma história única", onde ela relata as fantasias que povos não africanos nutrem sobre a população negra e indígena, uma imagem selvagem, de fome e extrema pobreza, quando esse olhar é muito mais colonizador do que realista[24].

Observar as favelas e seus habitantes com um olhar hostil ou de pena, é analisar a história através da lente da colonização com uma nova roupagem. É olhar afirman-do-se como desigual e mantendo esse sistema social arcaico, reforçando condutas meramente assistencialistas.

No agir solidário, percebemos e estimulamos o potencial criativo e a capacidade de produzir conhecimento sem qualquer distinção, reconhecendo entre nós a relação sujeito-sujeito. As periferias são laboratórios de criatividade e sabedorias ancestrais, ocupadas por pessoas extremamente talentosas, embora mantidas à margem – na exclusão.

Por exemplo, é inconcebível pensarmos sobre tecnologias emergentes asso-ciadas às favelas. Internet das Coisas, Inteligência Artificial, Blockchain, a forma como lidamos com os negócios, o que produzimos, como produzimos, as mudanças drásticas nas relações trabalhista e pessoal. Quando pensamos nessas tecnologias, é impossível associarmos às favelas.

Dessa não associação vem a exclusão de um lado e o senso de não pertencimento do outro. Ao mesmo tempo que os grandes polos tecnológicos não enxergam o po-

---

23. SALES, Teresa. Raízes da desigualdade social na cultura política brasileira. *Revista brasileira de ciências sociais (RBCS)*, São Paulo, v. 9, n. 25, jun. 1994.
24. ADICHIE, Chimamanda. *O perigo de uma história única*. São Paulo: Companhia das letras, 2019.

tencial de jovens periféricos, esses mesmos jovens não conseguem se ver ocupando lugares de construção, criação e desenvolvimento, é um ciclo.

Porém, não existe um ambiente mais tecnológico do que as periferias. Observando, por exemplo, o Blockchain, de forma breve e didática, podemos concluir que sua base está diretamente relacionada a confiança. No universo periférico, confiança é algo cotidiano, os pequenos comércios realizam vendas no famoso "fiado" e "pendura", ou seja, transações realizadas na base da confiança.

Nas ruas e vielas da comunidade já se vive em rede muito tempo antes desse conceito surgir, quando, por exemplo, uma vizinha cuida do filho de sua amiga, que por sua vez empresta o tanquinho para que essa mesma vizinha adiante à lavagem das roupas e as duas possam participar do evento de beleza do bairro. É também nas quebradas que a energia das rodas de samba, hip hop e capoeira é utilizada como instrumento de articulação.

Quando um jovem periférico compreende que há elementos do blockchain ou da comunicação em redes que fazem parte de sua realidade, ele é capaz de se apropriar dessas tecnologias e desses espaços de futuros tecnológicos.

Podemos afirmar que para colaborar com esse cenário de desvelar o potencial humano de cada um, o acesso à distribuição de bens comuns ainda se constitui uma necessidade fundamental nas regiões, como o acesso à educação, que veremos a seguir.

3.2 Na camada educação

Em 1824, na primeira Constituição Brasileira, a educação foi eleita como um direito de todos os cidadãos. Eram considerados cidadãos os portugueses, aqueles nascidos em solo brasileiro e os negros libertos. Porém, a esse último grupo, o acesso foi dificultado ou quase impossibilitado por regras impostas que envolviam posses e rendimentos.

Historicamente, podemos analisar que a trajetória de acesso de pessoas negras à educação vem sendo marcada por condicionantes que não só dificultam o acesso, mas também menosprezam e invalidam as contribuições acadêmicas dos que conseguem ultrapassar as barreiras do sistema social hegemônico.

No âmbito educacional, podemos discorrer sobre inúmeras problemáticas enfrentadas pela população negra, porém faremos uma síntese baseada em três pilares, dois deles abordados pela doutora em filosofia Grada Kilomba, a Língua e a eurocentrização do conhecimento. O terceiro pilar é um compilado de informações que demonstram de forma pratica a relação educacional de alunos negros(as), principalmente de periferias.

O livro "Memórias da Plantação" foi escrito por Grada Kilomba em 2010 e lançado simultaneamente na Alemanha e nos Estados Unidos. Dez anos após seu lançamento, o livro ganhou uma versão em português. Conforme explicado pela própria autora, os dez anos necessários para a versão em português se deu por conta da dificuldade encontrada no idioma para traduzir palavras que apresentem conceitos racistas e excludentes. Logo na introdução do livro encontramos alguns exemplos que explicam essa problemática, como a palavra sujeito, que no inglês não possui gênero, enquanto no Brasil a palavra é classificada como substantivo masculino, sem permitir a variação para sujeita (feminino) ou sujeitx (LGBTQI+). Para Kilomba:

> É importante compreender o que significa uma identidade não existir na sua própria língua escrita ou falada, ou ser identificada como erro, isso revela a problemática das relações de poder, a violência na Língua Portuguesa e a urgência de se encontrarem novas terminologias[25].

Mulata(o), mestiça(o), subalterna(o), escrava(o), são termos que estão no início de uma extensa lista, cuja função exclusiva é o de inferiorização de uma identidade. Para Simone de Beauvoir, citada por Djamila Ribeiro, não há crime maior do que destituir um ser humano de sua própria humanidade, reduzindo-o à condição de objeto/animal[26].

No segundo pilar desta camada formulamos algumas perguntas, das quais três são utilizadas por Grada: Quem sabe o quê? Quem não sabe? E por quê? Acrescentamos, ainda: Para que isso existe? A quem interessa?

Tais questionamentos são um importante exercício de visualizar e compreender como conceitos de conhecimento, erudição e ciência estão intrinsecamente ligados ao poder e a autoridade racial.

Grada faz duras críticas de como o trabalho de intelectuais, escritores e professores negros é desacreditado por não se encaixarem nos padrões eurocêntricos. Em justificativas, a autora menciona que geralmente classificam esses trabalhos como "pouco científico", "muito pessoal", "uma perspectiva subjetiva" ou "opiniões e não fatos". Dessa forma, a autora conclui que a academia não é um espaço de conhecimento ou um ambiente neutro, é também um espaço de violência.

Boaventura de Souza Santos apresenta a mesma problemática, de forma mais abrangente, dividindo em duas formas de julgarmos ou valorizarmos determinados assuntos, culturas e povos, as chamadas Epistemologias do Sul e Epistemologias do Norte. Para Boaventura, o mundo está basicamente dividido em linhas, que ele chama de abissais[27].

A linha abissal não é um muro físico e sim uma linha de pensamento. Embora em muitas sociedades haja um muro físico como a Grécia isolada do resto da Europa, a divisão entre México e EUA, Israel e Palestina.

---

25. KILOMBA, Grada. *Memórias da plantação:* episódios de racismo cotidiano. Rio de Janeiro: Cobogó, 2019. p. 15.
26. RIBEIRO, Djamila. *Pequeno manual antirracista*. São Paulo: Companhia das letras, 2019.
27. SANTOS, Boaventura de Souza. *Epistemologias do sul*. Coimbra: Edições Almedina, 2009.

Essa divisão de pensamento é feita de tal maneira que tudo que ocorre nas cidades coloniais não é relevante e jamais poderá ser contradito desse lado da linha, o lado do não ser, o lado do invisível, o lado do inferior, o lado do sub-humano. Essas linhas não tratam apenas de uma questão geográfica, nas cidades do norte também existem grupos que lutam contra essas forças. A grande questão está na divisão daqueles que "são" detentores do saber.

Epistemologia do Sul é a tentativa de inserir outros conhecimentos considerados científicos que envolvam a grande parte da população. Há outras ciências no Sul, não uma cópia do Norte, mas uma forma própria e rica, e não uma forma exótica como vista por muitos.

Nesse sentido, lidar com o conhecimento apenas da forma eurocêntrica é discriminar, eliminar e liquidar qualquer possibilidade de conhecimento diverso. Essa é uma violência que impede grande parte da população de se enxergar em um mundo como o seu.

O terceiro e último pilar é a representação de forma prática de como os pilares anteriores impactam diretamente na relação dos alunos negros(as) com o estudo. Segundo a pesquisa "Juventudes e a pandemia do coronavírus", subiu para 43% o número de jovens que pensou em abandonar os estudos durante a pandemia. Até meados de 2020 o número era de 28%[28]. Os principais motivos, segundo eles, são: questão financeira e dificuldade em estudar em casa.

Antes da pandemia o cenário educacional já estava precário. A pesquisa da Global Opportunity Youth Network (GOYN) de São Paulo, revelou que dos 2,5 milhões de jovens que moram na cidade de São Paulo, 700 mil estão em situação de vulnerabilidade, dos quais mais da metade são negros (53%)[29]. Torna-se difícil alinhar estudo, trabalho e vida social com o projeto de vida do jovem quando ele tem permanecido menos na escola. Entre 2015 e 2019 houve uma queda de 23,2% no número de matrículas no Ensino Médio em São Paulo, seguindo o exemplo.

A suspensão das aulas presenciais em decorrência da pandemia do coronavírus afetou 47,9 milhões de alunos, somente na Educação Básica (Educação Infantil, Ensino Fundamental e Ensino Médio). No ensino superior, o percentual de brasileiros negros é metade dos brancos.

Esse dado evidencia que a relação educação/jovem negro não se aplica ou não se enquadra em suas necessidades primarias/urgentes, a de sustentar a família. O acesso aos estudos ainda representa uma escolha entre trabalhar ou estudar, e quando heroicamente o jovem consegue equilibrar as duas coisas, a educação não o prepara a curto/médio prazo para inserção ou avanço no mercado de trabalho.

---

28. BRASIL. Atlas das juventudes – juventudes e a pandemia do coronavírus. *Conselho Nacional da Juventude – COJUVE*. Brasília, 2021. Disponível em: https://atlasdasjuventudes.com.br/juventudes-e-a-pandemia--do-coronavirus/. Acesso em: 10 jul. 2021.
29. GOYN. *Desafios e oportunidades para a inclusão produtiva dos jovens-potência na cidade de São Paulo*. São Paulo, 2020.

3.3   Na camada trabalho e renda

Comprar um produto e recebê-lo em até dois dias úteis ou receber rápido a refeição que solicitamos pelos aplicativos de entrega parece um cenário ideal de empresas eficientes, podemos pensar. Mas será que nos questionamos sobre quem realiza esse trabalho e de que forma isso acontece?

Enquanto o lucro das grandes empresas aumenta durante a pandemia do coronavírus[30], as condições de trabalho se tornam ainda mais precárias[31]. Isso é fruto de um sistema que precisa se alimentar da miséria até o sujeito entrar em estado de exaustão.

Esse sistema é resultado da criação humana e precisamos assumir que nós criamos isso. Questionar e revisitar nossos hábitos comportamentais é ação eficaz para garantirmos, através de atitudes, novas construções individuais, familiares e sociais voltadas para um agir verdadeiramente solidário.

Sobre empreendedorismo, se considerarmos apenas a população autodeclarada negra, economicamente o Brasil continuaria dentro do G20. A população negra representa 53% dos microempresários e pequenos empreendedores, 75% dos 10% mais pobres e 67% dos desempregados[32]. A média salarial de um empreendedor negro equivale à metade da média de remuneração de um empreendedor branco. E um número significativo teve sua única fonte de renda afetada durante a pandemia por não possuir estrutura de venda pela internet[33].

O perfil dos empreendedores negros no País: 29% dos que trabalham têm o seu próprio negócio, totalizando 14 milhões de empreendedores que movimentam, aproximadamente, R$359 bilhões em renda por ano. No entanto, 82% dos empreendedores negros não têm CNPJ e 57% deles acreditam que pessoas negras sofrem preconceito quando tentam abrir seu próprio negócio no Brasil[34].

Os dados acima revelam a persistente existência na escassez de oportunidades no mercado de trabalho, mesmo diante de um cenário que apresenta avanços para população negra.

---

30.   COMÉRCIO eletrônico: comida por delivery e supermercados são categorias que mais crescem na pandemia. *G1*, São Paulo, 2021. Disponível em: https://g1.globo.com/economia/noticia/2021/05/26/comercio-eletronico-comida-por-delivery-e-supermercados-sao-categorias-que-mais-crescem-na-pandemia.ghtml. Acesso em: 10 jul. 2021.

31.   Entregador antifascista critica precarização do trabalho e omissão de veículos da imprensa. *Folha de São Paulo*, São Paulo, 2021. Disponível em: https://www1.folha.uol.com.br/folha-100-anos/2021/02/entregador-antifascista-critica-precarizacao-do-trabalho-e-omissao-de-veiculos-da-imprensa.shtml. Acesso em :10 jul. 2021.

32.   SILVA, Nina. Especial afrofuturo: dos negros para os negros, o ecossistema de negócios de Nina Silva. *Revista Forbes Brasil*, jun. 2021.

33.   SILVA, Nina. Especial afrofuturo: dos negros para os negros, o ecossistema de negócios de Nina Silva. *Revista Forbes Brasil*, jun. 2021.

34.   A voz e a vez – diversidade no mercado de consumo e empreendedorismo. *LOCOMOTIVA – Instituto de pesquisa e estratégia; Instituto Feira Preta*. São Paulo, 2018.

4. O FUTURO DO BRASIL É NEGRO

É possível identificar um ponto de congruência em pesquisas que abordam a principal habilidade do futuro: Humanidade. O Fórum Econômico Mundial e outras grandes organizações apontam que na Era da evolução tecnológica nada se faz mais urgente do que desenvolvermos nossa humanidade, caso contrário veremos a criação e o desenvolvimento de um futuro cada vez mais distópico, de desigualdades sociais cada vez mais profundas. Quando falamos de humanidade, estamos falando de pessoas. Em um país como o Brasil que possui 56% da população negra, segunda maior nação negra fora do continente africano, é preciso enxergar e validar que nosso futuro é Negro.

Quando falamos sobre futuro Negro, não se trata de uma narrativa de exclusão ou simples troca de poder, mas, de enxergar esse potencial humano, não apenas como minoria, mas como uma potência na integralidade de saberes socioeconômicos e políticos.

Um conto africano elucida tal pensamento. Um antropólogo que ao visitar uma tribo africana, interessou-lhe saber mais sobre os valores humanos básicos daquele povo. Para isso, ele propôs uma brincadeira às crianças. Colocou uma cesta cheia de frutas embaixo de uma árvore e disse para as crianças que a primeira que chegasse poderia ficar com a cesta. Quando o sinal foi dado, as crianças deram as mãos e correram em direção à árvore. O pesquisador questionou a atitude e uma das crianças respondeu: "Como um de nós poderia ficar feliz se o resto estivesse triste? Ubuntu". A palavra Ubuntu, originária das culturas Zulu e Xhosa, significa "sou quem sou porque somos todos nós", e exprime a ideia de que a cooperação é a chave para a harmonia.

A pandemia do coronavírus fragilizou economias ao redor do mundo e precisamos do engajamento de todos para uma reconstrução rápida e justa. As pessoas negras possuem a habilidade de liderar, de se manter e de prosperar em meio a cenários caóticos[35], habilidade essa essencial para o período de transição entre paradigmas de uma estrutura antiga para a nova estrutura. Por que não aprendemos com as comunidades negras?

Parece utópico imaginarmos a construção de cidades sofisticadas e altamente tecnológicas como Wakanda, retratada no filme Pantera Negra, lançado em 2018. O movimento conhecido como afrofuturismo afirma que não é utópico. Um movimento estético, cultural e tecnológico que vem ganhando espaço nas mídias revela o poderio das comunidades negras e faz um apelo para que governos e iniciativas privadas enxerguem o afrofuturismo como uma ponte para outros futuros.

O mundo deve agir conjunta e rapidamente para renovar todos os aspectos de nossas sociedades e economias, desde a educação até os contratos sociais e as condições de trabalho.

---

35. BAVON, Ana. Especial afrofuturo: um novo paradigma social. *Revista Forbes Brasil*, jun. 2021.

Silvio Almeida explica que nossa sociedade constrói instituições que tratam do racismo, mas que não combatem os elementos que dão forma e figura ao racismo[36]. Com esse olhar, é perceptível a falha existente na inclusão de minorias nas grandes instituições.

Abrir vagas e processo seletivo para esse grupo, sem um olhar atento às limitações e dificuldades existentes, antes mesmo que o anúncio da vaga chegue a esse público, é uma forma de perpetuar a estrutura racista em nosso país.

É comum vivenciar e acompanhar a trajetória desmotivadora durante alguns processos seletivos, principalmente para grandes empresas. A exigência na fluência de outros idiomas, capacitação em inúmeros cursos, além do diploma universitário, não só elimina como exclui essa parte da população. No livro "Gestão de pessoas no século XXI", esse processo é descrito com clareza:

> Sabe-se que os padrões de contratação encontrados nas empresas muitas vezes não se limitam às exigências de qualificação e de competências, [podendo] atuar contaminados por padrões preestabelecidos e por contratações baseadas no pertencimento aos mesmos grupos (network) com vivências semelhantes (...). O homem e a mulher homossexual, a população transexual, as mulheres, as mulheres e homens negros e indígenas, as pessoas com mais de quarenta anos, a população pobre, em geral, o menor aprendiz ou as pessoas com deficiências, entre outros, encontram, em muitas situações, a barreira de um padrão dominante – masculino, branco e hete-ronormativo – que ao longo da história praticamente monopolizou as oportunidades de ocupação dos espaços de maior prestígio e poder nas organizações[37].

As possibilidades de emprego e renda surgem embora não haja qualificação completa para preenchimentos de todos os requisitos do emprego. Para elucidar o problema, mais alguns dados: O déficit de profissionais na área de Tecnologia da Informação pode chegar a 260 mil até 2024[38]; 20% dos funcionários do Facebook estão trabalhando com realidade virtual e aumentada, embora a equipe não fale especificamente de déficit, podemos analisar como uma tendência, onde certamente haverá maior demanda[39].

Se de um lado temos o brilhantismo de jovens negros e negras e indígenas que enfrentam inúmeras barreiras socioeconômicas e culturais para se desenvolverem e chegarem a grandes polos tecnológicos, de outro temos ausência de profissionais capacitados não apenas em especializações, mas em criatividade, empatia e humanidade.

---

36. ALMEIDA, Silvio. *Racismo estrutural.* São Paulo: Sueli Carneiro; Pólen, 2019.

37. SANTOS, Elisabete; CRUZ, Myrt. *Gestão de pessoas no século XXI:* desafios e tendências para além de mo-dismos. São Paulo: Tiki books: PUC-SP, 2019. p. 182.

38. *Relatório Setorial de TIC 2019. BRASSCOM – Associação Brasileira das Empresas de Tecnologia da Informação e Comunicação.* São Paulo, 2019.

39. BYFORD, Sam. Almost a fifth of facebook employees are now working on vr and ar: report. *The Verge*, Nova Iorque, 12 mar. 2021. Disponível em: https://www.theverge.com/2021/3/12/22326875/facebook-reality--labs-ar-vr-headcount-report. Acesso em: 15 jul. 2021.

Um olhar atento das instituições públicas, privadas e também parte da sociedade civil, dará ao Brasil e sua população um futuro promissor, menos desigual e mais negro. Mas de que forma é possível construir esse agir solidário institucional?

5. O AGIR SOLIDÁRIO INSTITUCIONAL

Podemos observar o agir solidário ao gerirmos o bem-estar próprio e alheio, por meio de ações diárias que impactam diretamente nosso entorno e por atividades de fiscalização para manter essa forma de estar no mundo e, se necessário for, providenciar os ajustes necessários. Na medida em que relações familiares e sociais se transformam, o cuidado adquire uma relevância, configurando-se uma necessidade coletiva que requer uma resposta política eficaz[40].

O cuidado institucional é uma área de encontro entre os interesses de provedores institucionais (Estado, instituições privadas, sociedade civil) com os prestadores de cuidado individuais e organizados.

O cuidado e solidariedade como políticas sociais resultam da responsabilidade pública e dos direitos inerentes ao exercício pleno da cidadania conquistados ao longo de um processo sócio-histórico. Nesse cenário, é necessário explorar e propor medidas e novos modelos para reconfiguração de políticas públicas que garantam justiça social no trato interseccional que envolvam as questões de raça, gênero e classe[41].

Assim, a regulação do cuidado tem um caráter histórico e devemos construir dispositivos normativos e demais mecanismos para assegurar a reconfiguração de políticas públicas nesse sentido, garantindo o reconhecimento social, um dos elementos para superação, mencionados por Grada, e a redistribuição igualitária de acesso aos serviços e recursos fundamentais, como moradia, educação e emprego e renda, por exemplo.

Nesse sentido, podemos afirmar, por exemplo, que o sistema de cotas raciais em instituição de ensino superior é um dos mecanismos de regulação de cuidado, embora insuficiente se tido como única ação afirmativa para sanar as desigualdades educacionais no tocante às questões raciais.

Há um caminho a ser percorrido. Da ação pessoal passando pelas ações coletivas até chegarmos às instituições privadas e públicas e nas parcerias advindas dessas ações. Em entrevista ao jornal Estadão, Estela Reis, 22 anos, estudante de direito, acredita que a solução para inclusão de jovens negros e periféricos está na articulação das empresas com ONGs e escolas: "Enfrentamos de tudo, dos problemas de ensino, saúde e violência à falta de acesso à cultura e lazer, então esses projetos

---

40. DURÁN, M Ángeles. *La riqueza invisible del cuidado*. Valência: Universitat de Valéncia, 2018.
41. MARTÍN-PALOMO, Maria Tereza. *Cuidado, vulnerabilidad e interdependências*: Nuevos retos políticos. Madrid: Centro de Estudios Políticos e Institucionales, 2016.

precisam chegar também através das escolas e ONGs que estão nos bairros [...] Tem que articular essa rede."[42]

6. CONCLUSÃO

Pensar em cuidado e solidariedade como combate ao racismo estrutural leva-nos a um percurso de reflexão e autorreflexão, não só sobre as noções filosóficas e sociológicas das palavras, mas principalmente sobre nossos comportamentos e mudanças de atitude que podem e devem ser implementados por nós em nosso cotidiano.

Em uma leitura da realidade brasileira, as informações e dados coletados evidenciam quão profundo e complexo o racismo se estrutura em nossas relações e, especialmente, neste estudo, nas camadas de território, educação e trabalho e renda.

Em meio ao racismo cordial, mito da democracia racial e discursos meritocráticos, produzimos como sociedade uma população de 165 milhões de pessoas na periferia, sendo 68,4% negras. Nesse cenário, superar os limites impostos pela língua e pela eurocentrização do conhecimento bem como solucionar os índices expressivos de evasão escolar tornam-se elementos desafiadores. A precarização das condições de trabalho, falta de oportunidades e dificuldades no desenvolvimento do empreendedorismo da comunidade negra também é um panorama que precisa ser encarado.

A combinação de esforços individuais, coletivos e institucionais parece ser a linha que conduzirá a construção do futuro brasileiro, no qual o potencial humano é visto e valorizado em sua integralidade de saberes socioeconômicos e políticos.

Cuidado e solidariedade como valores devem guiar nosso agir na práxis cotidiana. Todavia, são insuficientes se levados em consideração apenas em nossas esferas particulares, sendo necessária a incorporação desses valores no fazer políticas públicas locais-globais que envolvam processos sociais estruturais e complexos.

Faz-se necessário o cuidado institucional, a responsabilidade pública para concretização dos direitos inerentes ao exercício pleno da cidadania, com políticas sociais, mudanças legislativas, mecanismos de reconhecimento e reparo das desigualdades, bem como instrumentos de pressão e coerção de práticas discriminatórias e mantenedoras desse sistema de exclusão sócio-histórico-cultural.

---

42. ZANATTA, Bianca. Estudo mapeia desafios para inserir jovens da periferia no mercado. *Estadão*, São Paulo, 23 abr. 2021. Disponível em: https://economia.estadao.com.br/noticias/sua-carreira,estudo-mapeia-desa-fios-para-inserir-jovens-da-periferia-no-mercado,70003690363. Acesso em: 10 jul. 2021.

TELEMEDICINA E O PRINCÍPIO DA SOLIDARIEDADE EM TEMPOS DE PANDEMIA

Taisa Maria Macena de Lima

Doutora e Mestre em Direito pela UFMG. Professora da Graduação e do Programa de Pós-graduação (mestrado e doutorado) em Direito na PUCMinas. Ex-bolsista do DAAD. Conselheira do KAAD. Desembargadora do Trabalho.

Maria de Fátima Freire de Sá

Doutora (UFMG) e Mestre (PUCMinas) em Direito. Professora da Graduação e do Programa de Pós-graduação (especialização, mestrado e doutorado) em Direito na PUCMinas. Pesquisadora do Centro de Estudos em Biodireito – CEBID. Advogada.

Ana Carolina Brochado Teixeira

Doutora (UERJ) e Mestre (PUCMinas) em Direito. Professora do Centro Universitário UNA. Coordenadora editorial da Revista Brasileira de Direito Civil – RBDCivil. Advogada.

1. INTRODUÇÃO

O mundo está em constante transformação. O novo se torna velho rapidamente. No entanto, a novidade não significa o abandono de práticas antigas que se mostraram eficientes. Em um mundo plural, o recente deve conviver com o antigo. Por outro lado, o velho pode e deve se reinventar.

Ao leitor desavisado pode ser completamente inédita a ideia de um atendimento médico à distância. Mas, há praticamente cem anos, o rádio foi o veículo utilizado para viabilizar os cuidados médicos a pessoas que se encontravam a bordo de navios. Contudo, o evento marcante para o desenvolvimento de tecnologias de telecomunicação voltadas aos cuidados médicos à distância foi a corrida espacial. Na década de sessenta do século passado, sob o pano de fundo da guerra fria, as duas grandes potências mundiais (Estados Unidos e União Soviética) disputaram a honra de mandar o primeiro homem ao espaço. Para monitorar a saúde dos astronautas e prestar-lhes tratamento médico não havia outra maneira senão a "telemedicina".

Contemporaneamente, a telemedicina engloba práticas médicas à distância, com o objetivo de tratar e diagnosticar pacientes. Os procedimentos mais utilizados são: "teleconsulta ou consulta em conexão direta; teleatendimento; telepatologia;

telerradiologia (Resolução n. 2.107/2014, CFM); telemonitoramento ou televigilância (*homecare*); telediagnóstico; teleconferência; telecirurgia; teleterapia; sistemas de apoio à decisão; aplicativos de atendimento para smartphones"[1].

Não obstante todos esses usos, a telemedicina ainda é objeto de profunda e séria controvérsia. Quem a combate aponta, principalmente, dois argumentos: a perda do protagonismo do profissional da saúde e a desumanização da medicina.

O primeiro argumento liga-se ao modo de atuação do médico que deixa de ser a pessoa que comanda o atendimento para ser coadjuvante dos recursos tecnológicos de assistência à saúde. O segundo argumento afeta diretamente os direitos do paciente, pois a desumanização da medicina significa o enfraquecimento da relação dialógica entre médico e paciente. Ao que parece, a tecnologia se sobrepõe à empatia.

Lado outro, os que a defendem apontam inúmeras situações para sua utilização, tais como: atendimento a pessoas que se encontram em locais remotos, nos quais não há serviços médicos disponíveis; tratamento daquelas que se encontram em isolamento; monitoramento de pacientes que têm dificuldade de locomoção aos locais de atendimento médico, como idosos e pessoas com deficiência; orientações para atendimento de emergência e realização de exames à distância[2].

Diante da dualidade de entendimento, o presente artigo volta-se para a análise dessa ferramenta de trabalho no intuito de, entre seus benefícios e desvantagens, avaliar a possibilidade do seu uso para efetivar o princípio da solidariedade.

Para tanto, é preciso entender a solidariedade como princípio jurídico antes de analisar a telemedicina e suas nuances, bem como as experiências com a telemedicina no Brasil e fora dele.

Antes de a solidariedade se tornar uma norma jurídica principiológica, ela – como sentimento e atitude – moveu pessoas a concretizar ações humanitárias de combate a epidemias e pandemias. Um exemplo inspirador data do fim do século XVIII quando a varíola, doença conhecida também como "flor negra", acometeu crianças, adultos e idosos, pessoas de todas as classes sociais, causando alta mortalidade. A varíola foi uma das doenças mais temidas do mundo, que deixava marcas profundas na pele daqueles que eram infectados. Tudo começou a mudar quando pesquisadores passaram a testar um método audacioso, que consistia em provocar infecções atenuadas em pessoas saudáveis, fazendo com que seus organismos se tornassem resistentes à doença.

1. SCHAEFER, Fernanda; GONDIM, Glenda Gonçalves. Telemedicina e lei geral de proteção de dados pessoais. In: ROSENVALD, Nelson; MENEZES, Joyceane Bezzerra de; DADALTO, Luciana (org.). Responsabilidade civil e medicina. Indaiatuba: Foco, 2020. p. 190.
2. Nesse sentido, o "objetivo é melhorar a qualidade e aumentar a eficiência do atendimento médico, expandindo-o às populações localizadas em áreas remotas, onde há pequeno número de profissionais especializados ou as condições da prática médica são limitadas". (CAVET, Caroline Amadori; FALEIROS JÚNIOR, José Luiz de Moura; NOGAROLI, Rafaella. Telemedicina e proteção de dados: reflexões sobre a pandemia da COVID-19 e os impactos jurídicos da tecnologia aplicada à saúde. *Revista dos Tribunais*, v. 1016, jun. 2020, p. 327-362. p. 329).

A história do combate à varíola é retratada no romance de Javier Moro, intitulado *Flor da Pele*. Após ampla pesquisa, o autor relata a expedição formada por vinte e duas crianças, com idade entre três e dez anos, a enfermeira Isabel Zendal, o médico Francisco Xavier Balmis e seu ajudante Josep Salvany, que partiram em direção aos territórios espanhóis para levar o antídoto às populações pobres. De puro sentimento que impulsionava o agir humano, a solidariedade, no Estado Democrático de Direito, torna-se conteúdo de norma principiológica que impele agentes públicos a criarem políticas de amparo aos vulneráveis, e convoca os agentes privados à coparticipação na implementação dessas políticas.

2.   A SOLIDARIEDADE COMO PRINCÍPIO JURÍDICO

No Estado Democrático de Direito, a liberdade nasce internamente limitada pela solidariedade, na medida em que se vive em sociedade e na intersubjetividade. A construção pessoal se dá, necessariamente, em um universo de relações, sob a batuta – proteção e limitação – do Estado. Por isso, ao mesmo tempo em que cada pessoa humana tem a possibilidade de viver conforme seus valores, ela está inserida em uma comunidade, cujas vulnerabilidades devem ser superadas, principalmente, por meio da imposição de deveres ao Estado e aos pares. Trata-se da tutela das vulnerabilidades e das assimetrias econômicas e informativas.

O princípio da solidariedade impõe uma série de deveres jurídicos de uns em relação a outros, que pressupõe o agir responsável, cabendo ao Estado e à sociedade não apenas o respeito pelas escolhas pessoais (que não interfiram na esfera jurídica de terceiros), mas também a sua promoção e salvaguarda. O princípio fundamenta-se na ideia de que cada um deve sentir-se membro, com igual dignidade moral, da sociedade; não se trata apenas de não lesar interesses de outros (ou seja, somente de atos emulativos), mas de cada ato que não implique igual respeito aos interesses de terceiros[3].

Esse princípio consiste em um conjunto de deveres com amplo espectro político, econômico e social, que sofre influxos do contexto social e cultural mais amplo em contínua mudança[4]. Ele pode ser depreendido do art. 3º, I do Texto Constitucional, que determina ser um dos objetivos fundamentais da República a construção de uma sociedade livre, justa e solidária, de modo que se almeja a efetivação de um solidarismo social. O sentido de solidariedade não a qualifica apenas como um princípio fundamental, mas também como movimento institucional que não se exaure em um conjunto de ações socialmente necessárias, convocando os cidadãos à realização do programa constitucional[5]. Para tanto, a efetividade do princípio da solidariedade pode se dar em várias frentes, dentre elas (I) entre pessoas – deveres de cuidado entre

---

3. RODOTÀ, Stefano. *Solidarietà:* un'utopia necessária. Roma-Bari: Laterza, 2014. p. 40.
4. RODOTÀ, Stefano. *Solidarietà:* un'utopia necessária. Roma-Bari: Laterza, 2014. p. 42.
5. RODOTÀ, Stefano. *Solidarietà:* un'utopia necessária. Roma-Bari: Laterza, 2014. p. 67.

familiares, por exemplo – e (II) entre Estado e particulares, na efetivação de direitos sociais, tais como educação e saúde. É este último aspecto que mais nos interessa.

Stefano Rodotà refere-se a um aspecto subjetivo do princípio da solidariedade, no qual a pessoa interessada titulariza um poder de definição do próprio bem-estar, que o vincula à autonomia para construir o próprio projeto de vida, que deverá ser realizado, também, por meio da garantia dos direitos e acesso aos serviços[6].

O princípio da solidariedade também tem estreita conexão com a concepção de ordem pública, que exprime o bem coletivo, e tem sua origem na ideologia do Estado Social, que determinava a prevalência do interesse público sobre o privado. A ordem pública é entendida como limite à autonomia privada e se identifica com o complexo de princípios fundamentais e inderrogáveis do ordenamento público do Estado, que não podem ser superados pelo poder de disposição dos cidadãos[7]. O interesse público

> [...] proclama a superioridade do interesse da coletividade, firmando a prevalência dele sobre o particular, como condição, até mesmo, da sobrevivência e asseguramento deste último. É pressuposto de uma ordem social estável, em que todos e cada um possam sentir-se garantidos e resguardados[8].

Trata-se do interesse da sociedade, da coletividade, do bem comum. Afirma-se em doutrina que a constitucionalização do direito civil, com o deslocamento dos princípios fundamentais do Código Civil para a Constituição Federal, acarretou "profunda transformação dogmática, em que a autonomia privada passa a ser remodelada por valores não patrimoniais, de cunho existencial, inseridos na própria noção de ordem pública"[9]. Isso significa que a concepção de ordem pública foi revitalizada e passou a ter a realização da pessoa humana como objetivo, já que sua dignidade foi elevada a princípio da República.

Seu alcance foi relativizado, na passagem da ideologia do Estado Social para o Estado Democrático de Direito, tendo em vista que as fronteiras entre o público e o privado foram flexibilizadas. Daniel Sarmento critica esse princípio, pois ele

> [...] baseia-se numa compreensão equivocada da relação entre pessoa humana e Estado, francamente incompatível com o *leitmotiv* do Estado Democrático de Direito, de que as pessoas não existem para servir aos poderes públicos ou à sociedade política, mas, ao contrário, estes é que se justificam como meios para a proteção e promoção dos direitos humanos[10].

---

6. RODOTÀ, Stefano. *Solidarietà*: un'utopia necessária. Roma-Bari: Laterza, 2014. p. 77.
7. IADECOLA, Gianfranco. *Potestàdi curare e consenso delpaziente*. Padova: CEDAM, 1998. p. 49.
8. BANDEIRA DE MELLO, Celso Antônio. *Curso de direito administrativo*. São Paulo: Malheiros, 2003. p. 60.
9. TEPEDINO, Gustavo. Normas constitucionais e direito civil na construção unitária do ordenamento. *In*: TEPEDINO, Gustavo. *Temas de direito civil*. t. III. Rio de Janeiro: Renovar, 2009. p. 5.
10. SARMENTO, Daniel. Interesses públicos vs. interesses privados na perspectiva da teoria e da filosofia constitucional. *In*: SARMENTO, Daniel (org.). *Interesses públicos versus interesses privados*: desconstruindo o princípio da supremacia do interesse público. Rio de Janeiro: Lumem Juris, 2007. p. 27.

Ademais, numa sociedade plural e multifacetada chancelada pela atual Constituição Federal, não é possível uma noção universal de bem comum, embora seja necessário estabelecer-se que há situações jurídicas que constituem a base para o exercício de direitos fundamentais e que, por esse motivo, devem ser salvaguardadas pelo Poder Público. Por isso, deve-se assegurar que o Estado respeite e promova a realização dos direitos fundamentais segundo os projetos autônomos de vida, para que a ordem pública também possa se realizar, ou seja, "para um Estado que tem como tarefa mais fundamental, por imperativo constitucional, a proteção e promoção dos direitos fundamentais dos seus cidadãos, a garantia destes direitos torna-se também um autêntico interesse público"[11]. A ordem pública, em síntese, pode ser redefinida a partir do interesse do ordenamento na tutela e desenvolvimento da personalidade.

O que se verifica é que o conceito de ordem pública sofreu mudanças substanciais, não mais remetendo apenas ao coletivo, ou a suposta preponderância do público sobre o privado. Não se nega que as normas de tutela coletiva funcionam como limitadoras a atos de autonomia privada que repercutam em espaços de intersubjetividade, porém deve-se ter em vista também a concepção de ordem pública que visa à satisfação da pessoa humana, como novo norte hermenêutico em questões existenciais, vez que esta passou a ser funcionalizada à realização plena da pessoalidade[12].

É nesse sentido que o princípio da solidariedade funciona como um dos vetores para efetivação desse novo conceito de ordem pública: a maior concretização possível dos direitos fundamentais, sendo que, para o alcance desse objetivo, faz-se necessário que o Estado e todos os que vivem em sociedade estejam imbuídos desse mesmo escopo. O que se passará a verificar agora é se a telemedicina pode ser uma das formas de implementação do princípio da solidariedade.

3. TELEMEDICINA: A TECNOLOGIA DIGITAL A SERVIÇO DO PACIENTE?

De acordo com a Organização Mundial de Saúde, a telemedicina consiste na

[...] oferta de serviços ligados aos cuidados com a saúde, nos casos em que a distância é um fator crítico. Tais serviços são providos por profissionais da área de saúde, usando tecnologias de informação e de comunicação para o intercâmbio de informações válidas para diagnósticos, prevenção e tratamento de doenças e a contínua educação de provedores de cuidados com a saúde, assim como para fins de pesquisa e avaliações. O objetivo primeiro é melhorar a saúde das pessoas e de suas comunidades[13].

---

11. SARMENTO, Daniel. Interesses públicos vs. interesses privados na perspectiva da teoria e da filosofia constitucional. *In*: SARMENTO, Daniel (org.). *Interesses públicos versus interesses privados*: desconstruindo o princípio da supremacia do interesse público. Rio de Janeiro: Lumem Juris, 2007. p. 83.

12. Sobre pessoalidade, imprescindível a leitura do livro: *Pessoas e autonomia privada*: dimensões reflexivas da racionalidade e dimensões operacionais da pessoa a partir da teoria do direito privado, de Diogo Luna Moureira. Rio de Janeiro: Lumen Juris, 2011.

13. COSTA Carmen Lúcia B.; LOUZADA, Luiz A. C.; URTIGA, Keylla Sá. Telemedicina: uma visão geral do estado da arte. In: CBIS'2004 – IX Congresso Brasileiro de Informática em Saúde, 2004, Ribeirão Preto. Anais [...]. São Paulo: Unifesp. Disponível em: http://telemedicina.unifesp.br/pub/sbis/CBIS2004/trabalhos/arquivos/652.pdf. Acesso em: 25 mar. 2020.

O avanço das novas tecnologias digitais afetou, entre outros setores, a assistência à saúde. A telemedicina exemplifica o impacto das novas tecnologias na relação médico-paciente, criando, senão uma especialidade médica, uma modalidade de atendimento médico: o atendimento à distância que pode perfeitamente coexistir com a modalidade de atendimento presencial. Se bem utilizada, pode concretizar a equidade, melhorando o acesso ao direito à saúde, seja no âmbito público, seja no âmbito privado.

Como dissemos na introdução desse trabalho, há quem rechace e quem louve sua utilização e, para tanto, argumentos são colacionados pelas duas vertentes de pensamento.

Aprofundando o tema, Ignacio Maglio sistematiza os riscos e desvantagens do que ele denomina *la comunicación medica virtual, no presencial*: a) limitação do encontro pessoal, aspecto essencial e necessário para o processo de escuta ativa e comunicação efetiva; b) empobrecimento da comunicação e da linguagem; c) geração de riscos e conflitos legais quando o ato médico digital não é transcrito no prontuário do paciente; d) comprometimento na auditoria do ato médico digital; e) vulneração da confidencialidade dos dados de saúde e da intimidade dos pacientes; f) riscos de má compreensão da prescrição médica, devido a erros de digitação ou correção automática dos dispositivos; g) incerteza médico-legal decorrente da ausência de um marco regulatório; h) insegurança quanto ao âmbito ou a jurisdição que determine a responsabilidade dos sujeitos jurídicos que podem realizar consultas de diferentes regiões do mesmo país; i) risco do uso de celulares em áreas críticas, podendo ocorrer a interferência eletromagnética em infecções por contaminação[14].

O mesmo autor, no entanto, salienta que os benefícios da medicina na era digital são claramente percebidos. São eles: a) trata-se de forma rápida, eficaz e econômica de comunicação; b) a telemedicina não demanda outros dispositivos senão aqueles já conhecidos e acessíveis, como os smartphones, tablets e computadores; c) propicia a melhora de padrões de segurança e atendimento, tais como monitoramento e adesão a tratamentos; d) oferece respostas efetivas para questões administrativas; e) viabiliza a melhor compreensão das prescrições com alto índice de adesão aos tratamentos.

Alexandre Guerra, ao tratar do tema, elenca as seguintes vantagens do emprego dos métodos da telemedicina: a) permite consulta imediata e troca de informações; b) garante acesso e troca de informações quanto aos resultados de exames laboratoriais (medicina diagnóstica); c) assegura assistência a pacientes crônicos, idosos, pacientes de alto risco e pessoas com comprometimento de deslocamento; d) permite a redução de riscos de infecções hospitalares, próprios da permanência de pessoas em hospitais;

---

14. MAGLIO, Ignacio. Medicina digital, inteligencia artificial y responsabilidad civil. *INTRAMED,* 2018. Disponível em: https://www.intramed.net/contenidover.asp?contenidoid=93472. Acesso em 18 mar. 2020.

e) possibilita a prestação de serviços acerca de esclarecimento de dúvidas a respeito de sintomas relatados e medicamentos de uso necessário em caráter emergencial[15].

Constatando que há vantagens e desvantagens no uso da telemedicina, como direcionar seu uso para implementar um atendimento humanizado e solidário?

Para responder esta pergunta é relevante trazer fatos que falam mais alto que qualquer argumento. A Universidade Federal de Minas Gerais desenvolve um projeto de telemedicina[16] no intuito de tornar mais célere o atendimento a pessoas que se utilizam do Sistema Único de Saúde. Concretamente, é disponibilizada a realização de exame cardíaco, realizado por meio de um aparelho do tamanho de um celular. O paciente submete-se ao exame em um posto de saúde e, logo em seguida, os dados colhidos são inseridos em rede, permitindo a leitura por médicos que se encontram em outra instituição de saúde. A partir do resultado, é possível fazer a triagem, encaminhando os casos mais sérios para os exames convencionais. A telemedicina, nesse caso, viabiliza uma rápida distinção entre casos leves e graves, possibilitando ao paciente maior rapidez no atendimento[17].

Em 1999, o Brasil passou a incorporar, em suas normatizações, os vinte e oito termos da Declaração de Tel Aviv, anunciada na 51ª Assembleia Geral da Associação Médica Mundial, realizada naquele ano, que trata das "Responsabilidades e Normas Éticas na Utilização da Telemedicina".

Nova Declaração sobre a Ética da Telemedicina foi aprovada, em outubro de 2007, por ocasião da 58ª Assembleia Geral da Associação Médica Mundial, realizada em Copenhague, Dinamarca. Posteriormente, o documento foi alterado na 69ª Assembleia Geral da AMM, que ocorreu em outubro 2018, em Reykjavik, Islândia. Consta do documento a definição de telemedicina, os princípios éticos gerais, quais sejam deveres do médico, autonomia e privacidade do médico, responsabilidades do médico e qualidade do cuidado. Ao final, a Declaração enfatiza seis recomendações:

---

15. GUERRA, Alexandre. Responsabilidade civil e telemedicina. *In*: ROSENVALD, Nelson; MENEZES, Joyceane Bezzerra de; DADALTO, Luciana (org.). *Responsabilidade civil e medicina*. Indaiatuba: Foco, 2020. p.145-157.

16. Projeto da UFMG usa a telemedicina para ajudar quem está na fila do SUS. MG1, 16 fev. 2019. Disponível em: https://g1.globo.com/mg/minas-gerais/noticia/2019/02/16/projeto-da-ufmg-usa-a-telemedicina-para--ajudar-quem-esta-na-fila-do-sus.ghtml. Acesso em: 19 mar. 2020.

17. "A maioria dos serviços de telemedicina que incide sobre diagnóstico e manejo clínico já é rotineiramente oferecida nos países mais desenvolvidos. Além disso, dispositivos de medição biométricos, tais como monitores de frequência cardíaca, pressão arterial e de glicose no sangue são cada vez mais usados para acompanhar e gerenciar remotamente os pacientes com doenças agudas e crônicas. Nos países em desenvolvimento, a telemedicina tem o potencial de solucionar grandes desafios da saúde, nomeadamente na ampliação do acesso a serviços médicos especializados a locais que não os apresentam, na melhoria da qualidade da atenção à saúde, na redução do tempo gasto entre o diagnóstico e a terapia, na racionalização de custos e no apoio à vigilância epidemiológica, auxiliando na identificação e rastreamento de problemas de saúde pública." (MALDONADO, Jose Manuel Santos de Varge; MARQUES, Alexandre Barbosa; CRUZ, Antonio. Telemedicina: desafios à sua difusão no Brasil. *Cad. Saúde Pública*, Rio de Janeiro, 2016. Disponível em http://www.scielo.br/pdf/csp/v32s2/pt_1678-4464-csp-32-s2-e00155615.pdf. Acesso em: 25 mar. 2020)

1. A telemedicina deve ser adequadamente adaptada às estruturas regulatórias locais, que podem incluir o licenciamento de plataformas de telemedicina no melhor interesse dos pacientes.

2. Quando apropriado, a AMM e as associações médicas nacionais devem encorajar o desenvolvimento de normas éticas, diretrizes de prática, legislação nacional e acordos internacionais sobre assuntos relacionados à prática da telemedicina, protegendo a relação médico-paciente, confidencialidade e qualidade dos cuidados médicos.

3. A telemedicina não deve ser vista como equivalente aos cuidados de saúde presenciais e não deve ser introduzida apenas para cortar custos ou como um incentivo perverso ao excesso de serviços e aumentar os rendimentos dos médicos.

4. O uso da telemedicina exige que a profissão identifique e gerencie explicitamente as consequências adversas nas relações colegiais e nos padrões de referência.

5. Novas tecnologias e estilos de integração prática podem exigir novas diretrizes e padrões.

6. Os médicos devem fazer lobby por práticas éticas de telemedicina que atendam aos melhores interesses dos pacientes[18].

Em 2002, a matéria foi regulada pelo Conselho Federal de Medicina por meio da Res.CFM n. 1.643. Em sete artigos, a Norma Deontológica define telemedicina como o "exercício da Medicina através da utilização de metodologias interativas de comunicação audiovisual e de dados, com o objetivo de assistência, educação e pesquisa em Saúde"(art.1º.); apresenta os pressupostos para o exercício da medicina à distância, quais sejam, ter a infraestrutura tecnológica apropriada e obedecer as normas técnicas no CFM pertinentes à guarda, ao manuseio, à transmissão de dados, à confidencialidade, à privacidade e à garantia do sigilo profissional (art. 2º); delimita a atuação do médico que atua à distância, autorizando-o, em caso de emergência ou quando solicitado pelo médico responsável, prestar suporte diagnóstico e terapêutico (art.3º); atribui a responsabilidade profissional do atendimento ao médico assistente do paciente, ao mesmo tempo em que prevê a responsabilização dos demais envolvidos na proporção em que contribuírem por eventual dano ao mesmo (art. 4º);exige que as pessoas jurídicas que prestem serviços de telemedicina inscrevam-se no Cadastro de Pessoa Jurídica do Conselho Regional de Medicina do estado onde

---

18. 1. Telemedicine should be appropriately adapted to local regulatory frameworks, which may include licensing of telemedicine platforms in the best interest of patients.

2. Where appropriate the WMA and National Medical Associations should encourage the development of ethical norms, practice guidelines, national legislation and international agreements on subjects related to the practice of telemedicine, while protecting the patient-physician relationship, confidentiality, and quality of medical care.

3. Telemedicine should not be viewed as equal to face-to-face healthcare and should not be introduced solely to cut costs or as a perverse incentive to over-service and increase earnings for physicians.

4. Use of telemedicine requires the profession to explicitly identify and manage adverse consequences on collegial relationships and referral patterns.

5. New technologies and styles of practice integration may require new guidelines and standards.

6. Physicians should lobby for ethical telemedicine practices that are in the best interests of patients." (WORLD Medical Association. *WMA Statement on the Ethics of Telemedicine*. Adopted by the 58th WMA General Assembly, Copenhagen, Denmark, Oct. 2007 and amended by the 69th WMA General Assembly, Reykjavik, Iceland, Oct. 2018. Disponível em: https://www.wma.net/policies-post/wma-statement-on-the--ethics-of-telemedicine/. Acesso em: 29 jan. 2021).

estão situadas, com a respectiva responsabilidade técnica de um médico regularmente inscrito no Conselho e apresentação da relação dos médicos que integram os seus quadros funcionais (*caput*, art. 5°); determina que cada Conselho Regional de Medicina exerça constante vigilância e proceda avaliação das técnicas de telemedicina no que concerne à qualidade da atenção, à relação médico-paciente e à preservação do sigilo profissional (art.6°).

Com o objetivo de ampliar a aplicabilidade da telemedicina, o Conselho Federal de Medicina, editou a Res. CFM n. 2.227 de 13 de dezembro de 2018, revogando a Resolução anterior. Nesta, a telemedicina é conceituada como "forma de prestação de serviços médicos mediados por tecnologias". Com vinte e três artigos, o CFM apresentou uma normativa ampla e bem estruturada, com conceitos bem elaborados que revelam a amplitude das aplicações da tecnologia na medicina à distância.

A Resolução utiliza os termos seguintes, definindo-os: a) telemedicina: exercício da medicina mediado por tecnologias para fins de assistência, educação, pesquisa, prevenção de doenças e lesões e promoção de saúde; b) teleconsulta: consulta médica remota, mediada por tecnologias, com médico e paciente localizados em diferentes espaços geográficos; c) teleinterconsulta: troca de informações e opiniões entre médicos, com ou sem a presença do paciente, para auxílio diagnóstico ou terapêutico, clínico ou cirúrgico; d) telediagnóstico: ato médico a distância, geográfica e/ou temporal, com a transmissão de gráficos, imagens e dados para emissão de laudo ou parecer por médico com Registro de Qualificação de Especialista na área relacionada ao procedimento; e) telecirurgia: realização de procedimento cirúrgico remoto, mediado por tecnologias interativas seguras, com médico executor e equipamento robótico em espaços físicos distintos; f) teletriagem médica: ato realizado por um médico com avaliação dos sintomas a distância, para definição e direcionamento do paciente ao tipo adequado de assistência que necessita ou a um especialista; g) telemonitoramento: ato realizado sob orientação e supervisão médica para monitoramento ou vigilância a distância de parâmetros de saúde e/ou doença por meio de aquisição direta de imagens, sinais e dados de equipamentos e/ou dispositivos agregados ou implantáveis nos pacientes em regime de internação clínica ou domiciliar, em comunidade terapêutica, em instituição de longa permanência de idosos ou no translado de paciente até sua chegada ao estabelecimento de saúde; h) teleorientação: ato médico realizado para preenchimento a distância de declaração de saúde e para contratação ou adesão a plano privado de assistência à saúde; i) teleconsultoria: ato de consultoria mediada por tecnologias entre médicos e gestores, profissionais e trabalhadores da área de saúde, com a finalidade de esclarecer dúvidas sobre procedimentos, ações de saúde e questões relativas ao processo de trabalho.

Além do cuidado com a terminologia científica e a precisão conceitual, a Res. CFM n. 2.227/2018 revela o cuidado com a pessoa do paciente ao garantir o sigilo dos dados sensíveis e exigir o consentimento livre e esclarecido.

No entanto, no dia 6 de março de 2019 a Resolução foi revogada por pressão de várias entidades médicas que pediam mais tempo para a análise do dispositivo, com o envio de sugestões de alteração. Com a revogação da Res. CFM n. 2.228/2019, por determinação expressa, foi restabelecida a vigência da Res. CFM n.1.643/2002.

O protagonismo do CFM nesse tema, assim como em outros, a exemplo da reprodução humana assistida e das diretivas antecipadas de vontade, é uma consequência do absenteísmo do Estado-legislador. Com efeito, à época, não havia norma legal no Brasil que disciplinasse o emprego da tecnologia pelos profissionais de saúde, o que acabou por impelir o CFM a editar normas éticas, voltadas para os médicos que, no entanto, repercutiram nos direitos dos pacientes.

Refletindo sobre o tema, Miguel Kfouri Neto escreve:

> Respeitadas as opiniões divergentes e a cautela demonstrada pelo CFM, ao revogar a Resolução, há que se ponderar o seguinte: a telemedicina, inegavelmente, produz e produzirá bons resultados no atendimento à saúde do brasileiro; segundo, os profissionais da saúde, em localidades desprovidas de médico (e são esses locais, em princípio, os destinatários preferenciais da telemedicina), poderão auxiliar o médico, transmitindo-lhe informações que o paciente não saberia ou não poderia expressar; terceiro, já se faz tardia a edição de ato normativo acerca do tema. Por óbvio, o CFM não detém o monopólio legislativo – e nada impede que uma lei seja aprovada pelo Congresso, disciplinando a matéria de forma, quem sabe, até mais lacunosa que a Resolução revogada. Em suma, nova resolução não pode tardar, em prol da adoção responsável e devidamente fiscalizada pelos Conselhos dessa nova tecnologia[19].

Como muito bem ilustrou Miguel Kfouri Neto, há pessoas que se beneficiam, e muito, da telemedicina porque, sem ela, ou não teriam atendimento, ou teriam um atendimento médico precário. Basta um olhar para a realidade brasileira com as infindáveis filas para marcação de consultas e atendimentos médico-hospitalares[20].

A potencialidade da telemedicina ultrapassa o regular atendimento de pacientes para alcançar situações de excepcionalidade como em casos de epidemias e pandemias. É o que está ocorrendo no Brasil e no mundo, no momento atual, com a pandemia da COVID-19. Em razão do contágio rápido e disseminado, é recomendado que a população faça isolamento social e higienização correta, evitando qualquer tipo de contato, e que apenas dirija-se a hospitais em casos de extrema necessidade.

Com o objetivo primordial de proteger a saúde dos médicos e dos pacientes, em 19 de março de 2020, o Conselho Federal de Medicina enviou ofício ao Ministério

---

19. KFOURI NETO, Miguel. *Responsabilidade civil dos hospitais*: código civil e código de defesa do consumidor. 4. ed. São Paulo: Revista dos Tribunais, 2019. p. 279-280.
20. No mesmo sentido: "Esses procedimentos promovem, evidentemente, a desospitalização e aprimoram o gerenciamento dos recursos, permitindo que os esforços se voltem para aqueles pacientes que, de fato, requerem tratamento ambulatorial ou hospitalar, o que se afigura particularmente relevante diante da realidade brasileira de escassez de recursos." (LEMOS, Paula Moura Francesconi de; TERRA, Aline de Miranda Valverde. Telemedicina no sistema privado de saúde: quando a realidade se impõe. *Migalhas*, 19 mar. 2020. Disponível em: https://www.migalhas.com.br/coluna/migalhas-de-vulnerabilidade/322083/telemedicina-no-sistema-privado-de-saude-quando-a-realidade-se-impoe. Acesso em: 24 mai.2020).

da Saúde (Ofício CFM n.1756/2020), reconhecendo a eticidade da utilização da telemedicina, para além do disposto na Res. CFM n. 1.643/2002. Por este ofício, o CFM autorizou os médicos são exercício da medicina à distância em três modalidades, quais sejam:

6. Teleorientação: para que profissionais da medicina realizem à distância a orientação e o encaminhamento de pacientes em isolamento; 7. Telemonitoramento: ato realizado sob orientação e supervisão médica para monitoramento ou vigência à distância de parâmetros de saúde e/ou doença. 8. Teleinterconsulta: exclusivamente para troca de informações e opiniões entre médicos, para auxílio diagnóstico ou terapêutico[21].

Em 20 de março de 2020, foi editada a Portaria n. 467 pelo Ministério da Saúde, que dispõe "em caráter excepcional e temporário, sobre as ações de Telemedicina, com o objetivo de regulamentar e operacionalizar as medidas de enfrentamento da emergência de saúde pública de importância internacional previstas no art. 3º da Lei nº 13.979, de 6 de fevereiro de 2020, decorrente da epidemia de COVID-19" (art. 1º). Ou seja, a Portaria se destina, especificamente, ao período de Emergência em Saúde Pública de importância Nacional, declarada pela Portaria n.º 188/GM/MS, de 3 de fevereiro de 2020.

Segundo a Portaria, as ações autorizadas em telemedicina podem abranger o atendimento pré-clínico, de suporte assistencial, de consulta, de monitoramento e de diagnóstico, por meio de tecnologia da informação e comunicação, no âmbito do SUS, saúde suplementar e privada e deverá ser operacionalizada diretamente entre o médico e o paciente, mediante o emprego da tecnologia de informação e comunicação que deve garantir integridade, segurança e sigilo das informações (art.2º).

Os médicos deverão atentar para os preceitos éticos de beneficência, não maleficência, sigilo das informações e autonomia (art. 3º, parágrafo único, I).

Ao mesmo tempo em que a Portaria estabelece o sigilo das informações, ela determina a notificação compulsória dos casos de COVID-19 ao Ministério da Saúde, uma vez que se trata de questão de interesse público (art. 3º, parágrafo único, II).Além disso, o atendimento deverá ser documentado em prontuário clínico, que contenha: dados clínicos necessários para a boa condução do caso, sendo preenchido a cada contato com o paciente: data, hora, tecnologia da informação e comunicação utilizada para o atendimento e número do Conselho Regional Profissional e sua unidade da Federação (art. 4º).Fica autorizada aos médicos a emissão de atestados ou receitas médicas em meio eletrônico (art. 5º), observadas as condições de validade destes documentos eletrônicos, nos moldes do art. 6º da própria Portaria Ministerial. Especial atenção há que se ter nesse ponto, em razão da vigência da Lei Geral de Proteção de Dados – LGPD, que estabelece que informações ligadas à saúde são

---

21. BRASIL. Conselho Federal de Medicina. *Ofício CFM nº 175/2020 – CONJUR*. Brasília, DF: Conselho Federal de Medicina. 19 mar. 2020. Assunto: Telemedicina. Disponível em: http://portal.cfm.org.br/images/PDF/2020_oficio_telemedicina.pdf. Acesso em: 24 mar. 2020.

dados pessoais sensíveis. Sabe-se que a Lei prevê a necessidade do consentimento do titular dos dados para seu tratamento, exceto quando se tratar de dados destinados à tutela da saúde em procedimento realizado por profissionais de saúde, serviços de saúde ou autoridade sanitária, exclusivamente (art. 7º, VIII) ou de dados pessoais sensíveis para a tutela da saúde, exclusivamente, em procedimento realizado por profissionais de saúde, serviços de saúde ou autoridade sanitária (art. 11, II, "f")[22/23].

Embora o Código de Ética Médica estabeleça vedação à prescrição de tratamento ou outros procedimentos sem exame direto do paciente, o que está inserido em seu art. 37, o mesmo dispositivo excetua tal vedação em casos de urgência ou emergência e impossibilidade comprovada de realizá-lo[24]. Desse modo, não há incompatibilidade entre o Código de Ética Médica, a Portaria n. 467/2020 e o Ofício CFM n. 1.756/2020. O exercício da telemedicina no Brasil, no combate à pandemia COVID-19, está devidamente amparado por normas jurídicas e deontológicas. A reação do Ministério da Saúde autorizando, em caráter excepcional, a telemedicina, revela o absenteísmo do Estado-legislador até então. No entanto, em 15 de abril de 2020, foi aprovada a Lei n. 13.898, que dispõe sobre o uso da telemedicina durante a crise causada pelo coronavírus, cujo uso emergencial ficou autorizada.

A Lei definiu como telemedicina o exercício da medicina mediado por tecnologias para fins de assistência, pesquisa, prevenção de doenças e lesões e promoção à saúde (art. 3º). O art. 5ª da Lei determina, também, que a prestação desse serviço seguirá os padrões normativos e éticos usuais de atendimento presencial, extensivo

---

22. As consequências do tratamento equivocado de dados pessoais podem estar na seara da responsabilidade civil: "A alavancagem da Telemedicina, por si, já gera incremento de riscos, uma vez que dados serão amplamente coletados e tratados e, embora se tenha um microssistema capaz de garantir indenizabilidade em hipóteses de violação, ainda se deve caminhar bastante para a consolidação de um regime de responsabilidade civil que contenha regras claras de responsabilização. Isso porque, tratando-se de relação de consumo, ainda que aplicável o CDC, haverá um conjunto de relações jurídicas que vinculam o usuário da plataforma, mesmo que de forma indireta, à consecução do serviço." (CAVET, Caroline Amadori; FALEIROS JÚNIOR, José Luiz de Moura; NOGAROLI, Rafaella. Telemedicina e proteção de dados: reflexões sobre a pandemia da COVID-19 e os impactos jurídicos da tecnologia aplicada à saúde. Revista dos Tribunais, v. 1016, jun. 2020. p. 14)

23. "Na presente conjuntura, os dados pessoais necessário para a tutela da saúde pública devem ser processados para finalidades legítimas específicas, explícitas e informadas ao titular, sem possibilidade de tratamento posterior de forma incompatível com essas finalidades. Os titulares dos dados devem receber informações transparentes sobre as atividades de tratamento que estão sendo realizadas, os objetivos de sua realização e principais características, incluindo o período de retenção dos dados coletados. Outra recomendação é que as informações fornecidas sejam facilmente acessíveis e que estejam em linguagem clara e compreensível para os mais variados públicos. Nesse cenário, soluções menos invasivas devem ser preferidas, mostrando-se também relevante adotar medidas de segurança (que retomem os valores da proteção de dados *by design e by default*) e políticas de confidencialidade que garantam que os dados não sejam divulgados a terceiros não autorizados, bem como documentar adequadamente as medidas implementadas e os processos de tomada de decisão." (TEFFÉ, Chiara Spadaccini de. A saúde na sociedade da vigilância: como proteger os dados sensíveis? *Migalhas*, 14 abr. 2020. Disponível em: www.migalhas.com.br/coluna/migalhas-de-vulnerabili-dade/324485/a-saude-na-sociedade-da-vigilancia. Acesso em: 21 abr. 2021)

24. É vedado ao médico: Art. 37. Prescrever tratamento ou outros procedimentos sem exame direto do paciente, salvo em casos de urgência ou emergência e impossibilidade comprovada de realizá-lo, devendo, nessas circunstâncias, fazê-lo imediatamente após cessar o impedimento.

à contraprestação financeira e que não caberá ao poder público arcar com os custos e ônus de tais atividades quando não se tratar de serviço prestado no âmbito do SUS.

As normas deontológicas e jurídicas aqui apresentadas estão a conferir efetividade ao princípio da solidariedade. No atendimento aos direitos sociais da população, a telemedicina, tanto no Sistema Único de Saúde (SUS), quanto nas Entidades Privadas de Saúde, é instrumento eficiente para a proteção dos cidadãos (profissionais da saúde, pacientes e população em geral), em face dos riscos de transmissibilidade da doença.

4. RELAÇÃO MÉDICO-PACIENTE: O QUE MUDA?

Na contemporaneidade, os estudos sobre a relação médico-paciente se voltam para a mudança de perspectiva, da verticalidade para a horizontalidade.

O paternalismo médico não mais se sustenta, porquanto acaba por coincidir com os valores do profissional, deixando para segundo plano a autonomia do paciente. Em seu lugar, afirma-se, cada vez mais, uma relação horizontal, pautada na dialogicidade, com extrema relevância ao consentimento livre e esclarecido.

Por isso, o art. 4º da Lei n. 13.898/2020 estabelece que o médico deverá informar ao paciente todas as limitações inerentes ao uso da telemedicina, considerando a impossibilidade de realização de exame físico durante a consulta, de modo a preservar a informação como coluna dorsal da relação de confiança que deve ser formada e preservada entre o médico e seu paciente. Ou seja, também nas hipóteses de atendimento pela via da telemedicina, a informação é imprescindível para a construção do consentimento livre e esclarecido do paciente.

A manifestação do paciente, muitas vezes traduzida por um termo, não se esgota nele. Trata-se de um processo. De acordo com a Res. CNS n. 466/2012: "Entende-se por Processo de Consentimento Livre e Esclarecido todas as etapas a serem necessariamente observadas para que o convidado a participar de uma pesquisa possa se manifestar, de forma autônoma, consciente, livre e esclarecida." Ainda, segundo a Resolução, a primeira fase do processo é de esclarecimento, a segunda é de leitura do termo quando escrito e, por fim, após devidamente esclarecido, o paciente/sujeito da pesquisa manifesta sua anuência à prática médica ou científica[25].

Na relação dialógica, portanto, a ênfase ao consentimento livre e esclarecido é uma premissa, assim como o é a confiança e o bom relacionamento entre médico e paciente. O primeiro, além de desempenhar suas funções técnicas, pois é detentor do saber médico, atua, também, como conselheiro, envidando todos os esforços para que o consentimento do segundo seja manifestado de forma livre e esclarecida.

---

25. SÁ, Maria de Fátima Freire de; SOUZA, Iara Antunes de. Termo de consentimento livre e esclarecido e responsabilidade civil do médico e do hospital. *In*: ROSENVALD, Nelson; MENEZES, Joyceane Bezzerra de; DADALTO, Luciana (org.). *Responsabilidade civil e medicina*. Indaiatuba: Foco, 2020. p. 62.

Mas, para muitos, essa relação dialógica fica comprometida quando o contato não se dá de forma presencial e a justificativa para rechaçar o atendimento por telemedicina é no sentido de que a intermediação por inteligência artificial fragiliza e desumaniza a relação.

No entanto, não estamos falando em substituição de um modelo presencial para um modelo virtual de relação médico-paciente. É possível a convivência de ambos, mormente quando se está diante de uma pandemia. A confiança construída presencialmente na relação médico-paciente pode ser prolongada pelo contato virtual, ou pode ser conquistada no próprio contato virtual.

A necessidade nos leva a encontrar alternativas. O ideal seria que as mudanças viessem aos poucos, que tivéssemos condições de refletir e até testar soluções antes de aplicá-las. Esta vinha sendo o caminho da telemática em saúde[26]. Ocorre que a pandemia alterou esse cenário ampliando os canais de comunicação entre médico e paciente. Isso exige capacidade de adaptação de ambos.

Nesse modelo médico à distância, o sigilo das informações, os registros dos dados clínicos do paciente e a obtenção do consentimento livre e esclarecido – questões extremamente sensíveis – intensificam o dever de cuidado do profissional da saúde. Lado outro, o paciente, que já se encontra em uma situação de vulnerabilidade, terá que se adaptar ao contato virtual.

Todas as nuances dessa nova relação médico-paciente irão se revelando na medida em que se avolumam os atendimentos à distância. Não há regras prefixadas para vicissitudes que não podem ser previamente visualizadas; no momento em que elas se deixarem revelar, deverão ser enfrentadas tendo em vista a garantia do respeito à intimidade e à autodeterminação informativa.

5. CONCLUSÃO

1. A telemedicina, como uma nova maneira de possibilitar acesso a diagnósticos e tratamentos médicos, representa um recurso altamente relevante, não só em situações de normalidade, como também em tempos da pandemia provocada pelo novo Coronavírus.

2. O princípio da solidariedade, depreendido do art. 3º, I, do Texto Constitucional de 1988, impõe deveres jurídicos de uns em relação a outros, pressupondo o agir responsável: ao Estado e à sociedade cabe não apenas o respeito pelas escolhas

---

26. "A Telemática (telecomunicação + informática) em Saúde caracteriza-se pela aplicação conjugada dos meios de telecomunicação e informática às atividades sanitárias destinadas à promoção, à prevenção e à cura, individual ou coletiva e que permitem a comunicação entre profissionais de saúde ou entre esses e seus pacientes, distantes fisicamente." (SCHAEFER, Fernanda; GONDIM, Glenda Gonçalves. Telemedicina e lei geral de proteção de dados pessoais. In: ROSENVALD, Nelson; MENEZES, Joyceane Bezzerra de; DADALTO, Luciana (org.). *Responsabilidade civil e medicina*. Indaiatuba: Foco, 2020. p. 188).

pessoais (que não interfiram na esfera jurídica de terceiros), mas também a sua promoção e salvaguarda.

3. Não obstante as críticas consistentes ao emprego da telemedicina, os benefícios justificam assumir os riscos da sua implementação, porquanto viabiliza consulta imediata e troca de informações; acesso aos resultados de exames laboratoriais; assistência a pacientes crônicos, idosos, pacientes de alto risco e pessoas com comprometimento de deslocamento; redução de riscos de infecções hospitalares, próprios da permanência de pessoas em hospitais; prestação de serviços acerca de esclarecimento de dúvidas a respeito de sintomas relatados e medicamentos de uso necessário em caráter emergencial.

4. Os benefícios acima elencados se tornam ainda mais relevantes em situações de perigo de vulneração em massa da saúde dos seres humanos. A assistência presencial em situações como essa não é suficiente para atender a todas as demandas da população. No entanto, não se trata da substituição de um modelo presencial para um modelo virtual de relação médico-paciente. É possível a convivência de ambos, mormente quando se está diante de uma pandemia.

5. O regime de excepcionalidade da aplicação da telemedicina, garantida por meio de Portaria do Ministério da Saúde e da Lei n. 13.989/2020 acabam, ao menos provisoriamente, com o absenteísmo do Estado-legislador, que permitiu, por tanto tempo, o protagonismo do Conselho Federal de Medicina na edição de normas deontológicas sobre temas altamente relevantes para a população.

CUIDADO E SOLIDARIEDADE: A PROTEÇÃO DAS RELAÇÕES FAMILIARES EM TEMPOS DA PANDEMIA

Tânia da Silva Pereira

Advogada especializada em Direito de Família, Infância e Juventude. Mestre em Direito Privado pela UFRJ, com equivalência em Mestrado em Ciências Civilísticas pela Universidade de Coimbra (Portugal). Professora de Direito aposentada da PUC/Rio e da UERJ. Autora de obras e textos sobre Direito de Família e Sucessões, Criança e Adolescente, Idoso e Pessoa com Deficiência. Membro do IBDFAM.

Sumário: 1. Considerações iniciais – 2. A *solidariedade* e *fraternidade* presentes na proteção da família – 3. A *afetividade* e o *cuidado* como princípios na proteção das relações familiares – 4. A proteção das relações familiares em tempos de pandemia – 5. Conclusões.

1. CONSIDERAÇÕES INICIAIS

Nascida em um encontro, em 2005, com o professor Guilherme de Oliveira da Universidade de Coimbra, a proposta de um debate sobre o cuidado no âmbito do Direito sob uma ótica humanizadora é fruto de uma parceria entre Brasil e Portugal, desenvolvida em um processo contínuo de diálogo entre diversos colaboradores.

Verificou-se que a análise do *cuidado* se consubstanciava em cenários que se renovavam, através de uma visão interdisciplinar, agregando conhecimentos diversificados para a compreensão do ser humano em sua totalidade.

Em 2008, foi publicada a obra coletiva interdisciplinar *O Cuidado como Valor Jurídico*. Resultado de pesquisas e investigações em diversas áreas do saber, o livro reunia ensaios que se propunham a repensar questões jurídicas sob a ótica do cuidado, buscando desenvolver critérios para sua aplicação nas situações concretas que desafiavam o Direito.

Tantos foram os pontos de reflexão, que os estudos se desdobraram em novos direcionamentos, resultando na publicação de outras obras, com enfoques diversos: *Cuidado e Vulnerabilidade*, *Cuidado e Responsabilidade*, *Cuidado e Sustentabilidade*, *Cuidado e Afetividade*, *Cuidado, Direito de Ser:Respeito e Compromisso* e, finalmente, *Cuidado e Cidadania*.

Diante do reconhecimento da vulnerabilidade do humano e da necessidade de se garantir condições para a defesa de sua autonomia, constatou-se a necessária presença do cuidado, que se fortalece nos mais variados setores da vida, demandando soluções que consideram as vulnerabilidades e individualidades dos sujeitos envolvidos.

A recente pandemia do *coronavírus* tornou mais visível para a sociedade brasileira não apenas a situação dos idosos sujeitos a medidas severas de isolamento, como também os conflitos interfamiliares envolvendo cônjuges e companheiros, crianças e jovens e pessoas acometidas de necessidades especiais.

Procuramos neste trabalho identificar princípios constitucionais e valores éticos que possam orientar a proteção das relações familiares tão comprometidas com os efeitos da Pandemia da COVID-19, com atenção especial às relações familiares dos pais com os filhos menores e, também, à proteção dos idosos e pessoas com deficiência.

Nessa reflexão, procuramos enfatizar os Princípios da Solidariedade e da *Fraternidade* com seus fundamentos constitucionais, cujos conteúdos servem de base para assumirmos as premissas para a proteção das relações familiares em tempo da Pandemia. Ambos estão relacionados aos Direitos Fundamentais e ao Princípio da Dignidade da Pessoa Humana.

Buscamos subsídios em J.C. Nabais ao destacar a classificação dos efeitos do Princípio da *Solidariedade* em vertical e horizontal. A *vertical* seria aquela mais comumente identificada com os deveres do Estado, sendo certo que "este tipo de *solidariedade* foi convocado para a resolução da chamada questão social, quando a pobreza deixou de ser um problema individual e se converteu num problema social a exigir intervenção política"[1]. Sob o ponto de vista *horizontal*, é tomada como obrigação de toda a sociedade civil. Cada cidadão também está vinculado à ideia de *solidariedade*. Essa segunda noção – solidariedade horizontal – vinculadora da própria sociedade, vem adquirindo especial importância diante das limitações do Estado em garantir os direitos constitucionais[2].

A migração deste princípio para as relações familiares coube a Paulo Luiz Netto Lobo ao revelá-lo, incisivamente, como um dever imposto à sociedade, ao Estado e à família, (como entidade e na pessoa de cada membro) de proteção do grupo familiar (art. 226-CF) à criança e ao adolescente (art. 227-CF) e às pessoas idosas (art. 230- CF). Para ele, "a *solidariedade familiar* é fato e direito; realidade e norma. No plano fático as pessoas convivem, no âmbito familiar, não por submissão ao um poder incontrolável, mas porque compartilham afetos e responsabilidades. No plano jurídico, os deveres de cada um para com os outros impuseram a definição de novos direitos e deveres jurídicos, inclusive na legislação infraconstitucional, a exemplo do Código Civil de 2002, o que não significa que se alcançou a dimensão ideal da solidariedade, impondo pugnar-se por avanços legislativos"[3].

---

1. NABAIS, J.C. Solidariedade Social, cidadania e direito fiscal. *In*: GRECO, M. A.; GODOI., M. S. (coord.). *Solidariedade social e tributação*. São Paulo: Dialética, 2005. p. 115.
2. NABAIS, J.C. Solidariedade Social, cidadania e direito fiscal. *In*: GRECO, M. A.; GODOI., M. S. (coord.). *Solidariedade social e tributação*. São Paulo: Dialética, 2005. p. 114-115.
3. LÔBO, Paulo Luiz Netto. Princípio da Solidariedade Familiar. *In*: PEREIRA, Rodrigo da cunha (coord.). *Família e Solidariedade*: teoria e prática do direito de família. Rio de Janeiro: Lumen Juris/Ibdfam, 2008. p. 6.

Podemos considerar que o verdadeiro sentido da *fraternidade* na Constituição Brasileira está vinculado à *solidariedade,* uma vez que o art. 3º, I, declara dentre os objetivos fundamentais da República Federativa do Brasil, "construir uma sociedade livre, justa e solidária" e para tanto, deverá o Estado Brasileiro, conforme incisos II, III e IV, do mesmo dispositivo, garantir o desenvolvimento nacional; erradicar a pobreza e a marginalização e reduzir as desigualdades sociais e regionais.

Neste momento que vivenciamos os desdobramentos da COVID-19 em todo planeta, nos reportamos à mensagem do Papa Francisco por ocasião da *Bênção Urbi et Orbi* de 25.12.2020, quando lançou ao mundo o apelo para que as vacinas estivessem à disposição de todos. "Não podemos deixar que os nacionalismos fechados nos impeçam de viver como uma verdadeira família humana que somos". Conclamou o Sumo Pontífice: "Hoje, neste tempo de escuridão, e incertezas pela pandemia, aparecem várias luzes de esperança, como a descoberta das vacinas. Mas, para que estas luzes possam iluminar e levar esperança ao mundo inteiro, devem estar à disposição de todos"[4].

Neste trabalho também demos ênfase aos princípios da *Afetividade* e do *Cuidado*, como corolário de nossos estudos e pesquisas, visando a proteção das relações familiares em tempo da Pandemia. O Princípio da Afetividade já se consolidou entre nós e foi definitivamente incorporado ao Direito de Família.

A *afetividade* adquiriu espaço no ordenamento jurídico como decorrência do Princípio da Dignidade Humana. A Jurisprudência também vem se pronunciando, não sendo poucos os casos decididos com fundamento no aspecto da socioafetividade. O valor jurídico desta última noção vem sendo uma das vertentes pelas quais o *cuidado* se revela também como instituto sobre cuja legalidade, tanto os doutrinadores como os magistrados têm se pronunciado.

Evidencia a clara integração existente entre o *afeto* e o que dele deriva e o *cuidado,* tendo exato cabimento, ante a natureza do quanto se cuida, a consideração aos fins sociais do *direito* e às exigências do *bem comum*, como justificação para os objetivos inerentes ao Direito de Família. *Cuidado* e *afetividade* se complementam formando o substrato daquilo que nos torna humanos, e vêm integrar as relações

---

4. O Santo Papa se reportou à *Encíclica Fratelli Tutti,* apresentada em cerimônia simples no túmulo de São Francisco de Assis em 05.10.2020, na cidade de Assis na Itália. Ao se referir à *liberdade, igualdade e fraternidade,* destacou que esta última "não é resultado apenas de situações onde se respeitam as liberdades individuais, nem mesmo da prática duma certa equidade. Embora sejam condições que a tornam possível, não bastam para que surja como resultado necessário a fraternidade". Pontua, ainda, o Santo Papa que a Encíclica tem algo de positivo a oferecer à liberdade e à igualdade. Sucede quando não há fraternidade conscientemente cultivada, quando não há uma vontade política de fraternidade, traduzida numa educação para a fraternidade, o diálogo, a descoberta da reciprocidade e enriquecimento mútuo como valores. Sucede quando a liberdade se atenua, predominando assim uma condição de solidão, de pura autonomia para pertencer a alguém ou a alguma coisa, ou apenas para possuir e desfrutar. Isso não esgota de maneira alguma a riqueza da liberdade, que se orienta sobretudo para o amor.

jurídicas, para que o Direito possa contemplar os indivíduos em sua plenitude nas diversas etapas de sua vida[5].

As raízes históricas do *cuidado* nos remetem às atividades exercidas pelas mulheres. Cabia aos homens repelir o que era perigoso e às mulheres manter a continuidade da vida. Em todas as sociedades do mundo, foi-lhes atribuída a manutenção da vida e sua continuidade. Sempre lhes coube criar recém-nascidos, promover o crescimento e desenvolvimento das crianças, encarregar-se dos doentes, dos idosos, dos moribundos. Destaque-se que a história das mulheres foi escrita por homens que sempre decidiram sobre o que podia ser transmitido[6].

Na contemporaneidade, o *cuidado* permanece ligado à ideia de *solidariedade*, mas a sua concepção enquanto encargo é substituída pela noção de *responsabilidade*, na medida em que passa a gerar direitos e deveres não só no âmbito social, como também no universo jurídico.

2. A *SOLIDARIEDADE* E *FRATERNIDADE* PRESENTES NA PROTEÇÃO DA FAMÍLIA

Antes de iniciar a exposição dos estudos pertinentes à *Solidariedade* e à *Fraternidade* com vistas à proteção das relações familiares em tempos da Pandemia, é oportuno nos reportarmos ao *Princípio da dignidade da pessoa humana* (art. 1º, III, CRFB), que assumiu posto de macroprincípio constitucional, de sorte que todos os princípios nele fundados constituem direitos fundamentais. Há de se destacar, ainda, os princípios previstos no art. 5º -CF e nos arts. 226, 227 e 230 -CF – todos de extrema relevância no âmbito das relações familiares.

Como regra fundamental, portanto, este princípio, deve servir como diretriz na interpretação e na aplicação das leis, "sempre considerado na proteção e na tutela dos direitos da personalidade do homem e nas suas relações jurídicas"[7].

Concordamos com Ingo Sarlet quanto à dupla função do Princípio da dignidade humana. Em sua função defensiva, ele encerra normas que outorgam direitos subjetivos de cunho negativo (não violação da dignidade); em sua função normativa, o princípio impõe condutas positivas no sentido de proteger e promover a dignidade[8].

---

5. PEREIRA, Tânia da Silva e COLTRO, Antônio Carlos Mathias. Prefácio. *In*: PEREIRA, Tânia da Silva e OLIVEIRA, Guilherme, COLTRO, Antônio Carlos Mathias (org.). *Cuidado e afetividade*. São Paulo: Atlas, 2017.

6. COLLIERE, Marie Françoise. *Invisible care and invisible women as helthcare-providers*. International Journal of Nursing Studies n, 23, 1986, p. 95-112.

7. MULHOLLAND, Caitlin Sampaio. Interdisciplinaridade no ensino jurídico: a experiência do direito civil. *In*: MORAES, Maria Celia Bondin de; TEPEDINO, Gustavo; FACHIN, Luiz Edson; BARBOZA, Heloísa Helena Gomes (org.). *Diálogos sobre direito civil*: construindo uma racionalidade contemporânea. Rio de Janeiro: Renovar, 2002. p. 467.

8. SARLET, Ingo Wolfgang. Dignidade da pessoa humana e direitos fundamentais na constituição federal. Porto Alegre: Livraria do Advogado, 1988. p. 73.

Para falarmos de *cuidado* e *solidariedade* em tempos de Pandemia é fundamental que nos reportemos aos estudos sobre *vulnerabilidade*, tema da obra *Cuidado e Vulnerabilidade*, que tivemos a honra de coordenar juntamente com o Professor Guilherme de Oliveira, da Universidade de Coimbra.

Naquela obra coletiva interdisciplinar publicada pela Editora Atlas em 2009, Heloisa Helena Barboza estabeleceu diretrizes significativas para suas reflexões ao afirmar que a vulnerabilidade se configura em situação ontológica de todos os seres vivos, esclarecendo que alguns deles podem ser circunstancialmente afetados, fragilizados, desamparados ou vulnerados. Devemos estar atentos às "situações substanciais específicas", para que seja concedido o tratamento adequado a cada uma delas. Para a autora,

> [...] não basta, portanto, afirmar a vulnerabilidade que tem por conceito todas as pessoas humanas e que se encontram protegidas pela cláusula geral de tutela implícita na Constituição da República. É indispensável verificar as peculiaridades das diferentes situações de cada grupo, como vem sendo feito com as crianças e os adolescentes, com os consumidores e com o idoso[9].

Esclarece ainda que para aqueles que são, de fato, os suscetíveis ou *vulnerados*, "a questão reside em lhes fornecer a proteção necessária para desenvolver as suas potencialidades e sair da condição de vulneração e, paralelamente, respeitar a diversidade de culturas, as visões de mundo, hábitos, e moralidades diferentes que integram suas vidas"[10].

No âmbito familiar, essa proteção se dirige à criança, ao adolescente, ao idoso e à pessoa com deficiência. Isso porque tais pessoas não teriam condições, sozinhas, de exercer sua subjetividade e de assumir, de forma integral e responsável, as consequências de seus atos, seja por um déficit de discernimento, seja por alguma fragilidade física. Diante disso, em situações como esta, a intersubjetividade se torna mais acentuada e necessária, ou seja, a incidência do princípio da solidariedade, fonte de deveres, deve incidir no caso concreto. Embora liberdade e solidariedade sejam corolários da dignidade, a aplicação desses princípios está atrelada à vulnerabilidade ou à hipossuficiência da pessoa humana concreta[11].

No âmbito social, (ou familiar) há uma íntima relação entre a vulnerabilidade e a dependência. Todo ser humano depende de outro(s) em algum momento de sua vida, sobretudo no início e no final do ciclo vital ou quando adoece ou falece. Alerta Maria Tereza Martín Palomo: "A forma como se concebe o cuidado prestado a si ou a outras pessoas está intimamente relacionada com os conceitos de independência e autonomia"[12].

9. BARBOZA, Heloisa Helena. Vulnerabilidade e cuidado: aspectos jurídicos. *In:* PEREIRA, Tânia da Silva; OLIVEIRA, Guilherme de (org.). *Cuidado e vulnerabilidade*. São Paulo: Atlas, 2009. p. 111-112.
10. BARBOZA, Heloisa Helena. Vulnerabilidade e cuidado: aspectos jurídicos. *In:* PEREIRA, Tânia da Silva; OLIVEIRA, Guilherme de (org.). *Cuidado e vulnerabilidade*. São Paulo: Atlas, 2009. p. 111.
11. TEIXEIRA, Ana Carolina Brochado. Autonomia existencial. *In:* TEPEDINO, Gustavo; OLIVA, Milena Donato (coord.). *Teoria geral do direito civil*. Belo Horizonte: Fórum, 2019. p. 157.
12. PALOMO, Maria Tereza Martín. *Cuidado, vulnerabilidade e interdependência. Nuevos retos políticos*. Madrid: Centro de Estudios Políticos Y Constitucionales, 2016. p. 152.

Estes princípios se concretizaram também no Direito de Família, sendo possível afirmar ter sido este o ramo jurídico que mais sofreu alterações ao longo dos anos. A normatização de alguns princípios através da Constituição Federal causou uma revolução nesta especialidade no Direito Civil, rompendo com antigas concepções, a exemplo da ideia de filhos ilegítimos, da superioridade do homem sobre a mulher, bem como, no campo relacionado aos alimentos.

Afonso da Silva propõe que, dentro dos princípios fundamentais da Constituição da República Federativa do Brasil de 1988, *o Princípio da Solidariedade* se configura entre os vários princípios que se referem à organização da sociedade. Para ele, esta é primeira vez que uma Constituição assinala, especificamente, objetivos do Estado brasileiro, não todos, o que seria despropositado, mas os fundamentais, e, entre eles, uns que valem como base das prestações positivas que venham a concretizar a democracia econômica, social e cultural, a fim de efetivar na prática a dignidade da pessoa humana[13].

Embora alguns doutrinadores defendam que o *Princípio da solidariedade* se concretiza nos direitos sociais constantes dos artigos 6º e 7º da Magna Carta, é bem verdade que ele se propaga na Constituição Federal de 1988 como um todo[14].

Podemos afirmar com segurança que o *Princípio da Solidariedade* na Constituição Federal de 1988 não está apenas no artigo 3º, ou que somente concretizou os direitos sociais, mas sim, que os ensinamentos e ideias da solidariedade se irradiam para toda a Constituição Federal, a fim de que seja aplicada a solidariedade tanto pelo Estado quanto pela sociedade. Infelizmente, não basta somente a positivação para que a solidariedade seja aplicada em larga escala na sociedade.

A *solidariedade* no Direito Brasileiro se inscreveu como diretriz geral de conduta e como princípio a partir da Constituição de 1988, como afirma Paulo Luiz Netto Lôbo. Para ele, a solidariedade não é apenas um poder positivo do Estado na realização de políticas públicas, mas também implica em deveres recíprocos entre as pessoas, pois, como disse Bourgeois, os homens já nascem devedores da associação humana e são obrigados, uns com os outros, pelo objetivo comum. A imposição da solidariedade levou ao desenvolvimento da função social dos direitos subjetivos, inclusive a propriedade e o contrato, que se tornou lugar comum neste início do Século XXI. Sem a solidariedade, a subjetividade jurídica e a ordem jurídica convencional estão fadadas a constituírem mera forma de conexão de indivíduos que permanecem juntos, mas isolados [...] alerta, ainda o mesmo autor:

---

13. AFONSO DA SILVA José. *Curso de direito constitucional positivo*. 15. ed. São Paulo: Malheiros Editores Ltda., 1998. p. 109-110.
14. CASABONA, Marcial Barreto. *O princípio constitucional da solidariedade no direito de família*. 2007. 210 f. Tese (Programa de Pós-Graduação stricto sensu em Direito – Mestrado e Doutorado) – Pontifícia Universidade Católica de São Paulo, São Paulo, 2007.

O *Princípio da solidariedade* vai além da justiça comutativa, da igualdade formal, pois projeta os princípios da justiça distributiva e da justiça social. Estabelece que a dignidade de cada um apenas se realiza quando os deveres recíprocos de solidariedade são observados ou aplicados[15].

O *princípio da Solidariedade Familiar* possui assento constitucional, estando consagrado nos artigos 3°, 226, 227 e 230 da Constituição Federal de 1988. O direito a alimentos funda-se no princípio da solidariedade, que implica respeito e consideração mútuos em relação aos membros da família[16].

Consagrou-se também no art. 229-CF o dever que os pais têm de assistir, cuidar e educar os filhos menores e o dever que têm os filhos maiores de ajudar e amparar os pais na velhice, carência e enfermidade. Da mesma forma, a reciprocidade alimentar é direito essencial à vida e à subsistência em todas as idades. O dever de assistência material inerente à relação de parentalidade induz o sentimento de cuidado, seja nas relações entre pais e filhos, como entre os cônjuges e companheiros.

O *Princípio da Fraternidade* se apresenta no Preâmbulo da Constituição Federal indicando a liberdade, a segurança, o bem-estar, o desenvolvimento, a igualdade e a justiça como valores supremos de uma sociedade fraterna.

Busca-se o verdadeiro sentido da *fraternidade* no texto constitucional sendo certo que esta referência se vincula à *solidariedade* uma vez que o art. 3°, I, declara como objetivos fundamentais da República Federativa do Brasil, "construir uma sociedade livre, justa e solidária" e para tanto, "deverá o Estado brasileiro, conforme incisos II, III e IV, do mesmo dispositivo, garantir o desenvolvimento nacional; erradicar a pobreza e a marginalização e reduzir as desigualdades sociais e regionais".

Finalmente,

> [...] a *fraternidade* é um conceito filosófico profundamente ligado às ideias de *Liberdade* e *Igualdade* e com as quais forma o tripé que caracterizou grande parte do pensamento revolucionário francês. "Liberdade, Igualdade e Fraternidade". [...] A palavra é eventualmente confundida com a expressão *caridade* e *solidariedade*, embora elas tenham significados radicalmente diferentes. [...] Expressa a dignidade de todos os homens, considerados iguais e assegura-lhes plenos direitos (sociais, políticos e individuais)[17].

Reporte-se ao art. 1° da Declaração Universal dos Direitos do Homem ao afirmar que "todos os homens nascem livres e iguais em dignidade e direitos. São dotados

---

15. LÔBO, Paulo Luiz Netto. Princípio da Solidariedade Familiar. *In*: PEREIRA, Rodrigo da Cunha (coord.). *Família e solidariedade: teoria e prática do direito de família*. Rio de Janeiro: Lumen Juris/Ibdfam, 2008. p. 3.

16. Rolf Madaleno cita como exemplo de *solidariedade familiar* a dicção do art. 1511-CC quando afirma importar o casamento na *comunhão plena de vida*, considerando evidente que, se ausente a comunhão plena de vida, desaparece a *ratio* do matrimônio e não tão somente nessa modelagem de entidade familiar, como fundamento da união estável, ou de qualquer associação familiar ou afetiva. Conclui Madaleno: "a solidariedade é princípio e oxigênio de todas as relações familiares e afetivas, porque esses vínculos só podem se sustentar e se desenvolver em ambiente recíproco de compreensão e cooperação ajudando-se, mutuamente, sempre que se fizer necessário". Vide MADALENO, Rolf. *Direito de Família*. Rio de Janeiro: Forense, 2019, p.95

17. FRATERNIDADE. Wikipedia. Disponível em: https://pt.wikipedia.org/wiki/Fraternidade. Acesso em: 10 abr. 2021.

de razão e de consciência e devem agir uns para com os outros em espírito de fraternidade"[18].

A *Fraternidade* nos conduz ao exercício compartilhado da cidadania. Paulo Sergio Rosso, reportando-se a Nadais, refere-se à Cidadania solidária. Comenta que, num primeiro estágio, a cidadania era entendida como uma situação de passividade, traduzida na "liberdade comum", a ser usufruída por todos os cidadãos, destinada à preservação da vida, liberdade e propriedade. Num segundo instante, a ideia de cidadania passa a ter um conteúdo ativo, passando a designar, mais propriamente, a atuação do indivíduo na condução do Estado. Por fim, chega-se ao terceiro estágio, no qual se incorpora a ideia de cidadania solidária em que o cidadão assume a condição de protagonista na vida pública[19].

Na busca do verdadeiro sentido da *Fraternidade* na Constituição Federal, merece referência especial a decisão do Ministro do STF Carlos Ayres Britto, ao fundamentar seu voto na Ação Direta de Inconstitucionalidade – ADI 3.128 – relativa à cobrança da contribuição previdenciária dos servidores inativos. Referindo-se à solidariedade, esclareceu o eminente julgador tratar-se, na verdade, da fraternidade, o terceiro valor, juntamente com a liberdade e a igualdade. E esclarece:

> Apercebi-me de que a solidariedade, como objetivo fundamental da República Federativa do Brasil, em verdade, é fraternidade, aquele terceiro valor fundante, ou inspirador da Revolução Francesa, componente, portanto – esse terceiro valor –, da tríade *'Liberté, Igualité, Fraternité'*, a significar, apenas, que precisamos de uma sociedade que evite as discriminações e promova as chamadas ações afirmativas ou políticas públicas afirmativas de integração civil e moral de segmentos historicamente discriminados, como o segmento das mulheres, dos deficientes físicos, dos idosos, dos negros, e assim avante[20].

Desafia-nos buscar valores e princípios que possam auxiliar na busca do verdadeiro sentido da *Fraternidade* e da *Solidariedade* na Constituição Federal e no âmbito da família.

3. A *AFETIVIDADE* E O *CUIDADO* COMO PRINCÍPIOS NA PROTEÇÃO DAS RELAÇÕES FAMILIARES

O *Princípio da Afetividade* foi preconizado por Paulo Luiz Netto Lôbo em 1989 em texto paradigmático sobre o *Princípio da Afetividade na Filiação*, onde conclui que

---

18. Destaque-se que o lema nacional da França Liberdade, Igualdade e Fraternidade ("Liberté, Égalité, Fraternité"), embora sua origem seja indicada nas diversas revoluções e embates da história política francesa, foi consolidado após a libertação da França na Segunda Guerra Mundial, implantado do Governo Provisório da República Francesa (GPRF) e incorporado, finalmente, nas Constituições francesas de 1946 e de 1958 Muitas outras nações adotaram o slogan francês de "liberdade, igualdade e fraternidade" como um ideal. Essas palavras aparecem no Preâmbulo da Constituição da Índia, aplicada em 1950. Desde sua fundação, "Liberdade, Igualdade e Fraternidade" tem sido o lema do Partido Social-Democrata da Dinamarca. No Reino Unido, o partido político Liberais-Democratas refere-se aos "valores fundamentais da liberdade, da igualdade e da comunidade" no preâmbulo da Constituição Federal do partido, e isso está impresso nos cartões de filiação do partido. (FRATERNIDADE. Wikipedia. Disponível em: https://pt.wikipedia.org/wiki/Fraternidade. Acesso em: 10 abr. 2021.)

19. ROSSO, Paulo Sergio. Solidariedade e Direitos fundamentais na Constituição Brasileira de 1988. *Revista Eletrônica do CEJUR*, Curitiba-PR, a. 2, v.1, n. 2, ago./dez., 2007. p. 212-213.

20. BRASIL. Supremo Tribunal Federal. ADI 2.128. Disponível em: http://www.stf.jus.br/noticias/imprensa/VotoBrittoInativos.pdf. Acesso em: 18 jul. 2014.

[...] o afeto não é fruto da biologia. Os laços de afeto e de solidariedade derivam da convivência e não do sangue. A história do direito à filiação confunde-se com o destino do patrimônio familiar, visceralmente ligado à consanguinidade legítima. Por isso, é a história da lenta emancipação dos filhos, da redução progressiva das desigualdades e da redução do quantum despótico, na medida da redução da patrimonialização dessas relações é desafio que se coloca aos juristas, principalmente aos que lidam com o direito de família[21].

Afirma, finalmente:

A família recuperou a função que, por certo, esteve nas suas origens mais remotas: a de grupo unido por desejos e laços afetivos, em comunhão de vida. O princípio jurídico da afetividade faz despontar a igualdade entre irmãos biológicos e adotivos e o respeito a seus direitos fundamentais, além do forte sentimento de solidariedade recíproca, que não pode ser perturbada pelo prevalecimento de interesses patrimoniais. É o salto, à frente, da pessoa humana nas relações familiares. No estágio em que se encontram as relações familiares e o desenvolvimento científico, tende-se a encontrar a harmonização entre o direito de personalidade ao conhecimento da origem genética, até como necessidade de concretização do direito à saúde e prevenção de doenças, e o direito à relação de parentesco, fundado no princípio jurídico da afetividade[22].

Em seus estudos sobre a *Afetividade e Cuidado sob as lentes do Direito,* Ricardo Calderón indica a Afetividade como "o grande vetor das relações familiares". Se o Direito pretende regular tais relações, é imprescindível que perceba esta peculiaridade[23].

Para o autor, é possível distinguir duas dimensões do princípio da afetividade jurídica: uma *objetiva,* que é retratada pela presença de eventos representativos de uma expressão de afetividade, ou seja, fatos sociais que indiquem a presença de uma manifestação afetiva; e outra *subjetiva,* que se refere ao afeto anímico em si, o sentimento propriamente dito. A dimensão subjetiva certamente foge ao Direito e, portanto, será sempre presumida. Portanto, uma vez constatada a presença da *dimensão objetiva* da afetividade, restará desde logo presumida a sua *dimensão subjetiva.* E conclui:

A partir destes pressupostos é possível sustentar que a socioafetividade representa o reconhecimento no meio social de manifestações afetivas concretas. Em que pese inicialmente possa parecer árduo ao Direito lidar com um tema tão subjetivo, não raro alguns institutos jurídicos igualmente subjetivos são apurados de maneira similar[24].

---

21. LÔBO, Paulo Luiz Netto Lôbo. A repersonalização das relações de família. *In:* BITTAR, Carlos Alberto (org.). *Direito de família na constituição de 1988.* São Paulo: Saraiva, 1989.
22. LÔBO, Paulo Luiz Netto Lôbo. A repersonalização das relações de família. *In:* BITTAR, Carlos Alberto (org.). *Direito de família na constituição de 1988.* São Paulo: Saraiva, 1989. p. 67-71.
23. O Autor, a título de exemplo, indica que o Código Civil, tutela situações afetivas em diversos dos seus dispositivos (por exemplo: art. 1511, 1583, § 2º, 1584, § 5º, 1593, CC). A legislação esparsa subsequente é recorrente na remissão à afetividade quando da regulação dos conflitos familiares, o que pode ser percebido claramente na Lei 'Maria da Penha' (nº 11.340/2006), na Lei da Adoção (nº 12.010/2009), na Lei da Alienação Parental (nº 12.318/2010) e também na denominada Lei 'Clodovil' (nº 11.924/2010). (CALDERÓN, Ricardo Lucas. Afetividade e cuidado sob as lentes do direito. *In:* PEREIRA, Tânia da Silva; OLIVEIRA, Guilherme de; COLTRO, Antônio Carlos Matthias (coord.). *Cuidado e afetividade.* São Paulo: Atlas, 2017. p. 514-515.)
24. CALDERÓN, Ricardo Lucas. Afetividade e cuidado sob as lentes do direito. *In:* PEREIRA, Tânia da Silva; OLIVEIRA, Guilherme de; COLTRO, Antônio Carlos Matthias (coord.). *Cuidado e afetividade.* São Paulo: Atlas, 2017. p. 516

Em nossos estudos sobre o *cuidado como valor e princípio* reportamo-nos à sua caracterização como uma proposta de revalorização do indivíduo e de corresponsabilização dos seres humanos. E é justamente no âmbito das relações familiares que o *cuidado* vai exercer o seu papel fundamental. Como as normas jurídicas não conseguem acompanhar a dinâmica das transformações que ocorrem na realidade, torna-se imperioso buscar na própria essência humana a finalidade da vida em família e sociedade.

A palavra *cuidado* deriva da palavra latina *cura*, que significa *cuidado, atenção, interesse*. No mundo antigo, o cuidado era visto sob dupla perspectiva: ora como fardo, ora como solicitude. Entendia-se o cuidado como algo que oprimiria o homem, mas também como algo que o elevaria ao nível dos deuses[25]. Nos dias atuais, foi significativa entre nós a contribuição de Leonardo Boff ao propor uma nova *ética do cuidado*, que protege, potencia, preserva, cura e previne. A ética do cuidado não invalidaria as demais éticas, mas as obrigaria a servir à causa maior que é a salvaguarda da existência humana e a preservação do planeta[26].

Ensina Boff: "O cuidado significa desvelo, solicitude, diligência, zelo, atenção, bom trato. [...] A atitude de cuidado por uma pessoa pode provocar preocupação, inquietação e sentido de responsabilidade por ela"[27]. Juridicamente, esse dever de diligência e compromisso é encontrado em diversos dispositivos do ordenamento, que preveem a responsabilização pela falta do cuidado.

No ordenamento jurídico brasileiro, o marco para a consagração do *cuidado* como um valor norteador de todo o sistema é, sem dúvida, o advento da Constituição Federal de 1988, a partir da qual o cuidado passa a ser visto como *uma das dimensões do princípio da dignidade da pessoa humana*[28], consubstanciado pelo art. 1º, III da Carta Magna.

O desenvolvimento doutrinário do *cuidado* como subprincípio da dignidade humana faz com que ele adquira importante função hermenêutica, de integração e complementação das normas jurídicas, quando as previsões legais não sejam suficientes para atender de forma plena às peculiaridades dos casos concretos. Ademais, a "abordagem do cuidado como princípio jurídico atende à valorização preponderante do homem face aos demais seres e coisas, culminando-se no entendimento de que o homem é valor originário de todos os demais valores, que seriam, portanto, valores derivados"[29].

---

25. JUNGES, José Roque. Cuidado, ética do. *In*: BARRETO, Vicente de Paulo (coord.). *Dicionário de Filosofia do Direito*. São Leopoldo: Unisinos, 2006. p. 175.
26. BOFF, Leonardo. *Ética para a nova era*. Disponível em: http://www.leonardoboff.com/site/lboff.htm. Acesso em: 16 jun. 2014.
27. BOFF, Leonardo. O cuidado essencial: princípio de um novo ethos. *Inclusão Social*, Brasília, v. 1, n. 1, p. 28-35, out./mar., 2005. p. 29.
28. TUPINAMBÁ, Roberta. O cuidado como princípio jurídico nas relações familiares. *In*: PEREIRA, Tânia da Silva; OLIVEIRA, Guilherme de (coord.) *O cuidado como valor jurídico*. Rio de Janeiro: Forense, 2008. p. 361.
29. TUPINAMBÁ, Roberta. O cuidado como princípio jurídico nas relações familiares. *In*: PEREIRA, Tânia da Silva; OLIVEIRA, Guilherme de (coord.) *O cuidado como valor jurídico*. Rio de Janeiro: Forense, 2008. p. 357.

É no contexto das relações familiares que o cuidado como valor e como princípio jurídico adquire amplitude e relevância, sobretudo ao reconhecermos na autoridade parental um cuidado compartilhado entre os genitores, independentemente da coabitação sob o mesmo teto. Esse exercício conjunto envolve carinho, paciência, qualidade de tempo, saber ouvir, estímulo à capacidade, compreensão das deficiências. Cuidar é também não enganar, ludibriar, ou iludir, é dar limites como forma de proteção e segurança, é não criar expectativas que nem sempre poderão ser satisfeitas. O acolhimento dos filhos como expressão do cuidado, é também assumir compromisso, é ajudá-los a serem capazes de satisfazer as próprias necessidades e tornarem-se aptos a responder por suas vidas. Para aquele que acolhe, o cuidado é, sobretudo, dar atenção integral, amparar e aceitar o filho de maneira absoluta, é ouvir sem julgamento, mesmo que discorde, é estar presente com generosidade e compreensão[30].

Merece referência aqui a decisão do Superior Tribunal de Justiça a respeito do Recurso Especial (REsp. 1.159.242/SP), julgado em 24/4/2012, ao conceder, de forma precursora a reparação por abandono afetivo, utilizando o cuidado como ponto nodal da referida decisão judicial. Este acórdão, de relatoria da Ministra Nancy Andrighi, menciona o descumprimento do dever jurídico de cuidado, apurando-se as demais consequências jurídicas e culminando com a caracterização do abandono afetivo.

Ao comentar esta sentença, Ricardo Calderón destaca que o

[...] aspecto central da decisão do julgado sobre o *abandono afetivo* foi a constatação de uma ofensa ao dever de cuidado, que estaria presente em nosso sistema jurídico, ainda que não de modo expresso, mas sim com outras denominações. [...] A Ministra relatora foi taxativa ao reafirmar o *cuidado como valor jurídico*, passível inclusive de se extrair consequências nos casos do seu não atendimento. Toda a análise parte da possível ofensa ao dever jurídico de cuidado por parte do genitor na situação fática descrita nos autos. Ou seja, restou patente a correlação entre afetividade e cuidado. Interessante também é a distinção entre cuidado e amor, que perpassa o voto e afasta os óbices que muitas vezes eram postos ao reconhecimento da possibilidade de reparação por abandono afetivo. A repetida frase da Ministra Nancy Andrighi é esclarecedora: *"Em suma, amar é faculdade, cuidar é dever*[31].

---

30. PEREIRA, Tânia da Silva. Prefácio. *In*: BROCHADO TEXEIRA, Ana Carolina; DADALTO, Luciana (coord.). Autoridade parental: dilemas e desafios contemporâneos. Indaiatuba: Foco, 2021.
31. Também merece referência especial a decisão do STF sob a Relatoria do Ministro Dias Toffoli em decisão monocrática, no Recurso Extraordinário com Agravo n. 1.276.264 (772), originado do TJ/SP, publicado em 08.07.2020,.ao referir-se ao "instituto do cuidado, hoje inclusive reconhecido como valor jurídico, seja ela doutrina, quanto pela jurisprudência. Não consta expressamente dos dicionários de filosofia, embora impregne o espírito dos filósofos, preocupados com a fraqueza de moralidade humanas [...]" trata-se de circunstância que "[...] consiste na "[...] característica do que é vulnerável, adjetivo que significa passível de ser ferido, e por consequência, ser morto. Vulnerabilidade e mortalidade, porém, são expressões sinônimas. A definição remete a ideia de risco e de sofrimento". (CALDERÓN, Ricardo. Afetividade e cuidado sob a lente do direito. In: PEREIRA, Tânia da Silva; OLIVEIRA, Guilherme de; COLTRO, Antônio Carlos Mathias (org.). Cuidado e afetividade. São Paulo: Atlas, 2017. p. 519.)

4. A PROTEÇÃO DAS RELAÇÕES FAMILIARES EM TEMPOS DE PANDEMIA

Depois de debatermos o tema da Avosidade numa obra multidisciplinar publicada em 2020 pela Editora Foco, e vivenciando minha "vovozice" com mais de 70 anos, optei por me aprofundar nas investigações sobre a importância do cuidado e solidariedade no âmbito da família, focalizando especialmente o relacionamento dos pais com os filhos e com os netos.

Neste momento de combate ao novo coronavírus, a *solidariedade* se tornou uma das principais armas contra a pandemia. Muitos voluntários têm se mobilizado para ajudar pessoas em estado de vulnerabilidade social, mais suscetíveis a complicações da Covid-19, e os que precisam de apoio psicológico.

Como *modo-de-ser*, o *cuidado* constitui a própria essência humana, que não pode ser ignorada, sob pena de uma deterioração contínua das relações. O ordenamento jurídico é reflexo da busca do homem pela harmonia social através da garantia de direitos e do estabelecimento de deveres, o que demanda uma postura ativa dos personagens responsáveis por essa concretização.

É dessa forma que o legislador, reconhecendo a vulnerabilidade da criança, do adolescente e do idoso, editou "Estatutos protetivos", garantindo a proteção integral, com absoluta prioridade, desses grupos. Proteger a família em tempos de pandemia é identificar as necessidades individuais dos seus membros e, em especial, respeitar a sua autonomia e a sua vontade, na medida em que se protege, também, a sua saúde. É necessário, sempre que possível, avaliar o caso concreto, com o objetivo de proteger também o direito à convivência familiar, quando esse direito não coloca em risco a vida e a saúde das crianças e dos adolescentes.

Observando os países que mantiveram as medidas mais severas de distanciamento social – sintetizadas pela denominação de *lockdown* – é possível se verificar que em todos havia a exceção do deslocamento para convivência com filhos, dada a importância da presença dos pais na formação e cuidado das crianças[32]. Concluem Luciana Faísca Nahas e Ana Paula de Oliveira Antunes:

> Esta convivência deve ser preferencialmente presencial, pois não há como se garantir a formação de laços e vínculos por meio telepresencial, ou seja, com ligações de áudio e vídeo. É importante o contato pessoal para tanto. Ainda, a convivência não se restringe a momentos de lazer ou descontração, mas a cuidados, responsabilidade, a participar da vida das crianças e adolescentes em seu cotidiano. Isto somente é possível por meio da convivência presencial, não podendo ser substituído ou compensado[33].

---

32. NAHAS, Luciana Faísca; ANTUNES, Ana Paula de Oliveira. Pandemia, fraternidade e família: a convivência e a importância da manutenção dos laços familiares. *IBDFAM*, 28 set. 2020. Disponível em: https://ibdfam.org.br/index.php/artigos/1567/Pandemia,+fraternidade+e+fam%C3%ADlia:+a+conviv%C3%AAncia+e+a+import%C3%A2ncia+da+manuten%C3%A7%C3%A3o+dos+la%C3%A7os+familiares++#_ftn2. Acesso em: 13 abr. 2021.
33. NAHAS, Luciana Faísca; ANTUNES, Ana Paula de Oliveira. Pandemia, fraternidade e família: a convivência e a importância da manutenção dos laços familiares. *IBDFAM*, 28 set. 2020. Disponível em: https://ibdfam.org.br/index.php/artigos/1567/Pandemia,+fraternidade+e+fam%C3%ADlia:+a+conviv%C3%AAncia+e+a+im-

Diante de flagrantes e constantes conflitos na convivência familiar, Joyceane Bezerra de Menezes e Ana Mônica Anselmo de Amorim entendem que a guarda decidida judicialmente não se modifica, de forma automática, em razão do isolamento social. Sua modificação requererá fundamentação imediata no *melhor interesse da criança e do adolescente*. E explicam:

> Nos casos em que o genitor não estiver infectado, tampouco residir com quem esteja; se não se expôs ou se expõe a grave risco; tiver condições de cumprir as medidas de isolamento e garantir segurança à criança/adolescente, não haverá razão para a modificação dos termos da guarda ou da convivência. Preservar a rotina da criança naquilo que pode possível será muito mais adequado ao seu melhor interesse. Não custa lembrar que o convívio com os filhos se presta mais a atender o pleno desenvolvimento deles do que os interesses pessoais dos pais (art. 227, CF/88 e art.19, Estatuto da Criança e do Adolescente –ECA)[34].

Alertam, no entanto, para a hipótese em que, estando o guardião infectado, ou se alguém na residência dos genitores contraiu a doença, a recomendação é de suspensão da convivência presencial, uma vez que aquele ambiente trará grave risco à criança ou ao adolescente. E explicam:

> Havendo conflito, um dos genitores poderá recusar ou descumprir o que foi determinado quanto à convivência a fim de garantir a saúde, segurança e bem-estar da criança, valendo-se do que dispõe o art. 1.584, § 4º do CC. A intenção de afastar o grave e iminente risco de contaminação pelo COVID-19 parece-nos constituir um motivo relevante, exigido pelo dispositivo[35].

Ao destacar a importância de se adotar nos conflitos de guarda e convivência nesses tempos excepcionais o princípio do melhor interesse da criança, Elisa Cruz sugere que seja considerada no caso em concreto e não apenas abstratamente. Esclarece:

> Uma decisão orientada ao melhor interesse da criança é aquela que considera não apenas as circunstâncias concretas, mas também, ser capaz de avaliar os impactos dela no desenvolvimento da criança e do adolescente e a satisfação de suas necessidades atuais e futuras. [...] Essa premissa conduz à necessidade de se respeitar o direito à liberdade de opinião e no direito à manifestação da criança e do adolescente, que deve ser sempre ouvida e ter suas razões levadas em consideração e efetivamente analisadas em decisões judiciais, ainda que tenham idade inferior a 12 anos[36].

Alerta, no entanto, que

---

port%C3%A2ncia+da+manuten%C3%A7%C3%A3o+dos+la%C3%A7os+familiares++#_ftn2. Acesso em: 13 abr. 2021.

34. MENEZES, Joyceane Bezerra de; AMORIM, Ana Mônica Anselmo de. Os impactos do COVID-19 no direito de família e a fratura do diálogo e da empatia. *In*: NEVARES, A. L. M.; XAVIER, M. P.; MARZAGÃO, S. *Coronavírus: impactos no direito de família e sucessões*. Indaiatuba: Foco, 2020. p. 179.

35. MENEZES, Joyceane Bezerra de; AMORIM, Ana Mônica Anselmo de. Os impactos do COVID-19 no direito de família e a fratura do diálogo e da empatia. *Civilistica.com*. Rio de Janeiro, a. 9, n. 2, 2020. Disponível em: http://civilistica.com/os-impactos-do-covid-19-no-direito-de-família/. Acesso em: 11 abr. 2021. p. 09-10.

36. CRUZ, Elisa. Guarda e convivência em situações excepcionais: a prevalência do cuidado sobre a convivência física. *In*: NEVARES, Ana Luiza, XAVIER, Marília Pedroso; MARZAGÃO, Silvia Felipe (coord.). *Coronavírus: impactos no direito de família e sucessões*. Indaiatuba: Foco, 2020. p. 275.

[...] se não for possível, por motivo razoável, a convivência física entre pais e filhos, inclusive como instrumento para equilíbrio das responsabilidades parentais, devem ser utilizados instrumentos que permitam o convívio a distância entre pais e filhos, mediante o uso de tecnologia online, redes sociais, telefones ou quaisquer outros meios que assegure o contato. Apenas a impossibilidade fática ou o risco à integralidade psicofísica da criança ou do adolescente justificam o impedimento a essa convivência e que devem ocorrer pelo menor tempo necessário de modo a não prejudicar o melhor interesse da criança[37].

A pandemia do *coronavírus* trouxe informações sobre os idosos em todo o país, os quais estão sujeitos a medidas mais severas de isolamento e de distanciamento social; o incentivo financeiro aos aposentados e os auxílios emergenciais à população de baixa renda deram maior visibilidade às efetivas necessidades da população brasileira em suas diferentes faixas etárias. Modificaram-se as rotinas de convivência diante do risco do contágio; novos meios de comunicação passaram a permitir um acolhimento carinhoso, mesmo manifestado na distância física e duradoura, o que anteriormente, representara formas de abandono e descuido.

Diante da necessidade de se respeitar as características de cada geração, novos cenários se apresentam na convivência familiar, onde os avós – sozinhos ou compartilhando a vida em comum com seus cônjuges ou companheiros – são pessoas com experiências próprias que podem dar efetivas contribuições, estimulando uma relação de confiança, compreensão e tolerância.

Tratando de excesso de cuidado com os idosos, Joyceane Bezerra de Menezes e Ana Mônica Anselmo de Amorim afirmam que, por mais que o excesso de cuidado seja justificável, em razão de pertencerem a um grupo de maior risco de contágio pela Covid-19,

[...] não se pode, sob essa justificativa, desconsiderar a sua autonomia, pois a idade avançada não é sinônimo de senilidade nem lhe subtrai a capacidade decisória. Ainda cabe ao idoso, como a qualquer pessoa livre e capaz, decidir com quem quer viver a forma como deseja fazê-lo, respeitando-se sempre o direito de terceiro[38].

Ressalvam ainda as autoras:

---

37. CRUZ, Elisa o se reportar ao Decreto 2020-293, de 23 de março 2020 na França e, também às medidas adotadas na Itália para assegurar o deslocamento dos pais para o exercício da guarda e da convivência parental suas modificações, conclui que: "havendo interesse em uma convivência física e presencial pela criança ou adolescente ela deve ser realizada, salvo se no caso concreto houver proibição de circulação para esses fins (de convivência parental) ou se os deslocamentos aumentam proporcionalmente os riscos à saúde das pessoas envolvidas e de terceiros que convivam de modo direto e imediato com os pais e as crianças". (CRUZ, Elisa. Guarda e convivência em situações excepcionais: a prevalência do cuidado sobre a convivência física. *In*: NEVARES, Ana Luiza, XAVIER, Marília Pedroso; MARZAGÃO, Silvia Felipe (coord.). *Coronavírus: impactos no direito de família e sucessões*. Indaiatuba: Foco, 2020. p. 276.)

38. MENEZES, Joyceane Bezerra de; AMORIM, Ana Mônica Anselmo de. Os impactos do COVID-19 no direito de família e a fratura do diálogo e da empatia. *Civilistica.com*. Rio de Janeiro, a. 9, n. 2, 2020. Disponível em: http://civilistica.com/os-impactos-do-covid-19-no-direito-de-família/. Acesso em: 11 abr. 2021. p. 27.

[...] autonomia da pessoa idosa deve ser garantida sob pena do prejuízo à própria personalidade. Tolher o idoso em seu poder de deliberação sobre suas atividades afetivas e negociais é limitar a sua autodeterminação e malferir o nomeado direito ao envelhecimento saudável[39].

Considerando que alguns avós são guardiões de seus netos, e que outros moram sob o mesmo teto com seus filhos e netos e não querem ser privados desse convívio, ideal é que os cuidados sejam concedidos no âmbito da própria família e que cada um dos parentes compreenda a urgência de intensa cautela. O pior cenário se apresenta nas comunidades mais pobres deste país, onde o distanciamento social ou as medidas de higiene são praticamente inviáveis porque os parentes se amontoam em barracos de poucos cômodos, sem água ou recursos para comprar qualquer item de higiene. Alertam Joyceane Bezerra de Menezes e Ana Mônica Anselmo de Amorim que, ainda aqui, não se pode impor aos idosos a sua retirada desse convívio. Sugerem

> Que se preserve a convivência com os idosos ainda que, nas hipóteses excepcionais, por meios não presenciais. Sem ofender a autonomia do idoso, a convivência virtual deve ser efetivamente garantida nos casos em que se optar pelo distanciamento físico[40].

Na realidade, mesmo com a vacinação prioritária, os idosos fazem parte do grupo com maior risco de mortalidade. Para eles, o isolamento físico se impõe uma vez que o risco de morte implica em efetivas limitações. No entanto, tratando-se da guarda pelos avós idosos, sugere José Fernando Simão que a guarda pode ser concedida, de maneira temporária e provisória, a pessoas próximas aos menores, como forma de evitar riscos à saúde dos avós. "O direito protegerá os avós de si próprios, em situações extremas. Tratando-se do direito de convivência familiar com os avós a realidade fática não permite concessões"[41].

Se privar o idoso do seu convívio com os demais membros da família é necessário para a preservação da sua saúde, é preciso garantir que não haja uma ruptura muito severa, a fim de evitar maiores danos emocionais a eles, muitas vezes, acostumados a viverem cercados por seus filhos e netos.

---

39. Completam as mesmas autoras: "todo cuidado e assistência devem ser dispensados, mas sempre em atenção ao seu melhor interesse e proteção prioritária. Entendendo-se o melhor interesse como aquele que promove a proteção global dos seus direitos, incluindo-se a sua autonomia, não se pode preencher o conteúdo desse melhor interesse do idoso segundo a perspectiva heterônoma da família, da sociedade ou do Estado, a semelhança do que se admite em relação à criança. Ainda que vulnerável, o idoso é pessoa maior e capaz e deve ter a sua vontade observada." (MENEZES, Joyceane Bezerra de; AMORIM, Ana Mônica Anselmo de. Os impactos do COVID-19 no direito de família e a fratura do diálogo e da empatia. *Civilistica.com*. Rio de Janeiro, a. 9, n. 2, 2020. Disponível em: http://civilistica.com/os-impactos-do-covid-19-no-direito-de-família/. Acesso em: 11 abr. 2021. p. 27-28)
40. MENEZES, Joyceane Bezerra de; AMORIM, Ana Mônica Anselmo de. Os impactos do COVID-19 no direito de família e a fratura do diálogo e da empatia. *Civilistica.com*. Rio de Janeiro, a. 9, n. 2, 2020. Disponível em: http://civilistica.com/os-impactos-do-covid-19-no-direito-de-família/. Acesso em: 11 abr. 2021. p. 30.
41. SIMÃO, José Fernando. Direito de família em tempos de pandemia: hora de escolhas trágicas. Uma reflexão de 7 de abril de 2020. *In*: NEVARES, Ana Luiza, XAVIER, Marília Pedroso; MARZAGÃO, Silvia Felipe (coord.). Coronavírus: impactos no direito de família e sucessões. Indaiatuba: Foco, 2020. p. 07.

Finalmente, é de suma importância a convivência do idoso na família. Sobretudo para o desenvolvimento das crianças e jovens, pois é no meio onde estão inseridos que se aprende e apreende o que representa esta vivência no quotidiano. É no âmbito familiar que são apontados os primeiros limites e, ao mesmo tempo, onde se dá o exercício dos sentimentos de respeito e tolerância.

No que concerne ao idoso, Renato Peixoto Veras menciona uma mudança radical no "paradigma do cuidado", rompendo com a tradição da assistência orientada para a doença e buscando uma abordagem orientada para a função e a qualidade de vida. A história, o exame físico e o diagnóstico diferencial não são suficientes para um levantamento amplo das diversas variáveis físicas, psicológicas e sociais, essenciais à vida diária, em uma perspectiva de fato abrangente. Para ele,

> [...] a prática clínica deve, quando preocupada com a busca da qualidade de vida, realizar uma ampla avaliação funcional com o propósito de detectar as prováveis perdas nessas áreas. Conclui, finalmente, que a capacidade funcional deve ser entendida como um elemento central na formulação e efetiva implementação de uma nova política de cuidado com a saúde[42].

A psicóloga Glícia Brazil, ao dissertar sobre os efeitos do convívio virtual para o vínculo de afeto dos vulneráveis, destaca a importância do convívio físico e indica que,

> [...] o fator tempo é uma variável determinante para a continuidade do afeto da criança em face do adulto. A vulnerável precisa de tempo de convívio para se apegar ao outro com quem não tem tanto apego e dependendo do tempo de afastamento, o vínculo que existia antes da pandemia, poderá ser rompido[43].

E conclui que "o momento é de risco: de vidas, de vínculos, deposições assumidas. Que o senso de solidariedade e o sentimento de empatia nos acometa a todos, operadores e sociedade, de modo que possamos juntos crescer com posturas colaborativas"[44].

Algumas propostas legislativas surgiram neste contexto de pandemia, na tentativa de proteger, de algum modo, as relações familiares; destaque-se o Projeto de Lei 1.179/2020 que resultou na Lei 14.010, de 10 de junho de 2020, que dispõe sobre o Regime Jurídico Emergencial e Transitório das relações jurídicas de Direito Privado (RJET) no período da pandemia do coronavírus (Covid-19).

Na seara do Direito de Família, as sugestões, no entanto, foram bastante tímidas e limitaram-se a estabelecer que a prisão civil do devedor de alimentos, prevista no

---

42. VERAS, Renato Peixoto. Terceira idade: alternativas para uma sociedade em transição. Rio de Janeiro: Relume-Dumará, 1999. p. 158-159.
43. BRAZIL, G. Efeitos do convívio virtual para o vínculo de afeto dos vulneráveis. *In*: NEVARES, Ana Luiza, XAVIER, Marília Pedroso; MARZAGÃO, Silvia Felipe (coord.). Coronavírus: impactos no direito de família e sucessões. Indaiatuba: Foco, 2020. p. 253.
44. BRAZIL, G. Efeitos do convívio virtual para o vínculo de afeto dos vulneráveis. *In*: NEVARES, Ana Luiza, XAVIER, Marília Pedroso; MARZAGÃO, Silvia Felipe (coord.). Coronavírus: impactos no direito de família e sucessões. Indaiatuba: Foco, 2020. p. 253.

art. 528, parágrafo 3º e seguintes do CPC, só poderá ser cumprida na modalidade domiciliar[45].

5. CONCLUSÕES

Neste trabalho buscamos um efetivo entendimento sobre *solidariedade, fraternidade* e o *cuidado* em tempos da COVID-19, visando a proteção das relações familiares.

A pandemia trouxe consigo a atenção redobrada nos cuidados com a saúde, que ajudam na prevenção e controle da disseminação do vírus. Além daqueles considerados mais simples, como a atenção à higiene pessoal, o ato de lavar as mãos e o uso de máscara em espaços públicos, recomendados a todas as pessoas, alguns grupos considerados de risco podem sofrer mais com o agravamento da doença por condições preexistentes associadas a outros problemas de saúde.

Buscando subsídios na proposta da Heloisa Helena Barboza ao se referir aos *vulnerados*, ou seja, àqueles que são, de fato, os suscetíveis às vulnerabilidades, devemos nos reportar aos recorrentes noticiários relativos às *comorbidades* como fatores de risco para pacientes com Coronavírus. São assim considerados os idosos, fumantes os imunodeprimidos, como também os que estão em tratamento do câncer com quimioterapia ou que passaram por transplante de medula óssea. "Quando tratadas corretamente, as doenças consideradas comorbidades têm seus riscos reduzidos, como é o caso de ex-pacientes ontológicos sem evidências de câncer ou de pessoas com HIV com carga viral indetectável[46]."

Como *vulnerados* também identificamos as pessoas com deficiência, protegendo-as contra formas de tratamento desumano ou degradante, incluindo, sobretudo, pela garantia de que sua vontade será respeitada no âmbito das escolhas referentes aos tratamentos e intervenções médicas aos quais será submetida[47].

A lei assegura às pessoas com deficiência sua plena capacidade civil, ou seja, direito à tomada de decisões sobre seu corpo, sua vida e suas relações. Apesar disso,

> No atual cenário de pandemia, na iminência da necessidade de um tratamento de saúde, é importante proporcionar que a pessoa com deficiência exercite, dentro de suas possibilidades, o direito ao consentimento prévio, livre e esclarecido nas decisões relativas a seu tratamento. Da

---

45. DELGADO, Mário Luiz. As propostas legislativas para enfrentar a pandemia e o legado do vírus para o futuro do direito de família e das sucessões. *In*: NEVARES, Ana Luiza, XAVIER, Marília Pedroso; MARZAGÃO, Silvia Felipe (coord.). Coronavírus: impactos no direito de família e sucessões. Indaiatuba: Foco, 2020. p.23.

46. O que é comorbidade? Entenda por que algumas doenças agravam a covid-19. *Dr. App*, 13 ago. 2021. Disponível em: http://blog.drapp.com.br/o-que-e-comorbidade-entenda-por-que-algumas-doencas-agravam-a-covid-19/. Acesso em: 02 mai. 2021.

47. PEREIRA, Tânia da Silva. *In*: BARBOZA, Heloisa Helena; ALMEIDA, Vitor (coord.). *Comentários ao estatuto da pessoa com deficiência à luz da constituição federal da república*. Belo Horizonte: Fórum, 2018. p. 60.

mesma maneira, é necessário proporcionar o acesso a informações em formato acessível e de fácil compreensão sobre o atual cenário epidemiológico e suas implicações[48].

Neste momento marcado por controvérsias, a *solidariedade*, a *fraternidade* e o *cuidado* permanecem ligados à noção de *responsabilidade* na medida em que passam a gerar direitos e deveres não só no âmbito familiar e social como também no universo jurídico.

Nos nossos estudos sobre a "Avosidade e a convivência intergeracional na família: afeto e cuidado em debate", que compôs a obra coletiva AVOSIDADE sob o enfoque multidisciplinar, publicada pela Editora Foco, demonstramos que a família constrói sua realidade através da história compartilhada de seus membros e caberá ao Direito criar mecanismos de proteção, visando especialmente as pessoas em fase de desenvolvimento[49]. Daí a importância da integração intergeracional no âmbito familiar envolvendo não só os genitores, mas impondo aos idosos a coexistência e os cuidados com os netos e, também, o relacionamento destes com os avós.

O aprofundamento nos estudos sobre as relações intrafamiliares envolvendo avós, filhos e netos nos convoca à *ética da corresponsabilidade,* preconizada por Brunno Silveira, marcada pelo respeito às diferenças, pelo exercício da complementariedade e pela cooperação, identificando e conjugando esforços, sempre, na direção e na construção de algum objetivo comum superior. "É construir juntos, algo a ser compartilhado, indivisível e não apenas partilhado e dividido". E conclui: "Para assumir e exercitar a corresponsabilidade não precisamos de certezas, basta o sentimento de segurança daquilo que se nos apresenta para fazer. Não é necessário sequer saber: é só querer"[50].

Os idosos estão presentes nos diversos momentos da vida familiar e têm uma experiência de vida a relatar. O resgate de suas histórias lhes permite não esquecer as lembranças, os compromissos cotidianos, suas tarefas. "Caso contrário eles seriam membros de uma sociedade sem passado, sem memória e sem compromissos, uma sociedade de pura competição que pode facilmente se autodestruir"[51].

Neste momento de Pandemia, cabe indagar como valorizar a convivência familiar dos idosos e pessoas com deficiência entre si e, também, com crianças e jovens, evitando o isolamento das gerações? Em meio ao possível contágio, como poderão

---

48. PESSOAS com deficiência e a pandemia de covid-19: orientações para a sociedade. *CPR-PR*, 09 jul. 2020. Disponível em: https://crppr.org.br/pessoas-com-deficiencia. Acesso em: 06 mai. 2021.
49. PEREIRA, Tânia da Silva. Avosidade e a convivência intergeracional na família: afeto e cuidado em debate. *In*: PEREIRA, Tânia da Silva. COLTRO; Antônio Carlos Mathias; RABELO, Sofia Miranda; LEAL, Lívia Teixeira (coord.). *Avosidade:* relação jurídica entre avós e netos sob o enfoque multidisciplinar. Indaiatuba: Foco, 2021. p 386.
50. SILVEIRA, Brunno. "Bem Comum II – A Ética da corresponsabilidade" – texto divulgado para os amigos via e-mail, pouco antes do seu falecimento em 2006. Cabe lembrar que o final da vida do autor foi marcado por um profundo sofrimento físico; deixou-nos, no entanto, destacadas lições de vida e singulares mensagens de otimismo e esperança.
51. FERREIRA, Odson C. *O idoso no Brasil* – novas propostas. Rio de Janeiro: O. C Ferreira, 1990. p. 12.

os *vulnerados* se sentirem aceitos, acolhidos e amados, encontrando assim força para enfrentar inseguranças e possibilitando um relacionamento mais prazeroso e gratificante?

Solidariedade e *Cuidado* falam mais alto nas relações familiares. Deles decorre o *compromisso* oriundo da *socioafetividade* resultante do convívio afetuoso e do cuidar ético e responsável.

A pandemia trouxe para o Direito um princípio que, mesmo ausente de positivação, mostrou-se presente no dia a dia da nova realidade. Esse princípio foi denominado por Mário Luiz Delgado como *"princípio da presença virtual"*, segundo o qual a presença física e o comparecimento da pessoa por meio dos mecanismos de comunicação em tempo real se equivalem e produzem os mesmos efeitos jurídicos. O mesmo já se encontrava positivado no CC/2002, no âmbito da teoria geral dos contratos, por meio da regra posta no citado art. 428. Segundo ela, são consideradas "presentes" as partes que contratam por meio de comunicação "semelhante ao telefone", entre os quais se inserem, por óbvio, as plataformas digitais de teleconferência, exemplo do Zoom, Microsoft, Teams, Hangout, Skype, entre outras"[52].

No Direito de Família, esse princípio pode ser observado, quanto aos direitos e deveres vinculados nas celebrações dos casamentos, nos acordos entre cônjuges nos divórcios e dos herdeiros em questões sucessórias.

No entanto, desafia o direito uma possível convivência dos pais com os filhos menores, considerando principalmente a idade e a possibilidade de acesso através das plataformas digitais, além da disponibilidade do genitor distante se propor a brincar, contar estórias e histórias e se distrair com jogos apropriados para cada idade via internet.

Vitoriosas têm sido as decisões judiciais nos regimes de guarda e convivência, no sentido de, temporariamente, se estabelecerem períodos mais longos de permanência dos filhos com cada um dos genitores. São evitadas, assim, múltiplas circulações em ambientes marcados por possíveis contágios, que põem em risco a convivência com os idosos. Alerte-se, no entanto, que no retorno às atividades escolares presenciais, as crianças e jovens poderão ser veículo de contágio, embora na convivência cotidiana com os mais velhos possa nada disto revelar.

Neste período, a participação familiar do idoso, sobretudo entre avós, filhos, netos e membros de outras gerações, deve revelar um efetivo compromisso com o princípio constitucional do art. 130 da Constituição Federal.

Ressalve-se, também, a oportunidade de maior convivência entre irmãos, mesmos estando os pais separados, sendo certo que esta amizade deverá sobreviver ao pós-pandemia. Os novos casamentos e uniões de fato trarão para crianças e jovens

---

52. DELGADO, Mário Luiz. O princípio da presença virtual no direito privado. *Revista Jurídica Luso-Brasileira*, a. 6, n. 4, p. 2121-2136. Disponível em: https://www.cidp.pt/revistas/rjlb/2020/4/2020_04_2121_2136.pdf. Acesso em: 13 abr. 2021. p. 2129.

novos "amigos fraternos" e cumplicidades nascidas da amizade iniciada no período de confinamento decorrente das medidas de proteção.

Nunca foi tão significativo o apelo do Papa Francisco por ocasião da *Bênção Urbi et Orbi* de 25.12.2020 ao mencionar o "momento histórico" marcado pela crise ecológica e por profundos desequilíbrios econômicos e sociais, agravados pela pandemia. Referindo-se aos responsáveis pelos Estados, empresas e organismos internacionais, declarou a importância de promoverem a cooperação e não a concorrência, destacando a solidariedade necessária para com os mais frágeis neste tempo de pandemia, nomeadamente, os doentes e os desempregados e não esquecendo as mulheres vítimas de violência doméstica nos meses de confinamento. Conclamou à humanidade: "Precisamos mais do que nunca de fraternidade. [...] E isto é válido também nas relações entre os povos e as nações. Todos irmãos."

Em seu sentido etimológico, a categoria *fraternidade*, do latim *fraternitate,* nos confere a ideia de irmandade, do amor ao próximo, da harmonia, paz, concórdia. Representa um avanço doutrinário, pois vai além da concepção de sermos responsáveis uns pelos outros, para nos sentirmos, efetivamente, integrando a humanidade, num todo, como uma grande e única família que torna a todos irmãos[53]. Nesse contexto, adquire atualidade a célebre frase de Martin Luther King: "Ou aprendemos a viver como irmãos ou vamos morrer juntos como idiotas"[54].

Torna-se mais relevante do que nunca a advertência de Leonardo Boff: "O *cuidado* serve de crítica à nossa civilização agonizante e, também, de princípio inspirador de um novo paradigma de convivialidade"[55]. É à luz desse alerta que devemos refletir sobre episódios como a recente publicação pela revista *Vogue/Brasil*, em maio de 2020, em sua capa de edição comemorativa dos 45 anos, da expressão "novo normal", com a foto da modelo brasileira Gisele Bündchen usando uma peça de roupa da caríssima marca Prada. Ao responder às críticas em seu Instagram, a revista alegou que o "novo normal" mencionado pretendia evocar a ideia de simplicidade que, como acreditam, deverá ser o "novo normal" de um mundo que está se desfazendo de seus "excessos e exageros".

Comentando o fato no artigo "O novo normal em tempos de pandemia", Aristóteles Berino e Talita Cabral observam: "O vírus escancarou nossas desigualdades sociais, deixou nossas piores feridas expostas e provou que, na verdade, nosso "normal" já vinha adoecendo há muito tempo. Nesse sentido, o "novo normal" não garante o retorno de algum nível de normalidade, uma vez que o que vivíamos antes poderia ser considerado uma "anormalidade"[56]. Os autores também se reportam ao

---

53. VERONESE, J. R. P.; OLIVEIRA, O. M. B. A. D. *Direitos na pós-modernidade:* a fraternidade em questão. Florianópolis: Fundação Boiteux, 2011. p 126

54. SILVA, Maurício da. Alteridade e cidadania. *Evirt.* Disponível em: http://www.evirt.com.br/colunistas/mauricio08.htm. Acesso em: 06 jul. 2021.

55. BOFF, Leonardo. *Saber cuidar, ética do humano, compaixão pela terra.* Petrópolis: Vozes, 2003. p.11-12.

56. BERINO, Aristóteles; CABRAL, Talita. O "novo normal" em tempos de pandemia: a sociedade capitalista em questão. *Revista Docência e Cibercultura*, julho de 2020, online. Disponível em: www.e-publicacoes.

líder indígena Ailton Krenak, ao afirmar que a pandemia trouxe "a nossa chance de aprender com o que está acontecendo", para refletirmos e mudarmos os nossos hábitos, enquanto sociedade. Segundo ele, "voltar ao normal seria como se converter o negacionismo e aceitar que a terra é plana".

Sendo assim, sugerem que estejamos atentos para estas formas de abordagens que se pretendem educativas e que buscam nos ensinar e, não raro, controlar nossa vida em um possível – e próximo – "novo normal". Que tenhamos, ao mesmo tempo, consciência da necessidade de ruptura com o que antes também considerávamos como "normal"[57].

Reitere-se que a afetividade é hoje caracterizada como elemento basilar dos vínculos familiares, devendo ser fundamento jurídico de soluções concretas para os mais variados conflitos de interesse que se estabelecem nas relações de acolhimento familiar. É neste contexto que o cuidado como valor e como princípio jurídico adquire amplitude e relevância ao reconhecermos na autoridade parental um cuidado compartilhado entre os genitores, independentemente da coabitação sob o mesmo teto.

Recente decisão da Terceira Turma do Superior Tribunal de Justiça (REsp. n.1.878.041 de 25.05.2021) estabeleceu que a guarda compartilhada, nada mais é, do que o compartilhamento da responsabilidade pelas decisões relacionadas à vida dos filhos e esse compartilhamento pode ser exercido por ambos os pais, mesmo que à distância. A fixação de residência dos menores na casa de um dos pais não impede que o outro genitor também seja responsável pelas decisões atinentes aos filhos menores. Finalmente, na guarda compartilhada o poder familiar é exercido todo tempo por ambos os pais, mesmo por aquele que não está fisicamente ao lado dos filhos em seu dia a dia. Deverá ser instituída mesmo que os pais residam em cidades diferentes, não havendo a necessidade de cronometrar o tempo em que os filhos ficarão na residência de cada um dos pais. Concluiu o V. Acórdão,

> [...] a guarda compartilhada não demanda custódia física conjunta, tampouco tempo de convívio igualitário, sendo certo, ademais, que, dada sua flexibilidade, esta modalidade de guarda comporta as fórmulas mais diversas para sua implementação concreta, notadamente para o regime de convivência ou de visitas, a serem fixadas pelo juiz ou por acordo entre as partes em atenção às circunstâncias fáticas de cada família individualmente considerada[58].

Reporte-se, finalmente, a José Fernando Simão ao afirmar que nesse momento de crise, são dois os argumentos majoritários quando se fala em Direito de Família: I) bom-senso e II) finalmente, cada decisão depende do caso concreto sem soluções

uerj.br/index.php/re-doc/announcement/view/1113. Acesso em: 06 mai. 2021.

57. BERINO, Aristóteles; CABRAL, Talita. O "novo normal" em tempos de pandemia: a sociedade capitalista em questão. *Revista Docência e Cibercultura*, julho de 2020, online. Disponível em: www.e-publicacoes. uerj.br/index.php/re-doc/announcement/view/1113. Acesso em: 06 mai. 2021.

58. STJ, REsp 1.878.041-SP, Rel. Min. Nancy Andrighi, Terceira Turma, por unanimidade, julgado em 25/05/2021, DJe 31/05/2021. Disponível em: https://processo.stj.jus.br/jurisprudencia/externo/informativo/?aplicacao=informativo&acao=pesquisar&livre=018175. Acesso em: 06 jul. 2021.

a priori. O bom-senso nas relações familiares é muito interessante se pai e mãe coincidirem em seu significado e extensão e se isso atender o melhor interesse da criança e do adolescente. Por outro lado, para cada caso concreto, esclarece o autor: "a Doutrina tem o dever de construir soluções teóricas que terão aplicação ao caso concreto seja por acordo (decisão espontânea ou por força (decisão do juiz togado ou do árbitro)"[59].

E conclui:

> [...] surgirá então a Realidade "C", que não será a Realidade "A" (as coisas nunca mais serão mais como eram até marco de.2020) e qualquer previsão sobre ela nesse momento é *achismo* ou *palpite infundado*". É hora de cuidarmos da Realidade "B" e suas consequências para o Direito de Família, e não de sofrermos por antecipação pela Realidade" C" cujo início ainda é incerto[60].

59. SIMÃO, José Fernando. Direito de família em tempos de pandemia: hora de escolhas trágicas, uma reflexão de 07 de abril de 2020. *In*: NEVARES, Ana Luiza, XAVIER, Marília Pedroso; MARZAGÃO, Silvia Felipe (coord.). *Coronavírus: impactos no direito de família e sucessões*. Indaiatuba: Foco, 2020. p. 09.
60. SIMÃO, José Fernando. Direito de família em tempos de pandemia: hora de escolhas trágicas, uma reflexão de 07 de abril de 2020. *In*: NEVARES, Ana Luiza, XAVIER, Marília Pedroso; MARZAGÃO, Silvia Felipe (coord.). *Coronavírus: impactos no direito de família e sucessões*. Indaiatuba: Foco, 2020. p. 09.

O ENSINO PÚBLICO E A COVID-19: É POSSÍVEL PREENCHER AS LACUNAS DEIXADAS PELO PODER PÚBLICO SEM O ENGAJAMENTO E A SOLIDARIEDADE DA COMUNIDADE?

Tatiana Rocha Seixas

Bacharel em Direito. Especialista em Direito Especial da Criança e do Adolescente. Professora Convidada do Curso de Pós-Graduação de Direito Especial da Criança e do Adolescente da Universidade do Estado do Rio de Janeiro (UERJ). Funcionária Pública do Tribunal de Justiça do Estado do Rio de Janeiro. Membro do IBDFAM.

Rodrigo Cardoso Fernandes

Advogado. Professor Convidado do Curso de Pós-Graduação de Direito Especial da Criança e do Adolescente da Universidade do Estado do Rio de Janeiro (UERJ). Professor Titular de Prática Processual Civil da Universidade Candido Mendes – Campus Tijuca. Professor da Pós-Graduação de Direito Imobiliário da Universidade Candido Mendes – Campus Jacarepaguá. Advogado responsável pelo setor Cível do Escritório Modelo – FUCAM, do Campus Tijuca da Universidade Candido Mendes (2011/2014).

1. INTRODUÇÃO

Em 2020, quando o Estatuto da Criança e do Adolescente (ECA) completou 30 anos, em 13 de julho, o cuidado com esta parcela da população enfrentava o seu maior desafio, eis que o mundo moderno só conhecia uma crise como esta pelos livros de história, poucos eram nascidos quando tivemos a pandemia que ficou conhecida como Gripe Espanhola.

Muito embora no início da pandemia no Brasil em março de 2020 as consequências tenham afetado às Crianças e Adolescentes de forma geral, não fazendo distinção de classe social e poder econômico das famílias, ainda no final daquele ano a realidade que se impunha já era bem mais cruel com os estudantes da Rede Pública em comparação aos da Rede Particular, como regra geral.

Como o pretendido neste trabalho não é a comparação destas realidades, mas sim tentar reparar tais distorções, focaremos mais em apontar os problemas e destacar algumas boas soluções, para, principalmente, fomentar o debate necessário para a melhoria das condições de ensino na Rede Pública.

Para demonstrar a existência da disparidade destas realidades, fato notório se considerarmos todo o acompanhamento dado pela mídia neste mais de um ano de pandemia, e a demora que o Poder Público leva para analisar e implementar soluções, utilizaremos a Lei nº 6.981 de 29 de junho de 2021 do Município da Cidade do Rio de Janeiro, uma das maiores Cidades do País.

É claro que esta não foi a única Lei tratando de Criação de programa para melhoria do ensino em época de "ensino a distância" (EAD) imposto pela necessidade de se manter o afastamento ou "isolamento social", mas demonstra que mais de um ano após o "fechamento das escolas" neste Município a Prefeitura ainda não tem uma definição de quais alunos precisam de um acompanhamento mais intenso e quais recursos específicos eles necessitam.

Por outro lado temos uma alteração num programa de arrecadação de fundos com mais de 35 anos, o Criança Esperança, que irá destinar toda a sua arrecadação em 2021 para "manter na escola quem mais precisa" baseado no conceito "Educação é a nossa esperança"[1].

2. A LEI Nº 6.981, DE 29 DE JUNHO DE 2021 DO MUNICÍPIO DA CIDADE DO RIO DE JANEIRO[2]

2.1 O que são Áreas de Especial Interesse Social (AEIS)

Já que optamos por fazer a análise de uma Lei específica e logo em seu início ela fixa que a aplicabilidade do programa de reforço escolar será nas AEIS e/ou Comunidades, muito embora a Lei Orgânica do Município do Rio de Janeiro – LOMRJ – Lei nº 90 de 5 de abril de 1990, possa ser considerada como norma que a introduziu no ordenamento Municipal, trazemos a definição legal de AEIS, disposta no art. 107, item II da Lei Complementar 16 de 4 de junho de 1992 (PDDCRJ) e no inciso II do Parágrafo Único do art. 70 da Lei Complementar nº 111/2011 do Município da Cidade do Rio de Janeiro, que revogou a LC nº 16/1992 (PDDCRJ).

II – Área de Especial Interesse Social, a que apresenta terrenos não utilizados ou subutilizados e considerados necessários à implantação de programas habitacionais de baixa renda ou, ainda,

---

1. DADA a largada para a 36ª edição do criança esperança. Globo, 07 jul. 2021. Disponível em https://rede-globo.globo.com/criancaesperanca/noticia/dada-a-largada-para-a-36o-edicao-do-crianca-esperanca.ghtml. Acesso em: 07 jul. 2021.

2. BRASIL. Lei nº 6.981 de 29 de junho de 2021. Cria o programa permanente de reforço escolar aos alunos matriculados nas unidades municipais de ensino. Disponível em: http://aplicnt.camara.rj.gov.br/APL/Legis-lativos/contLei.nsf/66ff1c35b8d68ddd032578690069dda8/779193fd808d4288032587030079bb73?Open-Document. Acesso em: 07 jul. 2021.

aquelas ocupadas por favelas, loteamentos irregulares e conjuntos habitacionais, destinadas a programas específicos de urbanização e regularização fundiária;[3]

II – Área de Especial Interesse Social – AEIS é aquela destinada a Programas Habitacionais de Interesse Social – HIS, destinados prioritariamente a famílias de renda igual ou inferior a seis salários mínimos, de promoção pública ou a ela vinculada, admitindo-se usos de caráter local complementares ao residencial, tais como comércio, equipamentos comunitários de educação e saúde e áreas de esporte e lazer, abrangendo as seguintes modalidades [...][4]

Como a norma municipal que define AEIS mais recente suprimiu a expressão Favela do caput do artigo que definiu seu conceito, a Lei nº 6.981/2021 previu a sua aplicabilidade nas AEIS e em Comunidades, mas como Comunidades e Favelas são utilizadas como sinônimos, e na alínea "a" do item 1 do mesmo art. 70 temos a caracterização de áreas de favela e de loteamentos irregulares como AEIS, não há a necessidade de complementar a abrangência do Programa de Reforço Escolar desta forma.

2.2 Qual o objetivo desta Lei? Ele será atingido?

Após a análise do seu texto e a observância do acima exposto, fica claro que a Lei municipal em contento tem a preocupação com o aproveitamento escolar e a possibilidade do efetivo acompanhamento das aulas "on-line" pelas Crianças e Adolescentes das áreas mais pobres e com menos recursos.

Mas a primeira pergunta que devemos nos fazer é: A Lei "veio" a tempo de cumprir a sua missão? Já que estamos no meio do segundo ano letivo com a "nova realidade educacional" (o novo normal)!

A segunda pergunta: Ela traz efetividade em suas regulamentações para a aplicação deste reforço escolar?

Por último: O que deve acontecer com estes alunos?

Respondendo a primeira pergunta, a princípio, com relação aos conteúdos escolares dos anos de 2020 e 2021, parece óbvio que não. Isto porque, como consta no próprio artigo 3º da Lei, um dos objetivos do Programa é mapear os alunos com menor rendimento escolar e com a maior ausência nas aulas remotas.

Com relação a segunda pergunta, se considerarmos a possibilidade de mantermos aulas remotas no ano de 2022, creio que só assim poderemos avaliar a efetividade desta Lei, já que ao definir os objetivos do "Programa" nos incisos do art. 3º, os critérios de análise dos alunos a receberem o "reforço" nos três primeiros incisos,

3. BRASIL. Lei Complementar 16 de 4 de junho de 1992. Rio de Janeiro: Câmara Municipal, 1992. Disponível em: http://aplicnt.camara.rj.gov.br/APL/Legislativos/contLei.nsf/a99e317a9cfec383032568620071f5d2/758414dfee085d47032577220075c7e4?OpenDocument. Acesso em: 07 jul. 2021.
4. BRASIL. Lei Complementar nº 111 de 01 de fevereiro de 2011. Rio de Janeiro: Câmara Municipal, 2011. Disponível em: http://aplicnt.camara.rj.gov.br/APL/Legislativos/contLei.nsf/a99e317a9cfec-383032568620071f5d2/cdd6a33fa14df524832578300076df48?OpenDocument. Acesso em: 07 jul. 2021.

temos, em dois, expressamente, aqueles que apresentam problemas com presença ou na assimilação de conhecimento nas aulas remotas.

Ou seja, muito embora o Projeto de Lei 1975/2020 (que deu origem a Lei) seja de 2020, outubro para ser mais preciso, com a sua entrada em vigor a partir do segundo semestre de 2021, e havendo a necessidade de iniciar um mapeamento e implementar toda uma infraestrutura e conteúdos próprios, dificilmente os alunos dos anos 2020 e 2021 recuperarão o prejuízo educacional.

A terceira resposta é mais triste ainda, mas a própria justificativa constante do PL nº 1.975/2020, ao abordar os motivos históricos para a sua aprovação, foi clara:

> Nas últimas duas medições do IDEB (Índice de Desenvolvimento da Educação Básica), o Município do Rio de Janeiro ficou aquém da meta projetada. Em 2017, o IDEB observado para a 4ª série/5º ano foi de 5.7, tendo como meta 5.9. Em 2019, o Rio teve 5.9 para uma meta de 6.1[5].

Ou seja, nem mesmo quando não enfrentávamos uma situação como a atual nossos alunos alcançavam, de modo geral, a meta do IDEB. Logo, após dois anos de aulas on-line (remotas), sem o devido acesso ao conteúdo programático, cuja transmissão teve que ser adaptada sem que a maioria dos professores fossem capacitados para as novas plataformas e, ou, tivessem acesso a equipamentos com o suporte tecnológico e à infraestrutura de rede necessários, a realidade tende a ser ainda mais dura para estes jovens no futuro profissional, ainda mais quando comparados com alunos da rede particular.

2.3 Como usar esta Lei para a melhoria do aprendizado

Como vimos uma das justificativas apresentadas para a aprovação do PL nº 1.975/2020 era o baixo rendimento dos alunos nas últimas duas medições do IDEB, o que será muito agravado pela dificuldade da maior parte da população matriculada no ensino público de ter acesso às aulas remotas.

Mesmo que a implementação do Programa (Permanente) de Reforço Escolar (PPRE) seja tardia para os conteúdos de 2020 e 2021, não há dúvida que este reforço é historicamente necessário e deve ser ampliado mesmo em momento de aulas 100% (cem por cento) presenciais.

A regra do parágrafo único do art. 2º da Lei nº 6.981/2021 de criar convênios com diversas organizações empresárias e sociais, além de governos Estaduais e Federal, é uma ótima ferramenta de reforço educacional na área de convivência da Criança e do Adolescente.

---

5. BRASIL. Projeto de Lei nº 1.975/2020. Cria o programa permanente de reforço escolar aos alunos matriculados nas unidades municipais de ensino, ,em especial os residentes em áreas de especial interesse social (AEIS) e/ou comunidades. Rio de Janeiro: Câmara Municipal, 20 out. 2020. Disponível em: http://aplicnt.camara.rj.gov.br/APL/Legislativos/scpro2124.nsf/a6cd246684502db90325863200569384/0325864700576d260325860e-006d3a74?OpenDocument. Acesso em: 07 jul. 2021.

Ela permitiria, p. ex., que uma associação de moradores contratasse professores da comunidade, sejam aposentados, desempregados ou com disponibilidade parcial de horário. Desta forma além de ajudar na educação dos Jovens, fazendo isto com pessoas da sua localidade, teríamos o reforço do vínculo dos envolvidos com aquela comunidade, a possibilidade de melhora na educação da região, a circulação de mais recursos na comunidade, ou seja, teríamos um incremento cultural, social e econômico justamente nas áreas mais pobres.

Ressalte-se que este modelo sequer é inovador, porém, se bem aplicado, é extremamente benéfico para sociedade, bastando que Nossa Câmara Municipal "adeque" a Lei e a melhore para uma aplicação mais ampla.

Outra alteração importante depende de uma medida simples a ser tomada pelos nossos Vereadores, basta cortar verbas "exuberantes" e mal aplicadas no poder público e destinar o resultado deste corte para a manutenção deste PPRE, tornando efetivamente Permanente não só no nome, mas na sua execução.

2.4   Como enfrentar o déficit educacional "pós-COVID-19"

Em regra vemos profissionais envolvidos na educação preocupados com dois aspectos, o primeiro, e a nosso ver mais grave, é a evasão escolar, pois ela reflete a perda efetiva do aluno com o "contato" com o "ambiente escolar", o segundo, tão grave quanto, mas mais remediável (por não haver a perda do vínculo com a escola), é o déficit de aprendizagem das matérias do período.

Assim, como ainda não podemos ter a certeza de que chegaremos ao final do ano letivo de 2021 com a possibilidade do retorno total das atividades presenciais na Rede Pública de Ensino, as primeiras medidas devem ser de manutenção dos alunos que ainda estão frequentando as aulas, através da ampliação do acesso deles ao ensino remoto, mantendo o acompanhamento não só da frequência mas do "aproveitamento do conteúdo" o que pode ser alcançado através da manutenção, implementação ou aperfeiçoamento de canais de avaliação (feedbacks) para estudantes e familiares.

O envolvimento dos pais/familiares nos estudos é fundamental para a utilização dos canais de avaliação e checagem diária do aprendizado.

Para aqueles que já "se afastaram" do ambiente remoto escolar, primeiro deve-se entender o porquê desta perda de vínculo, analisando se além da dificuldade de acesso remoto temos como agravante a dificuldade dos pais/familiares de se envolver no sistema de ensino, ou se a família tem alguma desfuncionalidade mais grave. Para tanto há a necessidade de uma análise e acompanhamento interdisciplinar em harmonia com o Serviço Social, Conselho Tutelar, Defensoria e Ministério Públicos, dentre outros.

Na retomada do ensino presencial as primeiras providências também devem ser no sentido de evitar e reverter a evasão escolar, tornando a Escola e a Educação mais atraentes do que antes. Uma vez que se consiga manter o vínculo com o aluno, ou reverter a sua perda, devemos acompanhar a participação deles nos eventos presenciais e fornecer meios de realizar uma inclusão digital efetiva.

Neste momento devemos envolver ainda mais a comunidade local com a Escola, precisamos fomentar a participação de todos em eventos educacionais e, ou, sociais criando uma rede de apoio para os alunos. Se além desta rede envolvendo a Escola tivermos a implantação do PPRE através de associações ou empresas da região, fomentaremos ainda mais o crescimento da região, fortalecendo os laços da Comunidade.

2.5   A retomada do ensino presencial implica em acabar com o ensino on-line?

Por mais que seja desejado por todos a retomada do ensino presencial, esta forma tradicional, e praticamente única conhecida pelos alunos da Rede Pública, não representa a extinção do aprendizado on-line, pelo contrário, devemos aprimorar as ferramentas utilizadas neste mais de ano e meio de aulas remotas para que os alunos possam utilizá-las como maneira de integração e complementação do aprendizado.

Imaginemos aquele dia que o aluno acorda um pouco gripado (gripe comum) mas que haja um conteúdo muito importante para uma prova que se avizinha, tradicionalmente este aluno iria gripado mesmo para a escola, ou, se realmente estivesse muito debilitado teria que compensar esta ausência "copiando" o caderno de um colega. Ora a referida matéria poderia ser acessada num banco de aulas de reposição do colégio, que poderia servir, inclusive, para o reforço da matéria.

Esta aula de reposição poderia ocorrer num modelo do tipo "Telecurso 2º Grau"[6] (a partir de 1995 chamou-se Telecurso 2000)[7], para os alunos que não conseguissem se "logar" no horário da aula, ou cuja escola não tivesse disponibilidade técnica para a "presença virtual".

Logo, o acesso ao "conteúdo digital" deve ser mais uma ferramenta de aprendizado e não uma forma de exclusão ou isolamento, deve ser usado para aproximar ainda mais o aluno do conhecimento.

Basta pensarmos na possibilidade do aluno complementar, p. ex., o estudo da geografia com uma incursão virtual em locais distantes mas que apresentem o relevo que foi objeto da aula, muito mais profundo do que uma gravura no livro.

3.   COMO E PORQUE TODOS TEMOS A OBRIGAÇÃO DE CONTRIBUIR PARA CORRIGIR AS FALHAS DO PODER PÚBLICO

3.1   Porque!

A Garantia da Proteção Integral, prevista no art. 227 da Constituição da República Federativa do Brasil – CRFB e esmiuçado posteriormente no ECA, torna toda a

---

6. O telecurso tem história. *Fundação Roberto Marinho*, Memória Telecurso. Disponível em: https://www.telecurso.org.br/memoria-telecurso. Acesso em: 07 jul. 2021.
7. TELECURSO. *Wikipedia*. Disponível em: https://pt.wikipedia.org/wiki/Telecurso. Acesso em: 07 jul. 2021.

comunidade obrigada a contribuir com o desenvolvimento emocional, educacional, cultural e saudável das crianças e dos adolescentes, e é a fundamentação legal do porque toda a sociedade civil tem a obrigação de contribuir nas lacunas deixadas pelo Poder Público.

Sobre este princípio, Cury, Garrido & Marçura ensinam que

> A proteção integral tem como fundamento a concepção de que crianças e adolescentes são sujeitos de direitos, frente à família, à sociedade e ao Estado. Rompe com a ideia de que sejam simples objetos de intervenção no mundo adulto, colocando-os como titulares de direitos comuns a toda e qualquer pessoa, bem como de direitos especiais decorrentes da condição peculiar de pessoas em processo de desenvolvimento[8].

Considerando que nossa constituição completa 33 anos em 2021, temos mais tempo perdido com relação à aplicação dos direitos conferidos às crianças, aos adolescentes e aos Jovens ("incluídos" no texto com a EC 65/2010) do que de efetiva implementação destas garantias, já que num país de dimensões continentais como o nosso, e de grande variação cultural e econômica, não podemos duvidar de que a plena proteção está muito mais no texto que no dia a dia.

3.2   Como anda a avaliação da educação

A análise do aproveitamento de nossos alunos em comparação com os estudantes dos demais países, através do PISA 2018 (sigla em inglês para Programa Internacional de Avaliação de Estudantes) apresentado em dezembro de 2019 apresentou números preocupantes e que nossos índices estão estagnados desde 2009[9].

Segundo o levantamento apresentado pelo INEP – O Instituto Nacional de Estudos e Pesquisas Educacionais Anísio Teixeira, em matemática estamos tecnicamente empatados com a Argentina (384 e 379 – respectivamente) e atrás de Uruguai, Chile Peru e Colômbia.

Em Ciências amargamos a lanterna empatados, novamente, com a Argentina e também Peru, em literatura apesar da baixa nota, e de um empate técnico com a Colômbia (413 e 412 respectivamente), conseguimos ficar à frente de argentinos e peruanos.

Já antes da Pandemia de COVID-19, estávamos estagnados há quase 10 anos, e com certeza este quadro vai apresentar uma piora na avaliação em 2022 (os países membros da OCDE acordaram em adiar a prova deste ano para o ano que vem e a de 2024 para 2025)[10].

---

8.   CURY, Munir; PAULA, Paulo Afonso Garrido de; MARÇURA, Jurandir Norberto. *Estatuto da criança e do adolescente anotado*. 3. ed. rev. e atual. São Paulo: Revista dos Tribunais, 2002. p. 21.

9.   PISA 2018 revela baixo desempenho escolar em leitura, matemática e ciências no Brasil. *INEP*. Disponível em: http://portal.inep.gov.br/artigo/-/asset_publisher/B4AQV9zFY7Bv/content/pisa-2018-revela-baixo--desempenho-escolar-em-Leitura-matematica-e-ciencias-no-brasil/21206. Acesso em: 07 jul. 2021.

10. PROVAS do Pisa 2021 e 2024 são adiadas em todos os países da OCDE por causa da pandemia. G1, 14 jul. 2020. Disponível em: https://g1.globo.com/educacao/noticia/2020/07/14/provas-do-pisa-2021-e-2024-sao--adiadas-em-todos-os-paises-da-ocde-por-causa-da-pandemia.ghtml. Acesso em: 07 jul. 2021.

Ainda de acordo com o relatório apresentado no portal do INEP, "[...] O estudo mostra ainda que apenas 0,2% dos 10.961 alunos atingiu o nível máximo de proficiência em Leitura no Brasil."

Ainda na analisando o desempenho em Leitura, outro dado preocupante é a constatação de que o baixo rendimento está justamente no ensino público estadual (404) e municipal (330) que ficaram muito abaixo da média nacional (413).

Se considerarmos que as demais escolas nacionais analisadas, as particulares (510) e federais (503) chegaram a ficar acima da média geral da OCDE (487 pontos), isto aponta para um grave descumprimento dos direitos básicos das Crianças e dos Adolescentes (e Jovens) pelos Poderes Públicos Estaduais e Municipais, diante de um silencio e inércia de toda a Sociedade.

Ao não cobrarmos do Poder Público e ao não nos envolvermos como uma sociedade preocupada com os nossos Jovens, estamos compactuando não só com o descumprimento da regra constitucional, mas estamos diretamente contribuindo para o retrocesso do nosso país.

Como bem analisado no citado relatório "[...] Esse resultado representa um grande obstáculo, dificultando ou até mesmo impedindo que estudantes avancem nos estudos, tenham melhores oportunidades no mercado de trabalho *e participem plenamente da sociedade*" (Grifo nosso).

Ao analisar o desempenho dos alunos brasiLeiros participantes do PISA em matemática, apenas 0,1% deles apresentou nível máximo de proficiência na área, aproveitamento ainda pior que na Leitura, e desta vez, além da nossa média geral (384) ter ficado bem abaixo que a média geral da OCDE (489), nem as escolas particulares (473) e as federais (469), que tiveram rendimentos bem superiores à média nacional, ficaram acima da média geral da OCDE, e as escolas públicas estaduais (374) e municipais (314), repetiram um desempenho pífio.

Outro dado preocupante é que nenhum aluno brasiLeiro conseguiu alcançar o grau máximo de proficiência na área de ciências, tendo a nossa média geral (404) ficado, novamente, bem abaixo da média geral da OCDE (489).

Apesar de mais da metade de nossos alunos (55%) não terem alcançado o nível básico nesta matéria, as escolas federais (491) e particulares (495) conseguiram alcançar, e até ultrapassar, a média geral da OCDE, mas, mais uma vez, as escolas públicas estaduais (395) e municipais (330) tiveram um desempenho muito ruim.

Quando olhamos para os números pelas regiões do Brasil temos sempre um desempenho próximo das regiões Sul, Sudeste e Centro-Oeste, ficando mais à frente das regiões Norte e Nordeste, que apresentaram os piores rendimentos em todas as três matérias avaliadas.

Como bem destacado no relatório, "[...] 68,1% dos estudantes brasileiros estão no pior nível de proficiência em matemática e não possuem nível básico, conside-

rado como o mínimo para o exercício pleno da cidadania. Mais de 40% dos jovens que se encontram no nível básico de conhecimento são incapazes de resolver questões simples e rotineiras..." (Grifo nosso).

Em todas as matérias em analisadas os estudantes brasileiros apresentam um déficit em relação aos países da OCDE, estando dois anos e meio abaixo em Leitura, três anos quando a comparação é em ciências e três anos e meio quando comparamos em matemática.

Porém, só olhar para trás nos permitiria somente entender os erros, e precisamos nos perguntar o que fazer para mudar, ou "Como contribuir para corrigir as falhas do Poder Público, e as omissões da sociedade civil".

3.3 Como contribuir para corrigir as falhas do Poder Público, e as omissões da sociedade civil

É bem verdade que temos muitas iniciativas boas e organizações empenhadas em alterar esta realidade extratificada no PISA de 2018, mas não podemos tentar "abraçar o mundo com as mãos" então, considerando que apresentamos o retrato do problema com base no PISA da OCDE, cremos que uma boa opção seja apresentar outro estudo da OCDE, este buscando soluções para resolver os nossos déficits na educação.

No final de junho de 2021, com o apoio do Todos Pela Educação[11], foi lançado o relatório inédito da OCDE "A Educação no Brasil: uma Perspectiva Internacional"[12].

De acordo com o Todos Pela Educação[13] o objetivo deste relatório é "Nos comparar com outros países e propor soluções que olhem para o futuro".

Em se tratando de educação esta é a melhor postura, pois a comparação servirá para balizar o que mudar, como mudar e quem pode ajudar nesta mudança.

---

11. OCDE, com apoio de todos pela educação, lança relatório inédito sobre a educação brasileira. Todos pela Educação, 30 jun. 2021. Disponível em: https://todospelaeducacao.org.br/noticias/ocde-com-apoio-do--todos-pela-educacao-lanca-relatorio-inedito-sobre-a-educacao-brasiLeira/?utm_source=banner. Acesso em: 07 jul. 2021.

12. A educação no Brasil: uma perspectiva internacional. OCDE, Todos pela Educação, 2021. Disponível em: https://todospelaeducacao.org.br/wordpress/wp-content/uploads/2021/06/A-Educacao-no-Brasil_uma--perspectiva-internacional.pdf. Acesso em: 07 jul. 2021.

13. O Todos Pela Educação é uma organização da sociedade civil, sem fins lucrativos, plural e suprapartidária, fundada em 2006. Com uma atuação independente e sem receber recursos públicos, nosso foco é contribuir para melhorar a Educação Básica no Brasil. Para isso, desenvolvemos ações visando ampliar o senso de urgência para a necessidade de mudanças na Educação, produzimos conhecimento com o objetivo de apoiar a tomada de decisão das diferentes esferas do poder público e articulamos junto aos principais atores para efetivar as medidas que podem impactar os rumos da Educação. Além disso, monitoramos crítica e continuamente os indicadores e as políticas educacionais do País. A educação no Brasil: uma perspectiva internacional. OCDE, Todos pela Educação, 2021. p. 05. Disponível em: https://todospelaeducacao.org.br/wordpress/wp-content/uploads/2021/06/A-Educacao-no-Brasil_uma-perspectiva-internacional.pdf. Acesso em: 07 jul. 2021.

Com esta perspectiva o relatório além de fazer uma comparação com detalhada com países relevantes da América Latina e Membros da OCDE, aponta, ainda, "10 passos para que o País melhore a qualidade e a equidade dos resultados educacionais".

Conforme destacado na página de apresentação do estudo, segundo a própria OCDE, muito embora a evolução do nosso sistema educacional seja lenta, ela vem ocorrendo na direção certa, destacando o Sistema de Avaliação da Educação Básica – Saeb, a construção do Índice de Desenvolvimento da Educação Básica – IDEB, a Base Nacional Comum Curricular – BNCC, o Novo Ensino Médio, a expansão da Educação Profissional e Tecnológica, e o Novo Fundeb.

Importante que, embora tratem da necessidade de falar sobre a reforma estrutural, reconhecem que no curto prazo temos que nos concentrar em "mitigar os profundos impactos da pandemia", porém acreditamos que além de elencar que isto demandará muitos recursos, e esforço dos professores e das escolas, como uma organização da sociedade civil, o próprio Todos Pela Educação deveria fazer a ressalva da necessidade de toda a sociedade se envolver neste acolhimento dos alunos no retorno às atividades escolares presenciais.

Prefaciando o estudo, Andreas Schleicher[14] aborda a melhora existente na educação na primeira década do milênio, comparando-a com as gerações anteriores, mas já observa que nos últimos anos alguns indicadores estagnaram e outros retrocederam. Prossegue em sua análise apontando o severo sofrimento e aumento das desigualdades que a crise de COVID- 19 trouxe ao nosso país. Aponta a educação como a melhor (e ao nosso sentir a mais justa) forma de recuperação do país, mas alerta que o ritmo deste progresso precisa mais do que ser acelerado. Destaca que o foco deve ser na qualidade e equidade do atendimento escolar, para superar os desafios existentes no Brasil e mitigar os efeitos da Crise de COVID- 19, e que o Todos Pela Educação e o Instituto Sonho Grande forneceram informações valiosas sobre o contexto do país e os avanços na formulação de políticas.

Assim, apresentou um resumo do como o relatório foi elaborado, outras informações importantes para o seu entendimento, como fez questão de destacar os muitos aspectos positivos de nosso sistema educacional, sem esquecer de identificar os principais desafios para esta, se assim podemos chamar, "evolução educacional".

O estudo apresentado é muito longo, detalhado e preciso, não cabendo neste artigo apenas resumi-lo, pelo contrário, pretendemos que todos que se interessem por esta leitura, ao final, leiam o estudo e se envolvam na sua implementação, dentro da disponibilidade de cada um.

Mesmo correndo o risco de deixar de destacar pontos que outros leitores considerem importantes do estudo, um dos primeiros pontos de destaques que apontamos é a apresentação dos marcos históricos da educação na pág. 45, que vem acompanhados

---

14. Assessor Especial em Política Educacional da Secretaria Geral, Diretor de Educação e Habilidades

de uma tabela de exemplos de metas do PNE (2014-2024). Nestes marcos, além do próprio PNE, eles apontam a nossa Constituição (CRFB/1988) e a Lei de Diretrizes e Bases da Educação Nacional (LDB de 1996).

Na pág. 47 (figura 1.8) além de darem destaques aos principais marcos legais, listam importantes políticas e reformas educacionais ocorridas nas últimas três décadas.

Um ponto que deve ser destacado é que o estudo dividido em capítulos traz introdução e conclusão para cada um, o que facilita a compreensão do que será analisado em cada um, e o resultado final destas análises.

Dois bons exemplos, destacados propositalmente em capítulos diferentes, são a conclusão do capítulo (2) destinado "ao atendimento escolar" (item 2.7 que inicia na pág. 89), que traz um bom fechamento elencando três desafios a serem superados, e a abertura do capítulo (3) "a aprendizagem e seus resultados" (pág. 100) que apresenta, já no início, uma boa perspectiva do que encontrar e quais os desafios a serem enfrentados no capítulo.

Um ponto que era encontrado no relatório do PISA de 2018 e claramente seria enfrentado neste estudo está no item 3.6 (pág. 122) que correlaciona os resultados piores a alunos em estado de vulnerabilidade. Isto porque, se este é um fato concreto que já vinha sendo analisado, a resolução desta questão afigura-se primordial para a melhora do desempenho destes alunos.

Outros dois pontos destacados no estudo, e que não são novidades para ninguém são no mercado de trabalho, independente do seu nível de formação, as mulheres são desfavorecidas no mercado de trabalho e um quarto dos jovens nem estuda e nem trabalha, denominados geração nem-nem (págs. 140 e 141).

Já no capítulo (4) "financiamento e recursos rara a educação" vemos o porque nossos alunos sofreram tanto no período de aulas exclusivamente remotas, estamos não só atrás da OCDE, como de muitos outros países da Latam em disponibilidade de recursos digitais, e este é um grave problema que precisa ser corrigido o quanto antes, ainda mais se considerarmos nosso "tamanho" frente a alguns dos países comparados (pág. 185 e figuras 4.12 e 4.13).

Um dos pontos do capítulo (5) sobre "educação escolar: gestores escolares e professores, presente nas páginas 225 e 227, quando abordada a questão da necessidade da aplicação do ensino personalizado, como ferramenta fundamental de aprendizagem, remonta a necessidade de melhor qualificação não só do aluno, mas também dos professores. Não só deve-se investir em maior capacitação, mas, principalmente, na atualização dos professores para que possam ter ferramentas técnicas para o ajuste de sua didática de acordo com a necessidade de cada aluno.

Constantemente vemos estudos ligando as depredações a falta de um sentimento de pertencimento do indivíduo naquele contexto, não seria diferente no caso de mau comportamento, do baixo rendimento escolar ou na evasão, como podemos ver no capítulo (6) sobre "comportamento, expectativas e bem-estar dos alunos" (pág. 268), importante que no item seguinte, como forma de alcançar melhores resultados, o estudo aponte a necessidade de engajar o aluno com a escola.

Finalizando o estudo, no capítulo (7) sobre os "10 passos para um sistema de educação mais sólido" a conclusão, explicando os 10 passos e como implementá--los, merece nossa especial atenção, pois além de finalizar reconhecendo que estes passos necessitam de reformas ambiciosas apresentam os elementos centrais para a implementação destas políticas.

Ou seja, reconhecem a necessidade de um amplo e complexo planejamento envolvendo: governança; definição de prioridades; capacidade e dados e evidências. Isto mostra que nossas mudanças devem começar pela estruturação, pela criação de um ambiente propício e voltado para as melhorias necessárias.

4. CONCLUSÃO

Cremos que o propósito deste artigo foi perseguido e alcançado ao final, pois pretendíamos mais do que apontar os problemas ou defeitos do sistema educacional e falhas do Poder Público, pretendíamos estimular o debate das soluções e incentivar o envolvimento do público geral com as soluções já apresentadas, além de fazer com que novas soluções sejam pensadas debatidas e aplicadas.

Tanto que optamos por deixar que os leitores busquem os 10 passos propostos no estudo diretamente nele, para estimular a sua leitura e o efetivo envolvimento da sociedade civil na busca de implementação de políticas que visem a melhoria do ensino em geral, a melhoria da aprendizagem.

Sabemos que um estudo regionalizado, com soluções mais específicas já aplicadas em outras escolas da mesma região também é um excelente caminho para encontrar as soluções, mas não podemos ignorar a visão macro dos problemas, e coordenar a aplicação de soluções "interdisciplinares e intercambiais".

Em breve síntese, eram estes os pontos que gostaríamos de destacar e debater, no momento, sobre este relevante tema, sem a pretensão de ver esgotado o assunto.